Eberhard Fohrer

OBERITALIEN

Redaktion und Layout	Karsten Luzay
Fotos	Autor u. a., Nachweis S. 8
Titelfotos	Eberhard Fohrer
Cover	Judit Ladik
Karten	Judit Ladik Gábor Sztrecska

Für Textbeiträge und Hilfe bei Recherchen herzlichen Dank an *Michael Machatschek* (Ligurien), *Marcus X. Schmid* (Venetien, Friaul-Julisch Venetien) und Lucie Büchert-Fohrer.

ISBN 3-923278-13-6

3. aktualisierte und erweiterte Auflage 1996

OBERITALIEN - acht vielfältige Regionen an der Sonnenseite der Alpen, einzigartig gelegen zwischen Hochgebirge und Poebene, Apennin und Meeresstrand: Vom ewigen Eis der Gletscher hinab in die riesige Schwemmebene des Po, auf schmal-verwinkelten Straßen hinauf in die abgelegenen Höhen des Apennin; kristallklare Bergseen und gigantische Felstürme in den Dolomiten, prachtvolle Belle Epoque-Villen und subtropisch anmutende Vegetation an den großen Badeseen, endlose Meereslagunen, stille Pinienwälder, windgegerbte Küstendörfchen ...

Die Gondeln von Venedig, das Leichentuch von Turin, byzantinische Mosaike in Ravenna, die Discos von Rimini ...

Wanderwege in der Cinque Terre, kilometerlange Sandstrände an der Adria, Surfparadies Gardasee, die Opernfestspiele in der Arena von Verona, die menschenleeren Weiten des Podeltas ...

Fast jeder Weiler besitzt eine trutzige Burg, ganze Stadtkerne sind mehr oder minder unversehrt, vom Mittelalter zum 18./19. Jh. findet man alles, was in Deutschland vielerorts den Bomben und phantasielosen Betonzweckbauten zum Opfer gefallen ist.

Andererseits - Oberitalien bedeutet auch heftige Industrialisierung, ausufernde Großstädte mit unglaublichem Verkehrschaos und flächendeckende Landwirtschaft, die kein Fleckchen ungenutzt läßt. Man muß selektieren, um nicht den Überblick zu verlieren. Dieser Führer will dabei helfen.

Inhalt

Trentino-Südtirol (Alto Adige)

Lombardei und die Seen
(Lombardia) 246

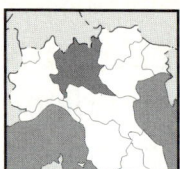

Emilia-Romagna

Bologna

Adriaküste (Po-Delta bis Ravenna)

Adriaküste (Ravenna bis Rimini)

Fotonachweis

Eberhard Fohrer: 1; 3; 9; 12; 13; 17; 18; 24; 33; 42; 47; 49; 51; 55; 63; 70;
77; 86; 93; 99; 104; 114; 118; 127; 134; 139; 145(3); 147; 149; 154; 159;
164; 171; 173; 179; 181; 195; 197; 215; 217; 220; 225; 235; 247; 252;
261; 263; 266; 271; 275; 285; 293; 303; 314; 316; 323; 327; 333; 336;
337; 343; 349; 353(3); 357; 360; 363; 367; 371; 393; 404; 415; 419; 422;
426; 429; 431; 432; 445; 448; 459; 461; 465; 469; 486; 488; 495; 499;
501; 502; 513;
Lucie Büchert-Fohrer: 60; 75; 79; 116; 145(4); 268; 279; 299; 330; 345;
353(3), 365; 475; 481;
Marcus X. Schmid: 230; 233;
Italienisches Fremdenverkehrsamt: 237; 243;
Gabi Zirowsky: 21;
Michael Machatschek 401; 410;
Michael Müller Verlag: 109
Sevi: 103(2)

Was haben Sie entdeckt?

Bitte schreiben Sie uns, wenn Sie Kritik, Verbesserungen, Anregungen oder Empfehlungen haben. Was war Ihre Lieblingstrattoria, in welchem Hotel haben Sie sich wohlgefühlt, welchen Campingplatz würden Sie wieder besuchen?

Eberhard Fohrer
Oberitalien
c/o Verlag Michael Müller GmbH
Gerberei 19
91054 Erlangen

Trotz Urlauberschwemme – stille Ecken gibt es an den Seen noch viele

Routen durch Oberitalien

Eine Tour durch ganz Oberitalien ist in angemessener Zeit praktisch nicht möglich und auch nur bedingt zu empfehlen. Zu groß sind die Entfernungen, zu vielfältig die geographischen Strukturen, zu verschieden die regionalen Besonderheiten.

Vom *Alpenhauptkamm* stoßen gewaltige Bergmassive hinunter ins hüglige Voralpengebiet, dazwischen liegen dutzende von malerischen Seen. Wie ein Keil schiebt sich anschließend die absolut flachen *Poebene* zwischen Voralpen und Apenninhänge. Sie beginnt im Westen bei Turin und mündet in einem riesigen Flußdelta an der adriatischen Kuste. Sengende Hitze und Mückenschwärme machen hier den Aufenthalt im Hochsommer zur Qual. Südlich davon bildet der lang geschwungene *Apennin* die Grenze zur typisch mediterranen Klimazone. Nach Norden geschützt drängen sich die Orte der ligurischen *Riviera* dicht ans Meer. Die Engräumigkeit der Region ist einerseits reizvoll, jedoch auch schwer vom Verkehr belastet. Im Gegensatz dazu bildet die *Adria* von Grado bis Rimini einen einzigen flach abfallenden Strand, der erst südlich von Cattolica durch ein grünes Vorgebirge sein Ende findet.

Im folgenden einige Anregungen, einen "roten Faden" durch Oberitalien zu finden.

Oberitaliens Städte – architektonische Kleinode vom Feinsten

Die Seen-Tour

Dutzende von kleinen und großen Gewässern liegen in den Einkerbungen ehemaliger Gletscher des südlichen Alpengebiets. Der Lenz hält früh Einzug, warme Luft drängt aus der Poebene herauf, Zitronen und Oliven gedeihen. Im Sommer halten sich dagegen die Hitzegrade in angenehmen Grenzen und viele Einwohner der Ebene flüchten an die Seen.

Vor allem bei Sportlern ist der Norden des *Gardasees* populär - Surfer finden in der "Düse" einzigartige Bedingungen, ebenso Kletterer bei Arco und Mountainbiker um Riva. Für den reinen Badeurlaub ist eher der Süden des Sees geeignet, wo das Wasser ein paar Grad wärmer ist und oft erheblicher Rummel herrscht. Viel mehr Ruhe findet man am benachbarten *Iseo-See* und am hochgelegenen *Idro-See*. Der kleine *Kalterer See* in Südtirol gilt als wärmster Alpensee. Am *Comer See* findet man gediegene Badeorte wie Bellagio und Menaggio, aber auch den Camper- und Surfertreff Domaso. Im *Lago Maggiore* bilden die Borromeischen Inseln ein vielbesuchtes Ausflugsziel, Camper treffen sich bei Cannobio im Norden. Orta San Giulio am *Lago d'Orta* besitzt den Charme eines versteckten Kleinods.

Je nachdem, welche Seen man besucht, gibt es reichlich Kulturstädte in der Nähe: *Verona*, *Brescia* und *Mantua* liegen beim Gardasee - und auch *Venedig* ist nicht mehr weit; vom Kalterer See ist es nur ein Katzensprung nach *Bozen* und *Trento*; *Mailand* liegt nah an Comer See und Lago Maggiore; vom Iseo-See ist man rasch im schönen *Bergamo*. In den umliegenden Gebieten kann man ebenfalls manche Entdeckungen machen: Seilbahnen und Sessellifte führen hinauf auf Zweitausender, von denen man herrliche Seepanoramen genießt, zwischen Rovereto und Trento verlaufen die ehemaligen Schützengräben des 1. Weltkriegs und südlich vom Gardasee wurde nach der Schlacht von Solferino die "Idee des Roten Kreuzes geboren".

Die Adria-Tour

Gängigste Einfallschneise Richtung Adriatisches Meer ist die Brenner-Route. Reichlich Kultur drängt sich hier zwischen Hochalpen und Rimini.

Wer nicht auf schnellsten Weg ans Meer durchrauschen will, kann zunächst den interessanten Wechsel von der alpenländischen zur mediterranen Welt erleben: Zwischenstopps lohnen in *Sterzing, Brixen, Bozen, Trento* und *Rovereto* - und schließlich in *Verona* mit seiner einzigartigen römischen Arena, den Skaliger-Bauten und seiner unvergleichlichen Atmosphäre zur Zeit der Opernfestspiele. Interessante Alternative zur Autobahn: die berühmten Uferstraßen am *Gardasee*. Südlich vom Gardasee sind die Adelspaläste der Gonzaga in *Mantua* mit herrlichen Fresken ausgestattet.

Am Südfuß der Alpen verläuft die Autobahn dann Richtung Venedig. Nicht auslassen sollte man hier *Vicenza*, die Stadt des Renaissancearchitekten Palladio und *Padua* mit den großartigen Fresken in der Cappella degli Scrovegni und der Wallfahrtskirche des heiligen Antonius. Südlich von Padua liegt am Fuß der üppig grünen Euganäischen Hügel schließlich das kleine Städtchen *Montagnana* mit einer perfekt erhaltenen Stadtbefestigung - eine der schönsten Europas. *Venedig*, Lagunenstadt auf Millionen von Eichenpfählen und ehemalige Dogenrepublik, deren Einfluß früher das ganze Mittelmeer umfaßte, ist natürlich ein Kapitel für sich (ausführliche Tips im Reiseteil). Nicht weit fährt man von hier in die wohlhabende Einkaufsstadt *Treviso*, in der die Weltfirma Benetton ihren Stammsitz hat, und zu diversen historischen Villen des Veneto, ebenso in die zahlreichen Badeorte der oberen Adria. Östlichste Stadt Italiens ist *Triest*, ein faszinierendes Konglomerat aus Alt-Österreich, Italien und Slowenien.

Richtung Süden führt die dicht gepackte Kultur-Tour zu zwei weiteren Highlights: zunächst die sympathische Renaissancestadt *Ferrara* in den Niederungen des Po, nah an der Küste dann *Ravenna* mit seinen weltberühmten byzantinischen Mosaiken. Landeinwärts ein weiteres Muß - *Bologna*, Stadt der Laubengänge und kulinarischen Genüsse, mit der ältesten Universität und der fünftgrößten Kirche der Welt. *Rimini*, berühmtester und größter Badeort der Adria, bietet schließlich eine Welt der Kontraste - tagsüber lärmender Badetrubel am endlosen Strand, nachts tobendes Vergnügen in zahllosen Discos, landeinwärts ein intaktes und stilvolles historisches Zentrum, wo man "Teutonengrill" und Rummel schnell vergißt. In der Entroterra, dem Hinterland Riminis, wartet das "Disneyland" *San Marino* auf Besucher, aber auch viele ruhige und ursprüngliche Ecken gibt es zu entdecken.

Wer aus dem Westen Deutschlands kommt und an die Adria will, kann natürlich in der Weltstadt *Mailand* Station machen, anschließend *Parma* mit seinem Baptisterium und vielleicht noch die nahen Erinnerungsstätten an den genialen Komponisten Verdi besuchen, der hier geboren wurde. Der wunderschöne Domplatz in *Cremona* ist schließlich einer der schönsten Flecken, um einen entspannenden italienischen Abend zu verbringen.

Die Riviera-Tour

Die Qual der Wahl hat man auch hier - will man einen oder mehrere der oberitalienischen Seen besuchen, die Poebene kennenlernen oder die diversen kleineren Kunststädte wie Pavia (mit der berühmten Certosa di Pavia), Bergamo, Vigevano und Cremona.

Auf jeden Fall sollte man Stopp machen in *Mailand* und/oder *Turin*. Die zwei größten Städte Oberitaliens bieten beide genügend Stoff für mehrere Tage Aufenthalt, allerdings auch heftigen Verkehr, Smog und sommerliche Ozonbelastung. Kulinarisch Interessierte lassen sich vielleicht auch die Weingebiete südlich von Turin nicht entgehen: *Alba*, *Asti* und Umgebung sind die richtige Adresse, um einen (oder mehrere) guten Tropfen zu kosten. *Genua* ist eine sehr eigene, sehr ungeschminkte Hafenstadt, deren verwinkeltes "Centro Storico" reichlich italienische Atmosphäre bietet. Rechts (östlich) von Genua trifft man bald auf den Geheimtip, der keiner mehr ist - die berühmte *Cinque Terre*, ein steiler Küstenstreifen, in den sich fünf Dörfer einschmiegen. Besonders Individualisten und Wanderer zieht es hierher. Links (westlich) von Genua liegen die schon seit dem letzten Jahrhundert bekannten Rivieraorte *Finale Ligure*, *Alassio*, *San Remo* und *Bordighera*, wo jeder Strandflecken für den Badebetrieb erschlossen ist. Doch die ruhigen Ecken gibt es hier ebenfalls noch, z.B. das hübsche *Noli* und das verträumte *Varigotti*.

Die Kul-Tour

Die Auswahl ist praktisch unbeschränkt - kaum ein Ort, der nicht über eine bedeutende Kirche, ein Kastell oder ein anderes Monument verfügt. Es ist immer wieder ein Vergnügen, die Verspieltheit und Reichhaltigkeit der italienischen Architektur zu erleben. Folgende Liste erhebt keinesfalls Anspruch auf Vollständigkeit, sondern ist eine rein persönliche Empfehlung von Städten, Museen, Kirchen und Landschaften im oberitalienischen Raum:

Bergamo (Città Alta, Santa Maria Maggiore, Cappella Colleoni und Accademia Carrara);
Bologna (Dom, Pinacoteca Nazionale;
Canossa (Burg und Landschaft);
Cinque Terre (Küstendörfer und Wandern);
Comacchio (reizvolles Adria-Städtchen mit Kanälen);
Comer See (Menaggio und Bellagio);
Cremona (Dom, Saal der Violinen und Stradivari-Museum);
Ferrara (Dom, Renaissancepaläste, jüdischer Friedhof);
Gardasee (Malcésine, Vittoriale von Gabriele d`Annunzio, Sirmione mit den Grotten des Catull);
Genua (Dom und Altstadt);

Mailand (Dom, Pinacoteca di Brera; Abendmahl von Leonardo da Vinci; Modeviertel, Kanäle im Stadtsüden);
Mantua (Palazzo Ducale und Palazzo del Te);
Modena (Dom);
Montagnana (Stadtbefestigung);
Iseo-See (Iseo und Monte Isola);
Padua (Piazza delle Erbe/Piazza della Frutta, Cappella degli Scrovegni, Basilica di Sant' Antonio);
Parma (Dom und Baptisterium);
Pavia (Certosa);
Predappio (Grabstätte Mussolinis);
Ravenna (byzantinische Fresken in Basilica San Vitale, Mausoleum der Galla Placidia,

Basilica Sant'Apollinare Nuovo und Basilica Sant'Apollinare in Classe);
Rimini (Tempio Malatestiano, Piazza Cavour, Strand- und Nachtleben);
Rovereto (Kriegsmuseum im Kastell);
Castello Torrechiara (Burg bei Parma);
Trento (Dom und Kastell);
Turin (Leichentuch, Mole Antonelliana, Ägyptisches Museum, Museum des Risor-gimento);
Venedig (Piazza und Basilica San Marco, Dogenpalast, Gallerie dell'Accademia);
Verona (Altstadt, Arena, Piazza del Erbe, Kirche San Zeno, Castel San Pietro);
Vicenza (Piazza dei Signori, Bauten von Palladio);
Vigevano (Piazza Ducale).

Die kulinarische Tour

Die Feinschmeckerprovinz im Norden Italiens heißt Emilia-Romagna und Bologna gilt als ihr kulinarisches Zentrum. Aus Parma stammen der gleichnamige Schinken und der weltberühmte Käse, in Modena wird der wertvolle Aceto di Balsamico produziert, dazu trinkt man einen perlenden Lambrusco ...

Doch gut essen kann man überall in Oberitalien, sofern man die Abfüllerungszonen der Touristen meidet - Fischsuppe an der Adria, Risotto in Mailand, Süßwasserfische an den Seen, Pesto und "Farinata" in Ligurien, Trüffel im Piemont, Fondue im Aosta-Tal, Jota-Suppe im Friaul ... Abwechslungsreich zeigt sich auch die Südtiroler Küche mit ihren Gerichten österreichischer und italienischer Herkunft.

Die besten Weine stammen aus Venetien, Friaul und dem Piemont, der *Amarone di Valpolicella* gilt als einer der edelsten Tropfen. Reizvoll zum Degustieren und Einkauf direkt vom Erzeuger - die Valpolicella-Region bei Verona, das Gebiet um Soave, die Prosecco-Region bei Treviso, das Weingebiet der Langhe um Alba und die Weinstraße bei Gorizio an der slowenischen Grenze. Weitere Hinweise in den jeweiligen Kapiteln des praktischen Reiseteils.

Die sportliche Tour

Die Windverhältnisse in den südlichen Alpen schaffen vor allem für *Surfer* optimale Bedingungen - populärste Anlaufpunkte sind Riva und Torbole am Gardasee, zahllose weitere Brettflitzer treffen sich in Domaso und Cólico am Comer See. *Radler* finden ebenfalls um die Seen anspruchsvolle Mountainbike-Routen, außerdem viele Kilometer Radwege in der flachen Poebene, z.B. um Ferrara und Ravenna. Das Bike kann per Bus oder Bahn nach Italien transportiert werden (→ Anreise mit dem Fahrrad). *Drachenflieger* stürzen sich am Comer See oberhalb von Cólico in die Lüfte, *Freeclimber* zieht es nach Arco nördlich vom Gardasee, wo alljährlich die Weltmeisterschaften veranstaltet werden. An Riviera und Adria gibt es natürlich Sportmöglichkeiten aller Art - Wassersportzentren, Golf und Minigolf, Wasserski, Reitställe u.m.

Kultur hautnah auf Schritt und Tritt, hier in Verona

Eine eher unorthodoxe Anreisevariante

Anreise

Eigenes Fahrzeug oder Bahn - die Entscheidung fällt bei einem Nahziel wie Oberitalien natürlich meist zugunsten des Wagens. Von Frühjahr bis Herbst schieben sich schier endlose Autokolonnen über die Alpen, knattern ganze Surfkarawanen zum Traumziel Gardasee.

Im Zeitalter von Verkehrsinfarkt, Waldsterben und Ozonloch sollte man jedoch die Alternative *Bahn* unbedingt in Erwägung ziehen. Die Alpen werden durch den ständig zunehmenden Durchgangsverkehr schwer belastet, alljährlich kommt es an den Hauptrouten zu Protesten der Anwohner. Bahnfahren in Italien ist zudem billig, das Streckennetz in Oberitalien ist abgesehen von den Alpenregionen dicht und wird durch ein engmaschiges Bussystem ergänzt. Und in Städten wie Venedig oder Mailand ist der sperrige Blechkarren eher lästig als hilfreich.

Am umweltfreundlichsten ist zweifellos das *Fahrrad* - hier verpulvert man nur die eigene Energie und die setzt bislang noch keine sonderlich giftigen Abgase frei. Verleihstellen gibt es mittlerweile in den meisten Badeorten und in vielen Städten.

Mit dem eigenen Motorfahrzeug

Vom Standpunkt der reinen Bequemlichkeit für eine ausgedehnte Oberitalienreise natürlich sehr zu empfehlen - von Süddeutschland ist man in einem knappen Tag am Ziel, das Straßennetz ist hervorragend ausgebaut und die Unabhängigkeit von Fahrplänen der Busse und Eisenbahnen verschafft größtmögliche Beweglichkeit.

Einige der Vorteile: Man kann direkt beim Hotel vorfahren, muß sich nicht ständig nach selten verkehrenden Buslinien erkundigen, vermeidet Wartezeiten, kann problemlos Tagesausflüge in kleine, abgelegene Orte oder zu kaum besuchten Stränden machen, kann alles mit sich führen, was man braucht (Campingausrüstung, Schlauchboot, Surfbretter) und auch größere Einkäufe tätigen. Spontane Stop-overs und Abstecher sind jederzeit möglich.

Die "Unannehmlichkeiten" sollte man sich allerdings ebenfalls deutlich bewußt machen:

- das Auto ist neben dem Flugzeug Umweltfeind Nr. 1
- brütende Sommerhitze im geschlossenen Blechkasten
- kostenpflichtige Autobahnen
- teurer Kraftstoff
- fast überall sind die Altstadtzentren für den Verkehr gesperrt
- teures Parken
- Großstadtchaos - endlose Blechlawinen, Staus, Hupkonzerte
- Autoknacker!!

▶ **Kosten:** Die Preise für Benzin und Dieselkraftstoff in Italien entsprechen etwa denen in BRD, A und CH. Dazu kommen Autobahngebühren und teils hohe Parkplatzkosten. Erst wenn sich 3-4 Personen alle anfallenden Kosten teilen, wird der eigene PKW ein relativ preiswertes Vergnügen! Tip für Einzelfahrer oder Paare: Ein Anruf bei der nächsten Mitfahrzentrale, und schon hat man zahlende Passagiere, die die Anfahrtskosten deutlich senken helfen. Diesel-Fahrer liegen richtig - ihr Kraftstoff ist in Italien gut 25 % billiger als Super (Normal sollte man wegen der niedrigen Oktanzahlen in Italien nicht tanken).

▶ **Autoreisezüge:** Wer sich nicht die lange Tour durch deutsche Lande und über die Alpen zumuten will, gleichzeitig einen aktiven Beitrag für den Umweltschutz leisten will, für den bieten sich die Autoreisezüge an. Züge aus dem Westen und Norden der Bundesrepublik starten abends nach Oberitalien und fahren die Nacht durch. Im Liege- oder Schlafwagen kann man dem Streß ein Schnippchen schlagen und morgens ausgeruht sein Ziel ansteuern. Preisvergleiche lohnen, die Kosten sind je nach Reisedatum sehr unterschiedlich. Da die Kapazitäten begrenzt sind, empfiehlt sich in der Hauptreisezeit sehr frühzeitige Buchung.

Weitere Details in der Broschüre "Autoreisezüge der DB" (auch mit Verbindungen nach Süddeutschland, Österreich und in die Schweiz).

Folgende Züge stehen zur Auswahl:
- München Ost - **Rimini**;
- Hannover, Köln-Deutz - **Alessandria**;
- Hamburg-Altona, Hannover, Köln-Deutz, Neu-Isenburg - **Bozen**;
- Hamburg-Altona, Hannover, Köln-Deutz- **Verona**;

Preisbeispiel (Stand '95) 1 Auto/1 Erw. mit Liegeplatz 2. Kl.: Hannover-Bozen ab 707 DM (hin und zurück) ab 934 DM), jeder weitere Erw. 160 DM (320) DM.

Vor der Reise

▶ **Fahrzeug-Check/Pannenvorsorge**: Checken Sie die wichtigen Teile ihres Fahrzeugs vor der Fahrt gründlich durch und achten Sie darauf, daß sich alles in gutem Zustand befindet. Vor allem: Profiltiefe der Reifen prüfen! An Bord sollten sein: Parkscheibe (wichtig, da oft nur damit in den großen Städten kostenloses Parken erlaubt ist), Verbandskasten (in Österreich auch für Motorradfahrer Pflicht), Warndreieck, Reserverad (Luftdruck ok?), Starthilfekabel, Abschleppseil, Keilriemen, Glühbirnen/Zündkerzen/ Sicherungen, Kontaktspray, wichtiges Werkzeug (vor allem Wagenheber, Radkreuz bzw. Radmutternschlüssel), Bremsflüssigkeit, ausreichend Motoröl, Behälter zum Nachfüllen von Kühlwasser und destilliertes Batteriewasser. Das Mitführen von Reservekraftstoff ist in Italien wegen der Brandgefahr verboten.

Werkstätten für alle gängigen Automarken sind in den größeren Städten zu finden (Verzeichnis mitnehmen, ansonsten genügt ein Blick ins Telefonbuch). Ausnahme sind japanische Autos, die wegen der restriktiven italienischen Importpolitik nur selten anzutreffen sind. Japanische Motorräder, speziell Enduros, sind dagegen verbreitet.

▶ **Papiere**: Mitzunehmen sind der nationale Führerschein *(patente di guida)*, der Fahrzeugschein *(libretto di circolazione)* und die grüne *Versicherungskarte* - letztere wird bei Schadensfällen verlangt, gelegentlich auch bei Routinekontrollen.

▶ **Kennzeichen D**: das ovale D-Schild ist für alle PKW aus Deutschland Pflicht, das gilt auch für die neuen Euro-Schilder, auf denen ein kleines "D" aufgedruckt ist. Umgerechnet 100 DM kann die italienische Polizei von deutschen Autofahrern "ohne" kassieren, von den Eidgenossen 22 DM und von den Österreichern immerhin noch 14 DM.

▶ **Versicherung**: Anzuraten ist bei neuen Fahrzeugen unbedingt eine vorübergehende *Vollkaskoversicherung*, da die Deckungssummen italienischer Haftpflichtversicherer lächerlich niedrig sind. Bei Diebstahl springt die Vollkasko (und Teilkasko) ebenfalls ein.

Auch einen *Auslandsschutzbrief* sollte man abschließen - alle Automobilclubs und Versicherer bieten ihn an. Erstattet werden die Versandkosten von Ersatzteilen, der Heimtransport von Fahrzeug und Personen, eventuell anfallende Übernachtungskosten, Verschrottung, Überführung (im Todesfall) und einiges mehr. Genaue Bedingungen bei der jeweiligen Gesellschaft erfragen. Jahrespreise liegen zwischen 60 und 100 DM. Zu empfehlen ist der Schutzbrief des VCD (Verkehrsclub der Bundesrepublik Deutschland), der sich nachdrücklich für die Interessen der Umwelt einsetzt *(VCD, Eifelstr. 2, D-53119 Bonn, Tel. 0228/985850)*. Der Abschluß eines Schutzbriefes bei der eigenen Haftpflichtversicherung kann eine prozentuale Herabstufung der Versicherungssumme bringen.

▶ **Straßenkarten:** Für die Anfahrt durch Österreich und Schweiz reicht jeder aktuelle Straßenatlas aus. Automobilclub-Mitglieder können sich ein kostenloses Paket mit Karten, Gebühreninformationen etc. zusammenstellen lassen. Italienkarten → Reisepraktisches A - Z.

Unterwegs in Italien

Auf den ersten Blick wirkt der italienische Blechsalat chaotisch und unberechenbar. Das verspielt-kreative, gern sich etwas "anarchisch" gebärdende Naturell vieler Italiener bricht auch beim Autofahren durch. Aber keine Panik - das sieht alles schlimmer aus, als es ist! Wenn man sich einmal daran gewöhnt hat, kann das Autofahren in Italien viel Spaß machen.

Grundlegender Unterschied zum streng regelorientierten Verkehr nördlich der Alpen: der individuelle Entscheidungsspielraum jedes Fahrers ist wesentlich größer. Durch Vorschriften läßt man sich nicht tyrannisieren, fährt vielmehr nach Gefühl und achtet dabei eher auf die Verkehrspartner als auf Verkehrszeichen. Bei Rot flitzt man noch schnell über die Kreuzung, Geschwindigkeitsbeschränkungen werden fast grundsätzlich ignoriert, an Stoppschildern fädelt man sich keck in den Verkehr auf der Vorfahrtsstraße ein, latscht plötzlich auf die Bremse und plauscht mit dem Fahrer eines entgegenkommenden Wagens - oder parkt in zweiter Reihe und blockiert die ganze Straße, worüber sich niemand aufregt, am allerwenigsten die Polizei. Jedoch: im Norden Italiens ist dies alles noch nicht so stark ausgeprägt wie beispielsweise in Rom und weiter südlich. Wichtige Schilder und Ampeln werden in der Regel genauso beachtet wie bei uns - was man von Neapel nicht gerade behaupten kann.

Defensives Fahren ist auf jeden Fall angebracht, außerdem ein gewisses Verständnis für die südländische Fahrfreude. Italienische Fahrer fahren flott, kleben gerne an der Stoßstange ihres Vordermanns, überholen bei jeder sich bietenden Gelegenheit (auch an unübersichtlichen Stellen - der Entgegenkommende hat gefälligst zu bremsen!) und schneiden dabei ganz gerne mal. Da macht auch die brave Ordensschwester keine Ausnahme. Vor allem in Großstädten sollte man wachsam sein und im Strom mitgleiten, so gut es geht, jedoch auch klar seine Absichten zeigen und zielbewußt durchführen (Spurwechsel, Abbiegen etc.). Im Zweifelsfall hat der "Stärkere" Vorfahrt, akzeptiert wird höchstens noch rechts vor links. Unangenehm sind die zahllosen *Moped- und Rollerfahrer*, die zwischen den Autokolonnen Slalom fahren und vorzugsweise rechts überholen. Wenn man das Steuer nach rechts einschlagen will, große Vorsicht und immer vorher schauen - meist rast gerade einer dieser Jünglinge vorbei! Eine sympathische Gewohnheit hingegen, daß fast alle italienischen Autofahrer in der Dämmerung nur *Standlicht* einschalten - das grelle Abblendlicht wird erst benutzt, wenn es wirklich dunkel wird.

Auf den *Fernstraßen* zeigen sich Ungeduld und Temperament im häufigen Gebrauch von Hupe und Lichthupe (letztere meist nur als wohlmeinende Warnung gedacht, nicht aggressiv), gelegentlich auch in riskanten Überholmanövern. Die Dauerlichthuper auf Autobahnen gibt's leider auch, jedoch lange nicht in dem Maß wie in Deutschland.

Statistisch eindeutig belegt - *Unfälle* mit Verletzten oder Toten sind seltener als bei uns und gehen meist glimpflicher ab! Blechschaden durch Auffahren kommt jedoch vor. Falls vertretbar, sollte man sich bei kleineren Rempeleien einigen, ohne Polizei bzw. die Versicherung einzuschalten und sich den Schaden lieber bar ersetzen lassen. Den Italienern ist das meist auch lieber als der langatmige Papierkrieg und die oft rigorose Höherstufung ihrer Versicherung im Schuldfall. Wichtig bei größeren Karambolagen: italienische Wagen haben an der Windschutzscheibe die Versicherungs-Nr. und Versicherungsgesellschaft aushängen. Diese unbedingt notieren und unbeteiligte Zeugen ermitteln.

▶ **Motorrad:** Im Grundsätzlichen gilt dasselbe wie für PKW-Fahrer. Jedoch müssen Motorradfahrer noch aufmerksamer auf Straßenzustand und Verkehr achten, da sie von den vierrädrigen Kollegen leicht "übersehen" werden. Im Falle eines Falles ist man im Lederkombi immer schlechter dran als in der geschlossenen Blechkiste. Achten Sie auf Nebenstrecken darauf, nicht zu schnell zu fahren. Manchmal ist wegen der Hitze der Asphaltbelag in Kurven aufgeweicht - extreme Rutsch- und Sturzgefahr!

Spezielles Problem für Zweiradfahrer könnten die streng geregelten Öffnungszeiten der Tankstellen sein. Vor allem auf Langstrecken muß man wegen des relativ geringen Aktionsradius einer Motorrad-Tankfüllung häufig nachtanken. Deswegen immer gut kalkulieren bzw. reichlich 10.000 Lire-Scheine für Tankautomaten sammeln, sonst sitzt man unter Umständen einige Stunden auf dem Trockenen.

Ersatzteile bekommt man in den italienischen Großstädten problemlos. Trotzdem natürlich motorradspezifisches Werkzeug und wichtige Ersatzteile mitnehmen (Sicherungen, Lampen, Flickzeug, Bowdenzüge, Nippel etc.).

Viele Zweiradfahrer benutzen die **Alte Brennerstraße** (Bundesstraße 182), um schnell und kostenfrei zur Grenze zu gelangen (→ Anreiserouten). Diese ist sicher wesentlich reizvoller als die benachbarte Autobahn. Jedoch ist sie viel schwieriger zu befahren, da sie sehr schmal und für ein größeres Verkehrsaufkommen verkehrstechnisch in keiner Weise geeignet ist. Jedes Jahr ereignen sich scheußliche Unfälle.

• *Höchstgeschwindigkeit*: auf **Landstraßen** - PKW und Motorräder 90 km/h, Wohnmobile über 3,5 t 80 km/h, PKW mit Anhänger 70 km/h.
Auf **Schnellstraßen** (zwei Spuren in jeder Fahrtrichtung) - PKW und Motorräder 110 km/h, Wohnmobile über 3,5 t 80 km/h, PKW mit Anhänger 70 km/h.
Auf **Autobahnen** - PKW bis 1099 ccm 110 km/h, darüber 130 km/h, mit Anhänger 80 km/h. Motorräder bis 149 ccm verboten, bis 349 ccm 110 km/h, ab 350 ccm 130 km/h, Wohnmobile über 3,5 t 100 km/h.

• *Weitere Verkehrsvorschriften*: vor dem **Anhalten** und **Wechseln der Fahrspur** rechtzeitig blinken; **Abschleppen** auf Autobahnen verboten; **Straßenbahnen** haben grundsätzlich Vorfahrt; in Orten mit guter **Straßenbeleuchtung** ist Standlicht erlaubt, in **Tunnels und Galerien** grundsätzlich Abblendlicht einschalten; seit 1990 gilt auch in Italien **Promillegrenze** 0,8 (die "Tüte" ist mittlerweile eingeführt); ein Gegenstand, der auf dem Wagendach transportiert wird und über das Wagenende hinausragt (z.B. **Surfbrett** oder **-mast**) muß mit dem dafür vorgeschriebenen 50 x 50 cm großen, rotweiß gestreiften Schild abgesichert werden, sonst Risiko einer Geldstrafe. Erhältlich im deutschen Fachhandel, in Italien an Tankstellen.

• *Pannenhilfe*: **Notrufsäulen** stehen in regelmäßigen Abständen an den Autobahnen. Der **Straßenhilfsdienst** des italienischen Automobilclubs ACI ist in ganz Italien rund um die Uhr unter Tel. 116 zu erreichen. Die kostenlose Pannenhilfe für Touristen wurde gestrichen - Ausnahme sind jedoch Besitzer von Euro- und Auslandsschutzbriefen.
Polizeinotruf/Unfallrettung in ganz Italien rund um die Uhr, Tel. 113.
Deutschsprachiger Notrufdienst des ADAC ganzjährig in **Rom**, Tel. 06/ 4440404.

• *Häufige Verkehrsschilder*: **accendere i fari** = Licht einschalten; **attenzione uscita veicoli** = Vorsicht Ausfahrt; **divieto di accesso** = Zufahrt verboten; **lavori in corso** = Bauarbeiten; **parcheggio** = Parkplatz; **rallentare** = langsam fahren; **senso unico** = Einbahnstraße; **strada senza uscita** = Sackgasse; **tutti direzioni**: alle Richtungen; **zona disco** = Parken mit Parkscheibe; **zona a traffico limitato** = Bereich mit eingeschränktem Verkehr; **zona pedonale** = Fußgängerzone; **zona rimorchio** = Abschleppzone.

• *Kraftstoff*: Durch die Lireabwertung sind die Preise für uns wieder im Rahmen. Vor allem, wer Diesel fährt, darf sich glücklich schätzen. Die Preise sind einheitlich geregelt, manchmal gibt es sconto (Rabatt) von einigen Lire:
Bleifrei (senza piombo) ca. 1605 Lire (95 Oktan),
Super (super) ca. 1715 Lire (97 Oktan),
Diesel (gasolio) ca. 1270 Lire (Stand '95).
Bleifrei wird in Norditalien flächendeckend angeboten. In der Hochsaison kommt es aber ab und an zu Nachschubschwierigkeiten.

• *Tankstellen*: an **Autobahnen** Tag und Nacht geöffnet, sonst in der Regel von 12-15 und 22-7 h geschl., außerdem an Wochenenden. Manchmal gibt es **Zapfautomaten**, an denen Sie mit einem unzerknitterten 10.000-Lire-Schein tanken können. Kreditkarten werden nur selten akzeptiert! Benzingutscheine wurden 1992 endgültig abgeschafft.
Da in Italien noch eine Menge kleiner Tankstellenpächter arbeiten, die mit ihrer Zapfstelle so gerade über die Runden kommen, kommt es immer wieder zu **Streiks**! Diese können bis zu fünf Tagen dauern. Wer dann "trocken" erwischt wird, schaut alt aus. Nur Autobahntankstellen, auf denen das Streiken verboten ist, können in einem solchen Fall weiterhelfen.

Autobahnen
Sind bis auf die obligaten Teilstücke, wo ständig verbessert oder verbreitert wird, in Oberitalien meist in sehr gutem Zustand. Dafür muß man jedoch löhnen - italienische Autobahnen (autostrade) sind kostenpflichtig.

Mautkarte entnehmen – gezahlt wird bei der nächsten Station

Kontrollstellen am Beginn jeder Autobahn und an jeder Einfahrt *(Alt stazione!)*, hier wird ein Ticket ausgegeben (gelben bzw. roten Knopf drükken), beim Verlassen oder Wechseln der Autobahn wird zur Kasse gebeten. Geld und Mautkarte griffbereit halten - wer die Karte verloren hat, muß die mögliche Gesamtstrecke zahlen!

Den Zahlungsverkehr erleichtert die magnetische *Viacard*, erhältlich im Wert von 50.000 und 90.000 Lire bei den Automobilclubs, an Grenzübergängen und großen Raststätten. Für Karteninhaber gibt's an den Zahlstellen Extraspuren, dort werden die Beträge automatisch abgebucht (zunächst Autobahnticket, dann Viacard einführen). Jedoch Vorsicht: immer auf ausreichende Deckung achten bzw. zweite Karte mitführen, denn Aufzahlen in Bargeld ist nicht möglich. Man kann auch die normalen Spuren benutzen und dort vom Personal die Gebühr abbuchen lassen.

Generell - die Gebühren summieren sich bald zu ansehnlichen Beträgen. Wer's nicht eilig hat, sollte ab und an auf die Staatsstraßen (SS) ausweichen, die fast immer parallel zur Autobahn laufen. Man kann erheblich sparen!

● *Gebühren*: einheitlich geregelt - alle PKW, Motorräder, sowie zweiachsigen Fahrzeuge mit einer Höhe von mehr als 1,30 m an der Vorderachse (vom Boden gemessen) zahlen denselben Preis. Vom Brenner bis Verona werden beispielsweise ca. 24 DM berechnet, von Como bis Genua ca. 18 DM, von Milano nach Venedig etwa 22 DM. Mit einachsigem Wohnwagen muß man etwa 25 % mehr löhnen, mit zweiach-

sigem Wohnwagen 50-60 % (aktuelle Daten bei den Automobilclubs).

● *Raststätten*: gibt es in ausreichender Zahl, eine gut bestückte Snackbar ist bei jeder Tankstelle vorhanden. Die Self-Service Restaurants **Agipristo**, **Motta** und **Pavesigrill** haben ein abwechslungsreiches Angebot, darunter auch ausreichend Salate. Angeschlossen ist oft ein Supermarkt.

Stadtverkehr

Die historisch gewachsenen Stadtzentren Italiens mit ihren engen und verwinkelten Gassen sind dem hohen Verkehrsaufkommen in keiner Weise gewachsen. Zudem wird die wertvolle Bausubstanz empfindlich geschädigt.

Fast überall hat man inzwischen drastische Maßnahmen ergriffen: ganze Altstadtzentren sind zeitweise oder ständig für den Autoverkehr gesperrt *(zona a traffico limitato)*, nur autorisierte Fahrer und Anwohner dürfen hineinfahren bzw. dort parken - Italien als Vorreiter für Europa! Das gilt für alle Großstädte, aber auch für die meisten Orte am Gardasee. Urlaubern ist es jedoch in der Regel gestattet, mit dem PKW ein Hotel in der Altstadt suchen.

▶ **Ins Zentrum und wieder raus**: In allen großen Städten ist die Stadtmitte mit Schildern Richtung *centro* gekennzeichnet und/oder mit dem Zeichen ◉.

Wer schnell wieder raus und auf die Autobahn will: kein Problem, so viele Autobahnhinweisschilder wie in Italien findet man selten irgendwo. Und keine Panik, wenn man einmal einen Hinweis überfährt - zwei Ecken weiter kommt garantiert der nächste.

▶ **Ampeln**: Abbieger bekommen oft eher Grün als die Hauptampel für Geradeausfahrer. Auf Nebenampeln, Pfeile etc. achten - sonst gibt's ein melodisches Hupkonzert. An Ampeln mit langer Wartefrequenz lauern oft hartnäckige Scheibenwäscher, Krimskramsverkäufer und Bettler. Die Scheibenwäscher läßt man im Zweifelsfall besser gewähren und drückt ihnen 1000 Lire als Wegzoll in die Hand (aus eigener Erfahrung: wenn man abwinkt, ist die Antenne schnell abgeknickt ...). Am besten auch vorsichtshalber Türschließknopf runter, die Jungs sind nicht immer seriös.

▶ **Parken**: in den Zentren der großen Städte ein schwieriges und teures Unterfangen - unübersehbar kennzeichnen überall Schilder die ausgedehnten Zonen, wo Parken verboten ist. Strafzettel sind schnell ausgestellt (werden aber bisher in der Regel nicht an die deutschen Behörden übermittelt), an exponierten Stellen werden Falschparker auch an den Haken genommen. Alljährlich zum Beginn der Touristensaison macht die Polizei verstärkt Jagd auf Parksünder. Dran denken - an gelb markierten Bordsteinen bzw. auf gelb gerahmten Parkflächen dürfen nur öffentliche Verkehrsmittel wie Busse und Taxis parken.

Ärger und Kosten vermeidet man, indem man sich eine Parklücke außerhalb des *centro storico* sucht und zu Fuß hineinläuft bzw. einen Bus nimmt. Im Zentrum kann man entweder an Gebührenautomaten (ca. 1-2,50 DM/Std.) oder gratis mit Parkscheibe (nicht zu Hause vergessen!) in der *zona disco* parken, beides jedoch in der Regel nur bis zu einer Stunde. Bei längerem Aufenthalt bequemer sind die gebührenpflichtigen (und meist bewachten) *Parkplätze*, die fast jede Stadt in Fußentfernung zu den Sehenswürdigkeiten anbietet (ca. 2 DM/Std., bei längerem Aufenthalt wird es billiger). Unterm Strich: Die Kosten summieren sich schnell.

Wer in einem Hotel in der Altstadt untergekommen ist, erhält dort meist einen *Anwohner-Parkausweis*. Falls nicht, kann es sein, daß man den PKW nach dem Entladen wieder aus dem Zentrum entfernen und außerhalb parken muß. Über eigene Garagen oder andere Parkmöglichkeit verfügen in der Regel nur Hotels der Kategorie *** aufwärts.

Wenn Sie zugeparkt wurden, z.b. durch ein Auto in zweiter Reihe, drücken Sie ein paar Mal kräftig auf die Hupe. Meist kommt dann der Fahrer eilends aus der nächsten Bar und fährt sein Vehikel aus dem Weg. Dieses Gebahren ist keine Unhöflichkeit, sondern wegen des Mangels an Parkplätzen gängige Praxis.

▶ **Fahrzeugdiebstahl:** in italienischen Großstädten häufig geübter Sport, vor allem Neuwagen sind gefährdet. Ganze PKW verschwinden zwar in der Regel selten, aber verlockend präsentierte Inhalte werden immer wieder Beute von Langfingern. Meist wird in einem solchen Fall die Scheibe eingeschlagen und binnen Sekunden ist das Auto ausgeräumt. Riskante Örtlichkeiten erkennt man an den Haufen von Glassplittern auf der Straße! Ganz wichtig deshalb: Nichts im Fahrzeug lassen, **das Handschuhfach leeren und offen stehen lassen** (signalisiert - hier gibt's nichts zu holen). Neueste Mode - man trägt wieder Autoradio! In Großstädten hat sicher jeder dritte einheimische Autofahrer sein wertvolles Stück unter dem Arm. Wer auf Nummer Sicher gehen will, baut sein Radio und/oder Cassettendeck bereits zu Hause aus. Italienische Autos haben häufig eine *Alarmanlage* - um die sich wegen der häufigen Fehlalarme jedoch niemand schert, wenn sie losheult. Empfehlenswerter ein massives *Lenkradschloß*, das Kupplungspedal und Lenkrad verbindet.

Falls das Fahrzeug gestohlen wurde, sich sofort an die nächste Polizeidienststelle wenden. Für die Verlustanzeige an die Versicherung benötigt man die **carta bollata**, ein Formular, das man in Tabacchi-Läden kaufen kann. Die Polizei muß darauf den Verlust des Wagens bestätigen.

Anreiserouten

Je nachdem aus welcher Ecke man kommt, muß man die Alpen via Schweiz oder Österreich durchqueren. Die Möglichkeiten sind vielfältig, ebenso die landschaftlichen Eindrücke. Eine Übernachtung unterwegs kann reizvoll sein, z.B. im mondänen St. Moritz oder am idyllischen Fernsteinsee.

Staus vermeiden: Die großen Automobilclubs erarbeiten für Mitglieder einen *kostenlosen Streckenplan* von Start- bis Zielort, außerdem *Staukalender* anfordern.

Unterwegs *Straßenbericht* im Radio hören und eventuelle Ausweichrouten überlegen. Am Brenner Radio Bozen auf FM 98,1/99,0/99,6 oder 101,5 mHz (Verkehrsdurchsagen jeweils kurz vor 10, 12, 13, 17 und 20 h). In Italien auf FM 103.3 mHz stündlich Verkehrsnachrichten auch auf deutsch.

An besonders "heißen" Wochenenden setzt die DB *Autoreisezüge* in der kritischen Zone von Ingolstadt bis Villach (Österreich) ein, kostet ca. 260 DM für PKW incl. aller Insassen.

Generell gilt: Wer sparen will, sollte spätestens ab der italienischen Grenze die Autobahn meiden. Das italienische Autobahnnetz ist zwar hervorragend ausgebaut, jedoch fallen erhebliche Mautgebühren an (→ oben). Einige Varianten, auf denen man den kostspieligen Autobahnen ein Schnippchen schlagen kann, sind in den folgenden Routenbeschreibungen aufgeführt. Dabei fallen in der Regel jedoch längere Fahrtzeiten an.

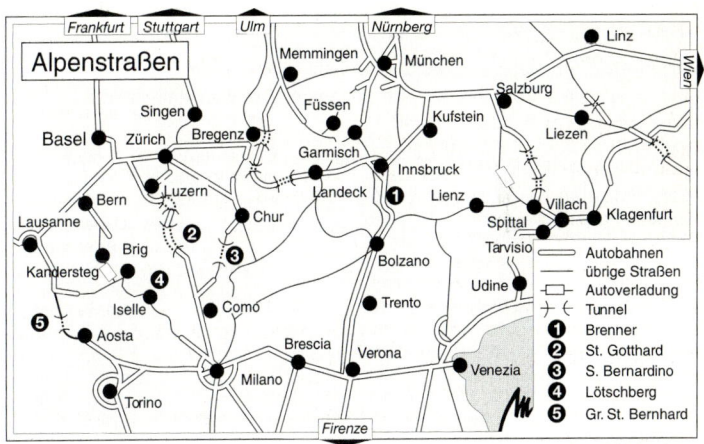

Aus Süddeutschland

Gängigste und bequemste Route ist sicher die Autobahn über den Brenner - zügig zu befahren, ausreichend Raststätten und Tankstellen (auch auf italienischer Seite). Jedoch fallen ab Innsbruck hohe Mautgebühren an. Zu Ferienterminen außerdem extrem stauanfällig!

Von **München** auf der A 8 Richtung Salzburg, ab Inntaldreieck die A 93 zum Grenzübergang Kiefersfelden/Kufstein nehmen. Nach **Innsbruck** auf der breiten Autobahn A 12 (diese langgestreckte Autobahnschleife frißt Kilometer und Sprit).

Von der Olympiastadt führt der schnellste Weg nach Italien über die *Brenner-Autobahn* mit der 190 m hohen *Europa-Brücke* (nach der Brücke kann man parken und den grandiosen Ausblick genießen). Allerdings ist die Mautgebühr erheblich - einfach muß man für PKW und Kleinbusse mit 19 DM rechnen (Motorrad 14 DM, Gespanne 25 DM) bzw. dem Gegenwert in Schilling oder Lire (Betrag passend bereithalten, Wechselgeld gibt's in Schilling). Spartip unten → Innsbruck - Brenner.

Ab dem **Brennerpaß** (1374 m, österr./ital. Grenze) zügige Talfahrt die lang ausgleitenden Südtiroler Täler entlang. Zwischen sonnendurchglühten Weinhängen, Obstbaumkulturen und schroffen Felshängen kleben beidseitig der Autostrada Ritterburgen wie aus dem Bilderbuch. Vorsichtig fahren, anfangs ziemlich steil, außerdem viele schlecht beleuchtete Tunnels. Bei Sterzing

Mautstelle mit sommerlicher Staugefahr. Über Bozen und Trento geht es schnell nach **Verona**, wo die endlose Weite der Poebene beginnt. Kurz vorher bei Rovereto Sud/Lago di Garda-Nord Abfahrt zum **Gardasee**. Bei **Modena** wechselt man von der A 22 auf die A 1 nach **Bologna**, die als berühmte *strada del sole* von Milano kommt und sich bis Rom fortsetzt. Ab Bologna wird das Land unvermittelt hügliger, z.T. fast dramatisch. Schroffe Klippen und grüne Bergrücken signalisieren den Beginn des Apennin. Viele Kurven und kaum weniger Tunnels, dazu ständig starker Verkehr Richtung Toskana.

▶ **Varianten**: Wer mehr von der Landschaft sehen und gleichzeitig Mautgebühren sparen will, kann sich für folgende Strecken entscheiden. Allerdings benötigt man dafür in der Regel mehr Zeit.

• *München → Innsbruck*: Wer aus Richtung Nürnberg kommt, kann kurz vor Autobahnende in München den Abzweig Richtung **Garmisch-Partenkirchen** nehmen. Auf einer Ringstraße fährt man westlich ums Zentrum und dann auf die sog. **Starnberger Autobahn** nach Garmisch - gut ausgebaut mit etlichen Rastplätzen und schöner Sicht auf die Alpen. Autobahnende 17 km vor Garmisch, auf Landstraße mit oft zähfließendem Verkehr weiter zum Grenzübergang Mittenwald/Scharnitz. Letzte deutsche Tankstelle am Grenzübergang (Sprit in Österreich ist teurer). Abenteuerlich dann die Fahrt den **Zirlerberg** hinab nach Innsbruck (15 % Gefälle, in umgekehrter Richtung für Gespanne verboten!). Alle paar hundert Meter steile Auslaufspuren, falls die Bremsen versagen. Beeindruckender Blick auf das Inntal und die österreichische Olympia-Stadt. Oder auf der sog. **Salzburger Autobahn** bis zum Abzweig Holzkirchen, von dort die B 318 weiter Richtung Tegernsee (kleine Pause einplanen). Über Kreuth (beliebter Treffpunkt von CSU-Politikern) hinauf zum Achenpaß (20 % Gefälle). Auf einer Landstraße erreicht man dann die Autobahn nach **Innsbruck**.

• *Schwaben → Innsbruck*: aus Richtung Ulm oder Würzburg kommend die A 7 bis Autobahnende, dann Landstraße mit häufig sehr zähem Verkehr zum Grenzübergang **Pfronten-Reutte** (oft Staus). Danach über den **Fernpaß** (1209 m) auf die Auffahrt Mötz der Autobahn nach Innsbruck - weiter Brenner-Autobahn (→ oben), alte Brennerstraße 182 (→ nächster Abschnitt) oder über den Reschenpaß Richtung Comer

See (→ Alternativen). Insgesamt landschaftlich schöne Route, zur Feriensaison allerdings meist überlastet.

• *Innsbruck → Brenner*: Diese Strecke kann man auch fahren, ohne einen Pfennig Maut zu zahlen. Lediglich eine Stunde länger als die Autobahn, weil für LKW verboten, ist die Fahrt über die **alte Brennerstraße (182)** neben der Autobahn durch das reizvolle Eisacktal. Dafür in Innsbruck von der Inntal-Autobahn abfahren und blaue Hinweistafeln beachten, Abzweig erfolgt im Stadtzentrum. Äußerst kurvenreich, schmale Ortsdurchfahrten, gemütliche Rasthäuser und imposante Panoramen - anfangs der herrliche Rückblick auf Innsbruck und die Olympiaschanze, dann aus der Froschperspektive die mächtige Europabrücke mit ihren gewaltigen Pfeilern. Geschwindigkeitsbeschränkungen und Überholverbote beachten, Polizei kontrolliert hier gerne. In den Ortschaften außerdem unbedingt Fuß vom Gaspedal, die Bewohner leiden unter dem ständigen Durchgangsverkehr! **Tip**: Wer's eilig hat und trotzdem sparen will, nimmt die Brenner-Autobahn nur bis Ausfahrt **Stubaital**, kostet ca. 7 DM (PKW und Motorrad). Dann hat man das steilste Stück hinter sich und fährt in ca. 20 Min. gemütlich die alte Brennerstraße zur Grenze hinauf.

• *Brenner → Verona*: Neben der gebührenpflichtigen Autobahn kann man die gleiche Strecke über die **Staatsstraße (SS 12)** zurückzulegen. Das kann allerdings deutlich länger dauern, da wie LKW die teils einspurige Strecke benutzen und es in den Ortschaften oft Staus an den Ampeln gibt.

▶ **Abstecher**: Wer nicht bis Verona durchrauschen will, findet im Folgenden zwei landschaftlich lohnende Möglichkeiten, von der Hauptroute seitlich auszubrechen.

- *Cortina d'Ampezzo*: bietet sich an, wenn man Venedig bzw. die Adria als Ziel hat, dabei noch etwas Südtirol "mitnehmen" und den berühmten Skiort Cortina d'Ampezzo kennenlernen möchte. Von der Brennerautobahn zweigt man bei Brixen auf die **SS 49** ins breite Pustertal ab, über das reizvolle Städtchen Bruneck geht es nach Toblach, dort die **SS 51** nach Cortina d'Ampezzo und weiter Richtung Süden an Belluno vorbei nach Venedig (ab Vittorio Veneto Autobahn).
- *Gardasee*: für Beifahrer herrliches Erlebnis, für den Lenker weniger - zahllose Tunnels und dichter Verkehr. Vorher nochmal Pause machen! Wer sich die Zeit und Nerven nehmen will - bei **Rovereto Sud/Lago di Garda-Nord** von der Autobahn abfahren und rüber nach **Torbole** an der Nordspitze des Sees. Dort auf der schönen SS 249 das **Ostufer** entlang über Malcésine und Garda bis zum Südende, bei Peschiera Auffahrt auf Autobahn A 4 Richtung Brescia. Oder die ebenso schöne, aber noch abenteuerlichere Straße über Riva am Westufer nehmen. Wer nur durchfährt, sollte wenigstens bei **Gardone Riva** die bizarre Villa des Literaten und Abenteurers Gabriele d'Annunzio ansehen (→ S. 258).

Alternativen zur Alpenüberquerung via Brenner

Der Brenner ist zwar die schnellste, aber nicht unbedingt die reizvollste Anfahrt.

- *Reschenpaß*: schöne, aber etwas umständliche Strecke von Garmisch-Partenkirchen, Füssen oder Kempten. Man umfährt das Zugspitzmassiv westlich und hält sich in Richtung **Fernpaß** (1209 m). Nach dem Paß kurvt die steile Bergstraße hinunter zum **Schloß Fernstein** am hübschen gleichnamigen See, eine dunkelgrüne Wasserfläche inmitten von Nadelwäldern (gute Stelle zum Rasten bzw. Übernachten, Hotel und Campingplatz vorhanden, serviert werden Forellen aus eigener Zucht). In Nassereith rechts ab (beschildert) und über Imst (Campingplatz Imst-West) und **Landeck** ein Hochtal hinauf nach **Nauders**. Zwischen Imst und Landeck Autobahn, kurz vor Nauders Serpentinen mit Galerien. Wenig später die italienische Grenze am **Reschenpaß** (1504 m), bereits auf italienischer (Südtiroler) Seite der langgestreckte Reschensee, gefolgt vom Valentino-See. In einer langen Schleife geht es den attraktiven **Vinschgau** hinunter nach Meran (→ S. 106).
- *Engadin*: interessante Variante, falls man von Bayern schnell zum Comer See rüber will. Bis kurz vor Nauders dieselbe Strecke wie unter *Reschenpaß* beschrieben. Dann in die nahe Schweiz abzweigen (beschildert), auf der Landstraße 27 ein langes Tal mit Steilhängen (unteres Engadin) entlang und über **Zernez** (bester Ausgangspunkt für Touren im Schweizer Nationalpark) ins obere Engadin mit dem weltberühmten Skikurort **St. Moritz** am gleichnamigen See (Camping Olympiaschanze 2 km westlich vom Ort). Im Sommer ist hier kaum etwas los. Weiter geht's an drei schönen Seen vorbei, über den eindrucksvollen **Malojapaß** (1815 m) und in steilen Haarnadelkurven hinunter in die italienische Schweiz mit kleinen hübschen Orten aus Bruchstein und verwitterten Stein- und Schindeldächern. Über **Chiavenna** (bereits in Italien, → S. 302) gelangt man dann rasch zum Nordende des **Comer Sees** (→ S. 303).
- *Felbertauernstraße*: eine der landschaftlich reizvollsten Alpenstrecken durch den **Nationalpark Hohe Tauern**. Von München fast Luftlinie zur Adria! Es geht ab Inntaldreieck auf der A 12 bis Ausfahrt **Wörgl**, von dort rüber nach Kitzbühel und anfangs auf der Bundesstraße 161, dann auf der B 108 durch den **Felbertauern-Tunnel** (PKW-Maut ca. 27 DM, Motorrad 14 DM), Raststätten vor und nach dem Tunnel. Ab **Lienz** wieder hinüber zur Brennerroute (B 100 bzw. SS 49) oder über Toblach und Cortina d'Ampezzo auf der SS 51 Richtung Venedig. Oder ab Lienz Richtung Udine (B 110 bzw. SS 52 bis, anschließend A 23).

Aus Österreich

Je nach Wohnort und Reiseziel bieten sich zwei grundsätzliche Routen an - entweder auf A 2 und A 23 zur Adria oder die A 1 über Salzburg nehmen.

Für alle, die aus dem Osten der Alpenrepublik kommen und rasch am Meer sein wollen, bietet die noch nicht ganz fertiggestellte **Autobahn A 2** von Wien über Graz bis 40 km vor Klagenfurt den schnellsten Einstieg. Bis Klagenfurt dann zwar chronisch staugeplagte Landstraße. Nach der Ortsumgehung aber wieder auf die A 2 und ab Villach auf der **Alpen-Adria-Autobahn A 23** (Grenzübergang Tarvisio) über Tolmezzo und Udine in 1,5 Std. zur Adria.

Falls man den Westen Norditaliens bzw. die oberitalienischen Seen besuchen will, kann man alternativ dazu die Österreich der Länge nach durchquerende **Autobahn A 1** von Wien nach Salzburg nehmen. Von Salzburg kommt man auf der A 8 Richtung München bis zum *Inntaldreieck* und über Innsbruck zum *Brenner* (→ oben).

Außerdem kann man von Salzburg die **Tauern-Autobahn A 10** Richtung Süden benutzen - technisch ausgereift, zwei 6 km-Tunnels, Maut ca. 28 DM. Ab Spittal bis Villach weiterfahren (dort Autobahnumgehung) und die Autobahn A 23 über Udine nehmen oder über Lienz hinüber zur Brennerroute.

▶ **Varianten**: Wer mehr von den Alpen sehen will, könnte folgende Route wählen.

● *Semmering*: schöne Bergstrecke über den Semmering, Bruck an der Mur und Leoben nach **Klagenfurt** (Autobahn nur von Wien bis Neunkirchen). Ab Klagenfurt wie oben A 2 und A 23 zur Adria. Oder über Villach bis **Spittal** und weiter über Lienz die B 100 das Tal der Drau entlang Richtung Südtirol. Ab **Dobbiaco** (Toblach) in Italien die SS 49 bis Brixen (→ S. 96), dort Anschluß an die Brenner-Autobahn nach **Verona**. Oder Richtung Süden die SS 51 über Cortina d'Ampezzo (→ S. 162) nach Venedig.

Aus der Schweiz und dem Westen der Bundesrepublik

Für alle, die aus dem Westen der Republik kommen, ist die Rheinautobahn Frankfurt-Basel die ideale Anfahrt. Weiter gehts landschaftlich eindrucksvoll - aber mit Pflicht zur Vignette - auf der berühmten St.-Gotthard-Autobahn (N 2 bzw. E 35) durch die Schweiz und hinunter nach Milano. Allerdings erhebliche Staugefahr - Richtung Italien die Juliwochenenden, zurück im August.

In der BRD überwiegt flaches Terrain, so daß man rasch vorwärtskommt. Ab **Basel** Autobahn N 2 über Luzern (schöne Strecke am Vierwaldstätter See) und durch den *St.-Gotthard-Tunnel* (mit 16,3 km längster Straßentunnel durch die Alpen) - gebührenfrei und bekannte Wetterscheide: auch wenn es am nördlichen Tunneleingang Bindfäden regnet, am südlichen Ausgang lacht meist die Sonne. Weiter auf malerischer Strecke mit bereits prächtiger mediterraner Vegetation auf einem Damm über den Luganer See zum schweiz./ital. Grenzübergang **Chiasso**. Unmittelbar nach der Grenze geht es an **Como** vorbei. Ein Stopp in der Stadt am gleichnamigen fjordartigen See lohnt, hübsche Altstadt und eindrucksvoller Dom (→ S. 318). Nach **Milano** zügige Autobahn durch die flache Poebene, am Autobahnring um die Millionenstadt immer erheblicher Verkehr, oft Staus!

▶ **Varianten**: Für diese Hauptstrecke gibt es einige, meist weniger belastete Ausweichrouten.

● *Bodenseeraum*: 1) Autobahn A 81 von **Stuttgart** über Rottweil bis Autobahnkreuz Singen, weiter über Schaffhausen nach **Winterthur**, dort Autobahn bis **Zürich**, auf Transit-Schnellstraße um das Stadtzentrum herum und nach **Luzern**, wo man auf die oben beschriebene N 2 durch den St. Gotthard-Tunnel trifft (von Singen bis Winterthur keine Autobahn). Weniger stauanfällig als die Hauptstrecke über Basel.

2) Von **Ulm** über **Bregenz** nach Chur, im Raum Bregenz noch nicht ganz als Autobahn ausgebaut. Mündet bei **St. Margrethen** auf eine weniger befahrene Ausweichmöglichkeit durch die Schweiz, nämlich die Autobahn N 3 bzw. N 13 von Zürich über **Chur** und durch den San Bernadino-Tunnel (6,6 km, gebührenfrei) ins Tessin, wo man nördlich von **Bellinzona** auf die Gotthardlinie trifft.

● *Bern*: Wer in den äußersten **Westen Oberitaliens** will, kann über Bern fahren.

1) Ins **Aostatal** kommt man von **Bern** auf der Autobahn N 12 zum Genfer See. Dort die N 9 bis **Martigny** nehmen, weiter die Paßstraße über den **Großen St. Bernhard** ins tief eingeschnittene Aosta-Tal am Fuß des Montblanc-Massivs - landschaftlich großartige Strecke! Jedoch - der Große St. Bernhard ist fast 2500 m hoch und besitzt Steigungen bis zu 10 %, ist deswegen bis zu 5 Monaten im Jahr gesperrt! In diesem Fall den 5,8-km-Tunnel durch den St. Bernhard nehmen, schweiz./ital. Zoll- und Paßkontrolle bei der Einfahrt. PKW bzw. Motorrad kostet umgerechnet ca. 32 DM, Kleinbus oder Wohnmobil stolze 65 DM. Weitere Details zu dieser Strecke → Aostatal S. 391. Ab **Aosta** auf der A 5 rasch nach Turin.

2) Von Bern in Richtung Lago Maggiore besteht außerdem die Möglichkeit, die **Lötschberg-Autoverladung** zu benutzen. In Kandersteg mit dem Auto auf den Zug, 15 Min. später ist man in Goppenstein (PKW, Wohnmobil bis 3,5 t und Kleinbus bis 9 Sitzplätze kostet ca. 32 DM, Motorrad 22 DM). Anschließend Weiterfahrt über die nicht allzu steile **Simplon-Paßstraße**, die mittlerweile sehr gut ausgebaut ist (Autoverladung wurde eingestellt).

Alle Schweizer Autobahnen (Nationalstraßen) und autobahnähnliche Straßen sind gebührenpflichtig. Pauschal wird der Preis von umgerechnet 50,50 DM (Stand '96) für eine **Vignette** (Plakette) erhoben. Sie ist nicht übertragbar, jeweils für ein Jahr gültig und muß gut sichtbar ans Fenster des Fahrzeugs geklebt werden (nicht nur provisorisch zu befestigen, wie das manche Schlingel machen, um sie später für ein anderes Fahrzeug zu verwenden ...). Wer auf einer Autobahn "ohne" erwischt wird, muß rund 125 DM bezahlen – und die Vignette zusätzlich nachkaufen. Für Anhänger wird eine zusätzliche Vignette benötigt. Die Plaketten sind bei den Automobilclubs, an den Grenzen und auf jeder Schweizer Poststelle erhältlich. Um Wartezeiten zu vermeiden, sollte man sie aber besser bereits vor der Fahrt bei einem Automobilclub erstehen.

Mit der Bahn

Von den Alpen hinunter in die Po-Ebene - Dauerregen in München, kein trockener Faden am Leib, dann in den Zug nach Verona. Naßkalt und fröstelnd fahren wir ab, Stimmung nahe dem Gefrierpunkt. Endlich der Brenner, es geht wieder bergab, ein lang auslaufendes Tal entlang. Links und rechts weichen die Felsen zurück - und plötzlich die Sonne, warme Luft dringt ins Abteil, lautstark gestikulierende italienische Soldaten auf Wochenendurlaub steigen zu. Erst muß der Pullover dran glauben, dann das Hemd, die festen Schuhe. Zum Schluß sitzen wir in Sandalen und T-Shirt da und können's noch gar nicht glauben ...

Zugfahren ist eine umweltverträgliche Art des Reisens und lohnt wegen der günstigen italienischen Tarife. Zudem ist Italien ein ausgesprochenes Bahnland mit hervorragend ausgebautem Zugnetz und häufigen Verbindungen.

Für die Anreise muß man allerdings gutes Sitzfleisch mitbringen - von München nach Verona sind es beispielsweise 7-8 Stunden, nach Genua etwa 10-12 Stunden. Mit Verspätungen sollte man grundsätzlich rechnen, deshalb für eventuelles Umsteigen immer genügend Zeit einkalkulieren - es ist nicht gesagt, daß der Anschlußzug wartet. Vor der Abreise außerdem Tageszeitungen und Nachrichtensendungen nach eventuellen Streiks in Italien durchforsten - alle Jahre wieder legt das italienische Bahnpersonal für einige Tage die Arbeit nieder. Meist strategisch so geschickt am Beginn oder Ende der Feriensaison plaziert, daß die internationale Medienaufmerksamkeit und empörte Beschwerden hängengebliebener Touristen für zusätzlichen Druck auf die Behörden sorgen.

Kosten: In Deutschland sind die Bahnpreise hoch, in Italien niedrig! Wer aus dem Norden der BRD kommt, muß deshalb deutlich tiefer in die Tasche greifen als z.B. Bayern und Schwaben. Kosten senken helfen die Sonderangebote der DB, verschiedene Bahnpässe (→ Bahnsparen) und, falls man mehrere Orte bzw. Regionen besuchen will, das Lösen der Fahrkarte bis zum am weitesten entfernten Ziel in Italien (→ Bahnfahren in Oberitalien). Oder man fährt per Mitfahrzentrale bis Süddeutschland (Hamburg-München ca. 70 DM) und steigt erst dort in den Zug um.

Wenn man Hin- und Rückfahrkarte zusammen löst, bringt das finanziell nur etwas bei Anfahrt über die Schweiz. In Italien Ermäßigung nur bei Strecken bis 250 km und Rückfahrt innerhalb von drei Tagen, auch in Österreich gibt es keine besondere Rückfahrtermäßigung.

Hauptrouten über die Alpen

▶ **Brenner-Linie:** München - Kufstein - Innsbruck - Brenner - Bozen - Trento - Rovereto (Gardasee) - Verona - Bologna.

Bahnfahren in Italien – häufig verkehrende Züge und erfreulich preiswert, jedoch chronisch überfüllt und meist verspätet

Diese Verbindung bietet sich für den gesamten Osten und Nordosten der BRD an - Hamburg, Hannover, Göttingen, München u.a. Sehr schöne Strecke, aber wie die Autobahn eine Art Nadelöhr mit gelegentlichen Verspätungen auf dem österreichischen Streckenstück.

Reizvolle Streckenführung mit Tunnels und Stützmauern am Fluß Sill entlang, hinter Innsbruck bei Patsch am Fuß vom Patscherkofel toller Blick ins **Stubaital**. Die Grenzstation **Brennero** in 1374 m Höhe kommt kurz nach dem kleinen dunkelgrünen Brennersee, ihr Name stammt von einem Bauern namens Prenner, der oben auf dem Paß seinen Hof hatte. Anschließend nochmals schöne Fahrt im Südtiroler **Eisacktal**, dann hinunter in Richtung Po-ebene.

▶ **Semmering-Linie**: Wien - Villach - Tarvisio - Udine - Venedig.
Die erste große Gebirgsbahn Europas, schönste Anfahrt für Wiener bzw. Österreicher aus dem Osten der Alpenrepublik. Die Auffahrt am Semmering (986 m) geht durch 15 Tunnel und ebensoviele Viadukte, später prächtige Fahrt am Wörther See entlang und durch die saftig-grünen Almen Kärntens.

▶ **Gotthard-Linie**: Basel - Luzern - Arth/Goldau - Göschenen (Gotthard-Tunnel) - Airolo - Bellinzona - Lugano - Chiasso - Como - Milano.
Die wohl berühmteste Alpenstrecke bietet für Südwestdeutschland und Schweizer, aber auch den ganzen Westen der BRD einschließlich Zentraldeutschland/Frankfurt die billigste und schnellste Verbindung. Eindrucksvolle Alpendurchquerung mit zahllosen Tunnels, darunter der 15 km lange *St.-Gotthard-Tunnel*, dann das effiziente Schweizer Bahnsystem mit Komfort, pünklichen Verbindungen und geleckten Bahnhöfen. Nach Basel SBB kommt man im IC-Takt von vielen deutschen Großstädten, von dort nach Milano Verbindungen bis zu 10 x täglich.

Reizvolle Variante ist die *Centovalli-Bahn*: in Bellinzona nach Locarno umsteigen, von dort die hübsche Nebenstrecke durch die Tessiner Alpentäler nach Domodossola, etwa 8 x täglich, ca. 2 Std. (Privatbahn, die von einer Schweizer und einer italienischen Gesellschaft betrieben wird: FART/SSIF). In Domodossola Anschluß an das Bahnnetz der FS und weiter nach Mailand oder Turin.

Ab Luzern schöne Fahrt am **Vierwaldstätter-See** entlang. Weiter am Ufer vom Zuger-See, dann der malerische Lauerzer-See. Nach der Kantonshauptstadt Schwyz ein weiterer Arm des verzweigten Vierwaldstätter-Sees, der Urner See. Ab **Erstfeld** beginnt die Bergstrecke - Tunnels, Viadukte, schöne Ausblicke! Bei **Wassen** eine raffinierte Doppelkehrschleife mit mächtigen Viadukten, man sieht das Dorf mit seinem herausragenden Kirchturm dreimal, jedesmal aus einer anderen Perspektive. Ab Göschenen dann der gewaltige **Gotthard-Tunnel**! Die Durchbohrung dauerte von 1872-1880 und war eine Leistung ohnegleichen. Über dem Tunnel türmen sich noch 1600 m Gestein, das entspricht einem Druck von 5 Mio. Kilo auf den Quadratmeter. Der Ingenieur des Tunnels, Louis Favre, starb während der Arbeiten im Tunnel an einem Schlaganfall, außerdem gab es noch weitere 177 Tote. Nicht weit vom Südportal liegt die Ortschaft Ambri-Piotta. Von hier führt die steilste Drahtseilbahn der Welt zum **Ritomsee**, einem Stausee, der im Besitz der Schweizerischen Bundesbahnen ist - herrliches Wandergebiet für Alpenfreaks. Weiter geht's in den italienischen Teil der Schweiz, über **Bellinzona** und den Nobelkurort **Lugano** am Luganersee zum Grenzort **Chiasso** und über **Como** am Comer See nach **Mailand**. Insgesamt hat die Strecke über 80 Tunnels.

▶ **Stuttgart - Singen - Schaffhausen - Zürich:** Alternative zur Anfahrt nach Basel, in *Arth/Goldau* trifft man auf die Gotthard-Linie, weiter wie oben.

▶ **Lötschberg/Simplon-Bahn:** Bern - Spiez - Brig - Domodossola - Arona - Milano. Von der Westschweiz nach Italien führt diese weitere bedeutende Schweizer Bahnlinie. Es geht durch den *Lötschbergtunnel* (15 km), über Brig ins Wallis und durch den *Simplontunnel* (20 km!) nach Italien.

▶ **Albula- und Bernina-Linie:** Chur - St. Moritz - Tirano - Mailand. Der *Bernina-Express* ist ein absoluter Höhepunkt! Es geht durch den höchsten Alpentunnel (Albula) und an phänomenalen Gletschern vorbei, südlich von St. Moritz bewältigt die Bahn extreme Höhenunterschiede. Teilweise Züge mit offenen Panoramawagen!

In der Hauptreisezeit sind die Züge auf allen alpenüberquerenden Linien brechend voll. Rechtzeitig **Platzkarte** sichern (frühestens zwei Monate, spätestens kurz vor Abfahrt möglich, kostet zusammen mit Fahrscheinkauf ca. 3 DM, ohne ca. 9 DM).
Auf den meisten Strecken gibt es durchgehende **Schlaf- und Liegewagen**.

Bahnfahren in Oberitalien

Ferrovie dello Stato (abgekürzt FS) heißen die italienischen Staatsbahnen. Die Züge sind fast durchgängig modern und ähneln in Komfort und Ausstattung sehr den mitteleuropäischen Bahnen. Verspätungen sind allerdings häufig und sollten einkalkuliert werden. Sie rühren zum Teil daher, daß die Strecken oft nur eingleisig sind, und sich besonders in Nord-Süd-Richtung die Züge auf wenigen Linien drängeln. In der Regel sind die Züge zudem überfüllt, was aber gerade beim italienischen Temperament viel Spaß bringen kann.

Die Zugdichte ist hoch und die Preise sind günstig. Faustregel: je länger die Fahrt, desto günstiger der Preis pro Kilometer (Beispiel: 100 km kosten ca. 7,50 DM, 250 km ca. 17 DM). Es lohnt sich also, bereits zu Hause die Fahrkarte bis zum weitesten Ziel ausstellen zu lassen, das man besuchen will und gegebenenfalls Zwischenstopps einzulegen. Internationale Fahrkarten sind nämlich zwei Monate gültig - bei beliebig häufiger Fahrtunterbrechung.

Allerdings sollte man sich aus den Fahrplänen bzw. Kursbüchern immer den geeigneten Zug heraussuchen: die Nahverkehrszüge namens *Locale* sind langsam und halten an jeder Station. Etwas flotter bewegen sich die *Diretti* (Dir.), die aber ebenfalls häufig halten, *Espressi* (Expr.) sind dagegen durchwegs schnell. Am schnellsten fahren die *Rapidi* bzw. *Intercity-Züge* (IC), allerdings mit Zuschlägen bis zu 30 % vom Fahrpreis. Außerdem lohnt es sich, auf den Abfahrtsplänen genau hinzusehen: manche IC-Züge besitzen nur Wagen 1. Klasse mit entsprechenden Preisen (Platzreservierung obligatorisch).

▶ **Streckennetz der FS**: In Norditalien sehr gut ausgebaut, praktisch alle größeren Orte sind mit der Bahn schnell und zuverlässig zu erreichen. Ausnahmen stellen lediglich die Alpen- und Apenninregionen dar, deren wenige Bahnlinien aber gleichzeitig zu den schönsten gehören.

Neben den Alpenstrecken ist besonders die Küstenlinie an der *Riviera* reizvoll, die sich mit zahlreichen Tunnels und Galerien die gesamte Küste von Ventimiglia bis Pisa dicht am Meer entlangzieht. Die Strecke Milano-Bologna-Florenz-Rom ist der Stolz der italienischen Bahnbauer. Die sog. *Direttissima*, d.h. eine annähernde geradlinige Ideallinie mit möglichst wenigen zeitraubenden Kurven und Bergüberquerungen wurde schon zwischen den zwei Weltkriegen für die Strecke Bologna-Florenz fertiggestellt - mit ihren 29 Tunnels (Gesamtlänge 37 km, der längste 19 km!) eine gigantische Ingenieursleistung. Zwischen Florenz und Rom beinahe schnurgerade Schienenführung, auf der die Züge voll ausgefahren werden können.

Außerdem sollte man die berühmte *Tenda-Bahn* nicht versäumen, die sich von Turin durch die Seealpen nach Ventimiglia an der Riviera schlängelt (→ S. 386).

▶ **Privatbahnen**: Außer dem staatlichen Netz gibt es noch eine Handvoll privat geführter Bahnen, z.B. von Brescia am Ostufer des Lago d'Iseo entlang nach Edolo, einige kleine Strecken bei Torino und nördlich von Milano in Richtung Lago Maggiore und Comer See, in der Poebene von Parma über Reggio nell'Emilia nach Ferrara, außerdem die reizvolle *Centovallibahn* von Domodossola ins schweizerische Locarno (→ oben).

● *Albergo Diurno*: Jeder größere Bahnhof besitzt diese Einrichtung, wo man sich waschen, rasieren und duschen kann, außerdem die Haare schneiden und sich Maniküre angedeihen lassen kann.

● *Fahrplan-Computer*: "Digiplan"-Computer stehen in allen großen Bahnhöfen Italiens. Hier kann sich die spielerische Natur der Italiener voll entfalten, es darf getüftelt und geknobelt werden. Die großen Automaten haben zwei Sichtscheiben, auf denen das italienische und das europäische Bahnnetz abgebildet sind. Durch kräftiges Berühren des Abfahrts- und Zielorts (druckempfindliche Sensoren) werden auf einem Bildschirm die genauen Daten aller Verbindungen des Tages aufgezeigt (Abfahrtszeit, Gleis, Preis, eventuelle Zuschlags- und

weiter S. 38

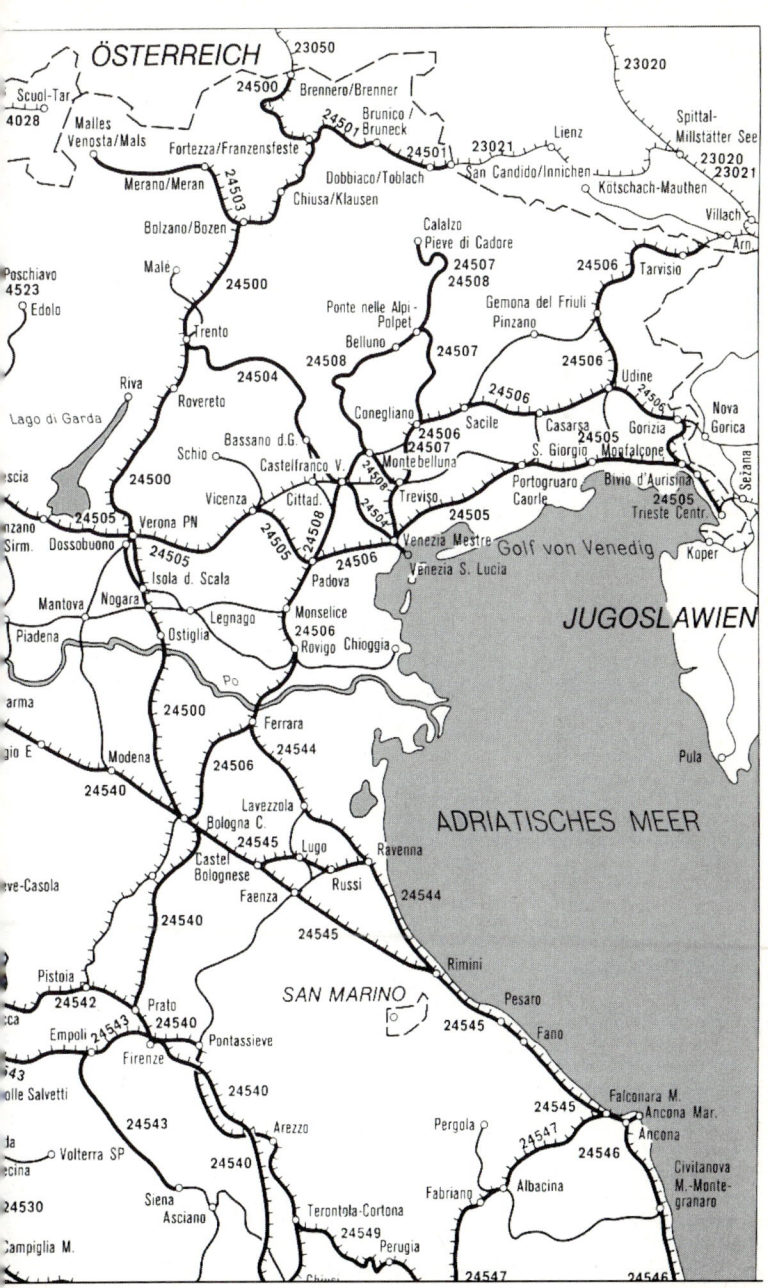

Platzkartenpflicht, Fahrtdauer, Ausstattung des Zugs etc.). Die Auskünfte kann man sich auf deutsch geben und auf Wunsch sogar ausdrucken lassen. Wenn die Maschinen funktionieren (was z.T. tatsächlich der Fall ist), eine wirklich nützliche Einrichtung, die langes Warten vor Auskunftsschaltern verhindert.

• *Fahrpläne*: Die FS gibt ein kostenloses Heft mit den wichtigsten Fahrplanauszügen heraus, erhältlich an italienischen Bahnhöfen. Darin finden sich alle landesweiten Verbindungen sowie wichtige Fahrpläne des jeweiligen Landesteils. Es heißt **principali treni** bzw. **principali collegamenti** und ist in mehreren Ausgaben erhältlich (für ganz Italien, den Norden, Zentralitalien, Süditalien und Sardinien). Ansonsten auf die unten erwähnten Kursbücher zurückgreifen.

• *Gepäckaufbewahrung*: in beinahe allen italienischen Bahnhöfen möglich, kostet pro Gepäckstück ca. 2 DM für 24 Std. (in großen Bahnhöfen rund um die Uhr offen). Schließfächer gibt es im ganzen Land nicht.

• *Kinder*: fahren unter 4 Jahren umsonst, bis 12 Jahre ist die Hälfte des Fahrpreises zu zahlen.

• *Kursbücher, Karten und Literatur*: Für Bahnfans unverzichtbar ist das folgende Angebot der **SBB-Verkaufsstelle für ausländische Kursbücher**, Büro 224, Hauptbahnhof CH-9001 St. Gallen, Tel. 071/ 226180:
Il treno (Orario ufficiale), das offizielle Kursbuch der FS, ca. 23 SFr.
Pozzo Orario Generale, komplettes italienisches Kursbuch - taschenbuchgroß - ca. 19 Sfr, gibt's auch an Bahnhofskiosken in Italien.
Lampo, Kursbuch mit den wichtigsten Linien Italiens, ca. 10 Sfr.
Eisenbahnkarte von Italien (DB, 1974). Im Maßstab 1:1.000.000 eine große Bahnkarte

ganz Italiens und Sardiniens. In Teilen veraltet, trotzdem noch sehr brauchbar, weil äußerst akkurat u. umfassend (sämtliche Bahnhöfe, außerdem alle Privatlinien Italiens, die allerdings mittlerweile z. T. stillgelegt oder durch Busse ersetzt wurden). Etwa 15 SFr."
In treno alla scoperta dell'Italia, "IL NORD" (Cartoguide Tematiche de Agostini). 96 Seiten starker Führer, der auf italienisch die schönsten Strecken Norditaliens beschreibt, beigefügt ist eine großformatige Bahnkarte (1:750.000), auf der sämtliche Linien und Bahnhöfe (incl. Privatbahnen) enthalten sind, außerdem Stadtpläne mit eingezeichneten Sehenswürdigkeiten. Etwa 21 SFr.

• *Platzkarten*: bei grenzüberschreitenden Zügen unbedingt notwendig, aber auch auf inneritalienischen Strecken sehr sinnvoll. Reservierung kann für viele italienische Züge auch von großen Bahnhöfen in BRD, CH und A gemacht werden (frühestens 2 Monate, spätestens am Vorabend der Reise). In einigen wenigen Zügen ist Platzkartenpflicht obligatorisch (auf Fahrplänen mit "R" vermerkt).

• *Schlaf- und Liegewagen*: in vielen Inlands- und Auslandszügen. Italienische **Schlafwagen** haben in der 1. Klasse 1- oder 2-Bettabteile, in der 2. Klasse 2 oder 3 Betten. **Liegewagen** in 1. Klasse 4, in 2. Klasse 6 Liegeplätze. Zu viel an Komfort darf man nicht erwarten, sind aber in Italien preiswerter als in BRD, CH und A. Ein Liegewagenplatz 2. Klasse mit 4 Betten kostet auf inneritalienischer Strecke ca. 30 DM, mit 6 Betten 20 DM, auf grenzüberschreitenden Strecken geringfügig mehr. Schlafwagen kosten etwa das Dreifache.
Italienische Abteile haben oft Verschlußhebel, die nur von innen zu betätigen sind (gut wegen Diebstahlsgefahr).

Bahnsparen

• *Sondertarife der DB* (Stand '95): **Sparpreis**, zusammenreisende Pers. fahren auf Inlandsstrecken von mehr als 400 km mit diesem Festpreis günstiger als mit einer Normalkarte - die 1. Pers. zahlt auf dem deutschen Streckenteil 190 DM für Hin- und Rückfahrt 2. Kl. (ICE 270 DM), bis zu 4 Mitfahrern werden 50 % Rabatt auf den Sparpreis gewährt (Mitfahrer-Sparpreis 2.Kl. 95 DM, ICE-Mitfahrer-Sparpreis 135 DM). Lohnt sich, wenn der Wohnort weit von der Grenze entfernt liegt, im Fall Italien für Reisende

aus Mittel- und Norddeutschland. Bedingung ist gemeinsame Hin- und Rückfahrt, Geltungsdauer 1 Monat. Früheste Rückfahrt möglich am Sa nach dem 1. Geltungstag.
ICE-Super-Sparpreis, ist eine reine ICE-Ermäßigung für zusammenreisende Pers., gilt einen Monat lang, (jedoch nicht an Fr und So). Lohnt ebenfalls nur auf längeren Strecken - die erste Pers. zahlt 220 DM (incl. Zuschläge), bis zu vier Mitfahrer zahlen die Hälfte. Früheste Rückfahrt möglich am Sa nach dem 1. Geltungstag.

Bahncard, bei besonders langen Anfahrten (z.B. Hamburg-Kufstein) macht sich die Anschaffung einer Bahncard (220 DM, 2. Kl.) langfristig bezahlt, denn man kann sie anschließend im innerdeutschen Bahnverkehr ein Jahr lang weiterbenutzen (50 % vom Normaltarif).

Twentticket, wer unter 26 ist und die Bahn nur für Hin- und Rückfahrt in Anspruch nehmen will, sollte unbedingt mit einem solchen Ticket fahren. Gibt's in DER-Reisebüros und bringt Ermäßigungen von ca. 20 %. Die Benutzung von EC/IC-Zügen ist zuschlagsfrei. Im Ausland kann man die Fahrt jederzeit unterbrechen.

Last but not least: das neue Angebot **"Schönes Wochenende"** der DB: Fr 24 h bis So 24 h kann man für 30 DM in Nahverkehrszügen so viel fahren wie man will. Wer sich also den Streß des ständigen Umsteigens antun will oder grenznah günstig wohnt - kann sich lohnen. Allerdings sind wegen des supergünstigen Angebots die Wochenendzüge z. T. chaotisch überfüllt.

• *Italienische Bahnpässe* (Stand Anfang '96): Ihre Anschaffung rentiert sich nur, wenn man viel mit der Bahn herumfährt. Bis auf *carta verde* und *carta d'argento* kann man sie bei der Kölner Auslandsvertretung der italienischen *CIT-Reisebüros* (Compagnia Italiana Turismo) erwerben - D-50667 Köln, Komödienstr. 49, Tel. 0221/207090. In Italien gibt es die Netzkarten an den Bahn-Grenzübergängen, in großen Bahnhöfen und CIT-Reisebüros.

Biglietto turistico di libera circolazione (BTLC), unbegrenzte Kilometer auf allen Strecken der FS (IC-Zuschläge und Platzreservierungen für zuschlagspflichtige Züge müssen extra gezahlt werden). Gibt's für 8, 15, 21 oder 30 Tage (ca. 250, 306, 350, 426 DM, Kinder 4-11 die Hälfte). Gegen Zahlung des entsprechenden Aufpreises können die Karten an großen italienischen Bahnhöfen verlängert werden (max. jedoch nur um die ursprüngliche Geltungsdauer). Bei Kauf Paß vorlegen.

Biglietto chilometrico, mit dieser Fahrkarte der italienischen FS können bis zu 5 Personen in maximal 20 Fahrten insgesamt 3000 Bahnkilometer abspulen. Kostet etwa 210 DM und gilt zwei Monate. Für Kinder von 4-11 wird nur die Hälfte der gefahrenen Kilometer berechnet.

Carta verde, mit dieser Karte bekommt, wer unter 26 ist, ein Jahr lang Ermäßigung von 20 % auf alle Bahnfahrkarten.

Erhältlich für umgerechnet ca. 25 DM gegen Vorlage des Reisepasses in allen größeren Bahnhöfen Italiens, außerdem in Reisebüros mit FS-Agentur.

Über 60 erhält man dieselben Ermäßigungen mit der **carta d'argento**.

• *Internationale Bahnpässe*: Das neue **InterRail-Ticket** für alle unter 26 Jahren kostet 630 DM, gilt einen Monat lang und bringt unbeschränktes Bahnfahren auf den staatlichen Bahnnetzen von mittlerweile allen europäischen Ländern außer Albanien, Rest-Jugoslawien und den baltischen Ländern (halber Fahrpreis im Land, wo die Karte ausgestellt wurde). Außer dem Globalticket besteht auch die Möglichkeit, verschiedene geographische Zonen-Netzkarten zu wählen (insgesamt 7). Wer ausschließlich in Italien reist, ist mit den nationalen Pässen (→ oben) besser bedient, wer die Bahn nur braucht, um an- und wieder abzureisen, fährt mit Twentours etc. günstiger.

Euro Domino, ohne Altersbeschränkung, man kann Netzkarten von insgesamt 26 europäischen Ländern kaufen (ausgenommen Wohnsitzland) und dann innerhalb eines Monats pro Land an 3, 5 oder 10 Tagen das gesamte staatliche Bahnnetz benutzen (zuschlagspflichtige Züge ohne Aufpreis). Jugendliche bis 26 erhalten die Netzkarten verbilligt, Kinder von 4-12 um 50 % reduziert. Dazu gibt's 25 % Ermäßigung für die Strecke vom Wohnort aus zur Grenze und für Strecken in Transitländern. Klingt zwar etwas kompliziert, kann sich aber lohnen, den eigenen Fall durchzurechnen, falls man nicht länger als einen Monat unterwegs ist. Man legt die 3, 5 oder 10 Tage am besten so an, daß An- und Rückfahrt, sowie 1, 3 bzw. 8 längere Bahnfahrten innerhalb Italiens abgedeckt sind. Die italienische Netzkarte (z.B. 5 Tage, 2. Kl.) kostet für Erw. 309 DM, für Jugendliche bis 26 Jahre 233 DM.

Euro-Minigruppe, gültig für Gruppen von 2-5 Pers. auf 18 europäischen Bahnstrecken. Jugendliche unter 16 erhalten 50 %, über 16 25 %. Mindestens eine Person muß unter 16 sein, ein Erw. muß mitreisen. Bedingung ist gemeinsame Hin- und Rückfahrt auf internationalen Strecken.

Rail Europ S, Senioren mit einer Senioren-Bahncard können auch im Ausland (auf 25 europäischen Staatsbahnen) ermäßigt fahren - wenn sie zusätzlich eine Rail-Europ-S-Karte kaufen.

Weitere Anreisemöglichkeiten

Bus

Im Fall Oberitalien nur dürftiges Angebot. Die Deutsche Touring GmbH bietet mit ihren *Europabussen* von verschiedenen deutschen Großstädten hauptsächlich Fahrten nach Apulien und Sizilien an. Theoretisch kann man dabei zwar bis *Bologna* buchen, wird dort allerdings außerhalb der Stadt an einer Tankstelle herausgelassen und muß sich auf eigene Faust um Weitertransport kümmern. Weiterhin gibt es Verbindungen in die bekannten oberitalienischen Thermalbadeorte *Abano Terme* und *Montegrotto Terme*. Dieser Service ist jedoch vorzugsweise für Kururlauber gedacht, die ihren Aufenthalt pauschal gebucht haben.

● *Auskünfte/Buchung*: in allen **DER-Reise-büros** sowie bei **Deutsche Touring GmbH**, Am Römerhof 17, PF 900244, D-60486 Frankfurt/M, Tel. 069/7903240.

● *Preisbeispiele* (Stand '95): von Hamburg nach Bologna ca. 173 DM einfach, hin und zurück 294 DM; von Frankfurt nach Abano Terme einfach ca. 207 DM, hin und zurück 330 DM.

Flugzeug

Bei einem Nahziel wie Oberitalien sollte man aus ökologischen Gründen besser auf einen Flug verzichten. Alitalia startet von Frankfurt nach *Milano* bis zu 4 x täglich, von Düsseldorf und München 2 x, von Wien und Zürich 1 x täglich, von Hamburg 6 x wöch., außerdem von weiteren Flughäfen in Deutschland und Schweiz. Tägliche Flüge gehen ab München, Frankfurt und Düsseldorf nach *Venedig*, ebenfalls täglich werden die Routen München - *Verona*, *Frankfurt - Bologna* und Frankfurt - *Turin* bedient. Auch Lufthansa, Swissair und Austrian Airlines fliegen die oberitalienischen Städte häufig an, außerdem bieten verschiedene Privatlinien Flüge (Meridiana, Eurowings, Air Dolomiti u.a.). Details in den Flugplänen, die man sich schicken lassen kann, bzw. in IATA-Reisebüros.

Günstig sind die "flieg & spar"-Tarife ("Super-flieg & spar"-Tarife gibt es nach Oberitalien nicht). Jedoch muß man rechtzeitig buchen und sich terminlich flexibel zeigen, wenn man diese günstige Preise ergattern will.

● *flieg & spar-Tarif* (Hin- und Rückflug, Umsteigen in Frankfurt): nach **Mailand** oder **Venedig** ab Berlin/Düsseldorf/Frankfurt/Köln-Bonn/Nürnberg/Stuttgart ca. 578 DM, ab Hamburg/Hannover 678 DM, ab München 478 DM, außerdem möglich ab Bayreuth, Bremen, Hof, Münster/Osnabrück, Paderborn und Saarbrücken (Stand '95, aktl. Preise in der Lufthansa-Broschüre "fly & save"). **Konditionen**: Hin- und Rückflug muß man fest buchen und spätestens 24 Std. nach Reservierung bezahlen. Aufenthaltsdauer bis zu sechs Monaten, frühester Rückflug am So

nach dem Hinflug. Umbuchung kostet 150 DM. Start- und Zielorte innerhalb eines Landes sind gegen Aufpreis kombinierbar (Gabelflug).

● *Jugendtarif*: Spezieller Spartip für Jugendliche unter 25 (Studenten unter 27) sind die Jugendtarife der Liniengesellschaften, bei Lufthansa **"up'n away"** genannt. In nicht ausgelasteten Maschinen in viele große Städte Europas erhält man mit diesen Flugscheinen 25 % Ermäßigung auf Super-flieg & spar-Tarif und flieg & spar-Tarif - im Fall Oberitalien sind Flüge nach

Bologna, Genua, Milano, Pisa, Triest, Turin, **Venedig** und **Verona** möglich (Beispiele: Düsseldorf/Frankfurt/Stuttgart - Milano 434 DM, Hamburg/Hannover - Milano 509 DM, München - Milano 359 DM). Terminlich muß man sich allerdings sehr flexibel zeigen. Besonders reizvoll: Hin- und Rückflug kann auf vielen Strecken von/zu unterschiedlichen Flughäfen erfolgen (sog. Gabelflug). Weitere Hinweise in der Lufthansa-Broschüre "up'n away Spartarife".

● *Information/Reservierung*: in jedem IATA-Reisebüro oder direkt bei **Alitalia**, Frankfurt, Tel. 069/69040851, bzw. **Lufthansa**, Frankfurt, Tel. 069/255255.

▸ **Charter:** Pauschalreisen nach Oberitalien werden in aller Regel nicht mit Flug, sondern mit Autoreisezug, Zug, Bus oder Anfahrt mit eigenem PKW angeboten (→ Übernachten). Lediglich die mittlere Adria (Rimini, Riccione) kann man auch mit Flug buchen.

Außerdem gibt es Städtereisen per Flug - größte Oberitalien-Auswahl bei *Airtours*, preisgünstiger Anbieter für Venedig ist *Jet Reisen* und auch über die *ADAC Reise GmbH* kann man Venedig-Flüge buchen.

▸ **Inneritalienische Flüge:** zwischen *Milano, Bologna, Genua, Turin, Verona, Venedig* und weiteren Flughäfen im Norden Italiens (Rimini wird fast ausschließlich von Chartern angeflogen). Die Preise sind gemäßigt, z.B. von Milano nach Venedig ca. 140 DM einfach.

Die italienischen *Weekend-Preise* bringen Ersparnis bis zu 40 % (Hin- und Rückflug an Sa oder So innerhalb von vier Wochen), Ermäßigung gibt es auch für Ehepaare, Familien und Jugendliche bis 22 Jahre.

Rail & Fly: mit dem Zug zum Flug - preiswerte Möglichkeit, mit der Bundesbahn vom Heimatort zum Flughafen und wieder zurück zu reisen. Kostet in der 2. Klasse bei Entfernung bis zu 300 km für Einzelreisenden 110 DM hin u. zurück (jede weitere Person 69 DM, Kind von 4 -11 20-30 DM), über 300 km 159 DM (jede weitere Person 69 DM, Kind von 4 - 11 20-30 DM). In ICE-Zügen Aufpreis von 20 DM. Der Weg vom Bahnhof zum Airport und umgekehrt ist inbegriffen.

Mitfahrzentralen

Preisgünstige Lösung für Fahrer und Mitfahrer - ersterer spart Benzinkosten, letzterer kommt ein ganzes Stück billiger als mit der Bahn über die Alpen. Vor allem in Groß- und Universitätsstädten der Bundesrepublik existieren mittlerweile rund 100 Mitfahrzentralen (MFZ), die Fahrer und Mitfahrer vermitteln.

Wer also mit einem PKW nach Oberitalien fährt und noch Mitfahrer für die Anreise sucht, ruhig mal bei der nächstgelegene Zentrale anrufen. Dasselbe gilt für alle, die eine *MFG* (Mitfahrgelegenheit) suchen. Meist wird man schnell fündig. Viele Angebote auch an den Schwarzen Brettern von Unis und in einschlägigen Kneipen.

Falls der Fahrer ein anderes Ziel hat als ein potentieller Mitfahrer, kann man sich natürlich auch auf ein Teilstück der Strecke einigen und der Mitfahrer legt den Rest seiner Route mit Bahn oder Daumen zurück.

● *Kosten*: Falls es zur Vermittlung durch eine MFZ kommt, muß der Mitfahrer als Fahrpreis einen von der MFZ festgelegten **Benzinko**stenanteil an den Fahrer zahlen. Zusätzlich werden eine **Vermittlungsgebühr** und eine kleine Summe für die **Insassenversicherung**

an die MFZ fällig (für den Fahrer fallen keinerlei Kosten an).
Derzeitiger Preis München - Verona ist beispielsweise ca. 50 DM pro Pers. (incl. Vermittlungsgebühr). Falls mehrere Pers. mitfahren, wird die Benzinkostenbeteiligung etwas günstiger.

Fahrrad

Mit dem Fahrrad über die Alpen – schweißtreibend, aber ökologisch vertretbar

Dafür bietet sich Oberitalien geradezu an - wenn man mal über den Brenner ist, geht es bis in die Poebene ständig bergab! Unterwegs kann man an einem oder mehreren der Alpenseen bequem Stopp machen und auch nach Venedig bzw. zur Adria herrscht durchwegs flaches Terrain vor. Wer zur Riviera bzw. weiter nach Süden vorstoßen will, sollte dagegen reichlich Kondition mitbringen - der steile Apennin muß durchquert werden.

Italien ist das klassische Land des Radsports, fast alle Italiener lieben schicke Räder - wer mit dem Rennrad unterwegs ist, erregt viel Aufmerksamkeit. Vor allem in der brettflachen Po-Ebene fährt jeder Rad, dieser Sport ist hier ähnlich populär wie in Holland. Markierte Radwege gibt es allerdings kaum - nur im Po-Delta um Ferrara und Ravenna sind mittlerweile mehrere hundert Kilometer für Radfahrer ausgebaut. Die meisten Straßen am Stiefel sind problemlos zu befahren - italienische Autofahrer sind im allgemeinen rücksichtsvoll (entgegen ihrem Ruf!), hupen vor dem Überholen kräftig und machen, wenn möglich, einen großen Bogen um den Radler. Nicht erschrecken beim Hupen, ist als wohlgemeinte Warnung gedacht.

▶ **Fahrradtransport per Bahn:** Wer nicht über die Alpen strampeln will, kann den Drahtesel preiswert mit der Bahn bis zum Grenzort Brenner (Wenn man aus dem Westen Deutschlands kommt: Chiasso) vorausschicken. Dazu einige Tage vor der Abreise das Rad als *Vorausgepäck* am heimischen Bahnhof aufgeben, das ist etwas billiger als ein Frachtstück. Jedoch rechtzeitig erkundigen, nicht alle Züge nehmen Räder mit. Wichtig außerdem - das Rad gut einpacken, beim Transport wird es nicht mit Samthandschuhen angefaßt. Fahrradmitnahme im gleichen Zug ist z.Z. nur mit dem Eurocity Raffaelo von Zürich nach Rom möglich (begrenzt auf 1. April - 25. Juni), Rad kostet dabei ca. 50 DM.

In Italien selber kann das Rad in der Regel nur als *Stück- oder Expreßgut im Güterverkehr* verschickt werden und das kostet 100 DM aufwärts (abhängig von Entfernung und Gewicht). Alternative bieten lediglich die sog. *Treno & Bici-Züge* der italienischen Staatsbahnen - in diesen wenigen Zügen, die im italienischen Kursbuch ein Fahrradsymbol tragen, darf man das Fahrrad selbst ein- und ausladen, der Transport kostet unabhängig von der Entfernung nur etwa 5 DM (Karte 24 Std. gültig). An der italienischen Grenze (Brenner bzw. Chiasso) kann man zusteigen.

Fahrräder in Radtaschen dürfen in allen italienischen Zügen (Ausnahme: Hochgeschwindigkeitszug "Pendolino") mitgenommen werden. Die Tasche muß die Maße haben: 80 x 110 x 30, der Transport kostet wie bei den Bici-Zügen ca. 5 DM. Da nicht jeder Schaffner diese Bestimmungen zu kennen scheint, empfiehlt sich die Mitnahme der einschlägigen Transportbestimmungen der Staatsbahnen.

Information: Näheres zum Radtransport in und nach Italien bei den **italienischen Staatsbahnen FS** in München, Tel. 089/591597, Fax 553406

▶ **Bike & Bus:** Busreisen mit Fahrradtransport bieten in Deutschland derzeit drei Veranstalter und zwar nach Genua, Livorno und zu Zielen in der Toskana. Preiswerte Bahntickets zu den Abfahrtsorten der Busse können ebenfalls über diese Agenturen gebucht werden.

Kontakt: **Natours**, Untere Eschstr. 15, D-49177 Ostercappeln, Tel. 05473/8234; **Prima Klima Reisen**, Hauptstr. 5, D-10827 Berlin, Tel. 030/78792730; **Reisezeit**, Guldeinstr. 29, D-80339 München, Tel. 089/505050.

Mögliche Routen

▶ **Von Mittenwald nach Bologna:** Hinter Scharnitz steigt die Straße stärker an, dann folgt bald der gefürchtete *Zirler Berg* - breit ausgebaute Straße mit 16 % Gefälle hinunter ins Inntal! Radfahrer müssen hier theoretisch bergab schieben - wer das Schild "übersieht", sollte unbedingt seine Bremsen überprüfen.

Über Innsbruck dann auf der kurvigen Bundesstraße 182 hinauf zum *Brenner-Paß*, unterhalb des Passes kommt noch eine stärkere Steigung. Einmal "über den Berg", geht es bis in die Poebene bergab! Zuerst über *Bozen* zum idyllischen *Kalterer See (Lago di Caldaro)*. Dort zwei Zeltplätze direkt am Seeufer, rundum viel Weinanbau.

Am nächsten Tag auf schmalen Straßen nach *Trento* und weiter nach Riva del Garda am Nordende vom *Gardasee*. Die Uferstraßen sind berüchtigt - schmal und unbeleuchtete Tunnels mit starkem Gegenverkehr. Die Ostseite ist nicht ganz so tückisch. Aber unbedingt mit Licht fahren! Bequeme Alternative - von Riva del Garda per Schiff nach *Sirmione* am Südende des Sees (Fahrradtransport möglich). Vor allem am Ostufer und in der südlichen Seehälfte zahllose Campingplätze.

Vom Gardasee ist man rasch im nahen *Verona*, südlich vom Gardasee beginnt die *Poebene*. Hier kann man seinen Tritt finden, ausschließlich Flachland, kleine Straßen zwischen großen Feldern, fruchtbare Kulturlandschaften - erinnert an Holland.

• *Richtung Toskana*: über **Mantua** durch die Poebene bis **Bologna** fahren. Dort endet die Staatsstraße (SS 9) auf einer Stadtautobahn. Am besten weiter stur nach Wegweisern radeln, Polizei macht nichts. Camping Piccolo Paradiso (sehr schön!) liegt 16 km südlich an der SS 64 bei Sasso Marconi. Die SS 64 führt über das Apenningebirge nach **Pistoia** - steile grüne Hänge, wilde Felszacken. Höchster Punkt: **Passo della Porretta**, 932 m über Meeresspiegel.

• *Zur Adria*: ebenfalls ab **Mantua** nach Bologna und von dort auf der SS 253 nach **Ravenna** mit den weltberühmten byzantinischen Mosaiken. Oder schon ab **Verona** auf der SS 11 über Vicenza und Padua rüber nach **Venedig**. Dort zahlreiche Campingplätze bei Mestre am Beginn vom Damm.

• *Zur Riviera*: ab **Mantua** nach **Reggio nell' Emilia** am Südrand der Poebene und dort die SS 63 über Casina zur Küste nach **La Spezia** nehmen. Schwierige Strecke durch den Apennin, bis Casina noch mit Kondition zu schaffen, später bis zum Passo del Cerreto (1261 m) gut 10 km Schieben. Danach super Schußfahrt immer bergab (über Fivizziano und Aulla) und als erste Station am besten nach Lerici. Die nahe Cinque Terre ist sehr reizvoll, aber sehr steil und bergig. Westlich davon wird es bis zur schönen Halbinsel von Portofino flacher.

Trampen

Nach Italien in der Regel kein Problem. Am besten schon an einer bundesdeutschen Autobahnraststätte versuchen, einen Fahrer zu bekommen, der über die Alpen fährt. In Italien ist das Trampen allerdings im gesamten Autobahnnetz einschließlich Auffahrtstraßen, Mautstellen, Raststätten und Tankstellen verboten.

Am besten funktioniert das Trampen allein. Zu zweit geht's meist reibungsloser, wenn ein Mädchen dabei ist (wirkt für den Fahrer vertrauenswürdiger). Ein bißchen aufs Äußere achten, kann ebenfalls nicht schaden. Mädchen/Frauen sollten aus den bekannten Gründen keinesfalls allein trampen. Wichtige Regel außerdem - bei italienischen Autos mit Temperament auf sich aufmerksam machen. Bewegungslose Statuen am Wegesrand werden übersehen. Wenn gar nichts mehr läuft - die italienischen Staatsbahnen sind ausgesprochen preiswert (→ unten).

• *Tips*: gutes **Kartenmaterial** mitnehmen (wichtig, daß Raststätten eingezeichnet sind!).
Schild mit eurem Fahrtziel bzw. der Richtung, in die ihr mitgenommen werden wollt.
Nachts nur an beleuchteten Stellen stehen.
Geld/Reiseschecks immer am Körper tragen. Vorsicht beim Aussteigen, wenn das Gepäck noch im Auto ist.
Stift griffbereit, um sich notfalls die Autonummer notieren zu können. Auch Wagentyp und Farbe merken.
Vorsicht beim langen Stehen in praller **Sonne**.

• *Versicherung*: In **Deutschland**, **Österreich** und der **Schweiz** trägt die Haftpflicht-Versicherung des Fahrers bei einem Unfall auch die Kosten, wenn ein mitreisender Tramper zu Schaden kommt. Allerdings nur bis zur festgelegten Deckungssumme - üblich sind in der BRD 2 Millionen DM bzw. unbegrenzt. Bei den Automobilclubs gibt es Vertragsformulare, in denen der Fahrer von einer die Deckungssumme übersteigenden Haftung freigestellt wird (**Haftungsbeschränkungserklärung**). Diese sollte er sich von einem Mitreisenden unterschreiben lassen, Unterschrift nur gültig, wenn der Unterzeichnende volljährig ist. Vor strafrechtlicher Verantwortung kann man sich jedoch nicht befreien: Ein Autofahrer, der schuldhaft einen Unfall verursacht, bei dem ein mitfahrender Tramper verletzt wird, muß mit einem Verfahren wegen fahrlässiger Körperverletzung rechnen. Dieses Risiko ist durch nichts auszuschalten.
In **Italien** sind zum einen die Haftpflichtsummen äußerst niedrig, zum anderen sind Tramper über die Haftpflichtversicherung eines italienischen Fahrers nicht mitversichert! Tramper sollten deshalb für die Dauer des Aufenthalts besser eine zusätzliche **Unfallversicherung** abschließen.

Unterwegs in Oberitalien

Eigenes Fahrzeug und Bahn siehe oben, S. 21 bzw. S. 34.

▶ **Überlandbusse**: Ein dichtes Netz von Busrouten zahlreicher Gesellschaften ergänzt die Bahnstrecken. Benutzung in erster Linie sinnvoll für Orte, die keine Schienenverbindung haben - speziell in den Alpenregionen wird man häufig auf den Bus umsteigen müssen. Auch kleinste Orte werden angefahren. Wenn man jedoch die Wahl hat zwischen Bahn und Bus, reist man per Zug meist schneller (ausgenommen "Locale"-Züge).
Die Terminals liegen oft in der Nähe des Hauptbahnhofs (Details in den Ortstexten). Fahrscheine rechtzeitig besorgen, Busse sind oft überfüllt. An Sonntagen stark eingeschränkter Verkehr!

▶ **Stadtbusse**: Oft etwas chaotisch wirkendes System - Endstationen sind selten an den Bussen angeschrieben, ebenso kann man an den Haltestellen kaum etwas über die Streckenführung, Verkehrszeiten und Häufigkeit der Verbindungen nachlesen. Durchfragen ist angesagt. Kostenpunkt pro Fahrt in den Großstädten meist um die 1200-1500 Lire, also ca. 1,10-1,40 DM. Wichtig: Die Tickets muß man *vor der Fahrt* in Kiosken, Tabakläden und Bars kaufen, am besten gleich mehrere auf einmal. Im Bus entwerten, falls der Automat funktioniert. In großen Städten gibt es gelegentlich Tages- oder Mehrtagespässe für Benutzung der öffentlichen Verkehrsmittel.

▶ **Taxi**: Im Prinzip etwas preiswerter als bei uns, allerdings gibt es auf den Grundpreis ein undurchschaubares System von Zuschlägen - für Feiertage, Gepäck, Nachtfahrten, Fahrten von und zum Flughafen etc. - so daß man doch meist ganz ordentlich zur Kasse gebeten wird. Darauf achten, daß der Taxameter eingeschaltet ist.
Taxistände sind in den gelben Seiten der Telefonbücher verzeichnet.

▶ **Mietfahrzeuge**: In allen Städten und Flughäfen, außerdem in vielen großen Touristenorten sind die bekannten internationalen Firmen Avis, Europcar, Hertz und Budget vertreten, zusätzlich italienische Firmen wie Eurodollar und Maggiore. Die Wagen sind vergleichsweise teuer, die *Tagestarife* setzen sich meist aus einem Grundbetrag und einer Pauschale pro gefahrenem Kilometer zusammen (oder höherer Tarif ohne Pauschale, der etwa dem Grundbetrag plus Kilometergeld für 100 km entspricht). Wenn man viel unterwegs sein will, fährt man mit dem *Wochentarif* meist günstiger, bei dem kein Kilometergeld kassiert wird. Bei manchen Firmen gibt es ermäßigte *Wochenendtarife* (Fr Nachm. - Mo früh). Im Preis inbegriffen ist Haftpflichtversicherung und manchmal Teilkasko mit Selbstbeteiligung (die man gegen Aufpreis wegversichern kann). Generell darf man erst ab 21 Jahren einen Wagen ausleihen, 1 Jahr Fahrpraxis ist Bedingung.
Mittlerweile gibt es in zahlreichen Orten die Möglichkeit, *Fahrräder* und *Mountainbikes* auszuleihen, z.B. an den Badeseen, in fast allen Touristenorten an der Adria und in vielen Städten, u.a. Bozen, Ferrara, Mantua, Meran, Ravenna, Turin und Verona.

Reisepraktisches von A – Z

Ärzliche Versorgung

Wer in einer gesetzlichen Krankenkasse ist, sollte den Anspruchs-schein für ärztliche Behandlung in EG-Ländern mitnehmen (E 111). Das Formular gibt's bei der eigenen Krankenkasse.

Den E 111-Schein schon vor der Abreise soweit wie möglich ausfüllen. Im Krankheitsfall damit zur nächsten *Unità Sanitaria Locale*, der örtli-chen Niederlassung des staatlichen italienischen Gesundheitsdienstes. Dort bekommt man einen italienischen Krankenschein. Das kann je nach Andrang seine Zeit dauern (meist sind die USL-Büros überfüllt). Man sollte deshalb immer versuchen, sich direkt an den Leiter *(capo)* bzw. den leitenden Arzt *(primo medico)* zu wenden, nicht an die normalen Kundenschalter. Mit dem glücklich erworbenen Schein kann man dann endlich einen der USL angeschlossenen Arzt aufsuchen und sich kosten-frei behandeln lassen. Die italienische Kasse rechnet dann mit der eige-nen Kasse ab.

Staatliche Krankenhäuser nehmen den Anspruchsschein direkt an, d.h. man kann sich den Gang zur Unità Sanitaria Locale sparen, ebenso auch einige niedergelasse-ne Mediziner (doch müßte man dies vorher erfragen, da es im Ermessen des Arztes liegt und keine einschlägigen Adressenliste existieren).

Da viele Ärzte den Krankenschein des staatlichen Gesundheitsdiensts nicht akzeptieren, ist es in der Regel unkomplizierter, einen behandelnden Arzt bar zu bezahlen. Gegen eine ordnungsgemäße Quittung *(ricevuta)* des behandelnden Arztes, die Diagnose, Art und Kosten der Behandlung bein-halten sollte, erhalten Sie dann Ihre Ausgaben zu Hause von Ihrer Kasse zurückerstattet (ganz oder anteilig, je nach Kasse und Höhe der Summe verschieden). Falls Ihnen ein Rezept verschrieben wurde, werden auch die Apothekenkosten vergütet. Wissen sollte man allerdings, daß die ärztli-

*Sinnvolle Zweckentfremdung einer Mordwaffe –
gesehen in Camogli an der Riviera*

chen Honorare in Urlaubsgebieten oft unverhältnismäßig hoch ausfallen -
unter Umständen muß man also größere Beträge vorschießen.

Sinnvoll ist zusätzlich der Abschluß einer zusätzlichen *Auslandskranken-
versicherung*, die die meisten privaten Krankenversicherer (auch für Mitglieder gesetzlicher Kassen) und manche Automobilclubs preiswert anbieten (unter 1 DM pro Tag). Darin enthalten ist auch ein aus medizinischen
Gründen notwendig gewordener Rücktransport nach Hause (auch Überführung), den die gesetzlichen Krankenkassen nicht übernehmen.

Für **Österreicher** ist der oben beschriebene Ablauf ebenfalls gültig (An-
spruchsformular SE 100-07).

Schweizer müssen ihre Behandlungskosten selbst bezahlen.

• *Notruf* (*soccorso pubblico di emergenza*):
Tel. 113 wählen (einheitlich in ganz Italien),
Adresse nennen und um Unfallhilfe (*pronto
soccorso*) bitten - die Polizei (*polizia*) am
anderen Ende der Leitung schickt dann die
Ambulanz.

• *Erste Hilfe* (*soccorso medico urgente*): In
Touristengebieten gibt es während der Saison in so gut wie jedem Ort eine von der
Comune unterhaltene Station der **guardia
medica turistica**, in der angehende Ärzte
Erste Hilfe leisten. Eine vorbildliche Einrichtung, denn die Behandlung dort ist kostenlos. Das behandelnde Personal ist sach-
kundig, schreibt Rezepte aus, gibt Medika-
mente und Spritzen und ist zudem sehr
hilfsbereit.

• *Apotheken* (*farmacia*): können bei kleineren
Wehwehchen den Arzt ersetzen. Viele Medi-
kamente sind rezeptfrei erhältlich, darunter
auch verschiedene Antibiotika. Ungefähre
Öffnungszeiten Mo-Sa 8.30-13 und 16.15-
19.45 h, Not- und Wochenenddienste sind
an jeder Apotheke angeschlagen.

• *Privatversicherung*: Falls Sie privat versi-
chert sind, müssen Sie anfallende Rechnungen selbst bezahlen. Gegen genau
ausgefüllte, quittierte Rechnungen erstattet
ihre Kasse nach der Rückkehr die aufge-
wendeten Beträge - allerdings nur soweit,
wie sie der italienische Gesundheitsdienst
ebenfalls getragen hätte. Prüfen Sie, ob ihre
Kasse auch etwaige Rücktransportkosten
übernimmt.

Baden

Die Meeresstrände im Norden Italiens sind zahlreich, durchwegs fein-sandig, sauber und oft kilometerlang. Speziell an der Adria fallen sie ganz flach ins Meer ab - ideal für Kinder.

Da die oberitalienischen Küsten zu den wichtigsten Familienbadeplätzen im Land gehören, sind sie bis in die letzten Winkel erschlossen und vor allem in den Monaten Juni, Juli und August extrem überfüllt. Gebühren-pflichtige Badeanstalten, die sog. *stabilimenti* oder *bagni*, nehmen mit ihren Sanitäranlagen, Umkleidekabinen und oft zehn bis zwanzig Liegestuhl/Sonnenschirmreihen hintereinander gut 90 % aller verfügbaren Flächen ein. Zu zahlen sind pro Tag umgerechnet pro Person ca. 8-15 DM für Be-nutzung aller Serviceeinrichtungen incl. Miete eines Liegestuhls. Auch Wochen- und Monatsabonnements sind möglich. Bademeister überwachen überall den Betrieb. Kostenlose Strandabschnitte gibt es meist nur an den Ortsrändern, weit außerhalb vom Zentrum. Nachteil an der vom Apennin eingeschnürten *Riviera*: hier verläuft die heftig befahrene Küstenstraße in manchen Orten direkt hinter den Badestränden, vor allem westlich von Genua - Lärmbelästigung einkalkulieren (Näheres → Ligurien).

Die Badeplätze an den *oberitalienischen Seen* sind meist kiesig oder steinig, richtige Sandstrände gibt es nicht, höchstens hier und dort ein paar künst-lich aufgeschüttete Stellen. Jedoch erstrecken sich oft weiche Rasenflächen mit schattigen Bäumen direkt an den Ufern. Während die bekannte *Garda-see* in den Sommermonaten meist heftig überlaufen ist, zeigen sich der nahe *Idro-* und *Iseo-See* oft zur selben Zeit erholsam ruhig. Sehr hübsch, außerdem warm ist der idyllische kleine *Kalterer See (Lago di Caldaro)* in Südtirol.

▶ **Sauberkeit**: Bekanntlich ist die Wasserqualität an Adria und Riviera eine delikate Angelegenheit. Noch Ende der Achtziger mußten an zahlreichen Stränden Badeverbote ausgesprochen werden. Durch den Ausbau alter und den Bau neuer Kläranlagen hat sich die Lage jetzt entspannt - wegen fehlender Gelder und daraus resultierendem Personalmangel sind jedoch nicht immer alle funktionstüchtigen Anlagen in Betrieb. In aller Munde war 1988/89 die "Algenpest" an der Adria, die dem Tourismus verheerende Umsatzeinbrüche bescherte (→ Kasten). Doch seitdem sind die - ver-gleichsweise harmlosen - Schleimteppiche nicht wieder aufgetaucht, weit draußen im Meer wurden Algenbarrieren festgemacht und durch schwim-mende Labors werden regelmäßig Kontrollen des Wassers vorgenommen. Laut der Untersuchungen einer großen deutschen Automobilclubs ist der hygienische Zustand der oberitalienischen Badegewässer derzeit überwie-gend gut. Generell meiden sollte man allerdings das Baden in der Nähe von Flußmündungen, Hafenanlagen und Abwassereinleitungen (soweit be-kannt). Erheblich belastet sind der Bereich der *Pomündung*, wo große Mengen an ungeklärten Schadstoffen - hauptsächlich Phosphate und giftige Schwermetalle - aus der ganzen Poebene und den großen Binnenstädten eingeleitet werden, außerdem die nahe *Etschmündung* und das Umfeld der Hafenstädte *Genua, Savona* und *La Spezia.*

Ruhe vor dem Sturm

Die *oberitalienischen Seen* sind generell in ihren nördlichen Abschnitten sauberer - allerdings auch kälter - als in den südlichen Bereichen. Speziell im Süden des Gardasees mußten in den letzten Jahren gelegentlich Badeverbote an einigen Stränden verhängt werden - der Präsident der Tourismusbehörde im Norden des Sees (Provinz Trentino) spricht dagegen etwas vollmundig von "Trinkwasserqualität".

Mitglieder des ADAC können in den Sommermonaten telefonisch Auskünfte über die **aktuelle Wasserqualität** an Adria, Riviera und Gardasee erfragen. Tel. 01805/101112 (Mitgliedsnummer bereithalten).

Durch stark bakterienhaltige Abwässer kann das Meer gesundheitsgefährdend verunreinigt werden. Ist das Wasser stark mit Kolibakterien belastet, können auch krankmachende Keime wie Salmonellen vorhanden sein. Wenn an einem Strand mehr als 2000 Kolibakterien in 100 Millilitern Wasser festgestellt werden, wird der Strandabschnitt in der Regel gesperrt und **Badeverbot** ausgesprochen. Die entsprechenden Schilder sind allerdings nicht immer an deutlich sichtbaren Stellen angebracht.

"Mucillaggine"

Riesige Mengen von Algenschleim verschmutzten 1988 und 1989 kilometerweit die Strände der Adria - eine der größten Katastrophen in der Geschichte des italienischen Tourismus.

Der weiße Glibber entsteht hauptsächlich beim Absterben von **Kieselalgen,** die im Frühjahr massenweise wachsen und beim Abbauprozeß im Sommer eiweißartige Substanzen freisetzen, die gewaltige

Schaummengen verursachen. Schuld an der explosionsartigen Algenblüte ist in erster Linie die **Nährstoffübersättigung** (Eutrophierung) der Adria durch stickstoffhaltige Phosphate aus Dünge- und Pflanzenschutzmitteln der Landwirtschaft in der Poebene, die der Po tonnenweise ins Meer schwemmt. Dazu kommen die Abwässer der Industrie (60 % der landwirtschaftlichen Güter Italiens werden in der Poebene produziert, 70 % aller Industrieanlagen stehen hier). Auslösende Faktoren waren Ende der Achtziger außerdem das frühe Einsetzen von Regen, was das Einspülen der Phosphate ins Meer beschleunigte, die gleichzeitig herrschenden hohen Temperaturen und die ungewöhnlich intensive Lichteinstrahlung - alles beste Katalysatoren für übermäßiges Algenwachstum. Dazu kamen stark anlandige Winde, die die Schaumteppiche an die Küsten trieben.

Obwohl die "Überdüngung" des Meeres durch stickstoffhaltige Phosphate als wesentliche Ursache für die Algenpest angesehen wird, verweisen Experten darauf, daß Algenschleimteppiche schon Ende des 19. Jh., 1903 und 1930/31 aufgetreten sind, also lange, bevor man chemische Düngemittel u.dgl. verwendete. Jedoch sind seit 1988 in der Emilia-Romagna zwei wichtige Verordnungen in Kraft getreten: Waschmittel dürfen nur noch 1% Phosphat enthalten (vorher 7) und die Massentierhaltung darf nicht mehr weiter ausgebaut werden.

Botschaften

In Notfällen, z.B. dem Verlust sämtlicher Reisefinanzen, kann man sich an die Auslandsvertretung seines Heimatlandes wenden. Überbrückungshilfe für die sofortige Heimreise wird jedoch nur gewährt, wenn keine Angehörigen, Freunde etc. einspringen können - verständlich, wenn man bedenkt, daß jährlich Hunderte, wenn nicht Tausende von Urlaubern bei der Botschaft anklopfen und um Geld bitten, das sie dann oft nur nach zähen Mahnungen zurückzahlen. Im akuten Notfall gibt es in der Regel eine Bahnkarte plus etwas Verpflegungsgeld für unterwegs. Selbstverständlich sind alle Auslagen zurückzuzahlen.

Deutsche Botschaft: *Rechts- und Konsularreferat,* Via F. Siecci 2/C-4, I-00198 Roma, Tel. 06/884741.
Generalkonsulate: Via San Vicenzo 4/28, I-16100 Genova, Tel. 010/590841 und Via Solferino 40, I-20121 Milano, Tel. 02/6554434.
Konsulate in Oberitalien: Bologna, Livorno, Rimini, Turin, Triest und Venedig.
Österreichische Botschaft: Via Pergolesi 3, I-00198 Roma, Tel. 06/8543058.
Generalkonsulate: Via Tranquillo Cremona 27, I-20145 Milano, Tel. 02/4812066 u. Via Fabio Filzi 1, I-34132 Trieste, Tel. 040/ 61688.
Konsulate: Bologna, Genua, Turin und Venedig.

Schweizer Botschaft: Via Barnaba Oriani 61, I-00197 Roma, Tel. 06/8088398.
Generalkonsulate: Piazza Brignole 3/6, I-16122 Genua, Tel. 010/565620 oder 562632 und Via Palestro 2, I-20121 Milano, Tel. 02/795515-17.
Konsulate: Venedig und Genua.
Italienische Botschaft: *Deutschland*, Karl-Finkelnburg-Str. 51, D-53173 Bonn, Tel. 0228/8220.
Österreich, Metterlinggasse 13, A-1030 Wien, Tel. 1/71251210.
Schweiz, Elfenstr. 14, CH-3000 Bern 16, Tel. 031/444151.

Zahllose Schaufensterauslagen lassen das Wasser im Munde zusammenlaufen

Einkaufen

In mancher Hinsicht ist Oberitalien ein Einkaufsparadies, das gilt vor allem für Mode und den kulinarischen Bereich. Auch macht das Einkaufen hier wirklich Spaß - der Tante Emma-Laden um die Ecke ist noch nicht ausgestorben und beim Stöbern in den engen Altstadtgassen wird man manche Entdeckung machen. Durch den günstige Lirakurs kann man jetzt auch wieder wirkliche Schnäppchen machen. Vieles ist derzeit billiger als bei uns - das gilt besonders für die elegante italienische Schuhmode.

Kulinarische Mitbringsel werden überall reichlich angeboten - in den zahllosen Delikatessenläden läuft einem das Wasser im Munde zusammen, ein Beispiel für viele ist das Feinkostgeschäft "Tamburini" in *Bologna* (→ dort). Natürlich lohnt unbedingt die Mitnahme eines guten Tropfens aus einer *enoteca* (Weinhandlung). Gebäck und oft auch phantasievolle Nudelsorten bekommt man in der *pasticceria* (Konditorei). Kunsthandwerk aller Sparten findet man in *Venedig* (speziell Glasbläserei und Karnevalsmasken), das Exklusivste an Mode in *Milano* und (bedingt) *Bologna*, Keramik und Porzellan in *Faenza*, Schuhe in *Vigevano*. Antiquitätenmärkte finden regelmäßig in den meisten größeren Städten statt.

- Tip für Mode- und Preisbewußte: Der **Schlußverkauf** (*saldi*) in Juli/August und Februar bringt radikale Preisnachlässe von 50 % und mehr!
- Einkauf direkt bei der **Fabrik** kann ebenfalls viel Geld sparen helfen. Viele renommierte Firmen bieten ihre Produkte auch direkt an. Schilder "Punto vendita diretto" weisen den Weg.

Eintrittspreise

Die Italiener wissen recht gut, was ihre unzähligen Kunstschätze wert sind bzw. was die Kulturinteressierten zu zahlen bereit sind. Dasselbe gilt auch für Tanz- und Musikschuppen bzw. deren Klientel.

Diskotheken: sehr teuer, unter 20 DM läuft selten etwas, meist werden es 30 DM (ein Getränk frei).

Kirchen: erfreulicherweise fast immer frei - unrühmliche Ausnahme ist Verona (→ dort). Sakristei, Kirchenschatz, Dommuseum und andere "Extras" kosten dafür meist etwas. Bitte darauf achten: Der Zugang zu den Hallen Gottes ist nur in "anständiger" Kleidung gestattet - keine Shorts, keine Träger-Shirts und nackte Schultern! Gelegentlich wird das kontrolliert (→ Milano).

Museen und Galerien: Die Preise liegen in der Regel zwischen 3 und 10 DM, je nach touristischem "Wert" der Ausstellung. Studentenermäßigung gibt es nur ganz selten, manchmal jedoch freie Eintrittstage.

Musikclubs bzw. -lokale: Speziell in Milano wird oft eine Mitgliedskarte verlangt, die sog. *tessera* - aus dem einfachen Grund, um Geld zu sparen, denn die Lizenzen für Musiklokale sind deutlich teurer als für "Clubs". Die Tessera kostet meist nur ein paar Mark und man kann sie auch für einen einmaligen Besuch erwerben. Da die Strafen hoch sind, wenn bei Polizeikontrollen Besucher ohne Clubausweis erwischt werden, wird Eintritt ohne *tessera* nur sehr gelegentlich gewährt - einfach fragen.

Schlösser: liegen preislich in Höhe der Museen, gelegentlich ist eine Führung inbegriffen.

Essen und Trinken

Die Küche Oberitaliens ist so vielfältig wie die Landschaft seiner acht Regionen. Man reist und tafelt von den Alpen bis zum Meer, schlemmt sich aus der üppigen Poebene in die Trüffelregionen Piemonts, "frißt" sich über den Apennin ins subtropisch-mediterrane Ligurien. Heute bechert man in der urigen Trattoria eines abgelegenen Fischerdorfs, morgen genießt man das Ambiente im Edelristorante einer mondänen Großstadt.

Eine Oberitalienreise ist immer auch eine kulinarische Reise: Tiroler Knödel und knackige Tortellini, üppige Fischsuppe und saftiger Parmaschinken, Risotto mit Meeresfrüchten und geröstete Polenta, dazu eine Karaffe mit dem preiswerten offenen Wein des Hauses. Die Gerichte sind zahlreich und oft speist man gut - jedoch generell im Binnenland besser als an der Küste, wo im Sommer Spaghetti und Pizza dominieren und die Ansprüche der ungehobelten "Turnschuh-Barbaren" aus dem Norden die italienische Eßkultur oft zerstört haben.

Auf der italienischen Halbinsel hat sich während der römischen Antike die erste Kochkunst auf europäischem Boden entwickelt. Und in der Renaissance war es Katharina von Medici, die bei ihrer Heirat mit dem späteren König von Frankreich ihre Köche mitnahm und so die Geheimnisse der italienischen Küche exportierte. Die Eleganz und verfeinerten Sitten spürt man auch heute noch. Die Italiener lassen sich zum Speisen viel Zeit, legen Wert auf intensive Beratung und lassen sich das aktuelle Speisenangebot gerne mündlich erzählen. Man geht im großen Familienverband aus und diskutiert ausführlich über die Qualität der Speisen. Das Geld spielt oft nur am Rande eine Rolle - wichtig ist, daß es schmeckt, dafür zahlt man gerne und reichlich.

Nicht verschweigen wollen wir, daß die Speisenqualität vor allem in stark touristisch frequentierten Lokalen oft zu wünschen übrig läßt. Vor allem wenn man à la carte speist, werden nicht selten lieblose Allerweltsgerichte serviert - die ewig-gleichen Nudeln, die sich nur durch ihre phantasievollen Namen unterscheiden, danach ein zähes Stück Fleisch und ein paar Salatblättchen. Man kann dem bedingt aus dem Weg gehen, wenn man nach der *Tagesspezialität* fragt - oft steht sie nicht auf der Karte und bietet mehr kulinarischen Genuß als die routinemäßig bereitgehaltenen Standardgerichte.

▶ **Speisenabfolge und Preise:** Generell begnügt man sich nicht mit einem Hauptgericht - der Magen wird durch diverse Vorspeisen und am besten noch mit einem Aperitif eingestimmt. So eine Mahlzeit kann sich über Stunden hinziehen. Zu Recht - der volle Reiz der italienischen Küche entfaltet sich tatsächlich erst, wenn man sich an die traditionelle Speisenfolge hält. Zunächst kostet man einen der zahlreichen **antipasti** (Vorspeisen), z.B. geräucherten Schinken mit Melone, zarten Carpaccio (hauchdünne Scheiben rohes Rinderfilet) oder regionale Wurstsorten, garniert mit Oliven, und diverse Salate. Dann folgt der **primo piatto** (erster Gang, meist Nudeln oder Reis) oder die **minestra** (Suppe), dann das **secondo** (Hauptgang, Fleisch oder Fisch), zu guter Letzt das **Dessert**. Das secondo wird in der Regel ohne **contorni** (Beilagen) serviert. Diese müssen extra bestellt werden.

Wer sich auf ein solch üppiges Menü einläßt, muß keine Angst haben, hungrig wieder aufzustehen. Doch es hat seinen Preis! Essen gehen ist in Italien kein billiger Spaß. Unter 30-45 DM pro Person wird man bei obiger Menüfolge incl. Wein nur selten davonkommen. Allein das secondo kommt meist schon auf gut 15-20 DM - generell ist Fisch erheblich teurer als Fleisch. Sparsame können in Touristenorten jedoch häufig ein sog. Festpreismenü *(Menu a prezzo fisso* oder *menu turistico)* wählen. Dieses ist weitaus günstiger als Speisen à la carte, pro Person liegen die Preise zwischen 20 und 30 DM, ist aber oft von minderer Qualität. Weiterhin bleibt die Möglichkeit, nur einen primo piatto zu wählen, also z.B. ein Nudelgericht, dazu Salat. Das wird in Restaurants nicht immer gerne gesehen, doch in der Regel sollte es keine Probleme geben, vor allem mittags ist es durchaus üblich. Ansonsten heißt das Zauberwort *Pizza* - für Budget-Reisende oft die einzige preiswerte Möglichkeit, den knurrenden Magen zufriedenstellend zu füllen.

Vorsicht bei der Preiskalkulation anhand aushängender **Speisekarten** - der ausgedruckte Preis der einzelnen Gerichte sagt nämlich noch nichts über den tatsächlichen Endpreis aus. Dazu kommt nämlich das überall in Italien gültige System des *servizio* und *pane e coperto*. Das heißt, daß bei jeder Mahlzeit 10-15 % Aufpreis für Bedienung und pro Person zwischen 2 und 4 DM für Brot und Gedeck aufgeschlagen werden. Der in der Speisekarte ausgedruckte Preis ist also nicht der Endpreis, sondern man darf pro Person noch gut 5-8 DM dazurechnen. Verstärkt ist allerdings der Trend zu bemerken, daß diese Extras aus Gründen verschärfter Konkurrenz nicht mehr berechnet werden.

● *Kleine Tips*: Man sticht beim Restaurantbesuch nicht auf den nächstbesten freien Tisch zu, sondern wartet, bis man vom Kellner einen Tisch angewiesen bekommt. Natürlich kann man Wünsche äußern. Die bei uns typische Höflichkeitsfrage, ob es geschmeckt hat, ist im allgemeinen nicht üblich. Dafür wird vor dem Abräumen oft gefragt "Posso, Signore?" ("Fertig, mein Herr?").

Es wird immer gefragt, ob man Dessert oder Kaffee möchte ("Desidera un altro - frutta, gelato, caffè?")

Wenn man zahlen will verlangt man "il conto, per favore!" Die Rechnung (*ricevuta fiscale*) kommt diskret verdeckt auf einem Tellerchen - man legt sein Geld darauf und erhält Wechselgeld zurück. Es kann nicht schaden, gelegentlich die Preise anhand der Speisekarte zu überprüfen, dabei aber nicht die Extras vergessen.

Trinkgeld wird so halbwegs erwartet. Falls man zufrieden war, läßt man es beim Gehen auf dem Tellerchen liegen.

▶ **Die Lokale:** Die Unterschiede zwischen den einzelnen Gattungen verwischen sich zusehends. Gemeinsam ist ihnen, daß sie alle einen gesetzlich vorgeschriebenen Ruhetag in der Woche haben (an der Tür angeschlagen) und im Juli oder August mehrere Wochen geschlossen haben.

Ristorante: mehr das gehobene (auch preislich!) Speiselokal, wohin man seine Freunde und Geschäftspartner ausführt. Reiche Auswahl an Antipasti, die oft fein säuberlich in der Nähe des Eingangs aufgereiht sind. Geboten sind allgemeine italienische Küche und regionale Spezialitäten, die je nach geographischer Lage ihr Schwergewicht auf Fleisch oder Fisch haben. Auch Pizza gibt es häufig.

Trattoria: seinem Ursprung nach die einfache, bodenständigere, ursprünglich auch preiswertere Variante. Oft Familienbetriebe seit Generationen, in denen man weiß, was schmeckt und hauptsächlich die regionale Küche pflegt. Inzwischen hat sich manches geändert - so nennen sich viele Ristoranti Trattoria, sei es, um gewisse "Volkstümlichkeit" vorzuspiegeln, sei es, weil man sich wirklich dieser Tradition verpflichtet fühlt und entsprechend arbeitet. Hierbei die echte Volltreffer, was die Qualität der Speisen angeht! Wichtig jedoch - die Bezeichnung Trattoria sagt nichts über die Preise aus, meist ißt man dort genauso oder fast genauso teuer wie im Ristorante. Generell vorher einen Blick auf die Karte werfen, um vor unliebsamen Überraschungen sicher zu sein.

Osteria: traditionell das Gasthaus um die Ecke, wo die Arbeiter und Angestellten in der Mittagspause essen und man sich abends zum Weintrinken trifft. Doch auch hier zunehmend der Trend, daß sich hinter der Bezeichnung 'Osteria' oder 'Hostaria' superteure Luxusschuppen verbergen.

Pizzeria: wer auf Nummer Sicher gehen will, sowohl preislich als auch vom wenig "exotischen" Angebot. Bestellungen von einem einzigen Gericht sind üblich, sei es Pizza oder eine Nudelspeise incl. Salat. Nicht von ungefähr trifft man dort meist die Ortsjugend, die in den teuren Ristoranti höchstens im Familienverband auftaucht.

Birreria: entgegen dem Namen nicht eine Kneipe, in der nur getrunken wird, sondern ein Bierlokal, in dem ganze Mahlzeiten serviert werden. Man trifft sich hier zum Essen und Biertrinken.

Enoteca oder **Vineria:** Weinlokal mit meist großem Angebot regionaler und überregionaler Weine. Man ißt ein paar Happen oder Snacks und kostet sich durch die Weinkarte.

Tavola Calda/Rosticceria: den ganzen Tag warm gehaltene Speisen, Schwergewicht auf Salaten, Sandwiches (panini) etc. Meist relativ preiswert, Speisen oft zum Mitnehmen.

Self-Services: in den Großstädten inzwischen weit verbreitet. Neben der internationalem Hamburgerkultur gibt's erfreulicherweise oft eine reichhaltige Salatbar und diverse italienische Gerichte, ansonsten auch Pizza vom Blech, Faßbier etc. Vorzugsweise die Self-Serviceketten *Brek* und *Ciao Ciao* bieten oft hervorragende Küche.

Bar: An jeder Straßenecke - hier kehrt man tagsüber im Vorübergehen ein, um an der Theke einen *caffè*, ein Gläschen Wein oder einen Grappa zu schlürfen, ein paar Worte zu wechseln und sich von der Arbeit zu erholen. Abends fungiert die Bar als Treffpunkt der Männer aus der Umgegend, meist geht es hoch her.

Sitzgelegenheiten sind traditionell rar, man diskutiert im Stehen. Inzwischen haben viele Bars aber Stühle und Tische im Freien, an denen man oft deutlich mehr zahlt als am Tresen.

Caffè: Übergänge zur Bar fließend. Entspricht unserem Café, meist mit ausgedehnter Freiluftzone an exponierten Plätzen und Straßen. Wenn man Platz nimmt, sind die Preise nicht gerade billig. Am besten fährt man meist mit einem Glas Wein (*un bicchiere di vino*).

Speisen und Grundstoffe

Im hoch industrialisierten und dicht besiedelten Norden Italiens spielt die Fleischproduktion eine Hauptrolle. Man ißt nicht immer leicht, verwendet üppige Soßen, kocht viel mit Butter oder Schweineschmalz, Nudeln werden mit Eiern hergestellt. Auch die Gemüsepalette ist reichhaltig, die Salate zeigen sich dagegen oft stereotyp und ohne spezielle Note. Lecker und nahrhaft sind die *Vorspeisenbuffets*, die in manchen Restaurants zur Selbstbedienung bereitstehen. Von Meeresfrüchten über diverse Wurstsorten bis zu eingelegtem Gemüse ist dabei alles enthalten, Kostenpunkt pro Teller ca. 12-15 DM.

▶ **Frühstück** *(prima colazione)*: kann man sich in Italien abgewöhnen. Kaum ein Italiener frühstückt kräftig, meist reicht ein Hörnchen *(cornetto)* in der nächsten Bar, dazu ein hastig runtergekippter Cappuccino. Dementsprechend gibt es kaum Cafés mit Frühstücksangebot - man kann sich aber meist einen Toast oder ein belegtes Panino bestellen. Auch in den Hotels fällt die erste Tagesmahlzeit äußerst bescheiden aus - Ausnahmen allerdings Südtirol und Gardasee, wo man sich den nordischen Wünschen angepaßt hat.

Der tägliche Fischmarkt sorgt an der Küste überall für frischen Nachschub

▶ **Fisch und Meeresgetier** *(pesce e frutti di mare)*: Obwohl wie überall im Mittelmeer die Fischer Probleme mit ihren leergefischten Gewässern haben, in fast allen Ristoranti an der Küste zu haben, aber auch in den größeren Städten des Binnenlands. In den oberitalienischen Seen und Alpenflüssen schwimmen zudem reichlich Speisefische. Fisch ist generell teuer: Er wird in den Speisekarten nach Gewicht berechnet, 100 g beginnen bei etwa 10 DM, um die 20 DM zahlt man für eine durchschnittliche Portion.

Billiger, ab ca. 12 DM, sind die zahlreichen Nudelgerichte, die mit Muscheln garniert sind - *spaghetti alle vongole, spaghetti con arselle* etc. Jedoch Vorsicht, allzuviel leere Muscheln sollte man nicht akzeptieren. Ein besonderer Leckerbissen sind die *frutti di mare*: Scampi, Muscheln und kleine Fischchen, die z.B. als üppige Garnierung eines Risotto serviert werden.

Die traditionelle Fischsuppe *(cacciucco, burrida* oder *brodetto)* hat in jeder Region ihre eigene Zubereitungsart. Verwendet wird alles, was nicht anderweitig verbraucht werden kann - von Tintenfischen über verschiedene Fischarten bis zu Miesmuscheln und sogar Schnecken. Das Ganze kommt zusammen in einen Topf und wird mit Kräutern, Papikaschoten und Tomaten kräftig gewürzt, häufig werden aber auch nur Öl, Pfeffer und Essig benutzt.

- *Meeresfische*: **mormora** (Streifenbrasse), **orata** (Goldbarsch), **pesce spada** (Schwertfisch), **sarago** (Ringbrasse), **salmone** (Lachs), **sardine** (Sardine), **sogliola** (Seezunge), **spigola** (Seehecht), **triglia** (Rotbarbe).
- *Seefische*: **carpione** (Gardasee-Forelle), **coregone** (Blaufelchen), **pesce persico** (Barsch), **trota** (Bachforelle).

- *Muscheln und Meeresgetier*: **aragosta** (Languste), **arselle** (Herzmuscheln), **astice** (große blaue Langusten mit Scheren), **cozze** (Miesmuscheln), **gamberoni** (große Krabben, ca. 10 cm lang), **scampi** (kleine Krabben), **seppia** (Tintenfisch), **vongole** (Venusmuscheln).

▶ **Fleisch, Wurst und Schinken** *(carne, salsiccia e prosciutto)*: Die Poebene ist Zentrum der italienischen Schweinemast und Rinderzucht. Hier dreht sich alles ums Fleisch, die Küche ist oft gehaltvoll und schwer. Vor allem in der Lombardei und in der Emilia-Romagna kann man die typischen Fleischgerichte kosten. Salami und Mortadella sind bekannte Wurstprodukte, an den Apenninhängen bei Parma wird der berühmte Parmaschinken hergestellt. Auf beinahe jeder Speisekarte Oberitaliens ist *costoletta* (Kotelett), *filetto* (Filet), *scaloppina* oder *saltimbocca* (Kalbsmedaillon) geboten. Im September beginnt die Jagdzeit und entsprechend viele arme Kaninchen *(coniglio)* finden den Weg in die Kochtöpfe.

Bollito misto: wird überall in Oberitalien serviert, hauptsächlich im Binnenland - bis zu sechs verschiedene Fleischsorten (Rind, Kalb, Huhn u.a.), die zusammen geschmort und gekocht werden.

Costoletta alla milanese: das berühmte "Wiener Schnitzel", das eigentlich aus Mailand stammt und dessen Rezept von den österreichischen Besatzern unter Feldmarschall Radetzky nach Wien transferiert wurde.

Ossobuco: Kalbshaxe mit Knochen, in Scheiben geschnitten und in Wein gegart. Vor allem in der Lombardei verbreitet.

Spezzatino: Kalbsgulasch, oft mit Erbsen oder anderem Gemüse angereichert.

Zampone: gefüllter Schweinefuß, Spezialität der Emilia-Romagna.

- *Wurstwaren*: zahllose regionale Wurstsorten werden in der Poebene hergestellt. Die beste **Salami** stammt aus Felino, berühmt ist auch die Schinkenwurst **Culatello** aus Zibello.
- *Schinken*: Ein Jahr lang trocknen die Schweinekeulen in luftigen Hallen, eingerieben mit Schmalz und Salz, bis der **Parmaschinken** seinen typischen nußartigen Geschmack entwickelt.

▶ **Teigwaren** *(pasta)*: als Vor- oder Hauptgericht. Es gibt im Land einige hundert verschiedene Nudelarten, die sich durch Rezeptur, Form oder Füllung unterscheiden. Gute Restaurants verzichten auf die industriell gefertigten Teigwaren und stellen sie selber her - die Erzeugnisse der kleinen "Nu-

delbäckereien" sind qualitativ besser und haben einen höheren Eiergehalt.
Überall in Oberitalien gibt es das leckere Gericht *pasta e fagioli* - Nudeln und
rote Bohnen zu einer dicken Suppe vermengt, schmackhaft und sättigend.

Agnolotti: handgemachte Nudeltaschen, die mit Fleisch gefüllt sind. Entsprechen den ligurischen **ravioli**.

Cappellacci und **Cappelletti**: gefüllte Nudeltaschen in Hutform.

Gnocchi: Grieskslößchen aus Hartweizenmehl.

Crespelle: Crêpes, meist gefüllt mit Schinken oder Käse.

Lasagne (al forno): geschichtete Nudellagen mit Hackfleisch und Käse.

Penne: feste makkaroniartige Nudeln, die man bequem mit der Gabelspitze aufspießen kann. Besonders lecker *all'arrabiata* (scharf).

Strangolapreti: Die "Priesterwürger" sind kleine grüne Klößchen aus Spinat, Eiern und Mehl.

Tagliatelle: Bandnudeln.

Tortellini: Bologneser Spezialität, kleine Teigringe mit gehacktem Schweinefleisch, Puter, Prosciutto (Schinken) oder Käse gefüllt und in klarer Fleischbrühe serviert.

Trenette: eckige Bandnudeln, die vor allem an der ligurischen Riviera gegessen werden.

▸ **Reis und Mais** *(riso e mais)*: hauptsächlich in der Poebene eine wichtige Grundlage vieler Mahlzeiten. Beides wird in großem Maßstab angebaut, Italien ist der bedeutendste Reisproduzent Europas.

Risotto-Gerichte sind vor allem im Veneto häufig, ansonsten wird in ganz Oberitalien der geröstete Maisbrei bzw. -kuchen *polenta* zu zahlreichen Mahlzeiten gereicht und hat fast die Stellung unserer Kartoffeln.

▸ **Suppen** *(minestre)*: am bekanntesten die *minestrone*, eine dicke Gemüsesuppe mit Pasta-Einlage und allem, was der Garten zur entsprechenden Jahreszeit hergibt.

▸ **Gemüse und Salat** *(verdure e insalata)*: vielfältige Auswahl, je nach Region unterschiedlich. In den höheren Lagen der Alpen und des Apennin wachsen leckere Steinpilze *(funghi porcini)*, die als Beilagen zu zahlreichen Gerichten verwendet werden. Piemont ist das berühmte Trüffelland, wo der sündhaft teure, weiße Knollenpilz *tartufo* unterirdisch wächst und geraspelt Bestandteil fast jeder Mahlzeit ist. In der Poebene gedeihen zahlreiche Gemüse, darunter Erbsen, Artischocken, Broccoli, wilder Fenchel und dicke Bohnen. Der köstliche, rot-weiß geäderte Salat *radicchio* stammt aus Venetien, in Ligurien wachsen die besten Kräuter und Oliven.

Leider enttäuschen die in Restaurants servierten Salate oft. Ein "Dressing" kennt man in Italien nicht, der Salat wird üblicherweise nur mit Salz, Öl und Essig serviert - und die Zusammenstellung des "insalata mista" (gemischter Salat) ist landesweit karg und phantasielos.

▸ **Öl und Essig** *(olio e aceto)*: Das ligurische *Olivenöl* gilt als eins der besten in Italien. Man kann es oft direkt beim Produzenten oder auf Märkten kaufen. Auf Hinweise *extra vergine* achten: Solches Olivenöl ist reich an ungesättigten Fettsäuren und ideal für Menschen mit hohem Cholesterinspiegel - es transportiert überschüssiges Cholesterin aus den Arterien in die Leber, wo es in seine Bestandteile zerlegt wird.

Aceto balsamico, der berühmte Essig von Modena, wird aus Trebbiano-Trauben hergestellt und jahre-, oft jahrzehntelang in schweren Fässern aus verschiedenen Hölzern gelagert, bis er die nötige Reife bekommt. Jeder Holztyp trägt seinen Anteil zum Geschmack des Aceto bei. Aus 100 kg

Trauben werden letztendlich etwa eineinhalb Liter Aceto Balsamico höchster Qualität. Ein Stück Fleisch damit gewürzt - dazu vielleicht einen prikkelnden Lambrusco - ist eine kulinarische Delikatesse. Für den Salat verwendet man diese Kostbarkeit nicht.

▸ **Käse** *(formaggio)*: ein echtes Grundnahrungsmittel. Die Käseherstellung ist ein bedeutender Wirtschaftszweig, Kühe werden in erster Linie für die Milchproduktion gezüchtet. Es gibt eine reichhaltige Palette von Varianten.

Bel paese: edler Käse, weich und mild im Aroma.

Fontina: bekanntester Käse des Aostatals, sehr delikat und für Fondue-Gerichte bevorzugt.

Gorgonzola: aus der Poebene, scharf und würzig.

Mozzarella: aus Kuh- oder Büffelmilch weich und leicht säuerlich. Wird oft als antipasto oder Pizzabelag gegessen, ist aber eher in Süditalien heimisch.

Parmigiano Reggiano: der berühmte echte Parmesankäse, scharf und salzig, vorzugsweise gerieben zum Würzen verwendet. Seine Herstellung ist aufwendig und verlangt viel Erfahrung. Bis er seine höchste Güte erreicht, muß er über ein Jahr lang reifen.

Ricotta: quarkähnlicher Frischkäse, als Brotbelag geeignet.

▸ **Eis** *(gelato)*: Das italienische Eis ist das beste der Welt! Seine Herstellung gilt fast als Kunst - *gelato artigianato*, wie man oft liest, heißt nicht künstlich hergestellt, sondern vielmehr kunstfertig. Die angebotenen Sorten gehen meist in die Dutzende.

Herrlich erfrischend und aromatisch ist auch *granita*, ein flüssig-körniges Eisgemisch, das in großen Rührgeräten den ganzen Tag über frisch gehalten wird - häufige Geschmacksrichtungen sind menta (Minze), limone (Zitrone), aranciata (Orange) und caffè.

Kulinarische Landkarte

Die stark regionale Ausprägung der oberitalienischen Küche ist geographisch und politisch bedingt - die Alpen und der gebirgige Apennin haben die Isolierung einzelner Landschaften begünstigt und bis ins letzte Jahrhundert bestand Italien aus einer Vielzahl Kleinstaaten, die grob gesehen den heutigen Regionen entsprechen.

Vor allem die Alpen- und Küstenregionen haben ihre eigenen Traditionen, ebenso die Poebene, das Zentrum der italienischen Schweinezucht, und die abgeschirmte Küste Liguriens. Oft wechseln die Spezialitäten sogar von Ort zu Ort!

● *Südtirol-Trentino*: Österreichische und italienische Küche gehen eine gelungene Mischung ein. Herzhaft alpenländischer Einschlag, aber auch das Meer ist nicht weit. **Tiroler Speckplatte**, **Knödel**, **Weinsuppe**, **Schlutzkrapfen** (gefüllte Teigtaschen) und **Passerforelle** zählen in Südtirol zu den Spezialitäten.

● *Friaul-Julisch Venetien*: Auch hier eine Mischung der verschiedensten Einflüsse - das nahe Slowenien, Österreich und Ungarn haben auf der Speisekarte mitgewirkt. Besonders bekannt ist die dicke Bohnen- und Krautsuppe **jota**, die ursprünglich aus Kärnten stammt und in zahlreichen Versionen gekocht wird.

● *Venetien*: Reis- und Fischgerichte überwiegen - u.a. gibt es zahlreiche risotti mit Meereszutaten und den **brodetto**, eine reichhaltige Fischsuppe. Das vielleicht klassischste Gericht ist **risi e bisi**, Reis und Erbsen - wird ziemlich flüssig serviert, also fast eine Art Gemüsesuppe. Am besten im Frühling, wenn die Erbsen frisch sind. Weitere Reisgerichte: **risotto bianco** (weißer Reis ohne Tomaten) oder **risotto nero** (schwarzer Reis mit Tintenfisch). Außerdem in Venedig beliebt alle Arten von Scampi, berühmt ist auch **fegato alla veneziana**, venezianische Leber mit Zwiebeln.

• *Lombardei*: Die zentrale Region Oberitaliens baut ebenfalls auf Reisgerichten auf, außerdem sind die Würste und Fleischgerichte berühmt. **Risotto alla milanese**, geschmorter Reis mit Safran, und **costoletta alla milanese**, eine Art Wiener Schnitzel, sind die "Renner".

• *Piemont und Aostatal*: kräftige alpenländische Küche, verfeinert durch französische Traditionen. Steinpilze und Schmelzkäse im Gebirge, Reis in der Poebene, **tartufo** (Trüffel) südlich von Turin.

• *Ligurien*: der Kräutergarten Oberitaliens. **Al pesto**, mit knallgrüner Basilikumsoße, wird hier die pasta serviert, vor allem die Bandnudeln **trenette**. Aus Genua stammen außerdem - wer hätte es gedacht - die **ravioli**. Angeblich wurden sie als Verlegenheitslösung auf hoher See erfunden: alle Reste, die man in der Schiffsküche noch fand, mengte man zusammen hüllte sie in

Teig. Heute sehr verfeinert, die "echte" Füllung besteht u.a. aus Kalbfleisch, Schweinebrust und Kalbshirn. Ansonsten natürlich Fisch in allen Variationen.

• *Emilia-Romagna*: Die Feinschmeckerprovinz Italiens, viele berühmte italienische Gerichte haben hier ihren Ursprung. Bologna, die kulinarische "Hauptstadt" des Nordens, wird "Bologna la grassa" (Bologna die Fette) genannt. Herausragende Spezialitäten sind alle Arten von Pasta, besonders die oben erwähnten **tortellini**, ebenfalls beliebt sind Tagliatelle und Lasagne. Pasta wird in der Emilia-Romagna oft **al ragu** serviert - eine leckere, dicke Fleischsoße mit Tomaten. Aus Parma und Umgebung kommt der berühmte **Parmaschinken**, der nur aus den Hinterläufen von Schweinen gewonnen und monatelang an der Luft getrocknet wird. Außerdem natürlich der bekannte **Parmesankäse**, der über Pizza, Pasta und viele andere Speisen gestreut wird.

Weitere ausführliche Hinweise im Vorspann der jeweiligen Regionen.

Wein

2500 Jahre Weinbau, mehrere hundert Weine, riesiges Exportaufkommen in alle Welt. Italien gilt als eine der führenden Weinnationen der Welt. Wer die besten Tropfen aufzählt, kommt nach dem berühmten Chianti aus der Toskana meist schnell auf oberitalienische Weine zu sprechen.

Speziell die Weine aus Piemont und Friaul genießen einen ausgezeichneten Ruf und einige der größten und bedeutendsten Anbaugebiete liegen im Norden des Stiefels: bei *Gorizia* wird der weiße Pinot Grigio produziert, um *Asti* und *Alba* der rote Barolo, um *Verona* und *Vicenza* Valpolicella, Amarone und Soave, nördlich von *Treviso* der Schaumwein Prosecco, um *Modena* Lambrusco u.a.

Auch passionierte Biertrinker sollten in Italien auf Wein umsteigen - er paßt einfach in das südliche Ambiente, schmeckt vor allem abends deutlich besser bzw. "festlicher" und der Preis ist meist erschwinglich (im Gegensatz zu Deutschland muß der Wein nicht dazu herhalten, den Rechnungsbetrag zu steigern, dafür sorgen schon die anderen Extras).

Tip: Wenn Sie im Restaurant keinen speziellen Wunsch haben, fragen Sie immer nach dem offen servierten *vino della casa* (Hauswein) - er stammt meist vom Weinberg des Hausherrn und ist wesentlich preiswerter als Flaschenweine (½ ltr. Weißwein = *un mezzo litro di vino bianco*, oder verkürzt: *un mezzo di bianco*, ¾ ltr. = *tre quarti*). In Bars ist das glasweise Bestellen von Wein üblich *(un bicchiere)* und meist billiger als ein Glas Bier.

Eine gut sortierte Önothek gibt es in jeder Stadt

Für den Weinkauf gibt es eine gut sortierte *enoteca* (Weinhandlung bzw. Weinstube mit Verkauf) in jeder Stadt. Ansonsten kauft man direkt beim Erzeuger natürlich billiger. Die Adressen der Güter erfährt man oft in den Bars der Orte in den Weinlandschaften.

Was nicht jeder weiß - Italien leidet unter einer Überproduktion von Wein, angeblich muß ein ganzes Drittel der Ernte alljährlich vernichtet werden. Folge: Die Gewinnspanne wird immer schmäler und billige Massenweine haben Hochkonjunktur, oft gepantscht mit süßem Mostkonzentrat aus Süditalien. Einige Kellereibesitzer griffen in der Vergangenheit sogar zu gesundheitsgefährdenden Manipulationen: Mit Süßstoff ("Frostschutz") gepantscht und Wasser gestreckt, überschwemmten Ende der Achtziger italienische Billigweine den europäischen Markt. Der berüchtigte Glykol- bzw. Methanolskandal war damals in aller Munde.

▶ **Weinauswahl:** Wer einen wirklich guten Tropfen kosten will, muß auswählen. Folgende Faustregel kann hilfreich sein: Die Weine aus dem hügligen Voralpengebiet sind in aller Regel den Massenprodukten aus der Poebene weit überlegen, auch wenn sie denselben Namen tragen. Achten Sie immer auf die Ursprungsbezeichnung eines Weines und suchen Sie notfalls den Ort auf der Karte - Qualitätsweine werden ausgezeichnet mit dem D.O.C.-Prädikat "denominazione di origine controllata" (kontrollierte Ursprungsbezeichnung), die allerbesten mit "denominazione di origine controllata e garantita" (kontrollierte und garantierte Ursprungsbezeichnung). Einige besonders pikante und bekannte Weine im Folgenden (weitere im Vorspann der einzelnen Regionen):

Amarone della Valpolicella, der edelste aller Veroneser Weine, alkoholreich (15 % vol), voll und schwer im Geschmack, gleichzeitig aber mit burgunderhafter Milde, leicht bitterer Beigeschmack (amaro = bitter). Nach 20-jähriger Lagerung zeigt er portweinähnliche Züge, aber meist trinkt man ihn jünger.

Bardolino, Rotwein vom Ostufer des Gardasees. Weniger edel, als vielmehr populär, weil leicht und süffig.

Barolo, der berühmteste Rote Piemonts, schwer und aromatisch.

Kalterer See, voller, fruchtiger Südtiroler Rotwein mit leichtem Mandelgeschmack.

Lambrusco, Spitzenreiter aus der Emilia-Romagna, rot und prickelnd.

Pinot Grigio, trockener Weißer aus dem Grenzgebiet zu Slowenien, fein und delikat, bekanntester Wein des Friaul.

Prosecco, perlender Schaumwein aus Venetien, alkoholarm, leicht und fruchtig, spritzig und prickelnd, in süßen oder trockenen Varianten.

Recioto della Valpolicella, der süße Bruder des Amarone, mit bitterem Unterton, ebenfalls alkoholreich, inzwischen fast schon zur Rarität geworden.

Sciacchetrà, der Süßwein aus der Cinque Terre gilt als kostbarster Tropfen Liguriens

- eine echte Rarität und fast unbezahlbar. Vorsicht vor Etikettenschwindel.

Soave, für manche Kenner der beste Weißwein Italiens, aus der Gegend von Verona, mild und leicht.

Valpolicella, ebenfalls aus Verona, schmeckt dunkel und ausgereift am besten. Da weitgehend als Massenwein produziert, Vorsicht vor minderwertigen Produkten.

Vin santo, süßer Likörwein (*vino liquoroso*) aus luftgetrockneten Trauben (hoher Zuckergehalt), wird praktisch in allen Regionen Italiens produziert, ist in vielen Bars zu haben und oft von minderer Qualität. Ein wesentlich edlerer Tropfen ist die sherryähnliche, trockene (*secco*) Version des *vin santo* - wird lange gelagert und bevorzugt als Aperitiv getrunken. Beide haben hohen Alkoholgehalt.

▶ Sonstige Getränke

● *Kaffee*: Aromatischeren Kaffee als in Italien wird man selten irgendwo in Europa bekommen! Wer **un caffè** bestellt, erhält jedoch keine ordentliche Tasse Kaffee, sondern einen kräftigen Espresso in winziger Tasse, oft nur ein Schlückchen, das es aber in sich hat. Wem dies zu wenig ist, bestellt einen **caffè doppio** oder **caffè lungo**, einen Espresso mit etwas mehr Wasser.

Caffè corretto, Espresso mit einem Schuß Schnaps, Grappa etc.

Cappuccino, Milchkaffee in "normaler Größe", halb Milch, halb Kaffee.

● *Wasser*: **Acqua minerale** wird in den brütend heißen Sommermonaten hektoliterweise vertilgt, entweder *con gas (frizzante)* - mit Kohlensäure also - oder *senza* - ohne - *gas*. Nicht wenige Restaurants servieren Wasser zum Wein sogar unbestellt. Eins der bekannten Wasser stammt aus **San Pellegrino** nördlich von Bergamo.

● *Bier*: Immer beliebter, fast jedes Restaurant bietet inzwischen Faßbier, einige bekannte internationale Brauereien haben Niederlassungen in Oberitalien. **Moretti** aus Udine (Fiaul-Julisch Venetien) ist eins der bekanntesten inländischen Biere. Größen: wer ein *birra piccola* bestellt, erhält 0,2 oder 0,3 ltr., *birra media* bedeutet 0,4 oder 0,5 ltr. *birra grande* ist ein Pokal oder Stiefel voller Bier.

● *Schaumwein*: **Prosecco** aus Venetien und **Asti Spumante** aus dem Piemont.

● *Spirituosen*: Jede Bar verfügt über ein Riesenangebot verschiedenster Tropfen - oft knallig bunt eingefärbt, z.B. mit Pfefferminze leuchtend grün.

Grappa (fem.), hochprozentiger Schnaps aus gepreßtem Trester (Traubenkerne und -haut, keine Stengel), der überall in den "kalten" Regionen im Norden Italiens gebrannt wird. Je rascher nach dem Pressen gebrannt wird, desto besser wird die Grappa.

Amaretto, lombardischer Likör mit Mandelduft und herber Süße, Vanille und viele weitere Aromen runden den Geschmack ab. Kühl trinken, mit Orangensaft oder Kaffee. 25 %.

Cynar, Aperitiv aus Artischockensaft und Kräutern, 16,5%.

Ramazzotti, ein Magenbitter aus über 30 Kräutern, der anfangs extrem süß, dann angenehm bitter schmeckt.

● *Vermouth*: Die weltbekannten Aperitivweine **Campari**, **Cinzano** und **Martini** stammen aus Milano bzw. Turin und wurden im 18./19. Jh. erfunden - Weißwein mit verschiedenen Aromastoffen angereichert. Ihre satte rote Farbe haben Martini und Campari von den Farbstoff produzierenden Cochenilleläusen, die auf den Kanarischen Inseln und in Südamerika gezüchtet werden.

Feste

So gut wie jeder Ort feiert alljährlich ein oder mehrere Feste, die oft historische Ursprünge haben. Höhepunkte sind die zahlreichen farbenprächtigen Reiterturniere namens *palio*. Am 15. August, am Tag von Mariä Himmelfahrt, wird überall *ferragosto* gefeiert - das größte Familienereignis Italiens und Höhepunkt der Urlaubssaison. Dran denken, daß an diesem Tag alles geschlossen hat! An wechselndem Termin im Sommer findet außerdem in jedem Ort das *Festival d'Unita* statt, das populäre Volksfest der ehemaligen kommunistischen PCI (heute PDS = partito democratico della sinistra). Kleine Auswahl einiger bedeutender Feste im Folgenden.

Da die meisten Feste auf Wochenenden gelegt werden, sollte man sich wegen der genauen Termine immer noch einmal vor Ort erkundigen bzw. versuchen, einen aktuellen **Veranstaltungskalender** aufzutreiben.

Karneval von Venedig

Der berühmteste Fasching der Welt! Alljährlich in der letzten Faschingswoche (Sa vor Faschingssamstag bis Rosenmontag) verwandelt sich die Stadt in einen einzigen Maskenball. Die Mystik der regennassen Kanäle, Gäßchen und lautlos gleitenden Gondeln ist ein grandioser Hintergrund für die zahllosen phantastischen und geheimnisvollen Kostüme.

Die Ursprünge des turbulenten Treibens gehen bis ins 15. Jh. zurück. 1420 besiegten venezianische Truppen das feindliche Aquileia. Dieser Sieg wurde fortan mit einer **Parodie** gefeiert - der Patriarch von Aquileia und seine Ratsherren erschienen in Venedig als Bulle, gefolgt von zwölf Schweinen. Im 16. Jh. entstanden in Oberitalien die improvisierten Stegreifkomödien der **Commedia dell'Arte**. Die Schauspieler verkörperten darin bestimmte Menschentypen, die durch festgelegte Masken und Kostüme gekennzeichnet waren. Diese Masken bestimmten fortan das Bild des Karnevals. Um 1700 begann dann der reiche Stadtadel, den Karneval mit prachtvollen **Gondelumzügen** zu feiern und der Prunk erreichte einen Höhepunkt. Während der österreichischen Herrschaft im 19. Jh. wurde der Karneval von Venedig eher verhalten gefeiert. Heute versucht man, die Pracht des 18. Jh. wiederzubeleben und auch die Masken der Commedia dell'Arte sind ein wichtiger Bestandteil.

Ein Aufenthalt in Venedig während des Karnevals kann über Reisebüros pauschal gebucht werden.

• *April*: **Festa di polentone**, am letzten So des Monats in Ponti, südlich von Asti. Traditionelles Volksfest, das auf ein historisches Ereignis zurückgeht. Ein riesiges Omelett aus Eiern, Zwiebeln und Fisch wird zusammen mit Polenta ans Publikum verteilt.

• *Mai*: **Festa di ascensione**, 1. So in Cervia und in Venedig. Die "Seehochzeit" wird gefeiert, deren Ursprünge ins 14. Jh. zurückgehen.

Sagra di pesce, 2. So im Mai in Camogli (Genua). Traditionelles Fischessen aus der größten Bratpfanne der Welt.

Palio di San Giorgio, letzter So in Ferrara. Historische Parade und Reiterfest, am Nachm. u.a. Pferde- und Eselsrennen. Die Ursprünge des Festes liegen im 13. Jh.

Festa di Carroccio e Palio delle Contrade, letzter So in Legnano, westlich von Milano. Der Sieg der lombardischen Liga von 1176 über Barbarossa wird gefeiert - historischer Umzug mit Ochsenwagen (*carroccio*), danach Pferderennen.

• *Juni*: **Festa del navigli**, 1. So im Juni. Populäres Fest mit Schwimmveranstaltungen und Wasserspielen an den langen Kanälen des Viertels Ticino in Milano.

Festa di Sant'Antonio, 13. Juni in Padua. Umzug mit den Reliquien des populären Stadtheiligen, abends Fackelparade auf dem Fluß Bacchiglione.

Palio del Niballo, am letzten So in Faenza. Reitturnier und Umzug vom Hauptplatz zum Stadion, dort Armbrustschießen.

Viele Feste in Oberitalien sind religiösen Ursprungs

Festa del mare, in Alassio am letzten Sa des Monats. Prozession von blumengeschmückten Booten.

• *Juli*: **Festa di rustida**, großes Fischessen am 2. Wochenende in Cattolica.

Festa del Redentore, am dritten So in der gleichnamigen Kirche von Venedig, auf der Insel Giudecca. Erinnert an das Ende einer Epidemie im 16. Jh. - tagsüber besuchen Pilger die Kirche, abends Feuerwerk. Am Tag darauf Prozession von San Marco über eine aus Booten und Gondeln gebildete künstliche Brücke nach Giudecca!

Festa del mare, 23.-25. Juli in Levanto (La Spezia). Zu Ehren des San Giacomo Bootsparaden, Fallschirmspringen, Schwertkämpfe, Flaggenparaden u.ä.m.

Festa di melone, am letzten Sa in Casteldidone, östlich von Cremona. Populäres Volksfest im Castello Mina aus dem 16. Jh.

Carnevale del Sole, am letzten Sa in Salò. Der sommerliche "Fasching" am Gardasee verspricht viel Spaß.

Arma di Taggia, am letzten So in Imperia (Ligurien). Lichterprozession am Meer.

Carnevale di Robella, ebenfalls am letzten So in Robella (Asti). Historisches Kostümfest, das an den Marches von Monferrato erinnert.

• *August*: **Fiera di Sant'Orso**, am 1. So in Aosta. Traditionelle Verkaufsmesse des regionalen Handwerks, vor allem viele schöne Stücke aus Holz sind zu haben.

Festa di Garibaldi, 1. So in Cesenatico. Erinnert an Garibaldis Durchzug von 1849. Musik, Spiele und Feuerwerk.

Festa del mare, 1. So in La Spezia. Großer Umzug und Bootsparade.

Festa di San Lorenzo, am 10. August in Cervia und Rimini. Wasserspiele und Feuerwerk, die Bauern gehen mit ihren Tieren ins Wasser, was Gesundheit bringen soll.

Festa di sestieri, 2. Juliwochenende in Ventimiglia. Wettkämpfe der Stadtviertel, zu Land und auf dem Wasser.

Fiera di Grazie, 14./15. August in Curtatone (Mantua). Großes Fest und Wettbewerb der Straßenmaler. *S. 286*

Festa di muretto e palio di mare, am 15. August in Alassio. Wettkampf der Stadtviertel und Feuerwerk am Wasser. *412*

Palio delle contrade, 15. August in Garda. Parade in historischen Kostümen und Wettrudern der Fischerboote. *271*

• *September*: **Regata storica**, am 1. So in Venedig. Bedeutendste historische Gondelregatta der Stadt, 7 km lange Bootsparade auf dem Canal Grande, darunter viele historische Schiffe.

Festa di braciola, am 2. So in Castel San Pietro Terme (Bologna). Weinfest mit Folklore und Ausstellungen.

Palio d'Asti, großer Umzug und Pferderennen am 3. So in Asti (Piemont). Nach Stadtvierteln getrennt, kämpfen achthundert Reiter

in historischen Kostümen um den Sieg.
Festa dell'uva, Wein- und Traubenfest am letzten Wochenende in Bardolino am Gardasee und in Chambave (Aosta).

• *Oktober*: **Palio degli asini e giostra delle cento torri**, 1. So in Alba. Parodie auf den Palio von Asti und das mittelalterliche Spiel der "hundert Türme".

Traubenfest, am 2. So in Meran. Ausstellung und Kostproben der örtlichen Weine, außerdem Umzug, Musik und diverse Veranstaltungen.

Festa di castagna, am 3. So in Teolo in den Euganäischen Hügeln bei Padua. Fest zur Kastanienreife, geröstete Eßkastanien werden angeboten.

Festspiele

In der warmen Jahreshälfte finden in den oberitalienischen Städten einige international renommierte Festivals statt. Karten hierfür kann man z.T. schon bei uns in großen Reisebüros vorbestellen (gegen Aufpreis).

Arena di Verona: Die berühmten Opernfestspiele von Verona finden Anfang Juli - Anfang September statt. In der gewaltigen römischen Arena mitten in der Stadt kommen mehrmals wöchentlich die großen Klassiker zur Aufführung: Aida, Rigoletto, Tosca u. a. Ein grandioses Opernerlebnis! Details → Verona.

Mostra Internazionale del Cinema: Filmfestspiele von Venedig, Ende August bis Anfang September im Palazzo del Cinema am weltberühmten Lido. Neue Filme internationaler Regisseure werden vorgestellt und preisgekrönt, das entsprechende Publikum findet sich ein - Stars und Glimmer (→ Venedig/Lido).

Ravenna in Festival: den ganzen Juli und August Opern- und Musikaufführungen (klas-

sisch, Orgel, Jazz und Folklore) an verschiedenen Orten in und außerhalb der Stadt.

Estate Ferrara: Mitte Juli bis Mitte September, zahlreiche Veranstaltungen aus allen kulturellen Sparten - Tanz, Theater, klassische Musik, Rock, Jazz u.a.

Busker's Festival: Ende August, großes Fest der Straßenmusiker in Ferrara.

Sagra Musicale Malatestiana: Musikfest von Rimini, den ganzen Sommer über musiziert ein Aufgebot internationaler Orchester und Musikgruppen, z.T. im berühmten Tempio Malatestiano.

Weitere große Ereignisse: **Musikwochen von Stresa** (Lago Maggiore) Ende August bis Ende September; **Meraner Musikwochen**; **Musica Riva** in der 2. Julihälfte in Riva del Garda (junge Künstler aus aller Welt).

Finanzen

Die italienische Lira (Lit) mußte in den letzten Jahren stark abgewertet werden. Bekam man 1993 für 1 DM nur etwa 720 Lire, sind es nun über 1100 Lire. Das bedeutet, Italien ist für uns wieder erschwinglich und teilweise fast preiswert geworden: Lebenshaltungs- und Übernachtungskosten liegen etwas niedriger als in Mitteleuropa, die Benzinpreise entsprechen etwa denen in Deutschland, sogar deutlich günstiger sind öffentliche Verkehrsmittel.

Leider haben es die Italiener noch immer nicht geschafft, die zahlreichen Nullen ihrer Währung abzubauen. So gibt es nach wie vor 1000-, 2000-, 5000-, 10.000-, 50.000- und 100.000-Lire-Scheine, außerdem 5-, 10-, 20-, 50-, 100-, 200- und 500-Lire-Münzen (1-Lira-Münzen gibt es nicht). Auf den ersten Blick gewaltig scheinende Beträge, doch 1000 Lire sind nur knapp 1 DM. An die vielen Nullen muß man sich erst gewöhnen - am Anfang Vorsicht, sonst zahlt man Lehrgeld! Größere Scheine sollte man besser nach dem Wasserzeichen überprüfen, da viel Falschgeld in Umlauf ist. Auch Telefonmünzen werden als Geld verwendet (Wert 200 Lire). Die alten knittrig-grauen 1000-Lire-Scheine wurden aus dem Verkehr gezogen und durch lilafarbene ersetzt.

▶ **Geldautomaten:** Im Prinzip kommt man in Italien an Bares, ohne überhaupt je Geld wechseln oder eine Bank betreten zu müssen. In allen größeren italienischen Städten und Touristenorten sind Geldautomaten installiert, wo man mit *ec-Karte* und Geheimnummer problemlos Bargeld bis zu 300.000 Lire erhält und das oft rund um die Uhr und auch an Wochenenden (gelegentlich sind zwar einige Automaten in der Siesta oder nachts außer Betrieb, doch findet man in der Regel bald einen anderen). Vorteile: Man muß keine großen Mengen deutsches Bargeld mit sich führen, keine Wartezeiten am Bankschalter, keine Kommission bei der Auszahlung! Eine Abbuchung kostet 5 DM, also etwa soviel wie ein Euroscheck (→ unten).

▶ **Postsparbuch:** Weitere interessante Möglichkeit, funktioniert bei jedem größeren italienischen Postamt. Unschlagbarer Vorteil - das Abheben vom Postsparbuch ist im Ausland kommissionsfrei. Seit 1994 sind auch in Italien keine Rückzahlungskarten mehr nötig, zum Abheben muß man das Postsparbuch, die blaue Ausweiskarte der Post und den Personalausweis mitbringen. "Vorrei prelevare del denaro" - "ich möchte Geld abheben". Ausgezahlt wird in Lire, pro Postsparbuch bis zur Höchstsumme von 1000 DM pro Tag, jedoch nicht mehr als 2000 DM im Monat. Falls Sie kein Postsparbuch haben, können Sie bei Ihrer Post problemlos eines (oder mehrere) nur für die Reise anlegen lassen.

▶ **Kreditkarten:** Die gängigen Karten werden in vielen Geschäften, Hotels und Restaurants akzeptiert, brauchbar z.B. *Eurocard* und *Visa*. Die vom Konto abgebuchten Beträge werden nach normalem Umtauschkurs berechnet, bis zur Belastung kann es wie bei Euroschecks oft lange dauern. Achtung jedoch - *Tankstellen* akzeptieren die Cards nicht immer, deshalb zum Tanken immer Bargeld dabei haben. Mit Kreditkarten kann man auch bei Banken Geld abheben, allerdings sind die Gebühren recht hoch (bis 4 % vom Betrag), deswegen besser nur im Notfall darauf zurückgreifen. Bei Verlust der Karte diese sofort sperren lassen, dann haftet man nicht für Schäden (Eurocard → Tel 069/79331910, 24-Std.-Service).

▶ **Geldwechsel** (*cambio*): So viel wie möglich erst in Italien wechseln - dort ist der Kurs besser als zu Hause. Außerdem immer bei Banken oder offiziell autorisierten Wechselstuben tauschen. Hotels, Campingrezeptionen, Läden und private Wechselstuben tauschen zwar auch oft Bargeld und Schecks ein, jedoch meist zu deutlich schlechterem Kurs bzw. mit hohen Wechselgebühren. Dran denken, bei Scheckeinlösung wird häufig der Paß verlangt. Wichtig außerdem - immer checken, wie hoch die verlangte *Kommission* ist (in Touristenorten oft am Schalter ausgehängt, teilweise sehr versteckt, ansonsten fragen). Die Differenzen sind erheblich und arten teilweise in Nepp aus. Man kann unter Umständen einiges sparen, wenn man ein paar Schritte weiter zur nächsten Bank geht.

In die heiligen Hallen der Banken darf man meist nur einzeln eintreten. Eine Eingangsschleuse mit ampelähnlichem Türöffner regelt den Verkehr. Gelegentlich mit Metalldetektor ausgerüstet, verwehrt sie Menschen mit opulenten Schlüsselbünden, Gürtelschnallen und viel Münzgeld manchmal den Eintritt. Dann hilft nur "Abspecken". Die Öffnungszeiten sind in ganz Italien einheitlich geregelt, nämlich Mo-Fr 8.30-13.20 h. Gelegentlich können sie regional leicht schwanken (z.B. 8.30-14 oder 9-14 h). Nachmittags sind die Banken meist geschlossen, verschiedentlich aber auch kurzzeitig geöffnet, meist 15-16 h. Wer am Wochenende plötzlich ohne Moneten dasteht, kann in Großstädten tagsüber meist im *Bahnhof* tauschen und zwar am besten bei der offiziellen Wechselstelle der Bahn (FS), die weniger Gebühren verlangt als die ebenfalls im Bahnhof ansässigen Bankfilialen. Außerdem besitzen viele Banken *Wechselautomaten* für Geldscheine, die auch außerhalb der Öffnungszeiten funktionieren.

● *Bargeld*: Wird überall angenommen, zudem müssen zu Hause keinerlei Schecks eingekauft werden (Zeit- und Geldersparnis). Kommissionsgebühr wird nur beim Eintausch im Ausland fällig, Kurs entspricht etwa dem von Reiseschecks. Nachteil - bei Verlust oder Diebstahl keinerlei Garantie durch die eigene Bank.

● *Reiseschecks*: Muß man schon vor der Abfahrt bei seiner Bank einkaufen, wobei 1 % des Werts als Gebühr erhoben wird - weitere Gebühr bei der Einlösung im Ausland. Man sollte auf jeden Fall DM-Reiseschecks eines bekannten Instituts einkaufen (z.B. American Express oder Visa), keine Lire-Schecks. Der Kurs ist etwa identisch mit dem von Bargeld. Bei Verlust oder Diebstahl kann man die Schecks sperren lassen. Ersatz leisten viele große Banken, falls man die **Kaufbestätigung** für die Schecks vorzeigen kann. Ansonsten hilft ein spezieller Kurierdienst (Näheres beim Einkauf der Schecks). Kaufquittung und Schecks immer getrennt aufbewahren, außerdem Nummern der Schecks notieren.

● *Euroschecks*: Euroschecks immer in Lire ausstellen, Höchstbetrag pro Scheck derzeit **300.000 Lit = ca. 290 DM**. Kurs entspricht in etwa dem von Bargeld. Vorteil - Euroschecks trudeln oft erst Wochen nach dem Umtausch bei der heimischen Bank ein und werden erst dann vom Konto abgebucht und zwar zum jeweils gültigen Tageskurs (was bei Italien allerdings nichts

bringt). Dabei werden 1,75 % des Betrags (aber mindestens 2,50 DM) als sog. Fremdgebühren fällig - bei 300.000 Lire also etwas über 5 DM. Normalerweise müssen Euroschecks bei der Einlösung kommissionsfrei abgegeben werden. Leider halten sich nicht alle Banken daran. Falls nicht als Steuer deklariert, kann die Kommission nach der Rückkehr gegen Nachweis von der eigenen Bank zurückgefordert werden. Lassen sie sich eine Quittung (*ricevuta*) über den gezahlten Betrag ausstellen.

Sehr wichtig - Scheckkarte und Schecks immer getrennt aufbewahren! Bei Verlust **nur des Schecks** oder **nur der Karte** haftet der Inhaber im allgemeinen **nicht** für einen etwaigen Schaden durch Abheben von Fremdpersonen. Falls beides weg kommt, wird von Sparkassen und Banken Ersatz nur bis zu einer bestimmten Höhe geleistet (meist 90 %). Bei Diebstahl aus dem Auto haften die Banken nicht! Im Verlustfall immer gleich bei der eigenen Bank anrufen, damit die Karte bzw. die Schecks gesperrt werden (außerhalb der Öffnungszeiten zentraler Bereitschaftsdienst in Frankfurt, Tel. 069/740987). Wird eine ec-Karte mißbräuchlich an einem Geldautomaten verwendet, trägt der Kunde nur so lange 10 % des Schadens, bis er den Verlust der Karte gemeldet hat. Bei Einlösung gestohlener Schecks wird der Schaden voll erstattet, falls die ec-Karte noch vorhanden ist. Neue Euroschecks stellt nur die eigene Bank aus.

Kurs (Januar 1996): 1000 Lire = ca. 0,86 DM; 1 DM = ca. 1170 Lire

---

Haustiere

Wer seinen Waldi liebt, will ihn vielleicht mit auf die Reise nehmen. Kontaktieren Sie Ihren Tierarzt mindestens einen Monat vor der Reise. Benötigt wird ein tierärztliches *Gesundheitszeugnis* (nicht älter als 30 Tage), außerdem muß der Gute nachweislich gegen *Tollwut* geimpft sein (frühestens 11 Monate, spätestens 20 Tage vor Reiseantritt), es gibt aber noch weitere sinnvolle Impfungen (Ihr Tierarzt weiß Bescheid). Maulkorb und Leine müssen im Gepäck sein.

Viele Hotels und Campingplätze akzeptieren, wenn überhaupt, nur kleine Hunde, die nicht in den Speisesaal, an den Strand oder in den Poolbereich dürfen. Am Gardasee sind tierfreundliche Häuser in den örtlichen Hotelverzeichnissen gekennzeichnet.

Informationen

Für erste allgemeine Anfragen an das staatliche italienische Fremdenverkehrsamt ENIT (Ente Nazionale Industrie Turistiche) wenden. Es hat in der Bundesrepublik Deutschland drei Niederlassungen, in der Schweiz und in Österreich je eine.

Von allen europäischen Fremdenverkehrsämtern veröffentlicht ENIT wohl das meiste deutschsprachige Prospektmaterial. Zu jeder Region Oberitaliens gibt es Dutzende und Aberdutzende von Broschüren, Listen, Karten und Verzeichnisse.

In Kauf nehmen muß man, daß der größte Teil des Info-Materials sehr allgemein gehalten ist. Gezielte briefliche Anfragen werden selten detailliert beantwortet, sondern mit der Zusendung der immer gleichen stereotypen Unterlagen. Telefonisch werden Auskünfte während der Hochsaison oft nur in dringenden Fällen erteilt.

Lassen Sie sich am besten allgemeine Informationen über die Regionen oder Städte schicken, die sie besuchen wollen, eine Landkarte und bei Bedarf das Hotel- bzw. Campingverzeichnis. Vor Ort kann man gezielter fragen und sein Prospektmaterial noch aufstocken. Oft sind deutschsprachige Broschüren erhältlich.

● *Informationsbüros*: **Deutschland**, Kaiserstr. 65, D-60329 Frankfurt/M., Tel. 069/237430. Berliner Allee 26, D-40212 Düsseldorf, Tel. 0211/132231-2. Goethestr. 20, D-80336 München, Tel. 089/530369.

Österreich, Kärntnerring 4, A-1010 Wien, Tel. 0043/222/50543740.

Schweiz, Uraniastr. 32, CH-8001 Zürich, Tel. 0041/1/2113633.

▶ **In Italien:** Jeder Ort hat eine Auskunftsstelle, ansonsten übernimmt das Rathaus (municipio) diese Funktion. In größeren Städten gibt es fast immer eine Zweigstelle der Information im Bahnhof, außerdem sind in verschiedenen Autobahnraststätten Auskunftsstellen eingerichtet. In Provinzhauptstädten arbeitet immer ein Informationsamt für die gesamte Provinz, meist <u>APT</u> genannt *(Azienda di Promozione Turistica)* und eines für die Stadt namens AAST *(Azienda Autonoma di Soggiorno e Turismo)* oder einfach *ufficio informazioni*. In kleineren Orten heißt das Informationsbüro oft <u>*Pro Loco.*</u>

Ausgegeben werden u.a. kostenlose Unterkunftsverzeichnisse, Stadtpläne und reichhaltiges Prospektmaterial. Gelegentlich spricht jemand hinter dem Schalter deutsch oder englisch. Der Service der Zimmervermittlung ist nur selten anzutreffen, z.B. in Venedig.

> Im praktischen Reiseteil sind alle Informationsadressen unter den jeweiligen Orten aufgeführt. Die angegebenen Öffnungszeiten können sich saisonal ändern.

Kinder

Daß die Italiener in der Regel kinderfreundlich eingestellt sind, ist bekannt. Leider steht die Zahl der vorhandenen Spielplätze in einem traurigen Mißverhältnis dazu. Ideale Möglichkeiten für Urlaub mit den kleinen Rackern bieten jedoch die kilometerlangen Sandstrände der *Adria*, die ganz seicht ins Meer abfallen. Hier wird geplanscht, was nur geht, Spielkameraden sind schnell gefunden und jeden Tag gibt's eine neue, noch größere Sandburg. Auch an den *oberitalienischen Seen* ist viel Ablenkung geboten - Vorteil dort, daß die Badeplätze oft an Wiesen mit schattigen Bäumen liegen und die sommerlichen Temperaturen nicht so extrem ausfallen wie an den weiter südlich gelegenen Meeresstränden.

An kindgerechten Attraktionen bietet Oberitalien eine ganze Reihe von Wasser- und Vergnügungsparks, in Genua kann das größte Seewasseraquarium Europas besichtigt werden, bei Bergamo und in Rimini gibt es Italien als Miniaturausgabe, bei Mailand einen Saurierpark, in Angera am Lago Maggiore ist eine umfangreiche Puppenausstellung zu bewundern und im Safari-Zoo am Gardasee laufen Nashörner und Löwen frei herum.

- *Wasserparks* (Auswahl): **Caneva** bei Lazise am Gardasee; **Sassabanek** am Südende des Iseo-Sees; **Aquasplash** in Lignano (Adria); **Aquafan** in Riccione (Adria); **Aquatica** in Mailand (neben Camping Città di Milano).
- *Vergnügungsparks*: **Minitalia** bei Bergamo; **Italia in miniatura** bei Rimini; **Garda**land bei Peschiera am Gardasee; **Parco preistoria** bei Mailand; **Mirabilandia** bei Cervia (Adria).
- *Sonstiges*: **Aquarium** in Genua; **Safari-Zoo** im Süden des Gardasees; **Puppenmuseum** in der Burg von Angera (Lago Maggiore).

Klima/Reisezeit

Das Klima ist in Oberitalien noch nicht so ausgeprägt mediterran wie in Mittelitalien. Doch an der "Sonnenseite der Alpen" wirkt alles ein bißchen üppiger und intensiver als im germanischen Norden.

Zu *Ostern* geht's los - zumindest an den oberitalienischen Seen, allen voran am Gardasee. Im *April* und *Mai* grünt und blüht hier alles in fast subtropischer Vielfalt, Surfer finden ideale Windverhältnisse und die Temperaturen sind mild. Zum Baden ist es allerdings noch zu kühl.

Am Meer beginnt die Saison erst einen Monat später, ins Wasser wagen sich Mutige ab Ende *Mai*. Der Mai ist eine wunderbare Zeit für Kultur- und Landschaftsreisende, ebenso die erste *Junihälfte* - es ist warm, aber nicht zu warm. Doch schon im Lauf desselben Monats kann man mitverfolgen bzw. spüren, wie es Tag für Tag heißer wird.

Im *Juli* liegen die Durchschnittstemperaturen bereits bei 27 Grad, das Meer ist mit 23 Grad ideal badewarm. In der Poebene ist es jetzt oft teuflisch heiß, Mückenschwärme belästigen die Camper, Zimmer mit Air-Condition sind schnell ausgebucht und Kulturreisende halten sich verdächtig lange in den kühlen Kirchen auf. Regen ist Mangelware.

Den *August* im Tiefland und an den Küsten sollte man vermeiden, wenn man keine drückende Hitze und Menschenmassen mag - alle Badeorte sind überfüllt, in den Städten ist es leer, dafür kocht der Asphalt. In den Bergen des Aostatals und Südtirols findet man jetzt ideale Verhältnisse.

Im *September* kehrt wieder Ruhe ein, die Saison geht langsam zu Ende, das Meer hat aber noch gut 21 Grad. Viele Campingplätze und Hotels an der Küste schließen Ende des Monats, für Besichtigungsreisen ein guter Monat, aber auch der *Oktober* ist dafür noch geeignet.

Im *November* regnet es gern und häufig, die feuchte und naßkalte Witterung hält den Winter über an.

	Jan.	Feb.	März	April	Mai	Juni	Juli	Aug.	Sept.	Okt.	Nov.	Dez.	
Milano	2	4	8	13	17	22	23	23	19	14	7	3	min.
	4	8	13	19	22	27	29	28	24	18	11	6	max

(Durchschnittstemperaturen in Grad Celsius)

Kunst, Architektur und Museen

Oberitalien zählt nach der Toskana und Rom zu den diesbezüglich reichsten Gebieten Italiens. Venedig und seine Palazzi, die Arena von Verona, die Kulturstädte der Poebene, die Museen von Milano, der Mosaikboden von Aquileia, das "Leichentuch von Turin" ...

● *Ausgrabungen*: gibt es in Oberitalien nicht allzu viele - das altrömische **Aquileia** bei Grado an der Adria ist die wichtigste, die Etruskerstadt **Spina** liegt bei Comacchio (Adria). Ansonsten findet man Überreste römischer Zivilisation vor allem in **Verona** und **Aosta**. In Verona steht das zweitgrößte Amphitheater Italiens (nach dem Kolosseum in Rom).

● *Burgen*: Der Reichtum Oberitaliens ist unübertroffen, fast jeder Ort hat seine stolze Burg aus Mittelalter oder Renaissance, meist erbaut von den Fürstenfamilien der Este, Skaliger, Gonzaga und Visconti. Zu den bekanntesten zählen die Burgen von **Verona**, **Mailand**, **Trento**, **Mantua** und **Ferrara**, doch auch viele kleine Orte besitzen wehrhafte Festungen, z.B. **Torrechiara** und **Fontanellato** bei Parma. Die Südtiroler Burgen gehen ebenfalls in die Dutzende.

● *Fresken*: Einzigartige Wand- und Deckengemälde aus Mittelalter, Renaissance und Manierismus schmücken den **Palazzo Ducale** und **Palazzo del Te** in **Mantua**, den **Palazzo Ducale** von **Venedig** und das **Baptisterium** von **Parma**. Ein weiterer großartiger Höhepunkt ist das berühmte **"Abendmahl"-Fresko** von Leonardo da Vinci im Refektorium der Kirche Santa Ma-

ria delle Grazie in **Mailand**.

● *Gemälde*: Ein Muß ist die **Galleria dell'-Accademia** in **Venedig**, ein europaweit berühmtes Museum, in dem die wichtigsten Werke venezianischer Malerei ausgestellt sind. Ebenfalls einen ausgedehnten Besuch wert sind die **Pincoteca di Brera** in Mailand und die **Accademia Carrara** in Bergamo. Die **Scuola Grande di San Rocco** in Venedig besitzt 56 Wandgemälde von Tintoretto.

● *Kirchen*: so zahlreich wie Sand am Meer und sicher einer der wichtigen Gründe für eine Oberitalienreise. Die bedeutendsten Kirchen stehen in **Cremona**, **Ferrara Padua**, **Mailand**, **Modena**, **Rimini**, **Venedig** und **Verona** (Details → dort).

● *Kuriositäten*: Das **"Leichentuch von Turin"**, von dem man lange behauptet hat, daß Jesus höchstpersönlich darin eingewickelt war, die unverweste **Zunge des heiligen Antonius von Padua** und die üppig manieristischen **Wandgemälde im Palazzo del Te** von **Mantua** gehören zu den faszinierendsten Sehenswürdigkeiten.

● *Mosaiken*: Weltberühmt sind die byzantinischen Mosaiken von **Ravenna** und die Innenausstattung der **Basilica di San Marco** in **Venedig**. Die Basilika von **Aquileia**

Eins der vielen Kirchenportale, das von steinernen Löwen getragen wird

besitzt den größten frühchristlichen Mosaikboden Europas.

● *Museen*: Praktisch in jeder Stadt Oberitaliens, die bedeutendsten und größten findet man in **Venedig**, **Turin** und **Milano**. Ein Höhepunkt ist die erwähnte venezianische Galleria dell'Accademia mit einer umfassenden Sammlung venezianischer Maler des 14.-19. Jh.

● *Palazzi*: **Venedig** bietet ein einzigartiges Konglomerat von filigranen Palazzi aus Spätgotik, Renaissance und Barock. **Bologna** ist für seine schier endlosen Bogengänge berühmt - 35 km sind es insgesamt, praktisch die gesamt Innenstadt ist überdacht. In **Ferrara** schuf Ercole I. d'Este eine Renaissancestadt par excellence - die wuchtigen Palazzi enthalten Galerien, Fresken und Museen.

● *Städte*: Die historischen Zentren der italienischen Städte sind oft richtige Gesamtkunstwerke, wenn auch von Abgasen geschwärzt und partiell heruntergekommen. Nicht immer als reine Augenweide zeigen sich allerdings die Städte der **Poebene** - gesäumt von düsteren Palazzi ziehen sich lange schnurgerade Arkadengassen, in die oft kein Sonnenstrahl fällt. Anders viele **Rivieraorte**, die sich in Buchten und an die Apenninhänge drängen - mit ihren steil verwinkelten Treppengassen zählen sie zu den reizvollsten Küstensiedlungen im Norden, vor allem die fünf Dörfer der **Cinque Terre**, außerdem **Camogli**, **Portofino** und **Lerici**.

Großer Höhepunkt jeder Oberitalienreise ist aber natürlich die "schwimmende Stadt" **Venedig**, für viele die schönste Stadt Italiens. Auch **Verona**, das sich in den Bogen der Etsch drängt, hat ein reizvolles Ortsbild, ebenso die hochgelegene Altstadt von **Bergamo** im Alpenvorland, **Treviso** nördlich von Venedig, **Udine** in Friaul und **Vicenza**, die Stadt des Architekten Palladio. Besonders hübsch ist das Örtchen **Malcèsine** am Gardasee mit seinem hügligen Gassengewirr.

● *Villen*: Aus dem 17. und 18. Jh. stehen zahlreiche prachtvolle Villen am **Brenta-Kanal** bei Venedig und im **Valpolicella-Gebiet** nördlich von Verona. Besichtigung z.T. möglich.

Landkarten

(Ober-)Italienkarten, Karten der Regionen und Pläne verschiedener Teilgebiete im Norden Italiens gibt es jede Menge, die meisten sind gut. Man hat die Qual der Wahl und sollte sich für die Karte entscheiden, die den eigenen Bedürfnissen am nächsten kommt (sind z.b. Bahnlinien, Autobahnabfahrten, Raststätten, Wanderwege und Stadtpläne enthalten?). Im folgenden eine Auswahl.

Kostenlos erhältlich ist diverses Kartenmaterial bei vielen Informationsstellen, vor allem gute Stadtpläne bekommt man fast überall.

• *Italien gesamt*: **Italien**, ADAC Verlag, dargestellt in zwei Karten **Nord** und **Süd** (je 1:500.000, zusammen 16,80 DM).

Italien, Freytag & Berndt, mit Ortsverzeichnis, Bahnlinien und Campingplätzen, hoch auflösender Maßstab (1:650.000, 14,80 DM).

Italien, Hallwag, farblich trist und ohne Benennung der Autobahnabfahrten, dafür Transitpläne verschiedener Großstädte und Ortsverzeichnis (1:1.000.000, 14,80 DM).

Italien, Kümmerly & Frey, nicht ganz so gut gelungen und in anderer Technik und Farbgebung wie die Karten zu den Regionen (1:1.000.000, 14,80 DM).

Italien, Michelin, optisch ansprechende und genaue Karten, leider fehlen jedoch Bahnlinien und Namen der Autobahnabfahrten (1:1.000.000, 13,80 DM).

Italien, Ravenstein, mit Ortsregister (1:800.000, 14,80 DM).

Italien, Reise- und Verkehrsverlag RV, mit gutem Anteil von Süddeutschland, Schweiz und Österreich, deshalb brauchbar für die Anreise, zusätzlich mehrere Stadtpläne (1:800.000, 14,80 DM).

Italien Euro-Reiseatlas, Reise- und Verkehrsverlag RV, praktisch in Form eines Din A 4-Heftes, übersichtliches und genaues Kartenbild, Autobahnabfahrten, Bahnlinien, Campingplätze (1:300.000, 19,80 DM).

• *Oberitalien*: **Norditalien**, ADAC, dasselbe Blatt wie in der Doppelkarte zu Italien (1:500.000, 12,80 DM).

Norditalien, Freytag & Berndt, ausgestattet mit namentlich gekennzeichneten Autobahnabfahrten, Campingplätzen, kleinem Kulturführer und Ortsverzeichnis (1:500.000, 14,80 DM).

Italien Nord, Hallwag, mit Autobahnraststätten und Tankstellen (1:1.000.000, 14,80 DM).

Nordost-Italien und **Nordwest-Italien**, Michelin, genaue Karten mit Bahnlinien, Campingplätzen und Stadtplänen (beide 1:400.000, 13,80 DM).

Italien Nord, Kümmerly & Frey, mit Autobahnabfahrten und Raststätten (1:500.000, 14,80 DM).

• *Einzelne Regionen Oberitaliens*: Sehr genau und ästhetisch ansprechend sind die sechs Karten der Regionen Oberitaliens **Emilia-Romagna**, **Lombardei**, **Aostatal-Piemont**, **Ligurien**, **Friaul-Venetien** und **Trentino-Südtirol**, erschienen bei Kümmerly & Frey. Sogar die Bahnlinien mit allen Stationen sind verzeichnet. Die Karten stammen vom Touring Club Italiano und gehören sicherlich mit zum besten, was es über diese Regionen an Kartenmaterial gibt (1:200.000, je 16,80 DM).

• *Südtirol*: Karten von ADAC, Freytag & Berndt, Kompaß, Mairs Geographischer Verlag und Reise- und Verkehrsverlag RV.

• *Oberitalienische Seen*: Karten von ADAC und Mairs Geographischer Verlag - beide jedoch ohne Gardasee.

• *Riviera*: Karten von ADAC, Mairs Geographischer Verlag und Reise- und Verkehrsverlag RV.

• *Adria*: Karten von ADAC, Mairs Geographischer Verlag und Reise- und Verkehrsverlag RV.

• *Gardasee*: Karten u.a. von ADAC (mit Venetien), Freytag & Berndt, Mairs Geographischer Verlag (mit Venetien) und Kompaß Verlag (mit Iseo-See und Kurzführer).

• *Cinque Terre*: Karten von Kompaß (1:50.000, 10.80 DM) und Reise- und Verkehrsverlag RV (1:50.000, 9,80 DM). Eingezeichnet sind auf beiden Karten zahlreiche Wanderwege, auf der RV-Karte zusätzlich Kurzbeschreibungen und Dauer der Wanderungen. Die Kompaß-Karte enthält dagegen einen Kurzführer zur Region und Stadtpläne der Küstenorte in der Cinque Terre.

• *Sonstiges*: **Trentino-Karte** von Kompaß; Karte der **Halbinsel von Portofino und Umgebung** vom Reise- und Verkehrsverlag RV.

Literatur

Eine ideale Ergänzung zu diesem Führer sind die zwei Oberitalienbände des Touring Club Italiano. Sie wurden ins Deutsche übersetzt und vom Verlag Kümmerly & Frey veröffentlicht, sind jedoch leider vergriffen und nur über Bibliotheken erhältlich: *Band 1: Ligurien, Piemont, Aostatal, Lombardei; Band 2: Trentino-Südtirol, Friaul, Venetien, Emilia-Romagna.* Die umfangreichen Hinweise zu Sehenswürdigkeiten und das großartige Kartenmaterial mit detaillierten Übersichtsplänen zu jeder wichtigen Stadt können unterwegs sehr hilfreich sein.

Für Kunstinteressierte empfehle ich den sehr schönen Kunstreiseführer *Emilia-Romagna* von Werner Goez, erschienen bei DuMont. Die meisten wichtigen Kunststädte der Poebene sind darin ausführlich und kenntnisreich dargestellt, der Autor ist Ordinarius für Geschichte in Erlangen.

Auf kulinarischem Gebiet gibt es neben den umfangreichen und detaillierten Werken von *Gambero Rosso* (Hallwag, 49 DM), *Gault Millau* (Heyne Verlag) und *Veronelli* (Heyne Verlag, 46 DM) einen interessanten Newcomer: *Osterie d'Italia*, Italiens schönste Gasthäuser, Edition Spangenberg (Droemer Knaur), 2. Auflage 1994, 45 DM. Während die ersten drei Gastro-Führer hauptsächlich hochpreisige Ristoranti und Trattorie darstellt, fühlt sich das zweite Buch der sog. "slow-food"-Bewegung verpflichtet. Traditionelle Osterie und Trattorie werden beschrieben, die oft schon seit Jahrzehnten ihr Stammpublikum haben und die Preise meist relativ niedrig halten.

Für Camper ist natürlich der *ADAC-Campingführer Südeuropa* (jährlich neu, 28 DM) eine Anschaffung wert und wer weiter Richtung Süden vordringen will, sollte unseren Führer *Toskana/Umbrien* im Gepäck haben - auf über 600 Seiten ausführliche Infos zu zwei der beliebtesten Urlaubsregionen Italiens incl. Insel Elba.

Optimale Ergänzung zum Oberitalien-Band – der **TOSKANA/UMBRIEN**-Führer von Michael Müller im gleichen Verlag. Viele Tips zu den interessantesten Orten und Landschaften, auch abseits der Touristenströme. Neben der Fülle an Sehenswertem eine besondere Spezialität des Autors - Trattorie und Ristoranti, die sich durch Qualität und Originalität auszeichnen. Außerdem sind günstige, trotzdem niveauvolle Übernachtungsmöglichkeiten beschrieben, dazu Infos über Campingplätze, Parken in Städten u. v. m.

Öffnungszeiten

Das Grundprinzip bildet nach wie vor die Siesta, auch wenn nicht mehr immer und überall sklavisch daran festgehalten wird. Dafür ist abends oft länger geöffnet, wenn die Hitze nachgelassen hat.

Geschäfte: in der Regel Mo-Fr vorm. ca. 8/ 8.30-12.30/13 h, nachm. ca. 16/17-19.30/ 20, Sa 9-13 h. Vor allem Souvenirläden und an- dere Geschäfte mit touristischem Bedarf schließen ihre Pforten aber erst wesentlich später - je nach Kundeninteresse. Gerade in

Ferienorten läuft abends ein Großteil vom Umsatz.

Kirchen: Von 7 h früh bis 12 h mittags sind alle offen. Dann wird unbarmherzig geschlossen und frühestens gegen 15, oft erst 16 h wieder aufgemacht, um bis 19 oder 20 h geöffnet zu bleiben. So während der Messen ist keine Besichtigung möglich.

Museen: Hier herrschen nicht selten verwirrende Verhältnisse. Meist werden die Zeiten mehrmals jährlich geändert, einzige Konstante ist, daß staatliche Museen Mo fast immer geschlossen haben und ansonsten meist Di-Fr (oder Sa) vorm. 9-14 h und So 9-13 h geöffnet sind.

Banken und **Post** siehe im entsprechenden Abschnitt, **Apotheken** → Ärztliche Versorgung.

Papiere

Für die Einreise nach Italien genügt der Personalausweis (carta d'identità) - wie in allen EU-Ländern. Wer auf Nummer Sicher gehen will, nimmt außerdem seinen Reisepaß (passaporto) mit und zusätzlich Kopien beider Papiere. Die Papiere werden an der Grenze in der Regel nicht mehr überprüft.

Vorteil eines zweiten Ausweises - während ein Papier meist bei der Hotel- oder Campingplatzrezeption liegt, kann man mit dem zweiten jederzeit Schecks eintauschen gehen, Auto mieten etc. (die Banken verlangen in der Regel die Vorlage eines Identitätspapiers). Bei Diebstahl oder Verlust eines Ausweises kann man zudem mit dem anderen problemlos wieder ausreisen.

Kinder unter 16 Jahren benötigen einen *Kinderausweis* oder müssen im Paß der Eltern eingetragen sein. Kinder und Jugendliche, die ohne Erwachsene reisen, benötigen außer ihrem Ausweis eine schriftliche *Vollmacht* der Erziehungsberechtigten, die in Englisch oder Französisch abgefaßt sein muß.

▶ **Diebstahl oder Verlust:** In jedem Fall sofort zur Polizei gehen. Falls dies der einzige Ausweis war, den man dabei hatte, bekommt man ein Formular, das zum einmaligen Überschreiten der Grenze berechtigt. Kopien des verlorengegangenen Papiers sind nützlich und helfen der Polizei bei der Identitätsüberprüfung (Nummer des Paßes, ausstellende Behörde etc.).

Einreise mit Motorfahrzeug → Anreise mit dem eigenen Motorfahrzeug.

Polizei

Carabinieri sind für Verbrechen zuständig (Tel. 112), in den Städten sind die *Vigili Urbani* präsent und die *Polizia Stradale* kümmert sich um das Verkehrsgeschehen außerhalb von Ortschaften.

Post

Die italienische Post genießt nicht den besten Ruf. Die Karte an die Lieben daheim dauert ihre Zeit. Deshalb besser in einen Umschlag abschicken - Briefe laufen schneller.

Der Vermerk "Per Luftpost" (*posta aerea*) bringt bei Karten und Briefen nichts, da sie generell per Luft befördert werden. Dauer nach Deutschland etwa 5 bis 6 Tage. Päckchen müssen offen sein (wie z.B. Drucksachen in Deutschland), Pakete brauchen eine spezielle Plombe (in Tabacchi-Läden).

Öffnungszeiten: in der Regel Mo-Sa 8.20-13.20 h, in Städten oft auch nachm. bis abends, z.B. 16-20 h.

Briefmarken (*francobolli*): kann man nicht nur bei der Post erstehen, sondern auch in vielen Tabacchi-Läden und Souvenirshops, die Postkarten verkaufen.

Poste restante: Jedes Postamt nimmt postlagernde Sendungen an. Diese können mit Personalausweis und gegen kleine Gebühr abgeholt werden. Ein Brief wird normalerweise bis zu 2 Monaten aufbewahrt. Als Absender in so einem Fall immer den Empfängernamen (Nachnamen unterstreichen!), das Zielpostamt und "Poste restante" auf den Umschlag schreiben. Tip - falls der Beamte beim Abholen unter dem Familiennamen nicht fündig wird, auch unter dem Vornamen nachschauen lassen. Das Einordnen teutonischer Namen fällt italienischen Postbeamten verständlicherweise schwer.

Telegraphische Postüberweisung: wenn die Mittel ausgehen, der schnellste Draht zur Heimat! Zu Hause eine Vertrauensperson anrufen und bitten, die gewünschte Summe per telegraphischer Postanweisung unter Angabe des Empfängernamens ans Hauptpostamt einer bestimmten Stadt zu schicken (am besten einer größere Stadt, Provinzhauptstadt o.ä.). Normalerweise ist die Anweisung innerhalb von 48 Std. angekommen und man bekommt die Summe in Lire ausgezahlt. Diese Transaktion kostet eine Gebühr von ca. 30-40 DM (vom Absender zu zahlen).

Falls der Empfänger verhindert ist, das Geld zu holen, kann man den Betrag ohne weitere Kosten wieder zurücktransferieren lassen (dauert aber einige Wochen). Die Anfangsgebühr ist aber meist verloren (außer die italienische Post ist schuld an der Nichtzustellbarkeit).

Postsparbuch: → Finanzen.

Radio

Die Privatsender gehen in die hunderte - einer übertönt den anderen mit nervtötendem Gedudel und Geplapper, alle 5 Minuten unterbrochen durch die Werbung für den nächsten Sanitärausstatter. Kaum Wortbeiträge oder Nachrichten.

Reisebüros

Büros, die auf Italien spezialisiert sind, findet man in Großstädten auf den gelben Seiten des Telefonbuchs. Kompetent in allen Verkehrsfragen sind die CIT-Büros. *CIT (Compagnia Italiana Turismo)* ist eine Tochtergesellschaft der italienischen Staatsbahnen FS und hat Niederlassungen in jeder größeren italienischen Stadt, außerdem eine Auslandsvertretung in Deutschland: Komödienstr. 49, D-50667 Köln, Tel. 0221/207090. Deutschsprachig ist das CIT-Büro in Bozen (Bolzano): Piazza Walter 11, I-0471 Bozen, Tel. 0471/978477.

Sport

Kein Badestrand ohne provisorisches Volleyball- oder Fußballfeld. Die Italiener sind ballvernarrt, überall wird gekickt und wer sich interessiert zeigt, wird schnell beteiligt. Aber auch sonst gibt es in den touristisch entwickelten Küstenorten zahlreiche Möglichkeiten, sich sportlich zu betätigen - vom Bootsverleih über Surfschulen bis Wasserski und Fallschirmsegeln ist meist alles geboten. Tennisplätze findet man häufig auf Campinggeländen und bei größeren Hotels bzw. in Feriendörfern. An den Seen sind hauptsächlich Surfer, Mountainbiker und Kletterer anzutreffen, an einigen Stellen auch Drachenflieger.

• *Drachenflieger*: Beim Örtchen **Cólico** an der Nordspitze des Comer Sees stürzen sich die waghalsigen Luftgleiter vom 2600 m hohen Monte Legnone in den Auftrieb thermischen Winde.

• *Fahrrad*: Abgesehen von Apennin und den höheren Alpenregionen kann man fast überall hervorragend Rad fahren. Speziell in der Poebene gibt es zahllose Möglichkeiten - um **Ravenna** und **Ferrara** sind mittlerweile 200 km Radwege ausgebaut worden. Landschaftlich reizvoll ist das Gebiet um den **Kalterer See** (Lago di Caldaro). Mountainbiker kommen vor allem um die großen Seen auf ihre Kosten, vor allem der Norden des **Gardasees** ist berühmt für seine Bikepfade.

Buchtips: **Lombardia in bicicletta**, auf italienisch Routentips mit genauen Skizzen zu den Umgebungen der wichtigsten Städte (kostenlos erhältlich bei den meisten Tourist-Büros der Lombardei); **Gardasee Bike Guide**, Elmar Moser, Delius Klasing Verlag, 49 DM. Robuster Führer mit den schönsten Routen am See.

• *Golf*: Es gibt Dutzende von Anlagen - alleine vier am **Gardasee**, weitere am **Comer See** und bei **Rimini** an der Adria, auch **Südtirol** besitzt mehrere Plätze.

• *Klettern*: Free-Climber finden ihr Dorado in **Arco** am Nordende vom Gardasee, wo alljährlich die Weltmeisterschaften veranstaltet werden.

• *Schlauchboot*: lohnt sehr, speziell an den wilden und felsigen Küsten der Riviera. Mitnahme ist ohne Grenzformalitäten möglich. Bei Außenborden über 3 PS ist Haftpflichtversicherung vorgeschrieben. Vor Ort sollte man sich beim Hafenamt nach eventuellen Vorschriften und Einschränkungen erkundigen.

• *Skifahren*: Der Wintertourismus boomt auch in Italien. Immer neue Lifte und Pisten sprießen aus dem geschundenen Alpenboden, Müll wird über Gletscherspalten "entsorgt", der kaputt getrampelte und gefahrene Boden trägt kein Gras und keine Bäume mehr. Dazu kommen Autoabgase und saurer Regen - der sterbende Schutzwald kann Steinschlag und Lawinen nicht mehr abhalten. Mit gutem Gewissen kann man nicht mehr zu Alpensport raten.

• *Surfen*: windigste Monate der warmen Jahreshälfte sind April und Oktober, gefolgt von Mai und September. Im Hochsommer ist der Wind dagegen eher flügellahm.

Der **Gardasee** gilt als eins der besten Surfziele Europas, der kleine Ort Torbole an der Nordspitze als das Mekka der Brettflitzer. Die Windverhältnisse im Nordteil des Sees, in der "Düse" zwischen Riva und Torbole, sind so zuverlässig, daß man beinahe

Atemberaubender Freizeitsport in den Dolomiten

die Uhr danach stellen kann: von Mitternacht bis Mittag bläst der leichte Nordwinden **Vento** die Alpen herunter, ab Mittag bis Sonnenuntergang kommt die stärkere **Ora** aus dem Süden und erreicht häufig vier bis sechs Beaufort. *Tourentip*: von Torbole nach Limone hinüber, von dort nach Malcèsine und zurück - das sog. "Bermuda-Dreieck".

Alternative dazu ist der Norden des **Comer Sees** um Domaso. Auch hier wechseln sich starke Süd- und Nordwinde ab, es gibt mehrere deutsch geleitete Surf-Center. Weniger bekannt, aber trotzdem interessant - der kleine **Lago di Santa Croce** am Weg von Cortina d'Ampezzo nach Venedig (Nähe Belluno): gute Sommerthermik und schöne Umgebung.

• *Wandern*: Neben den unerschöpflichen **Alpenregionen** mit ihren bestens ausgeschilderten Alm- und Höhenwegen gilt vor allem das Gebiet der **Cinque Terre** an der Riviera als das schönste Wanderterrain in Oberitalien. Cinque Terre, das sind fünf malerische Dörfer, eingebettet in die vegetationsreiche Steilküste östlich von Genua. Gut gekennzeichnete Wanderwege unterschiedlicher

Dauer verbinden sie untereinander, z.T. auch für Kinder geeignet. Die Anfahrt macht man am besten per Zug (Details → Abschnitt Ligurien).

• *Wassersportzentren*: drei der größten mit Sportschwimmbecken, Rutschen, Wellen- bad etc. sind **Caneva** bei Lazise am Gardasee, **Aquasplash** in Lignano und **Aquafan** in Riccione (Adria). Doch gibt es noch eine ganze Reihe weiterer, z.B. **Sassabanek** am Südende des Iseo-Sees.

Sprache

Leider sprechen die meisten deutschen Urlauber, die Italien besuchen, kein italienisch - mit Grazie, Buongiorno, Pizza und Pasta ist oft der Wortschatz erschöpft. Die Italiener dagegen verstehen und sprechen häufig sehr gut deutsch, vor allem an den großen Alpenseen und an der Küste. Fast jeder, der dort im Tourismusgeschäft tätig ist, beherrscht wenigstens die Grundlagen, erstaunlich viele können sogar fließend deutsch parlieren. Der jahrzehntelange Umgang mit den Besuchern aus dem Norden macht sich hier eben überall bemerkbar. Anders in den großen Binnenstädten, in der Poebene und im touristisch kaum erschlossenen Apennin - je weiter man nach Süden kommt, desto weniger Menschen haben es aus wirtschaftlichen Gesichtspunkten nötig, die Sprache der nördlichen Nachbarn zu erlernen. Englischkenntnisse findet man gelegentlich, sind allerdings eher die Ausnahme.

Wer etwas italienisch üben will, findet unser *Sprachlexikon* am Ende des Buchs. Auch ein Volkshochschulkurs kann nützlich sein. Ansonsten gibt es viele Sprachschulen und Universitätsinstitute, die "vor Ort" Italienischkurse für Ausländer abhalten, z.B. in Florenz, Siena und Perugia. Dies eine interessante Möglichkeit, Ferien und Lernaufenthalt miteinander zu kombinieren. Mit am beliebtesten und auch preislich günstig sind die Kurse der *Università Italiana per gli Stranieri*, Palazzo Gallenge, Piazza Fortebraccio, I-06100 Perugia.

Umfangreiche Informationsbroschüre über Sprachreiseveranstalter sowie italienische Sprach- und Hochschulen erhältlich bei der Aktion Bildungsinformation (ABI), Alte Poststr. 5, D-70173 Stuttgart (Verrechnungsscheck über 19,50 DM).

Strom

Fast überall 220 Volt, allerdings passen die Schukostecker nicht. Adapter *(spina di adattamento)* kann man überall kaufen bzw. im Hotel ausleihen, sind aber auch bei uns im Fachhandel erhältlich.

Telefon

Die Durchwahl ins Ausland ist von allen Telefonzellen problemlos möglich, sehr praktisch dafür sind die überall erhältlichen magnetischen Telefonkarten. In größeren Städten kann man auch die mit Zählertelefonen ausgestatteten Zentralen der italienischen Telefongesellschaft Telecom benutzen, wo man erst nach dem Gespräch zahlt. In kleineren Orten gibt es Telefone mit Zähler oft in einer oder mehreren Bars, die durch ein Telefonsymbol ("interurbano automatico" oder "telefono pubblico") gekennzeichnet sind.

Schneller Gruß an die Lieben – mit Seeblick und frischer Brise

Für Auslandsgespräche generell wichtig - **langsam wählen!** Erst die Landesvorwahl, dann die Ortsvorwahl **ohne Null**, dann die Teilnehmernummer. Wenn das Amtszeichen ertönt, auflegen und nochmals versuchen. In Stoßzeiten sind mehrere Anläufe nötig.

Werktags zwischen 22 und 8 h und an Sonntagen von 0-24 h telefoniert man billiger.

▶ **Telefonzellen**: funktionieren mittlerweile fast alle mit Magnetkarten namens *"Carta Telefonica"*, die man für 5000, 10.000 und 15.000 Lire in Tabak- und Zeitschriftenläden, bei SIP-Büros und in manchen Rezeptionen von Hotels und Campingplätzen bekommt (Karten für 10.000 Lire gibt's auch beim ADAC). Die verbrauchten Beträge liest der Apparat von der Karte ab, bis sie leer ist. Eine zweite Karte kann man nachschieben, ohne daß das Gespräch unterbrochen wird. Die Gültigkeitsdauer der Karten ist meist auf ein oder zwei Jahre begrenzt.

Selten geworden sind *Münztelefone*, sie akzeptieren 100-, 200- und 500-Lire-Münzen. Für Ortsgespräche genügt ein 200 Lire-Stück bzw. ein *gettone*, das sind spezielle Telefon-Münzen, die ebenfalls 200 Lire wert sind, aber langsam aussterben (erhältlich in manchen Tabacchi-Läden, an Rezeptionen, in Bars etc.). Für internationale Gespräche braucht man je nach Dauer oft ganze Hände voller Münzen bzw. *gettoni* - das ständige Nachwerfen verlangt Übung.

▶ **Telefonzentralen**: Vom Schalterbeamten läßt man sich eine Zelle zuweisen und kann dort von einem Apparat mit Zähler telefonieren. Erst nach Gesprächsende zahlt man laut Zählerstand. Allerdings verschwinden die Telefonzentralen zusehends bzw. werden durch Kartentelefone ersetzt.

▶ **Telefonbars**: haben einen oder mehrere Apparate mit Karten/Münzbetrieb oder Zähler, sind jedoch nur gelegentlich in Zellen untergebracht - dementsprechend störend ist der Geräuschpegel durch den Barbetrieb. Die Gebühren liegen meist etwas höher als im Telefonamt.

Neu bei der deutschen Telekom ist die **T-Card** - sie ermöglicht bargeldloses Telefonieren vom In- und Ausland in 50 Ländern, die anfallenden Kosten werden vom privaten Fernmeldekonto oder Bankkonto abgebucht. Näheres bei der Telekom.

> **Vorwahlen**: Wenn Sie **aus Italien** anrufen: Bundesrepublik Deutschland = 0049; Österreich = 0043; Schweiz = 0041. Wenn Sie **nach Italien** anrufen wollen: aus der BRD 0039, aus Österreich 040, aus der Schweiz 0039. Immer die Null der Ortsvorwahl weglassen.

Übernachten

Südtirol, Gardasee, Riviera, Adria und Venedig gehören zu den bekanntesten Tourismusgebieten am Stiefel - dementsprechend wimmelt es geradezu von Unterkünften. Von Campingplätzen über einfache Pensionen bis zu Hotels der gehobenen Kategorie ist alles vertreten. Doch im Landesinneren dünnt das Unterkunftsnetz reichlich aus.

Problemmonate für individuell Reisende sind *Juli* und *August*. Vor allem im August, dem traditionellen Reisemonat für italienische Familienferien, sind in den Badeorten 90 % der verfügbaren Betten und Stellplätze ausgebucht! Vorbestellung ist dann ratsam, sollte jedoch am besten noch im Vorjahr erfolgen, um Erfolg zu haben. Speziell in *Venedig* bestehen fast das ganze Jahr über Zimmerengpässe, problematisch sind vor allem die unteren Preisklassen.

Lassen Sie sich vom italienischen Fremdenverkehrsamt in BRD, CH oder A die alljährlich aktualisierten Unterkunftsverzeichnisse *(Annuario degli Alberghi)* der Region bzw. Stadt schicken, die sie bereisen wollen. Darin sind alle registrierten Hotels, Pensionen und *locande* (Gasthöfe), oft auch Campingplätze und Ferienwohnungen mit Adresse, genauen Preisangaben, Öffnungszeiten und Hinweisen zur Ausstattung verzeichnet. Die angegebenen Preise können jedoch ab 1. Juni des jeweiligen Jahres erhöht werden. Falls nicht vorrätig, erhalten Sie diese Prospekte auch kostenlos bei den lokalen Informationsämtern. Diese helfen gelegentlich auch bei der Zimmersuche (in Südtirol fast überall, ansonsten eher sporadisch).

Hotels/Pensionen/Locande

Die meisten Häuser bieten bezüglich Ausstattung und Sauberkeit mäßigen bis guten Standard. Viele Hotels sind erst im Zuge des Touristenbooms der sechziger und siebziger Jahre erbaut und dementsprechend wenig abgewohnt. Auf Sauberkeit wird meist Wert gelegt.

Doch die regionalen Unterschiede sind erheblich: Findet man in *Bologna* beispielsweise nur saubere, gut instandgehaltene Unterkünfte, sind die

Pensionen in *Genua* oft heruntergewirtschaftet und vernachlässigt.
In *Südtirol* und am *Gardasee* herrschen gepflegte und adrette Häuser vor, in *Venedig* nagt Salzwasser an den feucht-morbiden Palazzi. Die Badeorte, speziell an der
flachen Adria, strotzen mit ihren
betonierten Hotelfronten nicht gerade vor Schönheit - ein Haus wie
das andere. In *Verona* kann man
dagegen in gut renovierten historischen Häusern mitten im *centro
storico* wohnen. Erhebliche Unterschiede also - aber die sind es gerade, die das Reisen in Oberitalien
anregend machen.

Auch die Preise weisen regionale
Unterschiede auf, sind allerdings
fast überall relativ hoch, wenn man
sie mit anderen Mittelmeerländern
vergleicht. *Venedig* ist mit Abstand
die teuerste Stadt Italiens (25 %
teurer als Rom und 18 % teurer als
Florenz, die beiden Nachfolger in
der nationalen Preisskala). Ebenso

*Jede Menge Unterkünfte in Südtirol
und anderswo*

verlangt man in *Milano*, *Bologna* und *Verona* stolze Hotelpreise, während
Genua eher budgetfreundlich ist.

Generell - in den Badeorten am Meer besteht in der Hochsaison in praktisch jeder Unterkunft *Pensionspflicht*, d.h. Übernachtung mit Frühstück
und mindestens einer Mahlzeit (Halbpension = HP) wird berechnet, außerdem muß man mindestens drei Nächte bleiben. Auch Übernachtung mit
Frühstückszwang (offiziell verboten) treibt die Preise oft in unkontrollier-
bare Höhen - wobei das Frühstück dann oft lächerlich gering ausfällt. Anders in der Nebensaison. Dann sind die Hoteliers froh, ihre Zimmer voll zu
bekommen und man kann noch hier und dort ein Schnäppchen machen.

Die Preise im **praktischen Reiseteil dieses
Buches** sind Ca.-Preise und beziehen sich
auf ein **Doppelzimmer (DZ) mit Bad**, Frühstück nicht inbegriffen, Ausnahme Südtirol
(→ dort). **Zimmer ohne eigenes Bad** sind
als solche kenntlich gemacht und verfügen
nur über eine Etagendusche. Wenn eine

Preisspanne angegeben ist (z.B. 50-80 DM
fürs DZ), meint die erste Zahl den Zimmerpreis in der **Nebensaison (NS)**, also April,
Mai, September und Oktober, die zweite
bezieht sich auf die **Hauptsaison (HS)** im
Juli/August.

▸ **Pauschalangebote**: Gardasee, Riviera und Adria sind Massenziele, die
von allen großen Veranstaltern angeboten werden, z.B. *ADAC*, *Ameropa*
(DB), *ITS* (Kaufhof), *Neckermann*, *TUI* und deren Tochterfirmen - wegen
der Nähe des Zielgebiets jedoch nicht mit Flug, sondern in der Regel mit

Selbstanreise per PKW, Bahn oder Bus. Die Angebote sind meist auf Familien mit Kindern zugeschnitten und preislich oft günstiger, als man sie auf eigene Faust buchen könnte. Besonders auf spezielle Saisonermäßigungen und Sonderangebote sollte man achten.

Ansonsten werden auch spezielle *Städtetrips* angeboten, z.B. von *Airtours, Jet Reisen* und *ADAC Reise GmbH*. Studienreisen von *Studiosus* gehen ins Veneto (Padua, Vicenza, Venedig) und nach Ravenna, an den Gardasee und zum Lago Maggiore.

Apartments und Ferienwohnungen können ebenfalls pauschal gebucht werden (→ separater Abschnitt weiter unten).

▶ **Hotel-Klassifizierung/Preise:** Die italienischen Hotels und Pensionen sind von den Tourismusbehörden der Provinzen in fünf Kategorien unterteilt (1-5 Sterne). Wir haben diese Klassifizierung bei den Hotelbeschreibungen jeweils angegeben, obwohl sie nicht immer etwas über den Zustand bzw. den Service, Freundlichkeit etc. des Hauses aussagen.

***** = **Hotel der Luxusklasse** mit Air-Condition, Telefon, Farb-TV und Eisschrank/Frigobar auf dem Zimmer. Sind rar gesät und meist nur in Großstädten und sehr bekannten Touristenorten anzutreffen. Gutes Restaurant selbstverständlich. Swimmingpool, Privatstrand, Tennis, Disko u.dgl. meist vorhanden. Preisniveau mehr oder minder unbezahlbar, ca. 400-800 DM fürs DZ.

**** = **First class-Hotel**, ebenfalls für gehobene Ansprüche, Preise ab mind. 200 DM fürs DZ, meist aber gut 300-400 DM.

*** = **Mittelklassehotel**, sauber, mit ordentlicher Ausstattung und eigenem Bad, am Meer oft mit Swimmingpool. Qualitätsunterschiede sind aber durchaus festzustellen. Preise ca. 100-200 DM fürs DZ.

** = **untere Mittelklasse**, Qualitätsunterschiede spürbar, von vernachlässigt bis gut. Oft gibt es Zimmer wahlweise mit oder ohne eigenes Bad. Je nach Besitzer viel persönliche Atmosphäre bzw. Kolorit oder das Fehlen derselben. Zimmer mit Bad ca. 80-120 DM, ohne Bad 70-90 DM.

* = **einfache Locande und Pensionen** in meist älteren Häusern. Oft im Inland und in größeren Städten. An der Küste seltener, weil damit nicht viel zu verdienen ist. An Ausstattung keine Ansprüche stellen, auch unerfreuliche Überraschungen einkalkulieren. Zimmer mit Bad ca. 50-80 DM, mit Etagendusche in der Regel ab 40 DM aufwärts.

Tips und Tricks für Hotel/Pensionsgäste

Folgende Bestimmungen sind gesetzlich geregelt. Das heißt jedoch noch lange nicht, daß diesbezügliche Klagen zum Erfolg führen. Bei Problemen, insbesondere wenn die aushängenden Preise deutlich überzogen sind, können Sie sich an das Tourismusamt der Provinz (Azienda di Promozione Turistica) wenden.

- Die Zimmerpreise unterliegen der Überwachung durch das Tourismusamt der Provinz und dürfen die Grenzen, die für die betreffende Kategorie festgelegt sind, nicht überschreiten. Sie müssen sowohl an der Rezeption bzw. im Büro des Hotels einzusehen sein wie auch in den Zimmern selber deutlich aushängen (meist an der Innenseite der Tür). Achten Sie darauf, daß im Einzelzimmer nicht der Preis für ein Doppelzimmer aushängt und die Preisliste offiziell bestätigt ist, z.B. mit Stempel des Provinzamts (APT).

- Frühstück ist nicht obligatorisch und wird nur serviert bzw. berechnet, falls der Gast es wünscht! Der Preis unterliegt keiner Kontrolle, deswegen werden oft überhöhte Tarife gefordert - beliebter Trick, um den Zimmerpreis in die Höhe zu schrauben. Vorher danach fragen, um unliebsame Überraschungen zu vermeiden.

- Falls man sich ein Extrabett in ein Doppelzimmer stellen läßt, kann der Preis bis zu 35 % erhöht werden.
- Leider besitzen viele Hotels keine Einzelzimmer. Falls man als Einzelreisender ein Doppelzimmer zugewiesen bekommt, ohne es ausdrücklich verlangt zu haben, darf dafür in der Regel nur der Einzelzimmerpreis oder bis zu 85 % des Doppelzimmerpreises berechnet werden (diese Regelung ist jedoch von Region zu Region unterschiedlich).
- Hunde sind in vielen Hotels nicht erlaubt bzw. dürfen nicht ins Restaurant, an den Strand und/oder in den Poolbereich.
- Viele Stadtzentren sind für den motorisierten Verkehr zeitweise oder dauernd gesperrt. Als Zimmersuchender darf man jedoch bis zu einem Hotel fahren und das Gepäck ausladen. In der Regel besitzen nur Häuser der Kategorie *** bis ***** eigene Garagen oder Parkmöglichkeit, detaillierte Angaben unter den jeweiligen Orten.

▶ **Ferienwohnungen/Apartments:** preiswerte Alternative zu den oft kostspieligen Hotels, ebenfalls von vielen Reiseveranstaltern mit individueller Anfahrt angeboten. Eine Ferienwohnung hat Vorteile: Man kann mit dem eigenen Herd die hohen Ristorantepreise umgehen und wenn man vor Beginn der eigentlichen Hauptreisesaison bucht und zu mehreren ist, kann ein Aufenthalt durchaus preisgünstig sein. Vor allem für Familien mit Kindern ideal - mehr Freiraum als im Hotel, individuelle Zeiteinteilung unabhängig von Essenszeiten, selbst gekochte Mahlzeiten etc.

Bezüglich Qualität der Ferienhäuser gibt es natürlich diverse Standards, die sich meist im Preis bemerkbar machen. Wer kein eigenes Fahrzeug hat, sollte sich bei der Buchung unbedingt nach der genauen Lage des Objekts bzw. der Entfernung des nächsten Orts erkundigen - nicht angenehm, mehrere Kilometer zum Einkaufen laufen zu müssen. Viele Ferienhausanlagen an Riviera und Adria besitzen Swimmingpools. Minimalaufenthalt meist eine Woche, im Juli/August zwei bis drei. Vereinbaren Sie für den Fall des Falles einen deutschen Gerichtsstand.

- *Anbieter*: Alle großen Reiseveranstalter bieten Ferienwohnungen an. Interessant ist außerdem das große Programm des italienischen Veranstalters **Orizzonti**, deutschsprachiger Prospekt in vielen Reisebüros erhältlich. Ansonsten bezüglich Adressen reiches Angebot in den überregionalen deutschen Tages- und Wochenzeitungen. Auf Italien spezialisierte Agenturen (Auswahl):

Aki-tours, Schillerstr. 1, D-76530 Baden-Baden, Tel. 07221/2072-3, Fax 29888. Veneto und Ligurien.

Bambino-Tours, PF 1131, D-35089 Cölbe, Tel. 06421/82043. Spezialisiert auf Angebote für Familien mit Kindern. Hauptsächlich Südtirol.

INS Reisen, Heidemannstr. 220, D-80939 München, Tel. 089/323040, Fax 3232927. Adria.

Inter Chalet, Kaiser-Joseph-Str. 263, D-79098 Freiburg, Tel. 0761/210077, Fax 2100154. Verschiedene Gebiete.

Mediatour, Schrannengasse 14, A-5027 Salzburg, Tel. 0662/8826270, Fax 8826274. Venedig.

Siesta Holiday, Diebsteige 4, D-72764 Reutlingen, Tel. 07121/291979, Fax 29345. Verschiedene Gebiete.

- *Buchung*: für die Hochsaison unbedingt rechtzeitig vorbuchen (mindestens ein halbes Jahr vorher), vor Ort wird man im Juli/August große Schwierigkeiten haben, leere Wohnungen zu finden! In der Vor- und Nachsaison (April/Mai/Juni bzw. September/Oktober) kann man dagegen auch direkt vor Ort fündig werden, entweder durch Maklerbüros in den größeren Orten (Auskunft in den Informationsstellen) oder durch Erkundigungen auf eigene Faust.

Meist weiß der Pächter der nächsten Bar Bescheid und kennt die Eigentümer.

• *Preise*: Falls man bereits zu Hause buchen will, beginnen die **Wochenpreise** bei günstigen Anbietern in der NS bei 500 DM aufwärts für ein 4-Pers.-Apartment und können sich im Juli/August bis über 1000 DM steigern, bei Luxusobjekten bis über 2000 DM. Beim Wälzen der Prospekte nicht die **Nebenkosten** für Strom, Wasser, Gas, Endreinigung vergessen, die in manchen Broschüren klein und verschämt am Rande stehen. Lassen sie sich vor Anmietung alle Extrakosten genau auflisten.

▸ **Privatzimmer**: gibt es lange nicht so häufig, wie man es von anderen Mittelmeerregionen gewohnt ist. Wenn privat, dann werden meist ganze Ferienhäuser oder Apartments vermietet (→ oben). Um an Privatzimmer zu kommen, einfach rumfragen, vielleicht in der nächsten Bar oder dem benachbarten Alimentari-Laden. Gelegentlich hängen Schilder draußen "affita camere" o.ä., zum Teil vermitteln auch die örtlichen Informationsbüros Zimmer. Die Preise liegen zwischen 25 und 50 DM fürs DZ, gelegentlich wird Mindestaufenthalt von einer Woche verlangt. Gute Möglichkeiten z.B. in *Corniglia* an der Cinque Terre (Ligurien).

▸ **Jugendherbergen und Hostels**: Herbergen des italienischen Jugendherbergsverbands (Mitglied der International Youth Hostel Federation = IYHF) gibt es in den meisten historischen Städten Oberitaliens, z.B. in *Bergamo*, *Bologna*, *Genua*, *Milano*, *Montagnana*, *Parma*, *Ravenna*, *Rovereto*, *Rimini*, *Trento*, *Turin*, *Venedig* und *Verona*, außerdem zwei am *Gardasee* (Riva und Malcèsine) und drei am *Comer See* (Como, Domaso und Menaggio). An den Meeresküsten sind sie dagegen kaum anzutreffen - Ausnahme die wunderschöne Herberge von *Finale Ligure* an der Riviera. Die Übernachtung kostet in der Regel um die 15-20 DM mit Frühstück, abendliche Schließzeit ist 23 oder 24 h, oft sind preiswerte Abendmahlzeiten zu bekommen. Übernachtet wird in Schlafsälen, das Publikum ist international. Schriftliche oder fernmündliche Reservierung ist für Juli und August sinnvoll - oft sind die Herbergen dann durch Feriengruppen voll belegt - nimmt aber nicht jedes Haus an. Die Jugendherberge von Verona gilt als schönste in Oberitalien, die von Montagnana (bei Padua) ist in einem Turm der Stadtbefestigung untergebracht. Ergänzt werden die Jugendherbergen in *Padua*, *Parma*, *Verona* und *Venedig* durch Hostels kirchlicher und privater Organisationen. Weitere Details unter den jeweiligen Orten. In allen Jugendhostels sollte man ein Auge auf sein Gepäck haben und Wertsachen nach Möglichkeit an der Rezeption deponieren!

▸ **Agriturismo**: das, was wir unter "Urlaub auf dem Bauernhof" kennen. Eine interessante Art der Feriengestaltung, wobei man das Leben der Menschen in den Dörfern kennenlernt und diesen auch die finanzielle Seite unmittelbar zugute kommt. Urlaub nicht in den großen, oft anonymen Touristenzentren, sondern hautnah im bäuerlichen Bereich mit allen Möglichkeiten, die daraus erwachsen. Sprachkenntnisse sind sinnvoll, aber natürlich nicht Bedingung. Zimmer kosten ca. 30-40 DM pro Tag/Kopf mit Frühstück, mit Halbpension (Übernachtung, Frühstück u. Abendessen) ca. 40-60 DM pro Person, Mindestaufenthalt in der Regel eine Woche. Falls Sie im August buchen wollen, sollten Sie sich wegen der starken Nachfrage spätestens im Februar verbindlich anmelden.

• *Kontaktadressen/Buchung*: Verschiedene Organisationen bieten Ferien auf dem Bauernhof in allen Teilen Italiens. Bei einer Buchung wird normalerweise eine Teilsumme als Anzahlung verlangt. Kataloge kann man bestellen bei: **Agriturist**, Corso Vittorio Emanuele 101, I-00186 Roma, Tel. 06/6852342.

Terranostra, Via Maggazzini 2, Firenze, Tel. 055/214430, Fax 055/560013. **Turismo Verde**, Gea-Tour, Via Verdi 5, Firenze, Tel. 055/2344925, Fax 055/2345039. Auch viele der städtischen Informations-Büros verfügen über einschlägige Angebote und Broschüren (Adressen → jeweilige Orte).

Camping

Über tausend Campingplätze stehen zur Auswahl. Kaum ein Touristenort, der nicht über mindestens ein Gelände verfügt, um die Badezentren am Meer und an den großen oberitalienischen Seen drängen sich sogar viele Dutzend.

Bezüglich Ausstattung und Größe sind alle Spielarten vertreten - vom umfunktionierten Schrebergarten mit wackliger Bretterbar und Containerduschen bis zur viele Hektar großen Zeltstadt, wo die Mitnahme eines Fahrrads sinnvoll erscheint, um schnell auf die Toilette zu gelangen.

Campingurlaub in Oberitalien kann Spaß machen - wenn man den *August* meidet! Dann ziehen ganze Familienverbände mit Sack und Pack aus den Großstädten ans Meer und fast alle Plätze sind randvoll belegt. Im August wird auf vielen Plätzen mehr als die Hälfte des Jahresumsatzes gemacht, das geht auf Kosten des Geldbeutels und der Qualität: überhöhte Preise, Wartezeiten, verdreckte Duschen, Lärm. Im Juli und August findet auf großen Plätzen außerdem allabendlich auf Familien zugeschnittene, lautstarke "Animation" statt - Theater, Tanz, Musikgruppen, Zauberer etc. Mai, Juni und September sind dagegen ideale Campermonate. Die meisten Plätze liegen unmittelbar am Strand, jedoch nicht selten kilometerweit von der nächsten Ortschaft. Ohne fahrbaren Untersatz ist man dann aufgeschmissen, denn öffentliche Verkehrsmittel sind an den nur im Sommer bevölkerten Küsten rar. Aber auch mit Auto gibt's Probleme: sicher verständlich, aber trotzdem oft ärgerlich, daß man auf fast allen Plätzen mit dem PKW abends nur bis 23 h eingelassen wird - danach herrscht strikte Nachtruhe. Wer abends noch motorisiert unterwegs war und zu spät kommt, muß sein Fahrzeug draußen abstellen und darf es sich - falls man seinen Schlafplatz im Wagen hat - "im Auto vor dem Tore" bequem machen.

Die Ausstattung der Plätze ist, wie gesagt, sehr unterschiedlich: Meist gibt es wenigstens eine Bar und einen Laden, ein platzeigenes Ristorante ist dagegen eher Mangelware. Auch Sportmöglichkeiten, z.B. Tennis, Surfbrett- und Boots-Verleih, Boccia und Reiten, sind nicht unbedingt die Regel, auch Swimmingpool ist eher Luxus. Am Strand kann man dagegen oft Sonnenschirme und Liegen leihen. Kostenlose warme Duschen sind im Norden (Trentino-Südtirol) meist vorhanden und nehmen Richtung Süden deutlich ab bzw. funktionieren mit *gettoni*, die man an der Kasse kaufen muß. Oft besteht die Möglichkeit, Wohnwagen oder einfache Stein- oder Holzbungalows zu mieten (letztere bieten für 2-6 Personen Platz und kosten ca. 50-100 DM pro Tag). Auf den meisten Plätzen kann man mit dem eigenen Fahrzeug bis zum Stellplatz fahren, ab und an muß man das Fahrzeug jedoch auf einem separaten Parkplatz abstellen.

▶ **Wichtige Campingregionen:** Die gesamte Ostküste des *Gardasees* wie auch der Südwesten des Sees sind ein einziger Zeltplatz. Dicht an dicht liegen hier die Plätze in der Regel direkt am See.
Hübsch sind die gras- und baumbestandenen Anlagen am Südufer des *Iseo-See*, ein besonders bei deutschen Gästen beliebtes Campingzentrum ist ferner das malerische *Örtchen Canobbio am Lago Maggiore*. Am Comer See treffen sich Camper vor allem bei *Domaso* im Nordwesten.
An der Adria ballen sich die Plätze z.T. fast flächendeckend - sehr begehrt z.B. die Landzunge *Litorale del Cavallino* südöstlich von Venedig, von wo man problemlos Tagesausflüge in die Lagunenstadt machen kann. Geeignet für Camper sind auch *Grado* und die Pineta von *Ravenna* (allerdings liegen die Plätze teilweise weit außerhalb der Orte).
An der buchtenreichen Steilküste der Riviera fehlt oft der Platz für größere Campinganlagen und z.T. liegen sie ein Stück landeinwärts. Für Cinque-Terre-Urlauber bieten sich die Plätze in *Levanto* und *Deiva Marina* an.

• *Öffnungszeiten*: Die meisten Plätze, vor allem an den Seen, sind ab Anfang April bzw. etwa Ostern geöffnet und schließen Ende September. Am Meer wird z.T. erst im Mai aufgemacht. Einige Plätze sind auch ganzjährig geöffnet. Jedoch Vorsicht - auf die offiziellen Öffnungszeiten ist kein Verlaß, wenn zu wenig Nachfrage ist, wird oft rigoros zugemacht.

• *Preise*: gestalten sich durchaus unterschiedlich. Während die Marktführer in touristisch stark entwickelten Regionen reichlich hohe Gebühren verlangen, kann man im touristischen Abseits immer wieder erfreuliche Überraschungen erleben, z.T. allerdings gedämpft durch mangelhafte Einrichtungen. Im Schnitt zahlen zwei Pers. mit Kleinzelt und PKW in touristischen Gebieten pro Übernachtung etwa 30-35 DM, in den Städten am Binnenland dagegen nur 20-25 DM. Nicht selten gibt es in Konkurrenzsituationen auch Preiskämpfe, so daß es sich empfiehlt, vor der Entscheidung die jeweiligen Preise genau unter die Lupe zu nehmen. Etwas verwirrend dabei die unterschiedliche Gestaltung der Preise - mal sind Auto und Stellplatz im Personenpreis inbegriffen, mal geht alles extra. Generelle Faustregel: Stark frequentierte Plätze sind teurer als wenig genutzte.

• *Camping pauschal*: **Wohnwagen** auf Campingplätzen an Gardasee und Adria können über den ADAC vorgebucht werden (ADAC Campurlaub).

Zoll

Seit 1993 dürfen innerhalb der EU (Österreich ist seit 1995 dabei) Waren zum eigenen Verbrauch unbegrenzt ein- und ausgeführt werden. Es wurde allerdings ein Katalog über *Richtmengen* von Waren erstellt. Überschreitet man diese, muß man im Fall einer Stichprobenkomtrolle glaubhaft machen, daß diese Mengen nicht gewerblich genutzt werden, sondern nur für den persönlichen Verbrauch bestimmt sind. Weitere Hinweise in der Broschüre "Urlaub", erhältlich bei vielen öffentlichen Stellen, in Reisebüros und beim Zollamt.

Richtmengenkatalog (Warenmenge pro Person ab 17 Jahre):
800 Zigaretten, 400 Zigarillos, 200 Zigarren, 1 kg Rauchtabak, 10 ltr. Spirituosen, 20 ltr. Zwischenerzeugnisse (z.B. Campari, Cinzano etc.), 90 ltr. Wein (davon höchstens 60 ltr. Schaumwein) und 110 ltr. Bier.

Für Transitreisende, die über die **Schweiz** nach Deutschland einreisen, sowie für Einkäufe in Duty-free/Tax-free-Shops gelten niedrigere Quoten: Tabakwaren (200 Zigaretten oder 100 Zigarillos oder 50 Zigarren oder 250 g Tabak oder anteilige Zusammenstellung dieser Waren); Alkohol (1 ltr. Spirituosen über 22 % vol oder 2 ltr. Spirituosen unter 22 % vol oder 2 ltr. Wein bzw. Schaumwein oder 2 ltr. Bier oder anteilige Zusammenstellung dieser Waren); Kaffee (500 g Röstkaffee od. 200 g löslicher Kaffee); Parfüms (50 g Parfüm und 0,25 ltr. Toilettenwasser) sowie andere Waren bis 350 DM. Allerdings werden diese Quoten in der Regel nicht angewandt, wenn man glaubhaft machen kann, daß die Waren in Italien gekauft wurden.

Was haben Sie entdeckt?

Bitte schreiben Sie uns, wenn Sie Kritk, Verbesserungen, Anregungen oder Empfehlungen haben. Was war Ihre Lieblingstrattoria, in welchem Hotel haben Sie sich wohlgefühlt, welchen Campingplatz würden Sie wieder besuchen?

Eberhard Fohrer
Oberitalien
c/o Verlag Michael Müller
Postfach 2609
91014 Erlangen

Südtiroler Impressionen: Saftige Bergwiesen, mächtige Zweitausender, idyllische Dörfchen

Trentino-Südtirol (Alto Adige)

Die Doppelregion im "hohen Norden" Italiens - prächtige Alpenszenerie um das lange Tal der Etsch und die Gebirgsgruppe der Dolomiten. So richtig italienisch ist es hier noch nicht, aber die idealen klimatischen Bedingungen, die einzigartigen Naturlandschaften und das hohe Niveau der Gastronomie haben eine Fremdenverkehrslandschaft erster Güte entstehen lassen. Vor allem im Südtiroler Teil stellen deutsche und österreichische Urlauber das Gros der Gäste.

Saftige Hochalmen und tiefe Schluchten, schäumende Wildbäche und eisige Gletscher, sonnige Weinterrassen und üppige mediterrane Vegetation, Blütenpracht in den Tälern, Seilbahnen in den ewigen Schnee - die Gegensätze an der Südseite der Alpen sind faszinierend und ziehen seit Generationen Erholungssuchende an. Daß dabei manches zum folkloristischen Zierrat verkommen ist, muß man in Kauf nehmen. Entlang der zahlreichen Haupttäler reihen sich stark besuchte Urlaubsorte, wo man Lärm und Massenbetrieb ausgesetzt ist, hohe Preise zahlt, nicht selten auch endlose Autoschlangen die Straßen verstopfen. Doch in den versteckten Seitenarmen und auf den Bergen oben - erschlossen durch zahlreiche Seilbahnen und Sessellifte - kann man sich mit etwas Geschick und Glück schnell in der

Einsamkeit wiederfinden, billiger leben und statt Geschäftstüchtigkeit Gastfreundschaft verspüren.

Entsprechend ihrer Natur sind Südtirol und Trentino natürlich Ferienregionen, in denen Wandern, Skifahren und Bergsteigen ganz groß geschrieben wird - gut instandgehaltene und markierte Wanderwege gibt es überall, fast jedes Informationsbüro verfügt über Wegbeschreibungen und Karten zur näheren Umgebung. Auch für das immer populärer werdende "Mountainbiking" sind die Bedingungen ideal. Wer Baden will, findet südlich von Bozen den bildhübschen *Kalterer See (Lago di Caldaro)*, seines Zeichens wärmster See der Alpen, bei Trento außerdem das Zweiergespann *Lago di Caldonazzo* und *Lago di Lévico*. Im Herbst zieht dann der berühmte Südtiroler Wein viele Gäste an - "Törggelen" (Weinprobe) ist angesagt.

Abgesehen von der großartigen Alpenlandschaft fallen die Sehenswürdigkeiten dagegen eher bescheiden aus. Zwar stehen allein in Südtirol mehr als 350 Burgen, den Kirchen und historischen Bauten fehlt aber insgesamt die schöpferische Vielfalt und Verspieltheit der italienischen Architektur weiter südlich. Sie sind meist im schlichten alpenländischen Stil gehalten und die großen Kunstbewegungen der Romanik, Gotik und Renaissance haben nur wenige Spuren hinterlassen - der Dom von *Trento* eins der bemerkenswerten Gegenbeispiele. Jedoch besitzen zahlreiche Klöster und Burgen herrliche Wandmalereien aus verschiedenen Epochen.

Südtirol und das Trentino bilden die Nahtstelle zwischen Mitteleuropa und den mediterranen Ländern. Das ist kulturell zweifellos reizvoll, birgt aber auch ein hohes Spannungspotential. Die politische Situation ist dementsprechend sensibel - das seit 1948 autonome "Trentino-Alto Adige" ist eine Reißbrett-Konstruktion aus zwei deutlich unterschiedenen Gebieten, die keine kulturelle Identität besitzen. Während das **Trentino** im 19. Jh. vorübergehend unter österreichischer (Fremd-)Herrschaft stand, aber immer ein echtes Stück Italien war, gehörte **Alto Adige** (Südtirol, eigentlich Oberes Etschland), der südliche Teil Tirols, ganze sechshundert Jahre lang zu Österreich und wurde erst 1919 - unfreiwillig - an Italien angeschlossen. Trotz italienischer Staatshoheit hat sich die österreichische Kultur unverfälscht erhalten: die deutschstämmigen Bewohner sprechen noch fast ausschließlich Deutsch, deutsche bzw. österreichische Gerichte bestimmen die Speisekarten und auch die gefürchteten Zuschläge für "servizio" und "coperto" fehlen in der Regel - wodurch das Essen gelegentlich etwas billiger kommt als im sonstigen Oberitalien. Noch in den sechziger Jahren machten Südtiroler Extremisten, die den sofortigen Anschluß an Österreich forderten, mit häufigen Sprengstoffattentaten von sich reden und bis heute ist das Miteinander der "Italiener" und "Österreicher" von Spannungen geprägt. Lediglich die Jugend scheint sich aneinander gewöhnt zu haben. Verblüffend immer wieder, wie selbstverständlich und schnell die Sprachen gewechselt werden - Bedienungen sprechen hochdeutsch mit deutschen Gästen, parlieren italienisch mit Urlaubern aus dem Süden und verständigen sich untereinander in ihrem für Außenstehende fast unverständlichen Tiroler Dialekt.

Schnell-Überblick

Schöne Orte: *Bozen* (Bolzano), *Meran* (Merano), *Brixen* (Bressanone), *Bruneck* (Brunico), *Kaltern* (Caldaro), *Rovereto*, *Sterzing* (Vipiteno), *Trento* u.a.

Landschaftliche Höhepunkte: *Dolomiten*, *Große Dolomitenstraße*, *Kalterer See*, *Sentiero della Pace* u.a.

Kulturell interessant: *Trento*, *Kreuzgang des Doms* von Brixen (Bressanone), *Dominikanerkirche* in Bozen, *Kloster Neustift* bei Brixen, *Kloster Marienberg* im Vinschgau, *Churburg* in Mals (Vinschgau), *Museo Storico Italiano della Guerra* in Rovereto, *Landesmuseum für Volkskunde* in Dietenheim (Bruneck).

Baden: in Südtirol im *Kalterer See* (wärmster Alpensee), im Trentino in den beiden Seen *Lago di Caldonazzo* und *Lago di Lévico*.

Kurios: das kulturelle und sprachliche Potpourri in Südtirol.

Eher abzuraten: die Randbezirke von *Bozen* und *Trento*, wo sich viel Industrie angesiedelt hat.

Anfahrt/Verbindungen

● _PKW_: Über dem Brenner beginnt Südtirol, fast jeder fährt die **A 22** oder parallel dazu die **SS 12** hinunter. Interessante Alternative zu dieser Haupteinfallschneise ist die Fahrt über den **Reschenpaß** den langen Vinschgau (Val Venosta) hinunter nach Meran. Aus dem Westen Österreichs reist man am besten über Lienz und Toblach (Dobbiaco) ein.

● _Bahn_: Die **Brennerlinie** über Innsbruck, Bozen, Trento und Verona ist auch für Züge das wichtigste Einfallstor. Nach **Bozen** und **Trento** gehen Züge mehrmals tägl. ab Innsbruck und München. Ansonsten ist das Bahnnetz bescheiden ausgebaut: Ab Franzensfeste geht eine Linie das **Pustertal** entlang, ab Bozen kann man stündlich nach **Meran** fahren, ab Trento verkehren mehrmals tägl. Züge durch das **Valsugana** (Brenta-Fluß) bis Bassano del Grappa und Padua/Venedig, ebenfalls ab Trento fährt eine Lokalbahn bis **Malé** im Nordosten des Trentino.

● _Bus_: Alle Orte in Südtirol und im Trentino sind durch Busse verbunden. Es gibt einen **Bahn- und Busfahrplan** des Südtiroler Verkehrsverbundes, regionale Fahrpläne sind in den örtlichen Tourist-Infos erhältlich.

Übernachten

Südtirol und das Trentino haben viele Unterkünfte mit durchwegs hohem Standard. Gepflegte Gasthäuser und komfortable Berghotels gibt es fast überall, ebenso Privatzimmer und Ferienwohnungen. Besonders reizvoll sind die vielen **Burgen** und historischen Ansitze, die zu Pensionen oder Hotels ausgebaut wurden. Eine Unterkunftsliste für **"Urlaub auf dem Bauernhof"** kann man anfordern beim Südtiroler Bauernbund, Crispistr. 15, I-39100 Bozen, Tel. 0471/999434. **Berghütten** sind etwa Juni - September geöffnet, Übernachtung kostet dort ca. 20-35 DM pro Pers.

Eine Besonderheit der Südtiroler Hotellerie - die Preise in den offiziellen Unterkunftslisten sind im Gegensatz zum übrigen Italien pro Kopf gerechnet, nicht für ein DZ. Die Preise, die wir im Folgenden für Südtirol angeben, beziehen sich auf ein DZ mit Frühstück für zwei Pers. Die Preisangaben im Abschnitt Trentino beziehen sich auf ein DZ ohne Frühstück.

Campingplätze gibt es fast überall, wo sich Touristen aufhalten, aber nur zwei **Jugendherbergen**, nämlich in Trento und Rovereto.

Essen

Interessante Mischkultur - **Knödel** (_canederli_) in allen Variationen und vielfältige Paste, **Schlutzkrapfen** (gefüllte Teigtaschen) und Gemüserisotto, deftige Tiroler **Speckplatte** und zarte Antipasti, **polenta** und Pfannkuchen ... Der bodenständigen Tiroler Küche hat die italienische Verfeinerung gut getan, die Speisekarte ist abwechslungsreich, neben alpinem Wild und Pilzen gibt es dank der nahen Adria auch häufig Fisch, ein besonderer Leckerbissen ist die **Passerforelle** aus dem gleichnamigen Fluß, an dem Meran liegt. Weitere Spezialitäten sind **Kas- und Topfennocken** (gefüllte Grießknödel), **Tiroler Gröstl** (verschiedene Fleisch- und Wurstarten mit Bratkartoffeln), **Terlaner Weinsuppe** und zum Dessert **Apfelstrudel** und **Schwarzplententorte** (aus Buchweizenmehl mit Nüssen und Preiselbeermarmelade).
Typische Gerichte des Trentino sind **minestra di orzo** (Gerstensuppe) aus Rollgerste, geräucherten Schinkenknochen bzw. Selchfleisch, Olivenöl, Zwiebeln, Kartoffeln, Karotten und verschiedenen Gewürzen, **tonco de pontesel** (verschiedene Fleischsorten und Kochsalami zusammengekocht) und Würstchen mit Polenta.
Die berühmten Südtiroler Weine stammen weitgehend von der Vernatsch-Traube (auch Trollinger genannt), sind traditionell rot, zuckerfrei und trocken, besitzen jedoch fast immer überraschend vollmundigen Geschmack. Mittlerweile sind aber auch die Weißweine groß im Kommen, darunter Sylvaner, Weißburgunder, Cabernet und Chardonnay. Spitzenreiter in der Beliebtheit sind der **Kalterer See** (rot) und der **Gewürztraminer** (weiß) - beide aus dem riesigen Anbaugebiet um den Kalterer See (Südtiroler Weinstraße). Im Herbst trifft man sich zum **"Törggelen"** - so heißt die Kostprobe des frischen Federweißen mit Maronen und Speck, allerdings ein teilweise

ziemlich touristisches Spektakel. Leider hat die durch den Fremdenverkehr hervorgerufene Massenproduktion der Südtiroler Weine ihrer Qualität nicht sonderlich gut getan.

Ansonsten erwähnenswert die zahlreichen **Obstler** (Südtirol ist eins der größten Obstanbaugebiete Europas), die man am besten bei den Bauern selber kauft.

Südtirol – Leidensweg einer Region

Südtirol ist erst seit dem Ende des Ersten Weltkriegs italienisch. Nach der Niederlage der österreichisch-ungarischen k.u.k.-Monarchie wurde es in den Pariser Friedensverhandlungen 1919 den Italienern zugesprochen - gegen den erbitterten Widerstand der Bevölkerung, die seit Jahrhunderten österreichisch bzw. tirolerisch war. Die italienischen Behörden begannen sofort, eine gezielte Italianisierung in die Wege zu leiten. Mit Versprechungen und Subventionen wurden hauptsächlich Süditaliener und Sizilianer zu Tausenden in die Alpen gelockt, die neu geschaffene Industriezone von Bozen war Mittel zu diesem Zweck. Unter Federführung eines gewissen Ettore Tolomei benannte man alle Orte italienisch (mit teils abenteuerlichen Verrenkungen), das Italienische wurde alleinige Amtssprache. Im Gegenzug dazu lernten die Tiroler Kinder in den sog. "Katakombenschulen" heimlich Deutsch.

Zu Beginn des Zweiten Weltkriegs beschloßen Mussolini und Hitler das berüchtigte **Optionsabkommen** - die Südtiroler wurden vor die Wahl gestellt, in ihnen zugeteilte Gebiete im Deutschen Reich auszuwandern und damit ihre deutsche Volkszugehörigkeit zu behalten oder als italienische Staatsbürger (mit italianisierten Familiennamen!) in Südtirol zu bleiben. Fast 70 % der Tiroler optierten für die Auswanderung - doch nur knapp die Hälfte wurde tatsächlich ausgesiedelt und z.T. bis nach Polen und Rußland verfrachtet. Schon 1941 wurde die Aktion gestoppt und später wieder teilweise rückgängig gemacht - dem der Niederlage entgegentrudelnden Dritten Reich fehlte zusehends der "Lebensraum".

Im Pariser Abkommen von 1946 wurde Südtirol Zweisprachigkeit und eine **Selbstverwaltung** zugesprochen, allerdings nur im Rahmen einer neuen **Doppelregion Trentino-Alto Adige**, so daß die Italiener den größeren Bevölkerungsanteil stellten. Die fünfziger und sechziger Jahre waren von Auseinandersetzungen um diese Konstruktion geprägt, denn die Südtiroler forderten eine eigenständige Region Südtirol. Bombenanschläge radikaler Autonomisten begleiteten die endlosen Verhandlungen, die von italienischer Seite immer wieder verzögert wurden. 1971 gestand Rom Südtirol endlich weitgehende Selbstbestimmung zu. Doch erst 1992 - nach vielen Klagen beim Europäischen Gerichtshof - trat dieses sog. **Autonomie-"Paket"** tatsächlich vollständig in Kraft und verbesserte die Situation der deutschsprachigen Mehrheit.

Südtirols Bevölkerung besteht heute aus etwa 68 % deutschstämmigen **Tirolern** (ca. 280.000), 28 % **Italienern** (129.000) und 4 % **Ladinern**

(17.000), letzteres eine rätoromanische Bevölkerungsgruppe, die eine dem Lateinischen verwandte Sprache spricht und vor allem im Grödnertal zu Hause ist (→ unten). Alle Arbeitsplätze im öffentlichen Dienst werden nach einem strengen "ethnischen Proporz" vergeben, d.h. je nach ihrem prozentualen Anteil an der Gesamtbevölkerung werden Deutsche, Italiener und gegebenenfalls Ladiner beteiligt: Von drei Busfahrern in Bozen gehören demnach zwei der deutschen und einer der italienischen Sprachgruppe an. Alle zehn Jahre müssen sich die Südtiroler im Rahmen einer Volkszählung einer der drei Sprachgruppen zugehörig erklären - ein sehr umstrittenes Verfahren und für die Grünen Südtirols eine "Einordnung in ethnische Käfige".

Südtirol (Alto Adige)

Südlich vom Alpenhauptmassiv mischt sich die wilde Großartigkeit der Bergwelt mit submediterranen Einflüssen, prächtige Alpenvegetation und südländische Flora gehen eine stimulierende Verbindung ein. In den Tälern zieht der Frühling schon im Februar mit seiner Blütenpracht ein - und noch der Oktober zeigt sich mild und warm. Im klimatisch begünstigten Meran, durch hohe Bergketten nach Norden geschützt, gedeihen Palmen und Zypressen, Aleppokiefern und Myrte, Edelkastanien und Libanonzedern. Doch zur gleichen Zeit kann es in der Eisriesenwelt vom oberen Schnalstal kräftig schneien. Wegen der erheblichen Höhenunterschiede gibt es zwischen Brenner und Salurn bis zu zwanzig Klimazonen.

Topographisch besteht Südtirol aus drei mächtigen Gebirgsmassiven - dem Hauptkamm der Alpen im Norden, den Dolomiten im Osten und dem Ortler im Westen. Dazwischen verlaufen zahlreiche Täler, in denen alle Städte und wichtigen Fremdenverkehrsorte liegen: Die größten sind das *Etschtal*, das sich als Vinschgau vom Reschenpaß bis Meran zieht und weiter über Bozen bis tief hinunter ins Trentino, das *Eisacktal* vom Brenner nach Bozen und das *Pustertal* im Osten. Dazu kommen die zahlreichen Nebentäler wie Grödner Tal, Passeier Tal, Gader Tal, Ahrntal u.v.a.

Eisacktal (Valle Isarco)

Das gewundene Eisacktal (vom Brenner nach Bozen hinunter) ist schon seit Jahrhunderten eine der wichtigsten Alpen-Transversalen und wird heute extrem vom Verkehr geplagt. Autobahn, Eisenbahn und Staatsstraße zwängen sich durch das stellenweise sehr enge Tal südlich vom Brenner.

Auf der Autobahn reihen sich zahlreiche Tunnels, die teils schlecht beleuchtet sind. Wer's nicht extrem eilig hat und Geld sparen will - viel schöner als mit dem Bleifuß auf der Autobahn durchzustechen, ist die parallel laufende SS 12, wobei man allerdings diverse Ortsdurchfahrten mit Ampeln einkalkulieren muß.

Stopps lohnen vor allem in *Sterzing* und *Brixen*. Nördlich von Brixen zweigt das breite *Pustertal* ab, das sich weit nach Osten bis nach Österreich zieht. Auf dieser Strecke kann man u.a. bequem den Wintersportort Cortina d'Ampezzo erreichen (→ Veneto). Details zum Pustertal → S. 98.

▶ **Brenner (Brennero):** Grenzort in 1374 m Höhe, seit 1919 verläuft hier die Staatsgrenze. Wenige Meter nördlich, noch auf österreichischer Seite, der tiefgrüne Brennersee - optisch zweifellos das schönste Erlebnis hier oben. Brenner selber zeigt sich dagegen unattraktiv und völlig vom Grenzverkehr geprägt - Wechselstuben, Parkplätze, Abfertigungsstellen, Kasernen, Autobahn und Bahngleise. Entlang der Hauptstraße reihen sich basarähnlich Läden dicht an dicht, die massenweise Souvenirs, Lederwaren, Textilien, Alkoholika aus allen Regionen Italiens, Spielwaren, Obst u.dgl. anbieten. Erlebenswert: am 5. und 20. jeden Monats der große *Brennermarkt*, zu dem die Besucher aus der ganzen Region strömen.

Richtung Süden passiert man bald die wenigen Häuser von *Brennerbad*, in autolosen Zeiten ein berühmter Thermalkurort. Heute ist alles leer und verrammelt, die nahe Autobahn hat einen Kurbetrieb unmöglich gemacht. Das Gebäude der Sankt-Zacharias-Heilquelle stammt von 1606.

▶ **Gossensaß (Colle Isarco):** wenige Kilometer südlich vom Brenner, im Schatten der mächtigen Autobahnbrücke. Das Örtchen kränkelt heute unter seiner grenznahen und verkehrsgeschädigten Lage, nur wenige Urlauber auf dem Weg in den Süden stoppen hier. Im 19. Jh. war das anders, mit dem Bau der Brennereisenbahn (1863-67) entwickelte sich Gossensaß zum vielbesuchten Luftkurort, der berühmte norwegische Dramatiker Henrik Ibsen war ein häufiger Gast - der Hauptplatz ist nach ihm benannt (Gedenktafel an der Außenmauer des Sporthotels). Im 15. und 16. Jh. war Gossensaß Bergbauort, bis zu tausend Knappen schürften in den zahlreichen Silbergruben des nahen Pflerschtals.

Bei einem Bummel durch den kleinen Ortskern trifft man auf schöne alte Häuser mit prächtigen Holzbalkonen und den schattigen Stadtpark. Stufen führen zur hochgelegenen *Pfarrkirche* hinauf, die reichhaltiges barockes Innenleben, vergoldete Altäre und schön geschnitzte Bänke besitzt. Um die Kirche liebevoll gestalteter Friedhof, die schlichte gotische Knappenkapelle *Santa Barbara* mit Flügelaltar steht ein paar Stufen höher (Schlüssel beim Pfarrer). Auf gemütlichem Spazierweg kommt man zur nahen Burgruine *Straßberg*, weitere Wanderwege verschiedener Schwierigkeitsgrade ziehen sich durchs idyllische *Pflerschtal*, das vom Tourismus nur wenig berührt ist. Sessellifte transportieren die Sommerfrischler bis in 2700 m Höhe, ein kleines Schwimmbad liegt zentral am Ibsenplatz.

• *Information*: **Tourismusverein**, direkt am zentralen Ibsenplatz, Mo-Fr 9-12, 16-18, Sa 9-12 h, So geschl., Tel. 0472/62372. Umfangreiches Material, u.a. Broschüre zu Spazier- und Wanderwegen in der Umgebung.

• *Übernachten*: *** **Sporthotel**, ganz zentral am Ibsenplatz, modernes Hotel mit gutem Komfort, in den Zimmern Teppichboden, Telefon und TV, Abendunterhaltung und deftige Tiroler Kost im "Sportkeller". DZ mit

Frühstück je Saison ca. 90-115 DM, Tel. 0472/62450.
** **Monica**, gepflegte Familienpension mitten im Ort, DZ mit Frühstück ca. 80-90 DM, Tel. 0472/62415.

● *Essen*: **Moarwirt**, wenige Meter vom Ibsenplatz, wer das Geheimnis der variantenreichen Tiroler Knödel lüften will, kann sie hier nicht nur genußvoll verspeisen, sondern sogar einen Knödel-Kochkurs belegen.

Schmucke Erkerhäuser an der Hauptstraße von Sterzing

Sterzing (Vipiteno)
(ca. 5.600 Einwohner)

Der schmucke Hauptort des oberen Eisacktals, schöne freie Lage in einer weiten Talebene. Täglich laden Dutzende von Ausflugsbussen ihre Ladung im malerischen Ortskern ab - einen Bummel durch Sterzing läßt sich kaum einer der vielen Südtirolgäste im Umkreis entgehen. Den meisten Italienurlaubern ist Sterzing allerdings eher ein Begriff wegen der großen Autobahn-Mautstelle, in Stoßzeiten berüchtigtes Nadelöhr am Weg in den Süden.

Das kompakte Zentrum erstreckt sich entlang der Hauptstraße mit seinen bildschönen Zunfthäusern - 1443 nach einem Brand vollständig neu aufgebaut und deshalb *Neustadt* genannt - und der nördlich anschließenden Fußgängerzone namens *Altstadt*. Eine Stadtbesichtigung kann man mit dem Besuch eines Bergbaumuseums verbinden, das auf die frühere Bedeutung Sterzings als Zentrum des Silber- und Bleiabbaus verweist. Die Tiroler Bergwerke gehörten im 15. und beginnenden 16. Jh zu den ertragreichsten in Europa, neben anderen Unternehmern mischten vor allem die Augsburger Fugger kräftig mit.

● *Anfahrt/Verbindungen*: **Busbahnhof** und großer **Parkplatz** am Nordende der Altstadt, **Bahnhof** etwas südöstlich außerhalb vom Zentrum.

● *Information*: **Tourismusverein**, Stadtplatz 3, neben der Heiliggeistkirche. Tel. 0472/765325.

- *Übernachten*: ****** Schwarzer Adler**, beste Adresse in Sterzing, sehr schöne Lage direkt am Stadtplatz, historischer Gasthof mit rustikalem Komfort, Parkplatz. DZ mit Frühstück ca. 160 DM, Juli geschl., Tel. 0472/764064.

*** Lamm, Neustadt 16, gepflegtes Hotel in zentraler Lage, Garage und Parkplatz. DZ mit Frühstück ca. 115-130 DM, Tel. 0472/765127.

** Wipptalerhof, Neustadt 4, beim Zwölferturm Gäßchen hinein, solide Herberge mit gutem Komfort, Parkplatz. DZ mit Frühstück ca. 80-100 DM, Tel. 0472/765428.

* Post, gleich neben dem Gasthaus Lamm, alteingesessen und gemütlich, Garage. DZ mit Frühstück ca. 70 DM, Tel. 0472/765172.

* Lilie, Neustadt 49, einfaches Gasthaus, zu erkennen am verblaßten Cristopherus-Fresko, DZ mit Frühstück ca. 65 DM, nur Etagendusche, Garage vorhanden. In der urigen Schenke im Untergeschoß hat schon Franz-Josef Strauß verkehrt, wie diverse Fotografien stolz dokumentieren. Tel. 0472/765327.

Camping Gilfenklamm (Racines), 1,5 km von Sterzing in Richtung Gasteig, hübsch gelegen im hohen Nadelwald, viele Dauercamper. Tel. 0472/764132.

Autocamp Sadobre, bei der LKW-Zollstation südlich von Sterzing, großer Parkplatz, der als Übernachtungsplatz für Wohnmobile genutzt wird, mit Restaurant und Sanitäranlagen. Tel. 0472/721500.

- *Essen*: **Pretzhof**, etwas außerhalb vom Ortsteil Wiesen, ca. 3 km östlich von Sterzing. Typischer Tiroler Gasthof mit gemütlicher Atmosphäre und feiner Küche. Nur abends, Mo geschl.

Goldene Krone, Altstadt 31, elegantes Lokal, seit über hundert Jahren in Familienbesitz. Mi Abend und Do geschl.

Schwemme, Stadtplatz 1, rustikales Lokal im Gasthof Schwarzer Adler, Einheimischen- und Touristentreff.

Kolpinghaus, Neustadt 24, sehr günstiges Mensaessen, gemütl. Innenhof, auch Pizza.

- *Unterhaltung*: **Die Kapelle**, Altstadt 31, origineller Pub in der ehemaligen Johanniskirche (→ Sehenswertes). Die ehemalige Kapelle mit ihrem hohen Giebel wurde völlig umgebaut und ist seit 1991 als gemütliche Kneipe in Betrieb. Im hübschen Garten sitzt man unter wildem Wein und Sonnenschirmen.

Kronenkeller, gleich neben der Kapelle, historischer Weinkeller im ehemaligen Johanniterhospiz.

- *Shopping*: reiche Auswahl vor allem in der Altstadt, die meisten Geschäfte sind ganzjährig auch Sa Nachm. geöffnet.

Bacchus Vinothek, Untertorplatz (Südende der Neustadt), Weinverkauf mit Kostprobe am Stehtresen, schönes Ambiente.

Sehenswertes

Wer von Norden kommt, kann am Nordende des historischen Zentrums auf einem großen Parkplatz (Busbahnhof) sein Fahrzeug abstellen und die *Altstadt* betreten.

Altstadt: Gleich am Beginn der Fußgängerzone mit ihren zahlreichen hübschen Geschäften die ehemalige *Johanniskirche*, heute umgewandelt in einen Pub mit Biergarten. Im historischen Gebäude daneben das Restaurant Krone und der Kronenkeller. Bereits um 1200 errichtete hier der Landesfürst Herzog Otto eine "Burg" mit riesigen Kellern für die Naturalabgaben der Bevölkerung, später diente der Bau als Johanniterhospiz, 1540 erhielt es als "Eppanerhaus" Wirtsrecht. Ein paar Häuser weiter hat der Südtiroler Architekt Oswald Zoeggeler wagemutig die postmoderne *Athesia-Buchhandlung* zwischen die mittelalterlichen Hausfronten gesetzt. Kurz danach mündet die Altstadt auf den *Stadtplatz*.

Stadtplatz: Der große freie Platz wird beherrscht vom *Zwölferturm* (Stadtturm), durch den man in die Neustadt kommt. Er wurde im 15. Jh. erbaut, als die Bergbaustadt Sterzing auf dem Höhepunkt ihrer Macht stand. Der markante Treppengiebel wurde allerdings erst nach einem Brand im 19. Jh. aufgesetzt. Die äußerlich schlicht weiße *Heiliggeistkirche* ist innen vollstän-

dig mit verblaßten Fresken ausgemalt. Im 15. Jh. stellte Hans von Bruneck hier die typischen Themen seiner Zeit dar: u.a. Geburt und Tod Christi,
Auferstehung (beim Altar) und Fegefeuer (Rückwand).

Neustadt: Entlang der langen schnurgeraden Hauptstraße von Sterzing
reihen sich liebevoll gepflegte Erkerhäuser mit schönen goldenen Zunftschildern. Die zahlreichen Gasthöfe sind noch heute Zeugnisse des intensiven Handelsverkehrs, der im Mittelalter durch diese zentrale Gasse in
Nord-Süd-Richtung verlief. Gleich nach dem Zwölferturm gelangt man
durch das schmale Kapuzinergäßchen rechter Hand zum *Landesbergbaumuseum Jöchelsthurn* in einem ehemaligen Stadtturm, der im 15. Jh. zum
Wohnsitz eines Bergwerkunternehmers ausgebaut wurde. In den Räumen
mit historischen Holzdecken und Freskenschmuck wird mit Schautafeln
und Ausstellungsstücken die Bergbaugeschichte Tirols erläutert, außerdem sind Mineralien und Münzen ausgestellt (Di-Sa 10-12, 14-17 h, So/Mo
geschl., ca. 4 DM).

An der Ostseite der Neustadt steht das *Rathaus* aus dem 15. Jh. mit seinem
auffallenden Erker. Historische Stücke zieren die Innenräume, es sind
noch alte Holzdecken erhalten und ein schöner Ratssaal. In einem Innenhof
stehen ein römischer Meilenstein und ein römischer Steinaltar (Publikums-
verkehr Mo-Fr 8-12.30, 17-18 h).

Südlich der Neustadt: Außerhalb des historischen Zentrums steht das
Deutschhaus, in dem lange der Deutschritterorden seinen Sitz hatte. Heute
ist hier das *Multscher-Museum* untergebracht, in dem Teile eines großen
gotischen Flügelaltars des Ulmer Künstlers Andreas Multscher zu sehen
sind. Der Altar gilt als einer der bedeutendsten in Tirol. Auch das *Stadtmuseum* ist hier seit kurzem untergebracht - historische Urkunden, Stadtan-
sichten, Landkarten etc. (Mo-Sa 10-12, 14-17 h, So geschl.).

Die benachbarte gotische *Pfarrkirche* ist eine der größten Kirchen Tirols, das
Innere zeigt sich mit seinen großflächigen Deckengemälden barock opulent.

▶ **Sterzing/Umgebung**: Unmittelbar nördlich von Sterzing lockt die Seilbahn auf den Hausberg *Roßkopf (Montecavallo)* in über 2000 m Höhe (Juni -
September 9-12, 13.15-17, So bis 18 h, Mo geschl.)

Im früheren Sumpfgebiet Sterzinger Moos südlich der Stadt thronen drei
stolze Burgen - besichtigt werden kann nur *Schloß Reifenstein*, das auf einem felsigen Bergrücken erbaut ist und mit seiner prächtigen Innenausstattung zu den besterhaltenen Burgen Südtirols zählt (Führung Ostern
bis November 9.30, 10.30, 14 u. 15 h, Fr geschl., ca. 4 DM).

Einen Abstecher lohnt das Landesbergbaumuseum in *Maiern (Masseria)* am
Ende des Ridnauntals. Hier im Schneeberg-Gebirge gruben die Bergleute
in den letzten fünfhundert Jahren ein Labyrinth von Stollen, das kürzlich
wieder teilweise begehbar gemacht wurde: Man fährt in den Berg ein und
kann dort einen Stollen besichtigen, sachkundige Erläuterungen inklusive
(April - Oktober Di-So 9.30-16.30 h, Mo geschl., Führungen 9.30, 11, 13.30 u.
15 h). Draußen im Freien kann man die Trassen der alten Minenbahnen
abwandern, weitere Teile des großen Bergbaugebiets werden derzeit für
die Besichtigung hergerichtet.

▶ **Franzensfeste (Fortezza)**: direkt an der Autobahn, beeindruckend große Festung an dem zum See gestauten Eisack, im 19. Jh. von den Österreichern errichtet und bis heute militärisches Sperrgebiet. Kurz danach zweigt Richtung Osten das Pustertal ab.

Brixen (Bressanone) (ca. 16.500 Einwohner)

Freundliches Städtchen am Zusammenfluß von Eisack und Rienz. Das Zentrum verkehrsberuhigt und hübsch - enge Gassen, kühle Laubengänge und pastellfarbene Häuser mit Erkern und Treppengiebeln.

Fast tausend Jahre lang war Brixen Bischofssitz, das prägte Geist und Atmosphäre. Im Mittelalter waren die Fürstbischöfe unumschränkte Herrscher der Region und noch vor wenigen Jahrzehnten wurde der eindrucksvolle Dombezirk mit der fürstbischöflichen Burg mitten in der Stadt nachts abgesperrt. Doch in den sechziger Jahren zog der Bischof nach Bozen um und heute tummeln sich hier die Touristen.

● *Anfahrt/Verbindungen*: Stadtkern innerhalb der Mauer ist für Autos gesperrt, großer gebührenpflichtiger **Parkplatz** an der Durchgangsstraße (Dantestraße), dort auch kostenloser **Fahrradverleih**.
Bahnhof ca. 1 km westlich vom Zentrum.

● *Information*: **Tourismusverein**, Bahnhofstr. 9, zwischen Bahnhof und Stadtzentrum, Tel. 0472/836401.

● *Übernachten*: im Zentrum eine Vielzahl gepflegter Mittelklasseunterkünfte.
**** Elephant, Weisslahnstr. 4, das berühmteste Haus am Ort, gediegene Atmosphäre, Parkplatz, Garage und beheizter Pool im weitläufigen Garten. DZ ca. 220-260 DM, Tel. 0472/832750 (→ Essen).
*** Grauer Bär, Altenmarktgasse 27, sehr guter Standard, gepflegte Zimmer, Gartenrestaurant, Parkplatz, DZ mit Frühstück ca. 100-110 DM, Tel. 0472/36472.
** Mayrhofer, Trattengasse 17, gemütliche Pension mit schönem Garten und Parkmöglichkeit. DZ mit Frühstück je nach Saison 80-110 DM, Tel. 0472/36327.
In der historischen Straße Kleine Lauben die beiden Gasthöfe *** Schwarzer Adler** (Tel. 0472/36127) und **** Goldene Traube** (Tel. 0472/36552) mit ähnlichen Preisen.
Camping Löwenhof, mitten im Ort Vahrn, wenige Kilometer nördlich von Brixen, komfortable Ausstattung, Kinderspielplatz, angeschlossen das empfehlenswerte *** Hotel gleichen Namens (Tel. 0472/836216).
Camping Vahmer See, ebenfalls nördlich von Brixen, beschildert an der SS 12, schöne Lage an einem kleinen Badesee, aber laut wegen der nahen Autobahn.

● *Essen*: **Elephant**, Weisslahnstr. 4, Gourmet-Tempel für alle, die gerne viel Geld für ein ausgezeichnetes Menü ausgeben. Der Name geht auf eine Episode im 16. Jh. zurück, als der Elefant Soliman zur Erbauung des österreichischen Kaisersohns Maximilian von Indien über Italien nach Wien gebracht wurde und vor der Alpenüberquerung längere Zeit im Stall des damaligen Gasthofs "Zum hohen Feld" Station machte. Der Besitzer pinselte daraufhin flugs einen Elefant an die Wand und änderte den Namen seines Hauses. Im eleganten Design wird Tiroler, Wiener und italienische Küche serviert. Die *Elephantenplatte* mit drei Gängen, sechs verschiedenen Arten Fleisch und zwölf Gemüsen (!) könnte einen ebensolchen ernähren, wird aber hauptsächlich für Menschen zubereitet, allerdings müssen es mindestens vier sein. Berühmt sind auch die Mehlspeisen im hauseigenen Café. Menü ca. 55-75 DM. Mo geschl.
Finsterwirt, Domgasse 3, eins der gemütlichsten Lokale am Ort, historisches Haus, seit Jahrhunderten in Familienbesitz, Decke und Wände der Wirtsstube holzgetäfelt, hinten schöner Garten mit schattigen Lauben und kleinem Brunnen. Sehr feine Küche mit Fleisch hervorragender Qualität und viel Gemüse, danach auch der richtige Platz, um noch einen Schoppen zu trinken - der Name "Finsterwirt" rührt daher, daß hier früher auch nach Einbruch der Dunkelheit Wein ausgeschenkt wurde, was in der streng klerikal geprägten Bischofsstadt eigentlich verboten war. Oft herrscht ausgelassene Stimmung. So Abend und Mo geschl.

Fink, Kleine Lauben 4, bereits seit drei Generationen in derselben Familie. Verfeinerte Südtiroler Küche beim ambitionierten Gastronomen Hans Fink, der seine kulinarischen und kulturellen Erkenntnisse über Südtirol schon literarisch niedergelegt hat. Nicht nur die wunderbaren Spinatkrapfen in Weißweinsauce sind einen Versuch wert. Mi geschl.

Goldene Traube, Kleine Lauben 9, einfaches Gasthaus mit Tischen unter den Lauben, angenehmer Platz zum Sitzen.

Heiss, Große Lauben 20, führende Konditorei am Ort, Spezialität sind die *Brixner Steine*.

Sehenswertes: Die frühere Fürstbischofsstadt hat diverse historische Relikte aufzuweisen. Am weiten blumengeschmückten Domplatz beeindruckt die große Barockkirche *Mariä Himmelfahrt* mit ihren zwei hohen Kuppeltürmen, im feierlichen Innenraum prangen großflächige Fresken von Paul Troger (18. Jh.), farbiger Marmor und viele Goldverzierungen. Im benachbarten *Kreuzgang* findet man wesentlich ältere gotische Fresken aus dem 14.-16. Jh., die den vollständigsten Zyklus von Wandmalereien in Südtirol bilden: fünfzehn Arkaden sind vollständig ausgemalt mit farbenprächtigen Bildergeschichten - thematisiert sind diverse Bibelszenen, die Leiden Christi, Heiligen- und Märtyrergeschichten, wobei die Bilder oft von Spruchbändern umrahmt sind (tägl. 9-12, 15-18.30 h, frei). Um die Ecke vom Dom steht die gotische Pfarrkirche *St. Michael*, deren beachtliche Orgel einen Blickfang bildet, und am Vorplatz das *Pfaundler-Haus* mit filigranen schmiedeeisernen Gittern. In der mächtigen *Hofburg*, dem ehemaligen Bischofspalast, ist das weitläufige Diözesanmuseum mit dem Domschatz und einer großen Krippensammlung untergebracht (Mo-Sa 10-17 h).

Im anregenden Gegensatz zum weiten Domplatz stehen die mittelalterlichen Laubengassen *Große* und *Kleine Lauben*, wo man gemütliche Gasthäuser, Cafés und Läden entdeckt.

▶ **Brixen/Umgebung**: 3 km nördlich liegt inmitten von Weinbergen das bedeutende mittelalterliche *Kloster Neustift* mit Anbauten aus späteren Jahrhunderten. Die runde zinnenbewehrte Michaelskapelle, der gotische Kreuzgang und die riesige Bibliothek im prachtvollen Rokoko-Saal gehören zu den Attraktionen der Anlage, in der zahlreiche Kunstwerke verwahrt werden. Das Kloster hat auch ein landesweit bekanntes Tourismuszentrum aufgebaut, das sich um eine umweltverträgliche Entwicklung des Südtiroler Tourismus bemüht. In der klostereigenen Schenke wird ein hervorragender weißer Sylvaner kredenzt (Di-So 10-18 h, ca. 5 DM). Eine Bademöglichkeit findet man im nahgelegenen *Vahrner See*.

Südöstlich von Brixen kann man vom Dörfchen Sankt Andrä mit der *Plose-Seilbahn* bis auf 2000 m Höhe hinauffahren.

▶ **Klausen (Chiusa)**: Der kleine Ort mit seinem hübschen mittelalterlichen Zentrum liegt an einer Engstelle des Eisacktals, das hier besonders stark vom Verkehr belastet ist. Auf einem steilen Felsen hoch darüber thront das *Kloster Säben*. In ca. 30 Min. kann man vorbei an der Burg Branzoll hinaufsteigen und die vier Klosterkirchen besichtigen, darunter die *Heiligkreuzkirche* mit ihren eindrucksvollen Wandmalereien (tägl. bis 17 h).

Hinweise zu Bozen → *S. 111.*

Pustertal (Val Pusteria)

Die SS 49 Richtung Osten, flaches und weitgehend breites Tal mit viel Wald und Wiesen, Äckern und Weinbau. Den zahlreichen Fremdenverkehrsorten versperren keine Steilhänge die Sonne. Anregendes Zentrum ist das freundliche Städtchen Bruneck.

Mühlbach (Rio di Pusteria), der erste Ort im Pustertal, besitzt ein hübsches Zentrum abseits der Durchgangsstraße. Anerkannt gute und phantasievolle Küche (mit Michelin-Stern gewürdigt) gibt's im Pichler, Katharina-Lanz-Str. 5 (Mo und Di Mittag geschl.).

Kurz darauf kann man in *Niedervintl (Vandoies di sotto)* auf die "Pustertaler Sonnenstraße" ausweichen, die mit schönen Panoramen oberhalb der SS 49 ebenfalls nach Bruneck führt. Bei *Terenten (Terento)* stehen eindrucksvolle Erdpyramiden, die durch Wassererosion entstanden sind. Im selben Gebiet hat man erst kürzlich eine Reihe historischer Mühlen restauriert. Das Ganze ist in einem Spaziergang von ca. 1½ Std. zu erwandern (Mühlen geöffnet Mitte Juni - Ende September Mo 10-13 h). Bei *Issing (Issengo)* kann man *Latschenölbrennerei* und *Kräutergarten* von Franz Niederkofler besichtigen, seit 1912 wird hier destilliert (Mo-Fr 8-17 h, frei).

▸ **Sankt Sigmund (San Sigismondo)**: erholsam ruhiges Örtchen seitlich der Staatsstraße. Einen Blick wert ist im oberen Ortsteil die große *Pfarrkirche* ganz aus grauen Quadern, außen farbenfrohes Cristopherus-Fresko, innen eher schmucklos, jedoch mit einem bedeutenden Flügelaltar aus dem 15. Jh.

● *Übernachten*: gute Unterkunft ist der *** **Sigmunderhof** am westlichen Ortsausgang, DZ mit Frühstück ca. 90-120 DM, Tel. 0474/565353.

Camping Gisser liegt hinter dem gleichnamigen Hotel auf einer Waldwiese am östlichen Ortsausgang, direkt am Fluß Rienz. Besitzt beheiztes Freibad und Kinderspielplatz. Tel. 0474/569605.

Bruneck (Brunico)   (ca. 12.000 Einwohner)

"Hauptstadt" des Pustertals, sehr sympathisches und lebendiges Städtchen mit jugendlicher und weltoffener Atmosphäre, im eher konservativen Südtirol nicht immer selbstverständlich.

Die zentrale "Stadtgasse" ist eine der schönsten Fußgängerzonen Tirols, flankiert von historischen Erkerhäusern mit alten Gewölben, Fassadenmalereien und vergoldeten Zunftschildern - ideal für die Kaffeepause und gemütliches Schlendern. Das schäumende Flüßchen Rienz fließt mitten durchs Zentrum und bietet entlang der Promenade ebenfalls reizvolle Impressionen.

● *Anfahrt/Verbindungen*: Der **Bahnhof** liegt nordwestlich der Altstadt, die Europastraße führt nach links ins Zentrum. Von der Brennerbahn kommend in Franzensfeste umsteigen. SAD-Busse fahren ab **Busbahnhof** an der Europastraße (am Weg vom Bhf. ins Zentrum) - Cortina d'Ampezzo bis 4 x tägl., Innsbruck 2 x, Bozen 10-12 x, Meran 3 x,

Brixen 10 x.
Fahrradverleih bei Sport Spezial, Herzog-Sigmund-Str., 1 Std. ca. 7 DM, halber Tag ca. 15 DM.

● *Information*: **Tourismusverein**, direkt am Busbahnhof, Europastraße 24 (wenige Meter von der Durchgangsstraße). Zu haben u.a. Stadtplan, Lokalführer, Veranstaltungskalender und "Ferien-Journal" mit vielen

Die lebendige Fußgängerzone von Bruneck

Tips. Mo-Fr 8-12.30, 15-18, Sa 9-12 h, Tel. 0474/555722.

● *Übernachten*: ** **Krone**, Oberragen 8, kurz nach dem Oberragner Tor am Ostende der Stadtgasse, historisches Haus aus dem 16. Jh., innen völlig renoviert, neu eingerichtete Zimmer hinten hinaus, ruhige Lage. DZ mit Frühstück je Saison ca. 65-95 DM, Tel. 0474/85267.

** **Blitzburg**, Europastraße 10, schräg gegenüber vom Bahnhof, hübsches Haus mit Erkertürmchen, Terrasse unter Kastanienbaum, sonniger Blick in die umgebenden Berge, allerdings Bahnlinie davor. DZ mit Frühstück ca. 70-100 DM, Tel. 0474/ 555723.

Camping Wildberg liegt 4 km westlich von Bruneck bei Sankt Lorenzen, **Camping Schießstand (Bersaglio)** auf der anderen Seite der Stadt.

● *Essen*: **Zum Goldenen Löwen**, Stadtgasse 32, langgestreckter Gewölbesaal, Treff für jung und alt, hinten großer Pizzaofen, außerdem gute Fleischgerichte, im ersten Stock Grillstube mit gepflegtem Holzmobiliar. Auch Straßencafé. So geschl.

Weißes Lamm, Stuckstr. 5, vom Ostende der Stadtgasse über die Flußbrücke, ältester Gasthof der Stadt, im ersten Stock die historische "Künstlerstube". Gereicht werden Nockerln, Risotto, Knödel u.a. kleine Gerichte. So geschl.

● *Unterhaltung*: Diverse Cafés liegen in der Fußgängerzone, z.B. das populäre **Stadtcafé**, Stadtgasse 26, gemütlich, niedriger Schlauch mit warmem Licht, kleine runde Tische und Polsterstühle, natürlich auch zum Draußensitzen. So geschl.

Pub Hotel Bruneck, Michael-Pacher-Str. 6, gepflegte Kulturkneipe mit Bühne, auf der regelmäßig Theater, Kabarett und Live-Musik geboten werden.

Weinkeller Mayr, Bruder-Willram-Str. 7, alter Weinkeller gegenüber vom Stadtmuseum (→ Sehenswertes). So geschl.

● *Shopping*: Die Stadtgasse wird mit Recht als "eine der schönsten Einkaufsgassen Tirols" beworben.

Galerie Maria Theresia, Stadtgasse 78, ausgewähltes Kunsthandwerk aus Südtirol.

Vinothek Schöndorf, Stadtgasse 55, große Auswahl an Wein, Grappa und Öl, kleine Schankstube zum Kosten.

Kunstweberei Franz, Michael-Pacher-Str. 9, traditionelle und moderne Webstoffe.

Sehenswertes: An der breiten Hauptstraße, dem *Graben*, erstreckt sich ein breiter Fußgängerbereich mit Cafés und Eisdielen unter Kastanienbäumen, früher verlief hier die Stadtmauer. Durch ein Tor gelangt man in die Altstadt, die sich um den Fuß des Burghügels zieht.

Die Fußgängerzone *Stadtgasse* verläuft zwischen Ursulinentor im Westen und Oberragner Tor im Osten. Im Haus Nr. 29 lebte und arbeitete der berühmte Bildhauer Michael Pacher (1430-98), dessen Werke zahlreiche Kirchen in Südtirol schmücken.

Vom Oberragner Tor führt ein Weg hinauf zu *Schloß Bruneck* (nicht zugänglich), vorbei an der doppeltürmigen *Rainkirche*. In der anderen Richtung kommt man über den Fluß zum modernen *Stadtmuseum für Grafik* in der Bruder-Willram-Str. 1. Die Besichtigung lohnt jedoch nur für Besucher, die den etwas wahllos zusammengewürfelt wirkenden Druckgrafiken, Zeichnungen und Aquarellen des 20. Jh. Interesse abgewinnen können. In einem Seitenraum auch einige gotische Tafelbilder und Skulpturen von Friedrich Pacher, dem Bruder Michael Pachers (Di-Fr 16-19, Sa/So 10-12 h, Mo geschl., ca. 2 DM).

Wer Ende Oktober nach Bruneck kommt, sollte keinesfalls den *Stegener Markt* im Ortsteil Stegen versäumen - den größten Markt Südtirols gibt es bereits seit dem späten Mittelalter.

▸ **Bruneck/Umgebung:** Im nahen Örtchen Dietenheim (30 Fußminuten ab Bruneck) lohnt das *Landesmuseum für Volkskunde* einen Abstecher. Unter freiem Himmel kann man Dutzende von traditionellen Bauernhöfen, Scheunen und Ställen betrachten, die aus ganz Tirol stammen und ein lebendiges Bild der bäuerlichen Vergangenheit bieten. Mittelpunkt des Freilichtmuseums ist der Ansitz Mair, ein historisches Herrenhaus mit einer Sammlung von Hausrat und Volkskunst (Di-Sa 9.30-17.30, So 14-18 h, Mo geschl.).

Schloß Ehrenburg bei Kiens ist eine prächtig ausgestattete Barockresidenz, deren Bau von den Fürstbischöfen von Brixen initiiert wurde (1. Juli -15. September Führungen um 11, 15 und 16 h, sonst weniger, So geschl.).

Ebenfalls vielbesucht ist *Schloß Taufers*, eine eindrucksvolle Burganlage oberhalb vom Örtchen Sand in Taufers (Führungen Mitte Juli -Ende August alle halbe Std. von 10-11.30 und 14-17 h, sonst mehrmals tägl.).

Die berühmten *Erdpyramiden* von Platten - entstanden durch Wassererosion - kann man über Percha (Perca) erreichen, dort von der Staatstraße abbiegen (beschildert) bis Oberwielenbach und noch ca. 30 Min. zu Fuß durch den Wald.

Von Bruneck nach Cortina d'Ampezzo (Region Veneto)

Anfangs noch das weitgehend flache Pustertal entlang, parallel zum Fluß Rienz. Kurz nach dem See von *Welsberg (Monguelfo)* lohnt sehr ein Abstecher zum *Pragser Wildsee* - tiefgrünes Wasser zwischen mächtigen Berghängen, allerdings heftiger Touristenrummel. Gilt neben dem Karer See (→ Große Dolomitenstraße) als schönster See der Dolomiten.

▸ **Toblach (Dobbiaco):** bekannter Fremdenverkehrsort in einer weiten grünen Ebene, zahllose Unterkünfte, meist im typischen Holzstil der Alpen. Im kleinen Altstadtkern ist die erstaunlich große Pfarrkirche *St. Johannes* mit ihrem hohen Turm weithin sichtbar, gleich dahinter die bullige *Herb-*

stenburg aus dem 16. Jh. (nicht zugänglich). Alljährlich Ende Juli gibt es die "Gustav-Mahler-Festwochen", denn der Komponist war ein häufiger Sommerfrischler in Toblach, wo er viele seiner Werke schuf.

Übernachten: **Camping Olympia** bei Niederdorf (Villabassa), wenige Kilometer in Richtung Bruneck, schöner Platz direkt am Fluß, mit Freibad. Tel. 0474/972147.

Die Weiterfahrt durchs *Höhlensteintal (Val di Landro)* nach Cortina d'Ampezzo bringt tolle Eindrücke - es geht eine steile Schlucht entlang, in der selbst im Sommer noch Schneerinnen liegen. Die Landschaft wirkt urtümlich, ist dicht bewaldet und fast völlig unbesiedelt. Der *Toblacher See (Lago di Dobbiaco)* und der tiefgrüne *Dürrensee (Lago di Landro)* liegen direkt an der Straße.

Hinweise zu Cortina d'Ampezzo → Region Veneto, S. 162.

Grödner Tal (Gherdeina, Val Gardena)

Besonders schönes Tal, in dem der Tourismus allerdings mittlerweile ganzjährig boomt. Das Besondere - über Jahrhunderte hinweg abgeschnitten von den großen Nord-Süd-Straßen konnte sich hier eine eigene Sprache am Leben halten: Das Grödner Tal ist also dreisprachig, was man als erstes auf den Ortschildern sieht und später auch unschwer hören kann.

Hauptort im Tal ist das trubelige *St. Ulrich*, berühmt für seine Holzschnitzereien und Seilbahnen, Geburtsort von Luis Trenker und Giorgio Moroder. Von der Brennerautobahn nimmt man die Ausfahrt Chiusa/Val Gardena bei Clausen (Chiusa) und anschließend die SS 242 ins Tal.

Wer noch weiter nach Osten will: Das Grödner Tal ist eine reizvolle Verbindung vom Eisack-Tal quer durchs Herz der Dolomiten hinüber nach Cortina d'Ampezzo. Jedoch Achtung - hinter St. Ulrich müssen mehrere steile Pässe überwunden werden, zeitlich großzügig kalkulieren.

Das Grödner Tal ist die Heimat der **Ladiner**, einer rätoromanischen Volksgruppe. Bereits zu Beginn unserer Zeitrechnung hatten sie sich vor den kampferprobten römischen Legionen in unzugängliche Bergtäler zurückgezogen und lebten dort über viele Jahrhunderte hinweg fast isoliert von der Außenwelt. Durch den Tourismus hat sich das gründlich geändert, doch bis heute haben die Ladiner ihre eigene Sprache, die in Südtirol inzwischen sogar gesetzlich geschützt ist (weitere Ladiner leben in Friaul und in der Schweiz). So sind das Grödner Tal und die Nachbartäler dreisprachig, und das Ladinische wird auch in den Schulen gelehrt.

St. Ulrich (Urtijei, Ortisei) (ca. 4500 Einwohner)

Geschäftiger und vielbesuchter Fremdenverkehrsort am Fuß des Langkofel, sommers wie winters herrscht Hochbetrieb. Das Zentrum, herausgeputzt wie eine Puppenstube, ist sicher nicht jedermanns Geschmack. Doch Seilbahnen und Sessellifte transportieren die Besucher schnell auf die umliegenden Berge und Almen, wo man wunderschöne Wanderwege entdecken kann.

Seit vielen hundert Jahren werden in St. Ulrich Schnitzarbeiten gefertigt, an der Zufahrtsstraße trifft man auf zahlreiche Werkstätten und die Geschäfte quellen über vor Heiligenfiguren, Krippen und Kruzifixen, die sich allerdings nicht selten weit jenseits der Kitschgrenze bewegen. Wer jedoch Nachwuchs sein eigen nennt, kann sich in St. Ulrich getrost am Ziel seiner Wünsche fühlen: Die Firma *Sevi* am Ortseingang stellt seit 1831 das berühmte bunte Holzspielzeug her, das in zahllosen Kinderstuben zu finden ist. In den letzten Jahren haben sich einige Schnitzer in St. Ulrich zusehends auch an abstrakte und "profane" Themen gewagt - zweifellos ein Schritt in die richtige Richtung.

Luis Trenker, nach Andreas Hofer der vielleicht berühmteste aller Tiroler, wurde 1892 in St. Ulrich geboren. Als Siebenundneunzigjähriger (!) starb er im April 1990. Mit seiner Frau ruht er auf dem Friedhof gegenüber der Sankt-Anna-Kirche. Sein einfach gehaltenes Grab (Tafel in der Friedhofsmauer mit Büste) ist beschildert und meist heftig umlagert. Durch Zufall kam er zum Film und wurde der unumstrittene Held der Alpen- und Heimatfilme, die seit den zwanziger Jahren begannen, den geplagten Städtern die rauhe, aber heile und edle Welt der Berge vorzugaukeln. Die Nazis schwammen auf dieser Welle und bis in die sechziger Jahre fanden die rührseligen Klamotten reichlich Zuschauer. Trenker vermarktete sich vortrefflich in diesem Genre, lief dabei aber immer in Gefahr, in nationalsozialistisches Gedankengut abzurutschen.

• *Information*: **Tourismusverein**, im Kongreßhaus, Reziastr. 1 (Hauptstraße im Zentrum). Nützliche Broschüre ist "Die Urlaubsfibel". Mo-Sa 8.30-18.30, So 10-12 h, Tel. 0471/796328.

• *Übernachten/Essen*: zahllose Möglichkeiten am ganzen Ort, das Tourist-Info hilft bei der Unterkunftssuche.
**** Adler, Reziastr. 7, direkt an der Hauptstraße, Traditionsbetrieb mit vorzüglicher Küche und allem Komfort, hier kann man nicht viel falsch machen. Gespeist wird auf einer einladenden Freiluftterrasse oder in der Adler-Stube. DZ mit Frühstück je nach Saison ca. 200-400 DM, Tel. 0471/796203.

• *Unterhaltung*: **Purger's Pub**, Purgerstr. 8, große, schick gemachte Kneipe direkt an der Hauptstraße - Sehen und Gesehen werden. Alternative dazu der **Old England Pub**, Trebingerstr. 1.
Tanzen kann man z.B. im **Mauriz**, Reziastr. 32 (oft Livemusik), und in der Kellerbar **Cianel**, Setilweg 5.

• *Shopping*: **Moroder Peter**, Fachhändler für Sevi-Spielzeug am Hauptplatz, große Auswahl.

• *Fahrräder*: Mountainbikes verleiht **Thomas Nössing**, Setilstr. 3.

Sehenswertes: Ein Besuch des *Grödner Heimatmuseums* im Kulturzentrum Cesa di Ladins (Antoniusplatz/Rezia Str. 83) lohnt wegen der umfangreichen Sammlung an traditioneller Holzschnitzerei, daneben sind archäologische Funde, Gemälde, Mineralien, Flora und Fauna aus dem Grödner Tal, außerdem Erinnerungsstücke an Luis Trenker untergebracht (Juli/August tägl. 10-12, 15-19 h, sonst Di-Fr 15-19 h). Im Untergeschoß vom Kongreßhaus kann man eine *Musterschau des Grödner Kunsthandwerks* besuchen (Mo-Sa 10-12, 15-19 h, frei). Auf der Luis-Trenker-Promenade - die ehemalige Bahntrasse der schmalspurigen Grödner Bahn, die 1960 stillgelegt wurde - steht die letzte *Dampflok* des "Schnaggele-Bähnle", außerdem ein Luis-Trenker-Denkmal, aufgestellt zum 100. Geburtstag.

▶ **St. Ulrich/Umgebung:** Der Hausberg *Raschötz* (2282 m) kann mit dem Sessellift erobert werden, oben gibt's eine gute Jausenstation. Eine Seilbahn fährt hinauf auf die berühmte *Seiser Alm* (8-12, 13-19 h), mit 52 Quadratkilometern die größte Hochebene Europas - 50 km Wanderwege und

weiter S. 104

Sevi 1831 – Südtiroler Holzspielzeug mit Tradition

Bereits seit dem 18. Jh. stellt man im Grödner Tal Holzspielzeug her. Aus der reinen Heimarbeit in den Bauernstuben entwickelte sich im 19. Jh. allmählich eine organisierte Heimindustrie. Entscheidender Anstoß war vor nunmehr über hundertsechzig Jahren - im Jahre 1831 - die Gründung des Unternehmens Sevi. Josef Anton Senorer benannte die neue Firma nach den Anfangsbuchstaben seines Sohnes **Vi**nzenz **Se**norer und begann, einen Vertrieb für das damals noch in reiner Handarbeit hergestellte Holzspielzeug aufzubauen. Mittlerweile steht das Unternehmen mit Georg Senorer in der fünften Generation und ist damit wahrscheinlich das älteste produzierende Familienunternehmen Südtirols. Oberstes Gebot blieb dabei immer, die traditionell überlieferten Muster und Formen des Grödner Tals zu bewahren, sie aber gleichzeitig in Design und Thematik den Ansprüchen der jeweiligen Zeit anzupassen. Trotz der Konkurrenz durch Plastik- und Blechspielzeug hat man dem Werkstoff Holz stets die Treue bewahrt - und der heutige Trend zu "natürlichem" Spielzeug gibt dieser Überzeugung Recht. Sevi bietet mit seinen lustigen Clowns, Puppen, Tieren und Mobiles einen sympathischen und kindgerechten Gegenpol zu all den technisierten Robotern, Monstern, Supermännern und Dinosauriern, die heute die Spielzeugläden überquellen lassen. Namhafte Designer entwerfen die bunten Figuren, darunter auch der weltbekannte Mordillo, dessen Cartoons zahllose Kalender, Postkarten und Spiele schmücken. Inzwischen gibt es neben Holzfiguren auch kuschlige, weich gepolsterte Stoffspielsachen, die vor allem für die Kleinsten geeignet sind. Sevi beschäftigt heute 74 Mitarbeiter, arbeitet mit 150 Familien im Grödner Tal zusammen und liefert in die ganze Welt aus, bis nach USA, Australien und Japan. Doch hier in St. Ulrich kann man sozusagen an der Quelle kaufen.

eine reiche botanische Vielfalt findet man dort oben. Ein besonders schöner Wanderweg (von zahlreichen) im Tal unten ist der *Poststeig* nach St. Peter (Ausgangspunkt: Garni Miraortisei), man läuft dabei durch einen Märchenwald, durch Felsbrockenfelder, über Bäche und Steige.

▶ **Von St. Ulrich weiter**: Es geht über die Urlaubsorte *St. Christina* und *Wolkenstein* zum Sellamassiv, das das Tal eindrucksvoll abschließt. Auffahrt zum 2244 m hohen *Seller Joch (Passo di Sella)*, von dort steil hinunter zur "Großen Dolomitenstraße", die von Bozen kommt (→ dort).

Vinschgau (Val Venosta)

Interessante Anreisevariante zum Brenner - über den Reschenpaß die Etsch entlang. Das langgestreckte Tal zieht sich zwischen Ötztaler Alpen und Ortler-Gruppe wunderschön hinunter nach Meran.

Aus 1500 m kurvt die SS 40 weich hinunter bis auf 500 m Meereshöhe. Die ruhigen Orte in den grenznahen Hochlagen des Oberen Vinschgau sind nur wenig besucht - erholsame Alternative zum Trubel weiter unten, doch die Sommer sind kurz und die Temperaturen oft frisch.

Der Mittlere und Untere Vinschgau sind dagegen touristisch überlaufen, ein gut besuchter Fremdenverkehrsort folgt dem anderen, rote Ampeln sorgen oft für kilometerlange Staus. Im Frühling überzieht ein Meer von

blühenden Obstbäumen die weite fruchtbare Tallandschaft. Einzigartig sind die "Waale", ein Netz von Bewässerungskanälen und begleitenden Wegen, das Quellwasser von den Gletschern herunterführt und kilometerweit die Hänge des extrem niederschlagsarmen Tals überzieht - für Wanderer ein attraktives Betätigungsfeld.

Reschensee (Lago di Resia): Stausee unmittelbar nach dem Grenzübergang, einzige größere Ortschaft ist *Reschen (Resia)* am Nordende, dort wird einiges an Wassersport geboten. Wenige Kilometer südlich die große Attraktion des Sees - der halbversunkene Turm der Grauner Kirche. Als 1949 die Staumauer gebaut wurde, überflutete der neue See das Dorf Graun, nur der Kirchturm blieb stehen. Auf den Kiesbänken um den Turm ist ein beliebter Badeplatz entstanden.

Kleine Entdeckung unterwegs, der Kirchturm im Reschensee

Die SS 40 führt durch Galerien am Ostufer entlang und passiert anschließend den *Valentino-See (Lago di Mura)* mit flachen Grasufern und Wald.

▶ **Mals (Malles):** größter und attraktivster Ort im Oberen Vinschgau, mit seinen Kirchentürmen überragt er weithin das Tal. Über dem nahen Dorf Burgeis thront kilometerweit sichtbar das imposante, ganz in Weiß gehaltene *Benediktinerkloster Marienberg*, über Jahrhunderte hinweg kulturelles Zentrum des Vinschgau. Attraktion einer Besichtigung ist die Krypta mit berühmten romanischen Fresken aus dem 12. Jh. (Führungen Mitte Juni -Mitte September 10, 11, 15 u. 16.30 h, sonst 10.45 und 15 h, Spende). Im beliebten Gasthof "Zum Mohren" kann man anschließend hervorragend essen (Di geschl.).

▶ **Glurns (Glorenza):** etwas abseits der SS 40, schönes kleines Städtchen mit vollständig erhaltener Ringmauer und Wehrtürmen, vielbesuchtes Ausflugsziel. Im Gasthof Krone wohnt man zentral und nicht zu teuer direkt am Hauptplatz, Tel. 0473/81440.

▶ **Schluderns (Sluderno):** der letzte Ort im oberen Vinschgau wird überragt von der großen *Churburg* mit prächtig bemaltem Arkadenhof und einer der größten Waffenkammern Europas (April - Oktober 10-12, 14-16.30 h, Mo geschl.). Campingplatz "Zum Löwen" liegt im 3 km entfernten *Tartsch (Tárces)*.

▶ **Von Schluderns bis Meran:** der touristische Teil des Vinschgau. Über *Schlanders (Silandro)*, den Hauptort im Tal, und *Latsch (Láces)*, wo einer der wenigen Campingplätze liegt (Camping Latsch, bietet Wildwassertouren per Schlauchboot auf der Etsch, Tel. 0473/623217) passiert man bald den Eingang zum *Schnalstal (Val di Senales)* - bekannt vor allem als Zugang zum ganzjährig nutzbaren Skigebiet von *Kurzras (Corteraso)* in den Ötztaler Alpen. Im Juni treiben die Schnalstaler Hirten ihre Schafherden über das Eis des 3000 m hohen *Niederjochs* auf die Hochgebirgsweiden, im September wieder zurück - ein Ereignis, das immer viele Zuschauer anzieht. Hier oben im ewigen Eis hat man auch "Ötzi" gefunden (→ Kasten).

Am Zugang zum Tal thront hoch über der SS 38 *Schloß Juval*. Mitte der Achtziger hat es der Extremkletterer und Abenteurer Reinhold Messner für vergleichsweise wenig Geld gekauft und seitdem Zug um Zug renoviert (nicht öffentlich zugänglich).

Ötzi, der Similaun-Mann

Hoch in den Ötztaler Alpen und weit über dem Schnalstal hat ihn im Sommer 1991 ein archäologisch interessiertes Ehepaar aus Nürnberg gefunden - der tote Jäger lag gut konserviert im Eis des Similaun-Gletschers, perfekt erhalten samt Haut und Haaren, angetan mit gefütterter Winterkleidung aus Fell und Leder, bewaffnet mit Pfeil und Bogen. Der 1,60 m große, 55 kg schwere und zwischen fünfunddreißig und vierzig Jahre alte Mann war augenscheinlich von der Kälte überrascht worden und erfroren - allerdings vor nicht weniger als 5000 Jahren! Eine echte Sensation, denn noch nie hat man einen derartig komplexen Fund machen können, der direkte Rückschlüsse auf die menschliche Lebensweise in der frühen Bronzezeit zuläßt - die bedeutendste archäologische Entdeckung seit Tut-ench-Amun.

Die Behörden zeigten sich anfangs überfordert. Mit offensichtlich dilettantischen Methoden gingen sie daran, den Toten zu bergen, tauten ihn sogar auf (!), kratzten mit Eispickeln daran herum und sprühten Spray auf Schimmelstellen auf der Lederhaut. Auch der Amtsschimmel wieherte kräftig - die Innsbrucker Gerichtsmediziner legten zunächst Wert darauf, die Todesursache der Leiche zu untersuchen und ordnungsgemäße Totenpapiere auszustellen. Fünf lange Tage dauerte es, bis ein Archäologe die Bedeutung des Fundes erkannte. Seitdem haben Experten aus aller Welt anhand minutiöser Untersuchungen versucht, die näheren Umstände von Ötzis letzten Tagen und Tod zu rekonstruieren. Man kam zu folgendem Ergebnis: Der Mann stieg erst kurz vor seinem Tod aus dem Tal auf die Berge herauf und hatte mehrere gebrochene Rippen - wahrscheinlich war ihm ein Unglück zugestoßen, eventuell ein Raubüberfall. Er war wahrscheinlich Hirte, der im Sommer Schafe und Ziegen auf den Hochgebirgsweiden hütete. Er floh in die Berge, weil er sich hier oben besonders gut auskannte und vielleicht Verfolgern entkommen wollte. Wahrscheinlich hatte er im Kampf seinen Bogen verloren, denn der Bogen und die Pfeile, die er bei sich trug, waren erst halbfertig, vielleicht erst während der Flucht hergestellt. Ötzi hatte kaum noch etwas zu essen. Ein Schneesturm überraschte ihn, er schlief ein und erfror ...

- *Führungen* zur Fundstelle bietet die Bergführervereinigung Passeier-Schnals (Tel. 0473/656788).
- *Buchtip*: *"Der Mann im Eis"* von Konrad Spindler, Urgeschichtler an der Uni Innsbruck und Koordinator der Ötzi-Forschung.

Meran (Merano) (ca. 33.000 Einwohner)

Berühmter Kur- und Fremdenverkehrsort an der Passer - Palmen, Aleppokiefern und Zypressen vor schneebedeckten Hängen, am Fluß eine elegante Flanierpromenade, in deren vollbesetzten Freiluftlokalen allabendlich flotte Live-Rhythmen ertönen. Das Ambiente eines nostalgischen Kurbads konnte hier bestens konserviert werden.

Schon im letzten Jahrhundert entwickelte sich Meran dank seines milden Klimas (nach Norden durch eine Bergwand geschützt, nach Süden hin das offene Tal der Etsch, die hier mit der Passer zusammenfließt) und wegen der heilkräftigen Quellen am nahen Vigiljoch zu einer der bekanntesten Sommerfrischen der österreichisch-ungarischen Doppelmonarchie. 1836 empfahl ein angesehener Wiener Hofarzt die Stadt als geradezu ideal für Wasser-, Milch- oder Traubenkuren - der Meran-Tourismus begann zu boomen. Das Kurhotel Palace und andere Nobelherbergen weisen auf diese Zeiten zurück, auch viele prächtige Hausfassaden des letzten Jahrhunderts wurden aufwendig restauriert.

In Meran ist dem interessierten Publikum immer etwas geboten - die Stadt besitzt 18 km Promenaden und 18 ha Parkanlagen, im Sommer finden fast täglich Konzerte statt, südlich vom Fluß liegt ein großer Park mit einem

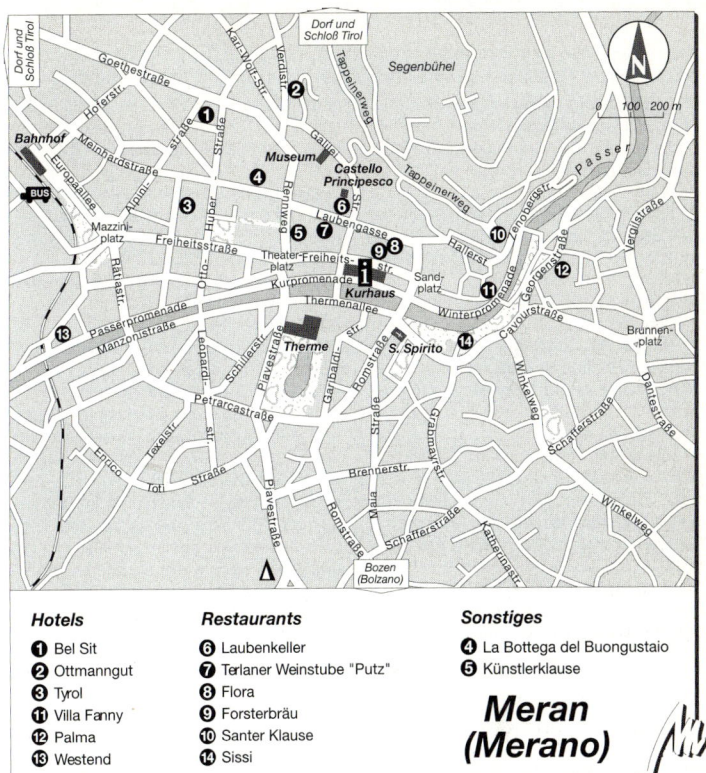

Meran (Merano)

Hotels	Restaurants	Sonstiges
1 Bel Sit	**6** Laubenkeller	**4** La Bottega del Buongustaio
2 Ottmanngut	**7** Terlaner Weinstube "Putz"	**5** Künstlerklause
3 Tyrol	**8** Flora	
11 Villa Fanny	**9** Forsterbräu	
12 Palma	**10** Santer Klause	
13 Westend	**14** Sissi	

ganzjährig geöffneten Thermalbad (zu dem das Wasser vom Vigiljoch geleitet wird), in der Umgebung gibt es schier unbegrenzte Wandermöglichkeiten. Im Herbst lockt die berühmte *Traubenkur* - täglich 1-2 kg Trauben und man wird (hoffentlich) schlank und rank wie Adonis.

*A*nfahrt/*V*erbindungen/*I*nformation

• *Anfahrt/Verbindungen*: **PKW**, am besten über Bozen oder den Reschenpaß. Das Timmelsjoch (2509 m) aus Richtung Norden ist nur im Sommer geöffnet, der Jaufenpaß (2099 m) auch noch im Herbst befahrbar.
Bahn, Endpunkt der Bahnlinie von Bozen an der Strecke Innsbruck-Verona, es gibt Kurswagen von Deutschland bis Meran. Der nostalgische Bahnhof liegt 1 km westlich der Altstadt.

Fernbusse gehen ab Bhf. nach Bozen und in alle größeren Orte des Vinschgau, z.B. Schlanders.
Fahrrad, Gratis-Verleih am Alpina-Parkplatz.
• *Information*: **Kurverwaltung** im Kurhaus, Freiheitsstraße 35. Mo-Sa 9-18.30, So 9.30-12.30 h, Tel. 0473/235223.

Übernachten

Viele Unterkünfte aller Preisklassen, durchwegs guter Standard. Die Tourist-Info hilft bei der Suche, Hotelführer mit Abbildungen der Unterkünfte ist gratis erhältlich.

**** Fragsburg, Fragsburgerstr. 3a, Schmuckstück hoch über Meran, absolute Ruhe und aller Komfort, hauseigener Parkplatz. DZ mit Frühstück ca. 140-220 DM, Tel. 0473/244071.

**** Villa Tivoli, Verdistr. 72, 20 Fußminuten vom Zentrum. Elegantes Refugium abseits vom Rummel, jedes Zimmer ist anders eingerichtet, herrlicher Garten, Parkplatz, schöner Pool. DZ mit Frühstück ca. 120-240 DM, Tel. 0473/446282.

*** Bel Sit (1), Pendlstr. 2, schönes Belle Epoque-Gebäude in zentrumsnaher Lage, innen völlig renoviert, gemütlich, mit Parkplatz. DZ mit Frühstück ca. 90-140 DM. Tel. 0473/446484.

*** Palma (12), St.-Georgen-Str. 20, am Ostufer der Passer, wenige Fußminuten ins Zentrum. Gemütliche Pension mit herrlichem Garten und Pool, seit über hundert Jahren in Familienbesitz, Parkplatz. DZ mit Frühstück ca. 100-180 DM, Tel. 0473/237881.

*** Westend (13), direkt an der Passerpromenade, Einfahrt Auto: Speckbacherstr. 9. Altehrwürdige Villa mit Atmosphäre, reiche Vegetation im Garten. Parkplatz. DZ mit Frühstück ca. 110-200 DM, Tel. 0473/ 47654.

** Villa Fanny (11), Winterpromenade 31, tolles Ambiente in nostalgischem Haus direkt an der Passer, DZ mit Frühstück ca. 100 DM, Tel. 0473/233520.

* Ottmanngut (2), Verdistr. 18, nördlich vom Zentrum, durch die Galileistr. zu erreichen (→ Sehenswertes), gepflegte Pension mit Parkmöglichkeit und Garten, DZ ca. 70-90 DM mit Frühstück, Tel. 0473/ 449656.

* Tyrol (3), 30.-April-Str. 8, gemütliche Pension 3 Min. vom Zentrum, Haus mit Garten und Parkmöglichkeit, originelle Wirtin, weiche Federbetten, DZ mit Frühstück ca. 70-90 DM, Tel. 0473/449719.

● *Camping*: **Meran**, Piavestr. 44, im Stadtgebiet, ca. 10 Fußminuten südlich vom Zentrum. Flacher Wiesenplatz mit kleinem Pool und Einkaufsladen, kein Schatten. Benachbart Tennisplätze. Tel. 0473/231249.

Essen

Man kann wählen zwischen italienischer und österreichischer Küche - z.B. Knödel oder Spaghetti, Terlaner Weinsuppe oder Mozzarella.

Flora (8), Laubengasse 75, elegant-gemütlich im ehemaligen Gerichtshaus, Tiroler Küche mit italienischem Einschlag, darunter auch vieles vom Meer. Alles bewußt leicht gehalten und dekorativ serviert - mit Kalbsbries gefüllte Nudeltaschen, Passer Forelle mit Kerbelsoße, Grillplatte mit Fisch und Krustentieren, Weinbergschnecken, Käsenockerln und Pilze. Hausspezialität die schwarz-weißen Nudeln mit Meeresfrüchten. Menü stolze 70 DM aufwärts. So und Mo Mittag geschl. Nur 22 Sitzplätze, Reservierung unter Tel. 0473/231484.

Terlaner Weinstube "Putz" (7), Laubengasse 231, anheimelnde Alt-Meraner Stube, Tische auch draußen im Laubengang, interessante Mischgerichte, tägl. frischer Fisch, höfliche Bedienung. Mi geschl.

Laubenkeller (6), Laubengasse 118, hier sitzt man im geschützten Hof unter rustikalem Holzdach und kann deftig und relativ preiswert speisen.

Sissi (14), Plankensteinstr. 3, Südseite der Passer, neues kleines Lokal im nostalgischen k.u.k.-Jugendstil, tägl. wechselnde Speisekarte mit nur wenigen Gerichten, aber diese hervorragend, feine Küche von einem jungen Wirt aus dem Piemont. Mo geschl., Reservierung unter Tel. 0473/ 231062.

Forsterbräu (9), Freiheitsstraße 90/c, gegenüber Kurhaus. Schön eingerichtete Bierhalle, von dessen reichhaltigem Buffet man leckere Tiroler Spezialitäten kosten kann, eigene Metzgerei, Garten unter Kastanienbäumen. Di geschl.

Conca d'Oro, Freiheitsstraße 54, einfaches Pizzeria/Ristorante mit Terrasse an der wichtigsten Geschäftsstraße der Stadt. Italienisch geführt, ordentliche Küche.

Santer Klause (10), Am Passeirer Tor 34, alte Wirtsstube mit Gartenlaube und anheimelnder Atmosphäre, besonders beliebt ist die Speckplatte, dazu Wein vom eigenen Weinberg, neben Touristen kehren hier auch viele Einheimische ein. Do geschl.

Maratscher, in Algund, Mitterplars 30. Tip: traumhafter Blick auf Meran, hervorragende Weinkarte und exquisite Speisen. Do und Fr Mittag geschl.

● *Cafés*: **König**, Freiheitsstraße 168, seit 1893, hauseigene Konditorei, reiche Kuchenauswahl und selbstgemachtes Eis.

Cafecito, Freiheitsstr. 107, lockerer Abendtreff der Jugend.

Nachtleben/Shopping

● *Nachtleben*: Natürlich sitzt man in erster Linie an der **Kurpromenade**, zum Rauschen der Passer gibt's hier Kerzengeflakker und romantische Piano- und Gitarrenmusik zu gesalzenen Preisen.
Künstlerklause (5), Rennweg 2/b, gemütlicher Pub mit rustikaler Holzeinrichtung, 19-1 h. So geschl.
Disco Marinara in der Meinhardstr. 9.

● *Shopping*: großer und sehenswerter **Freitagsmarkt** in der Straße des IV. November, Nähe Bahnhof (Fr 8-13 h).
Südtiroler Werkstätten, Sparkassenstr. 22, handgefertigte Souvenirs aus Südtirol.
Kunstdrechslerei Ladurner, Freiheitsstr. 134, geschmackvolle Stücke aus Holz, auch Spielzeug.
La Bottega del Buongustaio (5), Meinhardstr. 64, italienische Spezialitäten, darunter ca. 60 Käsesorten und Pasta aller Art.

Touristischer Mittelpunkt Merans – das prächtige Kurhaus

Sehenswertes: Hauptachse der Innenstadt ist die lebendige *Freiheitsstraße* mit ihren zahlreichen Geschäften und Boutiquen. Parallel dazu verläuft die großzügige *Kurpromenade* mit vielen Freiluftcafés und ihrem prächtigen weißen *Jugendstil-Kurhaus*, das soeben frisch renoviert wurde. Richtung Osten kann man hier einen ausgedehnten Spaziergang den Fluß entlang unternehmen: zunächst kommt man nach der Postbrücke auf die überdachte *Winterpromenade* - die schön begrünte *Wandelhalle* ist mit Südtiroler Motiven geschmückt. Alternative dazu die Sommerpromenade auf der anderen Flußseite, wo man unter schattigen Bäumen wandelt. Nach der Steinernen Brücke (Ponte Romano) folgt die schattige *Gilfpromenade* mit üppiger subtropischer Vegetation, unten stürzt die mächtige Passer durch die Felsen, hoch darüber thront die Zenoburg. Im Juni finden hier internationale Wettbewerbe der Wildwasserkanuten statt.

Zurück in die Altstadt kann man durch das *Passeirer Tor* gehen und die Hallergasse entlang zum Pfarrplatz. Hier trifft man auf die große gotische Pfarrkirche *Sankt Nikolaus*, deren 80 m hoher Turm das Wahrzeichen der Stadt ist. Der Innenraum mit seinen schönen schmalen Glasfenstern ist weitgehend schlicht gestaltet, hinter der Kirche sind Grabtafeln in die Mauer eingelassen, auch die kleine achteckige *Barbara-Kapelle* lohnt dort einen Blick.

Am Pfarrplatz beginnt auch die zentrale, etwas gedrungen und düster wirkende *Laubengasse* mit breiten Säulengängen an beiden Seiten. Diese älteste Straße der Stadt datiert bis ins 13. Jh zurück, schöne alte Läden und Gasthäuser reihen sich zu beiden Seiten. Das originelle *Museum für Kleid und Tand*, Laubengasse 66, zeigt den Wandel der Frauenmode in den letzten hundert Jahren (Mo-Fr 15-19, Sa 9.30-12 h, ca. 3 DM).

Die abzweigende Galileigasse führt zur bescheidenen *Landesfürstlichen Burg*, von deren gotischer Ausstattung vor allem das Schlafzimmer Maximilians I. und die Kapelle mit ihren Fresken interessant sind (Mo-Sa 9-12, 14.30-17.50 h, So geschl., mit Führung ca. 3 DM). Kurz danach kann man mit dem Sessellift auf den *Segenbühel* (Monte Benedetto hinaufgleiten. Wer unten bleibt - das *Städtische Museum* steht an der Galileigasse 43, ein Stück nach der Sesselliftstation. Geboten ist ein Allerlei aus den verschiedensten Epochen der Stadt- und Landesgeschichte (Mo-Fr 10-12, 15-18, Sa 10-12 h, So geschl., ca. 2 DM).

Nach dem Stadtrundgang lockt vielleicht noch das weltberühmte *Meraner Kurbad* an der Piavestraße - dem radonhaltigen Heilwasser kann man sich im Thermalhallenbad anvertrauen (ca. 11 DM), angeschlossen sind auch ein großes Freibad, Sauna und Solarium.

▶ **Meran/Umgebung**: Zum berühmten, 4 km langen *Tappeinerweg* steigt man hinter der Pfarrkirche hinauf oder beginnt den Aufstieg bereits an der Gilfpromenade. Zwischen mediterraner Vegetation, Wein- und Obstgärten kann man am Hang des Küchelbergs bis zum Dorf Tirol hinaufwandern und genießt den herrlichen Blick auf Meran herunter. Man kann aber auch mit dem Sessellift ab Galileistraße auf den Segelbühel fahren (tägl. 9-18 h) und von dort alle 20 Min. mit dem kostenlosen Gästebus in den Ort pendeln und die Seilbahn auf den 1300 m hohen *Hochmut* nehmen (8-12, 13-18 h).

Das malerisch herausgeputzte Dorf *Tirol (Tirolo)* auf dem Küchelberg ist von Touristen völlig überlaufen. Ein 20-minütiger Fußweg führt zum mittelalterlichen *Schloß Tirol* oberhalb des Dorfs, von dem das Land seinen Namen hat. Auf großen Wandgemälden ist dort die Geschichte des Landes nachzulesen, frühgotische Fresken und eindrucksvolle Kreuzigungsgruppe in der Kapelle, archäologische Sammlung (März -November 10-17 h, Mo geschl., mehrmals tägl. Führungen, ca. 4 DM).

In *Algund (Lagundo)*, das mit Meran praktisch zusammengewachsen ist, passiert man direkt an der SS 40 in den Vinschgau die Brauerei Forst, größter Bierproduzent Südtirols (Besichtigung jeweils Mi, Auskunft im Tourist-Info).

Andreas Hofer, Nationalheld der Tiroler

Der Gastwirt Hofer stammt aus dem Passeiertal nördlich von Meran. Kurz vor Sankt Leonhard in Passeier steht der *Gasthof Sandwirt*, wo er im November 1767 zur Welt kam. In einem Gedenkraum sind Erinnerungsstücke untergebracht (Mi-Mo 9-12, 14-18 h, Di geschl.). Hofer führte die aufständischen Tiroler Anfang des 19. Jh. mehrmals gegen die Heere Napoleons und der mit ihm verbündeten Bayern. Nach anfänglichen Siegen wurden die Aufständischen jedoch 1809 am Berg Isel vernichtend geschlagen. Hofer wurde verraten, ausgeliefert und im Februar 1810 "zu Mantua" hingerichtet. Er gilt als Symbol für den Freiheitswillen der Tiroler - auch wenn er faktisch für die Interessen des reaktionären Habsburger Regimes kämpfte und gegen die aufklärerischen Ideen seiner Zeit, die mit der französischen Revolution und Napoleon über Europa verbreitet wurden.

Bozen (Bolzano)   (ca. 103.000 Einwohner)

Die erste größere Stadt südlich vom Brenner liegt in einem weiten Talkessel inmitten hoher grüner Bergrücken. Mit ihren barocken Bürgerhäusern, Erkern, langen Laubengängen und hübschen Lichthöfen wirkt die Altstadt noch durch und durch österreichisch.

Der erste Anblick von der Autobahn erhebt allerdings wenig - qualmende Schlote, dreckige Fassaden und lärmender Verkehr prägen die Außenviertel. Seit der Zwangsitalianisierung von 1919 wurde in großem Maßstab Industrie angesiedelt, hauptsächlich metallverarbeitende Betriebe. Das zog Zehntausende von arbeitssuchenden Süditalienern nach Bozen - mit dem beabsichtigten Effekt, daß die deutschsprachige Bevölkerung in der wichtigsten Stadt Südtirols heute deutlich in der Minderheit ist (ca. 25 %). In der faschistischen Epoche wurde dann die Neustadt westlich vom Zentrum angelegt, mit ihren langen schnurgeraden Straßenzügen monumental, unpersönlich und langweilig zugleich.

Im relativ kleinen historischen Zentrum kann man dagegen schön bummeln, sitzen und beobachten - nach wie vor prallen die Mentalitäten aufeinander: alte Tiroler Bergbauern und geschniegelte Italiener feilschen am Obstmarkt, fesche Dirndlmadeln sprechen unter sich ihren nahezu unverständlichen Dialekt, bedienen deutsche Touristen - sichtlich gern - in hochdeutsch und Italiener - sichtlich ungern - in deren Muttersprache.

Zu lange sollte man allerdings nicht in der Stadt verweilen, die Umgebung bietet reichlich Gelegenheit für Ausflüge und auch die berühmte "Große Dolomitenstraße" kann man von Bozen aus angehen.

Anfahrt/Verbindungen

- *PKW*: A 22, Ausfahrt Bozen Nord oder Bozen Süd. Gebührenpflichtige **Parkplätze** findet man einige Blocks südlich vom Dom, **Tiefgaragen** gegenüber vom Bahnhof und unter dem Waltherplatz.
- *Bahn*: Der **Bahnhof** ist ein Bau aus faschistischer Zeit am Rand des Zentrums. Häufige Verbindungen nach Trento und Verona, stündlich nach Meran. Die Bahnhofsallee

führt mit ihren dicht belaubten Kastanien schräg gegenüber zum nahen Waltherplatz.
- *Bus*: **SAD-Busse** fahren ab Busbahnhof an der Perathoner Str., seitlich der Bahnhofsallee.
- *Fahrrad*: sehr zu empfehlen - kostenloser **Radverleih (13)** an der Ecke Waltherplatz/ Bahnhofsallee. Pfand von ca. 40 DM muß hinterlegt werden.

Information

Städt. Verkehrsamt am Waltherplatz 8/a, reichhaltiges Infomaterial, u.a. umfangreiche Unterkunftsliste (incl. Privatzimmer und Agriturismo), Restaurantliste, Wander- und Mountainbike-Broschüre. Mo-Fr 8.30-18,

Sa 9-12.30, Tel. 0471/975656. So geschl. **Südtirol Tourismus Werbung**, Pfarrplatz 11, gegenüber vom Dom. Informationen für ganz Südtirol. Mo-Fr 9-12, 14-17 h., So geschl. Tel. 0471/993808.

Übernachten

Die Bozner Hotellerie hat eine ganze Reihe guter und gepflegter Häuser vorzuweisen. Preiswerte Optionen findet man vor allem in den hochgelegenen Ortsteilen Kohlern und St. Magdalena.

**** Mondschein (Luna) (5), Piavestr. 15/ Ecke Bindergasse. Seit dem 18. Jh. im Herzen der Stadt, die verbliebene historische Fassade an der Bindergasse täuscht - dahinter verbirgt sich ein schmuckes, vollständig restauriertes Hotel, das gekonnt in das alte Anwesen integriert wurde. Zimmer mit Teppichboden und TV, z.T. historische Deckenfresken. Hinter dem Haus großer Garten. Eigene Garage. DZ mit Frühstück ca. 180-200 DM, Tel. 0471/975642.
**** Stiegl (Scala) (7), Brennerstr. 11, fünf Minuten vom historischen Zentrum. Hotel von der Jahrhundertwende mit historischem Flair und modernem Komfort. Großer Garten mit Restaurant und Swimmingpool. Eigener Parkpatz und Tiefgarage. DZ mit Frühstück ca. 150-190 DM, Tel. 0471/ 976222.
** Figl (9), Kornplatz 9, älteres, aber gut geführtes Haus an ruhigem Platz im Zentrum, DZ mit Frühstück ca. 80-120 DM, ohne eig. Bad etwas preiswerter, Tel. 0471/978412.
* Weißes Kreuz (Croce Bianco) (10), Kornplatz 3, die preiswertere Alternative in derselben günstigen Lage, nur DZ ohne eig. Bad vorhanden, ca. 85 DM mit Frühstück, Tel. 0471/977552.
* Regina Angelorum (15), Rittnerstr. 1,

schräg gegenüber vom Bahnhof, von außen großer langweiliger Klotz, relativ laut, aber die sachlich eingerichteten Zimmer sind modern und sehr sauber, gutes Frühstücksbuffet. Kostenlos Parken im Hof (bis 7.30 h) oder im benachbarten Parkhaus (ca. 12 DM). DZ mit eig. Bad und Frühstück je nach Saison ca. 80-100 DM, Tel. 0471/972195.
- *In St. Magdalena*: *** Schwarze Katz**, in steiler Hügellage ca. 20 Fußminuten vom Zentrum, bei Familie Mayr gibt es günstige DZ für ca. 65 DM mit Frühstück, dazu ein freundliches Gartenrestaurant. Tel. 0471/ 975417.
- *In Kohlern*: **** Kohlern**, Kohlern 11, DZ mit Frühstück ca. 80-90 DM, Tel. 0471/329978 und *** Klaushof**, Kohlern 14, DZ ohne Bad ca. 60-70 DM, Tel. 0471/971294. Beide sehr ruhig. Zu erreichen mit Seilbahn vom Kampillerweg auf der Südseite der Eisack (ca. 10 DM hin und zurück), Talstation ca. 20 Fußminuten vom Bhf.
- *Camping*: **Moosbauer**, an der SS 38 nach Meran, ca. 5 km vom Zentrum (auf Schilder achten) schmale Stichstraße hinein. Relativ kleines Rasengelände mit Bäumen, Pool und Ristorante/Bar. Bus 10 a ab Bahnhof. Tel. 0471/918492.

Essen/Unterhaltung

Um den *Obstplatz* liegen die beliebtesten Treffpunkte, die meisten Restaurants gibt es in der *Bindergasse*. Bedienung zweisprachig, Essen sehr österreichisch: Knödel, Rindsgulasch, Apfelstrudel und Schlutzkrapfen.

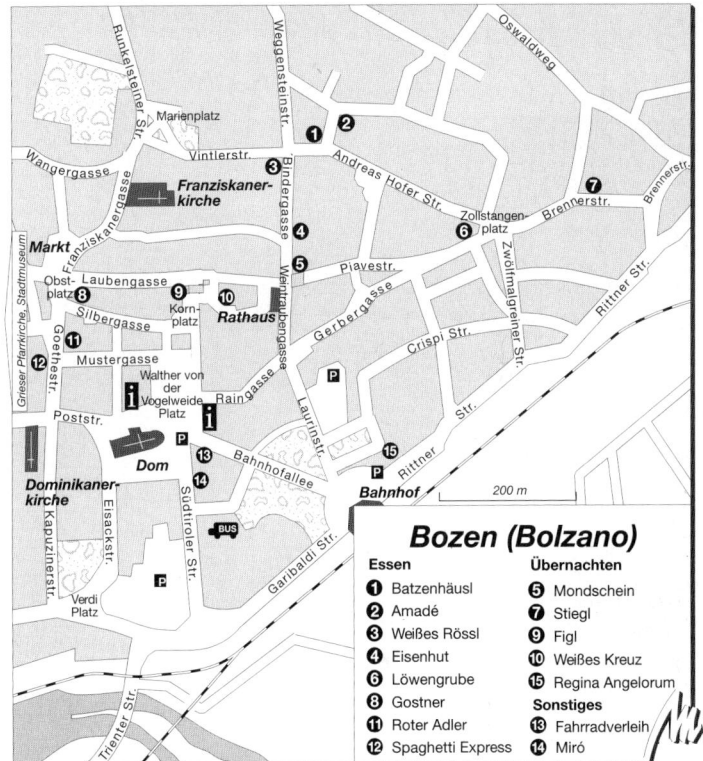

Bozen (Bolzano)

Essen
❶ Batzenhäusl
❷ Amadé
❸ Weißes Rössl
❹ Eisenhut
❻ Löwengrube
❽ Gostner
⓫ Roter Adler
⓬ Spaghetti Express

Übernachten
❺ Mondschein
❼ Stiegl
❾ Figl
❿ Weißes Kreuz
⓯ Regina Angelorum

Sonstiges
⓭ Fahrradverleih
⓮ Miró

Amadé (2), Batzenhäuslgasse 8, Gourmet-tip in einem eleganten Palazzo mit Garten, Karl Unterhofer kreiert feine Südtiroler, internationale und italienische Küche, besonders lecker die venezianisch inspirierten Fischgerichte, Menü um die 40-50 DM. So und Mo Mittag geschl.

Roter Adler (11), Goethestr. 3, auch "Vögele" genannt, das historische Wirtshaus beim Obstmarkt besitzt eine exquisite alte Holztäfelung. Warme Speisen gibt es bis 21.30 h, z.B. Speckknödel, Bauerngröstl und Hirtenmakkaroni. Abends sitzt das gut betuchte Jungvolk gern beim Bier oder Wein draußen unter den Arkaden. Geöffnet 8-24 h. So geschl.

Gostner (8), Silbergasse 36/Ecke Goethestr., wenige Schritte von Vögele, beliebtes Café mit warmer Küche (→ Cafés/Kneipen).

Batzenhäusl (1), Andreas-Hofer-Str. 30,

eine Institution in Bozen, seit fast sechshundert Jahren kann man hier für einen "Batzen" seinen Schoppen Wein trinken. Hinter der dicht überrankten Fassade verbergen sich mehrere kleine Wirtsräume übereinander. Serviert werden leckere Südtiroler Gerichte für nicht zu teures Geld. Nur abends geöffnet, dafür warme Küche bis mindestens 1.30 h nachts (gibt es sonst in Bozen nicht). Di geschl.

Löwengrube (6), Zollstangeplatz 3, etwas abseits vom Zentrum, historisches Wirtshaus seit 1543, volkstümliche Atmosphäre. So geschl.

Weißes Rössl (3), Bindergasse 6, traditioneller Bierkeller mit Atmosphäre und Riesenauswahl, hübsch bemalte Fassade. Juli geschl.

Eisenhut (4), Bindergasse 21, preiswerte Pizzeria, Holzbänke auf der Straße.

Der Waltherplatz mitten in Bozen – herrlicher Blick in die Berge

Spaghetti Express (12), Goethestr. 20, vielbesuchter Treffpunkt der Jugend, zahlreiche Nudelsorten, So geschl.

● *Cafés/Kneipen*: **Café Monika**, Ecke Mustergasse/Goethestraße, beliebter Tagestreff bei leckerem Kuchen und Eis.

Bottega del Vino, Laubengasse 30, in der versteckten Weinschenke unter den kühlen Arkaden versammelt sich oft ein munteres Volk von Einheimischen, auf der Theke locken leckere Kleinigkeiten, im Gang draußen wird schon mal ein nationalstolzes Lied angestimmt.

Gostner, Silbergasse 36/Ecke Goethestr., gemütliches Café/Pub/Restaurant mit viel Holz und so ziemlich der einzige Ort in der Altstadt, wo abends so richtig was los ist. Treffpunkt junger Leute, die mit ihrem Bier oder Wein bis auf die Straße stehen, oft Livemusik. Aber auch tagsüber offen, treffen sich die Marktbesucher zu einem Plausch. Kleine aber feine Speisekarte. So geschl.

● *Nachtleben*: Nachts ist in Bozen nicht gerade der Bär los, um 22 Uhr werden bis auf wenige Ausnahmen die Gehsteige hochgeklappt.

Miró (14), angesagter Kellerclub direkt neben der Dominikanerkirche, ab 22 h. So/ Mo geschl.

Arabel's Club, Disco in der Gilmstr. 1.

Shopping

Das kommerzielle Herz Alt-Bozens schlägt seit über achthundert Jahren in der *Laubengasse*, dort findet man zahlreiche alteingesessene Geschäfte. Auffallend sind auch die zahlreichen Kinder- und Spielzeugläden.

● *Laubengasse/Nordseite*: **Tschager**, Nr. 10, auf fünf Stockwerken Kunsthandwerk und Souvenirs.

Mumeller, Nr. 22/a, feine Tiroler Tuche.

Schwarzer Adler, Nr. 46, historische Apotheke.

Rizzollo, Nr. 60, umfangreiche Hutkollektion.

● *Laubengasse/Südseite*: **Zimmermann**, Nr. 21, seit dem 19. Jh. Importeur für Porzellan aus ganz Europa.

Südtiroler Werkstätten Atesini, Nr. 39, im barocken Merkantilpalast des 18. Jh. sind kunsthandwerkliche Produkte aus ganz Tirol ausgestellt, z.B. Holzartikel, Puppen und Glas.

Oberrauch-Zitt, Nr. 67, Modehaus seit 1836, traditionelle Lodengewänder.

Calligari Fullerer, Nr. 69, Delikateßladen mit Süßigkeiten, Essig, Öl, Spirituosen und Wein.

Apotheke zur Madonna, Ecke Laubengasse/Kornplatz, besteht seit 1443, schönes barockes Schnitzwerk.

• *Sonstige Läden*: **Sadei**, Obstplatz 25, umfangreiche Sammlung von Tiroler Schnitzereien.

Önothek Stampfl, Dr.-Streiter-Gasse 30, schöner Platz, um einige gute Tropfen zu kosten.

Alois Lageder, Drususallee 235, renommierte Weinkellerei in der Neustadt.

• *Märkte*: riesiger **Samstagsmarkt** am Siegesplatz aus faschistischer Zeit, jenseits der Talferbrücke - hauptsächlich Textilien und Schuhe.

Obstmarkt, Mo-Fr 8-19 und Sa Vorm. am Obstplatz (→ Sehenswertes).

Sehenswertes

Kostenlose *Stadtführungen* veranstaltet das Verkehrsamt Ostern bis Ende Oktober jeden Mittwoch und Samstag um 9.30 h. Treffpunkt ist das Informationsbüro am Walterplatz 8.

Waltherplatz, Pfarrkirche und Dominikanerkirche: Zentrum der Stadt ist der angenehm offen gebaute *Waltherplatz* mit prächtigem Blick auf die steilen Hänge ringsum. Dominierend in der Platzmitte das Denkmal des berühmten Südtiroler Minnesängers Walther von der Vogelweide - angeblich ist er im Vogelweider Hof bei Lajen(Laion) oberhalb von Klausen geboren. Die große *Pfarrkirche*, ein schöner gotischer Baukörper mit mehrfarbigem Dach, wurde nach schweren Weltkriegsbeschädigungen wieder komplett restauriert. Das Innere ist schlicht gehalten - Kreuzrippengewölbe, reliefverzierte Kanzel aus Sandstein, hohe goldene Seitenaltäre, diverse Freskenreste aus dem 14./15. Jh., heller Chorumgang.

Nur wenige Schritte weiter Richtung Westen die *Dominikanerkirche* mit angeschlossenem Kloster. Der lange Kirchenraum wird durch einen Lettner in zwei Bereiche geteilt. Die schmale *Johannes-Kapelle* rechts vom hinteren Hauptschiff ist vollständig mit eindrucksvollen bunten Fresken der Giotto-Schule ausgemalt (14. Jh.), die Szenen der biblischen Geschichte darstellen (Mo-Sa 9-18.30 h). Ebenso schön geschmückt ist der benachbarte *Kreuzgang* (Eingang Nr. 19/a).

Obstmarkt, Franziskanerkirche und Laubengasse: Nördlich vom Waltherplatz liegt der Fußgängerbereich Bozens mit dem langgestreckten *Obstplatz*, in dessen fest installierten Buden jeden Vormittag außer sonntags ein malerischer Obst- und Gemüsemarkt stattfindet, sicher der farbigste und reichhaltigste in Südtirol. Wahrzeichen des Marktes ist der weiße *Neptunbrunnen* an der Ecke zur Laubengasse.

Geradeaus kommt man nach wenigen Metern zur *Franziskanerkirche* mit Kloster - am eindrucksvollsten hier der Kreuzgang, über dem die Zellen der Mönche liegen. Links herum gehend, kann man auf naiv anmutenden Ölgemälden in düsteren Farben die Geschichte des Franz von Assisi verfolgen, in den Bögen sind außerdem noch Freskenreste erhalten. Die einfache Kirche ist neu renoviert, weiß und hell (tägl. 6-12, 14.30-18 h).

Am Obstplatz beginnt auch die schönste Straße der Stadt, die schmale *Laubengasse* mit pastellfarbenen Erkerhäusern und prächtigen Bogengängen, unter denen zahlreiche alteingeführte Geschäfte liegen (→ Shopping). Damit eine größtmögliche Zahl an Läden untergebracht werden konnte,

Genuß für Augen und Gaumen – der Obstmarkt in Bozen

sind sie oft handtuchschmal, ziehen sich aber tief in die Häuser. Dazwischen öffnen sich immer wieder schmale Durchgänge, die zu den typischen *Lichthöfen* führen, gut zu beobachten an der Nr. 64/66.

Am Ostende der Laubengasse steht am Stadthausplatz das prunkvolle *alte Rathaus* von 1491, mit Wandmalereien, reichlich Stuckverzierungen und einem Innenhof im Renaissancestil. Seitlich der Laubengasse, auf dem verkehrsberuhigten *Kornplatz*, findet man einige gemütliche Restaurants und Cafés, nur wenige Schritte sind es von hier wieder zurück zum Waltherplatz.

Grieser Pfarrkirche: Die alte romanische Kirche im ehemaligen westlichen Vorort Gries (Talfer überqueren und die pompöse Freiheitsstraße entlang) beherbergt eins der berühmtesten Stücke von Michael Pacher, den *Altar der Marienkrönung* von 1475 (Mo-Fr 10.30-12, 14.30-16 h, Sa/So geschl.).

● *Museen*: **Stadtmuseum**, Sparkassenstr. 14. Auf vier Stockwerken umfangreiche und sehenswerte Sammlung zur Archäologie, Kulturgeschichte und Volkskunde Südtirols, darunter historisches Mobiliar, gotische Skulpturen, Fastnachtsmasken, Trachten und Gemälde. Derzeit ist wegen umfang-reicher Restauration nur ein Teil der Sammlung zugänglich (Di-Sa 9-12, 14.30-17.30, So 10-13 h, frei).
Museum für moderne Kunst, Sernesi Str. 1, in jährlich wechselnden Ausstellungen werden Künstler des 19. und 20. Jh. Präsentiert (Di-So 10-12, 15-19 h, ca. 5 DM).

Bozen/Umgebung

"Raus aus der Stadt" heißt die Devise - rund um Bozen gibt es zahllose Möglichkeiten für Wanderungen und Rundfahrten. Drei Seilbahnen tragen einen in wenigen Minuten aus dem Kessel hinauf in die klare Luft der Berge - auf den *Ritten*, nach *Kohlern* und nach *Jenesien*. Tip: Broschüre "Wanderbares Bozen" mit 14 Wegbeschreibungen, erhältlich im Verkehrsamt.

▶ **Burg Runkelstein**: atemberaubende Lage auf einem steilen Fels am Eingang des Sarntals, man erreicht sie mit Stadtbus 12, zu Fuß (ca. 30 Min.) oder per Rad immer an der Talfer entlang. Im Westhaus ist ein wertvoller Freskenzyklus aus dem 14. Jh. erhalten, der das weltliche Leben an einem mittelalterlichen Hof darstellt (Di-Sa 10-16 h, nur mit Führung, ca. 3 DM).

▶ **Sarntal** (**Val Sarentina**): dünn besiedeltes Bergtal nördlich von Bozen, zu erreichen aus Bozen oder von Sterzing übers *Penser Joch (Passo di Pénnes)*, das aber im Winter gesperrt ist. Zahlreiche Wandermöglichkeiten in ruhiger Landschaft, bisher nur wenig Tourismus. Auskünfte beim Verkehrsverein Sarntal, I-39058 Sarnthein, Tel. 0471/623091.

▶ **St. Magdalena**: hochgelegenes Winzerdorf, zu Fuß über die *Oswaldpromenade* zu erreichen, schöner Spaziergang von einer Dreiviertelstd.

▶ **Ritten** (**Renon**): bis zu 1000 m hohes Hochplateau zwischen Eisack- und Sarntal, seit Jahrhunderten die Sommerfrische der Bozener, zahlreiche ruhig gelegene Unterkünfte. Ab Talstation an der Rittnerstr. (ca. 500 m rechts vom Bhf.) geht's in 12 Min. nach *Oberbozen (Soprabolzano)*, von dort kann man mit einer kleinen musealen Bimmelbahn 7 km bis *Klobenstein (Collalbo)* in 1150 m Höhe zuckeln. Umfangreiches Infomaterial zum Ritten ist im Verkehrsamt von Bozen erhältlich.

Kurz vor Ende der Seilbahnfahrt kommt man an eigenartigen, bis zu 30 m hohen **Erdpyramiden** vorbei, die an der Spitze jeweils einen Deckstein tragen. Das Erdreich um diese Säulen wurde durch Regen ausgehöhlt, erst wenn der schützende Abschlußstein herunterfällt, wird auch die Säule weggewaschen - und bildet sich wieder neu an der Stelle, wo der Deckstein heruntergepurzelt ist.

▶ **Rosengarten** (**Catinaccio**): Östlich von Bozen ragt die steile Wand des berühmten Rosengartens auf - so genannt, weil er bei Sonnenauf- und -untergang fast unwirklich rot zu glühen anfängt. Bei geeignetem Wetter ist das gut zu beobachten, z.B. vom Winzerdorf *St. Magdalena*.

Einst wohnte hier oben in den Felsen der **Zwergenkönig Laurin** - um sein steinernes Reich rankt sich die bekannteste aller Dolomitensagen: Laurin lebte in einem üppig blühenden Blumengarten mit zahllosen leuchtend roten Rosen. Er liebte die Tochter eines benachbarten Königs. Doch dieser wollte sie dem Zwerg nicht zur Frau geben. Laurin entführte die Schöne also, doch der erzürnte Schwiegervater wider Willen fand den Weg zu seinem Versteck - die leuchtenden Rosen wiesen ihm den Weg. Laurin tobte und verwünschte die Rosen: Sie sollten künftig weder tags noch nachts zu sehen sein. Doch die Dämmerung hatte er vergessen - so "blühen" die Rosen seitdem nur bei Tagesanbruch und in der Abenddämmerung.

Erlebnis Natur: Große Dolomitenstraße

Bozen - Karer-Paß - Canazei - Pordoi-Joch - Falzarego-Paß - Cortina d'Ampezzo

Eine Tour auf der berühmtesten Straße der Dolomiten kann man von Bozen aus bequem in Angriff nehmen. Bis Cortina d'Ampezzo sind es etwa 110 km. Die Strecke ist allerdings extrem kurvig und weist große Höhenunterschiede auf, dementsprechend anstrengend ist sie zu befahren. Für eine Rundfahrt, die über Bruneck (Pustertal)

Eine Tour, die es in sich hat – die große Dolomitenstraße

und Brixen wieder nach Bozen zurückführt, muß man mindestens einen vollen Tag einplanen.

Zunächst nimmt man vom Ortsteil Kardaun die SS 241, die schmal und kurvig dem Wildbach in der extrem steilwandigen Schlucht des *Eggentals (Valle d'Ega)* folgt, bereits am Talbeginn überquert man auf einer Brücke einen tosenden Wasserfall. Überholen ist in dieser engen Klamm kaum möglich, Geduld mitbringen.

Um *Welschnofen (Nova Levante)* weitet sich die Schlucht, bald hat man linker Hand einen herrlichen Blick auf den *Rosengarten*. Obligater Stopp ist der winzige *Karersee (Lago di Carezza)* mit seinem tiefgrünen Wasser inmitten von Nadelwald, früher Kaiserin Sissis Lieblingsplatz, heute von Urlaubermassen extrem überlaufen. Ein Sessellift fährt hinauf zum bewirtschafteten Rifugio di Paolina (2280 m), wo man auch übernachten kann.

Jetzt überquert man den *Karer-Paß* (1745 m) und kurvt hinunter ins *Fassa-Tal*. Im vielbesuchten Fremdenverkehrsort *Vigo di Fassa* trifft man auf die SS 48. Schnelle Fahrt das *Val di Fassa* entlang mit einer Reihe von Urlaubsorten, dann beginnt bei *Canazei* eine steile Serpentinenstrecke mit herrlichen Panoramen hinauf zum 2239 m hohen *Pordoi-Joch (Passo Pordoi)*.

Auf der Paßhöhe sollte man unbedingt die Gelegenheit nutzen und mit der eindrucksvoll konstruierten Seilbahn auf den *Sass Pordoi* hinaufgondeln, die Fahrt auf 2950 m dauert nur wenige Minuten (hin und zurück ca. 16 DM, nur hinauf 11 DM, Fahrten alle 10 Min.), unterwegs genießt man phantastische Ausblicke auf die steilen Felswände und die Dreitausender im Umkreis: Marmolada, Rosengarten und Langkofel. Die Bergstation oben steht auf einem Plateau mit ewigem Schnee. Wer etwas Zeit zur Verfügung hat: Auf einem gut sichtbaren Weg kann man in einer knappen Dreiviertelstd. wieder zum Paß hinunterlaufen.

In zahllosen Serpentinen kreist man nun vom Paß wieder hinunter, dann zügige Fahrt bis zum Abzweig nach Belluno (SS 203). Richtung Cortina liegt der Camping Col di Lana am Weg, es geht hinauf zum *Passo di Falzarego* (2117 m), wo wieder eine Seilbahn auf den *Lagazuoi* lockt (2752 m), der Sage nach ein zu Stein erstarrter König. Im Anschluß geht es in langen Kurven hinunter in die Ebene von Cortina (→ Details S. 162).

Wer nun wieder nach Bozen zurück will, gelangt über Toblach (Dobbiaco) rasch ins Pustertal und schnell zurück zur Brenner-Autobahn bei Brixen.

Von Bozen Richtung Süden

Das lang nach Süden ausgleitende Tal weitet sich. An den sonnigen Hängen reifen überall Weinreben und der Talgrund steht voller Apfelbäume - eins der größten Obstanbaugebiete Europas. Früher erstreckten sich hier ausgedehnte Wälder, die alle der landwirtschaftlichen Nutzung zum Opfer gefallen sind.

Westlich der Autobahn verläuft die berühmte *Südtiroler Weinstraße* über Eppan, Kaltern, Tramin und Kurtatsch nach Salurn. Zwischen kilometerweiten Rebhängen fährt man durch das wichtigste Weinbaugebiet Südtirols - im Herbst sollte man hier eine der vielen Torkelstuben besuchen, um den neuen "Traminer" zu kosten. Südlich von Salurn kann man die Auffahrt *San Michele all'Adige* nehmen, um auf die Autobahn zurückzukehren.

▶ **Schloß Hocheppan**: trutzige Wehrburg aus dem 12. Jh., eine von zahlreichen Burgen und Ansitzen um Eppan. Berühmt ist der Freskenzyklus der "klugen und törichten Jugfrauen" in der Burgkapelle (geöffnet April - Oktober). Zu erreichen vom Weinbauerndorf St. Pauls.

Fürstlich speisen kann man anschließend im 500 Jahre alten Restaurant "Zur Rose" von Herbert und Margot Hitner, z.B. das gebratene Ziegenlamm in Rosmarinsauce (So und Mo geschl.).

Kalterer See (Lago di Caldaro)

Kleiner Badesee südlich von Bozen, nahe der Autobahn nach Trento. Inmitten von üppigen Weinhängen ein fast idyllisches Fleckchen und gute Alternative zum Rummelplatz Gardasee. Das hübsche Dorf Kaltern liegt vier Kilometer nördlich etwas erhöht.

Der Kalterer See gilt - entgegen seinem Namen - als wärmster Alpensee und ist ausgesprochen angenehm zum Baden, wenn auch die Westseite fast gänzlich verschilft ist - Zugang durch Badestege, am Nordende auch zwei Strandbäder mit Liegewiese. An der anderen Seeseite weniger Schilf und ebenfalls ein Strandbad mit Liegewiese. Südlich vom See ein mehrere

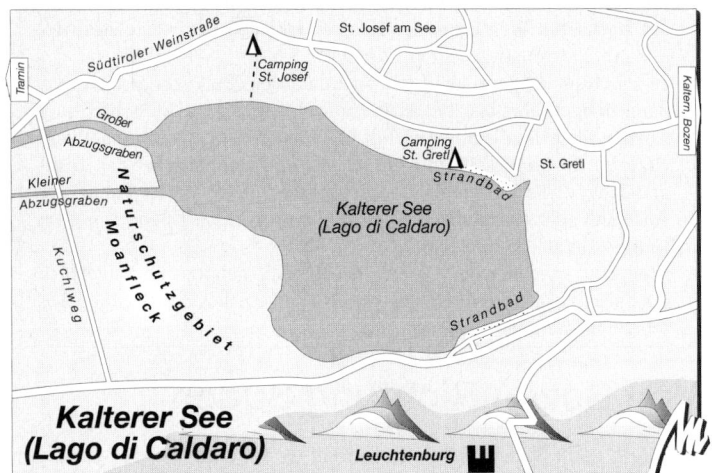

Quadratkilometer großer Schilfgürtel namens *Moanfleck*, der unter Naturschutz steht.

Um den See kann man Radtouren machen (Broschüre "Touren und Tips" im Tourist-Info von Kaltern, Verleih im Hof vom Weinmuseum in Kaltern), auf die umliegenden Hügelketten führen zahlreiche Spazier- und Wanderwege, z.B. zur Leuchtenburg und nach St. Peter (Karte mit Wanderwegen am Parkplatz vom Freibad St. Gretl).

Anfahrt/Verbindungen: von Bozen SS 42 Richtung Eppan, kurz danach die schmale Weinstraße zum Kalterer See. Oder Brennerautobahn bis 15 km südlich von Bozen, dort Ausfahrt Egna Ora (Neumarkt Auer) und Beschilderung nach Kaltern folgen.

Kaltern (Caldaro) (ca. 6000 Einwohner)

Wichtiges Zentrum des Weinbaus, freundliches Städtchen mit massiven Steinhäusern, Erkern und weit vorspringenden Rundziegeldächern. Touristisch nicht übertrieben herausgeputzt, die lange Hauptgasse nett zum Bummeln.

Am zentralen *Marktplatz* ein Brunnen mit Mariensäule, die Tourist-Information und Cafés, an einer Längsseite verläuft ein Laubengang. An der Unterkante die *Pfarrkirche* mit Deckenfresken, in die Fassade eingelassen Grabplatten mit Totenschädeln im Halbrelief, an der Rückfront kleiner Rasenplatz mit Nadelbäumen und weitem Blick in die Hügel. Etwas außerhalb auf einem Hügel der *Kalvarienberg*, dessen acht Passionshäuschen aus dem 17. Jh. in Skulpturen und Fresken die letzten Stationen des Leben Christi darstellen.

● *Anfahrt/Verbindungen*: Große **Parkplätze** liegen am südlichen Ortseingang und oberhalb vom Ort.

● *Führungen*: Jeden Mo durch den historischen Ortskern, Anmeldung i. Tourismusbüro.

● *Information*: **Tourismusverein** an der Oberkante vom Marktplatz. Umfangreiches Unterkunftsverzeichnis, Stadtplan, Zimmervermittlung, Tel. 0471/963169.

• *Übernachten*: *** **Weißes Rössl**, schloßartiges Patrizierhaus mit Erkern und Türmchen ganz zentral am Marktplatz. Innen behutsam modernisiert, teils gotische Gewölbebögen, Lift, oberes Stockwerk komplett ausgebaut, Zimmer mit schweren Vollholzmöbeln und Teppichböden, Badewanne im Bad. DZ mit Frühstück um die 100-130 DM, Tel. 0461/963137.

Alternative der etwas preiswertere ** **Rote Adler** nebenan, Tel. 0461/963115.

Ansonsten zahlreiche Privatzimmer (DZ ab 44 DM) und Ferienwohnungen (ab 55 DM) im Ort, Vermittlung durch Information.

• *Essen*: **Zum Turm**, Andreas-Hofer-Str. 32, an der Hauptstraße, gemütlich in schlauchförmiger Passage, die z.T. mit wildem Wein überwachsen ist. Spezialität die Nudelge-richte in der Pfanne. So geschl.

Torgglkeller, Bühel 2, im Ortszentrum, etwas oberhalb der Hauptstraße, auf der gut besuchten Terrasse kann man reichhaltige Brotzeitplatten zu sich nehmen oder sich am Salatbuffet laben, winziger Kinderspielplatz ist angeschlossen. So geschl.

Drescherkeller, M.-v.-Buolplatz 3, im Ortskern, früherer Herrensitz mit hervorragendem Eigenbauwein, kalte Gerichte. Di geschl.

Kalterer Hof, Goldgasse 23, sehr gute Südtiroler und italienische Küche in einem großen Ansitz aus dem 16. Jh. So geschl.

• *Unterhaltung*: **Weinstadl**, direkt an der Weinstraße südlich vom Ort, Treffpunkt für junge Leute mit Livemusik und Tanz, tägl. 20-2.30 h.

Rund um den Kalterer Wein

Neben den traditionellen roten Vernatsch-Weinen werden auch zusehends fruchtige Weißweine produziert.

• Im **Weinmuseum**, Goldgasse 1, schräg gegenüber vom Weißen Rössl wird die Geschichte des Südtiroler Weinbaus von den Römern bis heute dargestellt, stimmungsvoll untergebracht in den Gewölberäumen eines früheren Adelskellers (Di-Sa 9.30-12, 14-18, So 10-12 h, Mo geschl., ca. 3 DM).

• Umfangreiche **Weinprobe** mit örtlichen Weinmachern jeden Mittwoch um 16.30 h in der E & N Kellerei Kaltern (ca. 20 DM, Anmeldung im Verkehrsamt).

• **Weinverkauf** u.a. im Drescher-Keller am M.-v.-Buolplatz und in der gut sortierten Vinothek Battisti Matscher in der Goldgasse 7.

▶ **St. Gretl**: an der Nordwestspitze des Sees, das touristische Zentrum, die meisten Übernachtungsmöglichkeiten, zwei Strandbäder *Lido* und *Gretl am See* (ca. 4 DM Eintritt), Fahrradverleih, Tretboote. Beginn eines (Rad-) Wanderweges nach St. Josef und um den See herum.

• *Anfahrt/Verbindungen*: Kostenlose **Busse** pendeln 6-8 x tägl. vom Dorf Kaltern und seinen Fraktionen zum See und zurück. Wer im Hochsommer mit **PKW** zum Baden kommt, sollte das möglichst frühzeitig am Morgen tun, da erhebliche Parkplatznot besteht.

• *Übernachten*: *** **Remichhof**, wirklicher Tip, etwa 1 Fußminute vom See, ehemaliger Landsitz zwischen Weinplantagen, seit fünfzehn Jahren Pension, kürzlich grundlegend renoviert. Alles großzügig ausgestattet, geräumige Zimmer mit Teppichböden und Vollholzmobiliar, jedoch nur z.T. Balkon, schöne Treppen aus Tonkacheln, alles picobello sauber, freundlicher Service, unten Frühstücksterrasse. DZ mit Frühstück je nach Saison ca. 90-120 DM, wenn

möglich vorreservieren, sehr beliebt. Tel. 0471/960144.

*** **Seegarten**, direkt neben dem ersten Strandbad, tagsüber laut, nachts relativ ruhig, freundlich ausgestattet mit viel Holz, 20 Zimmer mit Du/WC, z.T. mit Balkon, vor dem Haus Liegewiese und öffentliche Badestrand. DZ mit Frühstück (incl. Eintritt zum Badestrand, Liegestuhl und 20 % Rabatt auf Abendessen im hauseigenen Restaurant) je nach Saison ca. 90-130 DM, Tel. 0471/960260.

* **Haus Seespiegel**, etwas abseits vom Strandbad, ebenfalls direkt am Ufer und ein ganzes Stück ruhiger, nur Etagendusche, ca. 50-60 DM mit Frühstück, Tel. 0471/ 960218. Benachbart Zimmer **Peter Pernstich**.

Camping Gretl, gut ausgestatteter Platz mit Swimmingpool, modernen Sanitäranlagen und ausreichendem Baumbestand, eigener Strand und Liegewiese, Strandbad und Restaurant Gretl am See gleich daneben. Tel. 0471/960244.

Camping St. Josef, am Südwestende des Sees, ca. 2 km von St. Gretl, einfacher Rasenplatz mit Bäumen, etwas abseits, deshalb schön ruhig. Ein Badesteg führt durch den Schilfgürtel, für Kinder ist dort ein eigenes Bassin abgetrennt. Tel. 0471/960170.

● *Essen*: **Schloß Ringberg**, ehemaliges Jagdschloß in St. Josef am See, große Terrasse mit herrlichem Panoramablick. Di geschl.

▶ **Tramin (Termeno):** großes Weinbauerndorf an der Weinstraße südlich vom See, weit weniger touristisch als Kaltern. Die mächtige gotische Kirche benachbart zum ruhigen Dorfplatz, wo unter Kastanien ein Brunnen plätschert. Zahlreiche Weingüter haben hier Verkaufsstellen für den berühmten Gewürztraminer, Weingut Hofstätter direkt am Hauptplatz.

Sehenswert ist das hübsch aufgemachte *Dorfmuseum* unterhalb vom Hauptplatz (Di-Fr 10-12, 16-18, Sa 10-12 h). Das Kirchlein *St. Jakob auf Kastellaz* oberhalb vom Ort besitzt einzigartige Fresken aus dem 13. Jh., auf denen rätselhafte Tierwesen - sog. Bestiarien - abgebildet sind.

Trentino

Den südlichsten Punkt Südtirols passiert man bei Salurn (Salorno), exakt hier liegt auch die Sprachgrenze und die zweisprachigen Ortsschilder enden abrupt - nördlich von Salurn ist das Deutsche "Muttersprache", südlich das Italienische. Zwar gehörte das Trentino jahrhundertelang zum sog. Römischen Reich (deutscher Nation) und danach fast hundert Jahre lang (1816 - 1918) zu Österreich-Ungarn - trotzdem wurde der ersehnte Anschluß an Italien als "Irredenta" (Erlösung) im 19. Jh. hartnäckig herbeigefleht und -gekämpft.

Im Gegensatz zu Südtirol sind die touristischen Ziele des Trentino bei uns nicht sonderlich populär - große Ausnahme natürlich der Nordzipfel des Gardasees (→ Lombardei und die Seen). Auch die Hauptstadt Trento führt - zu Unrecht - in der Urlaubergunst eher ein Mauerblümchendasein. Mit großem Aufwand an Prospekten und Broschüren versucht deshalb das Trentino seit Jahren, Gäste aus dem Norden anzulocken.

Das Trentino als bedeutende Grenzregion zwischen italienischem und deutschem Kulturkreis war immer hart umkämpft. Vor allem der Erste Weltkrieg hat bis heute in den Bergen nachhaltige Spuren hinterlassen, denn jahrelang verlief hier die erbittert umkämpfte Front zwischen der k.u.k.-Monarchie Österreich-Ungarn und Italien.

Wandern für den Frieden – Sentiero della Pace

Auf dem "Friedenspfad" kann man südlich von Rovereto wandern - oder die 150 km langen Pisten mit dem Mountainbike abfahren. Entlang der Front des Ersten Weltkriegs folgt der Trail den Schützengräben, in denen sich Italiener und Österreicher drei Jahre lang in verlustreichen Kämpfen gegenüberlagen. Von der Marmolada über den Monte Pasubio bis zum Nordende des Gardasees und weiter bis zum Ortler zieht sich der "Friedenspfad", sporadisch markiert durch Pfeile aus dunklem Holz mit gelber Schrift und einer weißen Taube auf grünem Grund. Die Tourist-Büros von Rovereto und Trento halten weitere Informationen bereit.

Trento (Trient) (ca. 100.000 Einwohner)

Liegt wie Bozen in einem weiten Talkessel, architektonisch ebenfalls noch weitgehend österreichisch geprägt, zeitweise fühlt man sich fast nach Innsbruck versetzt. Entsprechend das für italienische Verhältnisse ausgesprochen ruhige Straßenleben, für Autofahrer gut zum Eingewöhnen.

In der Altstadt reihen sich hohe freskenverzierte Renaissance-Paläste mit weit vorspringenden Holzbalkendächern und gedrungenen Laubengängen. Mittelpunkt ist der imposante Domplatz mit der anschließenden Renommierzeile Via Belenzani, rundum einige Gassenzüge, die hübsch zum Bummeln sind. Unterm Strich eine Stadt, die einen Besichtigungsstopp mit ausgedehnter Apfelstrudel-Pause schon mal wert ist - entspannender Einstieg für Fahrten in Richtung Süden.

Trento ist ein bedeutendes historisches Pflaster - 1545-1563 fand das weltberühmte **Konzil von Trient** statt, das als Auslöser der katholischen Gegenreformation in die Geschichte eingegangen ist. Dem Fürstbischof Bernhard von Cles gelang es damals, das Konzil nach Trient zu holen - die Stadt an der Nahtstelle zwischen den deutschen und italienischen Gebieten schien für die große Aufgabe der Rekatholisierung wie prädestiniert. Für dieses Ereignis ging man daran, die gesamte mittelalterliche Stadt zu einem prächtigen Renaissancekunstwerk umzugestalten, was bis heute die Atmosphäre des Stadtzentrums prägt.

*A*nfahrt/*V*erbindungen/*I*nformation

●*PKW*: Trento liegt direkt an der Autobahn A 22 vom Brenner nach Verona. Parkplätze gibt es z.B. gegenüber vom Kastell und an der Via Manzoni, schräg gegenüber der Jugendherberge (dort auch Parkhaus "Autosilo"), Tiefgarage "Europa" beim Bahnhof.

●*Bahn*: Station an der **Brennerlinie** München-Verona. Züge gehen außerdem durchs **Valsugana**, entlang des Flusses Brenta, nach Venedig. Bahnhof nördlich vom Zentrum, ca. 10 Min. zu Fuß zum Domplatz. Bahnhof für die Nebenlinie **Trento-Malé** an der Via Secondo da Trento, wenige hundert Meter nördlich vom Hbf.

●*Bus*: **Busbahnhof** liegt benachbart zum Hauptbahnhof.

●*Fahrradverleih* **(4)**: kostenlos neben dem Tourist-Info, Via Alfieri 2.

●*Information:* **APT**, Via Alfieri 4, an der Piazza Dante schräg gegenüber vom Bahnhof (durch die Grünanlage durch). Es gibt gute Stadtpläne, umfangreiches Unterkunftsverzeichnis (incl. Ferienwohnungen und Agriturismo) und eine deutschsprachige Broschüre "Trento". Mo-Sa 9-18, So 9-12 h, Tel. 0461/983880.

*Ü*bernachten

**** **Accademia (10)**, Vicolo Colico 4/6, historisches Gemäuer bei der Konzilskirche

Santa Maria Maggiore. Das vollständig renovierte Haus besitzt schöne Zimmer im schlichten modernen Stil mit guten Bädern, wahlweise mit Parkett oder Teppichboden, dazu einige geräumige Suiten. John Lennon-Fans aufgepaßt: Yoko Ono hat einst im Zimmer 216 übernachtet. Hinten kleiner grüner Garten, angeschlossen ein gutes Ristorante. DZ mit TV, Mini-Bar und Frühstück um die 200-220 DM, Tel. 0461/ 233600.

*** Aquila d'Oro (13), Via Belenzani 76, ideale Lage wenige Schritte vom Domplatz. Sehr gepflegt und freundlich, moderne Zimmer mit Teppichboden, TV, Telefon und Air-Condition. Frühstück im obersten Stockwerk mit tollem Blick. Eigener Parkplatz. DZ ca. 130-160 DM, Frühstück 12 DM, Tel. 0461/986282.

** & * Venezia (14), Piazza Duomo 45 bzw. Via Belanzani 70, die zwei Häuser nehmen von links und rechts das Aquila d'Oro in die Zange, einfache Zimmer teils mit Linoleumböden, freundliche Rezeption, vom Zwei-Sterne-Haus Blick direkt auf den Domplatz. DZ mit Bad ca. 75 DM, mit Etagendusche 58 DM, Tel. 0461/234559.

* Al Cavallino Bianco (12), Via Cavour 29, zentrale Lage Nähe Dom, lustig bemalter Innenhof und eine fleißige Putzfrau, die reichlich duftende Reinigungsmittel verwendet. Die Zimmer schlicht und sauber, mit eig. Bad ca. 80 DM, mit Etagendusche ca. 62 DM, Tel. 0461/231542.

● *Jugendherberge*: **Ostello Giovane Europa (1) (IYHF)**, Via Manzoni 17, graues Altstadhaus hinter Kastanienbäumen an einer lauten Verkehrsstraße. Vom Bahnhof geradeaus und die Via Torre Verde links, ca. 10 Min. Ein ehemaliges Hotel wurde umgewandelt und modernisiert, dementsprechend nur kleine Schlafsäle, ca. 15 DM pro Pers., Tel. 0461/234567.

● *Außerhalb*: ***** Villa Madruzzo**, in Cognola, etwa 3 km außerhalb von Trento. Eine Villa aus dem 18. Jh., umgewandelt in ein elegantes Hotel mit schönem Garten, Speiseterrasse und Parkplatz. DZ mit Frühstück ca. 100-150 DM, Tel. 0461/986220.

Essen

Trento bietet eine gut durchwachsene Mischung von schlicht-bodenständigen und schick-gepflegten Trattorie. Vor allem in der Umgebung der Via San Marco in der Nähe des Kastells wird man fündig. Örtliche Spezialität sind die *canederli* (Knödel) und die "Priesterwürger" namens *strangolapreti* (Spinat-Gnocchi).

Due Mori (5), Via San Marco 11, die hübsche Trattoria in einem restaurierten Altstadthaus besitzt eine gewaltige Holzbalkendecke, in der Mitte stützt eine Säule den kleinen Speiseraum. Fabio und Lucia bieten hauptsächlich Fleischgerichte vom Grill, leckere Vorspeisen, Menü ca. 40 DM. So geschl.

La Cantinota (6), Via San Marco 25, gegenüber vom Due Mori, sehr gepflegtes und stilvolles Ristorante mit Kerzenlicht, besitzt einen wunderbaren Innengarten und eine Piano-Bar. Do geschl.

Chiesa (8), Via San Marco 64, wenn das Trentino etwas im Überfluß besitzt, dann sind es Äpfel. Was liegt also näher, als die Speisekarte damit anzureichern - das Lokal im Park eines eleganten 17. Jh.-Palazzo ist weithin berühmt für seine Apfelgerichte. So gibt es für ca. 70 DM z.B. ein spezielles Menü - die *Mela-Party*, in dem jeder Gang mit Äpfeln zu tun hat: zunächst gebackene Apfelbällchen, dann ein Tartar "Eva im Apfel", anschließend Matjes mit Apfel, Risotto mit Apfel, Kalbshaxe auf Apfelsauce, Apfelstrudel und ein Apfelschnaps zum Verdauen. Wer keine Äpfel mag, kann das fül-lige *Kardinalsmenü* aus der Renaissance oder das *Überraschungsmenü* wählen - garantiert ohne Äpfel. Zahlreiche Auszeichnungen preisen die Küche von Sergio Chiesa und seinem Koch Mario Giovanella. Mi Abend und So geschl.

Alla Grotta (7), Vicolo San Marco, Seitengasse der Via San Marco, versteckte Freiluft-Pizzeria an einer kleinen Piazza schräg gegenüber der Chiesa San Marco.

Primavera (3), Via del Suffragio 92, einfache Pizzeria in urig-anheimelnder Lage in einem niedrigen Laubengang, Tauben gucken beim Pizzaessen zu. Mi geschl.

Chisté (11), Via delle Orne 4, mitten in der Altstadt, Raffaele Romano hat sich ausschließlich auf Fisch spezialisiert - eine Rarität in Trento, auf Vorbestellung gibt's außerdem Paella.

Port'Aquila (9), Via Cervara 66, im Rücken der Burg liegt eins der ältesten Traditionslokale von Trento, seit Jahrzehnten wird die schlichte Trattoria von derselben Familie geführt, das Essen ist relativ preiswert, einfach und bodenständig. So geschl.

● *Außerhalb*: **Bergamini-Hof** in Cognola, stilvolles Weingut aus dem 17. Jh. mit Re-

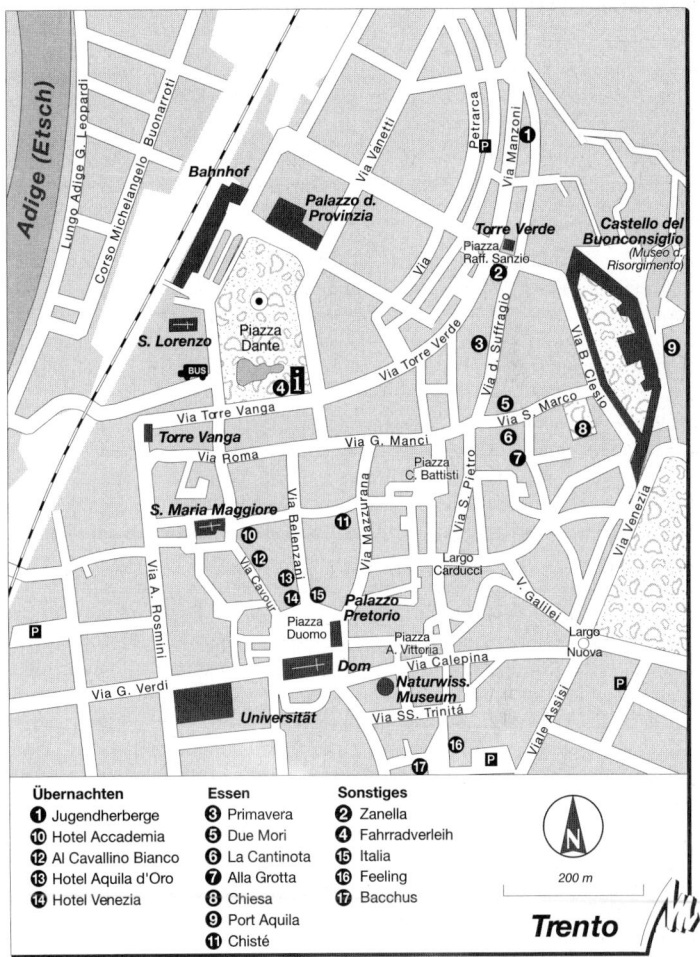

Übernachten
1 Jugendherberge
10 Hotel Accademia
12 Al Cavallino Bianco
13 Hotel Aquila d'Oro
14 Hotel Venezia

Essen
3 Primavera
5 Due Mori
6 La Cantinota
7 Alla Grotta
8 Chiesa
9 Port Aquila
11 Chisté

Sonstiges
2 Zanella
4 Fahrradverleih
15 Italia
16 Feeling
17 Bacchus

200 m

Trento

staurant, typische Trentiner Gerichte. Reservierung unter Tel. 0461/983079. Während der Weinlese geschl.

• *Cafés/Bars*: **Caffè Italia (15)**, ganz zentral an der Piazza Duomo, ideal um das Treiben zu beobachten. Eis und Apfelstrudel, daneben ein Brunnen mit eiskaltem Wasser.

Zanella (2), am unteren Ende der Via del Suffragio (vis à vis vom Grünen Turm), beliebtes Eiscafé mit großem schattigen Garten.

Bacchus (17), kleine Bar an der Piazza Fiera, einem ruhigen Fleck, wohin sich kaum Touristen verirren. Mit Blick auf die Reste der Stadtmauer kann man zu einem Glas Bier oder Wein leckere Snacks wie Oktopus, Pepperoni oder Oliven zu sich nehmen.

• *Unterhaltung*: **Feeling (16)**, Piazza Garzetti, Pub für junge Leute mit viel Musik und guter Getränkeauswahl. So geschl.

Sehenswertes

Domplatz und Umgebung: Wer das Zentrum von Norden betritt, wird wahrscheinlich die prächtige *Via Belenzani* entlang zum Domplatz schlendern. Sie ist gesäumt von Renaissancepalästen mit schönen Fassadenmalereien aus dem letzten Jahrhundert.

Der weite offene *Domplatz* ist für den Verkehr gesperrt und bildet ein beeindruckendes Ensemble: in der Mitte der reich verzierte *Neptunbrunnen* mit allerlei üppigen Gestalten und Wassergetier, linker Hand der burgartige *Palazzo Pretorio*, als mächtiger Blickfang an der Südfront der *Dom San Vigilius* - ein kunstvoller grauer Bau, dessen strenger Charakter durch zahlreiche architektonische Details abgemildert wird. Zur Piazza hin dominiert das Querschiff mit prächtiger Rosette, rundum verläuft eine niedrige Galerie. Im düsteren Inneren hohes Schiff mit Kreuzrippengewölben, links und rechts steigen zwei Treppen zur Galerie hinauf. In den Querschiffen und im Altarbereich Reste alter Fresken aus dem 13.-15. Jh., in der großen Sakramentskapelle (Cappella Alberti) rechter Hand ein berühmtes Holzkruzifix vom Nürnberger Bildhauer Sixtus Frey, vor dem die Beschlüsse des Konzils verlesen wurden, das hauptsächlich in dieser Kirche stattfand. Der Christus am Kreuz soll zum Schluß zustimmend genickt haben. Das Grab von Bernhard von Cles findet man links neben dem Seiteneingang vom Domplatz. Im Untergrund sind die Grundmauern einer *frühchristlichen Basilika* aus dem 6. Jh. zu besichtigen, eingelassen im Boden sind die Gräber Trientiner Bischöfe (Eintritt in der Besichtigung des Diözesanmuseums eingeschl.). Mal um die Kirche schlendern, hinten im Apsisbereich ein eindrucksvolles Ensemble verschlungener Doppelsäulen. Hier findet auch werktags jeden Vormittag der *Markt* statt.

Seitlich vom Dom steht der zinnenbewehrte *Palazzo Pretorio*, der ehemalige Bischofspalast, in dem sich heute das *Diözesanmuseum* befindet. Erst vor kurzem vollständig restauriert, kann man in den kühl temperierten Sälen Gemälde und große Tafelbilder zum Konzil betrachten, im obersten Stockwerk sind Bischofsgewänder und der Domschatz untergebracht (9-12.30, 14.30-18 h, ca. 3 DM).

Ein paar Schritte hinter dem Dom liegt in der Via Calepina 14 das *Naturwissenschaftliche Museum* (Museo Tridentino di Scienze Naturali) mit einer anregenden und umfangreichen Sammlung zur Geologie, Flora und Fauna der Voralpenregion von Trento (Di-So 9-12.30, 14.30-18 h, Mo geschl., ca. 3 DM).

Kastell: Durch kleine Altstadtgassen kann man vom Dom zum *Castello di Buonconsiglio* hinüberlaufen. Groß und massig thront die ehemalige Residenz der Fürstbischöfe am Rand der Altstadt, bestehend aus mehreren, stilistisch bunt zusammengewürfelten Palazzi aus verschiedenen Jahrhunderten, die von einer Mauer mit Rundtürmen umschlossen sind. Schön ist die venezianische Loggia im Castelvecchio, dem Nordbau der Anlage.

Nach dem Eingang kann man zunächst das obligate *Museo di Risorgimento* betrachten, das mit umfangreichem Material und stark anti-österreichischem Akzent an den Ersten Weltkrieg und die Wiedergewinnung des

Dom und ehemaliger Bischofspalast von Trento

Trentino erinnert, aber auch die folgende faschistische Epoche integriert. In der runden *Torre d'Aquila* des Castelvecchio ist der großartige Freskenzyklus der "dodici mesi" (12 Monate) aus dem 15. Jh. zu betrachten (nur mit Führung), für jeden Monat des Jahres sind Szenen aus dem Leben des Volks und des Adels einander gegenübergestellt - die Adligen völlen und freuen sich des Lebens, die Bauern schuften unermüdlich für den Wohlstand der Herren. Im Albertinischen Bau und im Palazzo Magno durchschreitet man zahlreiche Prunksäle mit schweren Holzdecken, üppigem Freskenschmuck und diversen Ausstellungsstücken. Interessanter als der Pomp der Fürstbischöfe ist die Todeszelle des Trentiner Journalisten *Cesare Battisti* im südlichen Garten. Er kämpfte als Initiator der Zeitschrift "Il Popolo" mit Wort und Tat gegen die österreichische Besatzung und wurde hier 1916 von den Österreichern wegen Hochverrat erschossen, mit ihm seine Mitstreiter Damiano Chiesa und Fabio Filzi - eine Bilddokumentation dazu im Kriegsmuseum von Rovereto (Di-So 9-12, 14-17.30 h, Mo geschl., ca. 6 DM).

Sonstiges: Die Renaissancekirche *Santa Maria Maggiore*, in der ebenfalls zeitweise das Konzil von Trient tagte, erreicht man vom Dom durch die Via Cavour. Außer ihrer historischen Bedeutung hat sie nichts Außergewöhnliches an sich, jedoch hat immerhin schon Georg Friedrich Händel die Manuale der Orgel betätigt.
Die Kreuzung namens *Canton* (Ecke Via San Marco/Via del Suffragio) bietet mit ihren malerisch vergammelten Gebäuden aus verschiedenen Epochen einen ungewöhnlichen Anblick. Die sich leicht senkende *Via del Suffragio* ist mit ihren Laubengängen einer der schönsten Straßenzüge der Stadt. Einst wohnten hier hauptsächlich deutsche Handwerker und Kaufleute.

Westlich oberhalb der Stadt thront auf dem Monte Dos Trento unübersehbar das säulenbestückte *Mausoleum* für Cesare Battisti, ebenfalls dort oben das *Museo Nazionale Storico degli Alpini*, eine Erinnerungsstätte für die italienischen "Alpensoldaten" des Ersten Weltkriegs (Di-So 9.30-12, 14-17.30 h, Mo geschl., frei).

▶ **Trento/Umgebung:** Das Weinbauzentrum *San Michele all'Adige* liegt 15 km nördlich von Trento (eigene Autobahnabfahrt). Im Castello di San Michele kann man das *Trientiner Volkskunde- und Trachtenmuseum* (Museo degli Usi e Costumi della Gente Trentina) besichtigen, das die landwirtschaftlichen, handwerklichen und kulturellen Traditionen der Region umfassend dokumentiert (9-12.30, 14.30-18 h, ca. 5 DM).

Wer den Gardasee als Ziel hat, kann von Trento die SS 45 bis nach Riva nehmen. Nach etwa 16 km passiert man die beiden Seen *Lago di Santa Massenza* und *Lago di Toblino*. In letzterem thront pittoresk das *Castello di Toblino* auf einer schmalen grünen Halbinsel, ein Café-Restaurant mit schöner Seeterrasse lädt zur Einkehr ein, man speist unter Arkaden oder im freskenbemalten Innenhof.

Riva und der trentinische Teil des Gardasees → S. 252.

Die Schloß-Tour

Von Trento geht eine Bahnlinie bis Malé im Nordosten des Trentino - 1909 fuhr hier die erste elektrische Eisenbahn Italiens. Einmal pro Woche (meist am Sonntag) fährt ein kleiner Sonderzug auf dieser Route, wobei einige Burgen und andere Sehenswürdigkeiten an der Strecke besichtigt werden, dazu gibt es Tanz- und Musikveranstaltungen (Auskunft im Tourist-Büro von Trento).

Rovereto   (ca. 35.000 Einwohner)

Einladendes Städtchen in Höhe des nördlichen Gardasees, von dort auch gut im Rahmen eines Tagesausflugs zu besichtigen. Das malerisch verwinkelte Altstadtviertel am Berghang lohnt einen ausgedehnten Bummel - enge überwölbte Gassen, stimmungsvolle kleine Plätze und viele versteckte Winkel schaffen Atmosphäre. Der Fluß Leno zieht sich quer durch die Stadt, hoch darüber thront ein großes Kastell.

Viele Italiener verbinden Rovereto noch immer mit den Schrecken des Ersten Weltkriegs - monatelang verlief durch die Berge der Provinz die erbittert umkämpfte Frontlinie zwischen Österreichern und Italienern. Zahlreiche Festungen liegen auf den Hochplateaus verstreut und das Militärmuseum in der Burg über der Stadt ist das größte im Land. Weit in die Vorgeschichte weisen dagegen die legendären Spuren der Dinosaurier zurück, die man bei Rovereto entdeckt hat.

● *Anfahrt/Verbindungen:* **PKW**, u.a. beschildertes Parkhaus im Centro Storico, Standplätze mit Parkscheibe vor dem Kastell.

Bahn, der schnurgerade Corso Antonio Rosmini führt geradeaus in wenigen Minuten in die Altstadt.

● *Information*: **APT**, Via Dante 63, direkt am Ufer vom Leno. Gut ausgestattetes Büro. Mo-Fr 9-12.15, 14.30-18, Sa 8.30-12 h, So geschl, Tel. 0464/430363.

● *Übernachten*: ***** Leon d'Oro**, Via G. Tacchi 2, sehr wohnliches Haus nahe der Altstadt, kuschlig-gemütliche Atmosphäre, unten Salon mit Ledersesseln, in den komfortablen Zimmern Teppichboden, bemalte Bauernmöbel, Mini-Bar und TV. Eigener Parkplatz vor dem Haus. Eigentümer ist die alteingesessene Gastronomenfamilie Zani. DZ mit gutem Frühstücksbuffet ca. 140-180 DM, Tel. 0464/437333.

*** Rovereto, Corso Rosmini 82/D, Palazzo aus dem 19. Jh., gleich um die Ecke vom Leon d'Oro, gehört ebenfalls den Zanis, schickes Hotel in zentraler Lage, verschiedene Zimmertypen von Belle Epoque bis modern, kleiner Garten. DZ mit Frühstücksbuffet ca. 140-180 DM. Das hauseigene Restaurant *Novecento* gilt als eines der besten der Stadt. Tel. 0464/435222.

** Sant'Ilario, Viale Trento 68, an der Zufahrtsstraße von der Autobahn zum Stadtzentrum, größeres Haus mit Parkplatz, etwa 2 km in die Altstadt, DZ ca. 100 DM, Tel. 0464/411605.

* La Lanterna, Piazza Malfatti 12, Trattoria mitten in der Altstadt, im Obergeschoß werden zwei einfache Zimmer für ca. 40 DM vermietet, nur Etagendusche, Tel. 0464/436612.

Jugendherberge Cittá di Rovereto (IYHF), Via della Scuola 18, solide und gut geführte Herberge in unmittelbarer Nähe zur Altstadt, 400 m vom Bhf. Etwa 16 DM pro Pers., geöffnet 7.30-9, 17-23.30 h, Tel. 0464/433707.

● *Essen*: **Mozart 1769**, Via Portici 36, untergebracht in einem alten Gemäuer wohl das stimmungsvollste Restaurant der Stadt, nostalgischer Speiseraum mit altrosa Samtsitzen, vielen Spiegeln und Kronleuchtern. Besitzer und Koch Ezio Filizola bietet eine weitgefächerte Auswahl von alpenländischer bis zu maritimer Küche. Di geschl.

Al Borgo, Via Garibaldi 13, elegantes Lokal mit stolzen Preisen und vielgelobter Küche, die viele Traditionen verquickt. Das Degustationsmenü mit zahlreichen Gängen kostet ca. 85 DM, das Normalmenü um die 70 DM. So Abend und Mo geschl.

Piccolo Fiore, Corso Rosmini 22, große volkstümliche Pizzeria am zentralen Corso, im schlichten langgestreckten Speisesaal trifft sich alles und jeder, lockere Atmosphäre, 40 Pizzen stehen zur Auswahl.

● *Unterhaltung*: **Loco's Bar**, Via Valbusa Grande, oberhalb der Piazza Battisti in der Altstadt, Jugendtreff mit langer Theke und fetziger Musik. So geschl.

Bar Christian, Via Orefici 17, im hübschen weinüberrankten Hof kann man gemütlich ein Gläschen trinken.

Sehenswertes: Vor allem das historische Zentrum als Ganzes. In der Via Portici 14 erinnert eine Plakette an "Volfango Mozart", der 1769 in Rovereto im zarten Alter von dreizehn Jahren sein erstes Italienkonzert gab.

Das Kastell aus dem 14. Jh. steht am höchsten Punkt und bietet einen schönen Überblick über Stadt und Umgebung. Im letzten Jahrhundert diente es als österreichische Kaserne, seit 1921 ist hier das *Museo Storico Italiano della Guerra* untergebracht, das größte Kriegsmuseum Italiens. In dreißig Sälen auf zwei Stockwerken sind Waffen, Uniformen, Gemälde, historische Fotos und Dokumente zum Ersten Weltkrieg und zu früheren kriegerischen Ereignissen ausgestellt, u.a. ist auch die Hinrichtung der italienischen Freiheitskämpfer Fabio Filzi und Cesare Battisti durch die Österreicher dokumentiert (→ Trento). Gleich ein ganzer Raum ist dem abenteuerlichen Unternehmen vom 9. August 1918 gewidmet: damals flog eine italienische Staffel von sechs Fliegern ab Padua bis übers feindliche Wien, um dort Flugblätter abzuwerfen, die zur Kapitulation aufforderten - "Wenn wir wollten, könnten wir ganze Tonnen von Bomben auf eure Stadt hinabwerfen, aber wir senden euch nur einen Gruß der Trikolore, der Trikolore der Freiheit ...". Mit an Bord: der exzentrische Poet Gabriele d'Annunzio (→ Gardasee), der die triumphale Angelegenheit literarisch verewigen sollte (im Sommer Di-Fr 8.30-18.30, Sa/So 9-19 h, Mo geschl., ca. 5 DM).

• *Weitere Museen*: **Museo Depero**, Via della Terra 53, wenige Meter vom Burgeingang. Das einzige futuristische Museum Italiens ist ganz dem Schaffen des Trentiner Künstlers Fortunato Depero gewidmet (1892-1960), der vor allem farbenprächtige Gemälde, hübsche Skulpturen und Wandteppiche schuf. Ein deutschsprachiges Informationsblatt liegt aus (Di-So 10-12.30, 14.30-19 h, Mo geschl., ca. 4 DM).

Museo d'Arte Moderna e Contemporanea - Archivio dell'900, Corso Rosmini 58. Noch im Aufbau begriffen. Von außen imposant und modern, zeigt sich die Sammlung der Kubisten bislang spärlich und mager – noch dazu zu reichlich hohem Eintrittspreis (10-12.30, 14.30-19 h, ca. 6 DM).

Museo Civico, 1995 umgezogen in den Palazzo Parolari am Largo Santa Caterina, zu erkennen an den zwei Sauriern im Hof. Paläontologische, mineralogische, archäologische und kunsthistorische Funde (9-12, 15-18 h).

Rovereto/Umgebung

Die Spuren des Ersten Weltkriegs sind es vor allem, die hier noch immer sichtbar sind. Jahrelang lagen sich italienische Alpini und österreichische Kaiserjäger in den Bergen einander gegenüber, eingegraben in kilometerlange Schützengräben und Sandsackstellungen. Der *Sentiero della Pace* folgt dem ehemaligen Frontverlauf.

▶ **Friedensglocke und Beinhaus**: 3 km oberhalb der Stadt ertönt auf dem Colle di Miravalle zu jedem Sonnenuntergang *Maria dolens*, die gewaltige Campana dei caduti ("Glocke der Gefallenen"), um an die Toten aller Kriege zu erinnern. Die Glocke wurde nach dem Ersten Weltkrieg aus Kanonen eingeschmolzen, sie ist 22.600 kg schwer und gilt als größte frei hängende und täglich geläutete Glocke der Welt. Heute stehen auf dem Gelände die Fahnenmasten von etwa hundert Nationen, tagsüber wird der Glockenklang per Band abgespielt. Der Weg ist von der Innenstadt aus beschildert (tägl. 9-20 h, im Sommer auch länger, ca. 2 DM).

2 km weiter südlich erhebt sich weithin sichtbar auf einem Hügel das riesige *Ossario del Castel Dante*, ein Beinhaus für 20.000 Gefallene des Ersten Weltkriegs, das größte seiner Art in Italien (9-11.45, 14-16.45 h).

▶ **Spuren der Dinosaurier**: Etwa 4 km vom Zentrum sind in den grauen Kalkablagerungen von *Lavini di Marco* die 200 Millionen Jahre alten Spuren von Hunderten von Sauriern verewigt. Der Weg ist beschildert mit "piste dei dinosauri". Das Tourist-Büro veranstaltet kostenlose Führungen.

▶ **Castel di Beseno**: Nördlich von Rovereto thront trutzig die größte mittelalterliche Burg des Trentino auf einem Bergrücken seitlich der Autobahn. Sie schützte die Stadt Trient nach Süden und sicherte das Seitental des Rio Cavallo. In ihrer Ausdehnung wirkt sie fast wie eine Stadt für sich (Besichtigung April bis Oktober).

Die Festungen der Hochebenen

Nach dem preußisch-österreichischen Krieg von 1866 mußten die Habsburger Venetien an die Italiener abtreten. Unmittelbar danach begannen sie in den Bergen östlich von Rovereto und Trento, wo die neue Grenze verlief, eine Reihe von massiven Befestigungen zu bauen. Anfang des 20. Jh. forcierte der österreichisch-ungarische General

Conrad von Hötzendorf den Ausbau in der festen Überzeugung, daß diese Region einmal eine entscheidende Rolle in kommenden feindlichen Auseinandersetzungen spielen würde, denn von hier hatte man freien Zugriff auf die Poebene weiter südlich. Auf den Hochebenen entstanden sieben gewaltige Betonfestungen, die heute italienische Namen tragen: *Forte Pizzo di Vézzena, Forte Busa Verle, Forte Luserna, Forte Belvedere, Forte Cherle, Forte Sommo Alto* und *Forte Dosso del Sommo*. Auch die Italiener begannen daraufhin, Verteidigungsanlagen zu bauen, u.a. *Forte Maso, Forte Ratti, Forte Campolongo* und *Forte Campomolon*. Und tatsächlich fiel dieser Region in den Anfangsjahren des Ersten Weltkriegs vorübergehend eine Schlüsselrolle zu, bis die materiell überlegenen österreichischen Truppen den Frontverlauf weiter nach Süden rücken konnten. In diesen und folgenden heftigen Kämpfen wurden die Bergfestungen weitgehend zerstört.

Die bizarr zerbombten Ruinen sind heute populäre Ausflugsziele für Wanderer und Mountainbiker, doch nur noch *Forte Belvedere* ist in gutem Zustand erhalten, es enthält ein anschauliches kleines Museum und kann besichtigt werden (Juni-September 8-19 h, ca. 3 DM). Von Rovereto nimmt man die Straße über Folgaria nach Cappella, dort führt eine kurze beschilderte Piste zum Fort in 1177 m Höhe. Besonders reizvoll ist auch der Ausflug zum *Forte Sommo Alto*: von Folgaria hinauf nach Francolini, dort mit Sessellift zum Rifugio Stella d'Italia und in 15 Min. rüber zum Fort.

Lesetip: "Führer zu den Festungen der Hochebenen", erhältlich im Museo Storico Italiano della Guerra.

▶ **Monte Pasubio**: An diesem 2200 m hohen Massiv lagen sich Italiener und Österreicher über zwei Jahre lang gegenüber. Die Befestigungen waren die höchstgelegenen im Ersten Weltkrieg. Beide Seiten trieben schließlich Stollen unter die feindlichen Stellungen, um diese mit Sprengstoff in die Luft zu jagen. Den Österreichern gelang das am 23. März 1918 mit 60.000 Kilo Dynamit - die gesamte Nordwand des Pasubio brach zusammen und riß zehntausend Menschen in den Tod. Eine steile Piste namens *Strada degli Eroi* ("Heldenstraße") führt auf den Berg, oben ist die abenteuerliche *Strada degli Gallerie* aus Sicherheitsgründen gesperrt - über fünfzig Tunnel und Stollen wurden hier in den Berg getrieben.

Lago di Caldonazzo/Lago di Lévico

Nördlich der Alpen wenig bekanntes Seengebiet wenige Kilometer südöstlich von Trento, zwischen den hügligen Ausläufern der Dolomiten. Ein dicht bewaldeter Höhenrücken trennt die beiden Seen, von denen der Lago di Lévico weitaus schöner, der Caldonazzo-See aber besser zum Baden geeignet ist.

Zu erreichen von Trento auf der gut ausgebauten SS 47 durchs Valsugana oder auf der eingleisigen Bahnstrecke am Westufer des Lago di Caldonazzo entlang, die über Lévico Terme und Primolano nach Venedig führt (Ferrovia della Valsugana), Verbindungen ca. 7 x tägl.

Tip: Weiterfahrt das malerische Valsugana entlang ins schöne Städtchen *Bassano del Grappa* (→ Veneto) und über *Treviso* (→ Veneto) weiter nach Venedig.

▶ **Lago di Caldonazzo:** abgesehen vom unbesiedelten Ostufer landschaftlich nicht umwerfend, passabler Standort ist aber *Calceranica al Lago* auf einer Landzunge am Südende, dort viel Campingtourismus und die besten Bademöglichkeiten - der *Lido di Calceranica* ist ein langer öffentlicher Kies-/Sandstrand mit Gras und Bäumen dahinter. Im August sehr voll, sonst angenehm. Zentraler Treff ist das Ristorante Panorama bei den Campingplätzen direkt am See, von der schattigen Terrasse hat man einen ausnehmend schönen Blick auf Wasser und Strandleben.

● *Übernachten*: **Camping Punta Indiani**, auf halber Höhe des Westufers auf einer baumreichen Landzunge, die wenig befahrene Bahnlinie führt auf einem Damm durch das Gelände, kleiner Strand.

Südlich von Calceranica, auf schmaler Uferstraße zu erreichen, liegen die meisten Plätze am See, u.a. **Penisola Verde**, Belve-

dere und **Riviera**, beste Lage haben **Camping Spiaggia** und der Nachbarplatz **Mario** - nur über die Straße rüber hier der beste Strandabschnitt mit Duschen und Tretbootverleih.

** **Albergo Bellavista**, ebenfalls nur über die Straße zum Strand, 18 Zimmer, DZ mit Bad ca. 75 DM, Tel. 0461/723214.

▶ **Lago di Lévico:** eingebettet zwischen steile, dicht bewaldete Hänge, die Ufer fast völlig unerschlossen, nur am Südende liegt der Kurort Lévico Terme - abgesehen vom Camping Lévico dort die einzige Bademöglichkeit am See das *Strandbad Lido* mit Rasenflächen, Ristorante und Holzstegen ins Wasser (ca. 3 DM).

Lévico Terme

(ca. 5500 Einwohner)

Bekannter Kurort halbhoch über dem See, zieht sich weit den Hang hinauf, am Ufer unten mehrere Campingplätze und Hotels. Ambiente etwas nüchtern, deutlich geprägt von Kurgästen ab fünfzig aufwärts, vorwiegend bürgerliches Publikum aus dem Tiefland.

Die zentrale Via Regia und die anschließende Via Dante sind für den Verkehr gesperrt, man flaniert durch den alten Ortskern und über den Hauptplatz - dort oberhalb die moderne Kirche mit ihrer achteckigen Kuppel - dann durch die Geschäftszone bis zum modernen Thermalbad *Palazzo delle Terme* (arsen- und eisenhaltige Quellen) inmitten eines gut gepflegten Parks mit kräftigen Kastanien und Nadelbäumen, im Umkreis altehrwürdige Kurhotels.

Auf der entgegengesetzten Seite der Stadt in einem weitläufigen Park das klassische Thermalbad *Grand Hotel Terme*. Zum Seeufer hinunter ist es ein Spaziergang von etwa einem Kilometer.

● *Anfahrt/Verbindungen*: **Bahn**, Station an der Strecke Trento-Venezia. Bahnhof liegt unterhalb vom Ort, der Viale Stazione führt geradeaus ins Zentrum hinauf, zu den Campingplätzen am See muß man sich links halten.

● *Information*: **APT**, Via Vittorio Emanuele 3, Tel. 0461/706101.

● *Übernachten*: zahllose Möglichkeiten sowohl im Ort als auch am See unten.

*** **Romanda**, mitten im Zentrum, alteingesessen und sehr aufmerksam geführt von Familie Bosco, DZ je Saison ca. 75-110 DM, Tel. 0461/707122.

An der Piazza Sonnino, ebenfalls zentral liegt das ** **Nazionale** (Tel. 0461/ 706143, ca. 65 DM), etwas unterhalb davon ** Antica Rosa (Tel. 0461/706154, ca. 75 DM).

** Villa Primavera, am unteren Stadtrand, modernes Haus mit schönem Blick, Terrasse vor dem Haus, Parkplatz, DZ mit Balkons und Du/WC für ca. 75 DM, Tel. 0461/706510.

* Aurora, Via Travaia, am Aufgang vom See in die Stadt, freundliches Haus mit Blumenkästen an den Fenstern, 8 Zimmer mit 2 Etagenduschen, DZ ca. 55 DM, Tel. 0461/706282.

Camping Lévico, einziger Platz direkt am See, bebautes Wiesengelände, schmaler Kiesstrand, schöner Blick auf die bewaldeten Hänge um den See. Der Platz wurde kürzlich um eine schattenlose Wiese erweitert. Tel. 0461/706491.

Camping Jolly, an derselben Zufahrtsstraße wie Camping Lévico, gepflegter Platz mit abgezirkelten Wegen unter niedrigen Bäumen, Pool. Beide Plätze ohne Ristorante. Tel. 0461/706934.

Camping Due Laghi, Nähe Camping Jolly, an der Straße nach Tenna, sehr großes Gelände nicht unmittelbar am See, sauber abgeteilte Stellflächen auf Gras, Pool und Tennis, 400 m zum See, dort Privatstrand. Platz wurde von einem großen Automobil-

club als mustergültig bewertet. Tel. 0461/706290.

• _Essen_: Al Conte, Via Regia, gemütliches Ristorante/Pizzeria in einem malerisch vergammelten Innenhof mit alten Holzbalkons, günstige Pizza, z.B. _pizza tirolese_ mit Tiroler Speck.

Boivin, gepflegte Enoteca in der Seitenfront des Hotels Romanda.

Caminetto, Via Dante 24, Traditionscafé an der Hauptstraße, draußen hohe schattige Markise, drinnen kitschig. Verschiedene Eisspezialitäten, ansonsten mal das Thermalwasser _Lévico Casara_ kosten.

• _Nachtleben_: Jugendtreff ist die zentrale Piazza Sonnino unterhalb der Kirche, speziell um das Hotel Nazionale mit seinem beliebten Café findet allabendlich die Passeggiata statt.

Alternative das Del Romanda, eine Osteria etwas unterhalb der Hauptstraße, Via Garibaldi 11, wo man zahlreiche Weine und Biersorten in angenehmer Kneipenatmosphäre kosten kann, dazu gibt es leckere Kleinigkeiten, z.B. Bruschetta. Mo geschl.

In den romantisch beleuchteten Terrassencafés der großen Kurhotels um den Palazzo delle Terme im Sommer tägl. Livemusik, z.B. im Regina. Sehr beliebt ist auch das Impero.

▶ **Vetriolo Terme:** Kurort mit eisenhaltigen Quellen, schöner Halbtagesausflug - liegt in 1500 m Höhe, gut 1000 m über Lévico Terme. Hinauf auf 12 km langer steiler Serpentinenstraße in Haarnadelkurven - dichter Wald und immer wieder herrliche Panoramablicke. Ein sterbender Ort mit gerade einer Handvoll Hotels, z.T. bereits Ruinen mit zerborstenen Fenstern - aber herrlich ruhig und ideal zum Wandern in frischer Bergluft. Eine Seilbahn zum _Rifugio Panarotta_ (1830 m) und das Nonnenkloster _Casa Maria di Ausiliatrice_ liegen etwas östlich vom Albergo Centrale.

Übernachten/Essen: * Centrale, freundliches Albergo mit guter Küche, kann sich durchaus lohnen, mal zum Essen raufzukommen. DZ ca. 50 ohne Bad, 65 DM mit Bad, Tel. 0461/706459.

▶ **Alberè di Tenna:** Von Lévico Terme führt eine schöne Panoramastraße auf den Höhenrücken zwischen den beiden Seen. Kurz nach Ortsausgang Aussichtspunkt an der Straße, dann knapp an Tenna vorbei in die _Pineta Alberè_, ein dichter Kiefernwald mit zahlreichen markierten Spazierwegen. Geeignet für ein paar Tage Ruhe und Ausspannen in gesunder Waldluft - nicht allzu hoch, dennoch mit alpinem Charakter. Bekannt und beliebt im ganzen Trentino ist hier das Hotel Margherita.

• _Übernachten_: *** Margherita, gut ausgestattetes Haus mitten im Wald oberhalb der Straße, sehr ruhige Lage, große Freiluftterrasse und Ristorante mit ausgezeichneter ländlicher Küche. Zimmereinrichtung nicht auf dem neuesten Stand, aber alle mit Balkon und Du/WC, es gibt Sauna, Einrichtungen für Hydromassage, zwei kleine Pools und Tennisplatz. Mindestaufenthalt drei Tage, Halbpension um die 80-100 DM pro Kopf, im August meist lange im voraus ausgebucht. Tel. 0461/706445.

Venetien (Veneto)

Wer auf der Autobahn vom Brenner nach Verona hinunterbraust, hat manchmal das Gefühl - hier geht Italien erst los! Die langen Südtiroler und Trentiner Täler gleiten aus, steile Felshänge treten zurück, sanfte Hügel mit Zypressen und zinnengekrönten Palazzi lösen die schlanken alpenländischen Kirchtürme und Holzdächer ab. Der Wechsel von der grandiosen Bergwelt zu üppig mediterraner Vegetation und verspielter Architektur fasziniert jedesmal aufs neue.

Der Markuslöwe – im ganzen Veneto Machtsymbol des venezianischen Herrschaftswillens

Verona ist die erste "wirklich" italienische Stadt südlich der Alpen. Hier Halt zu machen, bringt eine gute Einstimmung auf das Kommende, allein schon wegen der unnachahmlichen südlichen Lebensart, die hier allabendlich auf der großen Piazza Bra quirlt. Doch Verona ist nur Auftakt. Das Veneto schließt sich wie ein großer Kreis um seinen unbestrittenen Mittelpunkt: *Venedig*. Die Lagunenstadt ist allein mindestens eine Reise wert und gehört zweifellos zu den größten Sehenswürdigkeiten Italiens. Trotzdem - Venedig ist nicht das Veneto. Zu verschieden sind die Landstriche zwischen Alpen und Po. Tatsächlich gibt es in wenigen Regionen Italiens solche ins Auge fallenden Gegensätze - auf der Nordseite beispielsweise *Cortina d'Ampezzo*, mondäner Wintersportort hoch in den Dolomiten, im Süden dagegen die eintönige Landschaft des *Podeltas*, wo der Tourismus, wenn überhaupt, auf kleinster Sparflamme kocht.

Seit dem 14. Jh. dehnte die mächtige Seerepublik Venedig ihren Einfluß weit ins Hinterland aus: Padua und Verona wurden erobert und das gesamte Friaul (Friuli-Venezia Giulia) fiel in die Hände der Dogen - dazu kam die Ausdehnung der venezianischen Macht bis tief ins östliche Mittelmeer. Diese Zeiten sind lange vorbei, doch der venezianische Markuslöwe brüllt noch immer in allen wichtigen Städten von Venedig bis zum Gardasee - wenn auch nur auf hohen Säulen und an bröckelnden Fassaden. Napoleon besiegelte 1797 das Ende der selbständigen Seerepublik und trat ein Jahr später das Veneto an die Österreicher ab. Erst 1866 wurde die "Serenissima" (die "Allerehrenwerteste"), wie Venedig oft genannt wird, Teil des neuen Staates Italien.

Neben Venedig ist Verona mit seiner großartigen Arena das wichtigste Reiseziel, gefolgt von den interessanten Städten *Vicenza* und *Padua*. Wen die Adria lockt, sollte *Caorle* versuchen - schön sind hier Lagunenrundfahrten - mehr los ist im allerdings reichlich gesichtslosen *Lido di Jesolo*. Kontrastprogramm an der Küste - der lärmende Fischerhafen *Chioggia* und die menschenleere Weite der Pomündung. Dort erkennt man, daß auch Italiens dreckigster Fluß seine Reize hat. Auch das Ostufer des Gardasees gehört zum Veneto - um den See aber nicht zu zerreißen, finden Sie ihn zusammenhängend im Kapitel "Lombardei und die Seen".

Schnell-Überblick

Schöne Orte: *Venedig, Verona, Vicenza, Padua, Treviso, Bassano del Grappa, Caorle.*

Landschaftliche Höhepunkte: die *Pomündung*, die *Lagune von Venedig*, die *Euganäischen Hügel* bei Padua und die *Dolomiten* um Cortina d'Ampezzo.

Kulturell interessant: *Venedig, Verona, Vicenza, Padua.*

Baden: Am besten hat uns *Caorle* mit dem großen Lagunengebiet im Hinterland gefallen, aber natürlich gibt es weitaus mehr Möglichkeiten.

Kurios: Ganz *Venedig* ist auf Eichenpfählen ins Wasser der Lagune gebaut - weltweit einzigartig (!); die Kirchen von *Verona* kosten Eintritt; der *heilige San Zeno* in Verona lächelt und die gut 700 Jahre alte Zunge des *Sant'Antonio* in Padua ist bis heute nicht verwest.

Eher abzuraten: im *Po* baden, in *Venedig* ins erstbeste Restaurant gehen oder allzu lange übernachten, in *Lido di Jesolo* in Achterreihen im Liegestuhl dösen.

*A*nfahrt/*V*erbindungen

● *PKW*: über den Brenner und die A 22 hinunterstechen bzw. die parallel laufende Staatsstraße. Einfacher geht's nicht - fast jeder, der aus Süddeutschland nach Italien fährt, kommt durchs Veneto und an Verona vorbei. Von dort ist es nur ein Katzensprung auf der A 4 nach Venedig.

● *Bahn*: Dasselbe gilt für Bahnfahrer. Die Brennerlinie über Innsbruck, Bozen, Trento und Verona ist neben der Gotthard-Linie das wichtigste Einfallstor in den Süden. Nach Venedig gibt es auch häufige Direktzüge und Kurswagen ab BRD, CH und A, z.B. mehrmals tägl. ab Basel, München und Wien.

*Ü*bernachten

Venedig besitzt über 200 Hotels - eines teurer als das andere! Die Preise in Vene-

dig sind die höchsten am Stiefel. Viel Geld kann man sparen, wenn man sich am

Festland einquartiert und nach Venedig hineinpendelt - möglichst mit der Bahn, denn Parken ist fast genauso teuer wie Schlafen. Als Standort bietet sich vor allem das nahe **Padua** an. **Verona** besitzt ebenfalls zahlreiche und nicht ganz billige Unterkünfte. Ebenso herrscht kein Mangel in **Caorle**, **Bibione** und **Lido di Jesolo**, den

wichtigsten Badeorten der Region.

Camper kommen an der Küste östlich von Venedig auf ihre Kosten, außerdem um Caorle und Bibione.

Jugendherbergen in Verona, Venedig, Montagnana (südlich von Padua) und Asiago (bei Bassano del Grappa).

Essen

Die Veneto-Küche ist von zwei Schwerpunkten geprägt - der Poebene und dem Meer. Als führende Handelsmacht des Mittelmeers kam Venedig als erste europäische Stadt mit den Gewürzen aus Übersee in Berührung. Aber auch Mais, Reis und rote Bohnen wurden hier erstmals auf den Kontinent eingeführt und bald in großem Maßstab angebaut. Jahrhundertelang beherrschte die Republik Venedig den größten Teil der Poebene, die sich ideal zum Reisanbau eignet. Dementsprechend ist die Liste der venezianischen Reisgerichte endlos, mindestens sechzig Rezepte gibt es, allen voran **risi e bisi** - Reis und junge Erbsen, in einer Fleischbouillon gekocht. **Risotto con scampi** (Hummerkrabben aus der Lagune), **riso e tripe** (mit Kutteln) oder **risotto con le seppie** (Reis mit der schwarzen Tinte vom Tintenfisch) sind einige weitere Variationen. Die zweite Grundlage der venezianischen Küche ist **polenta**, der weiße oder gelbliche Maiskuchen bzw. -brei, der zu vielen Gerichten als Beilage serviert wird, z.B. in gerösteten Scheiben zum berühmten **fegato alla veneziana** (Leber mit Zwiebeln), ein inzwischen weltweit verbreitetes Gericht, das angeblich in Venedig erfunden wurde. Auch **pasta e fasoi** (oder **pasta e fagioli**) sollte man unbedingt einmal kosten - die herzhaft-dicke Suppe aus Nudeln und dicken roten Bohnen sättigt und schmeckt.

Zu den typischen Fischen des Veneto zählt der **stoccafisso** oder **baccalà**, der Stockfisch (Kabeljau). Trotz seiner norwegischen Herkunft gibt es zahlreiche Spezialitäten auf dieser Basis, z.B. **baccalà mantecato** (pürierter Stockfisch mit einer Art weißer Sahnesoße) oder Baccalà in der Art von Vicenza (mit diversen Gewürzen in Milch gekocht). Ansonsten ist der **brodetto** bekannt und beliebt, eine üppige Suppe aus Fisch und Meeresgetier.

Das venezianische Perlhuhn **faraona** steht im ganzen östlichen Oberitalien auf der Speisekarte und von den einheimischen Gemüsen ist vor allem der **radicchio di Treviso** ein Begriff - der knackige rote Salat soll hier seinen Ursprung haben.

Die venezianischen Desserts sind weitgehend von der österreichischen Besatzungszeit geprägt (→ Venedig), aus Verona stammt der berühmte **pan d'oro**, ein federleichtes Backwerk mit zartem Vanillegeschmack.

Die Veneto-Weine gehören zu den bekanntesten Italiens, doch dank der zahlreichen Massenabfüllungen (Quantität statt Qualität) genießen nicht alle den allerbesten Ruf. Faustregel: Die Weine der Hügel sind denen der Ebene deutlich überlegen - deshalb immer auf die garantierte Ursprungsbezeichnung (DOCG) achten. Ein besonders edler Tropfen ist der trockene **Amarone** aus dem Valpolicella-Gebiet. Nach dem Chianti der meistverkaufte Wein Italiens ist der milde weiße **Soave** aus dem Gebiet zwischen Verona und Vicenza (für viele **der** italienische Weißwein schlechthin). Massenweise produziert wird der dunkle fruchtige Rotwein **Valpolicella** von Verona, von dem es leider viel Verschnitt und minderwertige Sorten gibt. Weitgehend von guter Qualität sind die **Prosecco**-Schaumweine aus dem Gebiet nördlich von Treviso zwischen Valdobbiadene und Conegliano - doch in der Ebene wird bereits massenhaft Billig-Prosecco ohne DOC produziert. Beliebt ist auch der leichte trockene Rote **Bardolino**, der am Ostufer des Gardasees wächst und hauptsächlich von Touristen genossen wird (→ Lombardei und die Seen). Fast gänzlich unbekannt sind dagegen bei uns die Weine der **Colli Euganei**, die meist offen verkauft werden (es gibt aber auch DOC-Weine) und deren Anbaugebiet in den Hügeln vulkanischen Ursprungs südlich von Vicenza liegt.

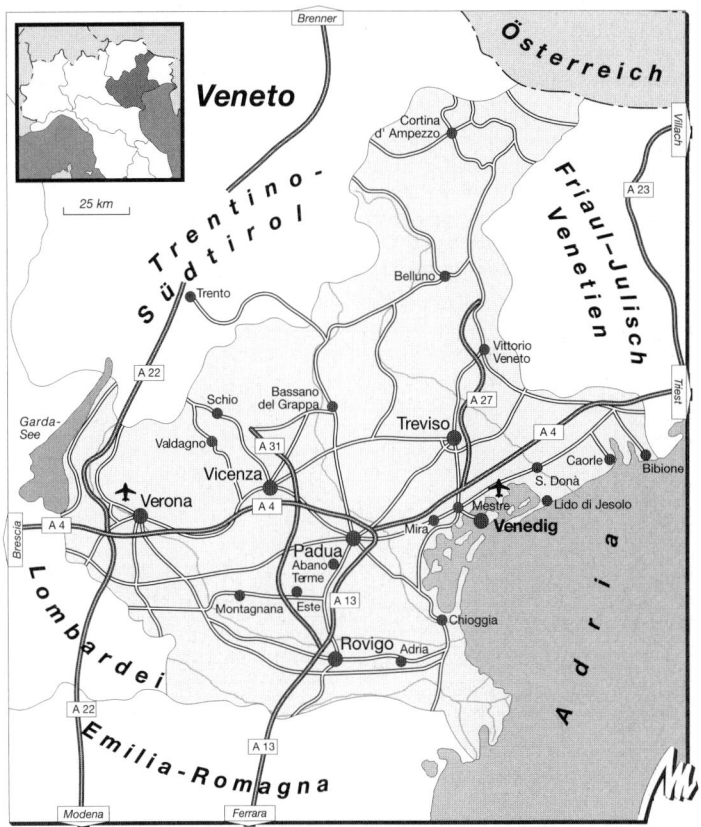

Verona

(ca. 262.000 Einwohner)

Erste größere Stadt südlich der Alpen. Ein Stopp lohnt - Veronas Altstadt ist bildschön und besitzt einige bedeutende Bauten, u.a. eine riesige römische Arena, die noch heute für Opernaufführungen genutzt wird. Die wohlhabende Stadt ist eine der elegantesten Norditaliens, man besitzt Lebensqualität und stellt seinen Reichtum gern zur Schau.

Das alte Zentrum schmiegt sich in einen tiefen Bogen der Etsch. Mit den malerischen Mittelalter-Gäßchen, prächtigen Kirchen und historischen Palazzi ist es zum Spazierengehen wie geschaffen, weite Teile der Innenstadt wurden zu Fußgängerzonen umgewandelt.

Zentraler Platz und immer belebter Treffpunkt ist die Piazza Bra mit ihrer altrömischen Arena - größte Attraktion der Stadt sind die hier allsommerlich stattfindenden Opernaufführungen: die unvergleichliche Stimmung unter freiem Himmel, hervorragende Akustik und tolle Beleuchtung garantieren ein unvergeßliches Kunsterlebnis. Weiterer Konzentrationspunkt ist die altertümliche Piazza delle Erbe mit ihrem sehenswerten Markt und den malerisch vergammelten Palazzi. Gleich nebenan die Piazza dei Signori, das mittelalterliche Verwaltungszentrum, mit der prunkvollen Szenerie alter städtischer Repräsentationsbauten. Nur ein paar Schritte sind es von hier zur Etsch, die mit ihrem breiten Bett das historische Zentrum von drei Seiten begrenzt. Auch den Hügel von San Pietro auf der anderen Seite sollte man unbedingt mal erklimmen - herrlicher Blick auf die Stadt.

Anfahrt/Verbindungen

- *PKW*: Verona liegt nur wenige Kilometer vom Gardasee und ganz zentral im Schnittpunkt der Autobahnen A 22 vom Brenner (Ausfahrt Verona Nord) und der A 4 Mailand-Venedig (Ausfahrt Verona Süd). An vielen Stellen der Innenstadt kann man an Parkuhren oder mit Parkscheibe bis zu einer Stunde parken, z.B. an der schattigen Alleestraße **Corso Porto Nuova** oder am **Stradone Porta Palio** beim Skaliger-Kastell. Kostenlos und ohne Zeitbeschränkung kann man seinen PKW an der Stadtmauer in der **Via Città de Nimes** beim Bahnhof (15 Min. ins Zentrum) und beim weiter westlich gelegenen **Stadion** abstellen. Für Besichtigung von **San Zeno Maggiore** kann man direkt vor der Kirche gebührenpflichtig parken. **Parkhäuser** gibt es an der Piazza Citadella (Nähe Piazza Bra) und in der benachbarten Via Bentegodi. Die Altstadt darf zu bestimmten Zeiten nur mit Sondergenehmigung befahren werden: Mo-Fr 7.30-10 und 13.30-16.30 h. Ausgenommen ist jedoch Zufahrt zu Hotels.
- *Bahn*: Verona ist wichtiger Verkehrsknotenpunkt für die Linien Brenner-Bologna-

Florenz und Mailand-Venedig. Häufige Verbindungen dorthin (stündlich IC-Züge), wie auch über die Alpen nach Innsbruck und München. Bahnhof **Stazione Porta Nuova** liegt ca. 20 Fußminuten von der zentralen Piazza Bra (Corso Porta Nuova entlang) oder Bus 72 bis Piazza Bra.
- *Bus*: **AMT-Busse** verkehren in der Stadt, Info-Material im Tourist-Büro. Bustickets für ca. 1.20 DM an allen Tabacchi-Ständen, bei den Kiosken im Bahnhof gibt es Tagespässe für ca. 4 DM. In der Innenstadt wird man allerdings das Meiste zu Fuß laufen. So verkehren andere Busse als werktags. **APT-Busse** fahren ab Bahnhofsvorplatz in die Umgebung, z.B. zum Gardasee und nach Brescia.
- *Taxi*: Standplätze am **Hauptbahnhof** und an der **Piazza Bra**, Tel. 045/532666.
- *Fahrrad*: **Rent a bike (34)** an der Piazza Bra, in der Stadtmauer an der Südseite der Arena, beim ockerfarbenen Rathaus, ca. 7 DM/Std., 20 DM/Tag, Tel. 045/504901.

Information

APT, in der linken Seitenfront vom ockerfarbenen Rathaus südlich der Arena, Via Leoncino 61 (Mo-Sa 8-20, im Sommer auch So 8.30-13.30 h). Reichhaltiges Info-Material: kostenlose Stadtpläne, Hotel- und Restaurantlisten, Shopping-Guide, Fahrplanhefte und Stadtpläne mit eingezeichneten Buslinien (zwei verschiedene Pläne für werktags und So), außerdem "Passport Verona" mit nützlichen Hinweisen aller Art.

Man spricht deutsch. Tel. 045/592828. **Zweigstellen** an der Piazza del Erbe 42, obere Schmalseite (Mo-Sa 9-19.30 h, So geschl.), Tel. 045/8006697 und am Bahnhof Porta Nuova (Mo-Sa 8.30-19.30 h), Tel. 045/8000861. **Hotelvermittlung** (Cooperativa Albergatori Veronesi) in der Via Patuzzi 5 (Mo-Sa 9-19.30, So 14-19 h), Tel. 045/8009844.

Herrlicher Blick vom Castel San Pietro auf die Stadt

Übernachten

Die Veroneser Hotelpreise sind hoch, vor allem in der Opernsaison. Schon die allereinfachsten Häuser verlangen 60 DM aufwärts für ein DZ, Mittelklasse kostet mindestens 100 DM aufwärts. An Operntagen sind die Unterkünfte in ganz Verona solide ausgebucht - dann muß man nehmen, was man kriegen kann. Im Notfall findet man eine ganze Reihe höherpreisiger Häuser am langen Corso Porta Nuova, der direkt zur Piazza Bra führt.

*** Giulietta e Romeo (31), Vicolo Tre Marchetti 3, direkt hinter der Arena, historischer Palazzo mit modernem Innenleben, erst vor wenigen Jahren vollständig renoviert, schallgedämpfte Zimmer mit Kirschholzmobiliar, Teppichboden, Air-Condition, Mini-Bar, TV und Telefon, von einigen Zimmern Blick auf die Arena, eigener Parkplatz, DZ ca. 140-220 DM, Tel. 045/8003554.

*** Bologna (29), Piazzetta Scalette Rubiani 3, an der Nordwestecke der Piazza Bra, nahe am Beginn der Fußgängergasse Via Mazzini, alter Palazzo in zentraler, nicht ganz ruhiger Lage, teilweise Blick auf die Piazza Bra, im Erdgeschoß das stadtbekannte Ristorante Rubiani, die geräumigen DZ mit Air-Condition kosten je Saison ca. 120-180 DM, Tel. 045/8006830.

*** Antica Porta Leona (20), Via Corticella Leoni 3, gleich hinter der römischen Porta Leona (Fortsetzung der Fußgängergasse Via Cappello), 5 Min. zur Piazza delle Erbe, hübsches Haus mit 36 Zimmern, in klaren einfachen Linien gehalten, Zimmer weiß gefliest mit dunklen Stilmöbeln und Air-Condition, Parken mit Parkausweis vor dem Haus, DZ ca. 120-180 DM, Tel. 045/595499.

** Sanmicheli (33), Via delle Valverde 2, etwas außerhalb der Altstadt, 5 Min. zur Arena, vor dem Haus nicht ganz leise Verkehrsstraße und kleine Grünanlage, sehr anständige und solide Ausstattung, unten nette Frühstücksecke, je nach Saison DZ 75-120 DM, Tel. 045/8003749.

** Aurora (13), ideale Lage direkt an der Piazza delle Erbe, einfach und sauber, Rezeption und große Terrasse im ersten Stock, 22 Zimmer, großenteils Blick auf die malerische Piazza, DZ mit Bad 100-140 DM. Tel. 045/594717.

** Mazzanti (8), Via Mazzanti 6, Seitengäßchen der Piazza dei Signori, mitten im Herzen der Altstadt, malerisch-verwinkeltes Haus mit engen Treppen, kleine schlichte Zimmer, sauber, DZ ca. 90-140 DM mit Frühstück, unten gut geführtes Ristorante, Tel. 045/8006813.

** Valverde (32), Via Valverde 91, wenige Minuten von der Altstadt, etwas älteres Haus mit Bar im Untergeschoß, Zimmer nicht ganz taufrisch, Ausblick auf Hinterhof, aber mit TV und teils originellem Grundriß, winziger Frühstücksraum, DZ ca. 90-110 DM, Tel. 045/8033611.

* Cavour (27), Vicolo Chiodo 4, ruhige Seitengasse zwischen Arena und Skaliger-Kastell, sympathisches Haus mit ordentlicher Ausstattung, sogar mit Parkplatz, DZ mit Bad um die 90-120 DM, Tel. 045/590166.

* Al Castello (26), Corso Cavour 43, kleines Haus schräg gegenüber vom Skaliger-Kastell, laut, aber sonst ok, nette Trattoria im Erdgeschoß, 8 Zimmer, DZ mit Bad ca. 90 DM, mit Etagendusche ca. 70 DM, Tel. 045/8004403.

* Locanda Catullo (17), Via Valerio Catullo 1, Seitengasse der Fußgängerzone Via Mazzini, preiswerte Pension im dritten Stock eines Altstadthauses, DZ mit Bad ca. 60-80 DM, mit Etagendusche 40-60 DM, alteingeführter Travellertip und wegen des günstigen Preises oft ausgebucht, Tel. 045/8002786.

Locanda Armando (35), Via Dietro Pallone 1, erst kürzlich eröffnete Billigherberge östlich der Arena, 10 Zimmer, DZ mit Etagendusche ca. 60-70 DM, Tel. 045/8000206.

• *Jugendherbergen*: **Ostello Verona (4)** (IYHF) in der Villa Francescati, Salita Fontana del Ferro 15. Alte Renaissance-Villa mit tollen Fresken und super Palmengarten auf der anderen Seite der Etsch am Hang unterhalb vom Castell San Pietro, sehr sauber, gut in Schuß und freundliche Atmosphäre, ca. 16 DM incl. Frühstück, Schließzeit 23 h (für Opernbesucher länger), Schlafsäle werden um 17 h geöffnet (man kann sich aber schon früher anmelden und Gepäck abgeben). Die JH ist z.Z. **der** Traveller-Tip in Verona, deshalb häufig voll. Trotzdem kommt man dank der großzügigen jungen Leitung meist noch in Behelfslagern auf den Fluren unter. Außerdem ist es möglich, im herrlichen Park der Herberge für ca. 8 DM zu **zelten** und die Sanitäranlagen mitzubenutzen, sowie Frühstück zu bekommen. Abends gutes und preiswertes Essen (für Vegetarier Sondermenüs). Zu Fuß über den Ponte Nuovo und links halten, dann Beschilderung folgen und Straßenverlauf über Treppen abkürzen. Ab Bhf. Bus 72 Richtung Biondella über Ponte Nuovo bis Piazza Isolo, dort beschildert (abends 20-23 h und So Bus 90 Richtung San Michele). 100 Betten, ganzjährig geöffnet, Tel. 045/590360.

Istituto Don Bosco (23), Stradone Antonio Provolo 16, Nähe Castelvecchio (ab Bhf. bequem zu Fuß zu erreichen oder Bus 61/62 Richtung Navigatori bis Castelvecchio). Zwei Schlafsäle, einer für Mädchen, einer für Jungs, ca. 20 DM pro Pers. Streng wie ein Internat, Anmeldung 18-21 h, ab 22.30 h geschl. (Ausnahmen für Opernbesucher). Eine echte Bedrohung stellen die Stechmücken dar - das Don Bosco ist in Tramper-Kreisen dafür berüchtigt und wird von vielen nach einer Nacht fluchtartig verlassen. Mädchenschlafsaal direkt unterm Dach - entsprechend heiß! Tel. 045/591300.

Casa della Giovane (6), Via Pigna 7, zentral in der Altstadt Nähe Dom. Nur für Mädchen, ca. 22 DM pro Pers., angenehme Dreibettzimmer, Schließzeit ebenfalls 22.30 h (ausgenommen Opernbesucher), ab Bhf.

Bus 70 oder 71 bis Via Garibaldi (abends und sonntags kein Busverkehr), Tel. 045/596880.

• *Camping*: **Castell San Pietro (1)**, idyllische Lage in den Mauern des Kastells hoch über der Stadt, an der Nordseite der Etsch beschildert. Einfacher, in Terrassen versetzter Platz, alles mit Weinranken überwuchert, schattig, große Barterrasse, ruhig. Sanitär mangelhaft, für den mangelnden Komfort entschädigt vielleicht der Blick über das historische Verona. Ab Bahnhof werktags Bus 41 Richtung Valdonega/Torricelle bis Via Nievo (kurz nach Ospedale Maggiore), So Bus 90 Richtung San Michele bis Via San Stefano bei der Ponte Pietra. Von beiden Stationen jeweils noch ca. 5 Min. zu Fuß (beschildert). Tel. 045/592037.

Romeo e Giulietta, Via Bresciana 54, 5 km außerhalb Richtung Gardasee an der SS 11, großer Rasenplatz unter hohen Bäumen, gute Sanitäranlagen, Swimmingpool. Ohne eigenes Fahrzeug ungünstig, Schließzeit strikt 23 h (bei Opernaufführungen muß man das Auto auf einem Parkplatz vor der Schranke abstellen). APT-Bus ab Bahnhof Richtung Peschiera (Haltestelle gegenüber vom Platz, Fahrer Bescheid sagen), der letzte Bus fährt aber schon gegen 20 h. Tel. 045/8510243.

Essen

An der Piazza Bra sollte nur essen, wer eine gut gefüllte Börse sein eigen nennt. Die Lage ist zwar einmalig, aber die Preise sind es ebenfalls - bei allenfalls durchschnittlicher Küche. Ansonsten verfügt Verona über eine beachtliche Gastronomie mit einigen Spitzenlokalen, die schon vom Michelin mit Sternen bedacht wurden. In der Altstadt gibt es aber auch noch etliche preisgünstige Trattorie bzw. Osterie, in denen man auch die besondere Veroneser Spezialität *pastissada de caval* (gedämpftes Pferdefleisch) kosten kann - ihre Ursprünge gehen angeblich zurück auf einen legendären Zweikampf zu Pferd zwischen Ostgotenkönig Theoderich und Germanenführer Odoaker.

• *Restaurant*: **Il Desco (19)**, Via Dietro San Sebastiano 7 (zu erreichen ab Via Cappello, Nähe Piazza Indipendenza), einer der Sterne am Veroneser Gourmet-Himmel, in einem schön restaurierten Benediktinerkloster des 17. Jh. wird leichte und elegante Küche in der Art der "nuova cucina italiana" kredenzt, u.a. phantasievolle Fischgerichte, Jakobsmuscheln auf Petersilienpüree und je nach Saison gefüllte Tortellini und andere Nudeln. Das Gebotene hat seinen Preis, Menü um die 80-90 DM, So und im Juni geschl.

12 Apostoli (14), Vicolo Corticella San Marco 3 (von Piazza delle Erbe die Via Pellicciai nehmen). Prächtiges altes Gewölbe

mit Fresken aus dem 17. Jh., lange Familientradition, geführt von den Brüdern Gioco. Sehr teuer, lohnend schon wegen Service und Ambiente, dazu raffinierte Fleischküche Veroneser Art mit tägl. wechselnden Menüs, Spezialität des Hauses die *terrina di funghi al forno* (überbackene Steinpilze) und *salmone in crosta* (überbackener Lachs). Menü gut 80-90 DM, So Abend und Mo geschl., außerdem drei Wochen im Juni.

Re Teodorico (2), elegant und ebenfalls nicht billig, aber die schönste Lage der Stadt, große Terrasse direkt am Castel Pietro auf der nördlichen Flußseite, Menü um die 50-60 DM. Mi geschl.

Pane e Vino (5), Via Garibaldi 16, gepflegte Osteria mit lebhafter, freundlicher Atmosphäre, zu Recht sehr beliebt. Traditionelle Küche wie *pastissada de caval, baccalà con polenta* (Stockfisch), und *fegato di vitello* (Kalbsleber). Mittags und abends (warme Küche bis 22.30 h), leider keine Sitzplätze im Freien. So geschl.

Locanda di Castelvecchio (25), Corso Cavour 49, genau gegenüber dem Skaliger-Kastell, mit vielen Spiegeln und Gemälden im antiken Stil aufgemacht, typische Veroneser Küche wie *pasta e fagioli*, kundiger Service. Auch Sitzplätze auf der Gasse neben dem Haus. Di und Mi Mittag geschl.

Bottega del Vino (18), Via Scudo di Francia 3, nur wenige Schritte seitlich der Fußgängerzone Via Mazzini, eins der interessantesten und gemütlichsten Lokale Veronas, wunderschöne alte Weinprobierstube, holzgetäfelt und farbenfroh ausgemalt. Vorne treffen sich die Männer zu einem Glas Wein und lesen in Ruhe ihre Zeitung, während man hinten an einigen wenigen, weißgedeckten Tischen essen kann - Tortellini, Polenta, Risotto u.ä., dazu einen Schluck aus dem mehr als üppigen Weinkeller, in dem auch seltene Tropfen vorrätig sind. Nicht billig, aber sein Geld wert. Di geschl.

Liston (28), Via Dietra Liston 19, nur zwei Ecken hinter der Piazza Bra, Opernbesucher stärken sich unter einer Markise an der ruhigen Seitengasse gerne vor dem Vier-Stunden-Marathon, gute Küche und gar nicht mal teuer, Pizza und prima Vorspeisenbuffet. Mi geschl.

Impero, Piazza dei Signori, an einem der bekanntesten und schönsten Plätze der Stadt, immer voll mit Touristen, abends Harmonikaspieler.

Maffei, stimmungsvoll zwischen hohen Säulen im Innenhof des Palazzo Maffei, direkt an der Piazza delle Erbe. Gehobene Preisklasse. Juli/August Mo geschl., sonst So.

La Torretta (3), Piazza Broilo, wenige Meter von der Ponte Pietra, sympathisches Terrassenlokal auf einer ruhigen Piazza, schön zum Sitzen.

All'Oste Scuro (24), Via Nicolo San Silvestro 10, Seitengasse der Via D. Manin, Nähe Kastell, winzige, hübsch aufgemachte Osteria, in der man ganz unter Veronesern sitzt. So und Sa Mittag geschl., ebenso im August.

Ciccarelli, im Ortsteil Madonna di Dossobuono, 8 km südwestlich vom Zentrum (Straße nach Villafranca di Verona). Tip! Hochgelobte, fast schon legendäre Trattoria, seit vielen Jahren Garant für echte Veroneser Küche zu fairen Preisen. Mit eigenem Fahrzeug unbedingt lohnend. Fr abends und Sa geschl. Reservierung unter Tel. 045/953986.

● *Preiswert*: **Vesuvio (21)**, Piazzetta Portichetto/Rigaste San Zeno, einfache Pizzeria westlich vom Castelvecchio, Tische direkt an der Etsch, sehr beliebt an heißen Tagen, viele junge Leute.

Pam Pam, bei der Porta Borsari am gleichnamigen Corso, ruhige Nachbarschaftstrattoria abseits der Touristenströme, wirklich gute Küche. Zu empfehlen z.B. die *zuppa di verdura* und die *antipasti al mare*.

Farina (16), Corte Farina 4, alteingeführte Pizzeria in einer ruhigen Seitengasse (von der Piazza delle Erbe aus am Ende der Via Pellicciai), drinnen einfach-rustikal, auch viel Platz zum Draußensitzen, große Auswahl an Pizzen.

La Fontanina (10), nette Trattoria mit Tischen an der kleinen ruhigen Piazzetta Chiavica, von den Skaliger-Gräbern die Straße runter, relativ günstig, gute Nudelsachen. Mo geschl.

Vini e cucina da Luciano (11), Via Trota 3/a, ein paar Schritte vom La Fontanina, einfacher Speiseraum, zur Straße hin offen, ein paar alte Uhren, ein großer Ventilator und viele (hauptsächlich junge) Gäste, da wirklich unübertrefflich billig, freundlicher älterer Wirt. So und im Juli geschl.

Osteria al Duca (12), Via Arche Scaligeri 4, im angeblichen Haus des Romeo, kleine Osteria der alten Art, dunkle Holztäfelung, urige Wirtin, Festpreismenü unter 20 DM, gelegentlich gibt es die alte Veroneser Spezialität *pastissada de caval*. So und Sa Mittag geschl.

● *Self-Services*: **Birreria Mazzini**, große gemütliche Kneipe in einer schmalen Seitengasse der Fußgängerzone Via Mazzini. Innen viel Holz, lange Paninitheke und diverse Salate, auch ein paar Tische draußen, Studententreff.

● *Cafés*: hauptsächlich an der Piazza Bra und der Piazza delle Erbe.

Dante, Piazza dei Signori, Veronas Traditionscafé, ehrwürdiger Innenraum mit Marmortischchen, dunkelroten Samtpolstern, schwarzem Lack und viel Stuck. Auch draußen viel Platz. Hier vielleicht mal *pan d'oro* kosten, den beliebtesten Kuchen des Veneto.

Al Ponte, Via Ponte Pietra 26/a, wenige Meter von der Ponte Pietra, gemütliche Bar mit kleiner blumengeschmückter Terrasse direkt an der Etsch.

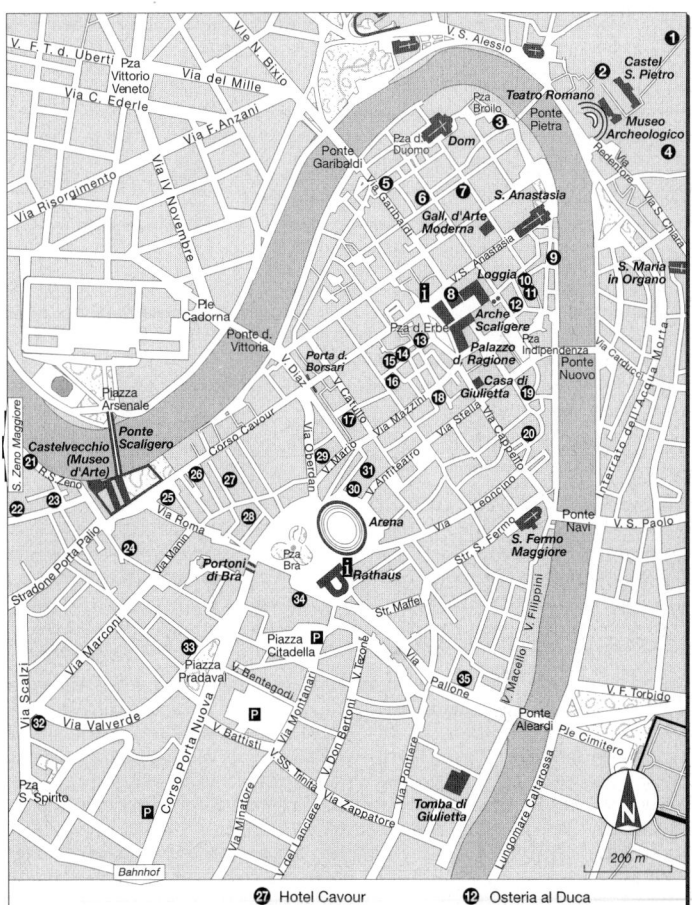

Verona

Übernachten

❶ Camping Castel San Pietro
❹ Jugendherberge
❻ Casa della Giovane
❽ Hotel Mazzanti
⑬ Hotel Aurora
⑰ Hotel Catullo
⑳ Hotel Antica Porta Leona
㉓ Istituto Don Bosco
㉖ Hotel Al Castello

㉗ Hotel Cavour
㉙ Hotel Bologna
㉛ Hotel Giulietta e Romeo
㉜ Hotel Valverde
㉝ Hotel Sanmicheli
㉟ Hotel Armando

Essen

❷ Re Teodorico
❸ La Torretta
❺ Pane e Vino
❼ Osteria al Duomo
❾ Osteria
⑩ La Fontanina
⑪ Vini e Cucina da Luciano

⑫ Osteria al Duca
⑭ 12 Apostoli
⑮ La Vecete
⑯ Farina
⑱ Bottega del Vino
⑲ Il Desco
㉑ Vesuvio
㉔ All' Oste Scuro
㉕ Locanda di Castelvecchio
㉘ Liston

Sonstiges

㉒ Disco Excalibur
㉚ Kartenvorverkauf Oper
㉞ Fahrradverleih

- *Eis*: **Fratelli Savoia**, Via Roma 1, im Säulengang des Teatro Filarmonico (neben dem Stadttor an der Südseite der Piazza Bra), bei Ennio und Marco gibt's das beste Eis der Stadt.

- *Weinstuben* (Osterie): Die Umgebung von Verona gehört zu den größten Weinbaugebieten im Veneto, jeden Mo wird in der Handelskammer Italiens größte Weinbörse abgehalten. Weißer Soave und roter Valpolicella sind die bekanntesten Tropfen, der rote Amarone der edelste. Dementsprechend besitzt Verona eine ganze Menge kleiner ursprünglicher Osterie, in denen sich hauptsächlich Einheimische auf einen Schluck treffen.

Beste Auswahl hat zweifellos die **Bottega del Vino** (→ oben), eine einfache und urige **Osteria (9)** findet man unter den Arkaden der Via Sottoriva (Nr. 9/b), vor allem am Samstagvormittag trinkt hier jeder Mann des volkstümlichen Viertels sein Gläschen. **Osteria al Duomo (7)**, Via Duomo 7/a, hübsche Einheimischenkneipe, in der es oft hoch her geht, gelegentlich Livemusik, zum Essen Polenta, Tortellini und Gnocchi. Geöffnet 10 h vormittags bis 1 h nachts. Do geschl.

Osteria La Vecete, Via Pellicciai 32, trotz der zentralen Lage traditionell gebliebene Osteria, gut besucht von Einheimischen. So geschl.

- *Sonstiges*: **La Casa di Giulietta**, Via Cappello 21, Pasticcheria neben dem Haus der Julia, Riesenauswahl an Gebäck.

Enoteca (Istituto Enologico Italiana), Via Sottoriva (Nr. 7/b), große Weinhandlung mit Probierstube (9.30-12.30, 15.30-19.30 h, Mo geschl.).

Excalibur (22), Stradone Provolo Antonio 24, die einzige Disco im Zentrum liegt in der Nähe des Castelvecchio.

Shopping

Zahlreiche Modeboutiquen und Schuhgeschäfte findet man in den Fußgängerzonen *Via Mazzini* und *Via Cappello*, Antiquitäten im Domviertel, u.a. am *Corso Sant'Anastasia* und in der *Via Sottoriva*. Tägl. Markt auf der *Piazza delle Erbe* (So hat nur ein Teil der Stände offen). Größter Markt der Stadt jeden Sa am *Piazzale Olimpia* beim Stadion. Jeden dritten Sa im Monat *Antiquitäten- u. Flohmarkt "3A"* auf der Piazza San Zeno.

Oper, Konzert, Ballett & Theater

Weltberühmt ist das alljährliche **Opernfestival** in der Arena di Verona. Von Anfang Juli bis Anfang September kommen alle 2-3 Tage Klassiker zur Aufführung: von Verdi z.B. Aida, Rigoletto und Nabucco, von Puccini Turandot und Tosca, Bizet ist meist mit Carmen vertreten, während Prokofievs Ballett Romeo e Giulietta sozusagen am Originalschauplatz aufgeführt wird. Auch wer eigentlich diese endlosen Sing-Arien mag - ein Opernabend in Verona gehört mit Sicherheit zu den beeindruckendsten Musikerlebnissen, die unsere Welt zu bieten hat!

Preise: von ca. 30 DM für *seconda gradinata* (unnummerierte Stufenplätze aus Stein ganz hinten und oben) über 120 DM für *poltroncina numerata di gradinata* (nummerierte Rangplätze näher am Geschehen) bis zu den sündhaft teuren Plätzen im "Parkett": *poltrona numerata* (2. Parkett) bzw. *poltronissima numerata* (1. Parkett) für 170 bzw. 220 DM. Bis 24 Stunden vor Beginn kommen auf alle Preise 15 % Vorverkaufsgebühr dazu. Tip - die billigsten Plätze sind nicht unbedingt die schlechtesten, denn dort bekommt man viel mehr von der volkstümlichen, lebendig-italienischen Atmosphäre mit als im eher sterilen Parkett!

Die Vorstellungen beginnen um 21 h und dauern bis zu vier Stunden und länger! Ausgeruht kommen, Sitzpolster mitbringen und viel Ausdauer (Polster kann man auch gegen Gebühr ausleihen). Nach jedem Akt ca. 20 Min. Pause. Glasflaschen und Getränke in Dosen darf man nicht mit hineinnehmen, Plastikflaschen sind erlaubt. Getränke werden auch für teures Geld in der Arena angeboten.

- *Informationen*: Ente Arena, Piazza Bra 28 (direkt am Torbogen Portoni di Bra), Tel. 045/590109 oder 590726, Fax 8011566.

- *Vorbestellung/Kartenvorverkauf* **(30)**: Theaterkasse in der Via Dietro Anfiteatro 6 (schmale Gasse hinter der Arena). Mo-Fr

Die weltberühmte Arena – immer im Mittelpunkt des Interesses und Schauplatz der weltberühmten Opernfestspiele

8.40-12.20, 15-17.50, Sa 8.40-12.20 h, Tel. 045/8005151.

Vorbestellung unter Beifügung des entsprechenden Betrags (Scheck oder Postanweisung) und Angabe des Termins, des gewünschten Platzes und der Anzahl der Personen auch schriftlich. Wer über Reisebüros in D, A oder CH bucht, muß meist erheblichen Aufschlag zahlen.

• *Abendkasse*: ebenfalls Via Dietro Anfiteatro 6 - aber immer mit dem Risiko behaftet, daß ausverkauft ist! Juli - September an Tagen ohne Vorstellung 9.30-12.20, 15-18.20 h, an Tagen mit Vorstellung 10-12.20, 15.30-21.30 h (Mo geschl.). Außerdem im Bogen 12 der Arena, an Tagen ohne Vorstellung 9.45-12, 15.15-18 h, mit Vorstellung 10.15-12, 15.45-21 h. Mo geschl.

Auf jeden Fall schon vormittags kommen, numerierte teure Plätze sind dann oft noch vorhanden. Die preiswerten unnummerierten Plätze sind meist von Schwarzhändlern aufgekauft, die die Karten vor dem Büro für ca. 40-50 DM anbieten.

Von Anfang Juni bis Anfang September findet der **Veroneser Theatersommer** (estate teatrale veronese) statt - moderne Ballett-Choreografien, ein Shakespeare-Festival und Jazzkonzerte mit international renommierten Musikern im römischen Theater am Colle di San Pietro (Jazz z.T. auch in der Arena). Preise ca. 22-45 DM, in der Arena bis 70 DM. Information an der Piazza Bra 1, Tel. 045/8077111 oder in den drei Tourist-Büros. Kartenverkauf am Largo Divisione Pasubio 3, Beginn der Via Pallone (parallel zur Stadtmauer), tägl. 10.30-13, 16-19 h (außer an Sonn/Feiertagen mit Vorstellungen), Tel. 045/590089.

Sehenswertes

Die Stadt als Ganzes - bereits in römischer Zeit war Verona dank seiner beherrschenden Lage am Fuß der Alpen ein wichtiger Stützpunkt. Auf Reste von Toren, Straßen und Gebäuden aus dieser Zeit trifft man immer wieder. Im Mittelalter baute das machtlüsterne Geschlecht der Skaliger Verona zu ihrer Residenzstadt aus, die Venezianer prägten mit aufwendigen Palästen und massiven Verteidigungsanlagen die folgenden Jahrhunderte. Der weiträumige Ring von Bastionen und Mauern ist heute teilweise zu Parkanlagen umgewandelt, gut erhalten sind die Tore Porta Nuova (am Weg vom Bahnhof ins Zentrum), Porta Palio und Porta Vescovo.

Das alte Zentrum wurde im Weltkrieg zwar schwer beschädigt (u.a. sprengten die fliehenden deutschen Truppen alle Brücken), danach aber wieder sorgfältig restauriert und ist von modernen Zweckbauten fast völlig verschont geblieben. Dank aufwendiger Pflege der historischen Bausubstanz wirkt die Innenstadt sehr gepflegt und geschmackvoll.

• Ärgerlicherweise kosten alle wichtigen **Kirchen** Veronas mittlerweile Eintritt, eine nicht gerade christliche Einstellung, die in Italien ihresgleichen sucht. Für umgerechnet ca. 9 DM kann man besichtigen: Dom, Sant'Anastasia, San Zeno, San Fermo, Sant'Elena, San Giovanni in Fonte, San Procolo und San Lorenzo, für 4 DM Sant'Anastasia und San Fermo.

• Jeden ersten Sonntag im Monat **freier Eintritt** in Arena, Skaliger-Kastell, Römischem Theater und Grab der Julia. **Studenten** zahlen in den meisten Sehenswürdigkeiten ermäßigte Preise.

• **Stadtrundfahrten** per Bus Anfang Juli bis Anfang September 3 x tägl. außer Montag (Dauer ca. 90 Min., ca. 15 DM), Treffpunkt vor dem Palazzo Gran Guardia. Weitere Infos im Tourist-Büro.

Der Ponte Pietra, die einzig erhaltene Römerbrücke in Verona

Piazza Bra: am Eingang zur Altstadt, wunderschöner weiter Platz mit großflächigen Straßenlokalen, aufwendigen Palästen aus mehreren Epochen und der prächtigen Arena, dem größten Amphitheater nach dem Colosseum in Rom. Trotz der völlig unterschiedlichen Bauten, die von der Antike bis zum letzten Jahrhundert reichen, ist es immer wieder ein Erlebnis, die großzügige Konzeption des Platzes zu genießen - 2000 Jahre Geschichte vom Kaffeetisch aus! Abends ist alles festlich illuminiert, ein kräftiger *Springbrunnen* sprudelt in der zentralen Parkanlage.

Die äußere Mauer der *Arena* war ursprünglich drei Stockwerke hoch, sie wurde durch Erdbeben fast vollständig zerstört, nur an der Nordwestecke steht noch ein kleines Stück mit vier Arkadenbögen. Ausgezeichnet erhalten ist dagegen der zweistöckige Innenring. Das Amphitheater bietet mit seinen zahlreichen Sitzreihen Platz für über 22.000 Zuschauer, im Sommer finden weithin berühmte Opernaufführungen statt (→ oben). Vom obersten Rang herrlicher Blick auf die malerisch vergammelten Häuser mit Schindeldächern und kleinen Gärten, an der kleinen *Piazza Mura Gallieno* ein Rest der alten römischen Stadtmauer (Di-So 7.30-18.30 h, in der Opernsaison nur 8-13.30 h, Mo geschl., ca. 6 DM, Stud. ca. 1,50 DM).

Der Torbogen *Portoni del Bra*, der dunkle klassizistische Palazzo *Gran Guardia*, das archäologische *Museo Maffeiano Lapidario* in der Nr. 28 gleich nach dem Torbogen (Di-So 8-18.30 h, Mo geschl., ca. 4 DM) und Reste der mittelalterlichen Stadtmauer schließen die Piazza nach Süden hin ab. Im Südosten hinter der Parkanlage steht das große ockerfarbene *Rathaus* mit seiner klassizistischen Säulenfassade (unter österreichischer Regierung erbaut), auf den Stufen kann man das Platzpanorama kostenfrei genießen. Im Norden beginnt neben der Arena die *Via Mazzini*, die wichtigste Fußgängerzeile Veronas, und führt zur Piazza delle Erbe.

Via Mazzini/Via Cappello/Via Leoni: der größte Fußgängerbereich der Stadt - die *Via Mazzini* ist sozusagen das Schaufenster Veronas, abends lebendige "Passeggiata", vorbei an Edel-Boutiquen.

Nach etwa 400 m trifft man auf die *Via Cappello* - linker Hand die Piazza delle Erbe, rechts auf Nr. 23 die ständig umlagerte Casa Capuletti, besser bekannt als *Casa di Giulietta*. Hier lebte das Mädchen, das Shakespeare in seinem Schauspiel "Romeo und Julia" verewigte:

> *"But soft! What light through yonder window breaks? It is the east, and Juliet ist the sun! ... It is my lady; o, it is my love!" (Akt II, Szene II).*

Durch einen von ganzen Touristengenerationen bis zur Unkenntlichkeit verschmierten Durchgang gelangt man in den hübschen gotischen Hof mit einer an bezeichnenden Stellen blank geriebenen Bronzestatue der Julia. Darüber kann man andachtsvoll den berühmten *Balkon* der Julia bestaunen - übrigens eine moderne Rekonstruktion. Das Innere des Hauses wenig lohnend. Details über den von vielen Dichtern verwendeten Stoff erfährt man aus den Tonbandautomaten im Durchgang (Di-So 8.15-19.45 h, ca. 5 DM).

Weiter Richtung Fluß wird die Via Cappello zur Via Leoni - man kommt an der römischen *Porta Leona* vorbei, im Untergrund der Straße *römische Ausgrabungen*. Am Ostende der Via Leoni direkt an der Etsch (Nähe Ponte Navi) *San Fermo Maggiore*, eine eindrucksvolle gotische Kirche mit niedriger Holzdecke und zahlreichen Resten von mittelalterlichen Wandfresken, darunter blutrünstige Szenen aus dem Leben des heiligen Fermo (z.B. links hinten). Im Untergrund eine ältere romanische Kirche, auf die der gotische Bau aufgesetzt wurde (Mo-Sa 9-18, So 12-18 h, Eintritt mit Sammelticket).

Piazza delle Erbe: malerisch-intimer Mittelpunkt der Altstadt, Obst- und Gemüsestände unter pittoresken Sonnenschirmen, Tauben-, Ziervögel- und Kaninchenzüchter, sogar ein Scherenschleifer geht noch seiner Arbeit nach. An der Ostseite gemütliche Cafés und Pizzerie, an einigen Fassaden erkennt man noch alte Hochwassermarken von Überschwemmungen durch die Etsch.

Im Marktgewühl fallen einige historische Denkmäler auf: ständig umlagerter Mittelpunkt ist das *Capitello*, ein Marmorbaldachin auf vier Säulen, unter dem früher die Ratsherren und der Bürgermeister gewählt wurden - heute vor allem als Ruhepunkt erschöpfter Touristen begehrt, die sich mit dem eiskalten Wasser, das hier hervorsprudelt, geschwollene Füße und trockene Gaumen kühlen. An der südlichen Schmalseite eine hübsche gotische *Marktsäule*, am Nordende eine venezianische *Herrschaftssäule* mit dem Markuslöwen, die anzeigt, daß Verona unterworfen war. Interessant außerdem der schöne *Marktbrunnen* mit der Madonna Verona, einer grazilen Frauenstatue, die ein metallenes Spruchband in Händen hält, das die Pracht Veronas preist.

Von den Palästen ringsum beachtenswert der *Palazzo Maffei* an der Nordseite mit barocken Statuen auf der Balustrade und der benachbarte *Torre del Gardello* aus dem 14. Jh. (wenn man hier den geschäftigen Corso Porta Borsari Richtung Westen geht, kommt man zum alten römischen Stadttor

Porta Borsari). An der Ostseite verblaßte Fresken an den Fassaden der *Case Mazzanti*. Ein hoher Durchgang, in dessen Wölbung eine einsame Walrippe (!) baumelt, führt zur Piazza dei Signori. Der 83 m hohe *Torre dei Lamberti* überragt die Szene.

Piazza dei Signori *(Piazza Dante)*: das frühere Machtzentrum der Stadt mit den wichtigsten öffentlichen Gebäuden - Rathaus, Skaliger-Residenz, Gerichtsgebäude und Sitz des Stadtrats. Ein äußerst stil- und würdevoller Platz, der von den alten Palazzi vollständig eingeschlossen ist und fast wie ein Innenhof wirkt. Im Zentrum mit strenger Denkermiene, Adlerblick und markantem Profil *Dante*, der berühmte Dichter der "Divina Commedia" ("Göttliche Komödie") - er selbst nannte sie übrigens nie die Göttliche, sondern einfach La Commedia. Dante war Gast der Skaliger, nachdem er als kaisertreuer Ghibelline aus dem guelfischen (päpstlich gesinnten) Florenz fliehen mußte. Benannt nach ihm ist das älteste Café Veronas in der Nordwestecke der Piazza.

Rechter Hand der *Palazzo della Ragione*, in dessen harmonischem Innenhof eine verwitterte gotische Freitreppe zum Portal der Amts-

Dante mit Adlerprofil und Denkermiene auf der Piazza dei Signori

räume im ersten Stock führt (nicht zugänglich). Unter dem hohen Laubengang im Erdgeschoß Zugang zum 83 m hohen *Torre dei Lamberti* - schweißtreibender Aufstieg auf 368 Stufen oder per Lift, herrlicher Blick über Verona (Di-So 10-19.45, Fr 10-22 h, Mo geschl., Lift ca. 4 DM, zu Fuß 3 DM).

Durch einen Bogen verbunden das benachbarte Gerichtsgebäude, der *Palazzo dei Tribunali*, mit massivem Backsteinturm. Im Durchgang unter dem Bogen hat man beim Bau einer Tiefgarage die Reste einer römischen Straße entdeckt und mit Glas überdacht. Auch im Innenhof des Gerichts sind Rundöffnungen im Boden verglast, man erkennt einen römischen Mosaikboden und Reste eines mittelalterlichen Turms.

An der rückwärtigen Seite der Piazza der zinnengekrönte *Palazzo Scaligero*, früher die Residenz der Skaliger, heute Sitz der Präfektur und Polizei. Die daneben anschließende *Loggia del Consiglio* gilt als schönste Säulenhalle ihrer Art, hier versammelte sich im 15. Jh. der Rat der Stadt.

Ein ganz kurioses Schmuckstück ist die kleine versteckte Seitengasse *Via Mazzanti* (links von Caffè Dante). Inmitten abenteuerlicher Hausungetüme steht hier ein Brunnen aus römischen Säulen - mittels noch teilweise erhaltener Seilkonstruktionen wurden hier von den umliegenden Wohnungen Eimer hinuntergelassen, um das kostbare Naß zu schöpfen.

Skaliger-Gräber und Casa di Romeo: Gegenüber vom Palazzo Scaligero thronen die reich verzierten gotischen Gräber der Skaliger, des einflußreichsten Herrschergeschlechts der Region. Über hundert Jahre hielten sie die Stadt unter ihrer Knute, nicht viel Gutes wird von den wohledlen Herren mit ihren bezeichnenden Hundenamen berichtet.

Hinter dem schmiedeeisernen Gitter die zwei Gräber von *Mastino II.* ("Dogge") und *Cansignorio* ("Leithund"), gotisch himmelstürmend mit zahlreichen Spitzbögen, Baldachinen und Statuen. Über dem Eingang der kleinen romanischen Kirche *Santa Maria Antica* das Grab von *Cangrande I.* ("Großer Hund"), gekrönt von einer eindrucksvollen Reiterstatue, dessen Pferd bis zu den Knöcheln mit einer schweren Kampfdecke verhüllt ist (die Statue ist nur eine Kopie, Original im Skaliger-Kastell → unten).

Eine Ecke weiter, Via Arche Scaligeri 4, findet man das angebliche *Haus des Romeo*, ein düsterer Backstein-Palazzo mit Zinnen und einer kleinen preiswerten Trattoria (→ Essen).

Grab der Julia: etwas ungünstige Lage südlich der Altstadt, Via del Pontiere. In der Krypta der ehemaligen Kirche *San Francesco al Corso* mit schönem Kreuzgang steht der sog. "Sarkophag Julias" (können Dramenfiguren sterben?) - Romantiker aus aller Welt kratzen sich hier gerne ein Krümelchen ab, um es als Souvenir mitzunehmen. Benachbart das *Museo degli Affreschi*, in dem von Wänden abgelöste Fresken aus dem 14.-16. Jh. aufbewahrt werden (Di-So 8-18.30 h, Mo geschl., ca. 5 DM, Stud. 1,50 DM).

Nördliche Altstadt

Das Viertel im Etsch-Bogen ist touristisch noch kaum entwickelt. Als schönster und ursprünglichster Straßenzug zieht sich die *Via Sottoriva* parallel zum Fluß. Auf der einen Seite breiter Laubengang, in dem sich urige Weinkneipen verstecken, gegenüber haben die Antiquitätenhändler Veronas ihre Läden. An der Flußpromenade machen Schautafeln darauf aufmerksam, daß hier im Mittelalter dutzende von "schwimmenden Mühlen" in der Etsch verankert waren und die starke Strömung für das Mahlen von Korn nutzten.

Sant'Anastasia: mächtige gotische Backsteinkirche im Bogen der Etsch, von Dominikanern im 13.-15. Jh. erbaut, die Fassade jedoch unvollendet, verblaßte Fresken im Torbogen. Das Innere düster, mächtig und hoch, Rundsäulen tragen das Kreuzrippengewölbe. An den ersten Pfeilern krümmen sich schmerzverzerrte Bucklige unter der Last der Weihwasserbecken, in den Seitenkapellen reich ausgestattete Altäre mit Fresken und Skulpturen. An der rechten Chorwand großes Fresko "Das Jüngste Gericht", in der *Cappella Giusti* (linkes Querschiff) das berühmte Fresko "Der heilige Georg und die Prinzessin" von Pisanello (Eintritt mit Sammelticket) mit verblüffend realistischer Darstellung der spätmittelalterlichen Welt.

Über dem Tor an der linken Seite des Vorplatzes das gotische Grabmal eines Adligen des 14. Jh., daneben die kleine Kapelle *San Pietro Martire* (auch San Giorgetto genannt), die vollständig mit Fresken ausgemalt ist. Gewidmet ist sie dem heiligen Peter von Verona, der im 13. Jh. lebte und Schutzpatron der Kölner Bierbrauer ist (9-18.30 h, Mo geschl., ca. 3 DM).

Galleria d'Arte Moderna: Das Museum der modernen Kunst im *Palazzo Forti* am Corso Sant'Anastasia beherbergt wechselnde Ausstellungen und kostet saftigen Eintritt (Di-So 9-19 h, Mo geschl. ca. 10 DM).

Duomo: nicht weit von Sant'Anastasia. Der ursprüngliche romanische Bau wurde später gotisch umgebaut, der strahlend weiße Turm erst in unserem Jahrhundert fertiggestellt. Das Fassadenportal besitzt bemerkenswert schöne Reliefs. Im hohen dreischiffigen Innenraum viele architektonische Details, in der ersten Kapelle links "Mariä Himmelfahrt" von Tizian.

Links vom Dom romanischer Kreuzgang, die kleine Kirche *Sant'Elena* und das Baptisterium *San Giovanni in Fonte* mit einem herrlichen achteckigen Taufbecken (Eintritt mit Sammelticket).

Westlich vom Zentrum

Am Rand der mittelalterlichen Stadt sorgte das große Skaliger-Kastell für Schutz - die Stadtmauer zog sich von dort südlich entlang der Piazza Bra bis zur Etsch auf der Ostseite Veronas.

Castelvecchio: Das große mittelalterliche Backstein-Kastell der Skaliger ist direkt ans Ufer der Etsch gebaut. Der massive Wehrbau beherbergt im Innenhof das *Museo di Castelvecchio*, eine bedeutende und umfangreiche Kunstsammlung mit Skulpturen, Gemälden und Fresken der Veroneser und Venezianischen Schule, darunter Pisanello, Bellini, Tintoretto, Mantegna und Tiepolo, aber auch die eindrucksvolle Originalstatue vom Grab des Cangrande I. (Di-So 8.15-19.45 h, Mo geschl., ca. 5 DM, Stud. ca. 1,50 DM).

An der Rückseite sollte der eindrucksvolle *Ponte Scaligero* als schneller Fluchtweg über die Etsch dienen. Die massive Backsteinbrücke mit Zinnenbastionen wurde im Zweiten Weltkrieg von fliehenden deutschen Truppen gesprengt und mußte völlig neu aufgebaut werden.

San Zeno Maggiore: an einem weiten freien Platz (Parkplatz) eine der schönsten romanischen Kirchen Oberitaliens, ausgesprochen ästhetischer Bau, elegant und leicht. Die Fassade in warmem Gelbton gehalten, die Längsseite rot-weiß gestreift. Links der Turm der angeschlossenen Abtei, rechts der hohe freistehende Glockenturm.

Das Portal ist von prächtigen Steinreliefs umrahmt, die bekannte Szenen aus der biblischen Geschichte und der Schöpfungsgeschichte darstellen - links oben z.B. der Judaskuß und die Reise nach Betlehem. Das berühmte *Bronzeportal* stammt aus dem 12. Jh. und besitzt 48 Relieffelder, die auf den hölzernen Untergrund genagelt sind (Altes und Neues Testament, Wunder des heiligen Zeno).

Das tieferliegende Innere ist feierlich und fast leer, massive Pfeiler und Säulen stützen das hohe Kielgewölbe, Licht fällt fast nur durch die Rosette in der Fassade. Überall an den Wänden Reste von *Fresken*, die leider teilweise von Besuchern vollgekritzelt sind, vor allem im erhöhten Chor über der Krypta. Der *Chor* ist zum Hauptraum durch Statuen von Christus und den Aposteln abgeschlossen, über dem Altar ein berühmtes *Triptychon* von Mantegna. Links die berühmte, verschmitzt schmunzelnde Statue des dunkelhäutigen (?) heiligen Zeno (14. Jh.), genannt "San Zeno che ride" ("der lacht"), mit einer Hand zum "Peace"-Zeichen erhoben. Für einige Lire kann man sich den Heiligen erleuchten lassen.

Seitlich der Kirche schöner *Kreuzgang* mit filigranen Doppelsäulen und zahlreichen Grabmälern (Eintritt mit Sammelticket).

Nördlich der Etsch

Mit wenigen Schritten kommt man vom Dom zum großen Etschbogen an der Nordspitze der Landzunge - herrlicher Blick auf den zypressenbestandenen Hügel an der anderen Flußseite. Hinüber über den *Ponte Pietra*, die einzige erhaltene römische Brücke (von deutschen Truppen gesprengt, jedoch wieder rekonstruiert) und zwischen alten Häusern, Bäumen, Treppen und Gärten hinauf zum *Kastell San Pietro* aus dem letzten Jahrhundert (nicht zu besichtigen) - für die Mühe wird man mit einem wunderschönen Blick über ganz Verona belohnt.

An den Hang unterhalb des Kastells schmiegt sich ein *römisches Theater* mit seinen erhalten gebliebenen Bühnenaufbauten. Das ehemalige Kloster San Girolamo darüber ist vom Theater mit Lift zu erreichen und beherbergt in den Räumen um den Kreuzgang ein bescheidenes *Archäologisches Museum* mit Skulpturen und einigen schönen Mosaiken (Theater und Museum Di-So 8-18.30 h, an Festspieltagen 8-13.30 h, Mo geschl., ca. 5 DM, Stud. ca. 1,50 DM)).

Etwas südlich vom Hügel steht die gotische Kirche *Santa Maria in Organo*. Die untere Hälfte der unvollendeten Fassade ist ganz mit Marmor verkleidet, im Inneren reiche Renaissance-Ausstattung, Fresken und frühmittelalterliche Krypta. Berühmt sind die einzigartigen Intarsienarbeiten am Chorgestühl, geschaffen vom Mönch Fra Giovanni da Verona.

Zweihundert Meter weiter der *Palazzo Giusti* mit seinem berühmten, künstlich abgezirkelten Park - ein Labyrinth aus sorgfältig beschnittenen Hecken, uralten Zypressen und Marmorskulpturen zieht sich einen Hang hinauf. Schon Goethe zeigte sich hier beeindruckt (tägl. 8 h bis Sonnenuntergang, ca. 5 DM, Stud. 2 DM).

Verona/Umgebung

▶ **Valpolicella-Region:** Das bekannte Weinbaugebiet in den Hügeln nordwestlich von Verona lohnt einen Abstecher. Produziert werden hauptsächlich Valpolicella und der starke und angesehene Amarone. In den Tälern von Fumane, Marano und Negrar findet man die besten Lagen, bei den meisten Winzern kann man direkt einkaufen und auch degustieren. In der schönen Hügellandschaft mit seinen Kirschbäumen, Reben und Oliven stehen außerdem zahlreiche Villen aus dem 17. und 18. Jh., z.B. die *Villa Boccoli* mit großem Park bei Pedemonte (11 km nördlich von Verona) und bei Illasi (20 km östlich) *Villa Carlotti* und *Villa Sagramoso Perez Pompei*.

Um *Volargne* bei Sant'Ambrogio wird Marmor abgebaut, zahlreiche Werkstätten liegen an der Durchgangsstraße.

Eindrucksvoll ist der *Parco delle Cascate* beim mittelalterlichen Dorf *Molina*, ca. 30 km nördlich von Verona. Am Kreuzungspunkt dreier Täler stürzen mehrere tosende Wasserfälle vom Berg, früher betrieben sie Mühlen im Ort.

Für das leibliche Wohl findet man schließlich in *Marano di Valpolicella* die Trattoria da Bepi, weithin bekannt für ihr "Agnello in Amarone" (Lamm in Amarone-Wein).

▶ **Terra bassa:** Die Orte in der weiten Ebene südlich von Verona - zwischen dem Mincio-Fluß im Westen und der Etsch im Osten - sind bereits seit der Renaissance für die Produktion von Stilmöbeln bekannt. Vor allem in *Isola della Scala*, *Bovolone* und *Cerea* gibt es zahlreiche Kunstschreinereien. Um Isola della Scala liegt außerdem das größte Reisanbaugebiet Venetiens. In *Gazzo* die romanische Kirche Santa Maria Maggiore mit Resten eines frühchristlichen Mosaikbodens, im Ort römische Ausgrabungen und archäologisches Museum (nur So 16.30-19.30 h). In *Villafranca di Verona* steht eine riesige Festungsanlage der Skaliger aus dem 14. Jh.

▶ **Soave:** ruhiges, sehr harmonisch wirkendes Museumsstädtchen am Weg von Verona nach Vicenza, nahe der Autobahn, Ursprungsort des berühmten Weißweins. Das Zentrum ist vollständig von einer perfekt erhaltenen Mauer mit 24 Türmen umgeben und eine prächtige alte *Skaligerburg* beherrscht das Stadtbild (Mo geschl.). Dementsprechend ist Soave ein populäres Ausflugsziel, jedoch selten überlaufen - Abstecher lohnt. Zur Erntezeit am dritten Sonntag im September findet das *Fest der Traube* statt.

Von der Säulenloggia des *Palazzo di Giustizia* steiler Aufstieg zur Burg zwischen grünen Gärten (auch Auffahrt mit Auto möglich), innerhalb der hohen Backsteinmauern ist jedoch nicht mehr viel erhalten: zwei graswachsene Innenhöfe und einige erhaltene Gebäude. Die ausgemalten Räume sind mit alten Himmelbetten, dunklem Holzmobiliar und historischen Rüstungen ausgestattet - hübsch anschaulich wird das Ritterleben vorgeführt. Vom Zinnengang herrlicher Blick auf Stadt und Poebene (Di-So 9-12, 15-18.30 h, Mo geschl., ca. 5 DM).

● *Information*: **Pro Loco** in der schnurgeraden Hauptstraße, Via Roma 34, umfangreiches Prospektmaterial und guter Stadtplan.

● *Übernachten/Essen*: * **Antica Locanda Al Gambero**, Corso Vittorio Emanuele 5, am Südtor der Stadtmauer, feines und architektonisch gekonnt gestaltetes Fischlokal, Di abends und Mi geschl. Hier werden auch Zimmer vermietet - die einzige Übernachtungsmöglichkeit in der Altstadt, DZ mit Frühstück ca. 75-90 DM, Tel. 045/ 7680010.

Lo Scudo, Via San Matteo 46. Freundlicher Familienbetrieb, der wunderbare Fischküche kreiert, einen Versuch wert ist z.B. die *trota in carpione* (marinierte Forelle) und das Risotto mit Steinpilzen. So abends und Mo geschl.

Hostaria La Torre, am Ende des Corso Vittorio Emanuele beim westlichen Nordtor, gemütliche Osteria mit einigen rustikalen Bänken neben dem Haus.

Alla Rocca, Via Castello Scaligero 13, Terrassenlokal am Aufstieg zur Burg.

Il Drago, Freiluftbar in der Loggia des Palazzo di Giustizia.

Vaccarini, Via Roma 14, gediegenes historisches Café mit Deckengemälden und Kronleuchtern.

• *Weinverkauf:* **Enoteca del Soave**, zentral in der Via Roma 19, Mi geschl.; gleich im Gäßchen daneben die **Cantina del Castel-lo**, Conte Pittora 5; etwas außerhalb die **Azienda Agricola Bisson**, Via Bisson 17. Wer sich in der Fülle der Namen der Hersteller nicht entscheiden kann - für Qualität bürgt der Name **Pieropan**, dessen Weinberg direkt hinter der Burg liegt.

Prächtiger Blickfang im Zentrum – Palladios "Basilica"

Vicenza

(ca. 115.00 Einwohner)

Auf der Autobahn nur ein Katzensprung von Verona. Viel Industrie ballt sich an der Peripherie, und das Nato-Oberkommando im Bosnienkonflikt hat hier seinen Sitz. Das sollte aber nicht abschrecken: das Zentrum ist ausgesprochen hübsch und kompakt, es gibt zahlreiche interessante Bauten und, last but not least, findet man hier einen erholsamen Kontrast zum Touristenrummel in Verona.

Vicenza ist die Stadt des Renaissance-Architekten *Andrea Palladio* (1508-1580) - im 16. Jh. entwickelte er einen neuen klassizistischen Baustil, der bald die gesamte europäische Architekturentwicklung beeinflußte. Seine zahlreichen Bauten prägen noch heute das Stadtbild, ebenso findet man aber auch prächtige gotisch-venezianische Palazzi, einige interessante Kirchen und das berühmte Teatro Olimpico, das erste Innenraum-Theater Europas. 1994 wurde Vicenza verdientermaßen in die UNESCO-Liste für das Weltkulturerbe aufgenommen, die sog. World Heritage List.

Vicenza gilt als eine der reichsten Städte Oberitaliens - wichtigster Wirtschaftszweig ist die Textilindustrie, im Zentrum fallen die zahlreichen Juweliere und Goldschmiede auf.

Anfahrt/Verbindungen/Information

• *Anfahrt/Verbindungen*: PKW, Vicenza liegt an der A 4 von Verona nach Venedig. Das *centro storico* ist für den Verkehr gesperrt, gebührenpflichtig parken kann man auf dem großen Parkplatz an der Via Cairoli, westlich vom Zentrum. Kostenfreie Stellplätze findet man vielleicht südlich der Innenstadt, am Weg zur Basilica di Monte Bérico.
Bahn/Bus, Bahnhof südwestlich vom Zentrum, den Viale Roma geradeaus bis Piazzale Roma, dann rechts durch die Porta Castello auf die Hauptstraße, den Corso Palladio. Station für Busse in die Umgebung linker Hand vom Bahnhof (wenn man rauskommt) am Viale Milano.
• *Information*: im Eingang zum Teatro Olimpico an der Piazza Matteotti 12. Es gibt Stadtpläne (eingezeichnet sind u.a. Hotels und Bauten von Palladio), einen speziellen Plan mit Sehenswürdigkeiten und ausführlichen deutschsprachigen Erläuterungen dazu, außerdem eine Broschüre zu den Villen Palladios im Umkreis von Vicenza. Im Sommer Mo-Fr 9-12.30, 14.30-18, Sa 8.30-12.30, 14.30-18, So 8.30-12.30 h, Tel. 0444/320854.

Übernachten

In der Altstadt findet man erfreulicherweise gleich vier Hotels, jeweils mit Parkmöglichkeit.

*** Castello (8), Contra Piazza Castello 24, neueres Haus, modern und funktional, fast das gesamte Interieur ist in Altrosa gehalten, Zimmer mit Teppichböden, Parkplatz vor der Tür, DZ um die 95 DM, Tel. 0444/ 323585.
Unmittelbar westlich der Basilika liegen die folgenden zwei Adressen. Parken darf man als Hotelgast in der Gasse vor den Hotels:
** Due Mori (5), Contra do Rode 26, alter Palazzo, innen durchgängig renoviert, schlichte, teils geräumige Zimmer mit Fliesenböden und Ventilator, hübscher Frühstücksraum, ruhig. DZ mit Frühstück um die 80 DM, Tel. 0444/321886.
** Vicenza (6), Stradella dei Nodari 5-7, schräg gegenüber vom Due Mori Gasse hinein, ganz zentral, hübsch altertümlich eingerichtet, schöne schmiedeeiserne Balkons, DZ ohne eig. Bad. ca. 65 DM, mit um die 80 DM, Tel. 0444/321512.
** Palladio (4), Contra Oratorio dei Servi 25, auf der anderen Seite der Basilika, freundliches Albergo mit kleinem gemütlichen Salon, ebenfalls sehr ruhige Ecke, DZ ohne Bad ca. 65 DM, mit 85 DM, Tel. 0444/ 321072.
* Italia (11), Via Risorgimento 3, Nähe Bahnhof, an der Straße zur Basilica di Monte Bérico, ordentlich, aber wegen der Straße ziemlich laut, mit Restaurant. DZ ca. 60 DM, Tel. 0444/321043.
• *Außerhalb*: Besonderer Tip ist die ****** Villa Michelangelo** in Arcugnano, 10 Autominuten von Vicenza in der idyllischen Landschaft der Monti Bérici. Das komfortable und geräumige Hotel in einem großen Park verfügt über stilvoll eingerichtete Zimmer mit Air-Condition, außerdem im Haus Restaurant und Hallenbad. DZ mit Frühstück ca. 180-230 DM, Tel. 0444/550300.
• *Camping*: **Vicenza**, Wiesenplatz in der Nähe der Autobahnausfahrt Vicenza Est, etwa 5 km außerhalb, nur mit eigenem Fahrzeug zu empfehlen. Angeschlossen ist ein Motel. April - September, Tel. 0444/ 582311.

Essen

Vecchia Guardia (10), Contra Pescherie Vecchie, direkt im Zentrum, zwei Ecken von der Basilika. Der Platz, an dem **man** ißt - ruhiges Freiluftlokal mit guter traditioneller Küche, Spezialität ist *baccalá alla Vicentina con polenta*. Auch der Innenraum ist gemütlich und populär. Do geschl. Daneben kann man im **Al Paradiso** Pizza essen.
Al Pestello (1), Corte Santo Stefano 3, Nähe Chiesa Santa Corona, hübsches kleines Lokal mit Flaschengalerie, viel Holz und Tiffanylampen, auch einige Tische draußen auf der ruhigen Seitenstraße. Gute lokale Küche. So geschl.
Antica Trattoria Tre Visi (3), in einem historischen Palazzo an Contra Porti 6, die Vorzeige-Trattoria der Stadt ist seit 200 Jahren in Betrieb, prunkvoll-kitschige Einrichtung in schummrig-warmem Licht, freier Einblick in die Küche, Kamin mit Spieß und Grill, typische Vicenza-Küche (z.B. Stockfisch, *risi e bisi*, Perlhuhn in Sauce), Menüs um die 60 DM. So abend und Mo geschl.

Cincia e Valerio (2), Piazzetta Porta Padova 65/67, etwas außerhalb vom Zentrum, **die** Adresse in Sachen Fisch. Von Hummer bis Muscheln und Edelfisch gibt's hier alles, reichlich teuer, trotzdem meist gut besucht. Menü ca. 75 DM aufwärts. Mo geschl.

• *Self-Services*: **Righetti (9)**, Contra Commandante Giuseppe Fontana, Seitengasse

bei der Apsis vom Dom, Self-Service in einem düsteren Palazzo mit dunkler Holztäfelung, aber nicht ungemütlich und das Essen reichhaltig. Sa/So geschl.
Palladio (7), Corso Palladio 7, Ristorante/ Self-Service in einem Palazzo an der Piazza Castello (etwas zurück von der Straße, durch den Hof laufen).

Sehenswertes

Die "Stadt Palladios" ist ein architektonischer Genuß - vor allem nachts, wenn die Konturen im Licht der Lampen schärfer hervortreten und man die teils arg renovierungsbedürftige Bausubstanz nicht so bemerkt. Das historische Zentrum ist für den Verkehr völlig gesperrt, was ihm enorm guttut. Fantastischer Höhepunkt die Piazza dei Signori mit der "Basilika".

Um allerdings Enttäuschungen vorzubeugen - die Palazzi Palladios wurden so oft nachgeahmt, daß man immer wieder das Gefühl hat, man hat das alles schon mal gesehen. Zudem entspricht der damals revolutionäre klassizistische Renaissancestil nicht unbedingt unserem heutigen Schönheitsideal - dies tun schon eher die ebenso zahlreichen älteren Bauten im gotisch-venezianischen Stil mit ihren oft filigranen und anmutigen Fassaden.

Zum Erholen von der geballten Ladung Kultur - am Fluß südlich vom Zentrum gibt's einige hübsche Ecken und Brückchen, die an Venedig erinnern.

• Von April bis Oktober veranstaltet das Informationsbüro jeden Samstag eine mehrstündige **Stadtführung**. Ausführliche Erläuterungen zu den wichtigsten Bauten findet man in der Broschüre "**Vicenza, città del Palladio**".

• Preise: Für Theater, Pinakothek, Archäologisches Museum (Kirche Santa Corona) und Museo del Risorgimento (Villa Guiccioli) gibt es ein **Kombi-Ticket**, ca. 9 DM.

Piazza dei Signori: das prachtvolle Zentrum der Stadt, weit und offen, platzbeherrschend die sogenannte *"Basilika"*, ein Monumentalwerk Palladios, flankiert vom 80 m hohen, leicht schief stehenden *Torre di Piazza*. Der unermüdliche Baumeister ummantelte das morsche Backsteingemäuer des zentralen Palazzo del Ragione in jahrzehntelanger Arbeit vollständig mit einer eleganten doppelstöckigen Marmorloggia. Vor allem in der oberen Hälfte des Baus kontrastiert der rosa-weiß gemusterte Marmor wirkungsvoll mit dem mächtigen grünen Wölbungsdach. Goethe befand, es sei "nicht möglich, den Eindruck zu beschreiben, den die Basilika von Palladio macht ...". In den Gängen unten ein Juwelierladen neben dem anderen, zwei Cafés laden zum Verschnaufen ein - tagsüber eher beschaulich, herrscht hier abends pralles Leben.

An der Nordseite der Piazza die *Loggia del Capitano*, ein weiteres Werk Palladios mit reichem Figurenschmuck, zu erkennen an den hohen Arkadenöffnungen und Rundsäulen. Am Ostende der Piazza zwei Säulen, gekrönt mit dem venezianischen Löwen und dem Erlöser, hier schließt sich

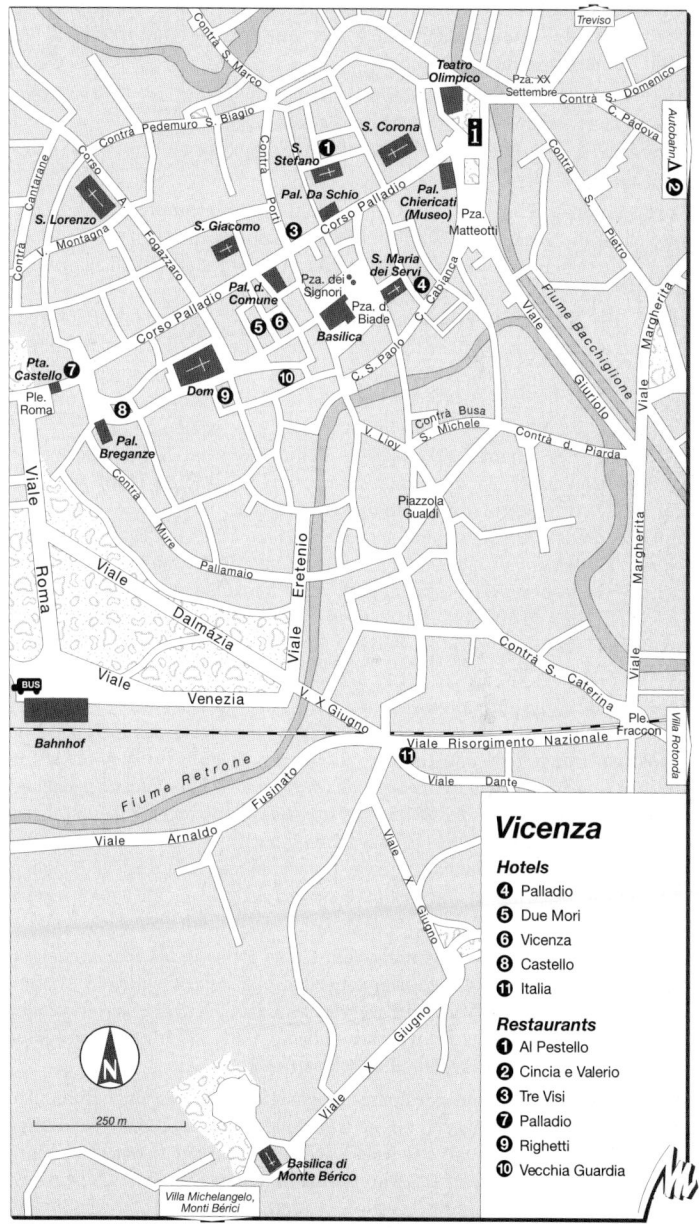

Vicenza

Hotels

❹ Palladio
❺ Due Mori
❻ Vicenza
❽ Castello
⓫ Italia

Restaurants

❶ Al Pestello
❷ Cincia e Valerio
❸ Tre Visi
❼ Palladio
❾ Righetti
❿ Vecchia Guardia

die *Piazza delle Biade* mit der Kirche Santa Maria dei Servi an. Auf der Südseite der Basilika die *Piazza delle Erbe*, der historische Marktplatz der Stadt - jeden Vormittag kann man hier um den mittelalterlichen Turm Obst, Gemüse und Blumen kaufen.

Dom: großer Backsteinbau, der bei Bombenangriffen im letzten Krieg schwer beschädigt, aber wieder weitgehend rekonstruiert wurde. Das helle Innere ist schlicht gehalten, auf den Seitenaltären diverse Gemälde alter Meister.

Corso Andrea Palladio: Die lange schnurgerade Hauptgeschäftsstraße durchzieht die gesamte Altstadt und besticht durch ihre noble Konzeption. Ein historischer Palazzo folgt dem anderen, weitgehend kann man unter breiten schattigen Laubengängen gehen.

Im Westen Beginn der Straße an der *Piazza Castello* mit einem Backsteintor, letzter Rest einer früheren Skaligerburg. Unvollendet, aber hübsch ist der schmalbrüstige *Palazzo Porto-Breganze* an der Südseite der Piazza. Ein paar Schritte weiter, am Corso Palladio 13, der von Palladio entworfene *Palazzo Bonin*. Weitere Paläste findet man z.B. unter den Nummern 45, 47 und 67, auf der anderen Straßenseite das *Rathaus* auf Nr. 98. Besonders eindrucksvoll außerdem der *Palazzo da Schio* (Nr. 147), im Durchgang und Hof antike Architekturfragmente und Inschriften.

Im Osten endet der Corso an der großen *Piazza Matteotti*. Der prachtvolle *Palazzo Chiericati* mit seiner langen Loggia und der statuengeschmückten Fassade beherbergt eine Pinakothek mit Gemälden der venezianischen Schule (Di-Sa 9.30-12, 14.30-17, So 9.30-12 h, Mo geschl., ca. 3 DM). Schräg gegenüber eine der größten Sehenswürdigkeiten Vicenzas, das Teatro Olimpico.

Teatro Olimpico: das älteste Innenraum-Theater Europas - von außen gänzlich unscheinbar, Eingang im begrünten Hof, rechts davor Tourist-Information. Der prachtvolle Innenraum wurde von Palladio nach dem Vorbild antiker griechischer Theater entworfen: die hölzernen Zuschauerränge ziehen sich halbkreisförmig um die Bühne mit einer hohen statuengeschmückten Wand, in den Öffnungen sind in raffinierter Technik Straßen angelegt, die sich scheinbar perspektivisch in den Hintergrund ziehen. 1585 wurde eröffnet und noch heute finden Aufführungen und Konzerte statt (Mo-Sa 9-12.30, 14.15-17, So 9.30-12.30, 14-19 h, Mo geschl. ca. 5 DM).

Contra Porti: zweigt rechtwinklig vom Corso Palladio ab, hier stehen einige besonders prächtige, gotisch-venezianische Palazzi - Nr. 11 stammt von Palladio, Nr. 12 hat ein reich verziertes Portal, Nr. 14 einen filigranen Balkon. Schönster Palast ist wahrscheinlich die Nr. 19, in der Nr. 17 kann man den harmonischen Arkadenhof betrachten.

Santa Corona: helle und geräumige Backsteinkirche, die dem Dominikanerorden gehört. Im Inneren einige wertvolle Gemälde, z.B. die anmutige *Taufe Christi* von Bellini (vorne links) und *Anbetung der Könige* von Veronese (dritter Altar rechts). Die Gemälde können gegen Lireeinwurf beleuchtet werden.

Werbeplakat für das Teatro Olimpico

Basilica di Monte Bérico: große Kreuzkuppelbasilika auf einem Hügel südlich vom Zentrum, wunderbarer Blick auf die Stadt. Im byzantinisch prächtigen Inneren mit viel Goldprunk und Gemälden eine *Marienstatue*, die daran erinnert, daß hier 1426 die Muttergottes erschienen ist - Anlaß für den Bau der Kirche. Heute vielbesuchtes Pilgerziel mit bedeutenden Kunstwerken - darunter eine *Pietà* von Montagna (in der Kapelle rechts neben der Apsis) und das *Abendmahl Gregors des Großen* von Veronese im Refektorium.

Anfahrt/Verbindungen: ab Zentrum läuft man ca. 30 Min., Busse fahren ab Busstation Nähe Bahnhof, für PKW sind reichlich Parkplätze vorhanden.

▶ **Vicenza/Umgebung**: Palladio hat in Vicenza und Umgebung etwa zwanzig Villen für adlige Familien gebaut. Von der Zufahrtsstraße zur Basilika zweigt eine Straße zur *Villa Valmarana "ai Nani"* ab (ab Basilika zu Fuß ca. 15 Min.). Die Nani (= Zwerge) stehen als groteske Figuren auf der Gartenmauer - die Legende erzählt, daß die Besitzer ihre zwergwüchsige Tochter mit einer ausschließlich aus Liliputanern bestehenden Dienerschaft umgaben, damit das Kind sich seiner Kleinwüchsigkeit nicht bewußt wurde. Der Palast und das Gästehaus sind mit Fresken von Tiepolo und seinem Sohn ausgeschmückt (Di-So 15-18 h, Mi, Do, Sa und So auch 10-12 h, Mo geschl., ca. 7,50 DM).

Wenn man von der Villa Valmarana die Straße ca. 200 m weiter den Hügel hinunterläuft (mit dem Wagen die SS 247 nehmen), kommt man zur eleganten *Villa Rotonda*, eins der letzten Werke Palladios. Der streng symmetrische Bau besitzt ein auffälliges Kuppeldach und ein ionisches Säulenportal an jeder der vier Seiten (Villa nur Mi 10-12, 15-18 h, ca. 7,50 DM; Garten Di-Do 10-12, 15-18 h, ca. 5 DM).

Von Vicenza nach Süden

Ausgangspunkt ist die Basilica di Monte Bérico, von dort beschauliche Fahrt durch das üppig grüne Hügelland der *Monti Bérici*. In Arcugnano das *** Hotel Villa Michelangelo (→ Vicenza/Übernachten), danach kleine ruhige Dörfer ohne Tourismus. Ein Ziel der Fahrt könnte die Festungsstadt *Montagnana* mit ihrer perfekt erhaltenen Stadtmauer sein (→ Padua/Umgebung).

Anfahrt über Trento und Valsugana

Wer von Norden kommend nach Venedig nicht die übliche Route über Verona nehmen will, kann bei Trento ins *Valsugana* abzweigen, das Tal des Flusses Brenta. Über die beiden Seen Lago di Caldonazzo und Lago di Levico (→ Trentino-Südtirol) geht es das langgezogene Tal entlang, reizvolle Panoramen öffnen sich immer wieder, zwischen Roncegno und Castel Tesino liegen zahlreiche Fremdenverkehrsorte erhöht an der Nordseite des Tals. Einen Stopp wert ist Bassano del Grappa.

Bassano del Grappa   (ca. 40.000 Einwohner)

Malerisches Städtchen am Südfuß der Alpen - berühmt vor allem wegen seiner überdachten Brücke aus Holz, aber auch wegen der zahlreichen Grappasorten und vieler weiterer Leckereien wie getrocknete und eingelegte Steinpilze, weißer Spargel, Honig und vieles mehr. Abstecher lohnt, und sei es nur um einzukaufen. Nördlich der Stadt steht der Monte Grappa, im Ersten Weltkrieg hart umkämpfte Verteidigungsstellung der Italiener, heute Nationalheiligtum.

● *Anfahrt/Verbindungen*: **PKW**, nur ein kleiner Teil der Altstadt ist für den Verkehr gesperrt. Parken kein größeres Problem, genügend Stellplätze mit Parkuhren vorhanden. **Bahn**, Bahnhof östlich vom Zentrum, Via Chilesotti geradeaus ins Zentrum.

● *Information*: Largo Corona d'Italia 35, Nähe Viale delle Fosse. Mo-Fr 9-12.30, 15-18.30 h, Tel. 0424/524351.

● *Übernachten*: ** Al Castello, am Platz vor der Burg, fast am höchsten Punkt der Stadt. Kleineres, geschmackvoll eingerichtetes Haus mit schönem Blick über die Stadt. DZ ca. 80-120 DM.
Nuovo Mondo, Via Vittorelli 43, oberhalb der zentralen Piazza Garibaldi, Albergo mit Tradition, aber nicht mehr ganz taufrisch. DZ ca. 90-130 DM.
Jugendherberge Ostello Ekar (IYHF) auf der Hochebene von Asiago, 25 km entfernt, ganzjährig, Tel. 0424/455138 (→ Bassano del Grappa/Umgebung).

● *Essen*: **Al Ponte da Renzo**, Via Volpato 60, populäres Fischlokal am Westufer der

Brenta, wenige Meter unterhalb der überdachten Brücke, Blick auf Fluß und Brücke, viele Plätze im Freien. Mo abends und Di geschl.
Al Sole, Via Vittorelli 41, Traditionslokal mit schwerem geschnitzten Mobiliar, lokale Küche, viel mit Polenta und Pilzen, in der richtigen Jahreszeit auch Spargel, hausgemachte Nudeln. Mo geschl.
Ottone, Via Matteotti 40-50, schönes altes Ristorante im Laubengang, seit 1870 in Betrieb, unter "piatti tipici" zählen hier auch Wiener Würstel und Gulasch, hat Atmosphäre.

● *Cafés*: **Danieli**, Piazza Garibaldi, vielbesuchte Bar vor der Loggia der Kirche San Francesco, hinten ein Anbau mit gotischen Fenstern.
Caffé Orientale, Piazza Garibaldi 20, hier duftet es zuckersüß, spezialisiert auf Crêpes, außerdem Fruchtsalat und Joghurt.

● *Shopping*: im Umkreis der Brücke jede Menge reich bestückter Feinkostläden, z.B. **Bottega del Porcino**, Via Crestano Menapola 21.

Nardini, direkt im Brückenkopf, stimmungsvolle Wein- und Grappastube mit Verkauf, als Dekoration schwere Destillierkessel - der richtige Platz, um einen guten Tropfen zu kosten bzw. mitzunehmen, z.B. den leckeren Kräuterlikör *Rabarbaro*. Seit 1779 im Geschäft. **Andolfato**, Via Angarano 13, auf der Westseite der Brücke, ebenfalls Grappa in rauhen Mengen.

Sehenswertes: Im freundlichen und überschaubaren Zentrum findet man einige schöne alte Plätze, Renaissancepalazzi und Gassen mit Laubengängen. Am langgestreckten Piazzale della Libertà mißfällt allerdings zunächst die riesenhafte Kirche San Giovanni im typischen Renaissancestil. An der benachbart *Piazza Garibaldi*, überragt von einem mittelalterlichen Torre, steht die Kirche *San Francesco* aus dem 14. Jh. Äußerlich eine recht grobe Backsteinstruktur, in der Eingangsloggia sind jedoch schöne alte Fresken erhalten - kürzlich restauriert wurde *Madonna mit Kind* von Martinelli, rechts daneben eine Verkündigungsszene. Der schlichte hohe Innenraum mit Holzdecke ist weitgehend kahl, Freskenreste geben allerdings einen Eindruck von früheren Zeiten. Am Altar ein wertvolles bemaltes Kruzifix. Neben der Kirche der große Kreuzgang des ehemaligen Franziskanerklosters, in dem das *Museo Civico* untergebracht ist, u.a. mit reichhaltiger Pinakothek und archäologischen Funden (Di-Sa 9-12.30, 15.30-18.30, So 15.30-18.30 h, ca. 3 DM).

Am höchsten Punkt der Stadt umfassen die Mauern des *Kastells* ein uriges Durcheinander von Häusern und Baustilen, darunter den wiederholt umgebauten *Dom*. Seitlich verläuft der *Viale dei Martiri* an der Stelle der ehemaligen Stadtmauer, schöner Blick nach Norden auf Monte Grappa und die Hochebene von Asiago.

Über die hübsche *Piazza Monte Vecchio* mit dem gleichnamigen Palazzo (in Restauration) kommt man zum Höhepunkt der Stadtbesichtigung: die "überdachte Brücke" *Ponte degli Alpini*. Ursprünglich bereits im 13. Jh. erbaut, wurde sie mehrfach neu konstruiert, u.a. auch vom berühmten Palladio (→ Vicenza). Die Fundamente sind als Schiffsbüge konstruiert und durchpflügen stolz die rauschende Brenta. Im Umkreis haben sich zahlreiche Shops, Cafés etc. angesammelt.

▶ **Bassano del Grappa/Umgebung**: Der *Monte Grappa* gilt als Symbol des italienischen Verteidigungswillens, es gibt mehrere Soldatenfriedhöfe, Ossarien (Beinhäuser) und ein Museum. Auch die *Hochebene von Asiago* war im Ersten Weltkrieg hart umkämpft, großer Soldatenfriedhof am Ostrand von Asiago, Kriegsmuseum in Canove. Heute als Sommerfrische beliebt, Sessellift auf den Monte Kaberlaba, Jugendherberge in Asiago.

Anfahrt über das östliche Südtirol

Von der Brenner-Autobahn abzweigen und durchs *Pustertal* oder auf der *Großen Dolomitenstraße* in den gebirgigen Norden des Veneto vorstoßen. Letztere Strecke benötigt deutlich mehr Zeit und führt über steile Pässe mit viel Kurvenkurbelei, ist aber eine der schönsten Dolomitenstraßen (→ S. 117).

Cortina d'Ampezzo

(ca. 7000 Einwohner)

Berühmter Wintersportort, eingebettet zwischen mächtige Dolomitenzinnen. 1956 wurden hier die olympischen Winterspiele ausgetragen, hohes Preisniveau. Im Sommer reizt die wunderschöne Umgebung mit zahllosen Wandermöglichkeiten, diverse Seilbahnen und Sessellifte erklimmen die Steilhänge rundum.

Als Ort bietet Cortina nicht viel, besitzt aber hübsche alpenländische Architektur mit Holzbalkons und eine lange Fußgängerstraße. Die große *Pfarrkirche* fällt durch ihren schlanken weißen Turm auf, dessen Glockenspiel Big Ben nachempfunden ist, im Inneren reichhaltige Barockaltäre, Fresken und täuschend echt gemalte Stuckverzierungen. An der Hauptstraße eine Gemäldegalerie moderner Kunst (Museo d'Arte "Mario Rimoldi") mit angeschlossener Fossilien- (Museo Paleontologico "Rinaldo Zardini") und Volkskundesammlung (Di-So 16-19.30 h, Mo geschl.).

Bis zu 40.000 Gäste tummeln sich in Cortina im Winter, im Hochsommer flüchten viele Italiener vor der Hitze in die kühleren Berge. Im Mai und Juni herrscht dagegen Nebensaison, überall wird renoviert und vieles ist geschlossen.

*A*nfahrt/*V*erbindungen/*I*nformation

• *Anfahrt/Verbindungen*: **PKW**, von Norden kommend über Bruneck (Brunico) und Tobler (Dobbiaco) das **Höhlensteintal** (Val di Landro) entlang, oder von Bozen die phantastische **Große Dolomitenstraße** (Grande Strada delle Dolomiti) nehmen (beide Strecken → Südtirol).
Bahn/Bus, nächster Bahnhof in Tobler (Dobbiaco), 32 km nördlich (Region Trenti-no-Südtirol). Busstation an der Via Marconi im oberen Teil von Cortina.
• *Information*: Piazza Roma 1 (gegenüber Hotel de la Poste) und Piazzetta San Francesco 8, es wird deutsch gesprochen, Liste von Hotels und Privatunterkünften, Stadtplan, Umgebungskarte mit Wanderwegen. Mo-Sa 9-12.30, 15-19 h, So geschl., Tel. 0436/2711 und 3231.

*Ü*bernachten

Hotellerie auf hohem Niveau, was sich auch auf die Preise bezieht, jedoch starke Schwankungen zwischen Haupt- und Nebensaison. Unterkünfte mit Ristorante in der Regel nur mit Halb- oder Vollpension. Es gibt auch zahlreiche Privatzimmer und Apartments im Ort, DZ ab etwa 70 DM (Liste im Tourist-Büro).

**** Bellevue, Corso Italia 178, sehr gepflegtes Haus in relativ zentraler Lage an der Hauptstraße, vor kurzem totalrenoviert und neu eröffnet unter Leitung der alteingesessenen Gastronomenfamilie Melon (→ Essen). Besonders hervorzuheben das hauseigene Restaurant. Mit Garage. Halbpension pro Pers. je nach Saison ca. 270-420 DM, Tel. 0436/883400.
*** Panda, Via Roma 64, gemütliches Haus im alpenländischen Stil, rundum laufende Holzbalkone, innen Frühstücks/Aufenthaltsraum mit Polstermöbeln, kein Restaurant, Parkplatz, DZ je nach Saison ca. 75-200 DM, Tel. 0436/860344.

** Cavallino, Corso Italia 142, älteres Haus, einfach, aber freundlich möbliert, Zimmer mit Duschkabinen, kein Ristorante, Parkplatz, DZ je nach Saison ca. 80-200 DM, Tel. 0436/2614.
* Villa Alpina, Via Roma 72, im traditionellen Stil eines Bauernhauses, beim letzten Check gerade umfassend renoviert, dürfte ab Winter 1995/96 wieder zur Verfügung stehen. Mit Restaurant und Parkplatz. Tel. 0436/2418.
• *Camping*: Wenige Kilometer unterhalb der Stadt auf dem Campo di Sopra am Fluß Boite liegen drei Campingplätze, beschildert an der SS 51: **Cortina** (ganz-

jährig), **Rocchetta** (Juni-September) und **Dolomiti** (Mai-September), von der Stadt stündlich zu erreichen mit Bus 2 ab Piazza Roma.

Ein weiterer Platz **Olympia** (ganzjährig) liegt oberhalb von Cortina d'Ampezzo an der Straße nach Dobbiaco (Tobler).

Essen/Nachtleben

Über siebzig Restaurants und Pizzerie bieten teilweise erstklassige Küche. Beim Tourist-Info erhält man den kleinen gastronomischen Führer "Guida alla buona cucina nella Valle d'Ampezzo".

Wer sich etwas besonders Gutes tun will, kann das hochgelobte **Il Meloncino** von Familie Melon im Ortsteil Gilardon an der Straße nach Pocol testen, dort zudem herrlicher Blick auf Cortina, geboten ist kräftige Bergküche mit Pilzen, Wild und Kaninchen. Di und im Juni geschl., Menü ca. 70-80 DM. Da nicht allzu groß, Reservierung sinnvoll: Tel. 0436/861043.

Baita Fraina, im Ortsteil Fraina, bei der engagierten Familie Menardi fühlen sich vor allem Familien mit Kindern wohl, denn es gibt eine große Spielwiese, die man von der Sonnenterrasse einsehen kann. Auch tagsüber gut als Zwischenstopp geeignet. Hausherr Alessandro empfiehlt sein *cosciotto d'agnello ai tre sapori* (Lammkeule mit drei Gewürzen). Mo und im Mai/Juni sowie Oktober/November geschl.

Il Ponte, Via B. Franchetti 8, Pizzeria am Flußlauf des Bigontina, östlicher Beginn der Fußgängerzone. Architektonisch originell mit hoher Holzempore, von deren Brüstung man dem Pizzabäcker auf den Schieber gucken kann. Kräftige Pizze, gut z.B. die *pizza al ponte* mit Artischocken und Pilzen.

Vienna, Via Roma 66, nette Birreria/Pizzeria/Ristorante im Hotel Panda, in den zwei kleinen rustikalen Innenräumen und auf der kleinen Terrasse davor kann man alpenländische Küche (z.B. Gulasch oder Zicklein mit Polenta) und diverse Pizze ordern. Mi geschl., außerdem Mai und November.

Self-Service Stazione, im Busbahnhof an der Via Marconi, das preiswerteste Essen in Cortina, volles Menü unter 20 DM.

• *Nachtleben*: ausgeprägt - jedoch nur im Winter. Einer der beliebtesten Discos ist der **Bilbò Club** am Largo delle Poste nördlich der Fußgängerzone.

Après-Ski vom Feinsten in der Bar des berühmten **Hotel del la Poste**.

Sport/Lifte

• *Sport*: Riesenangebot, im Tourist-Büro gibt es Spezialbroschüren.

Mountainbikes kann man mieten im Centro Sportivo an der Via Roma 91/c (2 Std. 20 DM, halber Tag 40 DM, Tag 60 DM); **Hallenbad** im Ortsteil Guargnè (ca. 10 DM); **Golf** beim Miramonti Majestic Grand Hotel an der SS 51; **Minigolf** am Camping Rocchetta, Ortsteil Campo; **Reiten** am Reithof Meneguto, Ortsteil Fraina; **Tennis** u.a. im Stadio A.R. Apollonio, Via dei Campi; **Eisstadion** (Juli - September); **Rafting** mit "Cortina No Limits", Tel. 0436/860808; **geführte Wanderungen** durch Bergführer (Info im Tourist-Büro); mehrere **Fitness-Center** u.v.m.

• *Lifte*: im Sommer tägl. 9-17 h, lohnen unbedingt. Die reizvollste Tour startet am Olympiastadion - die Seilbahn "Freccia nel Cielo" geht über Col Druscie und Ra Valles bis auf den Gipfel des **Tofana di Mezzo** - mit 3243 m die höchste Seilbahn ab Cortina d'Ampezzo. Kostet jedoch gut 40 DM hin und zurück. Bei klarem Wetter kann man bis zum Meer sehen.

Eine weitere Seilbahn startet in der Nähe vom Busbahnhof an der Via Marconi zum Rifugio auf dem **Tondi di Faloria** in 2122 m Höhe (ca. 20 DM hin und zurück).

Ein Sessel/Gondellift fährt in zwei Etappen ins Massiv des **Monte Cristallo** bis auf 2896 m Höhe, Abfahrt an der Straße zum Lago di Misurina, ca. 20 DM hin und zurück (→ nächster Abschnitt). Ein Sessellift geht vom Hallenbad (Ortsteil Guargnè) hinauf zum **Rifugio Mietres** (1710 m).

Cortina d'Ampezzo/Umgebung

▶ **Lago di Misurina:** bildhübscher See in fast 1800 m Höhe, bei Sonnenschein unbedingt lohnender Ausflug! Selbst im Juni liegen an den Ufern noch Schneereste, dahinter die malerische Kulisse der *Tre Cime di Lavaredo/Drei Zinnen* (2998 m).

Noch im Juni liegt Schnee am Lago di Misurina hoch in den Alpen

Von Cortina d'Ampezzo sind es ca. 15 km, in steilen Windungen mit herrlichen Rückblicken geht es hinauf zum *Passo Tre Croci* (1809 m), kurz vorher Gondellift zum Monte Cristallo, dann durch dichten Nadelwald hinunter bis zur Kreuzung, wo man sich links hält.

Am See ein großes Kurheim, diverse Hotels, mehrere Ristoranti und Cafés - Ausflugs- und Reisebusse legen hier gerne einen Stopp ein. An mehreren Stellen Tretbootverleih. Am schmalen Nordende des Sees der Camping Alla Baita Misurine, ein kleines schattenloses Wiesengelände, sanitär einfach. Dort auch mehrere Zimmervermieter, Ristorante Genzianella mit schöner Terrasse, ruhig. Eine 6 km lange Höhenpiste führt hinauf zum Rifugio Angelo Bosi auf dem *Monte Piana* (2225 m), eine weitere (besser ausgebaut) zum Rifugio Auronzo (2300 m) an der Wand der *Drei Zinnen*, 11 km (die letzten 4 km kostenpflichtig).

Von Cortina d'Ampezzo nach Belluno

Schnellste Verbindung ist die SS 51, die schnurstracks nach Süden führt.

Bei etwas mehr Zeit, die SS 48 nehmen - Abstecher zum Lago di Misurina (→ oben) und weiter die SS 51 bis das Tal des *Ansiei-Flusses* entlang, der an mehreren Stellen gestaut ist.

Der große Fremdenverkehrsort *Auronzo di Cadore* liegt am hübschen *Lago di Santa Caterina* , mehrere Campingplätze.

▶ **Lago di Pieve di Cadore**: langgestreckter Stausee mit Wiesenufern, an den Hängen hoch über dem See mehrere große Orte, darunter *Pieve di Cadore*, der Geburtsort Tizians (1490-1576). Auf der zentralen Piazza Tiziano ist der Meister mit Pinsel und Palette in Bronze verewigt, seitlich davon das alte graue *Rathaus*, ein paar Schritte dahinter die große, äußerlich etwas ungeschlacht wirkende *Pfarrkirche* mit einigen Gemälden, darunter auch ein Tizian.

An der Durchgangsstraße, etwas unterhalb der Piazza, das *Geburtshaus* Tizians aus grauem Bruchstein - im Inneren Erinnerungsstücke (ca. 3 DM, falls geschlossen: Tel. 32262). Am Nachbarhaus Fresken, die dem jungen Tizian zugeschrieben werden.

> *Übernachten*: **Camping Cologna** unterhalb von Lozzo di Cadore am Nordende des Sees.

Die überlastete SS 51 schlängelt sich das enge Piave-Tal entlang nach Süden - eine Autobahn wird derzeit gebaut. Abstecher nach Belluno einbauen, ansonsten über Vittorio Veneto weiter in die Ebene.

Belluno   (ca. 37.000 Einwohner)

Hübsche Provinzhauptstadt in den südlichen Ausläufern der Alpen, ca. 70 km von Cortina d'Ampezzo. Kein eigentliches Touristenziel, aber lohnender Stop-over am Weg Richtung Venedig.

Das alte Zentrum malerisch auf einer Landzunge über dem Piavetal - schöne alte Gassen mit Laubengängen, der repräsentative Domplatz und die langgestreckte Piazza Tre Martiri mit ihren eleganten Cafés machen Vorfreude auf den Süden.

- *Information*: Via Matteotti 3, Schmalseite der Piazza Tre Martiri, Tel. 0437/940083.
- *Übernachten*: ** **Dolomiti**, Via Carrera 46, Seitengäßchen der Piazza Tre Martiri, solides Stadthotel, Eingang etwas zurück in einem Innenhof, in der Halle unten dokumentieren zahlreiche Fotos die Beliebtheit des Hauses, freundlich geführt, DZ je nach Saison ca. 80-120 DM, Tel. 0437/941660.
- *Essen*: **Al Sasso**, Via del Consiglio 12, mitten in der Altstadt, Nähe Piazza del Er-

be, eins der besten Lokale der Stadt, elegant-verwinkelt, viel Holz und dekorative Porzellanteller, traditionelle Küche mit Wild und reichlich Gemüse, Menü um die 50 DM. Mo und So abends geschl.

Moretto, Via Pierio Valeriano 8. Wem das Al Sasso zu teuer ist, findet diese einfache und preiswerte Trattoria gleich um die Ecke.

Il Piacere, Via Mezzaterra 96, vorne an der Spitze der Altstadt, gemütliche Enoteca, wo man die Veneto-Weine in Ruhe kosten kann.

Sehenswertes: Die *Piazza Tre Matiri* bildet das Zentrum der Innenstadt - ein schöner langgestreckter Platz mit Grünanlage, auf der einen Seite flankiert von breitem Laubengang mit den besten Cafés der Stadt. Der Laubengang setzt sich noch auf die benachbarte Piazza Vittorio Emanuele fort, dort geht es durch die *Porta Doiona* in die schmalen Altstadtgassen mit zahlreichen Laubengängen und Palazzi aus Gotik und Renaissance.

Über die Piazza delle Erbe kommt man schnell zur *Piazza Duomo* - beherrschend der *Dom* mit einfacher Bruch- und Backsteinfassade und hohem Campanile im typisch venezianischen Stil, dahinter schöne Aussichtsterrasse. Der spätere Papst Johannes Paul I. war hier 20 Jahre lang Generalvikar - Papst dagegen nur 33 Tage. In den Seitenkapellen des wuchtigen Innenraums einige bedeutende Gemälde.

An der Nordseite der Piazza der filigran verzierte *Palazzo dei Rettori* mit Arkadengang, gotischen Doppelfenstern und zwei zentralen Loggien. Im auffallenden Kontrast daneben der massive *Torre Civica* aus dem 11. Jh., spärlicher Rest einer Burg, die hier einst stand. Im *Museo Civico*, Via Duomo 16 (seitlich des Palazzo dei Rettori), Ausgrabungsfunde aus der Stein-, Bronze- und Römerzeit, außerdem Pinakothek mit Werken einheimischer Maler und Holzskulpturen des Bildhauers Brustolen (Di-Sa 10-12, 15-18, So 10-12 h, Mo geschl., ca. 4 DM).

Im Innenhof des nahen Palazzo della Crepadona in der Via Ripa ein prächtiger, mit Jagdszenen und einer rätselhaften Inschrift geschmückter *Sarkophag* des Römers Flavius Ostilius. Im ersten Stock des Palazzo wechselnde Ausstellungen.

Die langen Gassen Richtung Süden führen bis zur Spitze des Felssporns, auf dem die Altstadt thront - kurz vor Ende der mit alten Palazzi gesäumten *Via Mezzaterra* zweigt links ein hübsches Kopfsteinpflastergäßchen zur *Porta Ruga* ab, wo man einen weiten Blick in die Umgebung genießt.

Zurück an der Piazza Vittorio Emanuele ist die nahe gotische Kirche *Santo Stefano* noch einen Blick wert - reich verziertes Seitenportal, schöner Innenraum mit schwarzweiß gestreiften Kreuzrippen, in der Kapelle rechts neben dem Altar Fresken aus dem 15. Jh. und ein vergoldetes Altarbild.

Belluno/Umgebung

▶ **Certosa di Vedana**: 10 km nordwestlich, an der Straße nach Agordo. Im Mittelalter eins der bedeutendsten Klöster der Alpen, 1695 brannte es fast völlig aus. Heute ein stiller Ort mit restaurierten Bauten und einem Kreuzgang aus dem 16. Jh.

▶ **Lago di Santa Croce**: am Weg Richtung Süden - bildhübscher Voralpensee mit knallgrünem Wasser, eingebettet in bewaldete Hänge, die SS 51 führt direkt daran vorbei. Etwas Tourismus, vor allem beliebt bei Surfern, Camping am ruhigen Ostufer und am Südende bei Santa Croce.

▶ **Vittorio Veneto**: langgestrecktes Wirtschaftszentrum am Ende der Bergstrecke, hier gabeln sich die Straßen, nach Osten geht es nach Udine (→ Friaul), im Süden liegt Venedig. Die von Laubengängen flankierte *Via Martiri della Libertà* durchquert den gut erhaltenen nördlichen Stadtteil Serravalle, die vielbefahrene Durchgangsstraße verläuft parallel dazu. An der Piazza Flaminio der *Dom* und die schöne *Loggia Serravalese*.

Padua (Padova)   (ca. 230.000 Einwohner)

Großes Wirtschaftszentrum, seit dem 13. Jh. Universitätsstadt, dank der Basilika des heiligen Antonius außerdem eins der wichtigsten Wallfahrtsziele Italiens. Insgesamt keine reine Schönheit, nicht zuletzt wegen der schweren Weltkriegsschäden - im historischen Zentrum dominieren aber großzügige Plätze und lange Arkadengänge, die vor allem abends großen Reiz ausstrahlen. Touristen kommen hauptsächlich wegen einiger bedeutender Kunstwerke, allen voran die Giotto-Fresken in der Cappella degli Scrovegni.

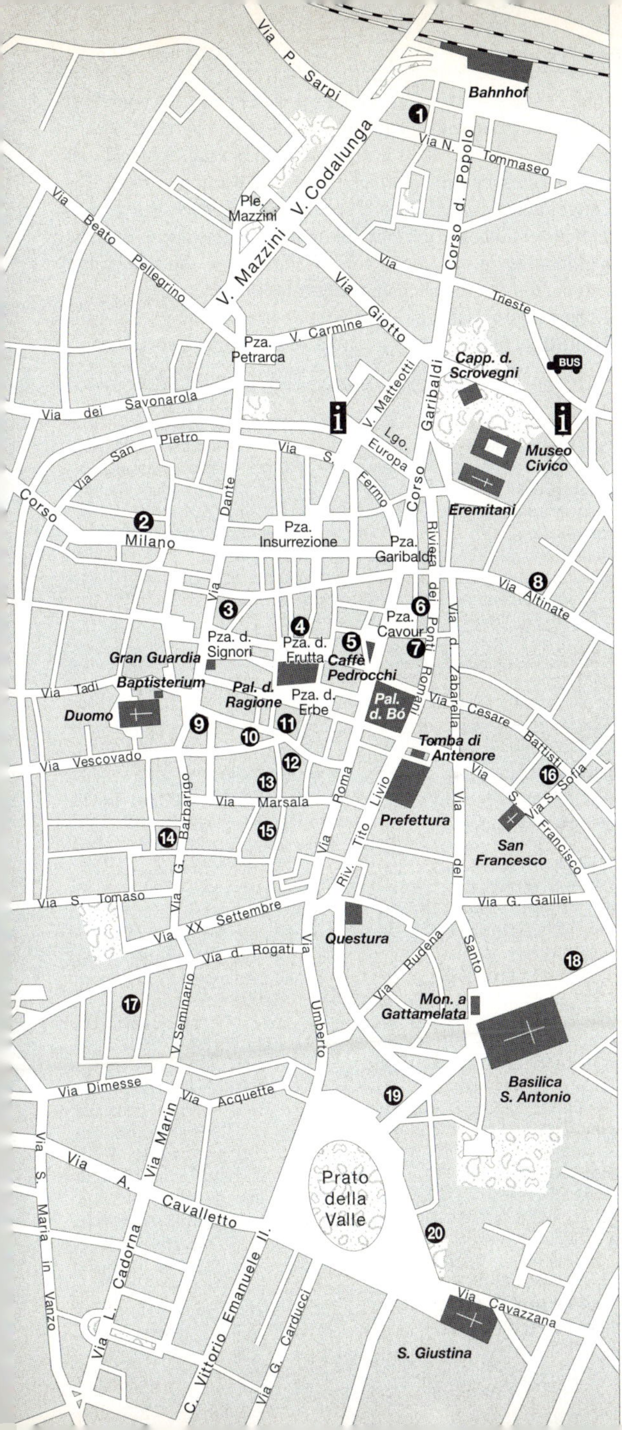
Via P. Sarpi
Bahnhof
Via N. Tommaseo
V. Codalunga
Corso d. Popolo
Ple. Mazzini
V. Mazzini
Via Beato Pellegrino
Via Giotto
Via Trieste
Pza. Petrarca
V. Carmine
Capp. d. Scrovegni
BUS
V. Matteotti
Garibaldi
Via dei Savonarola
Via San Pietro
Via S. Fermo
Lgo. Europa
Museo Civico
Corso Milano
Dante
Corso
Eremitani
Pza. Insurrezione
Pza. Garibaldi
Riviera dei Ponti Romani
Via Altinate
Via
Pza. Cavour
Pza. d. Signori
Pza. d. Frutta
Caffè Pedrocchi
Gran Guardia
Baptisterium
Via Tadi
Pal. d. Ragione
Pza. d. Erbe
Pal. d. Bó
Via d. Zabarella
Via Cesare Battisti
Duomo
Tomba di Antenore
Via Vescovado
Via S. Sofia
Via Roma
Tito Livio
Via Marsala
Via G. Barbarigo
Prefettura
Via S. Francisco
San Francesco
Riv.
Via del Santo
Via S. Tomaso
Via G. Galilei
Via XX Settembre
Questura
Via d. Rogati
Via Rudena
Via Umberto
Mon. a Gattamelata
V. Seminario
Basilica S. Antonio
Via Dimesse
Via Acquette
Via Marin
Via S. Maria in Vanzo
Via A. Cavalletto
Prato della Valle
Via L. Cadorna
C. Vittorio Emanuele II.
Via G. Carducci
Via Cavazzana
S. Giustina
N
0 m 100 m 200 m

Padova

Hotels

1 Casa della Famiglia
5 Leon Bianco
12 Majestic Toscanelli
13 Pace
15 Pavia
17 Jugendherberge
18 Casa del Pellegrino
19 Bellevue
20 Al Giardinetto

Restaurants und Osterie

2 Antico Brolo
3 Al Pero
4 Da Mario
6 Pepen
7 Brek
8 Lucifer Young
9 L'Anfora
10 Da Capo
11 La Vecchia Enoteca
14 Medina
16 Da Nane della Giulia

In den vierziger Jahren des letzten Jahrhunderts war Padua ein wichtiger Versammlungspunkt der liberalen Bürger und Studenten, die die Einigung Italiens anstrebten. Im Februar 1848 lieferte man sich eine Schlacht mit der Polizei der österreichischen Besatzungsmacht, das berühmte Caffè Pedrocchi ist ein Zeuge dieser turbulenten Vergangenheit - noch heute werden die damaligen Einschußlöcher gezeigt. Dank der ausgeprägten Studentenszene gibt es etliche Kneipen, Ausstellungen und Kinos, die jedoch nur während der Semesterzeit für Abwechslung sorgen.

Padua liegt eine Dreiviertel Zug- bzw. Autostunde von Venedig - als Ausweichquartier für die überfüllte Lagunenstadt also überlegenswert.

Anfahrt/Verbindungen/Information

• *Anfahrt/Verbindungen*: **PKW**, großer gebührenpflichtiger Parkplatz vor der Kirche Santa Giustina am Prato della Valle im Süden der Stadt, Nähe Basilica di Sant'Antonio.
Bahn/Bus, Bahnhof im Norden der Stadt, der Corso del Popolo (später Corso Garibaldi) führt schnurgerade ins Zentrum, ca. 1,5 km. Busse in die Umgebung fahren ab Via Trieste 40 (vom Bhf. geradeaus und vor dem Fluß links).

• *Information*: **APT**, Hauptstelle an der Riviera Mugnai 8 (Bus 3 oder 8 bis Post). Zweigstellen im Bahnhof (neben Gepäckaufbewahrung) und im Museo Civico Eremitani (neben Cappella degli Scrovegni). Es gibt Hotellisten, kostenlose Stadtpläne (für Zimmersuche ungeeignet, da nur Hauptstraßen aufgeführt) und die dicke Broschüre "Padua Willkommen". Tel. 049/ 8750655.

Übernachten

Vieles ist auf Pilger eingestellt, die wenig Wert auf Komfort legen - deshalb reichlich Auswahl in den unteren Preisklassen. Vor allem im Umkreis der Basilika gibt es viele Möglichkeiten.

**** **Majestic Toscanelli (12)**, Via dell'Arco 2 (Ecke Via San Martino e Solferino), komfortable Oase mitten in den kleinen Gassen der Altstadt, sehr ruhig, Zimmer mit Air-Condition und TV, Parkplatz. DZ mit Frühstück ca. 190-260 DM, Tel. 049/663244.
*** **Leon Bianco (5)**, Piazzetta Pedrocchi 12, hübsches kleines Hotel in ganz zentraler Lage, Frühstück auf Dachterrasse, Garage. DZ mit Frühstück ca. 140-170 DM, Tel. 049/8750814.
*** **Al Giardinetto (20)**, Via Prato delle Valle 54, schräg gegenüber der Kirche Santa Giustina, einfaches Mittelklassehaus mit kleinem Park vor dem Haus, DZ mit Frühstück um die 140-170 DM, Tel. 049/ 656766.
** **Casa del Pellegrino (18)**, Via Cesarotti 21, große katholische Herberge bei der Basilika, mehr als hundert Zimmer, viele Pilger finden hier Quartier, DZ mit Bad ca. 80 DM, ohne ca. 60 DM, Tel. 049/8752100.
* **Bellevue (19)**, Via L. Belludi 11, direkt an der Zufahrtsstraße zur Basilika di Sant'Antonio, gute Lage, teils mit Blick in den schönen Hinterhof, wo sich ein sehr beliebtes Restaurant befindet, DZ ca. 85 DM, Tel. 049/8755547.

* **Pace (13)**, Via Papafava 3, parallel zur Via Barbarigo, einfach, DZ ca. 50 DM, nur Etagendusche, Tel 049/8751566. Auf Nr. 11 * **Pavia (15)**, derselbe Preis, Tel. 049/ 661558.
• *Hostels*: **Centro Ospitalità Città di Padova (17)**, gutes Jugend-Hostel in der Via Aleardo Aleardi 30, im Zentrum, Nähe Prato della Valle, Bus 3, 8, 1 oder 18 ab Bhf. bis Via XX Settembre. 112 Betten in Schlafsälen, Gemeinschafts- und TV-Raum, ca. 18 DM mit Frühstück, kein IYHF-Ausweis nötig. Tägl. 7-9.30, 17-23 h, ganzjährig geöffnet, Tel. 049/8752219.
Casa della Famiglia (1), Via Nino Bixio 4, von Nonnen geführt, nettes Personal und guter Komfort, 2-4 Betten pro Zimmer, nur für Mädchen/Frauen unter 30, während der Woche oft von Studentinnen belegt, ca. 22 DM pro Pers. Liegt gleich beim Bahnhof, abends etwas unangenehme Gegend (Straßenstrich), nur Juli/August, Tel. 049/ 8751554.
• *Camping*: Nächster Platz ist **Camping Termale** von Montegrotto Terme, ca. 10 km südlich von Padua (Bahnverbindung, aber vom Bhf. in Motegrotto T. noch gut 2 km zu Fuß), Tel. 049/793400.

Essen

Pepen (6), gediegene Pizzeria/Trattoria ganz zentral an der Piazza Cavour 15, schön zum Draußensitzen, große Auswahl.

Da Mario (4), Via Vincenzo Stefano Breda 3, direkt an der Piazza dei Frutta, derzeit einer der angesagtesten Treffs im Zentrum, bis spätabends gut besucht, oft viel Stimmung, hübsch gemütlich eingerichtet, Fleisch vom Grill, vegetarische Platten, Pizza, auch Plätze direkt an der Piazza.

Al Pero (3), Via Santa Lucia 38, kleine Nachbarschaftstrattoria, günstige Veneto-Küche mit Polenta. So geschl.

Medina (14), Via Barbarigo 18, beliebte Pizzeria mit aufwendigem Dekor, das einem orientalischen Palast nachempfunden ist, hauptsächlich studentisches Publikum.

Antico Brolo (2), Corso Milano 22, kürzlich umgezogen, gilt aber nach wie vor als eins der besten Restaurants der Stadt, schön zum Draußensitzen, nicht billig. Sa Mittag und Mo geschl.

● *Self-Services*: **Brek (7)**, Piazza Cavour, gegenüber Caffè Pedrocchi, hervorragendes Essen zu günstigen Preisen. Fr geschl. Mehrere **Studenten-Mensen**, z.B. in der Via Pio X 11, Via Bomporti 18, Via San Francesco 122 und Via Leopardi (ein Abend in der Woche und August geschl.), Gäste zahlen ca. 15 DM, deutsche Stud.-Ausweise gelten nicht.

● *Cafés*: **Caffè Pedrocchi**, Via 8 Febbraio 15, schräg gegenüber der Uni, wenige Schritte von der Piazza Cavour. Elegantes und großzügiges Kaffeehaus von 1831, in den vierziger Jahren des letzten Jahrhunderts Treffpunkt der Anhänger der Widerstandsbewegung gegen Österreich. Auf zwei Stockwerken samtbezogene Sessel (weitgehend Originalmobiliar) zwischen Marmor und "griechischen" Säulen. Preise relativ zivil, Mo geschl.

Caffè Diemme, Piazza delle Erbe, direkt im Palazzo della Ragione untergebracht, populäre Osteria mit Sitzplätzen auf der Piazza, der richtige Platz, um ein Gläschen zu trinken.

Caffè Margherita, großes Café an der Piazza della Frutta.

● *Eis*: **Nuova Gelateria del Prato della Valle**, unter den Arkaden der Via Umberto I. 95, kein Name draußen (neben Bar Petrarca), an Wochenenden stehen hier die Paduaner Schlange, um sich die leckeren Eisportionen zu holen.

Nachtleben & Shopping

● *Osterie/Kneipen*: Die Studentenstadt Padua hat daran keinen Mangel, im Umkreis der zentralen Plätze gibt es diverse Treffpunkte. Hierher kommt man auf einen guten Schluck, aber auch zum Essen. Oft geht es hoch her. Geöffnet ist mindestens bis Mitternacht, an Wochenenden oft länger.

Da Nane della Giulia (16), Via Santa Sofia 1, hübsch eingerichtete Osteria, gelegentlich Livemusik. So geschl.

Antica Osteria L'Anfora (9), Via dei Soncin 13, sehr gute Küche, zum Wein leckere Apetttihappen. So geschl.

Antica Osteria da Capo (10), Via dei Soncin 43, gemütlich mit dunklem Holz, beliebter Treffpunkt der Jugend.

Alexander Bar, Via San Francesco 38, zahlreiche Biersorten. So geschl.

La Vecchia Enoteca (11), Via San Martino e Solferino, Verlängerung der Via dei Soncin, elegante Weinstube mit Wohnzimmeratmosphäre, gehobene Preise.

Lucifer Young (8), Via Altinate 89, originelle Birreria von Lucifer Junior - zwischen Monstern und Felswänden schriller Neon- und Popmusik. Es gibt Kleinigkeiten zu essen, bis spät nachts offen. Mi geschl.

● *Märkte*: täglicher Markt auf der **Piazza delle Erbe** und der **Piazza dei Frutta**. Sa außerdem großer Flohmarkt am **Prato della Valle**, dem größten Platz der Stadt - vom Alpenveilchen bis zum Zwergkaninchenkäfig ist alles zu bekommen.

Sehenswertes

Die wichtigsten Sehenswürdigkeiten erstrecken sich von der Cappella degli Scrovegni im teilweise mit Hochhäusern befrachteten Stadtnorden über das eindrucksvolle Stadtzentrum mit zahlreichen Laubengängen und repräsentativen Bauten bis zur Basilica di Sant'Antonio im Süden.

Sammelticket für Cappella degli Scrovegni, Museo degli Eremitani, Palazzo della Ragione, Baptisterium, Oratorio di San Giorgio und Orto Botanico kostet ca. 15 DM (Stud. ermäß.)

Cappella degli Scrovegni und Umgebung: Die äußerlich unscheinbare Kapelle steht inmitten der *Giardini dell'Arene*, einer wunderschön schattigen Parkanlage nicht weit vom Bahnhof. Ihr hoher Innenraum ist bis zur Decke vollständig mit phantastischen Fresken von Giotto bedeckt - sie begründeten seinen Ruf als Vorläufer der Renaissance und gehören zu den bedeutendsten Kunstwerken Italiens.

1303-1305 bemalte Giotto die Seitenwände auf einem tiefblauen Hintergrund in zahlreichen Einzelfeldern mit Szenen aus dem Leben von Maria und Jesus, darunter setzte er symbolische Darstellungen der Tugenden und Laster und an die Eingangswand ein großes "Jüngstes Gericht". Was Giottos Kunst auszeichnet, ist die dramatische Bewegtheit der Figuren und Komposition bei gleichzeitiger hoher Realistik, damit sprengte er den starren Formenkanon seiner Zeit. Am Altar bedeutende Marmorskulpturen von Pisano und der Sarkophag Enrico Scrovegnis, der Kirche und Fresken in Auftrag gab, um die Sünden seines "ungläubigen" Vaters zu sühnen.

Der Eingang zur Kapelle führt durch das neu eingerichtete *Museo degli Eremitani* (Museo Civico) im Kreuzgang der gleichnamigen Kirche - neben Lapidarium und Archäologischer Abteilung enthält es eine bemerkenswerte Gemäldesammlung venezianischer Meister des 14.-16. Jh., darunter ein hölzernes Kruzifix von Giotto (Sammeleintrittskarte für Museum und Kapelle 10 DM, Stud. 5 DM, tägl. 9-19 h).

Die *Chiesa degli Eremitani* besitzt eine wuchtige Holzdecke und zahlreiche Grabdenkmäler. Die Kirche wurde im Zweiten Weltkrieg durch Bombenangriffe völlig zerstört und wieder aufgebaut - doch die herrlichen Fresken von Mantegna sind großenteils unwiederbringlich verloren.

Zentrum: Padua war im Mittelalter freie Stadt. Vom Reichtum und der Pracht der Handelsmetropole zeugt die großartige Komposition der beiden Plätze *Piazza delle Erbe* und *Piazza dei Frutta*, letzterer mit täglichem Markt. Zwischen den Plätzen prunkt der gewaltige *Palazzo della Ragione* mit offenen Loggien an beiden Längsseiten. Der riesige Innenraum *"Il Salone"* im Erdgeschoß ist heute mit Verkaufsläden aller Art belegt, der Saal darüber kann besichtigt werden (Di-So 9-19 h, ca. 5 DM). Anschließend an den Palazzo della Ragione steht das *Municipio* aus dem 13. Jh. mit Turm.

Einen Blick wert ist auch die anschließende hübsche *Piazza dei Signori* mit ihrem Uhrenturm. In der Nähe der relativ bedeutungslose *Dom* mit kahlem Innenraum. Das benachbarte *Baptisterium* ist jedoch vollständig mit Fresken aus dem 14. Jh. ausgemalt, die Szenen aus dem Leben Jesu und Johannes des Täufers darstellen (Di-So 9.30-12.30, 15-18 h, ca. 3 DM).

Weiteres Zentrum für Stadtflanierer ist die gemütliche *Piazza Cavour* mit Cafés und Restaurants, dem benachbarten *Caffè Pedrocchi* und dem nahen *Palazzo del Bò*, dem Hauptgebäude der Universität - schon Galileo Galilei hat hier gelehrt. Sehr beeindruckend die *Aula Magna*, der Versammlungs-raum mit endlosen Wappenreihen von ehemaligen Studentenschaften, au-ßerdem der älteste medizinische Vorlesungsraum der Welt mit extrem en-gen und steilen Sitzreihen - Goethe hat mal gesagt, er wäre froh, hier nicht studieren zu müssen (nur mit Führung zu besichtigen).

Basilica di Sant'Antonio und Um-gebung: höchst eigenwillige byzan-tinische Konstruktion aus dem 12.-14. Jh. mit acht immensen Kuppeln und schlanken Spitztürmchen. *"Il Santo"* wurde zu Ehren des heiligen Antonius errichtet, der in Portugal geboren wurde, in Padua starb und seit Ende des 13. Jh. hier begraben liegt. Die Kirche hat sich seitdem zu einem landesweiten Pilgerziel entwickelt - mitsamt der dazuge-hörigen Geschäftigkeit, der Devo-tionalienhandel blüht! Inmitten von Kirchenkitschständen geht das be-rühmte Reiterstandbild des *Gatta-melata* auf der Piazza fast etwas un-ter - es stammt von Donatello und gilt als eins der bedeutendsten Werke der italienischen Frühre-naissance.

Im linken Seitenschiff die *Cappella di Sant'Antonio.* Hier ruht Antonius in einem großen Sarkophag, be-hängt mit zahllosen Medaillons und Fotos von Gläubigen, die die Hilfe des Heiligen erflehen. Dra-

Basilica di Sant'Antonio mit Reiterdenkmal des Gattamela

matisch und lebensecht wirken die großen Marmorreliefs an der Rückwand der Kapelle, die Szenen aus seinem Leben darstellen. Benachbart die Ka-pelle der *Schwarzen Madonna* und die freskengeschmückte Kapelle des *Beato Luca Belludi.* Die Schranke des *Hochaltars* ist mit Bronzestatuen von Donatello bestückt.

Im rechten Seitenschiff enthält die *Cappella di San Felice* einen berühm-ten Freskenzyklus von Altichiero (entstanden 1374-79): "Geschichte des heiligen Jakob von Compostela" und "Kreuzigung". Mit der großen Natür-lichkeit seiner Gestalten ohne jegliche Steifheit der Formen war Altichie-ro ein entscheidender Vorläufer der Renaissance. Daneben kommt man in einen *Kreuzgang*, in dessen rückwärtigen Räumen eine interessante Tonbildschau über das Lebenswerk des Sant'Antonio gezeigt wird, die mit allerlei optischen und akustischen Effekten ausgestattet und voll tech-nischer Raffinessen ist (9-12.30, 15-19 h, frei).

Höhepunkt der Pilgerfahrt ist die *Zentralkapelle* in der Rückfront der Basilika - im ehrfürchtigen Gänsemarsch geht's an goldenen Reliquiaren vorbei, in denen Antonios nicht verweste Zunge (!), sein Unterkiefer mit fünf Zähnen (jüngst gestohlen und wieder aufgefunden) und andere sterbliche Überreste ausgestellt sind. Zurück auf der Piazza findet man angebaut an die Basilika das *Oratorio di San Giorgio* und die *Scuola di Sant'Antonio* - ersteres ist vollständig mit Fresken von Altichiero ausgemalt, während die Scuola im Obergeschoß Fresken hauptsächlich aus dem 16. Jh. besitzt, einige davon sollen von Tizian stammen (beide tägl. 9-12.30, 14.30-19 h, ca 3 DM).

Orto Botanico: gleich in der Nähe der Basilika, einer der ältesten Botanischen Gärten Europas - gegründet 1545 als Heilpflanzengarten der Medizinischen Fakultät, auch Goethe hat sich hier umgesehen (Mo-Sa 9-13, 15-18, So 9.30-13 h, ca. 5 DM).

Prato della Valle: weiter offener Platz im Süden der Stadt, schöne Grünflächen und Wassergraben, eingefaßt von hohen Steinfiguren. Beliebt zum Bummeln, vor allem samstags, wenn hier der große Markt stattfindet. Im Juni auch vielbesuchter Vergnügungspark. Am Südende des Platzes die riesige Backsteinkirche *Santa Giustina*. Im monumentalen Innenraum stützen gewaltige Pfeiler die drei Schiffe, großes Altarbild von Veronese.

Padua/Umgebung

Die idyllischen Euganäischen Hügel und der Brenta-Kanal nach Venedig bilden die interessantesten Ziele.

Colli Euganei und Umgebung (Euganäische Hügel)

Über hundert kegelförmige Erhebungen steigen südlich von Padua unvermittelt aus der Poebene an. Ein Abstecher in die schöne, üppig grüne Landschaft vulkanischen Ursprungs lohnt sehr, kleine Dörfer und Bauerngehöfte liegen verstreut, Ursprünglichkeit und Ruhe findet man hier eher als in der industrialisierten und zersiedelten Ebene. Es gibt zahlreiche Agriturismo-Höfe - Informationen in Padua, Via Mártiri della Libertà 9 (Tel. 049/661655). Am Rand der Hügelregion liegen mehrere bekannte Thermalorte.

▶ **Arqua Petrarca**: Das malerische Dorf am Südhang des Monte Ventolone hat seinen mittelalterlichen Charakter bis heute erhalten. Am 18. Juli 1374 starb hier Francesco Petrarca - neben Dante der wahrscheinlich berühmteste italienische Dichter. In seiner Liebe zu den antiken Klassikern wurde er einer der ersten Vertreter von Humanismus und Renaissance, bereits zu Lebzeiten gefeiert wie kein zweiter Dichter der Epoche. Mit 63 Jahren zog er sich nach Arqua zurück. Seine Villa *Casa Petrarca* in der Via Vallesselle ist zu besichtigen, sie enthält im Erdgeschoß eine Fotodokumentation zu seinem Leben und im Obergeschoß Mobiliar des 16. Jh., z.T. auch noch angebliche Originalstücke von Petrarca, dazu zahlreiche Faksimiles seiner Schriften (Di-So 9.30-12.30, 15.30-19 h, Mo geschl., ca. 5 DM). Am Hauptplatz steht der *Sarkophag* Petrarcas aus rötlichem Marmor vor der Kirche *Santa Maria* mit mittelalterlichen Fresken.

▶ **Abano Terme**: wenige Kilometer südlich von Padua, der bekannteste einer Reihe von Thermalkurorten der Region, hauptsächlich Rheuma- und Arthritiskranke kuren hier. Ursache für die heilkräftigen Thermen ist Sikkerwasser, das in den Alpen bis in 3000 m Tiefe dringt, sich erhitzt und am Rand der Euganäischen Hügel wieder zutage tritt. "Man bittet um Ruhe" steht an den Einfahrtsstraßen, das Zentrum ist für Autos gesperrt. Optisch wenig geboten, moderne Betonhotels dominieren, einen historischen Kern gibt es nicht. Abends aber immer viel Leben auf den Straßen, Kunstversteigerungen, Musik und ähnliche Unterhaltungen für die Kurgäste. Großes Sportangebot: Golf, Reiten, Tennis, Boccia u.a.

Benachbart liegt der trubelige Kurort *Montegrotto Terme*, in dem einige römische Ruinen erhalten sind (beschilderter Campingplatz am Ortsrand → Padua). Weitere Kurorte in der Nähe sind *Galzignano Terme* und *Battaglia Terme*.

Das kleine Städtchen Montagnana ist vollständig von einer Stadtmauer umgeben

▶ **Montagnana**: südwestlich der Euganäischen Hügel, ca. 35 km von Padua. Das 10.000-Einwohnerstädtchen besitzt eine der schönsten Stadtbefestigungen Europas, perfekt erhalten ist der gesamte Mauerring samt 24 Türmen, vier Toren und einem breiten grünen Wallgraben. In der Westbastion *Rocca degli Alberi* ist die Jugendherberge untergebracht (kann besichtigt werden, ca. 50 Pfennig). Im September findet im Graben der *Palio dei 10 Comuni*, ein großes mittelalterliches Reiterturnier statt (genaue Daten beim Pro Loco, Tel. 0429/81320).

Der große freie Hauptplatz ist umgeben von mittelalterlichen Hausfronten, mehr als einen Blick wert ist der imposante *Dom* aus dem 15. Jh. mit großflächigen Ölgemälden, Fresken und schönem alten Chorgestühl.

• *Anfahrt/Verbindungen*: Montagnana ist von Padua per Bahn zu erreichen, umsteigen in Monsélice.

• *Übernachten*: *** **Aldo Moro**, gepflegtes Albergo mitten in der Altstadt, wenige Schritte vom Hauptplatz. Garage und kleiner Garten. DZ ca. 130 DM. Tel. 0429/ 81351.

Jugendherberge im Kastell Rocca degli Alberi, etwa 600 m vom Bhf. Tolle Atmosphäre im alten Turm, davor netter Garten, ruhig. Es gibt keine Mahlzeiten, man ist Selbstversorger. Da sehr beliebt, besser vorher anrufen. April - Oktober. Tel. 0429/ 81076.

• *Essen*: **Hostaria à la Rocca**, neben der JH, Trattoria mit "Biergarten", von Mai - August gelegentlich Open-Air-Musik.

▶ **Este**: kleines Städtchen am Südfuß der Euganäischen Hügel, Stammsitz der gleichnamigen Dynastie. Lohnt einen Stopp wegen des wunderschönen *Parks* innerhalb der ehemaligen Burgmauern, der sich mit seinen kunstvoll geschnittenen Hecken den Hügel hinaufzieht und wegen des reichhaltigen *Archäologischen Museums* am Eingang vom Park (im Sommer tägl. 9-19 h). Im kompakten Zentrum dominiert die große Piazza Maggiore, ein Stück entfernt der *Dom* mit ungewöhnlichem ovalen Grundriß, am Altar "Die heilige Thekla" von Tiepolo.

• *Übernachten/Essen*: *** **Centrale**, wenige Schritte von der Piazza Maggiore, gut ausgestattetes Hotel mit empfohlenem Ristorante, allerdings etwas laut. DZ ca. 60-90 DM, Tel. 0429/601757.

Tavernetta da Piero Ceschi, Piazza Trento e Trieste 16, hübsch altmodische Trattoria, leckere Küche, Spezialität das *porchetta all'Estense*.

▶ **Monsélice**: südlich der Euganäischen Hügel und ganz nah an der Autobahn Padua-Bologna. Schon von weitem erkennt man am Hang des bewaldeten Burgbergs das Wallfahrtsheiligtum *Sette Chiese* - sieben Kapellen, die sich die Via al Santuario entlangziehen. In der anderen Richtung der Straße kommt man vom romanisch-gotischen *Dom* zur *Burg* und zur nahen *Villa Nani-Mocenigo* mit Zwergenfiguren auf der Mauer - ähnlich wie die Villa Valmarana 'ai Nani' in Vicenza (→ dort).

Brenta-Kanal (Padua bis Venedig)

Wer Zeit hat, solte von Padua nach Venedig bzw. umgekehrt nicht die schnurgerade Autobahn nehmen. Die SS 11 verläuft malerisch entlang des Brenta-Kanals - eine liebliche Wiesenlandschaft, in der zahlreiche Villen und Palazzi aus den letzten Jahrhunderten stehen, leider inzwischen sehr zersiedelt.

Der venezianische Adel hatte sich die natürlichen Vorzüge dieser Landschaft nicht entgehen lassen - man konnte gänzlich im Grünen wohnen, aber doch nur einen Katzensprung von der Stadt. Im 16. Jh. kanalisierte man die Brenta, die vorher immer wieder für Überschwemmungen gesorgt hatte. Seitdem entstanden am Ufer des Flusses Dutzende von Villen, in denen es sich die Hautevolee gut gehen ließ. Heute sind die Prachtbauten teilweise vergammelt und leerstehend, teilweise aber noch immer bewohnt. Einige wenige können besichtigt werden.

• *Tagesausflug*: 3 x wöch. fährt das Motorschiff **Burchiello** auf dem Brenta-Kanal von Venedig nach Padua und wieder zurück (ebenso von Padua aus) - Dauer der Aktion einen ganzen Tag, unterwegs Besichtigungsstopps der nachstehenden drei Villen und Mittagessen, Kostenpunkt ca. 100 DM pro Pers. (incl. Besichtigung und Essen). Kann in allen CIT-Büros gebucht werden.

▶ **Villa Pisani**: am östlichen Ortsausgang von *Stra*, im 18. Jh. für eine Dogenfamilie errichtet, erstaunlich groß mit nahezu schloßartigem Charakter in einem weitläufigen Park. Gekrönte Häupter, Eroberer und Diktatoren ließen sich hier immer gerne blicken, z.b. Gustav von Schweden und Alexander von Rußland, Napoleon erwarb sogar den Palast und 1934 fand hier das erste Treffen von Mussolini und Hitler statt.

An der markanten Fassade stützen gigantische Riesen eine Terrasse, durch eine monumentale Säulenhalle gelangt man in das Innere mit zahlreichen Sälen im typischen Prachtstil des Rokoko - Höhepunkt ist der über zwei Stockwerke reichende *Ballsaal*, in dem Tiepolos gewaltige Deckenfresken die Familie Pisani rühmen (Di-So 9-13.30 h, ca. 6 DM, nur mit Führung).

▶ **Villa Widmann-Foscari**: in *Mira*, dem Hauptort am Brenta-Kanal. Umgebaut im 19. Jh., Originalmöbel und Fresken von Tiepolo-Schülern (9-12, 14-18 h, Mo geschl., nur mit Führung, ca. 5 DM).

▶ **Villa Foscari**: in *Malcontenta*, nahe bei Mestre. Der berühmte Architekt Palladio (→ Vicenza) erbaute Ende des 16. Jh. den eleganten quadratischen Komplex mit ionischer Säulenvorhalle, der zentrale Salon ist mit allegorischen Fresken ausgeschmückt (Di, Sa, außerdem 1. So im Monat 9-12 h, ca. 5 DM).

Treviso
(ca. 90.000 Einwohner)

Wohlhabende Stadt mit reizvollem Stadtzentrum innerhalb eines intakten Rings von Mauern und Bastionen - stimmungsvolle Plätze, Häuser mit alten Wandmalereien, rauschende Kanäle und lange Laubengänge, in denen sich eine Nobelboutique an die andere drängt. "Große" Sehenswürdigkeiten gibt es zwar nur wenige - doch nach Venedig ist es nur ein Katzensprung.

Treviso liegt am Zusammenfluß der Flüsse Sile und Botteniga. Wasser ist das beherrschende Element, auf das man immer wieder trifft - ein Höhepunkt ist der malerische Fischmarkt auf einer Flußinsel. Doch Treviso ist nicht nur Touristenziel, sondern auch bedeutendes Wirtschaftszentrum: die Weltfirma Benetton hat hier ihren Stammsitz - bekannt für ihre Mode und umstritten wegen ihrer Anzeigenkampagne, die mit Hochglanzbildern von verhungernden Kindern und blutdurchtränkten Armeejacken an Tabus rührte.

Anfahrt/Verbindungen/Information

• *Anfahrt/Verbindungen*: **PKW**, gebührenpflichtige Parkplätze im Zentrum, mit etwas Glück kann man innerhalb der Stadtmauern auch kostenlos parken.
Bahn, jede halbe Stunde Verbindungen nach Venedig und Udine, stündl. nach Padua. Bahnhof liegt südlich vom Sile, man überquert den Fluß und kommt in wenigen Fußminuten ins Stadtzentrum.
Busse fahren ab Busstation kurz vor dem Fluß, Lungo Sile Mattei.
• *Information*: Via Toniolo 41, vom Corso del Popolo an der Piazza della Borsa abzweigen. Mo-Fr 8.30-12.30, 15-18, Sa 9-12 h, Tel. 0422/547632.

Übernachten

Treviso ist kein billiges Pflaster und preiswerte Unterkünfte sind rar gesät. Dafür gibt es zwischen Bahnhof und Altstadt zwei exzellente **** Hotels, die fast unmittelbar nebeneinander liegen.

**** **Continental**, Via Roma 16, gediegene Eleganz in historischem Ambiente, in der Halle unten weiche Teppiche, gemütliche Polstermöbel und sehenswerte Bar, die Zimmer teils mit Antiquitäten ausgestattet, TV, Air-Condition, Minibar. DZ ca. 180-240 DM, Tel. 0422/411216.

**** **Carlton**, Largo di Porta Altinia 15, auf der Südbastion der alten Stadtmauer, direkt am Fluß Sile, kürzlich vollständig renoviert, edles Marmorstyling, Zimmer modern, TV, Minibar. Schöne Gartenterrasse mit Blick zum Fluß, Parkplatz. DZ ca. 180-240 DM, Tel. 0422/411661.

** **Campeol**, Piazza Ancilotto 4, ganz zentral hinter der Piazza dei Signori, direkt über dem bekannten Ristorante Beccherie (→ Essen), wo man auch das Frühstück einnimmt. DZ ca. 70-100 DM, Tel. 0422/540871.

Essen

In Treviso gibt es eine ganze Reihe von interessanten und stimmungsvollen Lokalen, darunter um den Fischmarkt auch einige typische Osterie im alten Stil, wo man zu einer *ombra* (Glas Weißwein) leckere Kleinigkeiten - sog. *cicheti* - wie Käse- oder Wursthappen, Calamari, Fisch und Fleischbällchen kosten kann.

Beccherie, Piazza Ancilotto 4, feines gutbürgerliches Lokal mit traditioneller Küche, z.B. *faraone al forno* oder *baccalà con polenta*. Auch Sitzplätze auf der Veranda im Freien. So abends und Mo geschl.

Toni da Spin, Via Inferiore 7, nur wenige Meter weiter, gemütlicher geht's kaum noch: Holzboden, schwere Balken, warmes Licht und freundliche Atmosphäre - eine Trattoria aus dem Bilderbuch. Hier schmecken Fleischgerichte wie *coniglio in taglia al rosmarino* (Kaninchen) oder *stinco di maiale con polenta* (Schweinshaxe), natürlich auch der traditionelle *baccalà*. So und Mo mittags geschl.

Dal Dante, Piazza Garibaldi 6, traditionelle Osteria, tolles Plätzchen am Fluß, man kann draußen sitzen oder drinnen die oft ausgelassene Stimmung genießen. Gute Speisenauswahl - und natürlich Wein ...

Due Mori, Via Palestro 10, großes volkstümliches Lokal mit bunt gemischtem Publikum und lockerer Stimmung, einige Backsteinsäulen tragen den Raum, u.a. reichhaltiges Salatbuffet.

Brek, Corso del Popolo/Viale Cadorna, unten Self Service, oben Ristorante - beides ausgezeichnet und vielseitig, viele Salate, kräftige Fleischgerichte.

Roberto, Viale Cadorna 14, gepflegte Pizzeria mit Granittischchen, beliebt.

● *Osterie*: **Alla Pescheria**, Via Pescheria 41, in einem historischen Haus neben dem Fischmarkt.

Calice d'Oro, nur ein paar Schritte entfernt, Via Pescheria 5.

Sehenswertes: Weniger spektakuläre Einzelbauten beeindrucken in Treviso als vielmehr die geschlossene Gesamtkomposition der Stadtanlage innerhalb der Mauern. Leider haben Bombenangriffe im Zweiten Weltkrieg vieles zerstört. Nicht versäumen sollte man vormittags einen der malerischsten Flecken, den Fisch- und Gemüsemarkt *Pescheria* auf einer Insel im Fluß Botteniga.

Mittelpunkt der Stadt ist die *Piazza dei Signori* mit dem gotischen *Palazzo dei Trecento*, in dessen geräumiger Loggia zwei Cafés untergebracht sind. An der Rückseite führt eine Außentreppe in den ersten Stock (Mo-Sa 8.30-12.30 h, frei). An der Längsseite der Piazza steht der *Palazzo del Podestà*, eine neugotische Konstruktion des 19. Jh. An der Rückseite findet man auf der Piazza San Vito die beiden Kapellen *Santa Lucia* und *San Vito*, in denen verschiedene mittelalterliche Fresken und Gemälde erhalten sind.

Auf der von Laubengängen gesäumten Hauptgasse namens *Calcamaggiore* kommt man schnell zum siebenkuppeligen *Dom* - mit seiner überdimensionalen klassizistischen Vorhalle wirkt er allerdings eher monumental als schön, immerhin dienen die Stufen abends der Jugend von Treviso als beliebter Treffpunkt. Der Dom wurde mehrfach umgebaut, vom mittelalterlichen Ursprung ist bis auf die Löwen am Fuß der Treppen kaum noch etwas zu spüren. Unmittelbar daneben steht das *Baptisterium* aus dem 12. Jh. und der Glockenturm, alles aus schlichtem Backstein erbaut.

Eindrucksvoller ist die gewaltige Backsteinkirche *San Nicolò* mit langen schmalen Fenstern und der dreifachen Apsis. Die Pfeiler im hohen Innenraum tragen Fresken von Tomaso da Modena (14. Jh.), an den Seitenwänden hängen große Ölgemälde. Das *Museo Civico* am Borgo Cavour 22 beherbergt eine Gemäldegalerie und eine archäologische Abteilung mit Funden der Region (Di-Sa 9-12, 14-17, So 9-12 h, ca. 3 DM).

▶ **Prosecco-Region**: Nördlich von Treviso, zwischen Conegliano und Valdobbiadene, liegen die üppig bewachsenen Hügel, aus denen der perlende Prosecco stammt. Früher durch eine zweite Gärung in der Flasche, heute mittels genau regelbarer Tankgärung, wird dieser leichte alkoholarme Wein erzeugt, den man im Veneto als ein Gläschen "ombra" zu sich nimmt (→ Venedig). Eine Fahrt entlang der *Weinstraße* zwischen Conegliano und Valdobbiadene (über San Pietro di Feletto und Farra di Soligo) dauert leicht einen halben Tag oder länger, fast jedes Dorf hat eine Bottega del Vino, wo man Prosecco degustieren und kaufen kann, bei vielen Winzern ist auch Direkteinkauf möglich. Über Conegliano thront eine mittelalterliche Burg mit weitem Blick über das Prosecco-Land. Gut ißt man in der Locanda da Condo in Col San Martino.

Venedig (Venezia) (ca. 70.000 Einwohner)

Die einzigartige Stadt mitten in der Lagune hat nichts von ihrer Anziehungskraft verloren und gehört noch immer zu den schönsten und faszinierendsten Städten der Welt - trotz Touristenhorden, horrenden Preisen und Nepp an allen Ecken und Enden. Wasser ist das alles beherrschende Element. Schönste Zufahrt: per Schiff von der Punta Sabbioni - man landet fast unmittelbar in der berauschenden Szenerie um den Markusplatz!

Venedig wurde im 5. Jh. nach Christus von Flüchtlingen gegründet, die vor den anrückenden Germanenheeren des Nordens auf die zahllosen kleinen Inseln der Lagune flüchteten. Es ist eine künstlich angelegte Stadt ohne festen Boden unter den Füßen - jedes Haus und jede Brücke steht auf tausenden von schweren Holzpfählen! Ein schier unglaublicher Kraftakt, der nur noch durch den gigantischen Aufschwung übertroffen wurde, den die Stadt im Mittelalter nahm. Jahrhundertelang war Venedig die mächtigste Seerepublik der bekannten Welt. In einer gewaltigen Expansionsbewegung unterwarf die "Serenissima" die gesamte jugoslawische Adria bis tief ins östliche Mittelmeer. Der Venezianer Marco Polo fand sogar den Weg ins ferne China und erschloß damit den Weg zu den fernöstlichen Gewürzen und Genußmitteln, die bisher von arabischen Zwischenhändlern vertrieben worden waren. Dank des damit erworbenen Handelsmonopols auf Zucker, Salz, Pfeffer und Kaffee überschwemmten wahre Schätze die Republik. Dazu kamen ständige Beutezüge im Osten. Pracht und Reichtum der Stadt müssen ans Märchenhafte gegrenzt haben - nur die allerbesten Künstler wurden verpflichtet, wenn es um die Ausstattung der Palazzi und Kirchen ging.

Auch wenn diese Zeiten lange vorbei sind und Venedig heute zur Museumsstadt degradiert ist, ist es immer noch ein Erlebnis, durch die Stadt zu schlendern - es gibt über dreitausend Gassen auf 118 Inseln, verbunden durch mehr als 400 Brücken und durchzogen von 177 Kanälen. Zahllose Schriftsteller und Künstler haben sich von der unverwechselbaren Atmosphäre dieser großartigen Stadt inspirieren lassen, gefolgt von endlosen Urlauberströmen, die seit dem letzten Jahrhundert Venedig überfallen.

Dem Großteil der Besucher entgehen jedoch die prekären Probleme, vor denen Venedig am Ausgang des 20. Jh. steht. Schon wenn man von *Mestre* über den langen Bahndamm in die Lagune hineinfährt, sieht man die rauchenden Schlote der riesigen Fabrikanlagen von *Marghera*. Die drittgrößte Industriestadt Italiens beherrscht heute die Lagune und ist für das Schicksal Venedigs mitverantwortlich. Jahrelang pumpte die Industrie große Mengen Wasser aus dem schlammigen Untergrund der Stadt. Folge: Die Straßen und Plätze Venedigs sanken jährlich um etwa einen Millimeter! Die Häuser der Stadt begannen sich zu neigen, und die Millionen Eichenpflöcke, auf denen die Prachtbauten und naßkalten Wohnhäuser der Stadt stehen, faulten schneller. Seitdem vor einigen Jahren die Wasserentnahme strikt verboten wurde, ist zumindest die Gefahr des Absinkens gestoppt. Hingegen ruft jetzt die überhand nehmende Passagierschiffahrt künstliche Überschwemmungen hervor und füllt so frühzeitig die Hochwasserkanäle. Wegen der beständigen Überflutungen liegen für die Touristen am Markusplatz immer Bretter und Laufstege bereit. Die Kanäle sind randvoll mit *sedimenti*, die zahlreiche Giftstoffe mit sich führen und die Fauna und Flora restlos abtöten. Auch die Wohnverhältnisse in den morbiden Palazzi sind inzwischen katastrophal geworden: naßkalte Wohnungen im Winter, feuchtheiß im Sommer, in den unteren Etagen steht oft zentimeterhoch das Wasser. Ein "Durchschnittsvenezianer" kann eine Restaurierung nicht bezahlen, nur ausländische Firmen und wohlhabende Privatleute können sich diesen Luxus leisten. Kein Wunder, daß jährlich an die dreitausend Venezianer das sinkende Schiff in Richtung Festland verlassen.

Auch der Massentourismus macht Venedig schwer zu schaffen - etwa 17 Millionen Besucher bevölkern alljährlich von Februar bis November die Stadt mit ihren knapp über 70.000 Einwohnern! In den letzten Jahren hat man diverse Modelle durchgespielt, wie der ununterbrochene Strom von Neugierigen eingedämmt werden könnte - die Ideen reichten von täglichen Besucherhöchstgrenzen bis zu teuren Eintrittsgeldern für die City. Venedig steht heute am Wendepunkt seiner Geschichte - einschneidende und wohl auch unpopuläre Maßnahmen sind nötig, wenn die Stadt sicher ins dritte Jahrtausend hinüberkommen will.

Bald ein vertrautes Bild – zahllose Gondeln gleiten durch die Kanäle Venedigs

Il progettone

Das gigantische Projekt wird alljährlich von neuem in den Medien diskutiert - riesige bewegliche Dämme sollen bei Hochwasser die Zufahrtskanäle zur Lagune schützen. Doch die Verwirklichung ist mehr als fraglich, fast 5 Milliarden DM soll das "progettone" kosten! Und natürlich hat die Industrie Einwände - dank der Dämme würde der Industriehafen von Marghera bei Hochwasser nicht mehr schiffbar sein, ein enormer wirtschaftlicher Ausfall wäre die Folge. Alternative Gruppen, Umweltschützer und Politiker aus dem linken Spektrum versuchen durch engagierte Öffentlichkeitsarbeit den geplanten weiteren Ausbau der Hafenanlagen und die Anlage zusätzlicher Industrieansiedlungen zu verhindern.

Anfahrt/Verbindungen

Der eigene fahrbare Untersatz ist nicht unbedingt der bequemste Weg - Venedig ist eine der wenigen Städte der Welt, in der keine Autos fahren! Die Stadt ist für jeglichen PKW-Verkehr vollkommen gesperrt! Da stellt sich die dringende Frage, wohin mit der Kiste ...

• *PKW*: Täglich wälzen sich lange PKW-Schlangen und Buskarawanen auf dem Ponte della Libertà vom Festland über die Lagune nach Venedig. Am Eingang zur Stadt einige chronisch überlastete Parkplätze - der **Piazzale Roma** (Nähe Bahnhof Santa Lucia) mit dem ACI-Parkhaus (Vaporetti 1 und 82 zum Markusplatz) und das riesige **Tronchetto-Parkhaus** auf der gleichnamigen, künstlich aufgeschütteten Insel (Vaporetto 82 zum Markusplatz). Horrende Parkgebühren, je nach Größe bis zu 40 DM am Tag.
Wesentlich günstiger parkt man in Mestre, z.B. im **Parkhaus Serenissima**, direkt gegenüber dem Bahnhof (ca. 8 DM pro Tag). Die Eisenbahnfahrt über den Damm zum Bahnhof Santa Lucia dauert keine zehn Minuten.
Vor allem für Camper überlegenswert ist die Anfahrt durch die Hintertür, die eigentlich die Vordertür der Seerepublik ist - über Jesolo den Littorale del Cavallino entlang bis zur **Punta Sabbioni**. Auf den dortigen

Parkplätzen zahlt man ca. 10 DM pro Tag und kann mindestens stündlich mit dem **Liniendampfer 14** gemütlich ins Herz der City tuckern. Anlegestelle an der Riva degli Schiavoni, ca. 500 m östlich vom Markusplatz. Letzter Dampfer zurück gegen 23 h.
• *Bahn*: Die moderne **Stazione Santa Lucia** liegt direkt am Canal Grande, der Hauptwasserstraße von Venedig. *Gepäckaufbewahrung*, getrennt nach Koffern und Rucksäcken, im Sommer 24 Std. offen. Sehr zu empfehlen sind die *Duschen* (tägl. 7-20 h) für ca. 5 DM, jedoch oft Wartezeiten. *Informationsbüro* in der Halle, meist dicht umlagert, daneben *Zimmervermittlung* für Hotels (Anzahlung muß geleistet werden).
Vom Bahnhofsvorplatz fährt **Vaporetto 1** (der sog. "accelerato") zur Piazza San Marco und hält dabei an fast jeder Station - geeignet für's erste Sightseeing. Eindeutig schneller geht's mit **Vaporetto 82**, der nur an wenigen Stationen am Canal Grande hält.
• *Bus*: Fernbusbahnhof am **Piazzale Roma**.

Unterwegs in Venedig

Venedig ist die Stadt der Zukunft, was öffentliche Verkehrsmittel angeht. Man benützt die eigenen Füße oder die *vaporetti* bzw. *motoscafi*, ob man ins Theater will oder in die nächste Kneipe ...
Ansonsten - hier wünscht sich der heranwachsende Sprößling kein röhrendes Moped, sondern ein stolzes Boot! Ein berauschendes Bild - jeder tuckert und knattert durch das allesbeherrschende Element Wasser ...

Gondelparkplatz vor San Marco

O Sole mio ...

Noch etwa 400 Gondeln einschließlich Gondoliere gleiten heute über die Kanäle von Venedig. Im 16. Jh. waren es über 10.000, damals waren sie das einzige Verkehrsmittel in der Wasserstadt. Die Gondeln bestehen aus acht verschiedenen Hölzern (nämlich Lärche, Seekiefer, Ulme, Fichte, Tanne, Trauerweide, Kirsche und Eiche) und sind asymmetrisch gebaut (auf der rechten Seite 24 cm kürzer), um das Gewicht des Gondoliere auszugleichen. Um den Widerstand möglichst gering zu halten, liegen sie nur mit dem mittleren Teil im Wasser.

Schwarz sind die Gondeln erst seit 1562. Vorher waren die der Reichen leuchtend bunt und aufwendig verziert, doch das erregte bei den Armen Unzufriedenheit über den verschwenderischen Luxus des Adels. Fortan strich man sie also außen schwarz, dafür war die nun verdeckte Innenausstattung umso prachtvoller und luxuriöser. Im Arsenale sind die letzten Exemplare der früheren Prachtgondeln zu bewundern.

Ärgster Feind der Gondolieri sind die schnellen Boote. Trotz Geschwindigkeitsbeschränkungen herrscht tagsüber auf dem Canal Grande und vor San Marco oft hoher Wellengang. Nach zahlreichen fruchtlosen Protesten haben 1995 einige Gondolieri resigniert und das Ruder durch einen Motor ersetzt. Die Motorgondel dürfte allerdings kaum der Weisheit letzter Schluß sein. Wer die teuren Preise zahlt, will schließlich auch Romantik. Und die ist eindeutig dahin, wenn der Gesang des Gondoliere im Geknatter des Motors untergeht.

• *Zu Fuß*: Spazierengehen ist die schönste Art und Weise, die Stadt kennenzulernen. Immer wieder entdeckt man dabei Neues. Jedoch - Venedig ist ein vollkommen unübersichtliches Gassenlabyrinth! Wer eine bestimmte Gasse oder Adresse sucht, ist ohne guten Stadtplan völlig aufgeschmissen (→ Orientierung). Rettungslos verloren geht man allerdings nicht - überall sind **Schilder mit schwarzer Schrift auf gelbem Grund** angebracht. Sie weisen u.a. den Weg zum Bahnhof (Ferrovia), nach San Marco und Rialto.

• *Vaporetti/Motoscafi/Motonavi*: Die Wasserbusse sind in der Lagunenstadt allgegenwärtig. Auf dem Wasser lernt man Venedig und die Venezianer erst richtig kennen - tagsüber herrscht zwar enorme Hektik, aber abends, wenn die Lichter über den Canal flimmern, wird die Fahrt zum echt romantischen Vergnügen. Ideal zum Beobachten der Palazzi rechts und links - und der Venezianer ...

Vaporetti nennt man die größten Boote, die bis zu 300 Pers. fassen und hauptsächlich über den Canal Grande fahren. **Motoscafi** fassen ca. 200 Pers. und bedienen die übrigen Linien, abseits vom Canal Grande. **Motonavi** sind richtige Fährschiffe, die weiter entfernte Ziele in der Lagune anfahren.

Abfahrtsstellen sind den meisten Stadtplänen zu entnehmen, Knotenpunkte sind Piazzale Roma, Bahnhof Santa Lucia, Rialtobrücke und San Marco.

Eine einfache Fahrt kostet im langsamen vaporetto ("accelerato") ca. 3,60 DM, im "diretto" (Schnellboot) zahlt man ca. 5,40 DM. Sehr zu empfehlen sind die **24-Std.- Tickets** für ca. 14 DM, die in allen Wasserbussen gelten, **Dreitageskarten** kosten ca. 27 DM, **Siebentageskarten** ca. 50 DM.

Wichtige Linien: **Nr. 1** ("accelerato") fährt ab Piazzale Roma über die Stazione Santa Lucia den Canal Grande entlang beim San Marco und hinüber zum Lido - ideal für den Blick auf die Palazzi am Canal Grande, hält an beinahe jeder Station.

Nr. 2 ("diretto") verbindet Piazzale Roma und Bahnhof durch den Rio Nuovo mit Accademia, San Marco und Lido. Zurück geht's den Canal Grande mit Stopp an der Rialtobrücke.

Nr. 14 pendelt zwischen Riva degli Schiavoni und der Punta Sabbioni.

Nr. 52 umrundet Venedig in zwei Teilstükken. Wer nicht auf der Glasbläserinsel Mu-

rano landen will, muß an den Fondamente Nuove umsteigen. Zusätzliche Komplikation: Ein Teil der Vaporetti fährt zum Lido.

Nr. 82, die schnellere Variante durch den Canal Grande (nur wenige Haltestellen), von San Marco über die Insel Giudecca und den Zattere zurück zum Piazzale Roma. Achtung: Auch auf dieser Linie fährt ein Teil der Vaporetti zum Lido.

• *Traghetti*: sind sog. Liniengondeln, mit denen man an mehreren Stellen den Canal Grande, der nur drei Brücken zählt, überqueren kann. Sie sind spottbillig (knapp über 50 Pfennig) und bieten bis zu 12 Personen (Steh-)Platz. Damit's schneller geht, arbeiten zwei Gondolieri - übrigens Profis der klassischen Gondeln, die sich im Turnus zum Traghetto-Dienst verpflichten müssen. Traghetti verkehren u.a. zwischen der Pescheria und dem Campo Santa Sofia, zwischen San Samuele und Calle del Traghetto (Ca' Rezzonico) sowie zwischen den Giardinetti Reali (Nähe San Marco) und der Fondamenta Dogana (Santa Maria della Salute).

In der Regel sind die Traghetti nur von 9-12 h und 14-18 h in Betrieb.

• *Gondeln*: Die berühmten venezianischen Gondeln kosten offiziell ca. 80 DM pro 45 Min., oft werden aber höhere Preise verlangt. Maximal dürfen fünf Pers. mitgenommen werden - auch dies wird häufig überboten. Mit knapp 20 DM ist man also dabei, falls genügend Mitfahrer aufzutreiben sind - durchaus zu überlegen. Den Preis sollte man unbedingt **vor der Fahrt** festmachen!

• *Wassertaxis*: Mit ihren schnellen Schrauben "pumpen" sie Sauerstoff in die Lagune und tragen so erheblich zur Fäulnis der hölzernen Fundamente bei, obendrein verursachen sie Wellen, die jeden Gondoliere ärgern. Der Passagier wiederum ärgert sich über die Preise, 60-70 DM pro Fahrt sind durchaus die Regel (Beispiel: vom Bahnhof nach San Marco etwa 100 DM!). Also abzuraten.

Information

APT, Hauptstelle in einem Pavillon der **Giardinetti Reali** (Nähe Piazza San Marco), Tel. 041/5226356. Zweigstellen im Bahnhof **Santa Lucia**, im Sommer außerdem am **Lido**, Gran Viale 6/a und an der **Piazzale Roma** (Busbahnhof und Autoparkplatz). Es

wird deutsch gesprochen.

Zu haben sind u.a. Museumslisten mit aktuellen Preisen und Öffnungszeiten. Die kostenlosen Stadtpläne genügen für den ersten Überblick, aber keinesfalls, um bestimmte Adressen aufzusuchen, da viele

Straßen fehlen. Zimmervermittlung im Bahnhof (gegen Anzahlung).

Für alle unter 30 gibt es beim Bahnhof Santa Lucia (gegenüber der Vaporetto-Haltestelle) und in San Marco 1529, Corte Contarina, gegen Vorlage des Ausweises und eines Paßbildes die **Tessera "Rolling Venice"** (ca. 4,50 DM). Mit dieser Karte bekommt man u.a. Ermäßigungen für öffentliche Verkehrsmittel, in Museen sowie in einigen aufgelisteten Hotels und Restaurants.

*O*rientierung

Venedig ist in sechs Bezirke ("sestiere") unterteilt - *Cannaregio, Dorsoduro, Castello, Santa Croce, San Polo* und *San Marco* (→ Stadtplan). Jeder dieser Distrikte hat mehrere tausend Hausnummern, die in der Regel nicht nach Straßen geordnet sind. Das bedeutet, man findet in jedem Viertel Nummern von 1 bis weit über 5000, die nur insofern gegliedert sind, als benachbarte Nummern auch nahe beieinander liegen. Eine Adresse setzt sich aus Bezirk und Hausnummer zusammen, z.B. Dorsoduro 3942. Nur selten wird - was der mit einem Stadtplan bewaffnete Tourist sich wünscht - der Straßenname hinzugefügt, z.B. Beispiel Dorsoduro 3942, Calle Crosera. Um die Verwirrung noch größer zu machen: Es kann durchaus vorkommen, daß derselbe Bezirk mehrere Calle des gleichen Namens aufweist.

Unverzichtbar ist ein guter *Stadtplan* - der derzeit beste mit nahezu allen Gassen des venezianischen Irrgartens ist die kleine gelbe Karte *"Venezia"* von der Edizioni Storti für ca. 5 DM.

Und keine Angst: Die Venezianer sind überaus auskunftsbereit ("zweite Calle links, dann nach drei Brücken die erste Calle rechts") und sprechen deutsch, englisch, französisch und - japanisch!

Der Festkalender der Venezianer

Karneval (Februar): Riesenspektakel, das Besucher aus aller Welt anzieht. Venedig hat eine lange Tradition der Masken- und Kostümherstellung, berühmt ist z.B. die weiße "bauta", ein beliebtes Postkartensujet. Maskenateliers finden sich in allen Stadtteilen (→ Shopping). Weitere Hinweise zum Karneval → Reisepraktisches/Feste.

Festa del Redentore (3. Sonntag im Juli): Das große Sommerfest, das die Venezianer am liebsten essend und trinkend auf ihren Booten verbringen. Die Touristen am Ufer haben eher das Nachsehen.

Regata storica (1. Sonntag im September): Im ersten Teil des Festes wird mit Kostümen und prächtig geschmückten Gondeln an die goldene Zeit der "Serenissima" erinnert. Dann findet eine landesweit beachtete Regatta auf dem Canal Grande statt - den Siegern winken saftige Preise.

Festa della Salute (21. November): Für diesen Tag wird eine hölzerne Pontonbrücke über den Canal Grande geschlagen, über die die Venezianer zur Santa Maria della Salute pilgern - Erinnerung an die große Pest von 1630, als die Stadtväter beschlossen, der "Heiligen Maria der Gesundheit" eine Kirche zu errichten.

---

*Ü*bernachten

Um es gleich vorweg zu nehmen - in Venedig ist fast das ganze Jahr über Saison, die Zimmer sind *überteuert* (gut 30 % über dem italienischen Durchschnitt) und meist auch ausgebucht. Einzige Ausnahme ist der tiefe Winter (abgesehen von der Weihnachtszeit), doch schon zum berühmten Karneval endet die kurze Flaute. Auf jeden Fall empfehlenswert, Zimmer *vorzubestellen*! Eventuell aufs Festland ausweichen

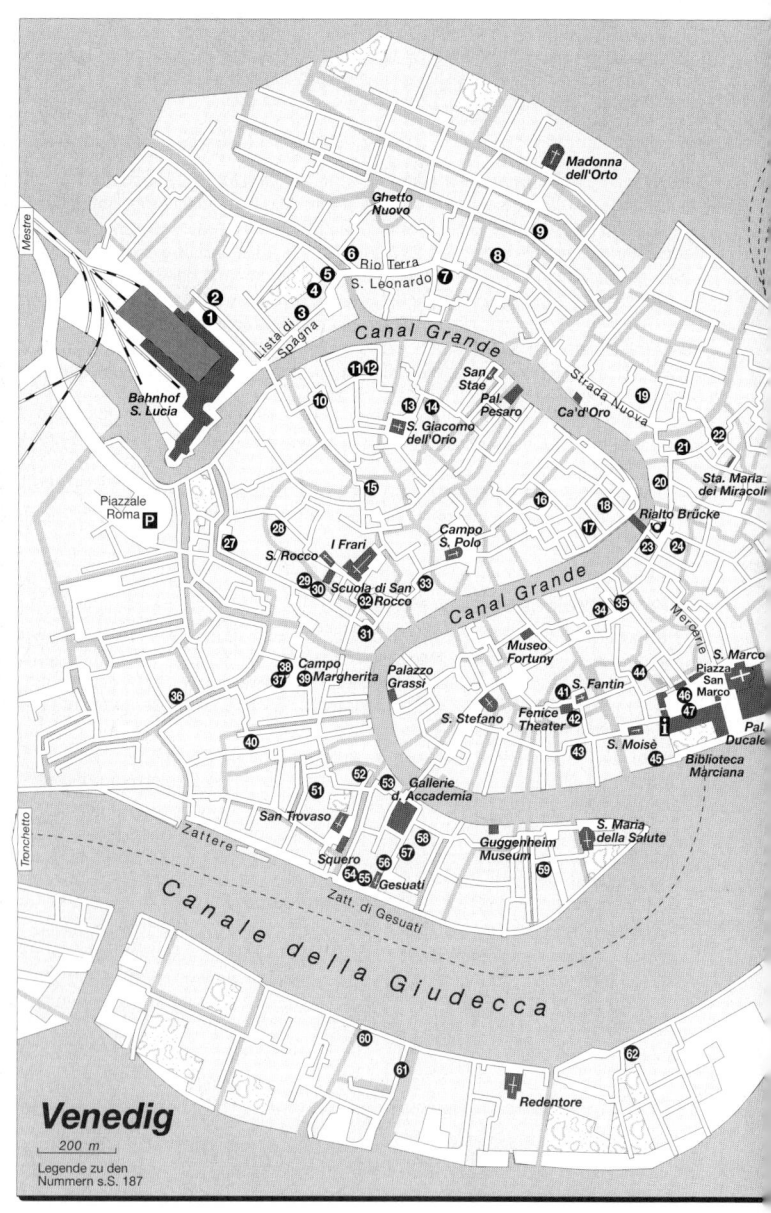

Mestre

Madonna
dell'Orto

Ghetto
Nuovo

6 Rio Terra
5 S. Leonardo
4
Lista di
Spagna

Canal Grande

Bahnhof
S. Lucia

San
Stae
Pal.
Pesaro

Ca'd'Oro

Strada Nuova

Piazzale
Roma
P

S. Giacomo
dell'Orio

Sta. Maria
dei Miracoli

Rialto Brücke

I Frari

Campo
S. Polo

S. Rocco

Scuola di San
Rocco

Canal Grande

Mercerie

Museo
Fortuny

S. Marco

Campo
Margherita

Palazzo
Grassi

S. Fantin

Piazza
San
Marco

S. Stefano

Fenice
Theater

S. Moisè

Pal.
Ducale

S. Trovaso

Gallerie
d. Accademia

Biblioteca
Marciana

Squero

S. Maria
della Salute

Guggenheim
Museum

Zattere

Gesuati

Zatt. di Gesuati

Tronchetto

C a n a l e   d e l l a   G i u d e c c a

Venedig

200 m

Redentore

Legende zu den
Nummern s.S. 187

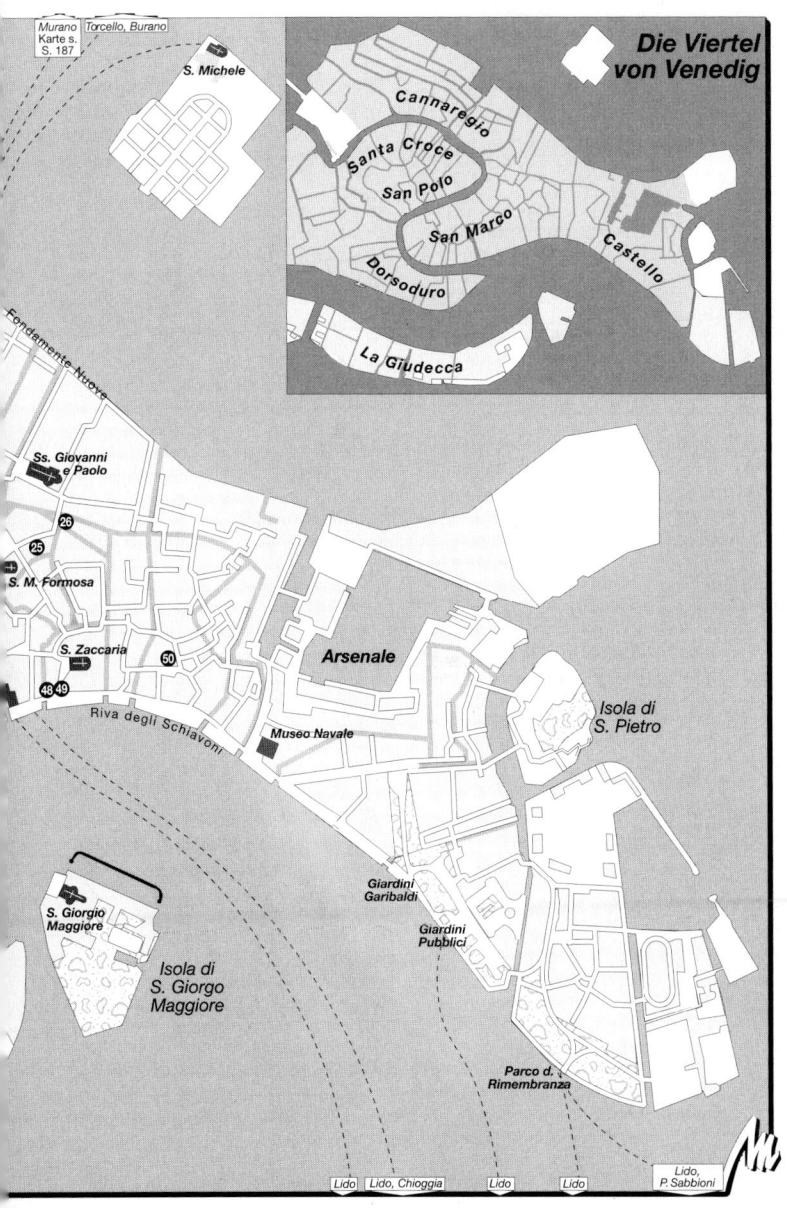

Murano
Karte s.
S. 187

Torcello, Burano

S. Michele

**Die Viertel
von Venedig**

Cannaregio

Santa Croce

San Polo

Dorsoduro

San Marco

Castello

La Giudecca

Fondamente Nuove

Ss. Giovanni
e Paolo

26

25

S. M. Formosa

S. Zaccaria   50

48 49

Riva degli Schiavoni

Arsenale

Museo Navale

Isola di
S. Pietro

S. Giorgio
Maggiore

Isola di
S. Giorgo
Maggiore

Giardini
Garibaldi

Giardini
Pubblici

Parco d.
Rimembranza

Lido   Lido, Chioggia   Lido   Lido   Lido,
P. Sabbioni

Legende S. 187

und pendeln - man spart deutlich Geld. Ansonsten wird nichts übrigbleiben, als die Zimmervermittlung (→ Information) in Anspruch zu nehmen oder eine Adresse nach der anderen abzuklappern bzw. anzutelefonieren. Die niedrigsten Preise liegen um die 70 DM für's DZ.

Für junge Leute sind inzwischen eine ganze Reihe preisgünstiger *Hostels* eingerichtet worden, in den Sommermonaten werden dafür auch ehemalige Klöster genutzt. Auch wird, trotz zeitweiliger Verbote, noch immer im großen Maßstab vor dem Bahnhof geschlafen (→ unten). Das nächste Jugend-Hostel außerhalb Venedigs steht in Padua (→ dort).

● *Mittelklasse*: ***** Flora (43)**, San Marco 2283/a, Calle Larga XXII Marzo, Nähe Chiesa San Moisè, seit langem Familienbetrieb, ganz zentral, wunderschöner Innenhof und hübsch "antik" eingerichtete Zimmer. DZ mit Bad je nach Saison 150-235 DM, ohne ca. 135-220 DM, Frühstück inbegriffen. Leider oft ausgebucht, Tel. 041/5205844.

*** Accademia Villa Maravegie (52), Dorsoduro 1058, Fondamenta Maravegie (am Trovaso-Kanal), stilvoller Palazzo aus dem 17. Jh. in der Nähe der Accademia-Brücke, malerisch gelegen und Aussicht auf den Canal Grande. In den Zimmern historisches Mobiliar, im stimmungsvollen Garten klassizistische Skulpturen. Hoteleigenes Casino. Katharine Hepburn wohnte hier, als sie in Venedig einen Film drehte. DZ je Saison mit Frühstück 150-200 DM, Tel. 041/5210188.

*** Abbazia (2), Cannaregio 66, Calle Priuli dei Cavalletti, ruhige Lage in einer engen Gasse, beim Bahnhof gleich um die Ecke, das moderne Hotel in einer ehemaligen Karmeliterabtei bietet guten Komfort. DZ mit Frühstück je Saison ca. 150-220 DM, Tel. 041/717333.

*** Sturion (17), San Polo 679, Calle del Sturion, Nähe Rialto-Brücke, Blick auf den Canal Grande, kürzlich vollständig renoviert und von * auf *** heraufgestuft, hübscher Speise- und Lesesaal, DZ mit Bad und Frühstück je nach Lage und Ausstattung 130-220 DM, Tel. 041/5236243.

** Do Pozzi , San Marco 2373, Calle Larga XXII Marzo, etwas versteckt an einem lauschigen Hof ganz in der Nähe des Flora (→ oben). DZ ca. 150-200 DM, Tel. 041/5207855.

** Ai Due Fanali (10), Santa Croce 946, Campo San Simeon, unweit vom Bahnhof, freundlich bis elegant eingerichtete Zimmer in ruhiger Lage, hübsch begrünte kleine Dachterrasse, Voranmeldung dringend empfohlen, DZ ca. 135-225 DM, Frühstück incl., Tel. 041/718490.

** Wildner (49), Castello 4161, Riva degli Schiavoni, großartige Lage am Uferkai östlich vom Markusplatz, zentraler und stimmungsvoller geht's kaum noch. Das nur wenige Schritte enternte Top-Hotel Danieli bietet fürs doppelte Geld auch keine bessere Aussicht. DZ 90-190 DM, in der Saison ist Halbpension Pflicht (ca. 120-150 DM pro Kopf), Tel. 041/5227463.

** Paganelli (48), Castello 4182, Riva degli Schiavoni, zwei historische Häuser, nah am Wasser, seit über 100 Jahren als Hotel in Betrieb, geräumige Zimmer, DZ mit Frühstück ca. 110-170 DM, Tel. 041/5224324.

** La Residenza (50), Castello 3608, Campo Bandiera e Moro (östlich von San Marco), an einem freundlichen Platz mit Kirche ein herrlicher Palazzo aus dem 15. Jh., prachtvoller Salon mit Fresken und historischem Mobiliar, die Zimmer aber eher einfach und funktionell gehalten. DZ mit Bad 170 DM, ohne 120 DM, Frühstück incl., November sowie 7. Januar - Mitte Februar geschl., Tel. 041/5285315.

** Agli Alboretti (57), Dorsoduro 884, Rio Terra M. Foscarini, kleines gemütliches Haus bei der Accademia, hübscher Innenhof, DZ je Saison ca. 130-170 DM mit Frühstück, Tel. 041/5230058.

** Casa Messner (59), Dorsoduro 216, Rio Terra dei Catecumeni, freundliches Haus bei der Kirche Santa Maria della Salute, einladender Garten, DZ mit Bad ca. 150 DM, ohne ca. 90 DM, Frühstück incl., Tel. 041/5227443.

** Iris (32), San Polo 2910/a, Calle del Cristo/Fondamenta Forner, gepflegtes Haus in ruhiger Lage Nähe Vaporettostation San Tomà (Linien 1 und 82). Zimmertip für Singles: Nr. 5, angenehm eingerichtet (ca. 65 DM, Dusche/WC gleich vor der Zimmertür), Ausblick auf den ruhigen Frescada-Kanal, DZ mit Bad ca. 130 DM (ohne Kanalblick), ohne ca. 100 DM (teils mit Kanalblick), Frühstück incl.; zum Hotel gehört das preiswerte und angenehme Ristorante Giardinetto (→ Essen). Tel. 041/5222882.

Murano

| 200 m |

Ss. Maria e Donato

Museo Arte Vetraria

Can. S. Giovanni

S. Pietro Martire ⑥③

Museo Vetrario Moderno

Übernachten und Essen in Venedig

Übernachten

- ❶ Hotel Stella Alpina Edelweiss
- ❷ Hotel Abbazia
- ❹ Hotel Rossi
- ❺ Hotel Marte
- ❻ Hotel Biasin
- ❼ Archie's House
- ❽ Casa studentesca Santa Fosca
- ⑩ Hotel Ai Due Fanali
- ⑰ Hotel Sturion
- ⑲ Hotel Bernardi Semenzato
- ㉖ Foresteria Valdese
- ㉘ Casa della studente Domus Civica
- ㉙ Casa Peron
- ㉛ Hotel Ca' Foscari
- ㉜ Hotel Iris u. Ristorante Giardinetto
- ㊴ Hotel/Ristorante Antica Capon
- ㊸ Hotel Flora
- ㊸ Hotel Paganelli
- ㊹ Hotel Wildner
- ㊿ Hotel La Residenza
- ⑤① Hotel/Rist. Antica Locanda Montin
- ⑤② Hotel Accademia Villa Maravegie
- ⑤⑥ Foresteria Domus Cavanis
- ⑤⑦ Hotel Agli Alboretti
- ⑤⑨ Casa Messner
- ⑥⓪ Istituto Suore Canossiane
- ⑥② Ostello di Venezia

Essen und Trinken

- ❸ Papageno
- ❾ Al Paradiso Perduto
- ⑪ Ai Bari
- ⑫ All' Anfora
- ⑬ Capitano Uncino
- ⑭ Osteria La Zucca
- ⑮ Il Caffè Orientale
- ⑯ 900
- ⑱ Alla Madonna
- ⑳ Fiaschetteria Toscana
- ㉑ Malibran
- ㉒ Antico Gatoletto
- ㉓ Al Ponte di Rialto
- ㉔ Rosticceria Gislon
- ㉕ Al Mascaron
- ㉗ Brodo di Giuggiole
- ㉚ Hosteria al Pantalon
- ㉝ Da Ignazio

- ㉞ Bar Torino
- ㉟ Burghy
- ㊱ La Codroma
- ㊲ Il Caffè
- ㊳ Causin dal 1928
- ㊵ La Furatola
- ㊶ Al Teatro
- ㊷ Vino Vino
- ㊹ Chat Qui Rit
- ㊺ Harry's Bar
- ㊻ Caffè Quadri
- ㊼ Caffè Florian
- ㊽ El Souk
- ㊾ Nico
- ⑤⑤ Da Gianni
- ⑤⑧ Ai Cugnai
- ⑥① Altanella
- ⑥③ Busa alla Torre

** **Stella Alpina Edelweiss (1)**, Cannaregio 99/d, Calle Priuli, einfache, hellhörige, ansonsten korrekte Zimmer in Bahnhofsnähe, DZ mit Bad 65-130 DM, ohne 50-85 DM, Frühstück extra, Tel. 041/715179.

• *Preiswert*: Eine Menge günstiger Adressen findet man in der Lista di Spagna und ihren Seitengassen links vom Bahnhof. Preiswert - für venezianische Verhältnisse wohlgemerkt!

* **Marte (5)**, Cannaregio 388, Ponte delle Guglie, einen kürzlich renoviert, die teureren Zimmer mit Blick auf den Canale Cannaregio, Bad, TV, Eisschrank und Safe - die Besitzerin hofft, einen Stern hinzuzugewinnen. DZ mit Bad je nach Lage und Saison 70-140 DM, ohne 50-70 DM, Frühstück extra. "Es kann passieren", schreiben zwei wenig begeisterte Leserinnen, "daß man in 'emergency room' landet - ein Verschlag von 1,50 m Höhe auf dem Dachboden", Tel. 041/716351. Im selben Besitz das etwas heruntergekommene * **Biasin (6)** (gleiche Preisspanne, auch Mehrbettzimmer) am gegenüberliegenden Ufer sowie das Hotel Bernardi Semzato (→ unten).

* **Rossi (4)**, Cannaregio 262, vom Bahnhof die Lista di Spagna entlang und links die Calle Procuratie hinein, kein großer Komfort, aber anständige Zimmer, DZ ohne Bad ca. 70-80 DM, mit 100 DM, Frühstück incl., Tel. 041/715164.

* **Bernardi Semenzato (19)**, Cannaregio 4366, Nähe Campo S.S. Apostoli, 1991 komplett renoviert, DZ ohne Bad ca. 70 DM, mit 100 DM, Frühstück extra, Tel. 041/5227257.

* **Casa Peron (29)**, Santa Croce 84-85, Salizada San Pantalon, Nähe Frari-Kirche, sauber, erst vor kurzem renovierte Zimmer und gemütliche Dachterrasse, DZ mit Bad um die 100 DM, ohne ca. 70 DM, Frühstück incl., Tel. 041/711038.

* **Antica Locanda Montin (51)**, Dorsoduro 1147, Fondamento di Borgo, altvenezianische Locanda in ruhiger Lage, Nähe Chiesa San Trovaso, gehört zum berühmten Restaurant gleichen Namens (→ Essen). Es gibt 7 Zimmer ohne Bad, die 60-80 DM kosten, für Venedig geradezu spottbillig, kein Frühstück, Reservierung notwendig, Tel. 041/5227151.

* **San Samuele**, San Marco 3358, bei der gleichnamigen Kirche, in der 2. Etage des Hauses (bei "Locanda" klingeln). Der Hausherr spricht etwas Deutsch. Weiterer Vorteil dieser empfehlenswerten Unterkunft: Man bekommt den Schlüssel ausgehändigt,

kann also nachts beliebig lang wegbleiben. DZ mit Dusche 80 DM, ohne 60 DM, Frühstück extra, Tel. 041/5228045.

* **Ca' Foscari (31)**, Dorsoduro 3888, Calle della Frescata, angenehme Familienpension im Universitätsviertel Accademia, Vaporetto 1 oder 82 bis San Tomà, DZ ohne Bad ca. 70 DM, Frühstück incl., Tel. 041/5225817.

* **Antico Capon (39)**, Dorsoduro 3004/b, Campo Santa Margherita, Locanda und Ristorante an einem der stimmungsvollsten Plätze des Viertels (→ Essen), 7 einfache Zimmer, ohne Bad ca. 50-70 DM, mit 60-100 DM, kein Frühstück, Tel. 041/5285292.

• *Hostels*: Eine Liste der Hostels gibt's bei den Informationsstellen, dort erhält man auch Bescheid, wo noch Platz ist.

Ostello di Venezia (62) (IYHF) auf der Insel Giudecca, Fondamenta Zitelle. Mit Vaporetto 82 vom Hauptbahnhof bis Zitelle, noch 200 m zu Fuß. Gutes, straff geführtes Hostel mit 240 Betten in Schlafsälen zu höchstens 8 Betten, moderne Sanitäranlagen, preiswertes Restaurant (Wartezeiten), internationale Atmosphäre, tolle Lage mit Blick auf Dogenpalast und Piazzetta. Pro Pers. ca. 20 DM mit mickrigem Frühstück. Ganzjährig geöffnet, in der Hochsaison allerdings oft voll - dann unbedingt anrufen, bevor man sich auf den Weg macht. Anmeldung 14-23 h, telefonische Anmeldung nicht möglich. Schließzeit 23 h. In der 2. Januarhälfte geschl., Tel. 041/5238211.

Archie's House (7), Cannaregio 1814/b, 10 Min. vom Bahnhof entfernt, links in die Lista di Spagna und Rio Terra San Leonardo entlang bis Campiello Anconetta. Dunkelrotes Haus, Mehrbettzimmer für ca. 25-30 DM pro Pers., sehr einfach, international, der Besitzer ist ehemaliger Globetrotter, Tel. 041/720884.

Casa studentesca Santa Fosca (8), Cannaregio 2372, Fondamenta Daniela Canal, ebenfalls vom Bahnhof nach links in die Lista di Spagna und Rio Terra San Leonardo entlang bis Campo Santa Fosca, dort links über die Brücke, Anmeldezeiten 9-12 und 16-19 h, JH-Ausweis notwendig, ca. 20 DM im Schlafsaal, 25 DM im DZ. Schließzeit 23.30 h. Nur Juli - September, Tel. 041/715755.

Foresteria Domus Cavanis (56), Dorsoduro 912, Rio Terra M. Foscarini, ganz in der Nähe der Galleria dell'Accademia, DZ für ca. 45 DM, in denen Jungs und Mädchen nur getrennt unterkommen, 1995 Renovierungsarbeiten, Wiedereröffnung 1996 geplant. Mitte Juni - Mitte September, Tel. 041/522826.

Foresteria Valdese (26), Castello 5170, Lunga Santa Maria Formosa, für Jungs und Mädchen, historischer Stadtpalast mit DZ (ca. 60 DM) und zwei Schlafsälen (ca. 25 DM pro Pers.), incl. Frühstück, Anmeldung 9.30-13 und 18-20 h, Tel. 041/5286797.

Casa della studente "Domus Civica" (28), San Polo 3082, Calle Campazzo, Nähe Campo San Rocco. Gut ausgestattet, DZ ca. 55 DM, kein Frühstück. Mitte Juni - Mitte Oktober, Tel. 041/5227139.

Istituto Suore Canossiane (60), Giudecca 428, Ponte Piccolo, (Nähe JH). Von freundlichen Nonnen geführt, ganzjährig offen, nur Mädchen, ca. 15 DM im Mehrbettzimmer (ohne Frühstück), Anmeldung 7.30-12 und 16-22.30 h. Mit Vaporetto 82 ab Hauptbahnhof bis San Eufemia (oder ab San Marco bis Zitelle), dann immer dem Naphtalingeruch nach. Bäckerei gleich daneben, Tel. 041/5222157.

● *Camping*: An der **Punta Sabbioni**, der Spitze der Landzunge südöstlich von Venedig, liegt der grüne und saubere **Camping Miramare** mit 650 Stellplätzen, nur 500 m von der Anlegestelle der Motorschiffe nach Venedig - idealer Ausgangspunkt für PKW-Besitzer, die die Stadt besichtigen wollen. Mindestens 1 x stündl. fährt die Nr. 14 zur Riva degli Schiavoni beim Markusplatz. Mai - September, Tel. 041/966150.

Mehrere große und recht saubere Campingplätze liegen außerdem am langen Sandstrand Littorale del Cavallino, der sich Richtung Lido di Jesolo hinzieht, z.B. die Luxusanlage **Marina di Venezia** (Mai - September, Tel. 041/9661466) oder der bescheidenere **Ca' Savio** (Mai - September, Tel. 041/966017), benachbart zum Marina di Venezia der kleine **Camping Sonia**. Knapp bevor man die Hotels von Lido di Jesolo erreicht, der riesige **Camping International** (Tel. 0421/971826).

Weitere Plätze am Festland in Mestre - für Zugfahrer sehr bequem, ab Piazzale Roma fährt Bus 5 und hält an fünf Plätzen, u.a. beim **Camping Mestre** (Anreise von Mestre Bhf. dauert länger, Bus 9).

Außerdem am **Lido** der einfache Platz **San Nicolo** an der Riviera San Nicolo (Mitte Juni - Mitte September, Tel. 041/5267415, Vaporetto 1 und 2, weiter mit Bus A nach links am Wasser entlang).

● *Umsonst im Freien*: In den Sommermonaten übernachten vor dem **Bahnhof** in der Regel einige hundert "saccopellisti" (Rucksacktouristen) - trotz strengem Verbot! Mit dem Wellenplätschern vom Canal Grande fast schon eine romantische Angelegenheit, jedoch greift immer wieder die Bahnpolizei ein - Ausweichplatz vor der Kirche auf der anderen Seite des Canal (gegenüber Bahnhof), Vorsicht vor Taubendreck. Ansonsten in Venedig kaum Möglichkeiten, es gibt praktisch keine Parks, besser ans Festland oder in einen der vielen Lagunenorte fahren.

Viel Wirbel verursachte in den letzten Jahren die Entscheidung des Touristik-Dezernenten der Stadt, das Verbot des öffentlichen Übernachtens auf den Plätzen der Stadt und vor allem vor dem Bahnhof konsequent durchzusetzen. Argumentiert wurde mit Exkrementen und Dreck, den die Tramper hinterlassen hätten. Da es jedoch viel zu wenig preisgünstige Unterkünfte in Venedig gibt (eine zweite Jugendherberge ist bisher nur Absichtserklärung) sah man sich gezwungen, die ganz harte Linie wieder aufzugeben. Auch wollte man zukünftige zahlungskräftige Touristen nicht schon in jungen Jahren abschrecken.

Essen

Auch in Venedig kann man gut und preislich angemessen speisen - allerdings muß man dafür ein Stückchen laufen. Faustregel - je weiter weg von Rialto und Piazza San Marco, desto preiswerter. Im gesamten Zentrum und um den Bahnhof ist Nepp eher die Regel als die Ausnahme. Versteckte Extras schrauben die Preise in die Höhe - praktisch alle Lokale bieten *Touristenmenüs* an, die auf den ersten Blick erschwinglich wirken. Doch wenn die Rechnung präsentiert wird, erscheinen oft unverhältnismäßig hohe Gebühren für "servizio" und "coperto" und das harmlose Bier, das man vergessen hat, auf der Speisekarte einzusehen, kostet auf einmal 15 DM, der Espresso nach dem Essen 7 DM usw. Für eine Pizza ohne Beilagen mit einem 0,35-Ltr.-Fläschchen Wein am Canal Grande zahlt man 40 DM usw. usw.

Eine gute Alternative zu einem Restaurantessen stellt das Angebot der Self-Services dar oder, authentischer, die *cicheti* genannten Appetithappen, die in allen Bars und *bacari* (typisch venezianische Weinbars) ausliegen - man kann die dreieckigen *tramezzini* (Sandwiches) kosten, die immer reichhaltig und phantasievoll gefüllt sind, außerdem Toast, Käse- oder Wursthappen, Fisch- und Fleischbällchen, Tintenfisch, Polenta, Oliven u.v.m. Dazu trinkt man im Vorbeigehen zu jeder Tageszeit eine *ombra* (Schatten) bzw. *ombretta*, ein Gläschen prickelnder Prosecco - der Name stammt von den fliegenden Weinverkäufern, die früher im wandernden Schatten des Glockenturms von San Marco ihren offenen Wein verkauften, da er in der glühenden Sonne schnell seine Frische verlor.

Eher als Unsitte zu betrachten sind die zahlreichen *birrerie*, die mit rustikalen Holzbänken, überteuerten Pizze und deutschem Bier das Zentrum unsicher machen.

Venezianische Spezialitäten stammen überwiegend aus dem Meer. *Sarde in saor* sind in Zwiebeln eingelegte Sardinen und werden als Vorspeise geschätzt, *misto di mare* sind Muscheln, Krabben und kleine Fische, mit Mehl bestäubt und fritiert gegessen oder als Zutat für Spaghetti. *Seppie al nero*, Tintenfisch in seiner eigenen Tinte gegart, wird meist mit *polenta* serviert, dem gelblichen oder weißen Maiskuchen. *Risi e bisi* (Risotto mit Erbsen), *fegato alla veneziana* (Leber mit Zwiebeln - in der Regel mit Polenta serviert) und *pasta e fagioli* (Suppe mit Bohnen und Nudeln) stehen ebenfalls häufig auf der Speisekarte. Als krönender Abschluß vielleicht noch ein venezianisches *tiramisú*?

Im folgenden einige interessante Adressen nach Stadtteilen geordnet, wobei der Schwerpunkt der Auswahl auf einfachen bis Mittelklasserestaurants liegt, die ihre venezianische Eigenart bewahrt haben.

● *Dorsoduro*: **Antica Locanda Montin (51)**, Dorsoduro 1147, Fondamenta di Borgo (vom Campo Santa Babara durch den Torbogen, über den Kanal, beim Schild rechts und am nächsten Kanal links), traditionelle Trattoria, die als eine der besten Adressen im Dorsoduro gilt, zahlreiche berühmte Persönlichkeiten haben hier schon gespeist, eine Szene des Films "Der Tod in Venedig" wurde hier gedreht. Das blumengeschmückte Haus liegt in einem ruhigen Wohnviertel, dahinter ein herrlicher überschatteter Garten, venezianische Küche, hauptsächlich mit Fisch und Meeresfrüchten. Menü um die 50-60 DM. Di abends und Mi geschl.

Antico Capon (39), Dorsoduro 3004/b, Campo Santa Margherita, sehr hübsch zum Draußensitzen, touristisch entdeckt, aber eher am Rande des Rummels, knackige *tagliatelle al Capon* mit Pilzen und Wurststückchen, diverse Filets (teuer), den typischen *fegato veneto* (Leber mit Polenta) mal kosten. Preislich Mittelklasse. Mi geschl.

La Furatola (40), Dorsoduro 2870/a, Calle Lunga San Barnaba. Freundliche Nachbarschaftstrattoria, in der vor allem exzellenter Fisch und leckere Nudelgerichte serviert werden - unbedingt *pasta al cacao*, durch bitteren Kakao gezogene Nudeln, versuchen. Mi abends und Do geschl.

Da Gianni (55), Dorsoduro 918, Zattere ai Gesuati, beliebtes Fischlokal und Pizzeria direkt am Giudecca-Kanal, wunderschön,

wenn abends die Sonne untergeht. Nicht ganz billig. Mi und im Januar geschl.

Ai Cugnai (58), Dorsoduro 857, Piscina del Forner, authentische Fischtrattoria auf dem Sprung nach oben, hinter dem Speiseraum kleiner Hof, alles sehr sauber und angenehm, herzliche Gastgeber, sympathische Umgebung mit (bisher) wenig Touristen. Mo geschl.

Hosteria Al Pantalon (30), Dorsoduro 3958, Calle San Rocco, Billiglokal mit Studentenmenüs für ca. 12 DM - damit sind Spaghetti, Contorni und ein Getränk gemeint. So geschl.

● *San Polo*: **Alla Madonna (18)**, San Polo 594, Calle della Madonna (Nähe Rialto); der "Fischkönig" der Stadt residiert in einer pittoresken Seitengasse, in der sich die überhängenden ersten Etagen beinahe berühren; großes bürgerliches Lokal mit mehreren Räumen, durch die flinke Kellner eilen, oft rappelvoll, leider keine Sitzgelegenheiten im Freien. Versuchen sollte man das *risotto con frutti di mare*. Preise für diese Lage durchaus erfreulich. Mi geschl.

Giardinetto (32), San Polo 2910/a, Fondamenta Forner (im Hotel Iris), sehr angenehmes Ristorante mit Garten abseits vom Trubel; gepflegte Küche, freundliches Personal und nicht teuer; hier kann man auch unbesorgt den kleckernden Nachwuchs mitnehmen. Zum Starten empfehlen wir *antipasto misto di pesche*. Mo geschl.

Osteria da Fiore, San Polo 2202/a, Calle de Scaleter (Vaporetto bis San Stae), eins der besten Fischlokale der Stadt, Köchin und Wirtin Mara zaubert originelle Gerichte, die allerdings ihren Preis haben. Menü ca. 70 DM. So und Mo geschl. Reservierung sinnvoll unter: Tel. 041/721308.

Il Caffè Orientale (15), San Polo 2426, Calle dell Caffettier, der frühere Gondoliere-Treff hat sich in ein äußerst edles Lokal verwandelt, in der Küche bester venezianischer Tradition geboten wird. Teuer, aber schöne kleine Terrasse direkt am Rio San Giacomo dell'Orio. So abends und Mo geschl.

900 (16) (ehemals: Da Marco), San Polo 900, Campiello del Sansoni (Nähe Rialto), freundliche Pizzeria an einer ruhigen kleinen Piazza, nur eine Handvoll Tische und angenehm intime Atmosphäre. Mo geschl.

Da Ignazio (33), San Polo 2749, Calle della Saoneri, in einer engen Gasse versteckt sich dieses angenehme und geräumige Mittelklasse-Restaurant, hinten lockt ein begrünter Innenhof, in dem die etwas steifen Kellner fast deplaziert wirken; serviert werden phantasievolle Nudelgerichte, *risotto della casa* und viel Fisch. Sa geschl.

• *Santa Croce*: In der Nähe vom Bahnhof zwei günstige Adressen in derselben Gasse:
Ai Bari (11), Santa Croce 1175, Lista Vecchia dei Bari (gegenüber vom Bahnhof über die Brücke und links halten), gute Pizze für ca. 8-10 DM.

All'Anfora (12), Santa Croce 1223, Lista Vecchia dei Bari, ein paar Häuser weiter, großes Lokal mit rustikalen Bänken, hinten schön begrünter Hof, sehr lockere Atmosphäre, preisgünstige Menüs und Pizze. Di geschl.

Osteria La Zucca (14), Santa Croce 1762, Ponte del Megio (Nähe Campo San Giacomo dall'Orio). Nett eingerichtetes, winziges Lokal mit "Öko-Touch", das mittlerweile als 'Geheimtip' unter Touristen gilt. Neben vegetarischen und venezianischen Gerichten gibt es auch verschiedene Steaksorten und Roastbeef, die einfallsreiche Speisekarte wechselt täglich. Vor der Tür gerade vier Tische, hinten drin weitere Plätze mit Blick auf den benachbarten Kanal. Junge engagierte Leitung. So geschl.

Capitano Uncino (13), Santa Croce 1501, Campo San Giacomo dell'Orio, gemütliche Fischtrattoria an einer touristisch wenig besuchten Piazza mit Platanen.

Brodo di Giuggiole (27), Santa Croce 158, Fondamenta Minotto (Nähe Piazzale Roma), gutes Mittelklasserestaurant mit vernünftigen Preisen, einladender, unerwartet großer begrünter Innenhof, Mo geschl.

• *Cannaregio*: **Fiaschetteria Toscana (20)**, Cannaregio 5719, Salizada San Giovanni Crisostomo (Nähe Rialto). In der Toscana ist eine Fiaschetteria eine Institution zwischen Weinhandlung und Imbiss, hier aber handelt es sich um ein Feinschmeckerlokal auf zwei Etagen, das zu gehobenen Preisen venezianische Meeresspezialitäten bietet, z.B. Heuschreckenkrebse aus der Lagune oder Krabben mit Polenta. Auch im Freien kann man an einigen Tischen sitzen. Di geschl.

Al Milion, Cannaregio 5841, Corte del Milion, Salizada San Giovanni Crisostomo (Nähe Rialto). Ausgesprochen malerische Osteria mit alten Möbeln und schlichter Speisekarte: *pasta e fagioli*, Risotto mit Meeresfrüchten, *sarde in saor* etc. Am selben Platz soll Marco Polo gelebt haben. Mi geschl.

Papagno (3), Cannaregio 225/a, Lista di Spagna. Die kulinarische Perle in der Billigzeile, angenehm ruhige Atmosphäre, à la carte muß man allerdings mit ca. 60 DM rechnen, als Antipasto hausgemachte *gnocchi buranelli* (mit Fischen zubereitet) oder Rucola und Carpaccio.

Al Paradiso Perduto (9), Cannaregio 2540, Fondamenta della Misericordia. Von jungen Leuten geführte Studentenkneipe, gutes Essen, vor allem Fisch, und im vorderen Teil Kneipenbetrieb bis spät in die Nacht (→ Nachtleben). Mi geschl., ebenso erste Augusthälfte.

Iguana, Cannaregio 2515, kurz vor dem Paradiso Perduto, mexikanisches Restaurant, preiswert und gern von jungen Leuten besucht. Di geschl.

Antico Gatoleto (22), Cannaregio, Campo Santa Maria Nova, versteckte Lage an einem kleinen ruhigen Platz bei der Chiesa Santa Maria dei Miracoli, eine der typischen einfachen Trattorie Venedigs, Menü um die 25 DM, auch Pizza, wenig Touristen.

Malibran (21), Cannaregio 5864 (zwischen Strada Nuova und Rialto), ruhige Lage und kleiner Hof zu einer Seitengasse, vernünftige Preise und auch im Streß noch freundliches Personal, auch Pizzen; vorzüglicher *spiedino di gambarone*.

Al Bacco, Cannaregio 3054, Fondamente delle Cappucine, ein weiter Weg ist es zu dieser typischen Osteria, aber er lohnt sich. In fröhlicher Atmosphäre kann man hier venezianische Fisch- und Meeresfrüchte genießen, die Speisen wechseln täglich. Nur abends, Mo geschl.

• *Castello*: **Al Mascaron (25)**, Castello 5225, Calle Lunga Santa Maria Formosa. Ausgesprochen gemütliche Osteria mit einfachen Holztischen, sehr venezianisch und in den Abendstunden von jungen Leuten besucht, denn hier kann man auch nur ein Glas Bier oder ein Viertel Veneto-Wein trinken. Es gibt viele *cicheti*, einige Tagesgerichte, diverse Salate etc. So und Dezember/Januar geschl.

Al Covo, Castello, Campiello della Pescaria, Trattoria mit unbestreitbarer Qualität, aufmerksam geführt von Cesare mit texanischer Gattin, hervorragende Meeresfrüchte und andere kulinarische Köstlichkeiten. Mittlere Preisklasse. Mi und Do geschl.

• *Giudecca*: **Altanella (61)**, Giudecca 270, Calle dell'Erbe. Traumhaft schöne Terrasse über einem Kanal. Die Trattoria ist seit der Jahrhundertwende in derselben Familie, mittlerweile werkelt die 4. Generation, Hemingway war hier, ebenso d'Annunzio und Marinetti. Innen dekorieren alte Fotos aus Venedig den Raum, die Küche legt weniger Wert auf Raffinesse als auf die Qualität der Lebensmittel, die Preise sind nicht übertrieben, der Gast wird nicht gedrängt - man kann hier einen wunderschönen Abend verbringen. Mo und im August (!) geschl.

• *Self-Services*: **Chat Qui Rit (44)**, San Marco 1133, Calle Tron/Ecke Frezzeria (westlich der Piazza San Marco). Freundlicher Self-Service in einer schattigen Gasse, die Korbstühle um die großen Tische sind immer schnell besetzt. Passable Auswahl, preislich im Rahmen, warme Küche 11-21.30 h, um die Ecke auch Stehimbiß. Sa geschl.

Rosticceria Gislon (24), San Marco 5424/a, Calle della Bissa, Nähe Rialto-Brücke. Etwas gesichtslos-offen, aber große Auswahl u. preiswert, erfreulicherweise auch venezianische Spezialitäten im Angebot. Mo geschl.

Al Ponte di Rialto (23), San Marco 5128, direkt an der Rialto-Brücke.

Burghy (35), San Marco 4374, Campo San Luca.

• *Bars/Cafés/Konditoreien*: Außer am Markusplatz sitzt man am schönsten in den großen Freiluftcafés an der Promenade der Zattere im Viertel Dorsoduro (Blick auf die Insel Giudecca). Ein typisch venezianischer Cocktail ist der **Bellini**, eine pikante Mischung aus Pfirsichsaft (1/3) und Prosecco (2/3), einem prickelnd aromatischen Schaumwein aus dem Hinterland des Veneto (→ Treviso). Ein **Spritz** wird als Aperitiv getrunken - leichter Weißwein mit einem Schuß Campari.

Relikte der österreichischen Besatzungszeit sind die zahlreichen Konditoreien, die leckere Strudel und die vielfältigsten Torten und Pralinen anbieten. Spezialitäten sind die gefärbten und aromatisierten Schokoladen oder *pan dei pescatori* und *pan di doge*, eine Art Ministollen mit Nüssen und Trockenobst. Einige Konditoreien in der Calle della Rughetta und in der Nähe des Ponte della Madonetta (von Rialto in Richtung Bahnhof).

Caffè Florian (47), Piazza San Marco, seit dem 18. Jh. das berühmteste Café Venedigs. Drinnen sitzt man in hübschen kleinen Räumen auf verblichenen roten Ledersesseln zwischen historischen Bleispiegeln, draußen spielt ganztägig ein routiniertes Orchester die Evergreens von vorgestern. Die altmodisch-noble Atmosphäre hat ihren Preis. Mo geschl.

Caffè Quadri (46), Piazza San Marco, die noble Konkurrenz von gegenüber; streitet sich mit dem *Florian*, wer als erster in Venedig türkischen Mokka serviert hat, ebenfalls hauseigenes Orchester und horrende Preise. Mo geschl.

Harry's Bar (45), San Marco 1323, Calle Vallaresso. Noble Einrichtung, köstliche Cocktails und unbezahlbare Preise. Hemingway war Stammgast (wo eigentlich nicht!), heute von amerikanischen Touristen im Pensionärsalter und wegen der zahlreichen Legenden von gutsituierten Weltenbummlern aus allen Kontinenten besucht. Mo geschl.

Bar Torino (34), San Marco 4591, Campo San Luca. Gemütliches Innencafé, besonders während der kühlen Jahreszeit zu empfehlen. Angenehm zum Lesen, guter Cappuccino, So geschl., ansonsten bis ca. 20 h. Rechts nebenan ist das Eis sehr gefragt.

Il Caffè (37), Dorsoduro 2963, Campo Santa Margherita, bildhübsches kleines Café an einer sympathischen Piazza, rotgetünchte Außenfront, schöne Holztheke, blank geriebene Kaffeemaschine aus Kupfer und viele Spiegel, allerdings kaum Sitzgelegenheiten. 8-24 h, So geschl.

• *Eis*: **Paolin**, San Marco 2962, Campo Francesco Morosini bzw. Santo Stefano, gilt bei vielen als die beste Gelateria von Venedig, schön zum Draußensitzen.

Nico (54), Dorsoduro 922, Zattere ai Gesuati, Nähe Vaporetto-Stop. Super-Ausblick auf den vielbefahrenen Kanal, ideal zum Sitzen und Schlemmen.

Causin dal 1928 (38), Dorsoduro 2996, Campo Santa Margherita.

Nachtleben

Nicht viel geboten, ab 24 Uhr schläft Venedig. Ein *Spaziergang* durch die stillen menschenleeren Gassen läßt einen die Stadt gänzlich anders erleben als in der Hektik des Tages. Lange Schatten, schummrige Gassen, irgendwo klappern einsame Schritte - ideal zu verbinden mit einer Vaporetto-Fahrt über dunkel glucksende Kanäle, in deren Wasser sich im Idealfall der Vollmond spiegelt ...

Ansonsten natürlich unvergleichlich die Stimmung auf der romantisch beleuchteten *Piazza San Marco*, wo sich die Caféhaus-Orchester in Hochform fiedeln, während die Cassettenrecorder vor der Basilika den neuesten Chicago-Rap kreieren.

Von August bis September findet in den einzelnen Stadtteilen Venedigs das *Festa del Unità* statt mit viel Musik, Wein und Essen.

Al Teatro (41), San Marco 1916, Campo San Fantin, direkt neben dem Gran Teatro Fenice. Bis tief in die Nacht geöffnet, da man hier gerne nach dem Theaterbesuch verweilt. Es gibt gute Pizze und eine Tabaccheria notturna. An der Bar normale Preise. Mo geschl.

Al Paradiso Perduto (9), Cannaregio 2540, Fondamenta della Misericordia, vielbesuchte Studentenkneipe, eine der wenigen, wo abends Livemusik geboten wird, gelegentlich guter Live-Jazz, auch zum Draußensitzen. Mi geschl.

Da Codroma (36), Dorsoduro 2540, Fondamenta Briati, beliebter Treffpunkt der Studenten und der Szene, holzgetäfelte Wände, Wein und *cicheti*, auch hier ab und zu Livemusik. Tägl. 20-1, Sa/So 22-2 h, Do und im August geschl.

El Souk (53), Dorsoduro 1056/a, Calle le Contarini Corfu. Klein und raffiniert eingerichtet, es gibt diverse Biersorten und Sandwiches, spätabends wird die Kneipe zur Disco, ca. 15 DM Eintritt (bis 4 h). Mo geschl.

Vino Vino (42), San Marco 2007/a, Calle del Caffetier, etwas elegantere Weinbar mit riesiger Auswahl an Tropfen aus dem Veneto und anderen Regionen, je später der Abend, desto lockerer wird jedoch auch hier die Stimmung. Auch essen kann man hier gut und nicht zu teuer.

Shopping

Seit Jahrhunderten weltberühmt sind das venezianische *Glas*, die *Spitzen* und *Tuche*, *Marmorpapier* und das geschöpfte *Büttenpapier*, mittlerweile auch die mystisch angehauchten *Karnevalsmasken*. Venedig ist ein Paradies für Liebhaber von Trödel und Antiquitäten, zahlreiche Künstler und Kunsthandwerker leben in der Stadt, die vielen kleinen Läden und Galerien sind ideal zum Stöbern.

Lebensmittel sind teuer. Wegen der hohen Transportkosten - alles muß mit dem Boot vom Festland herübergefahren werden - liegen die Preise für Lebensmittel generell um einiges höher als anderswo.

● *Glas*: diverse Schauräume der führenden Häuser unter den Arkaden an der Piazza San Marco, z.B. **Pauly** (Nr. 72, beim Campanile) und **Salviati** (Nr. 78).

Vittorio Constantini ist einer der angesehensten Glaskünstler Venedigs, Castello 5311, Calle del Fumo (Nähe Kirche Santa Maria dei Miracoli).

● *Karnevalsmasken*: Boutiquen findet man in allen Stadtvierteln, v.a. natürlich im vom Tourismus verstopften San Marco. Wer den Maskenbauern über die Schulter gucken und niedrigere Preise zahlen will, sucht besser in San Polo, Castello oder Dorsoduro.

Ca' Macana, Dorsoduro 3172, Calle de le Boteghe, beim Campo Santa Barbara über eine kleine Brücke Richtung Norden, Riesenauswahl an Masken aller Art.

Marega, Castello 4968, Fondamente dell' Osmarin, große Auswahl an schön gearbeiteten Stücken.

Lele Nason, San Marco 3715, Campo Manin - einer von vielen Läden in San Marco, jedoch etwas abseits des Rummels und ganz hübsch.

● *Kunst*: **Gianfranco Missaija**, Castello 4683, Campo San Zaccaria, wunderschöne venezianische Aquarelle und Grafiken.

● *Lebensmittel*: **Strada Nova**, Verlängerung der Lista di Spagna am Bahnhof, viele Verkaufsstände aller Art.

Fondamenta della Misericordia, nördlich parallel zur Strada Nova, einfaches Wohnviertel ("Quartiere populare"), in dem man preiswert Lebensmittel und Kleidung kaufen kann.

Jeden Morgen malerischer **Fisch-, Gemüse- und Obstmarkt** nördlich der Rialtobrücke in San Polo.

● *Marmor- und Büttenpapier*: Die Kunst des handbedruckten Marmorpapiers wurde von den Venezianern aus dem Orient mitgebracht. Angebot vom Feinsten in der **Legatoria Polliero**, San Polo 2995, Campo dei Frari, in der **Legatoria Piazzesi**, San Marco 2511, Campiello della Feltrina und im **Il Pavone**, Castello 6133, Campo Maria Formosa. Bei **Paolo Olbi**, San Polo, Ruga Vecchia San Giovanni, findet man Marmor- und Büttenpapier in Leder gebunden - allerdings ziemlich teuer.

● *Mode*: Unzählige Boutiquen drängen sich an den **Mercerie** zwischen Rialto und San Marco.

● *Spitzen und Tuche*: **Jesurum**, San Marco 4857, Merceria del Capitello (zwischen San Marco und Rialto), traditionsreiches Kaufhaus, in dem sich im 19. Jh. der Adel seine Nachthemden und Brautkleider anfertigen ließ. Heute kauft hier eher der Geldadel. Keine Schwellenangst, reinschauen kostet nichts. Mehrere Schauräume, Besichtigung kostenlos, besonders lohnend, wenn japanische Reisegruppen einfallen - jeder Verkäufer spricht perfekt japanisch.

E. Kerer, Calle Canonica 4328/A (hinter San Marco), eine weitere Spitzenadresse für Spitzen, riesige Auswahl, mehrere Schauräume.

Sehenswertes

Venedig ist ein einziges großes Freilichtmuseum, im folgenden nur ein Ausschnitt aus dem gewaltigen Angebot. Ziellos durch die Gäßchen laufen, ist die schönste Art, die Stadt kennenzulernen. Langweilig wird das nie, denn immer wieder trifft man auf neue unbekannte Plätze, läuft durch stille, romantische Gäßchen oder entdeckt irgendwo einen prächtigen alten Palazzo.

Die typische venezianische Stimmung rührt zum Großteil von der Verschiedenheit ihrer Bewohner her. Künstler, Schriftsteller und Snobs aus aller Welt haben hier ihre Wahlheimat gefunden - so schmettern aus dem einen Palazzo Opernarien auf den Campo, aus dem anderen dröhnt Peter Tosh's Reggae, wieder aus einem anderen Nina Hagen ...

Deprimierend ist dagegen der langsame Verfall der Stadt - vor allem in den Wohnvierteln deutlich zu sehen. Die Kanäle sind fast randvoll mit *sedimenti*, d.h. Abfällen aller Art. Die Selbstreinigung funktioniert nur sehr unvollkommen - das sieht man, und man riecht es vor allem.

Canal Grande

Die längste und schönste Wasserstraße Venedigs zieht sich in Form eines großen "S" fast 4 km quer durch die Stadt, dicht bebaut mit den vornehmen Palazzi der reichen Kaufmanns- und Adelsfamilien. Zahllose prachtvolle Häuserfassaden reihen sich aneinander, allerdings nicht wenige in reichlich morbidem Zustand.

Mit dem Vaporetto entlangfahren (am besten Nr. 1, Bummel-Dampfer), lohnt sehr und kostet nicht viel - ideale und preiswerte Stadtbesichtigung! Wer will, kann die Namen der meisten Palazzi aus der Gratiskarte entnehmen, die es bei der Tourist-Info gibt. Weniger anstrengend ist es, einfach den namenlosen Anblick zu genießen. Einige der markantesten Gebäude im nächsten Abschnitt.

Blick vom Palazzo Ducale auf die Piazzetta von San Marco

Die historischen Gebäude am Canal Grande leiden unter dem tagsüber stets hohen Wellengang. Eine Sperrung des Canals für Motorboote steht seit Jahren zur Debatte. Bislang versucht man jedoch noch immer, der Katastrophe und dem Unmut der Gondolieri, die auch gerne ruhigeres Gewässer hätten, mit Geschwindigkeitsbegrenzungen entgegenzusteuern.

Rundfahrt: Wer am Bahnhof mit dem Vaporetto Nr. 1 oder 82 losfährt, kommt zunächst linker Hand an der Kirche *Santa Geremia* vorbei. Gleich danach mündet der breite Canale Cannaregio in den Canal Grande, wenig später steht links der *Palazzo Vendramin Calergi*, einer der schönsten Paläste der frühen Renaissance in Venedig - 1883 starb hier Richard Wagner, heute ist in den luxuriösen Räumlichkeiten das städtische Casino untergebracht. Gegenüber die byzantinisch verspielte Fassade des *Fondaco dei Turchi* - das frühere Handelshaus der Türken ist heute Sitz des Naturhistorischen Museums.

Kurz darauf rechter Hand die klassizistisch strenge *Kirche San Stae* und die *Ca' Pesaro*, der bedeutendste Barockpalast der Stadt - im Inneren die "Galleria d'Arte Moderna" und das "Museo d'Arte Orientale" (→ Santa Croce). Schräg gegenüber, bald nach dem Rio di San Felice, linker Hand die gotische *Ca' d'Oro*, einer der schönsten Paläste Venedigs, eine filigrane Marmorfassade mit leicht orientalischem Einschlag (→ Cannaregio). Schräg gegenüber die *Pescheria*, der Fischmarkt, und kurz darauf die *Erberia*, der Obst- und Gemüsemarkt. Der unmittelbar darauf folgende *Palazzo dei Camerlenghi* war einst Hauptsitz der venezianischen Steuerverwaltung.

Genau in der Krümmung des "S" überquert die berühmte *Rialtobrücke* (→ San Polo) den Canal. Hier ist eine wichtige Vaporetto-Station, von der aus man in knapp zehn Minuten den Markusplatz erreichen kann. Wenige Meter vor der

Brücke links der *Fondaco dei Tedeschi*, einst das Hauptquartier der deutschen Kaufleute. 1505-1508 wurde es an der Stelle eines durch einen Brand zerstörten Palastes errichtet, heute ist hier die Hauptpost untergebracht. Weiter den Canal entlang sieht man gleich links den *Palazzo Dolfin Manin* von Sansovino (heute Banca d'Italia), etwas später, an der Einmündung des Rio di San Luca, den mächtigen Renaissancebau des *Palazzo Grimani* (heute Appellationsgericht).

Kurz vor der letzten großen Kanalkurve, *Volta* genannt, linker Hand ein ganzes Bündel von aneinandergebauten Palästen, die *Palazzi Mocenigo*. Rechter Hand die berühmte gotische *Ca' Foscari* aus dem 15. Jh., heute Sitz der Universität. Wenige Meter weiter die massive *Ca' Rezzonico* mit dem üppig ausgestatteten "Museo del Settecento Veneziano", dessen Räumlichkeiten einen lebendigen Einblick in die Wohn- und Lebenskultur des 18. Jh. geben. Gegenüber der klassizistische *Palazzo Grassi*, seit seiner Restaurierung 1986 einer der großen Kulturtempel Venedigs (→ San Marco).

Unter der Akademiebrücke hindurch und an der berühmten *Galleria dell'Accademia* (→ Dorsoduro) vorbei, fährt man rechts am unvollendeten *Palazzo Venier dei Leoni* mit der Peggy-Guggenheim-Sammlung (→ Dorsoduro) entlang. Gleich darauf der bildhübsche *Palazzo Dario* mit runden Marmorverzierungen.

Auf der linken Seite der *Palazzo Corner della Ca' Grande* aus der Hochrenaissance, gefolgt von einer Reihe von Palästen, in denen sich Hotels niedergelassen haben. Der schmale *Palazzo Contarini-Fasan* mit seinen radförmigen Verzierungen an den Balkonen steht genau gegenüber der gewaltigen Kirche *Santa Maria della Salute* (→ Dorsoduro) - hier beginnt das offene Meer, und es sind nur noch wenige Meter zur Endstation Markusplatz.

Im Folgenden die wichtigsten Sehenswürdigkeiten nach Stadtteilen aufgelistet.

San Marco

Das repräsentative Zentrum der Stadt. Hier ballen sich die meisten Touristen, hier zahlt man die höchsten Preise und findet am meisten Trubel.

Der Markusplatz war einst das Eingangstor Venedigs - alle Schiffe, die die Adria heraufkamen, landeten vor dieser einmalig prunkvollen Kulisse um die Basilika. Auch heute noch ist die Anfahrt über die Lagune der schönste Einstieg - die "Skyline" Venedigs kann man vom Meer aus am besten betrachten (→ Anfahrt/Verbindungen).

Piazza San Marco *(Markusplatz)*: Tauben, Touristen, Marmor, Cafés, die Basilika, der Campanile, der Dogenpalast ... Es gibt wenige Plätze in der Welt, die so vom internationalen Tourismus eingenommen sind und trotzdem einen derartig reichen Zauber ausstrahlen.

Ein Abend auf der Piazza San Marco gehört zu den ganz großen Italien-Erlebnissen - unter den dunklen Arkaden sieht man Casanova auf dem Weg zu einem neuen Rendezvous, der unglückliche Gustav Aschenbach stolpert im Fieberwahn dem Traumbild seines geliebten Tadzio durch die choleraverseuchte Stadt hinterher ("Der Tod in Venedig" von Thomas Mann) ...

Tauben füttern am Markusplatz

Wenn es dann langsam dunkel wird, die Kaffeehausorchester aufspielen, warme Windlichter flackern und perfekt livrierte Ober schaumigen Cappuccino servieren, wird der nostalgische Charme des 19. Jh. lebendig. Selbst die täglich aus aller Welt einfallenden Heerscharen können den ureigenen Charakter dieses Platzes nur oberflächlich ankratzen.

Die großzügige architektonische Konzeption läßt sich am besten in den frühen Morgenstunden oder spät abends bewundern, denn den ganzen Tag über herrscht hektisches Treiben. Die beiden Längsseiten werden von den *Prokurazien* bestimmt, den Verwaltungsgebäuden der Serenissima, unter den Arkadengängen bieten elegante Geschäfte wertvolle Tuche, Spitzen und venezianisches Glas. Die historischen Cafés *Florian* und *Quadri* liegen einander genau gegenüber - als Venedig vor 250 Jahren die ersten Kaffeelieferungen aus dem Orient erhielt, wurde *das Florian* gegründet, es gehört damit zu den ältesten Kaffeehäusern Italiens. Ein bescheidener Espresso kostet hier ca. 7 DM, ein Cappuccino 10 DM. Daneben liegt der Schauraum des *Jesurum*, des ältesten Kaufhauses der Stadt (→ Shopping).

An der rückwärtigen Front des Platzes das *Museo Civico Correr* mit einer reichhaltigen Sammlung zur Stadtgeschichte und zum venezianischen Leben - Waffen, Drucke, Stoffe, Keramik, Gemälde, Münzen etc. (Mi-Mo 10-16 h, Di geschl., ca. 7,50, Stud. 4,50 DM).

Basilica di San Marco *(Markuskirche)*: Ihre glanzvolle, orientalisch anmutende Zuckerbäckerfassade mit den fünf Kuppeln beherrscht das Platzbild - Sinnbild des Reichtums der ehemaligen Handelsmetropole, die ihre Niederlassungen überall in der Welt hatte.

Die Basilika wurde zwischen 1060 und 1070 im byzantinischen Stil erbaut, jedoch bis ins 16. Jh. ständig verändert und mit Raubstücken ausgeschmückt, die venezianische Söldner von Beutezügen mitbrachten - z.B. das berühmte *Pferdegespann* über dem Hauptportal, das 1204 bei der Eroberung Konstantinopels den Besitzer wechselte. Heute ist es von Grünspan befallen, abmontiert und durch (künstlerisch eher mittelmäßige) Kopien ersetzt. Wegen der starken Luftverschmutzung gefährdet sind auch die großen *Mosaiken* aus dem 17. Jh. in den Bogenöffnungen der Außenfront - man erwägt ihre Abnahme.

Die *Vorhalle* ist gänzlich mit biblischen Mosaiken ausgeschmückt - passender Auftakt zum überwältigenden Inneren der Basilika: Praktisch der gesamte Innenraum des Kreuzkuppelbaus ist mit byzantinischen *Goldgrund-Mosaiken* aus dem 12. und 13 Jh. bedeckt - ein phantastischer Schatz und die größte zusammenhängende Mosaikfläche der Welt! Trotzdem wirkt der Raum düster, die kleinen Fenster in den Kuppelwölbungen lassen kaum Licht herein.

Der *Hochaltar* ist durch eine prächtige Chorschranke mit Marmorstatuen vom Hauptraum abgetrennt. Unter dem Baldachin ruhen die Gebeine des Evangelisten Markus, des Namenspatrons der Kirche. Im 9. Jh. wurden sie nach Venedig überführt, und man erzählt sich gerne die Legende, wie die Gebeine geborgen wurden. Zwei venezianische Kaufleute fanden die Leiche des Heiligen angeblich in Alexandria. Sie verbargen die Knochen in einer Kiste unter Schweinefleisch und trugen sie unbehelligt davon, in dem sie "manzir" schrien, d.h. Schweinefleisch, vor dem sich Mohammedaner bekanntlich ekeln. Dargestellt ist die Geschichte auf den Mosaiken im rechten Teil des Chores - es sind die ältesten der Kirche.

Höhepunkt der Besichtigung ist die blitzende und funkelnde *Pala d'Oro* hinter dem Altar - die große goldene Tafel ist übersät mit Edelsteinen und Perlen, auf achtzig kunstvollen Emaillebildern sind neben Jesus und Maria die wichtigsten Heiligen, Evangelisten und Apostel dargestellt (ca. 3 DM).

Im rechten Seitenschiff befindet sich der Zugang zur *Schatzkammer* (tesoro), in Glasvitrinen sind dort diverse Reliquien und Raubstücke von der Einnahme Konstantinopels ausgestellt. Nicht besonders eindrucksvoll, das Geld (ca. 3 DM) kann man sich sparen.

Auf der rechten Seite der Kirche führt eine schmale Treppe zum *Museo Marciano* und zur *Loggia dei Cavalli* hinauf. Die 3 DM Eintritt lohnen unbedingt - denn hier stehen die Originale des Pferdegespanns aus Konstantinopel. Außerdem kann man auf die Loggia hinaustreten und hat die Mosaiken in Augenhöhe vor sich (tägl. 10-18.30 h).

Zur Hochsaison ist der Besuch der Basilika ein Alptraum. Mehr als eine Viertelstunde kann es dauern, bis man - nach millimeterweisem Vorrücken, stets eng an den Vordermann oder die Vorderfrau gedrückt - den Eingang endlich erreicht hat. Innen geht's dann genauso weiter, und irgendmal wann wird man von der schwitzenden Masse wieder an den Ausgang gespült. Über eine Million Besucher pro Jahr - da bleibt für eine kontemplative Betrachtung der weltberühmten Mosaiken keine Möglichkeit und schon gar nicht für religiöse Einkehr.

Die zuständige Kurie hat 1995 die Notbremse gezogen und angekündigt, daß fortan nur noch Gruppen zu 20 Besuchern im Fünfminutentakt Einlaß finden sollen. Im Inneren sollen die Besucher einem vorgeschriebenen Weg folgen. Ein Fotoverbot sowie eine scharfe Kontrolle, ob die Eintretenden auch genügend sittlich bekleidet sind, sollen zusätzlich dafür sorgen, daß die Basilika ein Ort der Ruhe und des Gebets bleiben kann.

Campanile *(Markusturm)*: Er begann seine Existenz im 9. Jh. als Leuchtturm und wurde dann vom 12. bis 16. Jh. zu seiner heutigen Höhe von 99 m hinaufgezogen. Im Sommer 1902 stürzte er aus unerklärlichen Gründen in sich zusammen und wurde wieder neu aufgebaut, ebenso wie die kleine Renaissance-Loggetta am Fuß des Turms. Mit einem Fahrstuhl kommt man rauf in die Glockenstube, phänomenaler Blick über den Markusplatz, die Stadt und die Lagune. Ein besonderer Gag: Hoch über den Wolken kann man vom öffentlichen Telefon aus seine Liebsten daheim anklingeln (tägl. 9.30-20.15 h, ca. 5 DM).

Piazzetta: Der sich zum Wasser hin öffnende Platzteil war bis zum 12. Jh. noch ein Hafenbecken. An einer Seite ist er flankiert vom großartigen Palazzo Ducale, auf der anderen Seite steht der klassische Renaissancepalast der *Biblioteca Marciana* mit dem umfangreichen *Archäologischen Museum* der Stadt (hauptsächlich Skulpturen und Keramik).

An der Wasserfront liegt einer der wichtigsten Gondelhalteplätze der Stadt. Zwei *Säulen* schließen hier den Platz ab - eine mit dem heiligen Theodor auf der Spitze, dem byzantinischen Schutzpatron der Stadt, der später vom Evangelisten Markus abgelöst wurde. Auf der anderen thront der Markuslöwe. Den Platz dazwischen betritt kein echter Venezianer ohne Kribbeln in der Magengrube - er diente früher als Exekutionsstätte.

Palazzo Ducale: Der gotische *Dogenpalast* (Palast der Stadtoberen) wurde im 14./15. Jh. erbaut und war das administrative Zentrum der Weltmacht Venedig. Seine großartige, zu gleichen Teilen massiv und verspielt wirkende Fassade ist ganz in rosaschimmerndem Marmor gehalten - perfekte Eleganz spricht aus den zwei unterschiedlichen Säulengängen übereinander. In der filigranen Komposition kann man orientalische Züge erkennen. Daß heute kein unautorisierter Sterblicher die mächtige Treppe im *Innenhof* entweiht, darüber wachen die zwei Giganten Mars und Neptun (samt einer massiven Kette). Im Hof außerdem zwei bronzene Brunneneinfassungen.

Die ehemaligen Regierungs- und Amtsräume des Palastes wurden in der jahrhundertelangen Regierungszeit der Dogen von führenden Künstlern ihrer Zeit ausgeschmückt. Vom offenen Arkadengang im ersten Stock gelangt man über die *Scala d'Oro* mit ihrem reich verzierten Tonnengewölbe in das zweite Obergeschoss. Die dortigen Zimmerfluchten sind vollständig mit Wand- und Deckengemälden von Tintoretto, Tizian, Veronese u.a. bedeckt. Besonders schön die *Sala del Collegio* und die anschließende *Sala del Senato*. Es folgen die Räume der Sicherheitsbehörden, darunter die *Sala del Consiglio dei Dieci* und die *Sala degli Inquisitori*. Im Flur ist noch einer der berüchtigten Denunziations-Briefkästen zu sehen, mittels deren in den finstereren Zeiten der Republik jedermann unerkannt seinen Nachbarn den staatlichen Untersuchungsbehörden ans Messer liefern konnte. Nicht unpassend dazu folgt eine große, reichlich martialische *Waffensammlung*, in der wirklich sehenswerte und seltene Exponate zu sehen sind, z.B. Pistolen, die gleichzeitig als Degen verwendet werden konnten.

Danach steigt man in den ersten Stock hinunter zum prachtvollsten und größten Raum des Palastes, der *Sala del Maggior Consiglio* (Sitzungssaal des großen Rats). Hier ist der Hit des Dogenpalastes untergebracht - das *Paradies* von Tintoretto, eines der größten Ölgemälde der Welt! Ein wirklich unglaubliches Menschengewimmel auf 25 m Länge, entstanden 1588-90 unter tatkräftiger Mithilfe seiner Schüler. Im Deckenfries sind 76 *Dogenporträts* aneinander gereiht, ein Feld ist jedoch schwarz - der betreffende Doge wurde als Verräter entlarvt und 1355 einen Kopf kürzer gemacht. In der reich vergoldeten Decke Gemälde von Veronese, Tintoretto u.a. Vom Fenster herrlicher Blick auf die Piazzetta mit den zwei Säulen und der Mole davor!

Über den berühmten *Ponte dei Sospiri* (Seufzerbrücke) gelangt man hinüber in die venezianischen Staatsverliese, die *Prigioni*. Sie sind nur durch einen schmalen Kanal vom Palazzo Ducale getrennt. Die Gefangenen, die durch das filigrane Gitterwerk der Brücke einen letzten Blick in die Freiheit werfen konnten, blieben meist lebenslänglich in den engen Zellen. Der Gefängnisneubau stammt aus dem 16. Jh., doch wurden auch die alten Zellen im Dogenpalast weiterhin genutzt: die stickigen *Pozzi* (Brunnen), deren Feuchtigkeit so mancher Insasse nicht überlebte, und die nicht minder berüchtigten *Piombi*, direkt unter dem bleiernen Dach gelegene Kammern, die im Sommer höllisch heiß wurden. Hier saß im 18. Jh. Casanova fest und konnte schließlich unter abenteuerlichen Umständen fliehen (tägl. 9-19 h, ca. 10 DM, Stud. 6 DM).

Wer sich mehr für die düstere Geschichte des Dogenpalastes als für die kostbaren Deckengemälde interessiert, kann an einer *Führung durch die Geheimgemächer* des Gebäudes teilnehmen: Inquisitionszimmer, Folterraum, Pozzi etc. (in italienischer Sprache, tägl. außer Mittwoch um 10 und 11 h, ca. 6 DM).

Als es Casanova nicht mehr aushielt

"In den Pozzi steht das Wasser stets zwei Fuß tief, und wenn der Gefangene nicht den ganzen Tag bis zu den Knien im Salzwasser verbringen will, muß er sich auf ein Holzgerüst setzen, wo er auch seinen Strohsack hat, und wo er am Abend sein Wasser, seine Suppe und seine Portion Brot entgegennimmt. Dieses muß er gleich essen, bevor es ihm die riesigen Wasserratten aus den Händen reißen." Die wohl eindrücklichste Beschreibung der berüchtigten Pozzi und Piombi verdanken wir Giacomo Casanova. Der berühmte Frauenheld und Glücksritter geriet am 26. Juli 1755 in die Fänge der Inquisition - in der Serenissima stand damals das Spitzeltum in voller Blüte. Die öffentlich aufgestellten Denunziationskästen, mittels deren jeder jeden in aller Anonymität bei der Inquisitionsbehörde anschwärzen konnte, wurden auch Casanova zum Verhängnis. Die Anklage lautete auf Atheismus, Libertinage und Ausübung der Schwarzen Kunst - aber wie damals üblich erfuhr der Gefangene weder für was noch wie lange er büßen sollte. Die Aussicht, sein Leben mit dreißig Jahren in den venezianischen Verliesen zu beschließen, steigerte den Freiheitsdurst des Abenteurers ins Unermeßliche, und schließlich gelang es ihm, nach viel Bohrarbeiten die Bleiplatten zu lüpfen und über die Dächer des Palazzo Ducale zu entweichen. Er seilte sich ins Innere des Palastes ab und wurde vom Nachtwächter, der glaubte, einen arbeitsamen Beamten versehentlich über Nacht eingeschlossen zu haben, in die Freiheit entlassen.
Casanova verließ eiligst das venezianische Staatsgebiet und kehrte erst 18 Jahre später - er war inzwischen begnadigt worden - zurück. Daß er fortan selber neun Jahre als Spitzel für die Inquisition arbeitete, ist ein anderer Fall - ein Feld für psychopathologische Spekulationen.

Mercerie: Neben der Basilika San Marco durchquert man den Torbogen des *Torre dell'Orologio* (Uhrturm), auf dessen Dach zwei Mohren die Stunde schlagen. Hier beginnen die Mercerie, die Hauptgeschäftsstraße Venedigs. Ein touristischer Trampelpfad, der mit etlichen Windungen hinüber zur Rialto-Brücke führt (→ San Polo).

Teatro La Fenice: noch bis Oktober 1995 gehörte das über zweihundert Jahre alte Opernhaus zu den Renommiertheatern Italiens. Seine glorreichste Zeit erlebte es unter Verdi, der hier 13 Jahre lang arbeitete. Unter anderem entstanden im Fenice "Rigoletto" und "La Traviata". Venezianer und

Touristen teilten sich bis vor kurzem die Ränge während der hochkarätigen Konzerte, Opern- und Theateraufführungen. Damit dürfte es jetzt auf viele Jahre hinaus vorbei sein.

Phönix aus der Asche – ein drittes Mal

Am 30 Oktober 1995 gegen 21 Uhr heulen die Sirenen in der Lagunenstadt: Das weltberühmte Teatro La Fenice steht in hellen Flammen! Doch als die Feuerwehr eintrifft, ist es bereits nicht mehr möglich, ins Innere des 204 Jahre alten Gebäudes vorzudringen. Gegen Mitternacht bricht das Dach zusammen, beißender Rauch legt sich über ganz Venedig. Zuschauerraum, Bühne und Büroräume des "schönsten Theaters Italiens" (Startenor Luciano Pavarotti) werden völlig zerstört, die hoch aufgetürmten Trümmer brennen noch tagelang. Lediglich das Archiv mit Tausenden von Dokumenten zur Musikgeschichte bleibt unversehrt, darunter auch etwa hundert Originalbriefe von Giuseppe Verdi. Die Schuldigen an der Katastrophe: entweder Arbeiter, die mit der Renovierung des Gebäudes beschäftigt waren, oder ein Kurzschluß im überalterten System der elektrischen Leitungen. Bereits zum dritten Mal wird "La Fenice" ein Raub der Flammen: Ein erstes Mal brannte das Opernhaus während der Bauarbeiten von 1792, schon 1836 wurde es abermals von einem Feuer verwüstet. "La Fenice" - Phönix aus der Asche - trägt seinen Namen hoffentlich zu Recht: Die Kosten des Wiederaufbaus werden auf 500 Millionen Mark geschätzt.

Palazzo Grassi: Der Palast aus dem 18. Jh. wurde 1984 vom Autokonzern Fiat gekauft und einer kompletten Restaurierung unterzogen. 1986 konnte dann mit der vielbeachteten Futurismus-Ausstellung Venedigs neuester Kulturtempel eingeweiht werden. Ein anspruchsvolles Ausstellungsprogramm hat seither den internationalen Ruf des Palazzo Grassi gefestigt (9-19 h, nur während der Ausstellungszeiten, ca. 10 DM).

Museo Fortuny: am Campo San Beneto. Im Palast des 1949 verstorbenen Stoffdesigners, Malers und Photographen Mariano Fortuny sind ständig wechselnde Ausstellungen, besonders aus dem Bereich der Photographie, zu besichtigen. Der bizarre Modezar komponierte hier in der ersten Hälfte unseres Jahrhunderts nach geheimen Rezepten seine herrlich plissierten Stoffe, in die er die Damen der oberen Zehntausend hüllte (9-18.30 h, Mo geschl., ca. 7,50 DM).

Auf dem vielbegangenen Weg vom Markusplatz zur Gallerie dell'Accademia im Viertel Dorsoduro kann man mehrere Kirchen besichtigen - die barock überladene San Moisè, San Fantin beim Teatro La Fenice und Santo Stefano.

Dorsoduro

Im Viertel südlich von San Marco liegen zwei der wichtigsten Museen Venedigs und eine der letzten Gondelwerften, der *Squero* bei der Kirche San Trovaso.

Gallerie dell'Accademia: unmittelbar beim Ponte dell'Accademia. Die wichtigste Gemäldegalerie Venedigs besitzt eine großartige Sammlung von venezianischen Malern des 14.-19. Jh.s, die in etwa 30 Sälen chronologisch geordnet ist, u.a. Bellini, Mantegna, Tintoretto, Tizian, Veronese und Tiepolo. Hier lohnt es sich, einige Stunden zu verbringen - früh kommen! Zu den zahlreichen Höhepunkten gehören die opulenten Bilderbögen des venezianischen Lebens von *Carpaccio* (15. Jh.), vor allem die "Legende der heiligen Ursula", die sanften Madonnen von *Bellini* (für die angeblich die schönsten Dirnen der Stadt Modell standen), außerdem das "Gastmahl im Haus des Levi" von *Tintoretto* - ursprünglich hieß es "Das heilige Abendmahl", doch Tintoretto sah sich auf öffentlichen Druck genötigt, das sehr weltlich gestaltete Bild umzubenennen (Di-Sa 9-14, So 9-13 h, ca. 10 DM).

Peggy-Guggenheim-Sammlung: im Palazzo Venier dei Leoni am Canal Grande, Nähe Santa Maria della Salute. Peggy Guggenheim (1898-1979), Kunstsammlerin, Wahlvenezianerin und Ehrenbürgerin der Stadt, erwarb den Palazzo 1949 und richtete hier eine exquisite Kollektion der Kunst aus der ersten Hälfte unseres Jahrhunderts ein. Schwerpunkte sind Surrealismus und Kubismus. Heute wird die Sammlung von der Guggenheim-Stiftung New York verwaltet, ein drittes Guggenheim-Museum soll 1997 in Bilbao (Spanien) eröffnet werden.
Calder (der Erfinder der Mobiles baute Ohrenringe für Peggy Guggenheim), Man Ray (porträtierte sie), Max Ernst (war kurze Zeit mit ihr verheiratet), Brancusi, Dubuffet, Magritte, Dali, de Kooning, Pollock, Braque, Kurt Schwitters, Chagall, Marcel Duchamp, Kandinsky und Klee - sie alle sind hier vertreten. Im Skulpturengarten kommen Juan Miró und Hans Arp hinzu. Eine eigene Abteilung bildet die Giacometti-Sammlung von Guggenheim und Nasher. Und zu guter Letzt begibt man sich in den kleinen Vorgarten zum Canal Grande, wo Marino Marinis Bronzeskulptur "The Angel of the City" das pure Glück ausstrahlt (Mi-Mo 11-18, Sa 11-21 h, Di geschl., ca. 9 DM, Studenten ca. 5 DM).

Squero von San Trovaso: am Rio San Trovaso. Eine der letzten Gondelwerften Venedigs. Den Handwerkern über die Schulter schauen, kann man allerdings nicht. Man muß sich mit dem Blick vom gegenüberliegenden Kanalufer auf die Holzbaracken und den zum Kanal abfallenden Platz begnügen. Im Sommer wird draußen gearbeitet. Seit dem 17. Jh. werden im Squero von San Trovaso Gondeln gefertigt, heute kaum mehr als ein halbes Dutzend pro Jahr. Der Stückpreis - Handarbeit garantiert - bewegt sich um die 25.000 DM.

Fondamenta delle Zattere: die Flanierzone am Südrand des Dorsoduro. Schöne Lage direkt an einem der Hauptschiffahrtswege der Stadt, Panoramablick übers Wasser auf die vorgelagerte Insel Giudecca. In der *Chiesa ai Gesuati* Deckengemälde von *Tiepolo* und eine dramatische "Himmelfahrt" von *Tintoretto* (links vom Altar).

Santa Maria della Salute: hoch aufragende barocke Kuppelkirche aus weißestem Marmor. Die "Salute" gilt als das Meisterwerk des venezianischen Architekten *Baldassare Longhena*; sie wurde zu Ehren Mariä gebaut, nachdem die Pest 1630 die Einwohnerzahl der Stadt um 50.000 Menschen dezimiert hatte. Der perfekt symmetrische Zentralbau steht ausgesprochen pittoresk an der hübschen Landspitze am Ausgang des Canal Grande, schräg gegenüber von San Marco (Traghetto Giardini Reali - Fondamenta Dogana). Seit Generationen grüßt die hoch über die Häuser ragende Kuppel die ankommenden Schiffe. Auf den Stufen kann man ideal relaxen und dem geschäftigen Verkehr auf dem Canal zuschauen.

Der runde Innenraum beeindruckt in seiner klar gestalteten Monumentalität. Am dritten Altar links die "Ausgießung des heiligen Geistes" von *Tizian*. In der Sakristei (ca. 1,50 DM) eine großartige "Hochzeit von Kanaa" von *Tintoretto* - vortrefflich ist die Abendstimmung eingefangen, gerade dringen noch die letzten warmen Sonnenstrahlen in den Raum.

San Polo

Durch den Canal Grande von San Marco getrennt, die Rialtobrücke stellt die Verbindung her. Hier findet man die Frari-Kirche, aber auch einige der nettesten Plätze der Stadt und zahlreiche originelle Handwerksläden.

Rialtobrücke: kennt man bestens von zahllosen Photographien und Filmen. Noch bis ins 19. Jh. war sie die einzige Brücke über den Canal Grande. Die 50 m lange, auf über 12.000 Pfähle gebaute Brücke ist auf ihrer gesamten Länge beidseitig mit Souvenirläden zugebaut. Unterhalb der Brücke wichtige Vaporetto-Station.

An der Westseite der Brücke erstreckt sich ein langer Budenmarkt bis hin zur *Calle de la Beccarie* mit vormittäglichem Obst- und Gemüsemarkt und dem benachbarten größten Fischmarkt der Stadt. Am *Campo della Pescheria* setzt ein Traghetto auf die andere Seite des Canal Grande über (→ Unterwegs in Venedig).

An der Ostseite der Brücke beginnt die *Mercerie*, die wichtigste Geschäftsstraße von Venedig. Sie führt direkt zur Piazza San Marco (→ San Marco).

Campo San Polo: einer der größten Plätze der Stadt. Abends verwandelt er sich in einen beliebten Treffpunkt und großen Kinderspielplatz. Im Café am Platz kann man die Szenerie in aller Ruhe genießen.

Basilica dei Frari: am Campo dei Frari. Eine der bedeutendsten Kirchen Venedigs mit einer Unmenge von Kunstwerken und zahlreichen Grabmälern von Dogen und anderen illustren Venezianern. Die bis auf die Portale völlig schmucklos gehaltene, monumentale Backsteinkirche der Franziskaner ist ein Werk der Gotik.

Der gewaltige Innenraum wird dominiert vom marmorverkleideten Chor mit seinem prachtvollen Gestühl und den pompösen Grabdenkmälern im Hauptschiff. Über dem Altar ein berühmtes Tiziangemälde in leuchtenden Farben, "Mariä Himmelfahrt". *Tizian* selber soll hier auch begraben liegen - sein Grabmal ist von der Fassade aus gesehen das zweite rechts im Hauptschiff. Eindrucksvoll vor allem das pyramidenförmige Grabmal des Bildhauers *Canova* neben dem heutigen Haupteingang im linken Seitenschiff - eine verschleierte Gestalt verschwindet durch eine halb geöffnete Tür ... (Mo-Sa 9-11.45 h, 14.30-18 h, So 15-18 h, ca. 2 DM).

Scuola Grande di San Rocco: hinter der Frari-Kirche am Campo San Rocco. Eine der wichtigsten venezianischen Malschulen mit 56 herrlichen Wandgemälden von *Tintoretto*. Sehr sehenswert! Im oberen Stockwerk sind die Bilder des jungen Tintoretto, darunter eine imposante "Kreuzigung", im Erdgeschoß die Werke des gereiften Meisters - v.a. die grandiose "Verkündigung" (April - Oktober tägl. 9-17.30 h; November - März Mo-Fr 10-13, Sa/So 10-16 h; ca. 9 DM).

Am selben Platz die *Kirche San Rocco*, die ebenfalls einige Tintoretto-Gemälde besitzt, z.B. an der inneren Fassadenwand und im Chor.

Campo di Santa Margherita: wirkt trotz seiner Größe intim wie ein Wohnzimmer, einige Marktstände, nette Trattorie und Cafés, wenig Touristen.

Santa Croce

Das am wenigsten aufregende Viertel der Stadt, nah am Bahnhof und an den Autoparkplätzen. Doch auch hier tun sich dem Müßiggänger einige hübsche Ecken auf.

Ca' Pesaro: direkt am Canal Grande. Bedeutendster Barockpalast der Stadt, im Inneren die *Galleria d'Arte Moderna* mit Werken aus dem 19. und 20. Jh., u.a. sind Rodin und Chagall vertreten (10-16 h, Mo geschl., ca. 3 DM) und das *Museo d'Arte Orientale* (9-14 h, So 9-13 h, Mo geschl., ca. 6 DM), letzteres mit einer reichen Sammlung fernöstlicher Stücke.

San Stae: vom Ca' Pesaro nur durch einen Kanal getrennt. Die klassizistische Komposition verrät Palladio-Einfluß, die Seitenaltäre ähneln griechischen Tempeln. Für den Stifter der Stae-Kirche, Alvise Mocenigo II., wurde eine hübsche Grabplatte in den Fußboden eingelassen: Sensenmänner, Knochen und Dogenkappen erinnern an die Vergänglichkeit menschlichen Tuns. Die Kirchentreppe lädt zum Verweilen ein und zum Betrachten des geschäftigen Lebens auf dem Canal Grande.

Campo San Giacomo dell'Orio: touristisch wenig besuchter Platz mit ein paar Ruhebänken, Platanen, einer Trattoria und einer namenlosen, kleinen Bar, in der die Venezianer unter sich bleiben - ein Ort der Ruhe. Die Kirche am Platz wurde seit dem 13. Jh. mehrmals umgebaut und bietet nichts Aufregendes.

Cannaregio

Der ruhige Norden der Stadt erstreckt sich vom Bahnhof weit nach Osten. Reines Wohnviertel mit kleinen Plätzen, schmalen Kanälen und versteckten Gassen. Interessant ist besonders das ehemalige Judenviertel im Nordwesten.

Lista di Spagna: touristischer Trampelpfad seitlich vom Bahnhof, flankiert von zahlreichen Restaurants und Hotels. In der Verlängerung Marktstände etc. Die Lokale sind fast durchgängig auf Nepp spezialisiert.

Ghetto: ein tragisches Relikt. Das erste jüdische "Ghetto" Europas ist vom Bahnhof über die Verlängerung der Lista di Spagna zu erreichen. Benannt ist es nach der Metallgießerei (gettare = gießen), die hier vorher stand. Der Name bürgerte sich später als Bezeichnung für alle Judenviertel ein.

Seit 1516 mußten die Juden Venedigs in diesem abgeschlossenen Quartier eingepfercht wohnen. Die Religionsausübung war ihnen im Gegensatz zu vielen anderen Ländern jedoch gestattet, deshalb kamen ständig neue Flüchtlinge an. Wegen Platzmangel wurden die Häuser bis zu acht Stockwerken hoch gebaut, ein Klein-Manhattan in Venedig. Napoleon ließ das Ghetto 1797 öffnen, doch die nachfolgenden Österreicher machten das bald wieder rückgängig. Im Juli 1944 - Italien hatte bereits kapituliert - fielen Nazis und italienische Faschisten gemeinsam ins venezianische Ghetto ein. Eine Gedenktafel und Flachreliefs an der Mauer der *Schola Spagnola* im Ghetto Vecchio erinnern an die Deportationen.

Am Campo Ghetto Nuovo, dem großen Platz im Zentrum, das *Museo della Comunità Israelitica*, das auch deutschsprachige Führungen in drei der insgesamt fünf erhaltenen Synagogen aus dem 16. Jh. organisiert (Juni - September 10-19 h, Oktober - Mai 10-16.30 h, Sabbat und an jüdischen Feiertagen geschl., ca. 5 DM, Führung ca. 10 DM).

Ca' d'Oro: am Canal Grande. Einer der schönsten gotischen Paläste Venedigs, reich geschmückt und mit leicht orientalischem Einschlag. Leider ist von den früheren Goldverzierungen, die dem Palazzo seinen Namen gaben, nichts mehr erhalten. Im Inneren die *Galleria Franchetti* mit vielen zweitrangigen und einigen bedeutenden Werken, darunter "Heiliger Sebastian" von *Mantegna* und "Venus am Spiegel" von *Tizian* (Mo-Fr 9-14, Sa/So 9-13 h, ca. 6 DM). Wenige Meter dahinter verläuft die *Strada Nova*, eine breite Flanier- und Einkaufsgasse mit zahlreichen Verkaufsständen aller Art.

Santa Maria dei Miracoli: Hier stimmt einfach alles - ein ungewöhnlich idyllisches Fleckchen am Zusammenfluß dreier Kanäle, der stille *Campo Santa Maria Nova* und gleich daneben eine der schönsten und ungewöhnlichsten Renaissancekirchen der Stadt.

Der Bildhauer und Architekt Lombardo ließ sich 1481-89 allerhand einfallen, als er diese Kirche erbaute: Prächtige Inkrustationen schmücken die Fassade, und der Marmor wirkt fast wie gebatikter Stoff - er setzte die großen Blöcke mit jeweils gleicher Maserung nebeneinander und wechselte sie nach jedem Fenster. Die ruhige Stimmung lädt zum Verschnaufen ein - manchmal läßt der Mesner himmlische Tonbandchöre erschallen und hofft auf ein irdisches Trinkgeld. Ins Tonnengewölbe der Decke sind zahlreiche Porträts eingelassen - der Gag ist jedoch der Spiegel, der im Mittelgang liegt. Wenn man in ihn hineinblickt, sieht man die reich geschnitzte und bemalte Decke besser als mit bloßem Auge. Ausprobieren! Aber aufpassen, daß man nicht das Gleichgewicht verliert bzw. ob der Tiefe des Spiegels einen Höhenkoller bekommt.

Castello

Der östliche Zipfel Venedigs, mit seiner riesigen Werft *(Arsenale)* früher der industrielle Motor der Stadt, ist heute weitgehend ruhig und ohne großartige Sehenswürdigkeiten.

Während die westliche Hälfte des Castello um den *Campo dei Santi Giovanni e Paolo* noch relativ nah bei San Marco liegt und häufig besucht wird, verirren sich nur wenige Touristen in die Zone um das Arsenale, was gerade den Reiz dieses Viertels ausmacht. In der Nähe liegen außerdem die einzigen nennenswerten Grünanlagen der Stadt.

Riva degli Schiavoni / Riva dei Sette Martiri: Von San Marco die Uferstraße nach Osten geht es über den *Ponte della Paglia*, wo sich morgens bis abends die Massen drängen, um die berühmte Seufzerbrücke zu knipsen. An den zahlreichen Haltestellen der Vaporetti entlang gelangt man zur *Chiesa della Pietà* mit Deckengemälden von Tiepolo und weiter zum großen *Museo Storico Navale* (→ Arsenale) und zu den öffentlichen Grünanlagen, den *Giardini Publici*.

San Zaccaria: landeinwärts der Riva degli Schiavoni. Die Kirche gehörte zu einem Benediktinerinnenkloster, in welchem der venezianische Hochadel seine Töchter unterbrachte. Der ursprünglich byzantinische Bau hat zahlreiche Umwandlungen erfahren, romanische und gotische Elemente sind auszumachen, aber auch solche der Frührenaissance. Beeindruckende Marmorfassade, am zweiten Altar links "Madonna mit Heiligen" von *Bellini*.

Campo Santa Maria Formosa: Der weite Platz ist praktisch seit der Renaissance unverändert geblieben. Zwischen den alten Palazzi und der Kirche Biertische, Marktstände und spielende Kinder.

Santi Giovanni e Paolo: nur wenig nördlich von Santa Maria dei Miracoli (→ Cannaregio). Monumentaler gotischer Backsteinbau auf einer großen freien Piazza, erbaut vom Dominikanerorden und neben der Frari-Kirche der größte gotische Sakralbau Venedigs.

Beim Eintreten wird man von der Weite des Raums fast erschlagen. Meterdicke Säulen tragen das hohe Schiff, in dessen Seitenwänden zahlreiche Grabmäler von berühmten Dogen und Feldherren der Republik Venedig eingelassen sind.

Seitlich neben der Kirche die *Scuola di San Marco* mit interessanten perspektivischen Reliefs in der Fassade, heute als öffentliches Krankenhaus in Betrieb (keine Besichtigung). Vor der Kirche bedeutendes Reiterdenkmal des "Bartolomeo Colleoni" aus Bergamo (→ dort), 1488 geschaffen vom Florentiner *Andrea del Verrocchio*. Einige nette Cafés runden das Gesamtbild ab.

Fondamente Nuove: Hier starten die Boote zu den Laguneninseln San Michele, Murano, Burano und Torcello (→ Lagune von Venedig). Blumenstände am Kai signalisieren die Funktion von San Michele - die Insel ist der Friedhof Venedigs.

Arsenale: Die riesige Werft der Seerepublik Venedig war noch bis zum Ersten Weltkrieg in Betrieb. Der Zutritt zu dem ummauerten Komplex ist nicht möglich. Am Haupttor vier antike Löwenskulpturen aus Griechenland - eine (mit rekonstruiertem Kopf) stammt vom berühmten panhellenischen Heiligtum auf der Kykladeninsel Delos (siehe unser Buch *Kykladen*). Das nahe *Museo Storico Navale* am Canale dell'Arsenale gibt Aufschluß über die Arbeiten in der Werft, zeigt zahlreiche Schiffsmodelle (darunter auch Dschunken), außerdem Dokumente zur Geschichte der venezianischen und italienischen Marine (Mo-Sa 9-13 h, So geschl., ca. 2 DM).

Isola di San Pietro: ruhige Insel hinter dem Arsenale. Hier steht die klassizistische Kirche *San Pietro di Castello*, die bis Anfang des 19. Jh. der Dom Venedigs war. Der marmorne Bischofssitz hat eine außergewöhnliche Rückenlehne. Es handelt sich um eine Grabstele mit arabischer Ornamentik und auch einigen Schriftzeichen - Koranverse, die hinter dem Rücken des Erzbischofs von Venedig Allahs Lob priesen.

Vor der Kirche ein schönes Wiesenstück für die gemütliche Siesta.

Giardini Garibaldi, **Giardini Pubblici**, **Parco delle Rimembranze**: Nach dem Trubel im Zentrum herrscht in den Grünanlagen erholsame Ruhe - abgesehen von der Zeit der Biennale von Venedig, die hier alle zwei Jahre (ca. Mitte Juni - Mitte Oktober) stattfindet. Mit den Vaporetti 1, 52 und 82 kommt man von den Giardini wieder nach San Marco zurück.

Biennale

1995 konnte die Biennale von Venedig ihren 100. Geburtstag feiern. Die traditionsreiche internationale Ausstellung darf in ihrer Geschichte einige Höhepunkte verzeichnen, etwa 1948, als die von den Nazis vertriebenen Künstler und die Sammlung von Peggy Guggenheim (→ Dorsoduro) vorgestellt wurden, oder die große Pop-Art-Ausstellung von 1964. Doch gab es, seit am 30. August 1895 der italienische König Umberto das Ausstellungsgelände in den Giardini einweihte, auch immer wieder Streit. Bei der 1. Biennale reichte noch die Darstellung von fünf nackten Frauen zum Skandal. Heute steht vor allem das Konzept zur Diskussion. Um auch jungen und unbekannten Künstlern eine Chance zu geben, wurde 1980 das sogenannte "Aperto" ins Leben gerufen - 1995 wieder abgeschafft. Einige halten das Konzept der Länderpavillons für ein Relikt aus dem nationalistischen Denken des 19. Jh., das es schleunigst abzuschaffen gilt, andere finden, die Biennale sei eher ein aufgeblasenes PR-Spektakel als ein Querschnitt des modernen Kunstschaffens.

Die Voreröffnungstage für Insider haben zur Jubiläums-Biennale 1995 allein 2300 Journalisten aus aller Herren Länder gezählt - die Päpste der Kunstkritik witterten, was man mittlerweile als "postmoderne Beliebigkeit" schmäht - der "Corriere della Sera", einer der führenden italienischen Meinungsmacher diagnostizierte respektlos, die 100. Biennale sei eine "signora così così", eine Soso-Lala-Dame - wir wünschen dem nächsten Biennale-Chef eine glücklichere Hand ...

Giudecca und San Giorgio Maggiore

Giudecca: Bis auf die *Redentore-Kirche* von Palladio findet man hier keine großen architektonischen Werke, die Giudecca ist volkstümlich geblieben, ein Viertel, in dem weniger Prominenz, als vielmehr in erster Linie Venezianer wohnen - der Wiener Maler Friedensreich Hundertwasser bildet eine Ausnahme, ebenso das Cipriani, eine der teuersten Nobelherbergen der Stadt. Der Inselcharakter ist auf Giudecca deutlicher spürbar als anderswo in Venedig - und die Preise sind günstiger.

San Giorgio Maggiore: markante Kirche auf der kleinen Insel gegenüber vom Markusplatz, erbaut von Palladio in seinem typischen Stil. Die Fassade in Form eines antiken Tempels, im Chor zwei Gemälde von *Tintoretto*, "Der Mannaregen" u. "Das Abendmahl". Der Rundblick vom Turm aus ist vielleicht noch origineller als vom Campanile (tägl. 9.30-12.30, 14.30-17.30 h, ca. 3 DM).

An die Kirche schließt sich der Komplex eines früheren Benediktinerklosters an, das mit dem Einmarsch Napoleons die Pforten schließen mußte. Heute ist hier die *Fondazione Cini* untergebracht, die regelmäßig Sonderausstellungen moderner Kunst zeigt, oft recht spektakulärer Art (10-18 h, Mo geschl.).

Zu erreichen ist San Giorgio Maggiore mit Vaporetto-Linie 82.

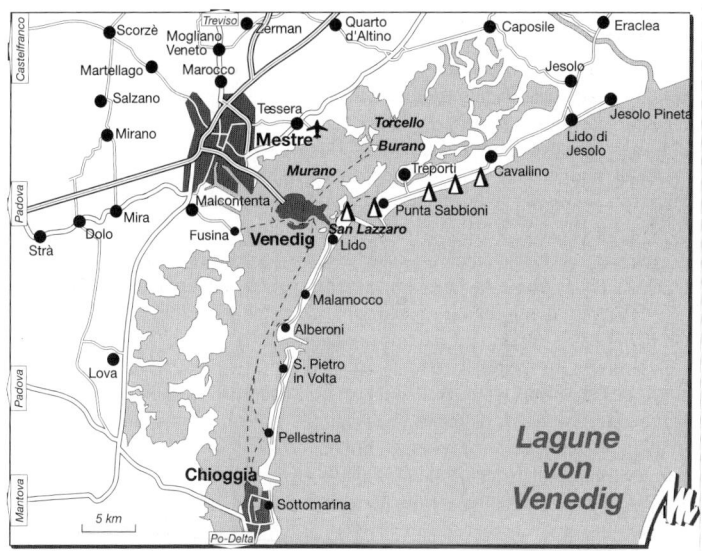

Lagune von Venedig

Die Lagune bietet viele Möglichkeiten, je weiter man sich vom Rummelplatz Venedig entfernt, desto beschaulicher wird die Szenerie. Eine großartige Naturlandschaft, die leider durch das Eingreifen des Menschen erheblichen Schaden genommen hat.

Von der Riva degli Schiavoni (hinter San Marco) tuckern die Vaporetti 1, 14, 52 und 82 zum vorgelagerten *Lido*, die Nrn. 10 und 20 auf die Klosterinsel *San Lazzaro*. Auf die Inseln *San Michele*, *Murano*, *Burano* und *Torcello* kommt man mit den Nrn. 12, 23 und 52 ab den Fondamente Nuove an der Nordseite der Stadt.

Die geschäftige Hafenstadt *Chioggia* am Südrand der Lagune siehe unter "Küste südlich von Venedig".

▶ **Lido:** Wer die Novelle *Der Tod in Venedig* von Thomas Mann oder deren Verfilmung von Lucchino Visconti mit der herrlichen Musik von Gustav Mahler kennt, hat bereits einen perfekten Eindruck von der elegant-dekadenten Atmosphäre am Lido um die Jahrhundertwende bekommen. Die 12 km lange Insel schiebt einen schützenden Riegel vor die Lagune. Der ebenso lange Sandstrand an der Meerseite gilt seit über hundert Jahren als einer der edelsten Badeplätze Italiens, Hotels im Liberty-Stil, Restaurants und Souvenirstände stehen dicht an dicht. Das Wasser ist jedoch keinesfalls sauber und der Eintritt zu den *stabilimenti* kostet reichlich. Frei zugängliche Strandpartien gibt es nur an den äußersten Enden des Lido, weit außerhalb der Exklusivregion mit ihren teuren Hotels und Villen.

Alljährlich Anfang September sorgen die *Filmfestspiele* im Palazzo del Cinema für Abwechslung (Tickets ca. 20-50 DM, Auskunft Tel. 198). Zum Abschluß vergibt die Jury den Goldenen Löwen - 1968 bei den Studentenunruhen scharf kritisiert und dann abgeschafft, ist der begehrte Preis mittlerweile wieder eingeführt.

● *Information*: Gran Viale Santa Maria Elisabetta 6/a, nur im Sommer, Tel. 041/5265721.

● *Fahrrad*: die bequemste Art, den Lido zu erkunden. Verleihstellen, auch mit Tandems, findet man an der Gran Viale Santa Maria Elisabetta, nah bei der Vaporetto-Station. Sportliche strampeln - mit zwei Ferryboat-Pausen - bis Chioggia.

● *Übernachten*: ausreichend Hotels, u.a. **
Reiter, Lido 57/b, Gran Viale Santa Maria Elisabetta, saubere Zimmer mit Blick auf die Straße (laut!), DZ mit Frühstück ca. 60-130 DM, Tel. 041/5260107.

Camping San Nicolo an der Riviera San Nicolo, von der Vaporettostation mit Bus A nach links am Wasser entlang, einfacher Platz. Mitte Juni - Mitte September, Tel. 041/5267415.

▶ **San Lazzaro degli Armeni:** Die Insel der armenischen Mönche ist ein Ort der Stille - die Abfahrtszeiten der Vaporetti (Nrn. 10 und 20 von der Riva degli Schiavoni) richten sich nach den Führungen des Klosters, welche für den Besuch obligatorisch sind.

Im Mittelalter unterhielten die Benediktiner auf San Lazzaro ein Leprakrankenhaus, 1717 überließ die Republik Venedig die Insel armenischen Mönchen, die aus dem Osmanischen Reich vertrieben wurden. Die *Mechitaristen* (benannt nach dem Mönch Mechitar) machten San Lazzaro zu einem der bedeutendsten Zentren der armenischen Kultur. Heute wohnen, studieren und meditieren im Kloster noch 27 Mönche und Schüler, die aus dem gesamten Mittelmeerraum kommen.

Zu sehen sind neben armenischen Keramik- und Silberarbeiten auch ägyptische Mumien und buddhistische Schriftrollen. Einmalig ist die in einem neuen, klimatisierten Raum untergebrachte Bibliothek mit kostbaren Handschriften und Miniaturen aus diversen privaten Sammlungen. Die klostereigene Druckerei aus dem 18. Jh. wird nicht mehr gezeigt, dient aber gelegentlich noch für den Druck von Plakaten.

Bei Wartezeiten kann man sich am schattigen Picknickplätzchen vor dem Klostereingang auf den Besuch einstimmen (Führungen auch in deutscher Sprache, tägl. ca. 15 h, verbindliche Auskunft bei der Vaporettostation, ca. 6 DM).

▶ **San Michele**: Die Friedhofsinsel liegt nicht weit von den Fondamente Nuove entfernt, dicht vor der Nordküste Venedigs. Die eng belegten Grabfelder vermitteln ein anschauliches Bild der venezianischen Sozialstruktur. Zu den berühmten Toten, die einst auf der Trauergondel nach San Michele gerudert wurden, gehören der Dichter *Ezra Pound* und der Komponist *Igor Strawinsky*. Infolge Platzmangel auf der Insel werden die Toten heute auf dem Festland bestattet (geöffnet tägl. bis 17.30 h).

▶ **Murano**: Das Inselstädtchen wirkt mit seinen schmalen Kanälen, Brücken und niedrigen Häuschen wie eine Miniaturausgabe von Venedig und ist Standort der berühmten venezianischen Glasindustrie. Bereits seit der Gründung Venedigs im 5. Jh. spielte die Glaserzeugung eine große Rolle. Im Mittelalter verlegte man dann sämtliche Manufakturen aus der brandgefährdeten Stadt nach Murano. Obwohl der politische Niedergang Venedigs die Glasindustrie in eine schwere Krise stürzte, arbeiten noch immer zahlreiche Glasbläsereien. Anschauen überall frei und kostenlos - die Werkstätten sind als *fornace* ausgeschildert, gearbeitet wird in der Regel bis 16 Uhr. Im sehr sehenswerten *Museo dell'Arte Vetraria* an der Fondamenta Giustinian sind Meisterwerke der Glasbläserei von der Antike bis in die Neuzeit ausgestellt (Do-Di 9-19 h, außerhalb der Saison 10-16 h, Mi geschl., ca. 7,50 DM). Die moderne Abteilung des Museums *(Museo Vetrario Moderno)* an der Fondamenta Manin ist weniger interessant.

Die alte Backsteinkirche *Santa Maria e San Donato* fällt durch ihren mächtigen Glockenturm auf, im Inneren schöner Mosaikboden und ein byzantinisches Mosaik in der Apsis. Im Dom *San Pietro Martire* ein wertvolles Bellini-Gemälde "Madonna mit Heiligen" und prächtige Leuchter aus Kristallglas.

Essen: **Busa alla Torre (63)**, Campo Santo Stefano, unter großen Segeltuchschirmen sitzt man auf einer ruhigen Piazza, die vom Dom durch einen malerischen Kanal getrennt ist. Das Haus aus dem 11. Jh. soll das älteste von Murano sein. Sehr beliebt. Mo und Januar geschl.

▶ **Burano**: ausgesprochen malerisches Örtchen mit farbenfroh bemalten Häusern, ruhig und idyllisch - falls nicht zu viele Touristen unterwegs sind. Man lebt vom Fischfang, außerdem von Herstellung und Verkauf von Spitzen, den Klöpplerinnen kann man bei der Arbeit zusehen (die meisten der heute in Venedig verkauften Spitzen sind jedoch maschinell in Fernost hergestellt und importiert).

Sehr sehenswert die *Scuola dei Merletti*, eine hundert Jahre alte Klöppelschule mit angeschlossenem Museum (Di-Sa 9-18, So 10-16 h, ca. 7,50 DM, Stud.ermäß.).

Essen: **Al Gatto Nero**, Via Giudecca 88, malerisch wie alle Häuser auf Burano, Fischspezialitäten zu akzeptablen Preisen, Straßenbestuhlung. Mo geschl.

▶ **Torcello**: schöne Fahrt durch die Lagune zu den Wiesen und Weingärten der abgelegenen kleinen Insel. Im frühen Mittelalter war Torcello Bischofssitz mit über 10.000 Einwohnern, heute leben hier gerade noch eine Handvoll Menschen, <die z.T. als Schafzüchter arbeiten. Zwei alte Kirchen und die Grundmauern eines Baptisteriums aus dem 7. Jh. sind die letzten Zeugen vergangener Größe. Gelegentlich ist die Insel von (vorwiegend englischen und amerikanischen) Touristen überlaufen, vielleicht, weil Hemingway eine Zeitlang hier wohnte.

Die Kathedrale *Santa Maria Assunta* aus dem 7. Jh. ist die älteste der Lagune, wurde allerdings im 11. Jh. umgebaut. Schöner Mosaikboden und prächtige Mosaiken auf Goldgrund - das Glanzstück unter ihnen das über sechs Bilderstreifen verlaufende "Jüngste Gericht" an der Rückwand. Rechts unten werden die Qualen der Verdammten geschildert: Luzifer, mit dem Antichrist auf den Knien, thront auf einem doppelköpfigen Ungeheuer, das die Unglücklichen verspeist, Feuerqualen und von Würmern durchzogene Schädel - mit solchen Horrorvisionen versuchte man, den mittelalterlichen Christen bei der Stange zu halten.

Im hübschen *Museo dell'Estuario* sind verschiedene Kunstgegenstände, Mosaiken u. Schmuck zu sehen (Mi-So 10-12.30, 14-17.30 h, Mo geschl., ca. 2 DM).

Essen: Al Ponte del Diavolo, traditionsreiches Mittelklasserestaurant mit netter Bedienung, sehr gutes Risotto und ebensolcher Fisch, Pizza und Paste aller Art, himmlisches Tiramisu, Menü um die 50-60 DM.

Littorale del Cavallino (Marina di Venezia)

Der schmale Festlandstreifen östlich von Venedig mit Zentrum Lido di Jesolo ist Mittelpunkt des gigantischen Badebetriebs um Venedig und Mestre. Viele Kilometer langer Sandstrand, an Wochenenden wälzen sich endlose Autoschlangen auf der *Strada Jesolana*, in regelmäßigen Abständen Bushaltestellen. Über ein Dutzend Campingplätze (→ Venedig/Camping), darunter der ganzjährig geöffnete große *Marina di Venezia.*

Ein großer öffentlicher und einfach zugänglicher Strand befindet sich gegenüber der Straße nach *Treporti* (Bushaltestelle).

▶ **Punta Sabbioni:** Landzunge gegenüber Venedig, beliebt bei Anglern. Vaporetto 14 pendelt mindestens stündlich zum Lido und zur Stadt. Speziell für Badeurlauber aus Jesolo und Umgebung bequeme Venedig-Anfahrt, PKW kann man auf zahlreichen bewachten Parkplätzen abstellen (ca. 8 DM/Tag).

• *Übernachten:* Camping **Miramare**, ein für die Stadtbesichtigung sehr günstiger Platz, nur 500 m von der Vaporetto-Station entfernt. Mai - September, Tel. 041/966150. Weitere Plätze → Venedig/Camping.

• *Essen:* **All'Ancora**, auf der Punta Sabbioni, wenige Meter von der Anlegestelle der Motorschiffe von und nach Venedig. Großes Lokal, das auf Pfählen direkt übers Wasser gebaut ist. Nicht selten konmmen Besucher mit dem eigenen Boot von Venedig herübergetuckert, eigene Anlegestelle unterhalb der Plattform. Schmackhafte Fischküche, Festpreismenü um die 30 DM.

▶ **Lido di Jesolo:** Auf mindestens 10 km Länge Hotelfronten und schnurgerade Straßenzüge hinter einem bis zum letzten Liegestuhl gefüllten Sandstrand! Einer der Orte, wo außer Baden nicht viel zu tun ist; man kann fast stundenlang laufen, es schaut alles gleich aus - also läßt man derartige Unternehmungen lieber gleich bleiben und döst im kostspieligen Liegestuhl vor sich hin. Erstaunlicherweise erfreut sich diese gesichtslose Mammutbadewanne ungeheurer Beliebtheit.

Zur Abwechslung des Badealltags sind tägliche *Motorschiff-Exkursionen* ins nahe Venedig geboten (ca. 20 DM hin und zurück).

Übernachten: **International**, am westlichen Ortsausgang, Luxusgelände mit Strandduschen. Zur internationalen Kundschaft zählen vornehmlich Österreicher, aber die Ungarn holen auf. Tel. 0421/971826.

Küste östlich von Venedig

Ähnlich wie das benachbarte Friaul brettflach und etwas eintönig. Eine Landschaft, die in ihrer Weite und Ausprägung an Holland erinnert - Wasserläufe, grüne Wiesen, endlose Felder, sogar die typischen Zugbrücken über die "Grachten" sind hier und dort vertreten.

▶ **Eraclea Mare**: Einer der typischen italienischen Retortenorte, Ferienhäuser, Hotels und Pizzerie wurden in Schnellbauweise in die Pineta geklotzt. Der Strand davor ist weitgehend mit betonierten Molen abgeschlossen.

Caorle   (ca. 12.000 Einwohner)

Die üblichen Außenbezirke schnell vergessen, Caorle ist ein wirklich schmuckes Ferienstädtchen - freundliche, bunt getünchte Häuser, breite Bummelstraßen. Der Kanal aus dem Hinterland endet in einem engen Fischerhafen, ein Wald von Masten und Takelage mitten in der Stadt. Jeder spricht Deutsch.

Zum Meer hin ein breiter Promenierdamm, der gleichzeitig als Windschutz dient, beiderseits vom Ort lange Sandstrände: im Osten die gut 100 m breite *spiaggia di levante*, im weiten Bogen gekrümmt, die Sonnenschirmparade dezent vom Wasser entfernt - im Westen die *spiaggia di ponente*, mehrere Kilometer lang bis zur Livenza-Mündung, die mit der Autofähre überquert werden kann. Eine Alternative dazu - allerdings mit einem Umweg verbunden - bildet eine Brücke im Hinterland. Westlich der Livenza-Mündung der neue Ortsteil *Porto Santa Margherita*, mit 800 Anlegestellen Venetiens größter Hafen.

Caorle war einst eine der bedeutenden Städte an der oberen Adria, erst mit der Entstehung Venedigs büßte die Stadt ihre kulturelle und wirtschaftliche Stellung ein. Zeugnis der früheren Bedeutung Caorles ist die romanische *Kathedrale* aus dem 11. Jh. mit ihrem freistehenden runden Glockenturm. Über dem Altar eine byzantinische Pala d'Oro, eine reich verzierte Gold- und Silberarbeit.

● *Information*: am Kreisverkehr am Fischerhafen, Piazza Papa Giovanni, Hilfe bei der Zimmersuche. In der Hauptsaison durchgehend 8-22 h geöffnet.

● *Fahrradverleih*: **Da Franco**, Piazza Papa Giovanni; klassische Räder, Mountainbikes, Tandems.

● *Übernachten*: Die Altstadt ist für die Einheimischen reserviert, fast alle Hotels reihen sich in den gesichtslosen Neubauvierteln hinter den zwei Stränden - nur über die Straße und man ist am Meer (kostenpflichtige Badeanstalten). In "zweiter Reihe", also ohne Seeblick in den Parallelgassen zur Strandstraße, sind die Unterkünfte etwas günstiger. Am besten besorgt man sich bei der Info-Stelle Hotelliste und Stadtplan und studiert

dann das Preis-Leistungs-Lage-Verhältnis.

** **Scogliera**, Via Madonna dell'Angelo 10, DZ 50-85 DM, die billigeren mit Dusche/WC auf Etage, Pensionspflicht. Eins der wenigen zentrumsnahen Häuser, liegt direkt an der Straße hinter dem breiten Damm, ein Katzensprung zum Oststrand, angenehme Straßenbar. Mitte Mai - Mitte September, Tel. 0421/81171.

Am Weststrand der **Camping Santa Margherita**, nahe der Livenza-Mündung, Tel. 0421/81276.

Am Oststrand die Plätze **Sole**, Tel. 0421/81908 und **Jolly**, Tel. 0421/81586, außerdem **D.Ö.R.C.G.**, d.h. "Deutsch-Österreichische Reise- und Campinggesellschaft" - vermutet jedenfalls der Mann an der Rezeption.

Angenehmes Waldgelände, sofern man von den häßlichen Bungalows ("Notschlafstellen", nennt's die Rezeption) absieht. Vornehmlich österreichische Klientel. Tel. 0421/81208.

Falconera, ganz am Ende des Oststrands, hat uns am besten gefallen. Schattige Plätze, freundliches Personal, nicht ganz so durchorganisiert wie die anderen, Pizzeria gleich vor dem Eingang. Tel. 0421/84282.

● *Essen*: **Da Nappa**, einfache Fisch-Trattoria an der ruhigen Piazza San Pio X, vis à vis vom Dom - Polenta und Fisch, Pizza.

All'Anguila, Calle Falconera, wenige Schritte von der Piazza Pio X., geschützt im Hof.

Caorlina, große Fischtaverne am Campo Squero (Kanalhafen), große Auswahl, schön zum Draußensitzen.

● *Ausflüge*: Auf den Spuren Hemingways durch die **Lagunen** tuckern - täglich 2 x fahren Motorschiffe durch die Schilfkanäle hinter dem Porto di Falconera, bis zur angeblichen "Hütte Hemingways", der die Lagune in seinem Roman "Across the river and into the trees" ("Über den Fluß und in die Wälder") verewigt hat. Kostenpunkt ca. 22 DM. Natürlich gibt's auch tägliche Bootsfahrten nach **Venedig**, ca. 35 DM.

▶ **Bibione:** Zehntausende von *bambini* bauen Sandburgen und plantschen im seichten Uferwasser - Bibione ist ein beliebter Familienbadeort, besitzt zwar keinerlei historischen Kern, dafür einen langgestreckten Pinienwald und einen sehr schönen, weichen und weißen Sandstrand, wo man für Sonnenschirm und Liegestuhl kräftig zahlen darf. Am schönsten für Kids das Strandstück *Lido del Sole* im Westen.

Parkplätze am Strand zu finden ist ausnahmsweise kein Problem, auch nicht in der Hochsaison, da das Gros der Badegäste vom Hotel aus in Badehose und Bikini zu Fuß auf die Liegestühle zusteuert.

Der Ort zieht sich weit durch die Pineta. Geschäfte und Lokale werben alle mit deutscher und italienischer Aufschrift - vom "Friseur" bis zur "Eisdiele" und "Gaststätte" ist alles vertreten. Demnächst kommt vielleicht noch eine tschechische Beschilderung hinzu. In der Besucherstatistik vom Juni 1995 nehmen die Tschechen nach Deutschen und Italienern den dritten Platz ein - Österreich wurde auf Platz Vier verwiesen.

● *Übernachten*: Campingplatz **Capalonga**, luxuriöses Gelände am westlichen Ende des Orts, sehr groß und direkt am Strand.

Lido, knapp davor im schönen niedrigen Pinienwald, ebenfalls am Strand.

Küste südlich von Venedig

Südlich von Chioggia münden die Flüsse Brenta und Etsch in die Adria. Am kilometerlangen Sandstrand südlich davon hat der Pauschaltourismus seine vielbesuchten Nischen, hauptsächlich Familien fühlen sich hier wohl. Höhepunkt ist die große Insel Albarella.

Chioggia   (ca. 54.000 Einwohner)

Äußerst geschäftige Stadt am Südrand der Lagune, hier wird hart gearbeitet - einer der größten Fischerhäfen der Adria, laut und nicht sonderlich sauber, jedoch nicht unsympathisch. Ausländische Touristen kommen höchstens mal mit dem Dampfer von Venedig, um sich kurz umzuschauen.

Die Altstadt auf einer Insel ist durch eine Brücke mit dem Festland verbunden. Beherrschend die breite Hauptstraße *Corso del Popolo*, im nördlichen

Marktstände und Fischerboote am Canale della Vena in Chioggia

Teil Fußgängerzone, mit langen Laubengängen und diversen Kirchen. Seitlich zweigen schmale graue Gäßchen mit niedrigen Häuschen ab, wo der Rummel schnell der Stille weicht. Der *Canale della Vena* verläuft parallel zum Corso und wird von mehreren hübschen Brücken überquert.

Die Neustadt *Sottomarina* erstreckt sich am langen Sandstrand, wo sich das übliche Bild bietet - Badeanstalten, Pizzerien und Bars in den Sand gesetzt, dahinter Hotelfronten. An der nördlichen Landspitze einige Campingplätze und eine lange Mole mit großen Fischernetzen.

• *Anfahrt/Verbindungen*: **Bahn**, Stichbahn ab Rovigo, vom Bahnhof ca. 1 km ins Zentrum der Altstadt (über Brücke Ponte Lungo), nach Sottomarina mit dem Stadtbus weiterfahren.
Schiff, Vaporetto 11 fährt von und nach Venedig - Abfahrt/Ankunft in Chioggia am Nordende des Corso del Popolo, in Venedig am Lido.

• *Information*: in Sottomarina, Lungomare Adriatico 101 (gegenüber Hotel Miramare), tägl. 9-12 und 15-18 h, Juli/August durchgehend 8-19.45 h.

• *Übernachten*: *** **Grande Italia**, Piazza Vigo 1, am Nordende des Corso del Popolo, direkt am Anleger der Motorschiffe nach Venedig. Ein Relikt der guten alten Zeit - renovierungsbedürftig, abgewetzte Tapeten und Teppiche, jedoch teils schöner Blick. DZ ca. 100 DM mit Bad, ohne um die 75 DM. Tel. 041/400515.
* **Locanda Val d'Ostreghe**, Calle Sant'Andrea 763, vom Corso im nördlichen Teil bei der Chiesa di Sant'Andrea den Vena-Kanal überqueren). Einige Zimmer über einem einladenden, traditionsreichen Lokal (→ Essen), die meisten mit Dusche/WC auf Flur. DZ mit Bad ca. 55 DM, ohne ca. 45 DM, Tel. 041/400527.

in Sottomarina, am Lungomare Adriatico und an der Nordspitze gibt es diverse **Campingplätze**:
Adriatica, der erste Platz, wenn man den Lungomare Richtung Süden fährt, einfach, freundliche Leute, nur über die Straße zum Strand. April bis Sept., Tel. 041/492907.
In Richtung nördlicher Landspitze gibt es **Europa** an der Meerseite des Lungomare (Mai - September, Tel. 041/5540300) und an der Landspitze **Grande Italia** (Mitte April - Mitte September, Tel. 041/403746), **Al Porto** (Mai - Mitte September, Tel. 041/405715), **Mini Camping** (Mai - September, Tel. 041/403295) und als letzter **Tropical**,

ein angenehm bescheidenes Gelände, in dem die Schattenplätze leider meist von Dauerurlaubern ausgebucht sind (Mai - Mitte September, Tel. 041/403055).

● *Essen*: In Chioggia ißt man deutlich preiswerter als in Venedig.

Bella Venezia, Calle Corona 51 (Seitengasse nach Westen im nördlichen Teil des Corso), schick gemacht, hübscher kleiner Innenhof, hier kehren gerne mal Touristen ein, gute und nicht ganz billige Fischküche.

Locanda Val d'Ostreghe, im gleichnamigen Hotel (→ Übernachten). Traditionelle Trattoria mit guter Fischküche. Hübscher

grünbedachter Innenhof. Menüs für ca. 25 DM oder teurer à la carte. Auch Übernachtung möglich (→ oben). Mi geschl.

Buon Pesce, Stradale Ponte Caneva, (Seitengasse nach Osten im nördlichen Teil des Corso), unser Favorit - viele Tische, oft gesteckt voll (mit Einheimischen!), korrekter und flinker Service, lockere Atmosphäre. Mi geschl.

Vecio Toghero, Calle Scopici (über die Calle Pigna, eine Seitengasse nach Westen im nördlichen Teil des Corso). Neben traditioneller Fischküche auch Pizze, Betischung auf ruhiger Seitengasse. Di geschl.

Sehenswertes: Die Kirchen von Chioggia liegen fast alle am Corso del Popolo - der *Dom Santa Maria Assunta* (nur während der Messe geöffnet) mit seinem hohen Glockenturm am Südende wurde nach Plänen von Baldessare Longhena gebaut, im prächtigen Innenraum einige venezianische Gemälde aus dem 18. Jh. Benachbart die Kirche *San Martino* mit ihrem kurzen, achteckigen Turm. An der anderen Domseite schließt sich eine schmale schattige Grünfläche an, eine Balustrade mit steinernen Löwen und kopflosen Frauen, im Zentrum Madonna mit Kind. Es ist das *Refugium Pecatorum*, an der Madonna defilierten einst die zum Tod Verurteilten vorbei.

An der Stelle, wo die Zufahrtsstraße von Sottomarina in den Corso einmündet, steht *San Giacomo* außen nüchtern, innen barock. Ein Stück weiter nördlich die Barockkirche *Sant'Andrea*, deren romanischer Glockenturm aus dem 12. Jh. noch erhalten ist.

Ganz im Norden des Corso überquert der *Ponte Vigo*, Chioggias schmuckste Brücke, den Vena-Kanal. Wer auf der anderen Seite die Calle Santa Croce entlanggeht, gelangt zu einer weiteren Brücke, die zum Inselchen *San Domenico* führt. Hier steht der Gebäudekomplex des Dominikanerklosters. Die Kirche mit Gemälden von Tintoretto und Carpaccio ist leider nur noch zu Messezeiten geöffnet.

Kurz vor der Kirche Sant'Andrea, vom Corso etwas zurückgesetzt, ein niedriges längliches Gebäude, ein ehemaliger *Kornspeicher* - durch die Laubengänge kommt man zum hübschen Fisch- und weiter zum Obst- und Gemüsemarkt am *Canale della Vena* (Di-Sa Vorm.). Hier hat man am ehesten den Eindruck eines "Klein-Venedig", wie Chioggia oft genannt wird. Der Fischmarkt für Grossisten - der *Mercato Ittico* - liegt auf der der Altstadt vorgelagerten Isola di Cantieri.

Südlich der Etschmündung

Ein 9 km langer Sandstrand erstreckt sich bis zur Insel Albarella, dahinter dichter Piniengürtel und ausgedehnte Lagunen. Der Küstenstrich gehört bereits zum ausgedehnten *Naturpark Delta Po* (→ Po-Delta) und ist ein bevorzugtes Ziel für Pauschalurlauber. Unterkunft findet man im großen Feriendorf *Rosolina Mare*, in der Bungalowsiedlung *Rosapineta* oder auf der *Isola Albarella* selber. Zu buchen über alle großen Reiseveranstalter.

Fischerhütte im Podelta

▶ **Isola Albarella**: 500 ha große, 4 km lange und 1½ km breite "Ferieninsel", durch einen Damm mit dem Festland verbunden. Hier sind die Urlauber ganz unter sich, außer Hotels und Ferienhausanlagen gibt es keinerlei Bebauung, dafür ausgedehnte Grünzonen mit viel Wald und zahlreichen Wasserarmen. Albarella steht unter Naturschutz, nur Autorisierte dürfen das Auto benutzen, man fährt Rad und läßt sich in der kleinen Inselbahn herumkutschieren. Ein langer flacher Sandstrand schließt die Insel zum Meer hin ab. In der Hauptsaison großes Sportangebot, mehrere Schwimmbäder, Disco, Kino, Kinderspielplätze, Restaurants - alles da.

Po-Delta

Das weite Mündungsgebiet des größten italienischen Flusses, der sich hier in mehrere Arme spaltet. Eine stille und eigentümliche Landschaft, die den Abstecher sehr lohnt. Schmale Straßen immer dicht an Wasserläufen und auf Deichen, riesige Reisfelder, üppige Wiesen und Schilf, bewaldete Flußinseln, einsame Bauernhäuser - die Szenerie erinnert an Flandern. Eigenes Fahrzeug ist Voraussetzung. Daß es sich um Italiens dreckigsten Fluß handelt, ist auf den ersten Blick nicht zu erkennen - eine Rundfahrt macht Spaß, Baden muß ja nicht sein. Nach dem Krieg hat man das Wasser des Po übrigens noch problemlos trinken können ...

Das Delta des Po gehört zu den größten Feuchtgebieten Italiens, fast vierhundert Arten von Wasservögeln haben in dem gewaltigen Biotop ihre Nistplätze, darunter auch Fischadler. Seit Ende der Achtziger steht ein Großteil der endlosen Schilflandschaft als *Parco Nazionale del Delta del Po* unter Naturschutz, auch die Bebauung außerhalb der Ortschaften ist weitgehend verboten. Ein Rest des Waldes, der einst weite Teile des Deltas bedeckte, ist im Süden erhalten (→ Emilia/Romagna, Bosco della Mesola). Die harte Wirklichkeit des Lebens im Delta bleibt flüchtigen Besuchern meist verborgen: Erst in den vierziger Jahren ging man daran, die weiten Lagunen und Sumpfzonen systematisch urbar zu machen. Über zwanzig Jahre arbeiteten die Deltabewohner daran, die Anbauzonen zu vergrößern - immer wieder aufs neue wurden Gräben gezogen, mußte Wasser abgepumpt werden. Einen schweren Rückschlag gab es in den fünfziger und sechziger Jahren - damals bohrte die Industrie nach Methan, das Delta sank um 2 ½ m! Dämme brachen, zahllose Felder und Ländereien wurden überflutet, viele Familien mußten aufgeben und wegziehen. Heute wird vor allem Reis angebaut, aber auch Weizen, Gerste, Soja und verschiedene Gemüse. Seit Jahrhunderten funktioniert hier das Prinzip des Tagelohns - Großgrundbesitzer geben den Arbeitssuchenden im Delta Saisonarbeit zur Pflanzzeit und zur Ernte (meist März bis Mai und September bis Weihnachten), den Rest des Jahres müssen diese selber sehen, wie sie weiterkommen. Die Fischer haben sich zu Kooperativen zusammengeschlossen, aber die Erträge werden ständig geringer, da die Brut wegen des extrem verschmutzten Wassers des Po eingeht. Auch die *grisoleri* genannten Schilfsammler sind im Delta noch aktiv, die traditionellen Schilfhütten namens *casoni* bis auf museale Relikte jedoch weitgehend verschwunden.

Der Südteil des Deltas gehört zur Region Emilia/Romagna. Hinweise zur *Abbazia di Pomposa*, *Bosco della Mesola*, *Goro* und den Badeorten südlich vom Delta → dort.

● *Bootsfahrten* durch Teile des Naturparks werden in mehreren Orten angeboten - z.B. in **Porto Tolle** von Trasporti Marittimi-Gite, Cacciatori Marino, Tel. 0426/81508 und in **Comacchio**, Tel. 0533/81742 (→ Emilia/Romagna).

● *Besuchszentrum* im Castello delle Robinie von **Mesola** (→ Emilia/Romagna), Tel. 0533/993644.

▶ **Empfohlene Rundtour:** Bei *Taglio del Po* von der Durchgangsstraße "Strada Romea" (SS 309 Venedig-Ravenna) nach *Porto Tolle* abzweigen, dem Hauptort im Podelta (zu empfehlen das Albergo/Ristorante Italia am östlichen Ortsausgang). Weiter über *Tolle* und *Scardovari* (hübscher Ort mit Rosenhecken) nach *Porto Barricata* - hier ein kleiner schattenloser Campingplatz mit Ristorante. Seitlich der Straße ein Damm, dahinter ein großer einsamer Jachthafen. Eine echte Rarität die originelle Schwenkbrücke, die noch von einem Brückenwächter für Motorboote geöffnet wird, falls er nicht den Schlaf des Gerechten schläft - er hat sein Sofa mitten auf der Brücke plaziert. Auf der anderen Seite der Brücke das offene Meer und die kilometerlange *Spiaggia Barricata* mit feinem grauen Sand und niedrigen bewachsenen Dünen - gegen ein Zelt tut hier niemand etwas einzuwenden. Weiter führt die Straße auf einem Deich um den *Sacca degli Scardovari* - eine Wattlandschaft wie in Norddeutschland und eine Domäne der Fischer, die hier überall Holzgestelle ins niedrige Wasser gesetzt haben, an denen sie Muscheln und Krabben züchten. Zurück nach Porto Tolle über *Donzella*, wo die Trattoria Giusy "pesce con polenta" bietet.

Der Po, Italiens dreckigster Fluß

Italien als der größte Industriestaat am Mittelmeer hat schwerste
Probleme mit der Reinhaltung des Wassers. Vor allem der Po (nomen est omen!), in dessen Einzugsgebiet 16 Millionen Menschen leben, schwemmt tonnenweise Gift und Schwermetalle ungeklärt ins
Meer - Abwässer aus den großen Industriestädten der Poebene (vor
allem Turin und Mailand) und Düngemittel aus der Landwirtschaft,
dazu kommt die Belastung durch die großflächige Schweinezucht für
den Parma-Schinken. In nackten Zahlen sind das jährlich etwa 234
Tonnen Arsen, 65 Tonnen Quecksilber, 89 Tonnen Nickel, 75 Tonnen
Phenole, 20.000 Tonnen Phosphor, 82.000 Tonnen Stickstoff und
64.000 Tonnen Kohlenwasserstoffe. Die sichtbaren Folgen vor der
Küste: Übermäßiger Algenwuchs (der Stickstoff aus den Phosphaten
mobilisiert die Zellteilung) und fehlender Sauerstoff - die Fische sterben. Zwar sind inzwischen aus Angst um ausbleibende Touristen und
auf Grund internationaler Vereinbarungen an der Adriaküste zahlreiche Kläranlagen in Betrieb. Jedoch nützen diese nicht viel, solange
Torino und Milano ihren Dreck ungeklärt in den Po einleiten.

Die Lagunenorte der oberen Adria – trotz Tourismus noch immer eine Domäne der Fischer

Friaul-Julisch Venetien
(Friuli-Venetia Giulia)

Nicht so richtig Italien, nicht Slowenien, nicht Österreich - die Grenzregion am oberen Ende der Adria ist ein eigenständiges Gebiet mit eigener Sprache und einer schwierigen Geschichte, kulturell hin- und hergerissen zwischen dem Stiefel, dem Balkan und der österreichisch-ungarischen k.u.k.-Monarchie. Heute vor allem für Österreicher der schnellste Weg zum Mittelmeer - im Sommer ist die Riviera Triestina fest in der Hand von Wienern und Salzburgern, die hier viel Vertrautes finden und über die neue Alpen-Adria-Autobahn im Handumdrehen anreisen.

Südlich der Alpen präsentiert sich Friaul nicht gerade als Augenweide - das vollkommen flache Mündungsgebiet mehrerer großer Flüsse ist bis in den letzten Winkel agrarisch oder industriell genutzt: Endlos lange Alleestraßen mit stämmigen Platanen durchqueren eintönige Ackergebiete und Gemüsefelder. Vor allem im Einzugsgebiet von Udine reiht sich kilometerweit Reklameschild an Reklameschild. Interessanter dann schon die Küste, das riesige und üppig grüne Lagunengebiet setzt einen schönen Kontrast zu den nahen Alpen, die bei besonders klarem Wetter vom Meer aus sichtbar sind. In den Badeorten *Grado* und *Lignano* ballen sich jeden

Sommer Hunderttausende - ansonsten ist der Tourismus wenig entwickelt. 1989 trat in diesem Gebiet der berüchtigte Algenschleim weniger stark in Erscheinung als in der Problemzone um Rimini und Cattolica. Die großen Städte *Udine* und *Triest* lohnen beide einen Besuch, kulturelles Highlight ist *Aquileia* mit dem größten frühchristlichen Mosaikboden Europas. Friaul war immer umstrittenes Grenzland, im letzten Jahrhundert Schauplatz der *Irredenta*, die für die Angliederung der italienischsprachigen Gebiete Österreichs kämpften, im Ersten Weltkrieg schlugen sich Österreicher und Italiener in den *zwölf Isonzo-Schlachten* die Köpfe ein, Triest wurde im Zweiten Weltkrieg von den jugoslawischen Partisanenarmeen eingenommen, 1947 Freistaat und erst 1954 wieder italienisch. Noch heute träumen einige unverbesserliche Irredentisten davon, die Grenze hinter Triest ein bißchen nach Osten zu verschieben und sich Istrien zurückzuholen. Vor allem aber war Friaul über hundert Jahre lang österreichisch - das hat manches geprägt. Gerade in der im 19. Jh. so bedeutenden Hafenstadt Triest erkennen Österreicher vieles wieder: die Kaffeehäuser, den Strudel - und den für italienische Verhältnisse so untypisch ruhigen Straßenverkehr.

Schnell-Überblick

Schöne Orte: *Triest, Udine, Grado, Cividale del Friuli.*

Landschaftliche Höhepunkte: Lagunen von *Grado* und *Marano, Val Rosandra.*

Kulturell interessant: Mosaikboden und Ausgrabungen von *Aquileia.*

Baden: lange Sandstrände bei *Grado* und *Lignano*, Felsbuchten und kleinere Strände an der *Triester Riviera.*

Kurios: Festung von Palmanova und die geteilte Stadt *Gorizia* (Görz).

Eher abzuraten: die Landwirtschaftsregion um *Udine* und *Pordenone.*

Anfahrt/Verbindungen

• *PKW*: ab Salzburg über die moderne Tauernautobahn bis Villach. Von dort ist die Adria auf der **Alpen-Adria-Autobahn A 23** (Grenzübergang bei Tarvisio) schnell und problemlos zu erreichen, Fahrtzeit ca. 1 ½ Std. Die Autobahn trifft bei Palmanova südlich von Udine auf die **A 4** - diese führt nach Osten bis kurz vor Triest, Richtung Westen rasche Fahrt nach Mestre (Venedig) und Padua. Alternative: die **Felbertauernstraße** mit dem gleichnamigen Tunnel und weiter über den **Plöckenpaß**. Vom Brenner kommend über **Cortina d'Ampezzo** (Pustertal oder - anstrengender - Grödner Tal). Eine weitere Alternative: in Tarvisio nach **Slowenien** abzweigen, bei **Bovec** erreicht man den Isonzo, immer dem Fluß

nach und bei **Gorizio** über die Grenze ins Friaul. Slowenien hat derzeit die billigsten Benzinpreise Europas: 85 Pf. der unverbleite Liter, grüne Versicherungskarte obligatorisch.
• *Bahn*: von Norden beste Verbindungen ab **Wien** - nach Udine ca. 5 x tägl., von dort sehr häufig Weiterfahrt nach Triest bzw. in Richtung Venedig. Eine Küstenlinie gibt es nur nördlich von Triest, die bekannten Badeorte haben keine Bahnverbindung. Ansonsten aus der BRD kommend, am besten die **Brenner-Linie** über Trento und Verona nehmen und über Mestre (Venedig) nach Triest bzw. über Treviso nach Udine fahren.

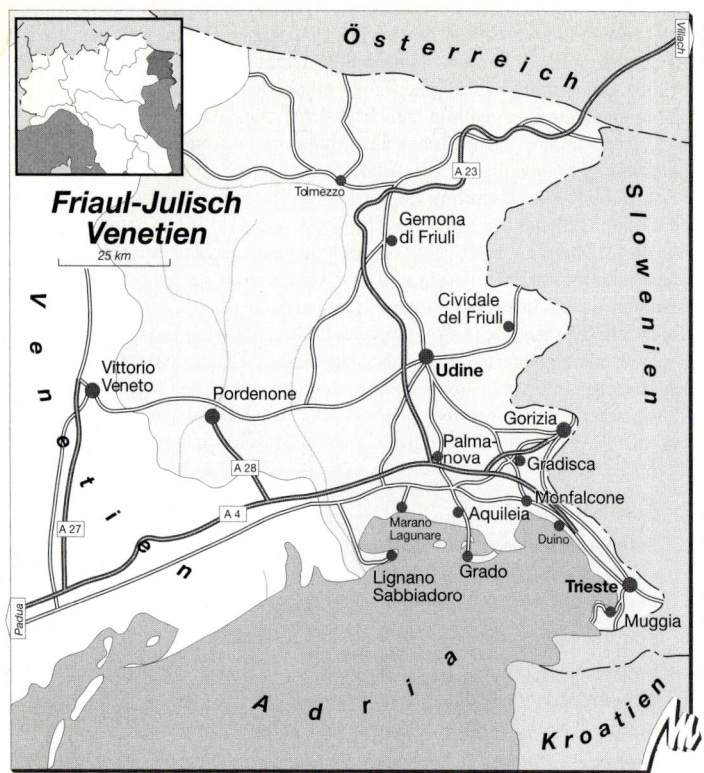

Übernachten

In den Badeorten **Grado** und **Lignano** gibt es zahllose Hotels, Pensionen und Campingplätze. Das Hinterland ist eher karg ausgestattet - Ausnahmen sind die großen Städte, in denen man in der Regel schnell eine Unterkunft findet.
Die einzige **Jugendherberge** Friauls findet man beim Schloß Miramare in der Nähe von Triest (→ Triest).

Essen

Venezianische, slowenische, österreichische und ungarische Einflüsse durchmischen sich - jota, die schwere Suppe aus Bohnen, Kohl und Speck stammt aus dem Kärntner Bergland, es gibt **cevapcici** und **Gulasch**, **Knödel**, **Strudel** und **Schnitzel**, am Meer natürlich reichlich Fisch, die Fischsuppe **brodetto** hat ihren Ursprung in der venezianischen Lagune. Der zarte luftgetrocknete **prosciutto San Daniele** wird in der gleichnamigen Stadt nordwestlich von Udine produziert - er gilt nach dem Parmaschinken als die Nr. 2 der norditalienischen Schinkenproduktion.
Häufiges Dessert ist **gubana**, ein grappagetränkter Nußkuchen mit Rosinen. Typisches Utensil der Friaul-Gastronomie - der **Fogher**, ein Grillofen, der mitten in der Küche steht und gleichzeitig wärmt. Man sieht ihn noch in vielen Restaurants und Wohnhäusern.

Im Collio, dem Hügelland an der slowenischen Grenze um die Stadt Gorizio (Görz), wachsen die trockenen Weißweine des Friaul, die von Kennern zu den besten Italiens gezählt werden: **Pinot grigio**, **Tocai friulano**, **Chardonnay** u.a. Im Karst, dem Hinterland von Triest, werden der strohgelbe **Malvasia Istriana** und der nicht minder erdige rote **Terrano** produziert. Weitere Friauler Rotweine sind der **Merlot**, der **Tacelenghe**, der **Schioppettino** und der rare **Pinot nero**.

Udine

(ca. 102.000 Einwohner)

Angenehme Stadt mit wenig Hektik und vielen Fahrradfahrern, guter Stop-over auf dem Weg zur oberen Adria. Dank ihrer Vergangenheit als Sitz des Patriarchen von Aquileia findet man im Zentrum einige bedeutende Bauten der Gotik und Renaissance - im Inneren oft geschmückt mit den typischen Rokokogemälden und -fresken des Venezianers Tiepolo.

Heute ist Udine eine sichtlich wohlhabende Stadt, in der Alt und Neu eine gelungene Mischung eingehen - moderne Geschäfte und Boutiquen laden in der verkehrsberuhigten Innenstadt zum Bummeln ein, nach dem Nachlassen der Tageshitze trifft man sich an der altertümlichen Piazza Matteotti (tagsüber Markt) oder bummelt über die Piazza Libertà mit den altehrwürdigen Repräsentationsbauten. Besonders hübsch: Einige stattliche Kanäle durchkreuzen die Stadt - hier sitzen und einen der guten Friauler Weine schlürfen, gehört an schwülen Sommerabenden zu den Lieblingsbeschäftigungen der Stadtbewohner.

Erdbeben

Nur eine einzige Minute bebt am Abend des 6. Mai 1976 die Erde um Udine - doch die Schäden sind schrecklich. Das Epizentrum des Bebens mit Stärke 6,5 auf der Richter-Skala liegt nördlich von Udine um die Städte Gemona und Venzone, die fast völlig dem Erdboden gleichgemacht werden. Insgesamt werden in 17 Gemeinden etwa 20.000 Wohnungen zerstört, mehr als 50.000 weitere schwer beschädigt, fast tausend Menschen sterben. Am 15. September folgt ein heftiges Nachbeben und vollendet das Vernichtungswerk. Wissenschaftler erklären das Erdbeben als Folge der sog. Kontinentaldrift, d.h. des Zusammenstoßes der europäisch/asiatischen Kontinentalplatte mit der afrikanischen Scholle, die auf dem zähflüssigen Erdinneren schwimmen und im Mittelmeerraum aufeinandertreffen. Diese gewaltigen Kräfte waren einst auch verantwortlich für die Auffaltung der Alpen. Schon aus den Jahren 1390 und 1640 sind schwere Erdbeben im Raum Udine überliefert.

Anfahrt/Verbindungen/Information

• *Anfahrt/Verbindungen*: **PKW**, Udine liegt an der Autobahn A 23 von Villach nach Triest bzw. Venedig. Aus Westen kommend schnelle Fahrt über Pordenone und durch die Ebene des Tagliamento-Flusses. Parken kein größeres Problem, auf blaue "P"-Schilder achten; ein großer Gratis-Parkplatz an der Piazza Primo Maggio (hinter dem Castello). **Bahn,** häufige Verbindungen nach Venedig und Triest, der Bahnhof liegt südlich vom Zentrum, die Via Roma führt gerade-aus in die Altstadt.

● *Information:* Piazza Primo Maggio 7, großer freier Platz hinter dem Castello. Gute Stadtpläne. Mo-Fr 9-13, 15-18 h, Tel. 0432/ 295972.

Übernachten/Essen

● *Übernachten:* ** **Vienna,** Via Europa Unità 47, beim Bahnhof, 44 Zimmer, durchschnittliches Stadthotel mit bewachtem Parkplatz, DZ ca. 90 DM, Tel. 0432/ 294446.

* **Piccolo Friuli,** Via Magrini 9 (Nähe Piazza Matteotti), gut ausgestattete Zimmer, jeweils mit Bad, DZ um die 60-70 DM, Tel. 0432/507817.

* **Da Arturo,** Via Pracchiuso 75 (Nähe Piazza Primo Maggio), bescheidene Zimmer über sympathischem Restaurant (→ Essen), DZ ca. 50 DM, Dusche/WC auf Etage, Tel. 0432/299070.

● *Essen:* Bekannteste Udiner Spezialität ist *musetto con provada*, Kochwurst mit marinierten Rüben, allerdings meist nur im Winter serviert.

All'Antica Maddalena, Via Pellicerie 4, wenige Meter von der Piazza Matteotti, zwei elegante Speiseräume, im Sommer Tische auch auf der verkehrsberuhigten Straße. Große Auswahl an Fisch und Fleisch, mit Pilzen, Menü 50-60 DM. So/Mo geschl.

Da Carmine, Piazza Primo Maggio 19 (bei der klassizistischen Kirche), beliebte Pizzeria, viele junge Leute schätzen die gemütlich-familiäre Stimmung zwischen dunklen Holzwänden und ebensolchem Mobiliar.

Al Trombone, Via Pracchiuso 27 (hinter Piazza Primo Maggio), sehr hübsch gemacht, drinnen gepflegte Holztäfelung, hinten großer Hof unter Markisen, gern von Familien besucht und immer gut voll, auch Pizza zu haben, Mi geschl.

Da Arturo, Via Pracchiuso 75, im gleichnamigen Hotel. Preiswerte friaulische Hausmannskost. Wunderschön verwilderter Garten mit zwei Boccia-Bahnen, auf denen jeweils die Udineser Meisterschaften ausgetragen werden.

Alla Colonna, Via Gemona 98, geschmackvoll ausgestattete Osteria mit schönem Hof, traditionelle Küche. So geschl.

Antica Osteria al Fagiano, Via Zanon 7, an einem der Kanäle. Appetithäppchen, Salate, billige Weine und billige Preise. Von Einheimischen frequentiert.

Enoteca (kein Schild draußen), Via Zanon 13, knapp neben dem vorgenannten Lokal, eins der schönsten Plätzchen der Stadt. Man sitzt auf einer übergrünten, schmalen Terrasse mit Blumen oder diskutiert drinnen im Stehen - ein Gläschen Wein, *tajut* genannt, ist immer dabei. Ristorante angeschlossen. Mo geschl.

Caffè Contarena, Piazza della Libertà, großes elegantes Café, wo sich jeder mal blicken läßt.

Sehenswertes

Die Geschichte Udines reicht bis ins frühe Mittelalter zurück, doch das heutige Stadtbild haben die Venezianer im 15. und 16. Jh. geprägt.

Piazza Libertà: Der elegante Platz am Fuß des Burghügels ist Udines architektonisches Schmuckstück und Mittelpunkt, der venezianische Einfluß ist nicht zu übersehen. Der großzügige *Palazzo Comunale* ähnelt mit seiner weiß-rosa gestreiften Marmorfassade dem Dogenpalast von Venedig, im Untergeschoß die *Loggia del Lionello*, eine luftige Arkadenhalle mit spiegelndem Marmorboden. Gegenüber die langgestreckte *Loggia di San Giovanni* und der *Uhrenturm*. Zwei Mohren schlagen die Glocke - exakt wie beim venezianischen Vorbild am Markusplatz. Auf der erhöhten Platzmitte zwei überlebensgroße Statuen, Herkules und Cacus - flankiert von Justitia und einem Brunnen, auf dem der geflügelte Löwe Venedigs thront.

Überlebensgroßer Blickfang auf der Piazza Libertà

Nördlich an die Piazza anschließend die Shoppingzeile *Via Mercatovecchio*, in deren alten Laubengängen sich moderne Geschäfte eingenistet haben.

Burg: Linker Hand der Loggia di San Giovanni geht es erst durch den *Arco Bollani*, dann einen gotischen Arkadengang entlang hinauf zum äußerlich nüchternen *Castello* aus dem 16. Jh., das bei den Erdbeben von 1976 schwer beschädigt wurde. Im Inneren eine Gemäldegalerie mit Werken venezianischer und friaulischer Künstler, darunter Tiepolo und Caravaggio (9.30-12.30 h und 15-18 h, So nachmittags und Mo geschl., ca. 4 DM). In der benachbarten Kirche *Santa Maria di Castello* Fresken aus dem 13. Jh.

Piazza Matteotti: nur wenige Schritte westlich der Piazza Libertà der historische Marktplatz Udines. Mit Kopfsteinpflaster, Marktbuden und langen Laubengängen ein Platz mit viel Atmosphäre - die weiß verschnörkelte Kirche *San Giacomo* zeigt einen Balkon über dem Portal, auf dem früher für die Händler und Marktbesucher Gottesdienste abgehalten wurden.

Dom: ebenfalls nicht weit von der Piazza Libertà und an seinem häßlichen oktagonalen Ziegelturm leicht zu erkennen. Ursprünglich gotisch, wurde er im 18. Jh. vollkommen umgebaut und bietet architektonisch nichts Bemerkenswertes, in der ersten, zweiten und vierten Kapelle rechts jedoch Gemälde von *Tiepolo*.

Palazzo Arcivescovile: beim Dom die verkehrsreiche Via Vittorio Veneto überqueren, weiter bis zu einer Grünfläche. Schmuckstück des erzbischöflichen Palastes sind die großartigen Fresken von *Tiepolo* im Treppenhaus und in der Galerie - Szenen aus dem Alten Testament, gemalt 1726-30 (Mo-Fr 9-12 h, frei).

Udine/Umgebung

▶ **Gemona del Friuli**: Hauptort im unteren Tagliamento-Tal, 30 km nördlich von Udine. Die zwei verheerenden Erdbeben von 1976 haben weite Teile der Stadt zerstört. In einer einzigartigen Gemeinschaftsleistung hat man sie wieder aufgebaut, darunter den berühmten *Dom* aus dem 14. Jh. und den *Palazzo Comunale* (Rathaus) in der Oberstadt.

▶ **Venzone**: Nachbarort von Gemona, malerisches 3000-Einwohner-Städtchen am Tagliamento-Fluß. Das *centro storico* ist vollständig von einer mittelalterlichen Doppelmauer mit vierzehn Türmen umgeben. Enge Gäßchen gruppieren sich um die zentrale Piazza mit dem gotischen *Palazzo Comunale* und einigen Straßencafés, die nahen Ausläufer der Alpen bilden eine reizvolle Kulisse.

1965 wurde Venzone zum Nationaldenkmal ernannt - doch die Erdbeben von 1976 zerstörten die Altstadt völlig, kaum ein Haus blieb stehen. Auch die beiden großen Kirchen, die Flußbrücken und fast alle Türme der Stadtmauer brachen in sich zusammen. Innerhalb von zehn Jahren wurde Venzone wieder detailgetreu aufgebaut, teilweise unter Verwendung des früheren Mauerwerks. Erst 1995 konnte der gotische Dom wieder zur Benutzung freigegeben werden. Die Ruine der zweiten Hauptkirche blieb als Mahnmal stehen, ähnlich der Kaiser-Wilhelm-Gedächtniskirche in Berlin.

Touristen verirren sich nur wenige in den kleinen Ort, man wird aufmerksam und freundlich aufgenommen.

● *Übernachten/Essen*: *** **Carnia**, im gleichnamigen Ortsteil, größeres Haus mit bekannt guter Küche regionaler Prägung (Mo geschl.), DZ mit Bad je nach Saison 60-100 DM, Tel. 0432/978013.

▶ **Cividale del Friuli:** 20 km östlich von Udine, ausgesprochen hübsches Städtchen am Fluß Natisone, Hauptort des Weinbaugebiets Colli Orientali. An Julius Cäsar, der 50 v. Chr. hier ein römisches Lager gründete, erinnert noch eine Statue gegenüber dem Dom. Später bauten die Langobarden Cividale zur Hauptstadt aus. Heute ist im Stadtkern vor allem das Mittelalter präsent.

Zu den bedeutendsten Baudenkmälern zählt der Dom mit dem *Museo Cristiano* (Zugang vom rechten Kirchenschiff). Größte Sehenswürdigkeiten sind hier das oktogonale Taufbecken des Callixtus (8. Jh.) und ein großartig skulptierter Altarblock aus dem frühen Mittelalter - Ratchis gewidmet, der im 8. Jh. vom Herzog von Friaul zum König der Langobarden aufstieg und als Benediktinermönch sein Leben in Monte Cassino beendete.

In malerischer Lage über dem Natisone-Fluß findet man den überaus sehenswerten *Tempietto Longobardo* aus dem 9. Jh. Feine Stuckarbeiten, sechs Großreliefs, die die "Prozession der Jungfrauen und Märtyrerinnen" darstellen, sowie ein Chorgestühl aus dem 15. Jh. lohnen den Besuch des Langobardentempelchens (April - September 10-13 und 15.30-18.30 h, Oktober - März 10-13 und 15.30-17.30 h, ca. 2 DM).

Beim Streifzug durch die Stadt stößt man auch auf ein neuzeitliches, eher eigenartiges Denkmal: eine Frau, angelehnt an eine von zwei Säulen, die von Masken gekrönt sind. Es erinnert an die in Cividale geborene Schauspielerin *Adelaide Ristori* (1822-1906), einst Star der Pariser Theaterszene, heute vergessen. Die weibliche Maske symbolisiert die italienische Seele, die männliche das tragische Genie ... so will's die Fixierung der Geschlechterrollen.

● *Übernachten*: ** **Pomo d'Oro**, Piazza San Giovanni 20, freundliches Albergo in der Altstadt, DZ mit Frühstück ca. 90 DM, Tel. 0432/731489.

** **Locanda al Castello**, Via del Castello 20, ruhige Hügellage, die Zimmer gehören zu einem großen Restaurant, Parkplatz. DZ mit Frühstück ca. 90 DM, Tel. 0432/ 733242.

▶ **Palmanova:** Kleinstadt auf halbem Weg zwischen Udine und der Küste, am Schnittpunkt der Autobahnen nach Venedig, Triest und Udine. Zwar gänzlich überwuchert, aber noch vollständig erhalten ist die *Stadtbefestigung* mit ihren gewaltigen Bastionen, die von den Venezianern im 16. Jh. in perfekter Sternform angelegt wurde - eine Symmetrie ohne jeden Makel. Durch eins der schmalen Tore fährt man hinein und landet auf der riesigen, sechsseitigen Piazza mit dem *Dom*, von der die Hauptstraßen strahlenförmig ausgehen, die Nebenstraßen wiederholen das Sechseck - die Stadtplaner der Renaissance guckten das Modell einer città ideale bei der gemeinen Hausspinne ab.

Das *Museo Civico* am Borgo Udine 4 zeigt Relikte der Stadtgeschichte, im Osttor ein *Militärmuseum* (tägl. 10-12 h und 16-18 h, Winter 14-16 h).

Gorizia (Görz) (ca. 43.000 Einwohner)

Die Provinzhauptstadt am Isonzo ist nach dem Fall der Berliner Mauer die einzige geteilte Stadt Europas: Der gesichtslose Ostteil nennt sich Nova Gorica und gehört bereits zu Slowenien, während im historischen Görz mit seiner mittelalterlichen Burg die italienische Flagge weht.

Bis 1918 war die Stadt ungeteilt und gehörte weder den Italienern noch den Slowenen, sondern den Habsburgern. Ihre über 400 Jahre dauernde Herrschaft hat das Stadtbild nachhaltig geprägt: Die zwiebeltürmige Barockkirche im Zentrum und behäbigen Paläste geben Gorizia einen österreichischen Anstrich. In der verkehrsbefreiten Via Rastello glänzen keine schicke Boutiquen, hier herrscht vielmehr Tante Emma. Überdies auffallend viele Antiquitätenhändler, als ginge es darum, eine ganze Epoche zu verscherbeln.

Gorizio ist Zentrum des hügligen *Collio*, wo die besten Weißweine des Friaul wachsen. Kosten kann man sie in den zahlreichen Weingütern an der *Weinstraße* nördlich der Stadt - entlang der slowenischen Grenze führt sie über San Floriano nach Cormons. Gorizio ist aber auch Ausgangspunkt für die Besichtigung der Isonzo-Schlachtfelder, die vor allem südlich der Stadt und im slowenischen Karst liegen.

● *Anfahrt/Verbindungen*: **PKW**, Parkmöglichkeiten u.a. am zentralen Piazzale della Vittoria, man kann aber auch bis zur Burg fahren.
Bahn, gute Verbindungen nach Triest, Udine und Venedig. Bahnhof am Ende des Corso Italia, südwestlich vom Zentrum.

● *Information*: Corso Verdi 100, Tel. 0481/ 533870.

● *Übernachten*: * **Locanda Sandro**, Via Santa Chiara 18 (Nebenstraße zum Corso Verdi), zentrale Lage, anständige Zimmer in einem mit Weinlaub und Puttenstuck hübsch verzierten Haus, DZ mit Bad ca. 60 DM, Tel. 0481/533223.
Teurere Unterkünfte an der Via Trieste, südlich vom Zentrum (Bahnhofsnähe). Weitere Möglichkeiten im knapp 10 km entfernten Gradisca d'Isonzo (→ Umgebung).

● *Essen*: **Lanterna d'Oro**, Via delle Monache 12 (Nähe Piazza Cavour). Nach langjähriger Renovierungsarbeiten ist die "Goldene Laterne" wieder geöffnet - Gorizias erste Adresse. So/Mo geschl.

Eine namenlose **Osteria** findet man an der Piazza Cavour 1. Die Colle-Weine gehen hier für 50 Pf. das Glas über den Tresen, die Flasche für 5 DM - Weinfässer und alte Männer, eine Stehkneipe aus dem vorigen Jahrhundert.

Caffè Garibaldi di Elvio Ferigo, Corso Italia 49 (Ecke Viale XXIV Maggio). Historisches Café, in dem schon der Duca d'Aosta, Held der Isonzo-Schlachten, verkehrte. Inhaber Elvio Ferigo hatte bereits eine vielseitige Sportler-Karriere hinter sich, als er das Garibaldi übernahm. Seine eigene Biographie und diejenige des Cafés vermischen sich in der reichen Fotoausstellung an den Wänden. Zu den unzähligen Sportauszeichnungen kommen mittlerweile ein gastronomisches und ein önologisches Diplom hinzu. Von der Decke hängen zwei teure Lüster - fast schon symbolisch für die Geschichte der Stadt - aus Murano der eine, aus Österreich der andere. Sa und So Nachm. geschl.

Sehenswertes: Über der Stadt thront eine mittelalterliche Burg. Beim Aufstieg kommt man am kleinen *Historischen Museum* vorbei, das über das Leben der kleinen Leute Auskunft gibt - das benachbarte *Museum des Ersten Weltkriegs* berichtet dagegen über deren Sterben.

Die *Burg* selber - im Mittelalter mehrmals umgebaut und erweitert - gehört zu den besterhaltenen der Region. Eine Konstruktion wie aus dem Schulbuch, im Erdgeschoß die Verliese mit Holzpritschen und Eisenringen an der Wand. Vom Rundturm ungestörter Blick auf Gorizia, Nova Gorica und die Schlachtfelder des Ersten Weltkriegs. Im Sommer werden in der Burg kunsthistorische Ausstellungen gezeigt (April - September 9.30-13 und 15-19.30 h, Oktober - März 9.30-12.30 und 14-17 h, So 10.20-12.30 und 14-18 h, Mo geschl.; ca. 4 DM, bei Ausstellungen 6 DM).

Gorizia/Umgebung

▶ **San Floriano**: etwa 7 km nordwestlich von Gorizia. Weindörfchen im Collio, das seinen guten Ruf dem Grafen Formentini verdankt, der hier eine Luxusherberge unterhält. Minderbemittelte sind dennoch nicht vergebens nach San Floriano gekommen: Ein kleines *Weinmuseum* am Ort widmet sich der Geschichte und dem Anbau der Colle-Weine (Mo-Fr 8-17 h, Sa und Feiertage 14-19 h, So geschl.).

• *Übernachten/Essen*: ****** Golf**, Via Ostavia 5, DZ 200-400 DM, je nachdem ob man im Golf-Hotel, dem Castello oder im Turm des Castello nächtigt. Es gibt nur zwölf Zimmer, die mit Mobiliar des 18. und 19. Jh. eingerichtet und nach Weinen benannt sind, jeweils mit TV und Minibar. Daß man bei Graf Formentini nicht nur die edelsten Colle-Tropfen findet, sondern im Keller des Castello auch vorzüglich tafelt, versteht sich von selbst. Die Zeit zwischen den kulinarisch-önologischen Höhepunkten des Aufenthalts kann man mit dem Golfschläger totschlagen - 9 Löcher im schloßeigenen Gelände - oder im hauseigenen Pool. Restaurant Mo geschl., Tel. 0481/884051.

Gradisca d'Isonzo

Etwa 10 km südwestlich von Gorizia. Das Städtchen hat eine ähnliche Geschichte durchgemacht wie Gorizia, die Spuren der k.u.k.-Monarchie sind hier noch augenfälliger - manchmal wähnt man sich fast in Alt-Österreich. Erst 1921 wurde Gradisca italienisch. Am Palazzo del Monte di Pietà, einem der vielen Paläste aus dem 18. Jh. im historischen Stadtkern, erinnert eine Tafel, daß die Stadt unter Vittorio Emanuele III. und Mussolini "zu Italien und damit zu neuem Glanz" gefunden habe; daß an derselben Fassade eine Gedenktafel für die Opfer des Befreiungsskriegs 1943-45 angebracht ist, zeugt nicht gerade von politischem Instinkt.

Von der venezianischen Herrschaft im 15. Jh. sind weite Teile der Stadtmauer - ein unregelmäßiges Fünfeck - erhalten, am nördlichen Rundturm prangt noch der Löwe. Am alten Stadttor runzelt ein freundlicher Leonardo da Vinci die Stirn; der Meister kam persönlich nach Gradisca, um Verbesserungen an der Stadtbefestigung anzubringen.

Eine mittelalterliche Zitadelle (nicht zugänglich) schließt im Süden die Altstadt ab. Von hier ist es ein Katzensprung zur langen, schmalen Hängebrücke über den Isonzo - unten wird gefischt und gebadet.

• *Übernachten*: **** Al Trieste**, Viale Trieste 2 (am südlichen Ende der riesigen Piazza d'Italia), DZ mit Bad ca. 50 DM. Ein prüfender Blick der Dame des Hauses - wer besteht, findet hier ein sauberes und freundliches Domizil, Tel. 0481/99100.

* Al Pellegrino, Piazza Marconi 5 (unweit vom Nordende der Stadtmauer), DZ mit Bad 45 DM, ohne 35 DM, bescheidene Zimmer. In napolitanischen Händen, lebendiger Pizzagarten. Tel. 0481/99918.

• *Essen*: **Al Commercio**, Via della Campagnola 6 (Altstadt). Die Trattoria von Bruno Treppo bietet eine leckere Mischung aus österreichischer und italienischer Küche. Durchschnittspreise. So Abend und Mo geschl.
Al Pellegrino (→ Übernachten), großer, bei der einheimischen Jugend beliebter Pizzagarten, Do geschl.
Enoteca La Serenissima, Via Cesare Battisti (Altstadt), eine der besten Adressen, um die Weine des Collio zu testen, auch Verkauf.
Caffè Centrale, Piazza d'Italia, hier ist "Schlagobers" vermutlich kein Fremdwort - nobles Kaffee mit eindeutig österreichischem Einschlag.

▶ **Monte San Michele:** etwa 8 km südlich von Gorizia, 4 km östlich von Gradisca, ausgeschildert. Von den zwölf Isonzo-Schlachten wurde die Hälfte auf diesem Hügel ausgetragen. Zahlreiche Gedenkstätten gibt es im Gelände, von "Cima 3" aus sieht man weit über die Isonzo-Ebene, auf der anderen Seite bis zum Meer. Im Museum ausführliche Dokumentation mit Fotos und Karten des Linienverlaufs der verschiedenen Schlachten (Mitte Mai - September 9-11.45 und 15-17.45 h, Oktober - Mitte Mai 9-11.45 h, Mo geschl., frei). Am meisten beeindruckt die Besucher die taktische Kommandostelle der 3. Armee, ein Stollen mit mehreren Ausgängen, Kanonenstellplätzen und Munitionsdepots. Ganz in der Nähe zwei Unterstände der Österreicher - die feindlichen Maulwürfe näherten sich unterirdisch bis auf 50 Meter.

Der gigantomanische Soldatenfriedhof von Redipúglia

▶ **Militärfriedhof von Redipúglia:** 7 km südlich von Gradisca, an der Nationalstraße nach Triest. Italiens größter Militärfriedhof. Nachdem der Hügel südlich der Straße den Gebeinen angeblich wegen Witterungseinflüssen nicht bekam, wurde 1938 eine gigantische Gedenkstätte nördlich der Straße errichtet - ein Beispiel megalomaner faschistischer Architektur. Eine Treppe von 22 Stufen, jede 2 m hoch und 12 m breit, birgt in alphabetischer Reihenfolge geordnet, die Überreste von 40.000 identifizierten Gefallenen der Isonzo-Schlachten. Zuoberst eine Votivkapelle, beidseits von ihr ein Sammelgrab für jeweils weitere 30.000 nicht identifizierte Soldaten. Am Fuß der Treppe ruht unter einem 75 Tonnen schweren Steinblock der *Herzog von Aosta*, Kommandant der 3. Armee, die in den Isonzo-Schlachten eine Hauptrolle spielte, nebenbei Anhänger des Faschismus von Anbeginn an. Im Gegensatz zum hier beerdigten Fußvolk überlebte der General alle Schlachten und entschlief friedlich 1931. Im Grab ist das etwas pathetische Testament des Herzogs zu lesen: Er fühlt das nahe Ende kommen *(La sera scende sulla mia giornata)*, dankt seiner Frau Hélène für die Pflege und hofft, daß auch seine beiden Söhne ein Leben führen wie er, unter dem Motto: Für König und Vaterland *(Tutto per la patria e il re)*. Schließlich folgt der Wunsch, bei seinen Soldaten beerdigt zu werden - Hélène und Söhne wurden ihm später beigegeben.

Gegenüber der Gedenkstätte, auf der anderen Straßenseite, wurde ein *Museum* eingerichtet - ausführliche Fotodokumentation der zwölf Isonzo-Schlachten bis zum italienischen Sieg.

Knapp 1 km weiter in Richtung Udine liegt neben dem zivilen Friedhof derjenige der Gefallenen Österreich-Ungarns - angenehm bescheiden.

Küste von Lignano bis Triest

Zwischen den Mündungen des Flußes Tagliamento im Westen und dem Isonzo im Osten erstreckt sich ein riesiges flaches Lagunengebiet mit Flußläufen, kilometerlangen Stränden, zahllosen kleinen Inseln und breiten Sandbänken.

Die üppig grünen Wiesen, endlosen Felder und langen Baumreihen wirken landschaftlich eher eintönig - aber hier sind zwei der wichtigsten Badeorte der oberen Adria entstanden. Wer nur zum Planschen kommt, mag zufrieden sein. Kulturell ist bis auf die Ausgrabungen von Aquileia wenig geboten.

Lignano   (ca. 6000 Einwohner)

Moderne Badestadt auf einer weit nach Osten vorstoßenden Landzunge, besteht aus den drei Ortschaften *Riviera*, *Pineta* und *Sabbiadoro* - letztere ganz an der Zungenspitze und das städtisch-touristische Zentrum Lignanos. Davor riesiges Strandareal, gut 8 km lang, mit Uferstraße und dichter Pineta, teils gebührenpflichtige Badeanstalten. Im Sommer der totale Trubel: zahllose Hotels, Diskotheken, Ristoranti, der Strand eine einzige Sonnenschirmparade - ohne Reservierung zu kommen, kann Probleme mit sich bringen. Die schönsten freien Badeplätze findet man im östlichsten Abschnitt von Sabbiadoro.

"Aquasplash" an der meerabgewandten Nordseite der Landzunge (Viale Europa) ist ein riesiger Wasser-Vergnügungspark mit zahlreichen Rutschen und einem 5000 qm großen See (Eintritt ca. 22 DM).

• _Anfahrt/Verbindungen_: **PKW**, gut ausgebaute Schnellstraße ab **Latisana**, von der A 4 Venedig-Triest Ausfahrt Latisana.

Bahn, nächste Bahnstation ist **Latisana** (Lignano-Bibione) an der Strecke Venedig-Triest, von dort fahren häufige Busse (Busabfahrt nicht weit vom Bahnhof).

• _Information_: Via Latisana 42 im Ortsteil Sabbiadoro, Zimmervermittlung. In der hier aufliegenden Hochglanzbroschüre "Lignano for you" werden die Hotels mit Foto vorgestellt.

• _Übernachten_: Wer in einem der über 150 Hotels nächtigen will - mehrere Tage Aufenthalt werden in der Regel erwartet - be-

gibt sich am besten zur Info-Stelle. Auf den Campingplätzen ist ein Mindestaufenthalt von drei Tagen obligatorisch.

Camping Sabbiadoro, sehr großer Platz in zentraler Lage zwischen Pineta und Sabbiadoro, reichlich Schatten durch Laubbäume, 250 m zum Strand. Mitte Juli - Mitte August gilt Hundeverbot. Mai - August, Tel. 0431/71455.

Camping Pino Mare, bei Lignano Riviera, direkt an der Mündung des Tagliamento. Guter Baumbestand, davor breiter Strand, der hier ein riesiges Dreieck bildet. Tel. 0431/428512.

Marano Lagunare

Äußerst lebendiges Fischerstädtchen in einer reizvollen Lagunenlandschaft. Der meiste Betrieb herrscht ab 14 Uhr, wenn die Laster der Grossisten beim Fischmarkt vorfahren. Weniger hektisch geht's in der Thunfischfabrik am Ortsrand zu. Man redet von ökonomischen Problemen und davon, daß die Fabrik möglicherweise bald zumache. Thunfisch aus aller Herren Länder, u.a. aus Argentinien und Japan, wird hier verarbeitet.

Wahrzeichen Maranos ist der Uhrturm. _Torre millenaria_ heißt er bei den Einheimischen, weil keiner so recht weiß, wie alt er ist. Venezianische Herrscherwappen und in die Fensterbögen eingelassene Büsten schmücken ihn, aus einem der Bögen schaut - fast menschlich - ein freundliches Löwengesicht. Daneben fast unscheinbar der _Palazzo dei Provveditori_, Sitz der venezianischen Gouverneure im 16. Jh.

Direkt am Ortsrand wurde 1992 der ornithologische Park _Valle Canal-Novo_ eingerichtet. Der Spaziergang durch die romantische Lagunenlandschaft, über Holzbrücken durch mannshohen Schilf lohnt allemal, auch wenn die Vögel sich verstecken (April - September 9-18 h, Oktober - März 9-17 h, Mo/Di geschl., ca. 5 DM).

Aquileia   (ca. 3500 Einwohner)

Das heute unbedeutende Städtchen am stillen Flußlauf besitzt eine monumentale romanische Basilika mit einem einzigartigen Mosaikboden und ist außerdem die wichtigste römische Ausgrabung im Nordosten Italiens.

Das antike Aquileia war wirtschaftliches Zentrum der oberen Adria und zeitweise eine der größten Handelsstädte des römischen Imperiums. Über 100.000 Einwohner lebten hier und trieben über ihren Meereshafen - das heutige Grado - Handel mit dem östlichen Mittelmeer und dem germanischen Norden. An der Küste wurden die ankommenden Waren auf kleine Schiffe verladen, die sie den Fluß Natissa hinauf bis in die Stadt transportierten.

Auch in frühchristlicher Zeit konnte Aquileia seine Bedeutung behalten und spielte eine Vorreiterrolle in der Ausbreitung des Christentums, bis die Hunnen Attilas im 5. Jh. die Stadt dem Erdboden gleichmachten. Im 11. Jh. kam Aquileia unter dem Patriarchen Poppone zu neuer Blüte.

Christliche Symbolik auf dem riesigen Mosaikboden

• *Anfahrt/Verbindungen*: **PKW**, Aquileia liegt direkt an der Zufahrtsstraße von Cervignano nach Grado.
Bahn, nächster Bahnhof ist **Cervignano** an der Strecke von Venedig bzw. Udine nach Triest, Busse pendeln nach Aquileia.

• *Information*: Am Platz vor der Basilika, Tel. 0431/91087.

• *Übernachten*: Kaum Hotels, aber es werden überall Privatzimmer angeboten (auf Schilder achten).

* **Aquila Nera**, an der zentralen Piazza Garibaldi 5, DZ je nach Saison 50-65 DM, Dusche/WC auf Etage. Ordentliches Albergo, ruhig, gute Küche, Tel. 0431/91045.

Camping Aquileia, Nähe Museo Paleocristiano, ca. 1 km von der Basilika, am nördlichen Ortsrand Straße nach Osten nehmen (beschildert). Wiese mit viel Baumschatten, Restaurant und Pool. Mitte Mai - Mitte September, Tel. 0431/91037.

Camping Belvedere Pineta, liegt 5 km in Richtung Grado, am Rand der Lagune. Geöffnet Mai - September, Tel. 0431/91007.

• *Essen*: **La Colombara**, ca. 1 km von Camping Aquileia (Straße weiter Richtung Triest fahren), beliebtes Fischrestaurant mit großem Parkplatz. Mo geschl.

Aquila Nera (→ Übernachten). Friaulische Hausmannskost. Ein besonderes Lob verdienen die Weine.

Sehenswertes

Basilika: Der romanische Bau aus dem 11. Jh. steht auf frühen Vorgängerbauten und wurde im 14. Jh. noch einmal grundlegend umgestaltet. Ein Portikus verbindet die Fassade mit dem vorgebauten *Baptisterium* (nicht zu besichtigen).

Der weite und lichte *Innenraum* wird durch zwei Säulenreihen in drei Schiffe unterteilt, die Holzdecke in Form eines Schiffskiels stammt aus dem 16. Jh., der Altarraum liegt etwas erhöht und ist mit verblaßten byzantinischen Fresken aus dem 11. Jh. ausgemalt.

Der wellige *Mosaikboden* zieht sich über die ganze Länge des Kirchenschiffs und stammt aus dem 4. Jh. Er gilt als das **bedeutendste und**

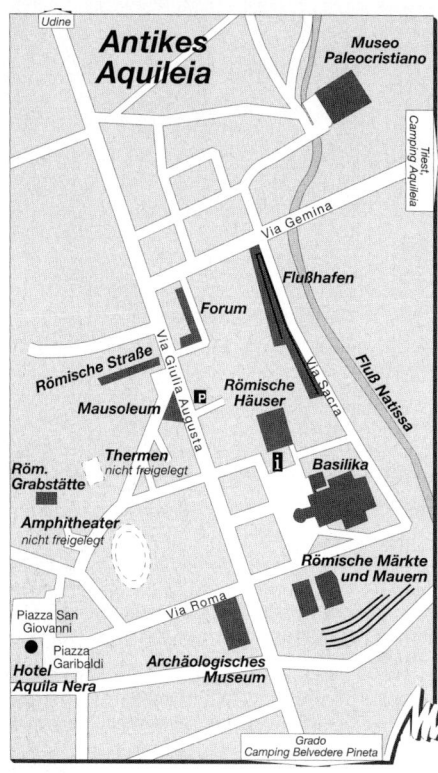

größte frühchristliche Mosaik Europas und wurde erst Anfang unseres Jahrhunderts entdeckt - beim Umbau im Mittelalter hatte man einfach einen zweiten Boden über das Meisterwerk gezogen. Dargestellt sind hauptsächlich Meeresszenen in erstaunlich realistischer Weise, u.a. Engel und Apostel, die auf Fischfang gehen - eine bekannte christliche Symbolik - die Episoden um Jonas, der von einem Ungeheuer verschlungen (Tod Christi) und wieder ausgespien wird (Auferstehung), außerdem Fische und Meerestiere aller Art. Auf einigen Porträts sind Stifter dargestellt, die sich um den Bau der Kirche verdient gemacht haben - weitere Hinweise zu den Mosaiken im deutschsprachigen Faltblatt, das in der Kirche erhältlich ist.

Hübsch bunte, naiv anmutende Fresken aus dem 12. Jh. findet man in der *Krypta* unter dem Altar, in vergitterten Wandschränken sind dort außerdem reich geschmückte Reliquien aus Knochenresten ausgestellt.

Sehr sehenswert die langgestreckte *Crypta degli Scavi*, Zugang im linken Seitenschiff gleich hinter der Fassade. Auf einem hölzernen Steg schreitet man über die weitläufigen Mosaikböden früherer Basiliken und Häuser - vor allem im hintersten Abschnitt wunderschöne Darstellungen von bunten Vögeln, Hummern, Widdern u.d.m. Deutlich erkennt man, daß das Fundament des Glockenturms einen Großteil der Pracht vernichtet hat (tägl. 8-19 h, ca. 3 DM).

Römische Stadt: sehr stark zerstört. Was die Hunnen stehen gelassen hatten, verwandten die Venezianer später als willkommenen Steinbruch. Erhalten sind das *Forum* (nicht zu übersehen - direkt an der Durchgangsstraße), Reste von Häusern, eine Grabstätte *(sepolcreto)* und der Flußhafen. Die Thermen und ein Amphitheater sind verschüttet.

Am schönsten der etwa 1 km lange Spaziergang auf der Zypressenallee *Via Sacra* den halb zugewachsenen Fluß entlang Richtung Norden. Beginn des Wegs hinter der Basilika, man kommt an den Hafenanlagen des *Porto Fluviale Romano* vorbei und endet an der Straße zum Campingplatz. Dort in der Nähe kann man noch das *Museo Paleocristiano* besuchen, das hauptsächlich frühchristliche Inschriften und Mosaiken besitzt (tägl. 9-13.45 h, frei).

Von der Basilika aus auf der anderen Seite der Durchgangsstraße liegt das *Archäologische Museum* (Eingang Via Roma) - zahlreiche Funde aus römischer Zeit, darunter beachtliche Skulpturen und Porträtköpfe (Mo-Do 9-14 h, Fr-So 9-19 h, ca. 5 DM).

Im Fischerhafen von Grado

Grado

(ca. 10.000 Einwohner)

Weit draußen in der Lagune, über einen kilometerlangen Autodamm zu erreichen. Das kleine historische Fischerdorf ist zu einer modernen Badestadt gewachsen, deren verwinkelter Kern aber noch sehr gut erhalten und durch einen Damm zum Meer hin geschützt ist. Ein langer Sandstrand liegt benachbart.

Der malerische kleine *Hafen* ist durch einen Kanal mit der Lagune verbunden - hier kann man den zahlreichen Fischern zusehen, die ihre Netze sortieren oder einen der täglichen Bootsausflüge in die Lagune mitmachen.

Gleich am Fischerhafen beginnt der *Viale Europa Unità*, die quirlige Flanier- und Einkaufsstraße mit zahlreichen Cafés, Ristoranti und Boutiquen. Das historische Zentrum mit seinen geduckten grauen Häusern und engen gepflasterten Gassen steht unter Denkmalschutz und ist für den motorisierten Verkehr gesperrt. An einem freien Platz sehr sehenswert die Pfarrkirche *Sant'*

Eufemia, ein großer Backsteinbau aus dem 6. Jh., deren gesamter Innenraum von einem herrlichen Mosaikboden eingenommen wird. Gleich daneben stehen gewaltige römische Sarkophage und ein großes helles *Baptisterium* mit sechseckigem Taufbecken und ebenfalls Mosaikboden. Wenige Schritte entfernt die Kirche *Santa Maria delle Grazie*, in der eine Marienstatue verehrt wird. Ihr ursprünglicher Boden - ebenfalls Mosaik - liegt ein ganzes Stück tiefer als der heutige und ist mit Gittern abgesperrt. Die schöne überdachte *Markthalle* steht an der Piazza Duca d'Aosta, mit wenigen Schritten kommt man von dort zum Damm, der als bevorzugte Flanier- und Sonnenpromenade fungiert.

Fisch ist für Grado fast so wichtig wie Touristen - täglich läuft hier die drittgrößte Fangflotte Italiens aus. Die morgendliche Versteigerung auf der Mole ist immer ein eindrucksvolles Schauspiel!

• *Information*: Viale Dante Alighieri 72, Straße hinter dem Strand parallel zum Lungomare, Informationen über Unterkünfte, Tel. 0431/899220.

• *Übernachten*: Etwa 100 Hotels, im Sommer meist Pensionspflicht. Zu den wenigen günstigen Unterkünften ohne Pensionspflicht gehören folgende zwei, beide in der relativ zentralen Via Carducci gelegen: **Aurora**, Via Carducci 11, DZ mit Bad je nach Saison 55-85 DM, Tel. 0431/85810. **Villa Rosa**, Via Carducci 12, DZ mit Bad 55-75 DM, Tel. 0431/81100.

Mehrere **Campingplätze** östlich vom Ort direkt am Strand, **Al Bosco** mit dichtem und artenreichen Baumbestand ist der nächste (ca. 3 km), angeschlossen ein solides Mittelklassehotel (***) im Stil der Sechziger mit Meeresblick von vielen Zimmern, 80-90 DM fürs DZ. Camping geöffnet Mai - September, Tel. 0431/80485.

Vier Kilometer weiter die luxuriös ausgestatteten Plätze **Punta Spin** (April - September,

Tel. 0431/80732) **Europa** (April - September, Tel. 0431/80877) und **Tenuta Primero** (Mai - Mitte September, Tel. 0431/81371).

• *Essen*: In den Gassen der Altstadt einige gemütliche Fischtrattorie, z.T. schön zum Draußensitzen. Regionale Spezialität ist der Brodetto, eine reichhaltige Fischsuppe, zu der traditionell außer Fisch nur Öl, Pfeffer und Essig verwendet werden dürfen.

Da Nico, Via Marina 10, in strategisch günstiger Lage wenige Schritte vom Hafen, hübsch ausstaffiert, frischer Fisch nach traditionellen Rezepten zubereitet, nicht ganz billig, Do geschl. Benachbart nette **Pizzeria** in einem kerzenbeleuchteten Innenhof. Do geschl.

All'Androna, Calle Porta Piccola 4, mitten in der Altstadt (Gasse zwischen den beiden Kirchen), angenehm zum Draußensitzen, Di geschl.

Serena, Riva Santa Andrea 31, Fischlokal auf der Insel Schiusa, über eine kleine venezianische Brücke erreichbar.

▶ **Baden:** Grado genießt einen guten Ruf als Thermalkurort, besonders der Sand wird zu Heilungsprozessen verwendet. Der lange Strand *östlich* vom alten Ortskern ist gänzlich mit kostenpflichtigen Badeanstalten belegt, *westlich* vom Zentrum liegt ein frei zugänglicher Strand an der Inselspitze (in der Saison große Parkprobleme!). Generell fallen die Strände sehr flach ins Wasser ab, man kann Hunderte von Metern hinauslaufen - ideal für Kinder, Ebbe und Flut machen sich jedoch deutlich bemerkbar.

Riviera Triestina

Östlich der Industriestadt Monfalcone bilden weiße Kalkfelsen und eingelagerte Strände die Küste bis Triest. Von der in den Fels gesprengten Durchgangsstraße hat man immer wieder schöne Panoramablicke, darunter klammern sich Badeorte.

Die westliche Grenze der Triestiner Riviera bildet die Timavo-Mündung. Bei *San Giovanni del Timavo* bricht der Fluß nach rund 40 km unterirdischem Lauf aus dem Karst. Der Ort war in der Antike heilig, heute ist er ein lauschiges Plätzchen mitten im Wald, ein paar Schleusen, die keineswegs stören, und knapp daneben die gotische Kirche *San Giovanni in Tuba* - ein Tip für Romantiker. Man findet die Stelle direkt gegenüber dem Abzweig nach Gorizia, am rechten Straßenrand heulen zwei steinerne Wölfe. Knapp dahinter eine Abfahrt zum *Villaggio di Pescatore*. Wer meint, hier ein pittoreskes Fischerdörfchen vorzufinden, wird enttäuscht sein: Die paar Häuser im Ort wirken ebenso monoton wie das einzige Hotel.

Thurn und Taxis-Schloß über Duino

Duino

Die Perle der Triestiner Riviera - nicht unbedingt der Ort selbst, sondern seine unmittelbare Umgebung. An den schmucken Hafen schließt sich die Steilküste an, eine frühmittelalterliche Burg thront ruinös auf einem Felsen, während es im sog. Neuen Schloß, das auch schon über 500 Jahre alt ist, mondän zugeht. Es gehört den Thurn und Taxis bzw. den *Torre e Tasso*, wie der italienische Zweig der Fürstenfamilie sich nennt. Heute kommen vor allem Teilnehmer internationaler Kongresse in den Genuß der adligen Gastfreundschaft, früher waren es begnadete Dichter. Der berühmteste unter ihnen war Rilke, der sich hier zu den "Duineser Elegien" inspirieren ließ, einem Meisterwerk deutscher Lyrik.

• *Übernachten*: ** **Villa Gruber**, am Hafen, altes Landhaus mit wunderschönem Garten, DZ ca. 120 DM, Tel. 040/208115.
** **Alla Dama Bianca**, am Hafen, saubere Zimmer, fast alle mit Balkon, Speiseterrasse direkt über dem Meer, kleines, hoteleigenes Strandbad, freundliche Wirtin - unser Tip. DZ ca. 80-100 DM, Tel. 040/ 208137.

** **Nephentes**, auf halbem Weg zwischen Dorf und Hafen, große, saubere, steril wirkende Zimmer mit Betonbalkons. Etwas anonym und ohne jede Atmosphäre, aber billig. DZ mit Bad ca. 50 DM, Tel. 040/208607.

Einige wenige Zimmer auch im **Ristorante Al Cavalluccio** am Hafen.

• *Essen*: **Al Cavalluccio**, am Hafen. Guter Ruf und gute Küche, nicht ganz billig, dafür speist man in traumhafter Lage.

Alla Dama Bianca, im gleichnamigen Hotel. Die Wirtin hatte früher das Cavalluccio. Mit der "Weißen Dame" zeigt sie eine ebenso geschickte Hand. Ihr Mann Rino ist Fischer und versorgt das Lokal mit frischer Ware.

Giardino alla Cernizza, gegenüber Hotel Nephentes (→ oben). Angenehmes Gartenrestaurant mit ausgezeichneter Fischküche, in puncto Lage und Angebot kann es mit den vorgenannten nicht gleichziehen, dafür billiger.

Sehenswertes: Die Ruine des *Castell Vecchio* ist leider nicht mehr zugänglich, und der gemeine Durchreisende wird auch nicht in die Domäne der Thurn und Taxis eingeladen - man begnüge sich mit einem Besuch des verträumten Hafens. Ein schöner Kiesstrand lädt zum Baden ein, zwei Restaurants kümmern sich um verwöhnte Gaumen, und die im Meer versinkende Sonne läßt jedes halbwegs romantisch veranlagte Herz höher schlagen.

Vom oberen Dorfende führt der sog. *Rilke-Pfad* der Steilküste entlang nach Sistiana (hin und zurück ca. 1 Std.). Die Aussicht unterwegs ist ebenso betörend wie der Duft von Lavendel und Thymian. Der Weg wurde erst kürzlich dem Publikum wieder zugänglich gemacht, "auf Wunsch Seiner Durchlaucht, des Fürsten Thurn und Taxis", wie ein Info-Blatt vermerkt, doch - o weh - im Sommer 1995 war der Zutritt schon wieder verboten!

Sistiana

Der zweite Ort der Triestiner Riviera liegt über einer von Karstfelsen umgebenen Bucht - großer Yachthafen mit einem kleinen Kiesstrand und zwei Campingplätze oberhalb der Steilküste, ein größerer Kiesstrand liegt etwas außerhalb in Richtung Duino.

• *Übernachten/Essen*: ** **Gruden**, in San Pelagio, knapp 5 km im Landesinneren, DZ ca. 45 DM, Du/WC auf Etage, saubere Zimmer. Ein einfaches Hotel und ein vortreffliches Restaurant mit Terrasse. Das Gruden liegt an der Weinstraße des Carso, die im Hinterland von Villa Opicina (bei Triest) nach Sistiana führt. Also einmal den Weißwein sein lassen und den erdigen Terrano probieren, dazu Hausmannskost, als

Primo sei hausgemachter *rottolo di spinacio* (Spinat in Teigwaren gehüllt) empfohlen. Restaurant Mo/Di geschl. Tel. 040/200151.

Camping Mare Pineta, Ortsausfahrt Richtung Duino, eindeutig der schönere von den beiden Campingplätzen Sistinas - großes, angenehm schattiges Gelände, das Meer allerdings weit unten. Mai - Mitte September, Tel. 040/299264.

Weiter in Richtung Triest führt ein Wegweiser rechts nach *Marina Aurisina*. Hier hat man entweder ein Häuschen oder nichts zu suchen.

Grignano/Schloß Miramare

Grignano selbst ist allenfalls einen Badestopp wert - entweder beim großen Jachthafen direkt über die Kaimauer springen oder ins gebührenpflichtige Strandgelände an der Westseite des Hafengeländes - ansonsten ist der Ort ziemlich gesichtslos: Die paar Ferienhäuser üben keinen großen Reiz aus, auch nicht das renommierte Internationale Zentrum für theoretische Physik, das hier seine Forschungen betreibt.

Das **Schloß Miramare** hingegen, vor allem den wunderschönen Schloßpark, sollte man sich nicht entgehen lassen. Man erreicht es direkt von der Straße (von Triest: Bus Nr. 6 bis Bárcola, dann Nr. 36) oder mit einem kleinen Spaziergang vom Hafen von Grignano aus.

Das weiße Habsburgerschloß steht auf einem Felsvorsprung direkt am Meer. Der österreichische Erzherzog Maximilian, Bruder von Kaiser Franz Joseph, fand Gefallen an der Triestiner Riviera und wünschte sich hier eine Residenz. 1859 ließ er sich mit seiner knapp 20jährigen Gemahlin im *Castelletto* (vom Hafen aus sichtbar) nieder und überwachte die Bauarbeiten persönlich. Ein Jahr später zog das Paar dann ins noch längst nicht fertiggestellte Schloß ein. Maximilian hätte hier in Ruhe seinen zahlreichen Interessen nachgehen und ein sorgenfreies Leben führen können, die junge Charlotte hätte sich der Musik, Literatur und Malerei gewidmet. Doch packte ihn der Ehrgeiz, er nahm die Kaiserkrone von Mexiko an (und verzichtete dafür auf die österreichische Thronfolge). 1864 stach er von Miramare aus in See, 1867 wurde er in Mexiko von Aufständischen erschossen. Das Märchen von Miramare fand nicht statt, das Schloß wurde erst 1870 fertiggestellt und steht heute zur Besichtigung frei - große lichte Räume mit historischem Mobiliar (Di-Sa 9-13.30, So 9-12.30 h, Mo geschl., ca. 6 DM).

Reizvoller noch als der Schloßbesuch ist ein Spaziergang durch den wunderschön angelegten Park (tägl. 9-19 h, frei), die Bepflanzung mit z.T. seltenen Bäumen wurde von Maximilian persönlich veranlaßt. Im hinteren Teil trifft man auf ein großes, bronzenes Standbild des Kaisers von Mexiko, das Castelletto beherbergt eine kleine Ausstellung des WWF zur Meeresfauna und -flora (1 DM). Im Sommer wird abends (mehrmals wöchentlich) ein Ton-Licht-Spektakel gegeben, in dem die Romanze von Miramare wiederauflebt (ca. 8 DM).

● *Übernachten*: *** **Maximilian's Residence**, Strada Costiera 22, komfortables Haus oberhalb vom Schloß, herrlicher Blick die Küste entlang, Lift zum Hafen, DZ ca. 150-180 DM, Tel. 040/224551. **Jugendherberge Ostello Tergeste** (IYHF),
Viale Miramare 331 (an der östlichen Zufahrt zum Schloß). Vom Bahnhof Triest aus: Bus Nr. 6 bis Bárcola, dann Nr. 36. Großartige Lage, in einer Villa, direkt am Meer. Übernachtung mit Frühstück ca. 15 DM/ Pers., Tel. 040/224102.

Hinter dem Schloßfelsen von Miramare zieht sich entlang der Straße eine kilometerlange Küstenpromenade bis nach *Bárcola*, das bereits zu Triest gehört. Man stellt den mitgebrachten Liegestuhl aufs Pflaster und springt über die Mauer ins Meer. Die Wasserqualität nimmt gegen Triest hin ab, dafür gibt's in Bárcola einen schattigen Pinienhain. Ein 68 m hoher *Leuchtturm* steht oberhalb vom Ort und ist tagsüber frei zugänglich.

Triest (Trieste) (ca. 250.000 Einwohner)

Hauptstadt der dünnbesiedelten Region Friaul-Julisch Venetien, einstmals wichtigster Mittelmeerhafen der Doppelmonarchie Österreich-Ungarn. Eingeschlossen von karstigen Kalkhängen liegt die Stadt in einer halbkreisförmigen Bucht nur wenige Kilometer vor der

slowenischen Grenze. Die eigenartige Mischung aus riesigen Hafen-docks, Palästen der k.u.k.-Monarchie, Kaffeehausromantik und melan-cholischer Fin-de-siècle-Stimmung macht den Abstecher lohnend.

Die exponierte geographische Lage und die damit verbundene, wechselvol-le Geschichte haben das Gesicht der Stadt geprägt, ungarische, slawische und vor allem österreichische Einflüsse sind spürbar: in der Architektur, aber auch in der Küche - Strudel, Knödel, Schweinefleisch, Gulasch und Jota, eine dicke Bohnensuppe Kärntner Art, stehen oft auf der Speise-karte. Heute ist das nahe Slowenien entscheidender - Zehntausende von Bewohnern der neu konstituierten Republik lassen jedes Wochenende ihre "Tolar", wie der slowenische Dollar heißt, in der Stadt, um ein Paar Jeans oder eine fesche Windjacke zu erstehen. Die Triestiner ihrerseits fahren regelmäßig zum preiswerten Tanken über die Grenze.

Das Zentrum ist in klaren klassizistischen Linien gestaltet, zahlreiche mo-numentale Bauten spiegeln die Bedeutung Triests in den letzten Jahrhun-derten, als die Stadt unter den Habsburgern bedeutender Freihafen war. Nach dem Ersten Weltkrieg und dem Auseinanderfallen des k.u.k.-Imperi-ums wurde die Stadt Italien zugeschlagen und zu einem Zentrum des Schiffbaus. Als Zeichen des Reichtums und der 'Grandezza' entstanden überall prächtige Palazzi, u.a. die Börse, die Theater und das auch heute noch anerkannt gute Opernhaus. Nach der deutschen Besetzung im Zwei-ten Weltkrieg wurde Triest zum Zankapfel zwischen Italien und Jugosla-wien, wirtschaftliche Not und soziale Krisen drohten den Glanz der einsti-gen Handels- und Wirtschaftsmetropole zu zerstören. Erst 1954 wurde Triest wieder italienisch, wobei das Hinterland jugoslawisch blieb - ein schwieriges Erbe. Die Triestiner sehen sich jedoch in erster Linie als Be-wohner der Provinz Friaul - mit einer gewissen Affinität zu vergangenen k.u.k.-Zeiten (wofür wohl auch die ungewöhnliche Altersstruktur verant-wortlich ist - mehr als die Hälfte der Bewohner ist über 65 Jahre alt!). Mittlerweile wird eifrig renoviert und restauriert, man strebt den Ruf ei-ner Kultur- und Kongreßstadt an. Auch der Ölhafen mit Raffinerie und der neue Containerhafen deuten in eine prosperierende Zukunft.

Die steilen Hänge um das Hafenbecken säumen alte Arbeiterviertel. Von der weiträumig-großzügigen Planung des Zentrums ist hier nichts mehr zu bemerken. Enge, verwinkelte Gassen und hohe schmale Häuser prägen das Bild. In den Wintermonaten werden sie von den bis zu 100 km/h schnellen Bora-Stürmen stark in Mitleidenschaft gezogen, vieles ist baufällig und sa-nierungsbedürftig.

Anfahrt/Verbindungen/Information

• *Anfahrt/Verbindungen*: **PKW**, aus der BRD und Österreich auf der Tauernautobahn und der neuen A 23 von Villach über Udine schnell zu erreichen. In der Hafengegend gibt es bewachte Parkplätze u. Parkhäuser. **Bahn**, gute Verbindungen nach Venedig und Milano, nach Villach und Salzburg, je-weils über Udine, **Stazione Centrale** an der Piazza della Libertà etwas nördlich vom Hafen und der Altstadt. Schräg ge-genüber der **Busbahnhof**.
• *Information*: im **Bahnhof**, Piazza della Li-bertà, Stadtpläne, Prospektmaterial und Hilfe bei der Zimmersuche. Mo-Fr 9-19, Sa 9-13, Tel. 040/420182. Zweigstelle im **Castello di San Giusto**.

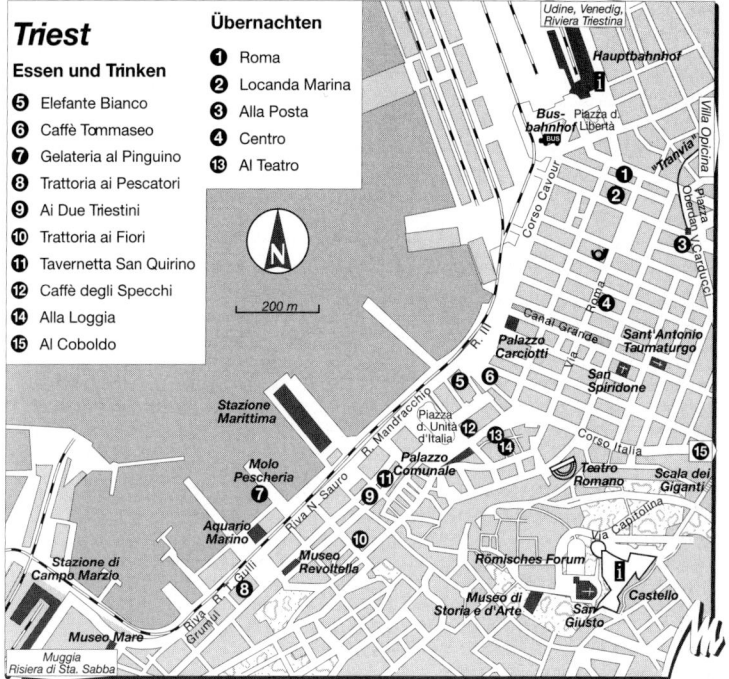

Triest

Essen und Trinken

⑤ Elefante Bianco
⑥ Caffè Tommaseo
⑦ Gelateria al Pinguino
⑧ Trattoria ai Pescatori
⑨ Ai Due Triestini
⑩ Trattoria ai Fiori
⑪ Tavernetta San Quirino
⑫ Caffè degli Specchi
⑭ Alla Loggia
⑮ Al Coboldo

Übernachten

① Roma
② Locanda Marina
③ Alla Posta
④ Centro
⑬ Al Teatro

Übernachten

Viele Hotels und *locande* im Zentrum, bei denen der untersten Kategorie gibt es kaum Preis- und Qualitätsunterschiede.

*** San Giusto, Via Belli 3, modernes Hotel mit Garage in zentraler Lage. DZ ca. 140-170 DM, Tel. 040/762661.

*** Alla Posta (3), Piazza Oberdan 1, gro-ßes Mittelklassehotel Nähe Bahnhof, DZ mit Bad 150-200 DM, ohne ca. 100 DM, Tel. 040/365536.

*** Roma (1), Via della Ghega 7, relativ komfortabel, geräumige Zimmer, Sanitäres ok, DZ mit Bad 70-140 DM, ohne 50-90 DM, Tel. 040/368890.

** Al Teatro (13), Piazza G. Bartoli 1, gro-ßes klassizistisches Haus in zentraler Lage mit der Nostalgie des letzten Jahrhunderts. In den Zimmern Parkettboden und einfaches Mobiliar. DZ mit Bad 100-130 DM, ohne 70-90 DM Tel. 040/366220.

* Centro (4), Via Roma 13, Nähe Kanal, leidlich sauber, DZ 50-60 DM mit Etagen-dusche, Tel. 040/634408.

* Locanda Marina (2), Via Galatti 14, sehr einfach, altes Mobiliar, nette ehrliche Leute, um die 45 DM fürs DZ, nur Etagendusche, Tel. 040/369298.

● *Jugendherberge*: **Ostello Tergeste** (IYHF), 8 km außerhalb beim Schloß Mira-mare (→ Grignano/Schloß Miramare).

● *Camping*: Der nächste Zeltplatz ist **Camping Obelisco** in **Villa Opicina**, einem Vor-ort hoch über Triest, nicht am Meer. Hinauf mit der "Tranvia", einer urigen kabelgezo-genen Straßenbahn ab Piazza Oberdan. Ganzjährig geöffnet, Tel. 040/211655.

In **Sistiana** an der Bahnlinie nach Italien lie-gen zwei weitere Plätze über einer schö-nen Bucht mit Kalkfelsen (→ Sistiana), Bus Nr. 43 ab Bhf. bringt einen näher zu den Plätzen als der Zug.

Essen

Neben den erwähnten österreichisch-ungarischen Spezialitäten (Stichwort: Knödel statt Pasta!) sind die *sardoni* beliebt, eingelegte oder gebratene Sardinen. Wer wenig Geld ausgeben, aber trotzdem gut und reichlich essen möchte, sollte eins der *Buffets* aufsuchen, wo hauptsächlich Schweinefleisch in allen erdenklichen Varianten angeboten wird - auch dies ein Überbleibsel der österreichischen Epoche. Und natürlich lohnen die vielen *Osterie* einen Besuch. Außer *minestrone*, einer dikken Gemüsesuppe, gibt es zwar nur selten ein anderes warmes Gericht, dafür eine große Auswahl an kalten Speisen: gebackener Fisch und gebratene Hähnchen, dick belegte Panini und Tartine (Weißbrotscheiben mit einem Belag aus gewürzter Mayonnaise) sowie jede Menge Antipasti in Öl - und dazu frisch vom Faß gezapften Wein.

Antica Trattoria Suban, Via Comici 2, im Vorort San Giovanni, 1865 als Landgasthaus gegründet, Panoramablick von der Terrasse, seit langem Garant für die hervorragende Zubereitung typischer Triestiner und slowenischer Spezialitäten - z.B. die berühmte *jota*, ein hervorragendes Risotto mit Kräutern und gute Fleischgerichte, darunter auch Cevapcici. Aus der k.u.k.-Küche wurde der *palacinche* (Palatschinken) in die Gegenwart gerettet. Menü um die 70 DM, Reservierung nötig (Tel. 040/54368) und mit Taxi rausfahren, Mo Mittag und Di sowie in der 1. Augusthälfte geschl.

Elefante Bianco (5), Riva Tre Novembre 3, elegantes "In"-Lokal am Lungomare, viel Grün, schmiedeeiserne Gitter und ein weißer Elefant als Dekoration. Italienische Küche vom Feinsten, gute Nudelsachen mit Meereszutaten, die aus Slowenien importiert werden. Menü um die 60-70 DM. So geschl.

Ai Pescatori (7), Riva T. Gulli 4/a, bei den Triestinern beliebtes Mittelklasserestaurant mit hervorragender Küche, besonders zu empfehlen sind die Fischgerichte, denn hier sind die Zutaten garantiert frisch - gegenüber liegt der Fischmarkt.

Ai Fiori (10), Piazza Hortis 7, gepflegte Trattoria mit ebenfalls großartiger Fischküche, Menü um die 50 DM. So/Mo geschl.

Al Coboldo (15), Via del Rivo 3, bekannt für seine bodenständige Küche, z.B. die *zuppa di verdura*, die *crespelle ai formaggio* (= Crêpes) und das Steak "coboldo", immer gut besucht, Reservierung sinnvoll. Menü ca. 40-50 DM. So geschl.

Buffet da Pepi, Via della Cassa di Risparmio 3, das bekannteste von mehreren "Buffets", man kann den ganzen Tag warmes Essen bekommen, vorzugsweise deftige Fleischgerichte vom Schwein, es geht laut und ungezwungen zu, ständig überfüllt - erlebenswert. So geschl.

Ai Due Triestini (9), Via Cadorna 10/a, Nähe Piazza dell'Unità d'Italia. Nettes kleines Lokal mit österreichisch-ungarisch geprägter Auswahl, allem voran natürlich Gulasch.

Alla Loggia (14), Via del Pane 2, Nähe Piazza Unitá d'Italia, versteckt in einer Seitengasse. Schnelle Häppchen, Sardinen, Spaghetti-Teller und gute Weine, auch Tagesgerichte. Bis spät in die Nacht geöffnet, ein paar Tische im Freien.

Osteria Nerina, Via Risorta 7, authentische Osteria hinter der Kathedrale, einfache und solide Küche, Wein vom Faß.

Self-Service/Ristorante Brek, Via San Francesco di Assisi 10/A (Seitenstraße zur Via Carducci), leckere Küche in gewohnter Qualität dieser hervorragenden Restaurantkette.

• *Cafés/Bars*: Die Röstereien der Stadt machen bekannt guten Kaffee. Um die zentrale Piazza dell'Unità d'Italia zahlreiche Terrassencafés, das berühmteste ist das **Caffè degli Specchi (12)**, ein ehemaliges Literatencafé, in dem u.a. Rilke und James Joyce verkehrten - letzterer schrieb in Triest seinen Ulysses. Der Name bedeutet "Café der Spiegel", und so sieht's denn innen auch aus.

Caffè San Marco, Via Cesare Battisti (Seitenstraße zur Via Carducci), berühmtes Jugendstil-Café direkt neben der Synagoge von Triest, Spiegel, Holztäfelung und kaffeebraune Marmortischchen, air-conditioned - das ideale Zeitungscafé.

Caffè Tommaseo (6), Riva Tre Novembre 5, historisches Café, viel Stuck und Spiegel, seit 1830 in Betrieb.

Gelateria Al Pinguino (7), Molo di Pescheria, gutes Eiscafé, man sitzt direkt am Kai unter riesengroßen Sonnenschirmen.

Buffet Vittorio, Via Carducci 30/a, Nachfolger der "Bagutta Triestino", Bar mit verschiedenen Häppchen im Angebot, v.a. Fischiges, z.B. *sardoni in savor*, in diversen Saucen zubereitete Sepie etc. So/Mo geschl.

Tavernetta San Quirino (11), Via Armando Diaz 3, amerikanisch gestylte Bar, dunkles Intérieur, englisches und tschechisches Bier vom Faß, auch Weizenbier (im passenden Glas!). Für den kleinen Appetit Hamburgers und Toasts, aber auch heißen Schinken.

Nachtleben/Shopping

- *Nachtleben*: Die Disco **L'Enforia** ist vor allem beim jungen Publikum beliebt, ansonsten sehr 'in' das **Il Vertigo**.
- *Shopping*: große alte **Markthalle** am Lungomare, die den Besuch lohnt. Täglicher **Markt** (Kleidung, Haushaltswaren) auch auf der Piazza del Libertà. **Obst- und Gemüsemarkt** auf der Piazza Ponterosso am Canal Grande, auf derselben Piazza jedes Wochenende großer **Klamotten- und Jeansmarkt**, auf dem sich hauptsächlich Slowenen eindecken.

Wegen der Altersstruktur der Einwohner gibt es zahllose **Trödel- und Antiquitätenläden** in der ganzen Stadt, z.B. in der Via del Dante. In der Via del Bastione laden **Antiquariate** zum Stöbern ein. Ansonsten sind im Zentrum auch die **Modetempel** von Gucci, Armani etc. gut vertreten.

Blick auf Hafen und Stadtzentrum von Triest

Sehenswertes

Um die ganze Atmosphäre und Verschiedenartigkeit der Stadt zu erleben, sollte man einen Spaziergang durch das Zentrum, am Hafen entlang und in die höher gelegenen Arbeiterviertel unternehmen.

Bekanntestes Stück der City ist sicher der malerische *Canal Grande* mit seinen barock verschnörkelten Pastellfassaden, Balkonen und Brücken. Vor allem an Wochenenden herrscht hier intensives Markttreiben. Am Kopfende des Kanals steht die streng klassizistische *Kirche Sant'Antonio Taumaturgo*, daneben die serbisch-orthodoxe *Kirche San Spiridone* aus dem 19. Jh. im neobyzantinischen Stil, am Meerende des Kanals der riesige *Palazzo Carciotti*, heute Sitz der Hafenbehörden.

Die weite offene *Piazza dell'Unità d'Italia* schräg gegenüber der Stazione Marittima ist einer der größten Plätze Italiens am Meer. Diverse Palazzi umrahmen ihn, der *Palazzo Comunale* an der Landseite prangt mit reicher Dekoration, davor ein Brunnen, dessen Statuen die vier Kontinente darstellen. Gleich dahinter beginnen die düsteren Gassen der Altstadt. Vorbei am *Römischen Theater* kommt man auf der kopfsteingepflasterten Via Capitolina hinauf zum Hügel von San Giusto. Eine Alternative zu diesem Aufstieg ist die gewaltige *Scala dei Giganti* von der Piazza Goldoni, unter der Treppe rauscht der Verkehr durch den Sardinelli-Tunnel. Weitere Alternative: am Bahnhof den Bus Nr. 24 nehmen.

Hügel von San Giusto: ein etwas krauses Durcheinander von römischen, mittelalterlichen und venezianischen Überresten prägt das Bild.

Die äußerlich schlichte *Cattedrale di San Giusto* aus dem 15. Jh. ist aus zwei Kirchen zusammengebaut, die hier eng nebeneinander standen. Die romanische Fassade ist einfach gehalten, einziger Schmuck eine große Rosette. Das Innere besteht aus fünf Schiffen, in den Apsiden sind Mosaike und Fresken erhalten, vom Turm hat man einen wunderbaren Blick auf Triest. Neben dem Dom liegen die Ruinen eines *römischen Forums*, der einst als willkommener Steinbruch für den Bau des Doms diente. Dahinter ein venezianisches *Castello* aus dem 15. Jh., von dessen Mauern man einen umwerfenden Blick auf Triest und den Golf hat. In den z.T. original ausgestatteten Räumen wird eine Waffensammlung präsentiert (Di-So 9-13 h, Mo geschl., ca. 3 DM).

Im *Museo di Storia e Arte* an der Via Cattedrale 15, etwas unterhalb der Kathedrale, eine große Vielfalt antiker und prähistorischer Funde (Di-So 9-13 h, Mo geschl., ca. 3 DM), daneben der *Orto Lapidario*, eine Inschriften- und Skulpturensammlung unter freiem Himmel (Zugang nur über das Museum). Hier findet man auch das Grab des deutschen Archäologen J.J. Winckelmann , dessen Hauptwerk "Geschichte der Kunst des Altertums" Goethes treuester Begleiter auf seiner Italienreise war. Winckelmann wurde 1768 in Triest von Straßenbanditen ermordet.

Hafen: Der Lungomare ist abends eine der beliebtesten Flanierzonen der Stadt. Hier und in den Straßenzügen dahinter liegen auch einige Museen.

Das *Museo Civico Aquario Marino* beim Fischmarkt ist ziemlich heruntergekommen - glitschiger Fußboden und feuchte Wände. Aber in der schummrig-naßkalten Atmosphäre kommen die Aquarien erst richtig zur Geltung (April - Oktober 9-19 h, November - März 9-13 h, Mo geschl., ca. 4 DM).

Im nahen *Museo Revoltella/Galleria d'Arte Moderna*, Via Armando Diaz 27/A, eine sehenswerte Sammlung moderner Maler und Bildhauer sowie ambitionierte Wechselausstellungen (10-13 und 15-20 h, So nachm. und Di geschl., in der Hauptsaison bis Mitternacht geöffnet, ca. 5 DM).

Ein Stück weiter am Lungomare die große Jugendstil-Markthalle und das *Museo del Mare*, in dem Schiffbau und Fischerei der Region dargestellt sind (Di-So 8.30-13.30 h, Mo geschl., ca. 4 DM). Dahinter in der *Stazione Campo Marzio* ein Eisenbahnmuseum mit alten Dampfloks und Pferdewagen der Triester Straßenbahnen (Di-So 9-13 h, Mo geschl., ca. 4 DM).

Triest/Umgebung

▶ **Villa Opicina:** Vorort hoch über der Stadt, großer Obelisk und schöner Panoramablick auf Triest. Hinauf mit der kabelgezogenen Straßenbahn namens *Tranvia* ab Piazza Oberdan, fährt alle 20 Min.

▶ **Grotta Gigante:** Mit fast 300 m Länge und 107 m Höhe eine der größten bekannten Einraum-Grotten der Welt, angeblich paßt der gesamte Petersdom hinein. Liegt auf dem Kalksteinplateau namens *Carso* bei Borgo Grotta Gigante, etwa 15 km nördlich von Triest. Im Eingang ein Höhlenmuseum. Besichtigung nur mit Führung, warme Sachen mitbringen. Zu erreichen, indem man mit der Tranvia nach Villa Opicina hinauffährt, dort weiter mit Bus 45 (Di-Sa 9-12, 14-19 h, Mo geschl., ca. 10 DM für Anfahrt und Besichtigung, Tickets erhältlich in Tabak- und Zeitschriftenläden).

▶ **Risiera di Santa Sabba:** Das einzige italienische Konzentrationslager des Zweiten Weltkriegs, südlich der Stadt an der Via Ratto Piliera. Die Region Friaul war eine Hochburg der italienischen Faschisten, eine Ausstellung erinnert an die Greuel der Massenvernichtung (Di-So 9-13 h).

▶ **Muggia:** Venezianisches Städtchen südlich von Triest, fast schon in Slowenien, am Beginn der Halbinsel von Istrien. Im Sommer neben Bárcola der zweite Badeort Triests, die Küstenpromenade (Richtung Grenze) ist ähnlich wie dort, die Wasserqualität eher schlechter.

Der alte Ortskern ist trotz der Werftindustrie intakt, an der zentralen Piazza der Dom und ein hübscher, kleiner Palazzo mit Arkaden, an dessen Mauer ein prächtiges Löwenrelief prangt. In den Gassen der Altstadt ist auch in der Hochsaison nicht viel los, am meisten noch in den paar namenlosen Weinschänken, deren Standort ein schwaches Licht über der Tür verrät.

Über dem Ort die Wallfahrtskirche *Muggia Vecchia* mit einigen Fresken, daneben ein Gartenrestaurant mit Grill im Wald - schöner Spaziergang und Blick auf die Bucht von Triest.

● *Übernachten*: *** Corallo**, Via Roma 34, fast im Zentrum, DZ mit Bad ca. 65 DM, ordentliche Zimmer. Wenn keine Reaktion auf das Klingeln, im Ledergeschäft "Elena" (fast daneben) nachfragen. Tel. 040/271431.

● *Essen*: Von den drei Restaurants am Hafen gehört der **Trattoria Risorta** die Palme - großartige Terrasse zum Meer, hervorragende Fischgerichte, So Abend und Mo geschl. Ebenfalls gut und etwas preiswerter speist man in **Ai Due Leoni**.

Val Rosandra

Eine einmalige Schlucht im Triestiner Karst, dem *Carso*, praktisch an der Grenze zu Slowenien. Der Kalkstein ist löchrig, die *Rosandra* hat's eilig und stürzt sich gelegentlich in Wasserfällen talabwärts. Vom leichten einstündigen Spaziergang bis zur anspruchsvollen Tageswanderung ist alles möglich - Klettern am Kalkfelsen inklusive. An zahlreichen Stellen bildet der Fluß Bassins - einige Triestiner kommen alleine deswegen hierher.

Überreste eines römischen Viadukts, ein Sanktuarium mitten in der Einöde, eine verfallene Burg, Grotten, Wasserfälle und Badebecken - wie man sich diese paradiesische Landschaft erschließen kann, erfährt man im *Rifugio M. Premuda*.

- *Anfahr/Verbindungen*: PKW, Triest in östlicher oder südöstlicher Richtung verlassen, Schilder nach **Bagnoli della Rosandra** (Nähe San Dorligo della Valle) suchen, der Ort ist ca. 8 km vom Stadtzentrum entfernt. An Werktagen kann man weiter nach Bagnoli Superiore und zum Rifugio M. Premuda fahren, wochenends muß man im unteren Ortsteil parken.
Bus, die Linien 40 und 41 fahren vom Bahnhof Triest bis Bagnoli Superiore.

- *Information/Übernachten/Essen*: **Rifugio M. Premuda**, am Ende der Zufahrtsstraße von Bagnoli della Rosandra. Berghütte des italienischen Alpenvereins. Hier gibt's eine detaillierte Wanderkarte (1:7.500), allerdings nur zusammen mit einer italienischsprachigen Broschüre, dafür in wetterfester Plastikhülle, insgesamt knapp 15 DM - trotzdem zu empfehlen. Das Personal gibt gerne auch persönliche Ratschläge. Übernachtungs- und Verpflegungsmöglichkeit, Tel. 040/228147.

Lombardei und die Seen
(Lombardia)

Zusammen mit der anschließenden Emilia-Romagna das dynamische Herz Norditaliens. Von den wunderschönen oberitalienischen Bergseen bis in die stickige Poebene mit dem "Motor" Milano reicht diese Region - reichhaltig in jeder Beziehung. Kunst, Wirtschaft und Tourismus sind gleichermaßen vertreten.

Anziehungspunkt eins: die großartigen Seen *Lago di Garda*, *Lago d'Iseo*, *Lago di Como*, *Lago di Maggiore* und *Lago d'Orta* in den südlichen Ausläufern der Alpen. Ein Gedicht im Frühjahr, überlaufen im Sommer, einsam im Winter. Kenner haben sich längst ihren Lieblingssee erkoren, aber vielleicht sollte man auch einmal die anderen kennenlernen? Kleiner technicher Hinweis - die Ufer des Gardasees und des Lago Maggiore gehören teilweise bereits zu den Regionen Piemont und Veneto, der Ortasee liegt sogar ganz in der Region Piemont. Um die Seenliebhaber aber nicht unnötig blättern zu lassen, haben wir die Seen in der Hauptregion Lombardei zusammengefaßt.

Anziehungspunkt zwei: *Milano*, das Zentrum der Poebene. Eine Riesenstadt von fast zwei Millionen, die schon fast eine Weltstadt zu nennen ist. Hier pulst die Wirtschaft Italiens und boomt die Modebranche, trotzdem bleibt Raum für touristische Entdeckungen. Der grandiose Dom, das "Abendmahl" von Leonardo da Vinci - dazu Taschendiebe, Autoknacker und überhöhte Preise. Eben eine wirkliche Weltstadt.

Anziehungspunkt drei: die Städte, die keiner kennt und die man schon immer mal kennenlernen wollte: *Pavia*, *Bergamo* und *Mantua*. Jede hat etwas Besonderes zu bieten und jede ist in ihrer Art eigen. Das schöne Bergamo ist noch weitgehend von den Alpen geprägt, Cremona ist berühmt für seine Geigen, Pavia besitzt die großartige Abtei *Certosa di Pavia*.

Ein Tip - im Hochsommer ist es einfach zu heiß, um den Aufenthalt in der Poebene genießen zu können. Ideal ist auch hier das Frühjahr.

Die Seen bilden das touristische Kapital der Lombardei

Schnell-Überblick

Schöne Orte: *Malcésine* und *Sirmione* (Gardasee), *Iseo* (Iseosee), *Bellagio, Menaggio* und *Como* (Comer See), *Cannobio* und *Stresa* (Lago Maggiore), *Orta San Giulio* (Ortasee), *Bergamo, Cremona, Pavia, Vigevano*, außerdem bedingt *Milano*.

Landschaftliche Höhepunkte: alle Seen samt Umgebung.

Kulturell interessant: *Milano, Bergamo, Brescia, Cremona, Pavia, Vigevano*.

Baden: an allen Seen.

Kurios: die Insel *Monte Isola* im Iseosee - absolutes Autoverbot (!); *Vigevano* mit einem der größten Plätze Italiens; der Campingplatz von *Monza* direkt neben der Autorennbahn; der *Sacro Monte* mit den Terrakotta-Statuen über Orta San Giulio (Ortasee) und der "Drachenwirbel" auf der gegenüberliegenden *Isola San Giulio*; die Viertel *Ticinese* und *Navigli* in Milano ("Klein-Amsterdam"); die phantastischen Wandgemälde der *Sala di Psyche* und *Sala dei Giganti* im Palazzo del Te von Mantua.

Eher abzuraten: *Lecco* (Comer See), der Südwesten des Lago Maggiore um *Arona, Lovere* (Iseosee), die meisten Außenbezirke von *Milano*.

Anfahrt/Verbindungen

• *PKW*: Wer aus der östlichen Hälfte der BR Deutschland kommt, wird meist die **Brenner-Autobahn** benutzen bzw. die parallel laufenden Staatsstraßen. Der Gardasee ist von Süddeutschland leicht in einem Tag zu erreichen. Aus der Schweiz bzw. aus dem Westen der BR Deutschland kommend, fährt man über Basel (bzw. Zürich) und Luzern (schöne Strecke am Vierwaldstätter See) auf der Autobahn N 2 durch den **St.-Gotthard-Tunnel**, weiter auf malerischer Strecke am Luganer See (Brücke) nach Como am Comer See. Weitere Anreisemöglichkeiten: von Innsbruck über Landeck und **St. Moritz** (Schweiz) zur Nordspitze des Comer Sees; aus der Westschweiz über den **Simplon** zum Lago Maggiore (SS 33). Siehe auch das allgemeine Kapitel Anreise im Vorspann des Buches.

• *Bahn*: auch hier zwei Hauptrouten:

1) **Brenner-Linie** (durch Österreich): München-Kufstein-Innsbruck-Brenner-Bozen-Trento-Verona-Bologna-Roma. Etwa 5 x tägl., eine der wichtigsten Nord-Süd-Verbindungen über die Alpen, Züge dementsprechend überfüllt. In Rovereto aussteigen, wenn man zum Gardasee rüberwill.

2) **Gotthard-Linie** (durch die Schweiz): Basel-Luzern-Arth/Goldau-Göschenen (Gotthard-Tunnel)-Airolo-Chiasso-Como-Milano. Die wohl berühmteste Alpenstrecke durchsticht mit einem 15-km-Tunnel das Gotthardmassiv (3000 m). Für Südwestdeutschland und Schweizer, aber auch den ganzen Westen der BRD einschließlich Zentraldeutschland/Frankfurt billigste und schnellste Verbindung. Nach Basel kommt man im IC-Takt von vielen deutschen Großstädten, ab Basel SBB hervorragende Verbindungen nach **Milano**. Eindrucksvolle Fahrt durch den St.-Gotthard-Tunnel, weiter geht's in den italienischen Teil der Schweiz, über den Nobelkurort Lugano am Luganersee zum Grenzort Chiasso und über Como nach Milano.

Alternative dazu die Strecke Stuttgart - Singen - Schaffhausen - Zürich und über Arth/Goldau weiter wie gerade beschrieben. Reizvolle Variante: in Bellinzona nach Locarno umsteigen, von dort die hübsche

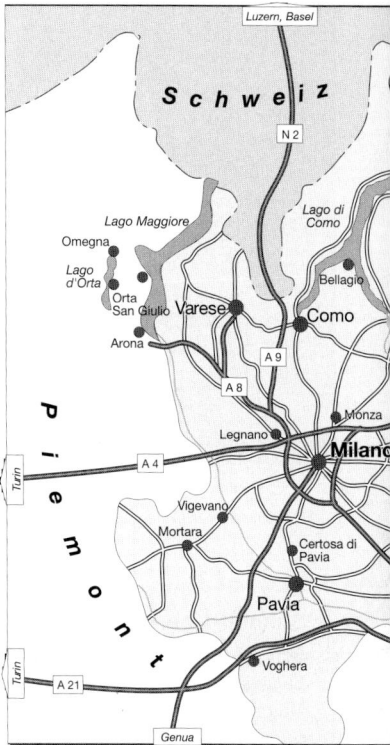

Nebenstrecke durch die Tessiner Alpentäler nach **Domodossola** im Piemont nehmen (die Privatbahn FART/SSIF wird von einer Schweizer und einer italienischen Gesellschaft betrieben). In Domodossola Anschluß an das Bahnnetz der FS - weiter nach Milano oder Torino.

Eine weitere bedeutende Schweizer Bahnlinie ist die Strecke von Bern über Thun-Spiez-Frutigen durch den **Lötschbergtunnel** (15 km). Weiter ins Wallis über Brig und durch den **Simplontunnel** (20 km!) rüber nach Italien: Domodossola-Arona-Milano. Über diese Strecke fährt man, wenn man von der Westschweiz nach Italien will.

Übernachten

Die oberitalienischen Seen gehören zu den am besten ausgestatteten Urlaubsgebieten Italiens. Vom pompösen Grand-Hotel bis zur simplen Pension ist alles in rauhen Mengen vorhanden. Auch Milano bietet zahlreiche Unterkünfte aller Kategorien, je-

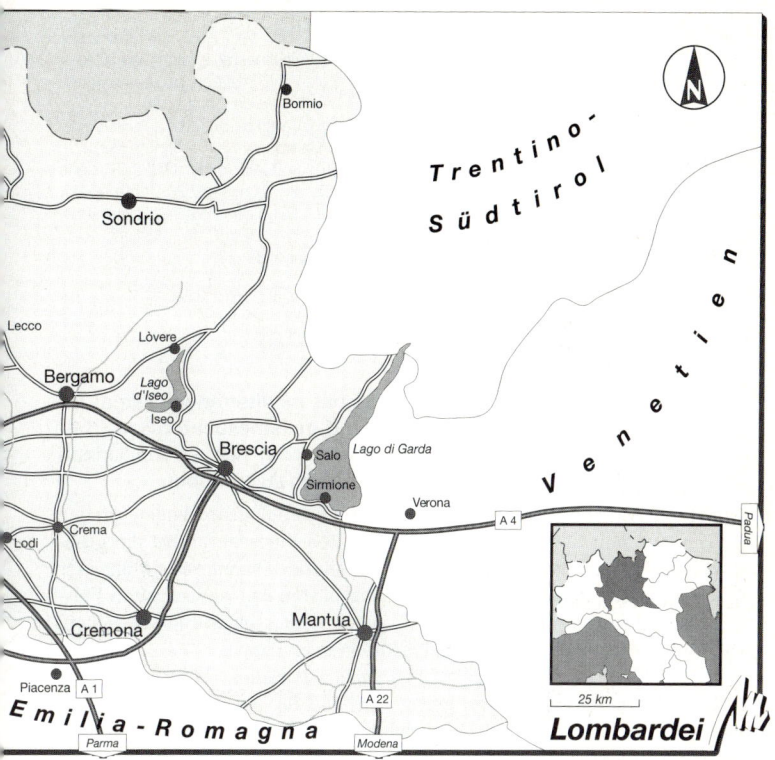

doch zu reichlich hohen Preisen.

Camper finden zahllose **Zeltplätze** am gesamten Gardasee, am Iseosee, um Cannobio am Lago Maggiore, im Nordwesten des Comer Sees, außerdem vier Plätze um Mila-no, einen in Cremona und einen in Vigevano. **Jugendherbergen** in Milano, Mantua, Bergamo und Riva del Garda, außerdem vier Herbergen am Comer See - Como, Domaso, Lecco und Menaggio.

Essen

Die lombardische Küche hat Affinitäten zur französischen und (weniger) zur österreichischen Küche - obwohl die österreichisch-ungarische k.u.k.-Monarchie lange die Lombardei beherrschte. Es wird viel mit Butter gekocht und weniger mit Öl.

Das bekannte **costoletta alla milanese** entspricht zwar in etwa dem Wiener Schnitzel: allerdings wurde das Rezept nicht aus Österreich importiert, sondern gerade umgekehrt - der Feldmarschall Radetzky war es angeblich, der das Gericht in Mailand entdeckte und nach Hause mitbrachte. **Os-**

sobuco ist ein weiteres bekanntes Gericht der Lombardei - Kalbshaxen mit Knochen, meist in Suppe oder Wein gekocht und mit Reis serviert. Überhaupt ist wie in Veneto und im Piemont Reis ein Kennzeichen der lombardischen Küche - die riesigen Reisfelder am Po sorgen für ununterbrochenen Nachschub. **Risotto alla milanese** ist mit Safran gewürzt bzw. gefärbt, **minestrone alla milanese**, eine Gemüsesuppe Mailänder Art, wird ebenfalls mit Reiseinlage (anstatt der üblichen pasta) gereicht. Wie in der Emilia-Romagna und im Piemont sind die **bolliti misti** häufig - verschiedene Fleischarten, zusammen gekocht und geschmort.

Zum Frühstück wird man kaum umhin können, **panettone** zu versuchen - dieses leichte Hefegebäck mit Rosinen und Zitronat wird von den Mailänder Firmen Motta und Alemagna produziert und abgepackt in ganz Italien vertrieben. Ansonsten sind die lombardischen Käse berühmt - der würzigscharfe **Gorgonzola**, der edelweiche **Bel paese** und die Parmesansorten aus Lodi.

Die lombardischen Weine haben bisher keinen sonderlich hohen Bekanntheitsgrad, beste Anbaugebiete sind **Oltrepò Pavese** (südlich von Pavia), der Osten vom **Gardasee** und das **Valtellina-Tal** (östlich vom Comer See). Guten Ruf in Italien genießen jedoch die Schaumweine der Lombardei.

Nicht wegzudenken aus Mailand ist dagegen der **Campari** - 1867 eröffnete Gaspare Campari sein Café in der Galleria Vittorio Emanuele am Domplatz. 20 Jahre später erfand sein Sohn den heute weltberühmten roten Aperitif. Das Café existiert heute noch (→ Mailand).

Gardasee (Lago di Garda)

Malerischer, langgestreckter Alpensee mit mediterranem Klima, Eldorado aller Windsurfer und mit Abstand meistbesuchter See Oberitaliens. Man spricht deutsch - wer will, kann hier seinen Urlaub verbringen, ohne ein einziges Wort italienisch zu sprechen.

Die Kulisse ist einmalig: auf der einen Seite die steil ansteigenden, grauen Felsen, auf dem tiefblauen Wasser die bunten Surfsegel. Dazu die grandiose Vegetation - dunkelgrüne Zypressen, silbrige Oliven, rosig blühender Oleander, saftig gelbe Zitronen ... Am reizvollsten das von schroffen Felsrücken völlig eingerahmte Nordende, gegen Süden hin werden die Hügel sanfter, die Vegetation zunehmend mediterran und üppig.

Der obere Gardasee ist des deutschen Surfers Paradies - böse Zungen behaupten, während der Saison könne man den See trockenen Fußes von Brett zu Brett überqueren! Ein Grund dafür - die fast idealen Windverhältnisse! Sie sind so zuverlässig, daß man beinahe die Uhr danach stellen kann: von Mitternacht bis Mittag bläst ein leichter Nordwind die Alpen herunter, mittags ab ca. 13 h kommt die stärkere *Ora* aus dem Süden, die 4-5 Beaufort erreicht. Im flacheren Süden wird dagegen hauptsächlich Familienurlaub gemacht, zahlreiche Strandbäder, Pensionen und Campingplätze sind auf die Bedürfnisse ihrer kleinen und großen Gäste eingestellt. Das Wasser im Norden ist generell einige Grad kälter als im Süden. Und auch bezüglich der Sauberkeit besteht ein gewisses Gefälle: Während der Obersee - laut Eigenwerbung der Komunen - "Trinkwasserqualität" besitzt, kam es im Süden in den letzten Jahren gelegentlich zu Badeverboten wegen bakterieller Belastung.

Für Autofahrer ungemein lohnend, allerdings wegen des hohen Verkehrsaufkommens nicht gerade angenehm zu fahren: die berühmten Uferstraßen am Gardasee! Großartig vor allem die Weststraße *Gardesana Occidentale* - teilweise ist sie direkt durch die Uferfelsen gesprengt und führt mit zahllosen Galerien und unbeleuchteten Tunnels hart am See entlang.

Kein Wunder also - die ganze Seeregion ist hochgradig vom Tourismus eingenommen, viele Unterkünfte sind lange im voraus ausgebucht. Wer in der Hochsaison auf gut Glück anreist, sollte sich auf Campen einstellen -

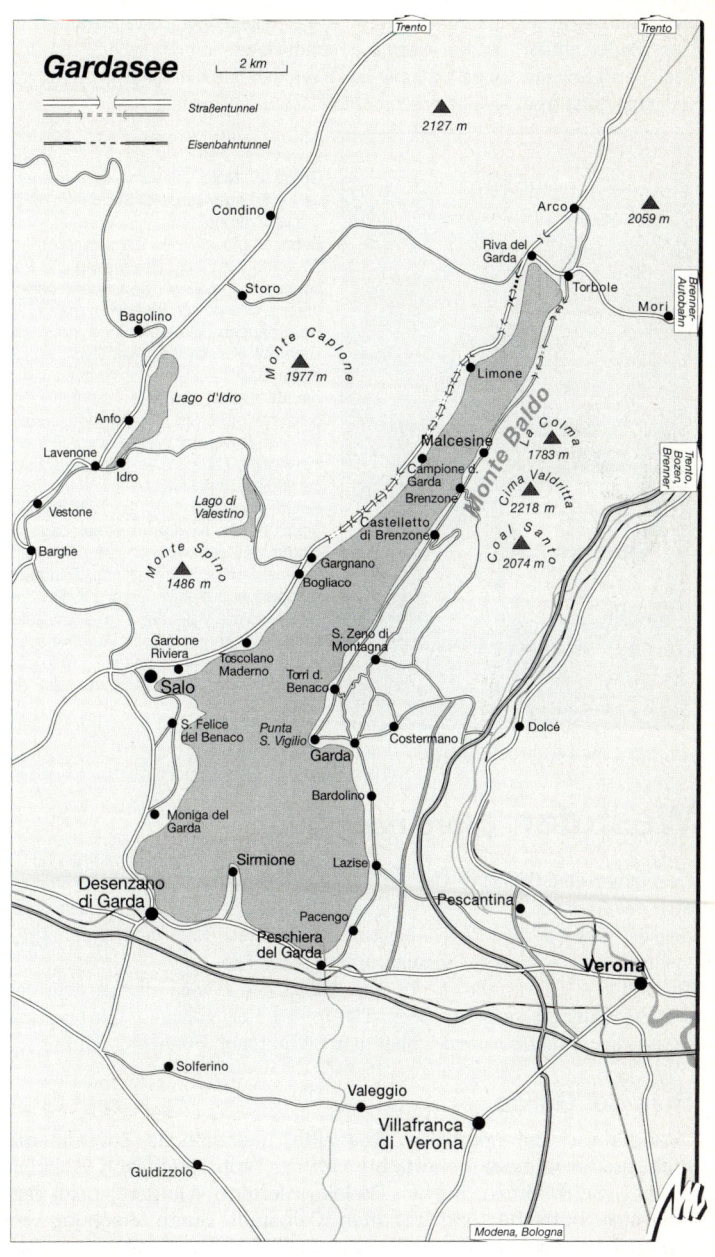

Gardasee

2 km

Straßentunnel

Eisenbahntunnel

Trento

Trento

▲ 2127 m

Condino

Arco

▲ 2059 m

Riva del Garda

Storo

Torbole

Mori

Bagolino

Brenner-Autobahn

Monte Caplone
▲ 1977 m

Limone

Anfo

Lago d'Idro

Malcesine
▲ 1783 m

La Colma

Trento, Bozen, Brenner

Lavenone

Campione d. Garda

Idro

Brenzone

Cima Valdritta
▲ 2218 m

Vestone

Lago di Valentino

Castelletto di Brenzone

Coal Santo
▲ 2074 m

Barghe

Monte Spino
▲ 1486 m

Gargnano

Bogliaco

Monte Baldo

Gardone Riviera

S. Zeno di Montagna

Toscolano Maderno

Salo

Torri d. Benaco

S. Felice del Benaco

Punta S. Vigilio

Dolcé

Garda

Costermano

Bardolino

Moniga del Garda

Sirmione

Lazise

Desenzano di Garda

Pescantina

Pacengo

Peschiera del Garda

Verona

Solferino

Valeggio

Villafranca di Verona

Guidizzolo

Modena, Bologna

Campingplätze gibt es zu Hunderten, vor allem am gesamten Ostufer und zwischen Desenzano und Salò im Südwesten. Was jedoch trotz Rummel immer wieder auffällt, ist die warme Freundlichkeit der Menschen um den See - der jahrzehntelange Umgang mit Fremden hat sich nicht in Arroganz verkehrt, man freut sich über seine Gäste aus dem Norden.

Ruhiger Winkel am Gardasee

● *Anfahrt/Verbindungen*: **PKW**, Ausfahrten von der Brenner-Autobahn sind **Lago Garda di Nord** (südlich von Rovereto) und **Affi-Lago Garda di Sud** (9 km nördlich von Verona).

Bahn, es gibt nur zwei Bahnstationen am Südende des Sees: **Desenzano** und **Peschiera**, beide an der Bahnlinie Venedig-Verona-Milano. Von **Verona** ist man in einer knappen halben Stunde dort und kann mit Bussen oder per Schiff in alle Seeorte weiterfahren. Im Sommer fährt der **EC Garda** von München nach Desenzano (ca. 5 Std.). Wer in den Norden will: Von **Rovereto** an der Bahnlinie Brenner-Verona kommt man per Bus schnell ins nahe Riva del Garda.

Schiff, die Fähren und (teureren) Tragflügelboote der **Navigazione sul Lago di Garda** pendeln zwischen allen Orten am See, Abfahrten 1-2 x stündl., **Fahrradtransport** ist auf allen Fähren möglich, einige wenige Male am Tag auch Autotransport. Regelmäßiger **Autotransport** zwischen Torri del Benaco (Ostufer) und Maderno (Westufer), Abfahrten alle 1-2 Std.

Westufer (Nord nach Süd)

Gegenüber dem flacheren Ostufer hält sich der Rummel noch in Grenzen - *Riva del Garda* ist wichtigster Anlaufpunkt, *Limone* ein vielbesuchter Ausflugsort und *Gardone Riviera* besitzt mit dem Vittoriale degli Italiani die vielleicht interessanteste Sehenswürdigkeit am See.

Die schmale Uferstraße in der Nordhälfte *(SS 45 bis)* gilt als eine der schönsten der italienischen Seen. Tief in den Fels gehauen, führt sie mit zahlreichen Tunnels halbhoch über dem See entlang. Vorsichtig fahren!

Riva del Garda   (ca. 14.000 Einwohner)

"Hauptstadt" der nördlichen Seehälfte, geschäftiges Zentrum mit recht großer Altstadt, gehörte bis 1919 zu Tirol. Touristisch für jeden etwas - Schwimmen, Surfen, Radeln, Klettern, Wandern, dazu das Flair einer hübschen und lebhaften Kleinstadt. Bunte Mischung von gesetzten Kurpublikum und jungen sportlichen Naturen.

Die malerische *Piazza 3 Novembre* am See ist eingefaßt von Laubengängen, der 34 m hohe Stadtturm *Torre Apponale* aus dem 14. Jh ist das Wahrzeichen der Stadt, der Blechengel am Dach dreht sich je nach Windrichtung. Ein paar Ecken weiter die mittelalterliche *Rocca*, ganz von einem Wassergraben umgeben, in dem sich Gänse und fette Forellen tummeln. Wegen der brisanten Grenzlage hatte die Festung diverse Herren - von den Skaligern und Visconti über die Bischöfe von Trento bis zu den österreichischen Herzögen. Im Inneren das *Museo Civico* mit naturkundlichen, archäologischen und geschichtlichen Stücken zur Region und einer Pinakothek (wegen Restaurierung bis auf Weiteres nur temporäre Ausstellungen).

In der barocken Pfarrkirche *Chiesa Santa Maria Assunta* fallen die Seitenaltäre mit schönen Ölgemälden auf. Interessanteste Kirche ist aber die achteckige *Inviolata* an der Umgehungsstraße (Richtung nördlicher Ortsausgang) - konstruiert von einem unbekannten portugiesischen Architekten, birgt sie im barock überladenen Innenraum phantasievolle Stuckdekorationen, prächtige Fresken, Altäre und Gemälde. Eindrucksvoll über der Stadt der steile *Monte Rocchetta* mit der venezianischen *Bastione*, ein Rundturm in 200 m Höhe (Sessellift ab Via Monte Oro oder 30 Min. zu Fuß).

Verbindungen/Information

● *Anfahrt/Verbindungen*: **PKW**, Parken in der Regel kein größeres Problem. Großer gebührenpflichtiger Parkplatz östlich der Rocca, bei der Busstation am Viale F. Filzi.
Bahn, nächste Bahnstation ist Rovereto (→ Trentino) an der Brenner-Linie, von dort häufige Busse.
Bus, Busstation am Viale F. Filzi östlich der Rocca.
Fähren, mindestens 1 x stündl. gehen Fähren in die Orte im Süden, 1-2 x tägl. außerdem eine Autofähre nach Desenzano am Südende des Sees und zurück.

● *Information*: östlich der Rocca im großen Komplex an der Spiaggia degli Olivi. Bestausgestattetes Büro am See, Bücherregale voll Infomaterial zu allen Orten, Veranstaltungskalender, Wanderkarten etc. Mo-Sa 9-12, 15.15-19, So 10-12, 16-19 h. Tel. 0464/554444.

Übernachten

Viele Unterkünfte im Zentrum und Umkreis, trotzdem im Sommer meist ausgebucht, das Infobüro hilft. Weiter außerhalb kann man auch schön und ruhig in den Weinbergen unterkommen, Surfer wohnen gerne direkt am Strand.

**** Du Lac et du Parc, östlich vom Zentrum am See, eins der besten Häuser in der nördlichen Seehälfte, "Hotel des Jahres 1994", riesiger Park, der bis zum Strand reicht. Tennis, Frei- und Hallenbad, Segel/Surfschule u.v.m. DZ mit Frühstück ca. 330-430 DM. Auch über Reiseveranstalter zu buchen. Tel. 0464/551500 (gebührenfreie Nummer in Dtschld. 0130/812109).

**** Sole, Piazza 3 Novembre, historisches Haus direkt am See, hier logierte einst Friedrich Nietzsche. Heute völlig modernisiert, spiegelnder Marmor und Granit, Glas und Eisen bestimmen das Ambiente. Zimmer mit geschmackvollem Teppichboden, Telefon und TV, große Speiseterrasse am Wasser. DZ mit Frühstück je nach Saison 200-250 DM. Tel. 0464/552686.

*** Centrale, Piazza 3 Novembre, großer venezianischer Palazzo in superzentraler Lage, schöner Blick auf Platz und Hafen, 70 modern eingerichtete Zimmer mit Air-Condition, Teppichboden, Telefon und TV. Freiluftlokal an der Piazza, DZ mit Frühstück ca. 120-160 DM. Tel. 0464/552344.

*** Cervo, Via Armando Diaz 15 a, in der Altstadt, ordentlich ausgestattet, Lift, teilweise schönes gediegenes Mobiliar, Zimmer mit Teppichboden und TV, DZ mit Frühstück ca. 100-120 DM. Tel. 0464/ 552277.

*** Bellariva, Viale Rovereto 58, direkt am Strand östlich vom Ort, ideal für Surfer, 25

Zimmer mit TV und Frigo-Bar. DZ mit Frühstück ca. 140-170 DM. Tel. 0464/553620.

* La Montanara, Via Montanara 18, in der Altstadt, einfach und sauber, unten gemütliche Trattoria, DZ mit Frühstück um die 70 DM. Tel. 0464/554857.

* Alpino, Via del Ferro 10, Seitengasse der Via Florida, großes einfaches Albergo, nicht mehr ganz taufrisch, DZ mit Bad und Frühstück ca. 75 DM, mit Etagendusche um die 65 DM, Restaurant vor dem Haus. Tel. 0464/552245.

● *Außerhalb*: *** Rita**, Via Brione 19, 2 km nördlich vom Zentrum, gemütliche Pension mit familiärer Atmosphäre, ruhig und sonnig, Frühstücksterrasse, Parkplatz. DZ mit Frühstück ca. 80 DM. Tel. 0464/551798.

Eden Marone, Via Marone 11, etwa 4 km landeinwärts bei S. Giacomo. "Agriturismo"-Hof in herrlicher Lage zwischen Weinbergen, rustikale Zimmer (→ Essen), sonnige Terrasse. Tel. 0464/521520.

● *Jugendherberge*: **Ostello Benacus (IYHF)**, Piazza Cavour 10, einzige Jugendherberge am Gardasee, neben der Kirche Santa Maria Assunta im Hinterhaus. Ausgesprochen gemütlich, nette Leitung, Übernachtung ca. 15 DM, Frühstück in der preiswerten Mensa nebenan (→ Essen). Rezeption offen ab 18 h. Schließzeit 23 h, Tel. 0464/554911.

● *Camping*: Drei Zeltplätze gibt es: **Bavaria**, stadtnächster Platz, ca. 3 km östlich vom Zentrum am Viale Rovereto, kleines Gelände unter hohen Bäumen, sanitär einfach, guter Kiesstrand direkt davor. Ganz passabel das dazugehörige Ristorante/Pizzeria an der Straße. Am Ufer entlang kann man bis nach Riva laufen. Tel. 0464/552524. **Al Lago**, ein Stück weiter in Richtung Torbole. Tel. 0464/553186.

Monte Brione, bestausgestatteter Platz bei Riva, landeinwärts der Straße, 350 m zum Strand. Tel. 0464/520885.

Essen/Nachtleben

Besonders schön sitzt man in den Freiluftlokalen an der **Piazza 3 Novembre** und im **La Rocca**, ein Terrassenlokal direkt in der Burg (Fischspezialitäten aus dem See). Mi geschl. **Al Volt**, Via Fiume 73, elegantes Gewölbelokal, Feinschmecker schätzen die hausgemachten Nudelgerichte und Gnocchetti, aufmerksamer Service, wechselnde Speisekarte. Mo geschl.

La Montanara, Via Montanara 18, kleine freundliche Trattoria, in der man sehr gutes Essen zu niedrigen Preisen bekommt. Mi geschl.

Bastione, Via Bastione 19, familiäres Lokal mit traditioneller Küche, z.B. *cannederli in brodo* (Semmelknödel in Brühe), preislich im Rahmen. Mi geschl.

Bella Napoli, Via Armando Diaz 29, preiswerte Pizzeria in der Altstadt, Surfer kommen gerne hierher.

Spaghetti Haus, Via Masetto 6, beliebter Treff junger Leute, bis zu vierzig verschiedene Nudelrezepte, aber auch Fleisch vom Grill und Salatbuffet. Hauseigener Slogan: "Im Spaghetti Haus ist immer ein Fest". Kinderspielraum. Di geschl.

Mensa Alimar, Piazza Cavour 6, das günstigste Essen in Riva, Mo-Fr 12-14, 19-20 h, Sa 11-15 h.

● *Außerhalb*: **Eden Marone**, Via Marone 11, 4 km außerhalb bei San Giacomo, ländliche Küche mit Zutaten aus eigener Produktion (Öl, Wein, Obst und Gemüse). Ruhetag saisonal verschieden, Tel. 0464/ 521520.

La Berlera, nördlich außerhalb in Ceole (Straße nach Varone bis Ceole, dort Hinweisschildern folgen). Eindrucksvoll in einen Felsen hineingebautes Speiselokal mit Garten, feine Küche, gehobene Preise. Mi geschl.

● *Nachtleben*: **Tiffany**, bei weitem beliebteste Disco am Ort, großer, abends bunt erleuchteter Komplex östlich der Rocca an der Spiagga di Olivi. Ruhiger geht's im **Pub All'Oca** zu, Via Santa Maria 9.

Sonstiges

● *Märkte*: **Obst- und Gemüsemarkt** Mo-Sa Vorm. an der Piazza del Erbe; jeden 2. Mi **Kleidermarkt** in den Straßen Via Dante, Prati und Pilati.

● *Baden*: direkt im Ort gemütliches Strandbad an der **Spiaggia degli Olivi**. Großer Surfer-Strand mit Surf-Centern und Campingplätzen östlich vom Ort.

● *Surfen*: **Funboard Center Michiel Bouwmeester**, super Ora-Spot beim Hotel Pier in Richtung Limone, Tel. 0464/551730. Windsurfschule **Sandro Tomasi** am Camping Bavaria (seit 1976), Tel. 0464/556077. **Nautic Club Riva**, Viale Rovereto 132 (mit eigener Bucht), Tel. 0464/552453.

• *Mountainbikes*: **Centro Cicli Pederzolli**, Viale Canella 14 (Nähe Kirche Inviolata); **Carpentari**, Viale Trento 52; **Girelli**, Viale Damiano Chiesa 15-17.

• *Kinder*: Geplagte Eltern können ihre Sprößlinge auf dem schönen **Spielplatz** neben dem Wassergraben der Burg beschäftigen.

Riva del Garda/Umgebung

Riva ist reich an lohnenden Ausflugszielen, vor allem Mountainbiker, Wanderer und Kletterer finden ein großes Betätigungsfeld. Infos zum Nachbarstädtchen Torbole → Ostufer, S. 262.

▶ **Arco**: Kurstädtchen 6 km nördlich von Riva im Sarca-Tal. Palmenpromenade und schmiedeeiserne Pavillons vermitteln noch etwas vom Flair der k.-u.k.-Epoche, hoch über der Stadt eine malerisch verfallene Burganlage mit herrlichem Blick, zerstört im Spanischen Erbfolgekrieg von den Franzosen. Die senkrecht hinter der Stadt ansteigenden Felswände sind ein Dorado für *Freeclimber* - Anfang September finden hier alljährlich die Weltmeisterschaften "Rock Master" statt.

• *Übernachten/Essen*: * **Garden**, Ortsteil Prabi, erste Adresse für Kletterer, 200 m von der Colodri-Kletterwand und 50 m von der Kunstwand "Rock Master". Mit Parkplatz und Schwimmbad, gute Küche, Familie Togni spricht natürlich deutsch. DZ mit Bad und Frühstück ca. 80 DM. Tel. 0464/ 516379. **Camping Arco** mit olympischem Swimmingpool, Tennis, Minigolf und Klettergarten (Tel. 0464/517491) und **Camping Zoo** liegen sehr

ruhig nördlich vom Ort (Tel. 0464/516232).
• *Essen*: Gut ißt man im **Alla Lega**, Via Vergolana 8, mit freskengeschmückten Sälen und gemütlichem Innenhof (Mi geschl.), beliebt ist auch das **Speckhaus** in Linfano (Straße nach Torbole) mit seinen deftigen Gerichten (Di geschl.).
Cantina Marchetti, im Zentrum, stimmungsvoller Weinkeller aus dem 16. Jh., an Wochenenden Livemusik.

▶ **Monte Brione**: Wie ein Riegel schiebt sich dieser 374 m hohe Bergrücken zwischen Riva und Torbole, ein Straßentunnel stellt die Verbindung zwischen beiden Orten her. Direkt vor dem Tunnel zweigt links eine Straße ab, von der nach wenigen Kilometer rechts eine Piste auf den Berg führt. Die Bergtour ist beliebt bei Mountainbikern, man findet oben noch alte österreichische Bunkeranlagen aus dem Ersten Weltkrieg, deren Betonverschalungen als Trainingsstrecken mißbraucht werden.

Erlebnis Natur: Wasserfall Cascata Varone

Wenige Kilometer nördlich von Riva hat man die Gelegenheit, ein überwältigendes Naturschauspiel zu beobachten: Mit unglaublicher Wucht stürzt sich ein fast 100 m hoher Wasserfall durch einen turmhohen Spalt im Fels, ausgehöhlt in einer 20.000 Jahre dauernden Erosion. Verantwortlich dafür ist der darüber liegende Tenno-See, dessen abfließendes Wasser einfach im Berg verschwindet und nach der Schlucht als Fluß Varone in den Gardasee fließt, z.T. mit Pipelincs von der ansässigen Papierindustrie genutzt wird. In zwei Stollen, die in den Fels gegraben sind, kann man ganz nah an den Sturzbach herankommen. Binnen kurzem ist man von der Gischt naß bis auf die Haut, die Temperatur gleicht einem Kühlschrank - besonders an heißen Sommertagen eine echte Wohltat. Auf der Welt gibt es nicht viele solcher eindrucksvollen Erosionsschluchten.

Im Umkreis der wasserreichen Klamm gedeiht eine vielfältige Vegetation aus Mittelmeer- und Hochgebirgspflanzen. Das ganze Gelände ist mit mehrsprachigen Hinweistafeln touristisch sehr schön aufbereitet (Mai-August tägl. 9-19 h, sonst kürzer, ca. 5 DM).

Anfahrt: Die gut beschilderte Cascata Varone liegt etwa 3 km nördlich von Riva bei Varone, kostenloser Parkplatz.

▶ **Lago di Ledro (Ledro-See)**: kleiner malerischer Alpensee inmitten dichter Bergwälder, fast 600 m höher als der Gardasee. Früher völlig abgeschieden, sorgte der stille tiefblaue See 1929 für eine archäologische Sensation - als man damals den hochgelegenen See für die Wasserversorgung von Riva anzapfte, sank der Wasserspiegel und die Reste einer fast 4000 Jahre alten Pfahlbausiedlung kamen zum Vorschein. Das schön gestaltetete *Museo delle Palafitte* in Molina di Ledro zeigt heute einen Großteil der Funde samt dem Nachbau einer Pfahlhütte (Di-So 9-12, 15-19, Mo geschl., ca. 2 DM).

Von *Molina di Ledro* kann man am Nordufer des Sees die schöne Straße bis *Pieve di Ledro* nehmen und eventuell zum nahen Idro-See weiterfahren (→ S. 261). Der Ledro-See ist beliebt bei Surfern, die hier mehr Ruhe finden als unten am trubeligen Gardasee.

• *Anfahrt/Verbindungen*: Am südlichen Ortsausgang von Riva del Garda die SS 240 nehmen, die bald die Schlucht des Ponale entlang in steilen Serpentinen in die Berge führt.

• *Information*: **Pieve di Ledro**, Via Nuova 9, Tel. 0464/591222.

• *Übernachten*: **Camping al Sole** bei Molina di Ledro, **Camping Azzurro** und **Camping Al Lago** bei Pieve di Ledro.

▶ **Lago di Tenno (Tenno-See)**: nicht weniger schöner See, nördlich von Riva. Da er winzig ist, kann man ihn in einer knappen Stunde zu Fuß umrunden. Die Preise hier oben sind deutlich günstiger als am Gardasee, so kann man im *** *Club Hotel Lago di Tenno* für ca. 100 DM ein DZ mit Frühstück bekommen (Tel. 0464/502031) und im angeschlossenen Restaurant *Mama Gioisi* ausgezeichnet speisen oder am Campingplatz unterkommen (Tel. 0464/502127).

Von Riva del Garda nach Limone

Die berühmte *Gardesana Occidentale* (SS 45 bis) zieht sich mit zahlreichen Tunnels und Galerien allmählich ansteigend das üppig bewachsene Steilufer entlang. Wo die Straße noch niedrig über dem See verläuft, stürzen sich überall die Surfer ins Wasser - jede noch so kleine Parknische am Straßenrand ist bereits frühmorgens besetzt. Bis Limone keinerlei Ortschaft - schöne Fahrt, aber vorsichtig fahren!

Limone

Das Örtchen zwängt sich malerisch unterhalb der Steilfelsen ans Wasser - dank seiner herrlichen Lage, wegen der üppigen Blumenpracht und der großen Zitronengewächshäuser (heute weitgehend stillgelegt) ein bevorzugtes Ziel zahlloser Reisegruppen, die ständig mit Bus und Schiff angekarrt werden und die kleine Altstadt überschwemmen.

In den hübschen engen Gäßchen blüht der Andenkenkitsch - von bunten Fahnen über jubilierende Porzellanengel bis zu billigen Lederimitaten ist alles zu haben. Über dem Ort der üppige Barockdom *San Benedetto* mit verschlungenen Seitenaltären, vom Vorplatz schöner Blick. Oberhalb der Schiffsanlegestelle das Kirchlein *San Rocco*, in dem auf deutsch evangelische Gottesdienste abgehalten werden.

Südlich von Limone weitet sich die Uferebene, dort lange Strände, großes Sportzentrum (Pools, Tennis) und zahlreiche Campingplätze.

- *Anfahrt/Verbindungen*: großer gebührenpflichtiger Parkplatz bei der Zufahrt nach Limone am neuen Hafen unten.

- *Information*: an der Hauptgasse, Via Comboni 15 (Weg zum Dom). Wie überall am See auch hier reichlich Prospektmaterial. Mo-Sa 8.30-12, 14.30-18 h, Tel. 0365/954070. So geschl.

- *Übernachten/Essen*: für Durchreisende nicht unbedingt als Übernachtungsplatz zu empfehlen. Fast alle Hotels arbeiten mit Reiseagenturen zusammen und sind auf Pauschaltouristen eingestellt. Auch die zahlreichen Restaurants müssen tägl. Menschenmassen verköstigen.

*** **Lido**, etwa 1,5 km südlich vom Ort, moderner Flachbau direkt am Strand, ruhig, von den Zimmern herrlicher Seeblick, Pool, Halbpension pro Pers. ca. 70-100 DM, Tel. 0365/954574.

** **Monte Baldo**, einfache Herberge direkt im Zentrum am kleinen malerischen Hafenbecken, seit Jahrzehnten als Hotel geführt. DZ ca. 60-80 DM, Tel. 0365/954021.

Südlich vom Zentrum **Camping Miralago** (der zentrumsnächste, aber nicht direkt am Wasser), **Camping Garda** und **Camping Nanzell**.

- *Nachtleben*: **Ali Baba**, Disco im Hotel Saturno und **Incontro**, populärer Musikclub an der Gardesana Occidentale.

- *Shopping*: **Cooperativa Agricola Possidenti Oliveti**, Via Campaldo 2. Bei der Berufsgenossenschaft der Olivenbauern gibt es erstklassiges Öl, dazu eine Besichtigung der Ölmühle.

- *Wandern*: im Juli/August jeden Do geführte Tour auf dem **"Sonnenpfad"** in die Berge, reine Laufzeit ca. 3 Std., das Vergnügen ist kostenlos, Treffpunkt an der zentralen Piazza Garibaldi. Anmeldung im Tourist-Büro.

Von Limone nach Toscolano/Maderno

Die Uferstraße verläuft weiterhin mit zahlreichen Tunnels hoch über dem See, kaum Ortschaften. Im kleinen Dorf *Campione del Garda* unterhalb der Durchgangsstraße herrscht bisher wenig Rummel. Ein Abstecher in die Berge lohnt hier auf jeden Fall.

▶ **Pieve di Tremosine**: Etwas nördlich von Campione zweigt eine abenteuerliche und steile Bergstraße durch eine enge Schlucht ins hübsche Dörfchen Pieve ab - das Terrassencafé Miralago ist dort fast 400 m über dem Gardasee direkt in die senkrecht abfallende Felswand gebaut! Spektakulärer kann kaum ein Ausblick sein.

▶ **Madonna di Monte Castello**: berühmte Wallfahrtskirche in phantastischer Lage auf einem steilen Felsvorsprung hoch über dem See. Zu erreichen auf enger und im letzten Stück extrem steiler Nebenstraße, die nördlich von Gargnano von der Gardesana abzweigt und nach Gardola auf die Hochebene von Tignale hinaufführt (langsam fahren, damit man den Abzweig nicht verpaßt). Oberhalb der Kirche kann man noch bis zum Gipfelkreuz klettern und hat vor sich eins der schönsten Fotomotive am See.

▶ **Gargnano**: ruhiges Städtchen ohne sonderliche Attraktionen, sehenswert die Kirche *San Francesco* mit hübschem Kreuzgang, dessen Kapitelle steinerne

Orangen und Zitronen zieren. Am Hafen unten alte Palazzi, in deren Fassaden Kanonenkugeln stecken - 1866 beschossen österreichische Truppen den Ort während des "Risorgimento"-Aufstands, der schließlich zur nationalstaatlichen Einigung Italiens führte. Der *Palazzo Feltrinelli* war 1943-45 Sitz der faschistischen "Republik von Salò" unter Hitlers Marionette Mussolini, während der Duce selber in der 1 km entfernten *Villa Feltrinelli* wohnte - und in den bombensicheren Straßentunneln nördlich vom Ort produzierten die Fiat-Werke im Auftrag der deutschen Wehrmacht.

Diese Zeiten sind vorbei, heute sind die Windverhältnisse wichtiger - bei Gargnano sind sie besonders gut für Surfanfänger geeignet, das deutsch geführte "OK-Surf-Center" im Strandbad bietet Kurse und Material.

- *Übernachten*: *** **Villa Giulia**, geschmackvolle Villa am Seeufer, komfortable Zimmer, Swimmingpool, Privatstrand und Terrasse über dem See. DZ mit Frühstück ca. 130-250 DM, Tel. 0365/71022.
- *Essen*: Toptip in Gargnano ist das **La Tortuga**, Via XIV Maggio 7, seit Jahren auf der Bestsellerliste aller kulinarischen Führer zu finden, ein Michelinstern. Das kleine gemütliche Lokal von Maria und Dani Filippini kreiert phantasievolle Gardasee-Küche, z.B. die leckere *terrina di pesce di lago*, die Zutaten stammen weitgehend aus der direkten Ortsumgebung. Gehobene Preise, Menü gut 80-100 DM. Da sehr klein, Reservierung nötig unter Tel. 0365/71251. Di und Mo Abend geschl.

Restauro, Piazza Villa 1, kreative Küche zu maßvollen Preisen in einer früheren Werkstatt. Mo geschl.

▶ **Toscolano/Maderno**: Doppelort nördlich und südlich vom Toscolano-Fluß, insgesamt weitläufig angelegt und modern. Maderno besitzt einen ruhigen Altstadtkern, ansonsten aber außer den guten Bademöglichkeiten wenig, was zum Bleiben reizt. Regelmäßige Autofähre nach *Torri del Benaco* am Ostufer.

Gardone Riviera

Bekannt für seine prachtvolle Vegetation - stolze Zypressen, wertvolle Nadelhölzer und üppige Bananenstauden ziehen sich die steilen Hänge hinauf. Am See unten das altehrwürdige Grand Hotel mit seiner dreihundert Meter langen Seeterrasse, im Umkreis zwängen sich nur wenige Gassen ans Ufer.

Der eigentliche alte Ortskern liegt hoch oben am Hang und lohnt mit seinen herausgeputzten Häuschen, blumenüberwucherten Balkonen, kleinen Plätzen und Treppengäßchen einen ausgedehnten Bummel. Die Kirche *San Nicola* thront auf einem Felssporn an der Straße und besitzt eine reichhaltige Fresken- und Stuckdecke.

Der einstige Nobelurlaubsort der Belle Epoque ist heute populäres Ausflugsziel - das "Vittoriale" und der Botanische Garten locken jährlich Hunderttausende an. Unterkünfte gibt es dagegen außer dem Grand Hotel keine mehr und auch die Bademöglichkeiten sind bescheiden.

▶ **Villa Vittoriale degli Italiani**: vis à vis vom oberen Ort, direkt an der Straße, die berühmte Behausung des exzentrischen und faschistisch gesinnten Poeten, Kriegs- und Weiberhelden *Gabriele d'Annunzio* - wohl die originellste Sight-Seeing-Attraktion am See. Seine literarischen Ergüsse sind künstlerisch inzwischen weitgehend vergessen und in politischer Hinsicht mehr als fragwürdig. Was blieb, ist das monströse Vittoriale und die Erinnerung an den häßlichen Zwerg, dem die Frauen nachliefen.

Das *Haus* wirkt wie eine Mischung aus Kuriositätenkabinett, Antiquariat und Trödelmarkt - die engen Gänge und düsteren Räume werden durch bunte Bleiglasfenster nur schummrig erleuchtet und sind vollgestopft mit orientalisch anmutenden Polsterlagern, zahllosen Büchern jeglichen Alters (darunter viele deutsche), christlichen Heiligen- und indischen Buddhafiguren. Außer dem Haus ist noch ein *Museum* mit Notizen, politischen und literarischen Entwürfen, Photos und Büsten zu bewundern, außerdem das *Mausoleum* des Dichters und ausgedehnte Gärten. Der schrottreife Doppeldecker, mit dem d'Annunzio während des Ersten Weltkriegs in einer gewagten Aktion von Padua bis Wien mitflog, um dort Flugblätter abzuwerfen (→ Rovereto/Kriegsmuseum), hängt in der Kuppel eines Mini-Pantheons - und eindrucksvoll in den Berghang zementiert ist der Schiffsbug der Puglia, mit der der wackere Poet noch kurz nach Beendigung des Kriegs einen Zipfel italienischen Lands zurückerobern wollte, der Jugoslawien zugesprochen worden war (Di-So 9-12.30, 14.30-18 h, Mo geschl., Juli-Sept. tägl. 8.30-20 h, ca. 15 DM).

▶ **Botanischer Garten**: Der *Giardino Hruska* liegt wenige Minuten unterhalb des Vittoriale. Anfang unseres Jahrhunderts vom deutschen Zahnarzt Arthur Hruska entworfen, wachsen hier tausende tropischer, subtropischer und alpenländischer Pflanzen zwischen künstlichen Bächen und wilden Kalkfelsen - u.a. trifft man auf Orchideen und einen ganzen Bambuswald. Besitzer des Paradiesgartens ist seit 1988 der Wiener Künstler André Heller (tägl. 9-19 h, ca. 5 DM).

● *Essen/Unterhaltung*: **Casino**, Via Zanardelli 142, schöne Lage am See, das ehemalige Casino des 19. Jh. wurde zu einem edlen Belle-Epoque-Restaurant umgestaltet, besonders lecker sind hier die diversen Gardaseefische. Mo geschl.
Riolet, in Fasano Sopra hoch über dem See, einfache gemütliche Trattoria mit herzhafter Küche und günstigen Preisen. Mi geschl.
Taverna del Comandante, Piazzetta Wimmer 5, für Whiskyliebhaber der richtige Platz, mehrere hundert Sorten warten auf den Kenner. Stammlokal der Briten aus dem nahen Grand-Hotel.

Südlich von Gardone Riviera treten die Berge vom Ufer zurück, der flache Südteil des Gardasees beginnt. Bis auf Salò gibt es hier keine größere Stadt und auch die Durchgangsstraße verläuft nicht direkt am See.

Salò

(ca. 11.000 Einwohner)

Größerer Ort in einer weiten geschützten Bucht - kein Touristenziel, dafür die authentische Atmosphäre eines quirligen Städtchens, in dem Italiener noch die Hauptrolle spielen.

Die lange schmale Fußgängerzone schlängelt sich parallel zur Uferpromenade vom Uhrturm zur zentralen Piazza Vittoria am See. In den alten Palazzi haben sich zahlreiche schicke Boutiquen eingenistet, seitlich steigen Treppenwege zur Durchgangsstraße hinauf. Am See unten das Rathaus, in der hübschen Säulenhalle mit Durchblick zum See Zugang zum *Museo Civico*, in dem römische Funde ausgestellt sind (Di-So 10-12, 17-19 h, Mo geschl. ca. 3 DM). Ein paar Schritte weiter der Dom *Santa Maria Annunziata* mit Renaissanceportal und einigen wertvollen Gemälden, darunter an der linken Seitenwand der "Hl. Antonius von Padua" aus dem 16. Jh. - der Maler Gerolamo da Romano konnte sich einen kritischen Seitenhieb gegenüber seinem Auftraggeber nicht verkneifen und stellte ihn als eher unangenehmen Zeitgenossen dar, von dem sich sogar die Engel angewidert abwenden.

Ein Strand liegt unter hohen Zypressen an der Südseite der Bucht gegenüber von Salò, dort auch mehrere Campingplätze.

• *Information*: Lungolago Giuseppe Zanardelli 39 (Uferpromenade). Tägl. 9-12.30, 16-19 h, Tel. 0365/21924.

• *Übernachten*: **** **Laurin**, Viale Landi 9, Hotel alter Grandezza mit Jugendstilausstattung vom Feinsten und komfortablen Zimmern (schon die Nazis hatten das geschätzt und das Außenministerium der "Republik von Salò" hier eingerichtet). DZ ca. 180-230 DM, Tel. 0365/22022.

Wer das Geld nicht ausgeben will, kann günstiger im ** **Commercio** oder * **Eden** wohnen, beide an der Piazza Vittorio Emanuele, die von Uhrturm am Beginn der Altstadt hinunter zum See führt.

• *Essen*: **Il Golosone**, Piazza Giuseppe Zanardelli, nette Spaghetteria in der Fußgängerzone, Blick auf den See.

Antica Trattoria delle Rose, Via Gasparo da Salò 33, in einer engen Gasse der Altstadt, nicht ganz leicht zu finden, aber der Weg lohnt sich wegen der authentischen und phantasievollen Küche. Mittlere Preise. Mi geschl.

Einige Restaurants und Cafés sind auf schwimmenden Plattformen an der Promenade festgemacht.

Marionette Hitlers: Die Republik von Salò

Sommer 1943 - die Alliierten sind nach ihrer Landung in Sizilien bereits weit nach Norden vorgedrungen. Mussolini wird zum Rücktritt gezwungen und auf Befehl König Vittorio Emanuele III. in einem Berghotel auf dem Gran Sasso in den Abruzzen inhaftiert. Ende September 1943 befreien ihn von dort deutsche Lastensegler. Bereits wenige Tage später muß er auf Betreiben Hitlers die faschistische "Repubblica Sociale Italiana" gründen. Als Standort der Marionettenregierung werden Salò und das nahe Gargnano am Gardasee gewählt. Das "Außenministerium" (heute Hotel Laurin → Übernachten) und das "Kulturministerium" werden in Salò installiert, Mussolini selber sitzt in der "Staatskanzlei" in Gargnano. Hitler hat den ehemaligen Duce dort völlig in der Hand und hält ihn unter Beobachtung. Konkrete Aufgaben hat die faschistische Regierung allerdings kaum, und im April 1945 nähern sich die alliierten Streitkräfte den Alpen. Mussolini flieht zum Comer See, um von dort in die neutrale Schweiz zu gelangen. Doch kurz vor der Grenze wird er von italienischen Partisanen erkannt und zwei Tage später zusammen mit seiner Geliebten Claretta Petacci in Giulino di Mezzegra etwas oberhalb vom See erschossen. Die Stelle ist heute mit einem Kreuz gekennzeichnet (→ Comer See, S. 316). In Mailand wird der Leichnam des ehemaligen "Duce" mit dem Kopf nach unten an einer Tankstelle auf der Piazzale Loreto aufgehängt.

▶ **Von Salò nach Desenzano**: grüne Wiesen- und Weinlandschaft, sanft hüglig und ohne große Ortschaften, jedoch ziemlich zersiedelt. Es gibt keine durchgehende Uferstraße, sondern schmale Stichstraßen führen zu Kiesstränden mit vielen Dutzend Campingplätzen.

Siedlungszentren sind *San Felice del Benaco* und *Moniga del Garda*, letzteres mit einem großen viereckigen Kastell, in dem eine Wohnsiedlung entstanden ist.

Desenzano siehe S. 277.

Beschauliches Refugium – der Idro-See westlich vom Gardasee

Idro-See (Lago d'Idro)

Beschauliche Alternative zum Rummelplatz Gardasee. Obwohl keine Autostunde entfernt, tut sich hier eine andere, ruhige und erholsame Welt auf. Der langgestreckte See liegt eingebettet in bergige Hänge inmitten üppig grüner Wald- und Wiesenvegetation, bis auf einige gut besuchte Campingplätze findet man nur wenige touristische Einrichtungen.

Eine rund um den See führende Straße gibt es nicht, im Nordosten verhindern mächtige Steilhänge die Trassenlegung. Die Durchgangsstraße Richtung Norden führt mit tollen Ausblicken malerisch über dem Westufer entlang, man passiert Idro und Anfo und endet im Doppelort Ponte Cafarro/ Lodron.

Wer am Idro-See Quartier nimmt, sollte einen Ausflug ins nahe Bergbaustädtchen *Bagolino* nicht versäumen.

● *Anfahrt/Verbindungen*: Bequem und schnell erreicht man den Idro-See in etwa einer dreiviertelstündigen Fahrt auf der Straße von **Salò** über Vobarno und Vestone. Ebenfalls möglich ist die Anfahrt auf der SS 240 ab **Riva del Garda**, diese Straße führt am Ledro-See entlang (→ S. 256). Sehr steil und kurvig ist schließlich die Straße ab **Gargnano**, die am malerischen Stausee Lago di Valvestino vorbeiführt.

▶ **Idro:** als Ort nicht sonderlich attraktiv, aber überall viel Grün. *Camping Venus* liegt hübsch auf einer Wiese am See (Tel. 0365/83190), sehr gut ausgestattet ist *Camping Azur* am Ostufer - Surfschule, Disco, Kinderspielplatz, Mountainbikes (Tel. 0365/83125).

▶ **Anfo:** ruhiges Dörfchen mit einer alten venezianischen Burgruine. Für Camper erste Adresse am See, die zwei Plätze *Pilù* (Tel. 0365/809037) und *Palafitte* (Tel. 0365/809051) liegen unten direkt am Kiesufer und sind außerordentlich beliebt, in der Hochsaison ist kaum ein Platz zu bekommen. Mit Surfschule und schattigen Bäumen am Wasser.

▶ **Ponte Cafarro:** etwas zurück vom Ufer, weit auseinandergezogener Ort mit viel Grün, kaum ein fester Ortskern, jedes Haus hat seinen Garten. Am See unten langer Kiesstrand, dahinter ruhige Wiese mit schattigen Bäumen und Spielplatz, Treffpunkt italienischer Familien.

Wenn man die Hauptstraße nach Norden weiterfährt, erreicht man nach der Flußbrücke sofort den Nachbarort *Lodron* - schon im Mittelalter verlief hier die Grenzlinie zweier spinnefeindlicher Grafschaften.

Übernachten: * **Al Lago**, einfache Pension am Seeufer, ruhige Lage mit schönem Seeblick. **Camping Miralago**, direkt am See, freundlicher Rasenplatz etwas östlich vom Ort. Großes Wasersportangebot.

Ostufer (Nord nach Süd)

Hier spielt sich der eigentliche Massentourismus ab - vom steilwandigen Norden um *Torbole* und *Malcesine* bis zum flachen Süden um *Bardolino* gibt es kaum noch unerschlossene Ecken. Campingplätze ziehen sich buchstäblich zu Hunderten das gesamte Ufer entlang.

Torbole

Vier Kilometer östlich von Riva del Garda und von diesem durch einen Straßentunnel getrennt. Nur eine Handvoll Häuser unterhalb steiler Felsen, umgeben von einer stetig wachsenden Zahl von Hotels. Als Ort an sich unspektakulär, aber landschaftlich hübsch und absolutes Surferzentrum am See - ein ganzer langer Strandabschnitt ist für das windige Vergnügen reserviert, die Hotels und Campingplätze sind mit Brettverleih und Surfcentern völlig auf ihre sportlichen Gäste eingestellt. Und auch Mountainbiker treffen sich gerne in Torbole, denn die umliegenden Berge bieten wie beim Nachbarort Riva exzellente Möglichkeiten. Dementsprechend lockere "jugendliche" Atmosphäre herrscht im Ort.

Wer sich von der vielbefahrenen Durchgangsstraße fortbewegt, hat zwei Möglichkeiten - landeinwärts das winzige "Altstadtviertel" mit der kleinen

Surferstrand bei Torbole

Piazza Vittorio Veneto (Casa Alberti mit Gedenktafel an Goethe: "Heute habe ich an der Iphigenie gearbeitet ...") und einer einzigen bescheidenen Fußgängergasse, hinter der steile Hänge aufsteigen (oben schöner Aussichtspunkt!) oder das Hafenbecken am See, wo sich vis à vis der ehemaligen österreichischen Zollstation nette Ristoranti und Cafés etabliert haben.

Etwas erhöht steht die Pfarrkirche *Sant'Andrea*, ein einstündiger Spaziergang führt hinauf ins ruhige Örtchen *Nago* mit der Burgruine des Castel Pénede.

Anfahrt/Verbindungen/Information

• *Anfahrt/Verbindungen*: am nördlichen Ortsende mehrere große Parkflächen, außerdem in langer Reihe an der Uferstraße Richtung südlicher Ortsausgang.
• *Information*: am südlichen Ortsausgang, Tel. 0464/505177.

Übernachten

**** Lido Blu, direkt am Surfstrand, frisch renoviert und komfortabel, bestens auf Surfer und Badegäste eingerichtet, Hallenbad und Sauna, Zimmer mit TV, Föhn und Minibar, DZ mit Frühstück ca. 210-250 DM, Tel. 0464/505180.
*** Geier, gepflegtes dunkelrotes Haus in optimaler exponierter Lage am kleinen Hafen, seit Jahrzehnten Garant für zufriedene Gäste, eigener Parkplatz. DZ mit Frühstück ca. 100 DM, im Sommer Pensionspflicht, Tel. 0464/505131.
** Casa Nataly, Piazza Alpini 10, in der Altstadt, freundliche und saubere Pension, ruhig, Zimmer mit Balkon und teils See-

blick, Surf- und Bikegarage. DZ mit Frühstück ca. 80 DM, Tel. 0464/505341.
** Villa Rosa/Villa Maria, modernes Haus Nähe Ortsausgang Richtung Riva, ruhig, großer Garten mit Pool, Surf- und Bikegarage, Parkplatz. DZ mit Frühstück 120-140 DM, Tel. 0464/505102.
* Ischia, an der Ausfallstraße Richtung Riva, 13 einfache Zimmer, Parkplatz und Garten, DZ mit Frühstück ca. 80 DM, Tel. 0464/505146.
Residence Casa al Sole, Apartments direkt am See, Liegeterrasse, Parkplatz, Garten mit Kinderspielplatz, Surf- und Segelständer, Bikegarage. Apartment 4/5 Pers.

ca. 420 DM für 3 Tage, Tel. 0464/505434. **Residence Toblini**, Apartmenthaus Nähe Ortsausgang Richtung Riva, 100 m vom See, großer Garten, Sauna, Innen- und Außenpool, Bike/Surfbrettgarage, Waschmaschine. 4-Bett-Apart. 160 DM/Tag. Besitzer

ist Biker und gibt Tips, Tel. 0464/505123. Die drei Campingplätze am Ort sind zu 90 % mit Surfern belegt, z.B. **Camping Europa** direkt am Surferstrand, außerdem **Al Porto** und **Al Cor**, beide ebenfalls nah am See.

Essen

Centrale, Piazza Vittorio Veneto, wenige Meter abseits der Durchgangsstraße in der kleinen Altstadt, hier ißt man ausgezeichnet, gemütlich und preiswert, immer voll. Mi geschl.

Al Pescatore, Via Segantini 11, an der ruhigen Fußgängergasse, die an der Piazza Vittorio Veneto beginnt, hübsch zum Draußensitzen, gute Fischküche, z.B. die gegrillte Seeforelle versuchen. Mi geschl.

Casa Beust, neben Hotel Geier an der Seepromenade, Café-Restaurant mit Wellenplätschern vor den Füßen, angenehmer

Treff, von Kaffee über Pizza bis zum Menü ist alles zu haben. Ein jahrzehntealtes verblaßtes Fresko an der Außenwand weist auf die frühere Bedeutung als Künstlertreff hin. Di geschl.

La Terrazza, wenige Schritte von Casa Beust in Richtung Strand, verglaste Veranda und interessante Speisekarte, auf der u.a. Wels, Barsch, Stör und Hecht angeboten werden. Di geschl.

Rosticceria Pic Nic, Via Matteotti 71, Treff aller sparsamen Naturen in Torbole, Essen im Stehen und zum Mitnehmen.

Nachtleben/Shopping

• *Nachtleben*: nicht gerade der Bär los, Surfer gehen meist früh schlafen - allerdings, die Ora kommt erst mittags ...

Cutty Sark, Via Pontalti 2 (bei Piazza Vittorio Veneto), "the surfer's rest", großer, mit viel Holz und Nautikutensilien ausgestatteter Pub, beliebtester Surfertreff am Ort. 20-2 h. Di geschl.

Moby Dick, Via Matteotti 60, bei Walter un-

ter der efeuberankten Fassade mit üppiger Gallionsfigur sitzt man gemütlich und trinkt Weißbier.

Conca d'Oro, schicker In-Treff im Surf-Center am Jachthafen.

• *Shopping*: **Keramikshop** an der Piazza Alpini; großer **Wein-/Spirituosenladen** in der Fußgängerzone.

Sport

Fast täglich zuverlässiger Wind, nach dem man die Uhr stellen kann, nur wenige Stunden Fahrt von Süddeutschland, Süßwasser anstatt Salzwasser - alles Gründe, die für den Gardasee als Traumziel aller Surfer sprechen. Tatsächlich gilt der Gardasee - speziell der Norden um Riva und Torbole - als eins der besten Surfreviere der Welt: In der schmalen "Düse" am Nordende des Sees spürt man nachdrücklich jede Brise, hier kann man Tempo machen und sich im Speedrausch aalen, aber auch unerfahrene Neulinge kommen auf ihre Kosten. Frühmorgens geht's meist gemächlich mit dem *Vento* los - der Alpenwind aus den Bergen im Norden ist oft nur ein mildes Lüftchen (nicht immer!) und gut für Anfänger geeignet. Er flaut gegen Mittag ab und die *Ora* setzt unvermittelt und heftig aus Süden ein, meist gegen 13 h. Sie entsteht, wenn die Luft über dem Nordende des Sees von der Sonne aufgeheizt nach oben steigt. Das Vakuum wird dann durch heranströmende Luftmassen aus der Poebene aufgefüllt - die Ora. Dieser Wind ist es, weswegen die Surfcracks kommen: er hat die Kraft, die Riggs pfeilschnell über den See zu tragen - und auf den Wellenbergen kann man meterhoch springen. Leider fällt er aus, wenn vormittags Wolken das Aufheizen der Luft verhindern. Doch an windreichen Nachmittagen ist der See schnell mit Tausenden von Segeln bevölkert, ein märchenhafter, fast unwirklicher Anblick ...

• *Surfen*: Die großen Surfcenter liegen im Parco Pavese hinter dem Surfstrand, unmittelbar bei Torbole. Man kann sich großformatige bunte Prospekte schicken lassen.

Vasco Renna Surf Center (Fanatic), Parco Pavese. Tel. 0464/505993.

Club Mistral 3S Surf, Parco Pavese, Tel. 0464/506077.

Surfzentrum Marco Segnana (Bic), Lido Foci di Sarca (Richtung Riva), Tel. 0464/ 505963. Conca d'Oro Windsurfing Center von Mikel Slijk (Richtung Malcésine, Tel. 0464/506251. • *Mountainbikes*: u.a. im **3S Bike Sportcenter**, Via Matteotti 25/b und bei **Carpentari**, Via Matteotti 16.

▶ **Lido Foci del Sarca** (Arco Lido): von Torbole in Richtung Riva, besonders schöner Strandabschnitt an der Mündung des Fiume Sarca. Ein asphaltierter Weg führt von der Durchgangsstraße parallel zum Fluß hinunter zum großen *Bic-Surfzentrum* von Marco Segnana und den Campingplätzen *Lido di Arco* und *Maroadi*. Satte Rasenflächen machen den Aufenthalt hier angenehm.

▶ **Conca d'Oro**: beliebter Surfspot am Ostufer, ca. 1 km südlich von Torbole. Das Windsurfing Center von Mikel Slijk wird von Kennern bereits morgens angefahren, um sich Park- und Aufriggplatz zu sichern (ca. 10 DM/Tag).

Riva siehe S. 252.

Ein gewaltiges Unternehmen

In der ersten Hälfte des 15. Jh. rangen die Mailänder Visconti mit den Venezianern um die Herrschaft am Gardasee. Die Mailänder Flotte beherrschte damals den See, denn den Venezianern war es nicht möglich, ihre Kriegsschiffe aufs Wasser zu bringen - die Mailänder hatten den Fluß Mincio, der vom Südende des Gardasees in den Po fließt, mit einem schweren Damm gesperrt (→ Borghetto, S. 280). So kam es im Februar 1439 zu einem schier unglaublichen Kraftakt: Die Venezianer transportierten ihre Flotte vom Etschtal quer über die Berge nach Torbole! Dort wo sich heute die SS 240 von der Autobahnausfahrt Lago di Garda Nord (bei Rovereto) zum Gardasee hinüberzieht, wurden zweitausend Ochsen und Pferde eingesetzt, um sechs Galeeren, zwei Galeonen und 26 Kriegsbarken über den Paß von Nago zu wuchten. Den Steilhang nach Torbole hinunter überwand die Flotte an Seilen hängend auf gefällten Baumstämmen und plumpste endlich glücklich in den See. Der immense Aufwand - Dauer zwei Wochen, Kosten umgerechnet über 1 Million DM - lohnte sich: nach mehreren Seeschlachten waren die Venezianer Herren des Sees, die Flotte der Mailänder wurde vor Lazise versenkt. Eine Dokumentation des Unternehmens ist in der Burg von Malcésine zu sehen.

Malcésine

Mit Abstand der malerischste Ort am See - vielleicht hat das auch Johann Wolfgang von Goethe so empfunden, als er sich hier niederließ, um das Kastell abzumalen und dabei als vermeintlicher österreichischer Spion verhaftet wurde. Die Stelle, an der der Geheimrat damals saß, ist heute mit einer Gedenkplakette verziert.

Alt-Malcésine zieht sich den Hang eines Hügels hinauf, der zum See hin steil abfällt. Auf der Spitze thront ein weitläufiges *Skaliger-Kastell*, dessen Wehrmauern sich tief hinunter ziehen, Besichtigung lohnt. Darunter erstreckt

Malcésine mit Monte Baldo im Hintergrund

sich ein Gewirr von engen, teils holprigen und sehr steilen Pflasterwegen, kleinen Plätzen und überwölbten Durchgängen - immer wieder landet man unversehens in einer Sackgasse oder am Seeufer. Südlich benachbart das hübsche große Hafenbecken, von dem man Bootsausflüge aller Art unternehmen kann.

Malcésine ist natürlich völlig touristisch, in den schmalen Gassen drängen sich die Urlauber, ein Laden reiht sich an den anderen, die Restaurants versuchen sich gegenseitig durch noch "gemütlichere" Aufmachung zu übertrumpfen. Trotzdem wurde die dichte Atmosphäre des Orts durch den Massenbetrieb nur wenig angeknackst - man kann sich in Malcésine ausgesprochen wohlfühlen.

• *Anfahrt/Verbindungen*: Das enge Zentrum ist für den motorisierten Verkehr gesperrt, eine Reihe gebührenpflichtiger **Parkplätze** liegt oberhalb der Durchgangsstraße um die zentrale **Busstation**.

• *Information*: **APT** an der Via Capitanato 36, die vom Hafen nordwärts in die Altstadt führt. Stadtpläne mit Hotels und Campingplätzen, Wanderkarten, Tips zu Sehenswürdigkeiten. Mo-Sa 9-13, 15-19 h,. Tel. 045/7400044. So geschl.

• *Übernachten*: Viele Hotels verfügen über Swimmingpools, eingezeichnet in der Gratiskarte des Tourist-Info. Ohne HP oder VP ist in der Hauptsaison meist nichts zu machen.

*** **Maximilian**, Val di Sogno, gepflegtes Haus südlich vom Zentrum direkt am Strand, ruhige Lage, großer Garten, Restaurant mit Seeblick, Garage, DZ mit Frühstück ca. 140-240 DM, Tel. 045/7400317.

*** **Alpi**, Via Campogrande, pouläres Haus in zentraler Lage oberhalb der Durchgangsstraße, schöner Garten mit Olivenbäumen, großer Pool, Solarium und Sauna. DZ mit Frühstück je Saison 100- 120 DM, Tel. 045/7400717.

** **Erika**, Via Campogrande 8, wenige Meter von der Durchgangsstraße, sehr sauberes und gepflegtes Haus mit modernen Zimmern und Tiefgarage, freundliche Leitung, gutes Frühstück. DZ mit Frühstück ca. 80-120 DM, Tel. 045/7400451.

** **Lago di Garda**, Piazza Matteotti 1, alteingeführtes Haus mitten im Zentrum, blumengeschmückte Balkons über den Köpfen der Flanierer. Ohne Vorbestellung in der Saison schwierig. DZ mit Frühstück ca. 75-100 DM, Tel. 045/7400246.

** **Panorama**, Val di Monte 9, erhöhte Lage mit herrlichem Blick auf den See, Pool, Tennis, Ristorante, Parkplatz. DZ ca. 80-120 DM, Tel. 045/7400171.

* **Priori**, Via Navene 31, nahe der Durchgangsstraße, klein, aber mit Parkplatz, DZ mit Bad und Frühstück um die 70 DM, Tel. 045/7400503.

Jugendherberge Villa Pariani (IYHF), neu eröffnet in Val di Sogno (südlich vom Zentrum), gehört zur JH in Verona, Tel. 045/7400400.

Zahlreiche **Campingplätze** um den Ort, z.B. nördlich **Tonini** (der zentrumsnächste Platz), **Priori**, **Campagnola** und **Claudia**, Richtung Süden **Panorama** und **Bellavista**.

• *Essen*: Die Lokale sind weitgehend sehr touristisch aufgemacht. Der schönste Platz, den wir in Malcésine gefunden haben, ist die kleine versteckte Piazza Magenta (Porto Vecchio) direkt am See - das **La Pace** bietet hier wunderbar beschauliche Atmosphäre, Seeblick und gute Fischgerichte. Di geschl.

Taverna dei Capitani, im düsteren Gewölbe speist man wie in einer alten Burg, dahinter ein schön begrünter Hof, touristisch verkitscht.

All'Albero, Via Caselunghe, beliebte Pizzeria unter großen Kastanienbäumen.

Osteria da Lupo, Piazza Don Qirico Turazza, Weinstube an einem stimmungsvollen Platz der Altstadt.

• *Nachtleben*: Man trifft sich in den Cafés um das malerische Hafenbecken, danach geht's vielleicht noch in die trubelige In-Disco **Corsaro** nördlich unterhalb der Burg, Via Paina 17 (bis 3 h).

Rockcafé, Vicolo Porticchetti 16, kleiner populärer Pub unter einem düsteren Torbogen, bis 2 h nachts.

Old West Pub, Via Cerche 5, häufig Livemusik.

• *Markt*: jeden Sa Vorm. an der zentralen Piazza Statuto unterhalb der Durchgangsstraße.

• *Fahrradverleih*: wenige Meter von der Piazza Matteotti, gegenüber Albergo Aurora.

Sehenswertes: Das *Skaligerkastell* ist die große Sehenswürdigkeit von Malcésine. Das weitläufige Gemäuer besteht aus Unter- und Oberburg, mehreren Innenhöfen und dem markanten, 33 m hohen Turm. Im unteren Komplex ist das sehr informative *Museo del Baldo e de Garda* untergebracht, das die Flora und Fauna des Monte-Baldo-Gebiet zeigt und mit vielen Fotos und Schautafeln Entstehung, Geologie und Geomorphologie des Gardasees erklärt. Als nächstes erreicht man an der Nordseite des Kastells einen *Aussichtsbalkon* mit herrlichem Blick seeaufwärts. Treppen führen hinauf zur ehemaligen Pulverkammer, heute als *Goethe-Zimmer* eingerichtet mit den Skizzen, die der Dichter hier angefertigt hat. Im oberen Saal sind Utensilien des Fischfangs und venezianische Schiffsmodelle ausgestellt, im hinteren Raum wird der spektakuläre Schiffstransport der Venezianer über den Paß von Nago dokumentiert (→ Kasten S. 265), der zur Vertreibung der Mailänder Visconti vom See führte (tägl. 9-19 h, ca. 4 DM).

▶ **Malcésine/Umgebung:** Der *Monte Baldo* ist mit über 2000 m das höchste Bergmassiv am Gardasee. Die Fahrt mit der Seilbahn auf 1760 m Höhe ist ein Muß, Talstation direkt in Malcésine, traumhafter Blick (tägl. 8- 19 h, ca 16 DM hin und zurück). An der Zwischenstation San Michele kann man in der Locanda Monte Baldo eine Stärkung zu sich nehmen. Ein *Botanischer Garten* mit typischer Alpenflora liegt in 1200 m Höhe.

▶ **Von Malcésine nach Torri del Benaco:** weitgehend flache Küste, hinter der aber schnell der *Monte Baldo* bis über 2000 m aufsteigt. Unmittelbar südlich von Malcésine schönes Bild kleiner vorgelagerter Inseln, danach verläuft die Straße fast durchgehend dicht am Wasser - begleitet von einer ununterbrochenen Folge kleiner Campingplätze, Pensionen

und Hotels, dazwischen eine Reihe von Dörfern, von denen vor allem *Casteletto* mit seinem malerischen Hafenbecken auffällt. Die touristische Infrastruktur ist wegen der guten Bademöglichkeiten an der flachen Küste hier besonders dicht. Selbst in der Hochsaison sollte man noch problemlos Platz finden, auch viele preiswerte Privatunterkünfte bieten sich an. Bequem - zum Baden und Surfen schlüpft man einfach über die Straße!

Torri del Benaco

Einer der weniger frequentierten Orte am See. Die flache Altstadt wird von einer langen Hauptgasse durchzogen, südlich davon das hübsche Hafenbecken und die stolze *Skaligerburg*, in der ein sehenswertes Museum untergebracht ist, außerdem an der Südmauer eins der letzten funktionsfähigen Zitrusgewächshäuser am See (weitere in Limone → S. 256). Die Kirche *SS. Pietro e Paolo* am Nordende der Altstadt besitzt eine prächtige Orgel aus dem 18. Jh., benachbart steht der bullige *Berengar-Turm*. Lange schmale Kiesstrände liegen südlich und nördlich vom Ort unterhalb der Durchgangsstraße - die Lido Bar am Südstrand wird abends zur vielbesuchten Disco.

Wer etwas Zeit hat - Abstecher nach *Albisano* hinauf lohnt wegen des phantastischen Blicks auf den See. "Balcone del Garda" nannte Gabriele d'Annunzio diesen Aussichtspunkt.

• *Anfahrt/Verbindungen*: Regelmäßige Autofähren gehen nach **Maderno** am Westufer.

• *Übernachten*: *** **Gardesana**, traditionsreiches Haus direkt am Hafenbecken, im 15. Jh. als Sitz der Ratsversammlung der umliegenden Gardasee-Gemeinden erbaut, vis à vis steht die Skaligerburg. Geschmackvoll nostalgisch eingerichtete Zimmer mit Air-Condition, schöne Speiseterrasse, Parkplatz. DZ mit Seeblick (im obersten Stock am besten) und Frühstücksbuffet ca. 140-180 DM, hinten hinaus günstiger, Tel. 045/7225411.

An der Durchgangsstraße liegen einige günstige Hotels, u.a. * **San Faustino**, * **Del Garda** und * **Caminetto**, außerdem mehrere Campingplätze, z.B. **Oliveti** und **San Remo**.

• *Essen*: Vor der Altstadt kann man idyllisch direkt an der Seepromenade essen, z.B. im **La Grotta** oder im **Aquarium**, das Hotel **Gardesana** bietet hervorragende Küche mit Blick auf Kastell und Hafen. **Goethe**, Via delle Viola, versteckte Trattoria in der Altstadt, nur abends.

• *Markt*: jeden Mo entlang der Hauptgasse.

Sehenswertes: Das *Museum* in der Burg beherbergt anschauliche Sammlungen zur traditionellen Gardasee-Fischerei (Netze, Reusen und andere Fanggeräte, dazu eine alte "Gardaseegondel") und zur Olivenverarbeitung (u.a. altrömische Ölpresse im Garten). Im Obergeschoß eine Dokumentation faszinierender prähistorischer Felszeichnungen mit umfangreichen Erläuterungen auf deutsch. Man hat Tausende dieser stilisierten Bilder auf den Bergen um den Gardasee entdeckt, u.a. am nahen Monte Luppia. Außer dem Museum kann man noch weitere Teile der Burg besichtigen und auf die Wehrmauern und Türme hinaufklettern (April/Mai Di-So 9.30-12.30, 14.30-18 h, Juni-Sept. Di-So 9.30-13, 16.30-19.30 h, Mo geschl., ca. 5 DM).

▶ **Punta San Vigilio**: markante Landzunge zwischen Torri del Benaco und Garda, von der Durchgangsstraße über eine Stichstraße zu erreichen (gebührenpflichtiger Parkplatz und zu Fuß weiter bis zum schmiedeeisernen Tor, dort links). In der exklusiven *Locanda San Vigilio* aus dem 16. Jh. mit

Blick vom Kastell in Malcésine auf den See

einem der besten Restaurants am Gardasee übernachteten schon Otto Hahn, Winston Churchill und Prinz Charles. Wunderhübsch der kleine steingefaßte Hafen neben dem Haus mit ein paar Tischchen rundum, Menü gut 100 DM (Di geschl.).

In der Nähe findet man auch die *Baia delle Sirene*, einen der beliebtesten Badeplätze der Region mit Rasen unter alten Olivenbäumen, kostet allerdings saftige 10 DM Eintritt (Duschen, Umkleidekabinen, Tischtennis u.a.).

Südlich der Punta San Vigilio treten die Berge allmählich zurück und der Lago di Garda weitet sich zum breiten Südteil mit grünen Wiesen, Weinbergen, Olivenbäumen und sanften Hügeln. Gewaltig wie ein Meer wirkt hier der See - vom gegenüberliegenden Ufer sieht man nichts, falls nur etwas Dunst in der Luft liegt. Die Orte flach, ohne die verwinkelte Struktur von Malcésine.

Garda

Vielbesuchter Ferienort in idealer Lage, nach Süden und Norden geschützt durch steile Bergrücken mit üppiger mediterraner Vegetation und Zypressen.

An der prächtigen langen Promenade reihen sich zahlreiche Cafés, Restaurants und Gelaterie, gleich dahinter erstreckt sich der stimmungsvoll verwinkelte Altstadtkern mit überwölbten Wegen und zwei Tortürmen, zwischen denen die Hauptgasse verläuft. Ein Badestrand schließt sich unmittelbar südlich an die Promenade an.

● *Anfahrt/Verbindungen*: großer gebührenpflichtiger Parkplatz an der Durchgangsstraße, von dort 2 Min. in die Altstadt.

● *Information*: am Südende der Promenade. Mo-Sa 9-12.30, 14.30-19, So 9-12 h, Tel. 045/7255194.

● *Übernachten*: an der Promenade zahlreiche Unterkünfte der ** Kategorie, z.B. **Giardinetto**, **Roma** und **Astoria**, je Saison 100-120 DM mit Frühstück, Tel. 045/7255051, 7255025 bzw. 7255278.

** **San Marco**, am Südende der Promenade, kurz vor dem Badestrand. Schmuckes Haus mit grünen Fensterläden, innen sehr behaglich, Frühstücks-/Aufenthaltsraum ähnelt einer Gemäldegalerie, davor Restaurant-Terrasse. Nur mit Halb- oder Vollpension, ca. 80 bzw. 90 DM pro Pers., Tel. 045/7255008.

** **Alla Torre**, schlichtes Hotel im Stadtzentrum, direkt neben dem südlichen Torturm. DZ mit Frühstücksbuffet ca. 80-120 DM, Tel. 045/7256589.

Spezieller Tip ist die **** **Locanda San Vigilio** (→ oben), stilvoll-romantische Atmosphäre direkt am See, sieben Zimmer mit Antiquitäten eingerichtet, DZ ca. 230-350 DM, Tel. 045/7256688.

● *Essen*: **Al Porto**, leckere Pizza an der Promenade.

Bella Venezia, Vicolo del Pio 8, gemütliche kleine Bar/Trattoria in einer schmalen Gasse der Altstadt.

Fregoso, malerischer Winkel direkt neben dem nördlichen Torturm.

Calle Enoteca, intime Weinbar, ebenfalls in der Altstadt, wenige Meter von der Uferfront. *In Costermano*: **Stafolet**, ganz gemütlich speist man hier im Grünen, weitab vom Rummel am See (beschildert). Mo geschl.

Ai Beati, Straße nach Costermano nehmen und links ein steiles Sträßchen hinauf (beschildert). Das alte Weingut am Ende der Straße hat einen verglasten Speiseraum mit wunderschönem Seeblick. Nur abends, Mo geschl.

● *Markt*: Jeden Fr 6-15 h großer Markt an der Uferfront.

● *Sport*: An der Promenade sind Tretboote, Wasserski und Fallschirmsegeln geboten.

Sehenswertes: Der gotische *Palazzo dei Capitani* steht mit seinen schönen Spitzbogenfenstern und Blumenschmuck an der zentralen Piazza der Seefront. Einst residierte hier der venezianische Statthalter, heute ist eine

In der Altstadt von Garda

Bar/Taverna untergebracht. Sehenswert ist außerdem die Kirche *Santa Maria Maggiore* im südlichen Ortsbereich, direkt an der Durchgangsstraße, und der angeschlossene Kreuzgang des früheren Klosters Chiostro della Pieve (tägl. 9-12, 16-19 h). Auf dem Felsen *Rocca di Garda* oberhalb vom Ort stehen die Ruinen einer frühmittelalterlichen Burg. In *Costermano*, einer weit verstreuten Siedlung in den Hügeln hinter Garda, liegt am Ortsende in absoluter Ruhe einer der größten deutschen Soldatenfriedhöfe in Italien (beschildert).

S. 63 / 15. August Palio delle contrade

Bardolino

Beliebter Ferienort mit freundlicher Altstadt, in den breiten, weitgehend rechtwinkligen Gassen kann man gemütlich bummeln. Am See lange Promenade zwischen zwei weit vorspringenden Halbinseln - schön zum Spazierengehen, man kann am Wasser entlang sogar bis Garda laufen. Badestrände gibt es zu beiden Seiten des Orts, teils gebührenpflichtig.

Bardolino ist bekannt für den gleichnamigen Rotwein, ein einfacher süffiger Tropfen, der in den Plantagen um den Ort wächst und den man an der dortigen Weinstraße überall kaufen kann.

● *Anfahrt/Verbindungen*: großer Parkplatz an der Durchgangsstraße, bei der Kirche San Severo.

● *Information*: Piazza Matteotti 53, an der breiten Hauptgasse, die zum Hafen hinunterführt. Erhältlich u.a. eine gute Umgebungskarte mit Wanderwegen. Tel. 045/ 7210078.

● *Übernachten*: *** **San Pietro**, Via Madonnina 15, modernes Hotel im südlichen Ortsbereich, Garten, Pool, Parkplatz. DZ ca. 100-120 DM, Frühstück extra (Buffet), Tel. 045/7210588.

*** **4 Stagioni**, Borgo Garibaldi 25, gepflegtes Haus mitten in der Altstadt, großer Garten, Parkplatz. Derselbe Preis wie San Pietro, Tel. 045/7210036.

* **Valbella**, Via San Colombano 38, nettes Haus mit Garten in den Hügeln 2 km vom

Zentrum. Moderne Zimmer mit TV und Balkons, wunderschöner Seeblick, Parkplatz, DZ ca. 80 DM, Tel. 045/6212483.

* Orchidea, Via Madonnina 1, DZ ca. 80 DM, Parkplatz, Tel. 045/7210158.

Camping Continental und **Serenella** liegen nördlich von Bardolino.

• _Essen_: **Il Portichetto**, Piazza Catullo, wenige Meter vom Hafen bei kleinem Torbogen. Bekannt für seine leckeren selbstgemachten Nudeln, außerdem _lumache_ (Schnecken) und natürlich _trota_ (Seeforelle). Mi geschl.

Aurora, Piazzetta San Severo, sehr geschätztes Fischlokal mit Blick vom Dachgarten auf die Kirche, Menü um die 40-50 DM. Mo geschl.

Da Memo, Piazza Statuto, hübscher kleiner Platz zum Sitzen, gute Auswahl, u.a. leckere kalte Platten und Pizza.

Al Commercio, Via Solferino 1, genießt sehr guten Ruf, man ißt im Garten hinter dem Haus, reichhaltiges Angebot, z.B. Schnecken mit Kräutersoße und Polenta mit Pilzen. Di geschl.

Osteria Solferino, Corso Umberto I./Ecke Via Solferino, gemütliche Gaststube mit großer Weinauswahl, dazu verschiedene appetitliche Happen, auch Weinverkauf.

Gelateria Cristallo, unschlagbares Eis an der Anlegestelle.

• _Nachtleben_: **Cotton**, populäre Disco etwas landeinwärts vom Zentrum, Via delle Croce. Ebenfalls beliebt das **Hollywood**, Via Montavoletta 11.

• _Shopping_: jeden Do riesiger **Markt** an der Promenade.

Artigianato Artistico Ekir, Via Battisti 5, wunderschöne Glasware und bemalte Seidenstoffe.

Cantina Zeni, Via Costabella 9, großes Weingut etwas außerhalb, Kostproben sind erwünscht und gratis, angeschlossen ein Weinmuseum.

Guerrieri-Rizzardi, Weinkellerei im Zentrum, Via Verdi.

Sehenswertes: Die große langgestreckte Fußgängerzone Piazza Matteotti zieren Skulpturen des Künstlers Laiti Achille. Am oberen Ende steht die klassizistische Pfarrkirche. Im rückwärtigen Bereich des Orts die angenehm schlichte romanische Kirche _San Severo_ aus einfachen Bruchsteinquadern, im Inneren verblaßte Fresken aus dem 12. Jh. Das alte Kirchlein _San Zeno_ steht versteckt in einem Hof, landeinwärts der Durchgangsstraße.

Das _Museo del Vino_ der Kellerei Zeni, Via Costabella 9, zeigt alle Utensilien zur Weinherstellung, danach gibt's eine Gratis-Kostprobe, im Nachbarort Cisano präsentiert das _Museo dell'Olio_ anhand vieler Exponate die Geschichte der Olivenölgewinnung (8.30-12.30, 15-19, So 9-12.30 h, Mi Nachm. geschl., frei).

Lazise

Sehenswerter kleiner Ort innerhalb einer prächtig erhaltenen Stadtmauer mit Wehrtürmen und drei Toren, benachbart eine große _Skaligerburg_. Viel Luft auf der breiten Promenade, dort auch der intime kleine Hafen, wo nebeneinander eine alte venezianische Zollstation _(Dogana Veneta)_ und die romanische Kirche _San Nicolo_ stehen. Langer Strand (mit Eintritt) südlich vom Ort, Richtung Norden kann man gebührenfrei ins Wasser hüpfen.

Großer Anziehungspunkt ist 3 km südlich das Wassersportzentrum _Caneva_ mit seinen Riesenrutschen (tägl. 10-19 h, Erw. ca. 25 DM DM, Kinder 20 DM).

• _Information_: am Hafen rechts, neben Hotel Alla Grotta, Tel. 045/7580114.

• _Übernachten_: Eine ganze Reihe guter Unterkünfte gibt es hier.

*** Le Mura, Via Cansignorio 4, außerhalb vom Nordtor, modernes Haus mit Pool und Parkplatz, gut geführt, DZ mit Frühstück ca. 85-120 DM, Tel. 045/6470100.

*** Miralago, gepflegtes Haus am See, von den Zimmern mit kleinen Balkonen herlicher Seeblick, Parkplatz, Ristorante, DZ mit Frühstück ca. 90-130 DM, Tel. 045/ 7580015.

** Alla Grotta, wunderbare Lage im Hafen, schlichte, saubere Zimmer, im Gewölbe unten beliebtes Ristorante, DZ mit Frühstück ca. 90 DM, Tel. 045/7580035.

** **Sirena**, großes Haus direkt vor dem Zentrum an der Promenade, Pool im Garten, Parkplatz, Ristorante, Seeblick, DZ mit Frühstück ca. 100-130 DM, Tel. 045/ 7580094.

* **Da Baffo**, Via Gafforini 11, mitten im Zentrum, preiswertes Albergo mit Pizzeria, DZ mit Frühstück ca. 60 DM, Tel. 045/7580070.

Camping La Quercia, großes Wiesengelände 2 km südlich von Lazise, direkt am langen Strand, gute Sanitäranlagen. Tel. 045/6470577.

● *Essen*: **Il Porticciolo**, Lungolago Marconi 22, große schattige Terrasse an der Promenade. Di geschl.

La Forgia, Via Calle 1, Seitengasse der Uferpromenade, Fischspezialitäten, gegrillt auf einer alten schmiedeeisernen Herdplatte. Mo geschl.

Al Castello, großes Gartenlokal am Südtor.

● *Shopping*: **La Meridiana**, Via Casara di Sotto 1, Besichtigung einer Weinkellerei mit Kostprobe.

▶ **Pacengo**: Das kleine Dorf liegt einige Kilometer oberhalb eines langen Kiesstrands, zu erreichen auf schmaler Zufahrtsstraße. Unten mehrere große Campingplätze, z.B. Camping Lido und Eurocamping.

Gardaland – Laß Dich überraschen ...

Der riesige Vergnügungspark nördlich von Peschiera ist **der** Anziehungspunkt am südlichen Gardasee - Achterbahn, Karussells und Wildwasserfahren zwischen Tal der Könige, Grand Canyon, Merlins Burg, Space Lab, Marrakesch und Dracula-Schloß. Für jeden etwas, der die 27 DM (Erw.) bzw. 23 DM (Kind) zahlen will (1. April - 30. September tägl. 9-18 h, Anfang Juli - Mitte September bis Mitternacht, dann mit nächtlichen Lasershows).

Südufer (Ost nach West)

Flache Wiesen- und Waldlandschaft und drei Ortschaften mit der Tendenz zur Zersiedlung - besonders um Sirmione. Wegen der leichten Erreichbarkeit von den Städten Verona und Brescia und aus der Poebene hat sich einige Industrie angesiedelt. Im Sommer sind die Strände überfüllt.

Peschiera del Garda   (ca. 9000 Einwohner)

Geschäftige Stadt mit großen Werften, aber auch erheblichem Fremdenverkehr. Die Altstadt - in einer venezianischen, später von den Österreichern ausgebauten Festung mit baumbewachsenen Bastionen und Mauern in Form eines fünfeckigen Sterns - liegt unmittelbar in der Mündung des Mincio-Flusses und ist völlig von Wasser umgeben. Hier hielt sich im 19. Jh. hartnäckig der letzte österreichische Widerstand gegen die Freiheitskämpfer in Oberitalien.

Abgesehen von den eindrucksvollen Militäranlagen (weitgehend Sperrgebiet) gibt es heute wenig Sehenswertes, die einfachen Altstadtgassen hat man schnell durchbummelt. Lohnend die guten Bademöglichkeiten: Ein langer Kiesstrand liegt westlich vom Ortskern, dort mehrere Campingplätze.

● *Anfahrt/Verbindungen*: **Bahn**, Peschiera liegt an der Bahnlinie Venedig-Verona-Milano (ab Verona ca. 20 Min.).

● *Information*: am zentralen Piazzale Betteloni am Hafen, viel Prospektmaterial, Stadtpläne. Tel. 045/7550381.

• *Übernachten*: ** **Bell'Arrivo**, Piazza Benacense, ganz zentral in der Altstadt, DZ mit Früstück um die 80 DM, kein Ristorante, also keine Pensionspflicht, Tel. 045/7550062. Etwa 10 Campingplätze im näheren Umkreis - der nächste ist **Camping Cappuccini** am Strand westlich vom Zentrum, weitere

Plätze benachbart und nördlich der Stadt, gut sind **Camping del Garda** und **Bella Italia**.
• *Essen*: **Al Canal**, Pizzeria in schöner Lage am Kanal, der die Altstadt umschließt. Etwas außerhalb ißt man gut auf dem Hausboot **La Barcaccia**, das auf dem Mincio-Fluß festgemacht ist.

Sirmione

(ca. 5000 Einwohner)

Einer der meistbesuchten Orte am See, bis zu zehntausend Besucher überfluten täglich die kleine, liebevoll herausgeputzte Altstadt. Sirmione liegt äußerst malerisch am Ende einer steil ins Wasser ragenden Halbinsel und ist ein echtes Städtchen für Fußgänger: nur wenige authorisierte Fahrer dürfen ihre Bezinkutschen durch die engen Kopfsteinpflastergäßchen bugsieren. Abends ist alles festlich beleuchtet, man schlendert an Boutiquen und Souvenirläden vorbei oder sitzt auf der Mauer am Wassergraben des Kastells, schleckt Eis und fühlt sich pudelwohl.

Der Zufahrtsdamm zunächst wenig erhebend - kilometerlang reiht sich ziemlich kunterbunt Hotel an Hotel. Den Eingang zur Altstadt bildet dann ein imposantes *Skaliger-Kastell*, das ganz von Wasser umgeben ist. Hinter dem kompakten *centro storico* erstrecken sich baumreiche Gärten bis zur Spitze der Landzunge, ganz am Ende die sog. "Grotten des Catull", ein römischer Palast aus der Kaiserzeit. Schön zum Spazierengehen ist besonders die *Via Punta Staffalo* nach Westen (*Passeggiata Panoramica*), auf der man an einer der zwei großen Thermalanlagen von Sirmione vorbeikommt. Wer genug hat von Sightseeing und Spazierengehen - gute Bademöglichkeiten findet man an mehreren kleinen und großen Stränden um die Stadt (→ Baden).

*A*nfahrt/*V*erbindungen/*I*nformation

• *Anfahrt/Verbindungen*: Am Zufahrtsdamm, ca. 500 m vor der Altstadt, liegen mehrere große Parkplätze mit hohen Preisen. Direkt vor der Altstadt weitere Parkbuchten mit Parkuhren. Vorsicht - es wird intensiv kontrolliert, die Strafzettel bringen viel Geld ein.

• *Information*: **Azienda di Promozione Turistica**, Viale Marconi 2, am Zufahrtsdamm, wenige hundert Meter vor der Skaligerburg. Ausgezeichnete Panoramakarte von Sirmione, Prospekte, auch Zimmervermittlung. Tel. 030/916114.
Weiteres Büro am Beginn vom Damm rechts, Località Colombare, Tel. 030/919322.

*Ü*bernachten

Die gehobenen Hotels verstecken sich an der Spitze der Halbinsel im Grünen, am Zufahrtsdamm liegen auch einfachere Quartiere. Besonders stimmungsvoll wohnt man direkt in der Altstadt (An- und Abfahrt für Hotelgäste nur mit Passierschein vom Tourist-Info). Jedoch Vorsicht: Sirmione ist sehr beliebt, Hotels und Pensionen sind deshalb in der Saison weitgehend ausgebucht - Zimmervermittlung in Anspruch nehmen.

**** **Ideal**, Via Catullo 31, an der Spitze der Halbinsel, kurz vor den Grotten des Catull, exzellentes Hotel zwischen alten Olivenbäumen, herrlicher Seeblick, eigener Strand, sehr ruhig. Schöne Zimmer, jeweils mit Balkon. DZ ca. 125-160 DM, Tel. 030/9904245.

Das Skaliger-Kastell bildet den Eingang zur Altstadt von Sirmione

**** Olivi, Via San Pietro 5, ebenfalls in der Parklandschaft nördlich vom Ort, gehobenes Hotel mit Rafinesse, Eleganz und etwas Kitsch, verspielte Halle mit Polstermöbeln, im großen Garten alte Olivenbäume und Pool, moderne Zimmer mit Air-Condition, See- oder Parkblick. DZ ca. 125-160 DM, Frühstück extra, Tel. 030/9905365.

** Grifone, Via delle Bisse 5, in der Gasse hinter der Burg, freundliche Herberge aus Bruchsteinmauern, von Familie Marcolini geführt seit 1967, innen vollständig renoviert, geflieste Zimmer mit modernem Mobiliar, herrlicher Blick auf See und Kastell, DZ ca. 75-85 DM mit Frühstück, Tel. 030/916014.

** Degli Oleandri, Via Dante 31, wenige Schritte vom Grifone, hübsche Herberge mit geschmackvoll-antiker Einrichtung, Speisesaal mit gewölbter Decke, kleine Dachterrasse, DZ ca. 75-85 DM mit Frühstück, Tel. 030/9905780.

** Speranza, Via Vittorio Emanuele 2, gepflegtes kleines Albergo am Beginn der Altstadt. Lift, Gänge mit Teppichboden. In den Zimmern Parkett, sehr gute Betten, Air-Condition und TV. DZ ca. 90 DM, Frühstück extra, Tel. 030/916116.

* Biffi, Via Colombare 10, am Zufahrtsdamm nach Sirmione, 20 Min. ins Zentrum, modern und penibel sauber, DZ ca. 60 DM mit Bad, Frühstück extra, Parkplatz, Tel. 030/9196169.

● *Camping*: **Sirmione**, 2 km vom Zentrum, am Zufahrtsdamm rechts abzweigen, großer, gut ausgestatteter Platz, Bungalows, Surfschule. Tel. 030/919045.

San Francesco, ebenfalls großer Platz westlich vom Zufahrtsdamm nach Sirmione. Dichte Pappeln ziehen sich bis zum Wasser hinunter, dort schattiges Baden möglich. Mücken fühlen sich ebenfalls wohl auf dem Platz. Tel. 030/9110245.

Essen/Nachtleben

In zahllosen Restaurants, Eisdielen und Bars kann man sich verwöhnen lassen, zahlt aber oft reichlich für eher mittelmäßige Qualität.

Al Grifone, Via delle Bisse, gleich nach dem Kastell die Gasse rechts. Ein echter "Klassiker", wunderbare Lage direkt am See, Blick rüber zum Ostufer, Fischspezialitäten, darunter natürlich Lachsforelle. Auch als Hotel ein Tip (→ Übernachten). Mi geschl.

La Botte, Via Antiche Mura 27, gegenüber vom hohen Glockenturm, bei Carlo stimmt alles - riesige Pizze, gut angemachte Nudelsachen und Fleischgerichte (Schnitzel à la Valdostana oder *fegato alla Veneta*), dazu ausgezeichneter Hauswein. Ausgesprochen aufmerksame Bedienung, preislich im Rahmen. Di geschl.

Scaligeri, vor dem Torbogen über die Hauptgasse/Ecke Piazza Carducci, leckere Pizze zum Mitnehmen.

Gelateria Bounty, Eisschlecken in optimaler Lage an der Piazza vor der Burg.

● *Außerhalb*: **Vecchia Lugana**, in Lugana am Seeufer, elegantes Lokal mit abgeschirmten Sitzecken, schöner ist die bewachsene Terrasse am See (früh kommen, wird schnell voll), sehr feine Gardasee-Küche, zu empfehlen z.B. die Seefisch-Terrine, gehobene Preise. Reservierung unter Tel. 030/919012. Mo Abend und Di geschl.

● *Nachtleben*: spielt sich weitgehend außerhalb der ruhigen Altstadt ab.

Break's Beer, in Lugana, jeden Abend Disco, gelegentlich Livemusik.

Disco Genux (→ Desenzano)

Sonstiges

● *Shopping*: **Montagsmarkt** an der Piazza Mercato im Ortsteil Colombare am Beginn der Halbinsel.

Freitagsmarkt an der Piazza Montebaldo.

Space Boat, futuristisch wirkendes Rundschiff am Kai vor der Altstadt, früher als Disco in Betrieb, jetzt Shopping-Center.

● *Baden*: **Spiaggia Parrocchiale**, direkt im Ort die Via Antiche Mura an der Kirche Santa Maria Maggiore vorbei bis zum Ende, dort mächtiger Torre und breite Kiesflä-

che mit kleinem Strand (Bar La Torre mit herrlichem Seeblick). Hier beginnt auch ein **Panoramaweg** am Ufer entlang Richtung Norden.

Lido delle Bionde, Strand mit steilen Uferfelsen östlich unterhalb der Kirche San Pietro di Mavino am Ende der Via Gennari (Tret- und Ruderbootverleih).

Lido di Grotte, sehr schöne Badestelle mit flachen Felsplatten unterhalb der Grotten des Catull.

Weitere Strände liegen am **Zufahrtsdamm** und am **Festland** (→ Karte des Tourist-Info).

• *Sport*: **Fahrradverleih** "Green Walk" an der Via Verona 47 in Lugana (Durchgangsstraße am Beginn der Halbinsel).

Tennis, vom Kastell ca. 1 km die Zufahrtsstraße zurück, dort auch **Minigolf-Anlage**.

Surf-Center Sirmione, Büro in der Via Brescia 31 (Colombare), Unterricht an der Spiaggia Brema.

Wasserski und **Bootsverleih** am Lungolago Diaz, linker Hand vor dem Kastell.

Tretboote an verschiedenen Stellen, z.B. Lido delle Bionde.

Sehenswertes: Leider gibt es im Inneren des Skaligerkastells nichts, was den hohen Eintrittspreis rechtfertigt - aber immerhin kann der höchste Turm kann bestiegen werden, interessant ist auch der große ummauerte Hafen der Burg (tägl. 9-18.30, ca. 8 DM).

Nördlich der Altstadt erstrecken sich malerische Olivenhaine. Auf einem Hügel linker Hand der Via Catullo die mittelalterliche Kirche *San Pietro in Mavino* mit Fresken aus dem 13.-14. Jh. Am äußersten Ende der Halbinsel die sog. *Grotten des Catull*, die weitläufigen Ruinen einer römischen Palastanlage aus der Kaiserzeit mit aufwendigen Thermalanlagen und hohen Gewölben. Der römische Dichter Catull stammt zwar aus dieser Gegend, hat aber mit der Villa nicht zu tun. In einem kleinen *Antiquarium* sind Mosaike und Freskenreste zu sehen (Di-So 9-18 h, ca. 8 DM). Tip: Da der Weg von der Stadt ziemlich weit ist, kann man auch mit einer Elektrobahn zu den Grotten des Catull fahren. Unterhalb der Ausgrabung liegt ein Strand mit flachen Felsplatten. Besonders schön von hier der Blick auf den See mit der Kulisse der Berge dahinter - die 70 Grad heißen *Schwefelquellen* entspringen draußen im See in 19 m Tiefe, ca. 350 m vom Ufer entfernt.

Desenzano

(ca. 20.000 Einwohner)

Größte Stadt am See, sehr lebendig und ausgesprochen städtisch wirkend, trotzdem nicht unangenehm. Tourismus spielt noch nicht die Hauptrolle.

Die lange Durchgangsstraße läuft unmittelbar am See entlang, dort der große neue Hafen und das intime *alte Hafenbecken*, um das sich Cafés gruppieren. Wenige Schritte landeinwärts der Dom *Santa Maria Maddalena* ("Abendmahl" von Tiepolo in der zweiten Kapelle links) und die geräumige *Fußgängerzone* mit tiefen Laubengängen, in deren Schatten man ebenfalls gemütlich sitzt.

Unmittelbar dahinter beginnt eine völlig andere Welt - steile Gäßchen winden sich zwischen hohen Mauern und kleinen Gärtchen den Hang hinauf. An der Spitze ein mittelalterliches *Castello*, von dem nur die äußeren Mauer und Türme unversehrt erhalten sind. Der Innenhof ist bewohnt und wird vom städtischen Verkehrsamt als Garage benutzt. Schöner Blick auf die alten Schindeldächer der Stadt.

Sehenswert westlich vom Dom die weitläufigen Ausgrabungen einer *römischen Villa* mit einem großen Mosaikfußboden (Di-So 9-18.30 h, Mo geschl., ca. 5 DM).

• *Anfahrt/Verbindungen*: **PKW**, gebührenfreie Parkplätze an der Durchgangsstraße und im westlichen Ortsbereich etwas landeinwärts (Nähe römische Villa).

Bahn, Desenzano liegt an der Bahnlinie Venedig-Verona-Milano (ab Verona ca. 30

Min.). Bahnhof liegt etwas südlich vom Zentrum, der Viale Cavour und seine Fortsetzung führen genau geradeaus zum Alten Hafen.

● *Information*: am Alten Hafen.

● *Übernachten*: ***** Piroscafo**, Via Porto Vecchio 11, idyllische Lage am alten Hafen, geschmackvolle Rezeption unter Arkaden mit Gewölbebögen, Zimmer mit schönem Blick, DZ mit Frühstück ca. 90-120 DM, auch das geschmackvolle Ristorante ein Tip, Tel. 030/9141128.

** Alessi, Via Castello 7, sauberes kleines Haus in einer Seitengasse der Fußgängerzone, DZ mit Frühstück ca. 80-100 DM, Tel. 030/9141980.

* Du Lac, Via Angelo Anelli 8, ganz zentral beim Hafen, DZ mit Frühstück ca. 60-80 DM, Tel. 030/9141612.

Camping del Vo an der Straße nach Salò, **Camping Italia** bei Rivoltella.

● *Essen*: **Cavallino**, Via Gherla 30/Ecke Via Murachette, in der Altstadt, man speist im großen Innenhof, der von einem Schutzdach überspannt ist. Nicht billig. Mo und Di Mittag geschl.

Tre Corone, Via Stretta Castello, nettes kleines Lokal unterhalb vom Kastell.

● *Nachtleben*: **Pasciá**, am alten Hafen, Bar im orientalischen Stil - ein goldener Pascha thront dickbäuchig zwischen weichen Polstergarnituren.

Genux, ultramoderne Riesendisko mit 16.000 qm großem Park an der Straße nach Castiglione delle Stiviere, südlich der Autobahn (tägl. außer Mo und Mi; Do und So traditionelle Tanzmusik).

● *Markt*: jeden Di auf der Uferpromenade.

Wenige Kilometer östlich vom Gardasee liegt Verona - vielbesuchtes Ausflugsziel mit dem Balkon der Julia und der riesigen römischen Arena. Infos → Veneto, S. 137.

Südlich vom Gardasee

Hier geht es schnurstracks in die Poebene - etwa 50 km sind es in die Kunststadt Mantua. Die ruhige hüglige Landschaft mit Wiesen und Weinfeldern läßt heute nicht mehr ahnen, daß hier vor über hundert Jahren erbitterte Kämpfe stattfanden - die italienischen Befreiungskriege gegen die Österreicher. Doch auf Spuren der Schlachten trifft man noch überall, vor allem im kleinen Örtchen Solferino, das zum Symbol geworden ist.

▶ **San Martino della Battaglia**: Etwas außerhalb vom Ort thront auf einer Anhöhe das *Monumento della Battaglia*, ein 74 m hoher, trutziger Turm, der in eindrucksvollen Wandgemälden die Geschichte der italienischen Einigungsbewegung darstellt (Di-So 9-12.30, 14.30-18 h, Mo geschl., ca. 3 DM). Hinter dem Turm steht das Kriegsmuseum *Museo della Battaglia* (dieselben Öffnungszeiten) und vorne an der Zufahrtstraße kann man zum *Ossario* (Gebeinhaus) hinübergehen, wo über tausend Gefallene der Schlacht von San Martino ruhen - makaber ist der Anblick der fein säuberlich gesammelten Schädel und Gebeine. Die Soldaten der Vielvölkermonarchie Österreich stammten u.a. aus Rußland, Rumänien, Ungarn, Polen, Jugoslawien und der Tschechoslowakei.

▶ **Solferino**: "Hier wurde die Idee des Roten Kreuzes geboren" steht auf den Ortsschildern zu lesen. Im Juni 1859 tobte um den Ort die blutige Schlacht von Solferino, in der die piemontesischen (italienischen) und französischen Truppen die Österreicher entscheidend schlugen. Nach dem Kampf lagen 40.000 Tote und Schwerverwundete hilflos und ohne hinreichende Versorgung auf dem Schlachtfeld - dieses schreckliche Erlebnis rüttelte den

Hier wurde das Rote Kreuz geboren

Schweizer Kaufmann *Henri Dunant* so auf, daß er fortan hartnäckig und voller Engagement die Gründung einer internationalen Hilfsorganisation verfolgte. Die Idee des "Roten Kreuzes" war geboren.

Im Ortskern steht ein *Museo Storico Risorgimentale* mit den Relikten des Krieges von 1859 (Di-So 9-12.30, 14.30-18 h, Mo geschl., ca. 2 DM). Daneben führt eine Zypressenallee hinauf zur *Chiesa Ossario* (Beinhaus), bis zur Decke gestapelt ruhen darin die Gebeine der Gefallenen aller Nationen ("Feinde im Kampfe, im Frieden des Grabes wie Brüder"), Büsten erinnern an die bei Solferino gefallenen französischen Generale Augier und Dieu und weitere Offiziere.

Auf den Burghügel zieht sich eine steile Straße hinauf, oben liegt die große rechteckige *Piazza Castello*, umgeben von neueren Burggebäuden, mittendrin die Kirche *San Nicola*. Etwas erhöht erhebt sich die *Rocca*, ein mittelalterlicher Vierecksturm mit Kriegsrelikten. Er wird "Spia d'Italia" (Spion von Italien) genannt, denn von der exponierten Hügelspitze konnte man weit ins österreichisch besetzte Gebiet hineinsehen. Durch eine Zypressenallee kommt man hinüber zum *Memoriale croce rosso internazionale*, an dem auf Marmortafeln sämtliche Mitgliedsländer des Roten Kreuzes eingraviert sind.

- *Information*: Piazza Torelli 1, Tel. 0376/854001.
- *Übernachten*: ** **Vittoria**, Via Ossario 27, gegenüber vom Museum, Tel. 0376/854051.

Im Umkreis viel Agriturismo, z.B. **La Torretta**, Via Napoleone III, 26, Tel. 0376/855036.
- *Essen*: **Al Castello**, Pizzeria im Burghof.

▶ **Castiglione delle Stiviere**: Industriestädtchen mit hübschem historischen Kern. Hier gibt es in der Via Garibaldi 50 ein *Rotes-Kreuz-Museum* zu besichtigen (Di-So 9-12, 14.30-19.30 h, Mo geschl.) - angeblich kam dem damals gerade dreißigjährigen Henri Dunant in Castiglione erstmals der Gedanke, das Rote Kreuz zu gründen.

Übernachten: ***** La Grotta**, Via dei Mandorli 22, schön konzipiertes Haus in ruhiger Lage etwa 1 km vom Zentrum, Parkplatz. DZ ca. 90-130 DM, Tel. 0376/632530.

▶ **Custoza:** Schauplatz einer Schlacht, in der 1848 die Österreicher gegen die aufständischen Italiener siegten. Ein weithin sichtbarer Obelisk überragt die Gedenkstätte, im Ossario lagern wieder Tausende von Gebeinen.

▶ **Valeggio sul Mincio:** etwa 8 km südlich von Peschiera del Garda. Kleine, im Zentrum recht hübsche Stadt, überragt von einer großen Skaligerburg. Hauptsehenswürdigkeit ist der 50 ha große *Parco Giardino Sigurta*. In vierzigjähriger Arbeit hat der Conte Doktor Carlo Sigurta mit dem Wasser des Mincio ein trockenes Hügelgebiet in eine fruchtbare mediterrane Landschaft mit prächtiger Wald- und Wiesenflora und kleinen Teichen verwandelt. Der Park zählt heute zu den schönsten Europas. Besichtigung nur per PKW, der aber für Spaziergänge auf 13 Parkplätzen im Gelände stehengelassen werden kann (von März-November Do, Sa, So 9-19 h, Aufenthalt höchstens drei Std., ca. 30 DM pro PKW, höchstens 5 Pers., Picknick verboten).

▶ **Borghetto di Valeggio sul Mincio:** Das kleine Örtchen am Mincio besitzt ein eindrucksvolles Monument des ausgehenden 14. Jh. - der 600 m lange *Ponte Visconti* zieht sich als gewaltiges Backsteinbauwerk über den Mincio, die Straße nach Solferino führt darüber. Was heute als Brücke fungiert, war allerdings ursprünglich ein gigantischer Staudamm. Der Visconti-Herrscher Giangaleazzo hatte nämlich die perfide Idee, das Wasser des Mincio zu stauen und so den schützenden See um die weiter südlich gelegene Gonzagastadt Mantua trockenzulegen. Der Plan wurde damals nicht vollendet, aber nicht einmal fünfzig Jahre später erwies sich der Damm als unüberwindliches Bollwerk gegen die Venezianer, die ihre Kriegsflotte den Mincio hinauf in den Gardasee schicken wollten. Die Kriegsherren der Serenissima mußten sich deshalb eine ziemlich tollkühne Idee ausdenken, um ihre Schiffe doch noch in den See zu bekommen (→ Kasten, S. 265). Der Blick von der Brücke ist malerisch, eine verfallene Mühle und mittelalterliche Häuschen begrenzen den Fluß.

• *Übernachten*: **** Bue d'Oro**, Via Alessandro Sala 1, im Zentrum von Valeggio, Gemeinschaftsräume im historischen Stil, Zimmer gefliest, jeweils mit TV und Tel., Ristorante und Degustationskeller für Wein, Parkplatz. DZ mit Frühstück ca. 100 DM, Tel. 045/790045.

• *Essen*: **San Marco**, direkt unterhalb der Visconti-Brücke, sehr schöne schattige Terrasse unter alten Bäumen am östlichen Flußufer.

Antica Locanda del Mincio, vielgelobtes Ristorante ein Stück flußabwärts, ebenfalls lauschiges Fleckchen am Fluß (Westseite), schöner historischer Innenraum. Zu den Spezialitäten zählen Mincio-Aal und andere Flußfische, außerdem die mit Kürbisbrei gefüllten Tortellini, eine Spezialität der Region. Mi Abend und Do geschl.

Alla Borsa, in Valeggio, Via Goito 2, populäres Stadtlokal mit ausgezeichneter Küche, bekannt für die vielfältigen Nudelgerichte, auch hier sind die Kürbis-Tortellini ein Tip. Di Abend und Mi geschl.

Mantua (Mantova)   (ca. 60.000 Einwohner)

Markante Silhouette von Kirchen und Stadttürmen, auf drei Seiten von Wasser, Wäldern und Wiesen umgeben. Die ehemalige Residenzstadt der Gonzaga-Herzöge liegt auf einer Halbinsel im Flußknie des Mincio, der hier breit wie ein See wirkt. Die ausgedehnten Industrieanlagen wurden auf das gegenüberliegende Flußufer verbannt.

Das bildhübsche Zentrum um Piazza delle Erbe und Piazza Sordello ist ziemlich klein - der Rest Mantuas besteht aus langen, verkehrsreichen Straßen. Trotzdem lohnt der Besuch: die *Gonzaga*, eine der reichsten Familien Italiens, bauten im 15. und 16. Jh. Mantua zur Kunststadt aus. Ihre aufwendig geschmückten Palazzi waren bedeutende Zentren der Renaissance und noch heute sind hier einige der schönsten Meisterwerke dieser Epoche zu betrachten - allen voran die herrlichen Fresken von *Mantegna* im Palazzo Ducale und die phantastisch-allegorische Ausstattung des Palazzo del Te.

Anfahrt/Verbindungen/Information

• *Anfahrt/Verbindungen*: **PKW**, Mantua liegt an der A 22 von Verona nach Modena, Ausfahrt Mantua Nord. Jede Menge Parkraum in den Uferwiesen östlich vom Zentrum, Lungolago dei Gonzaga. **Bahn**, Bahnhof am Fluß westlich vom Zentrum. In die Altstadt schräg gegenüber die Via Solferino nehmen, ca. 10 Min.

Fahrrad, Verleih "La Rigola" am See, Lungolago dei Gonzaga. • *Information*: rechts um die Ecke der Kirche Sant'Andrea, Piazza Mantegna 6. Umfassendes Material zu Mantua und zur ganzen Provinz bzw. Region Lombardia. Mo-Sa 9-12, 15-18, So 9-17 h, Tel. 0376/ 328253.

Übernachten

Die preiswerten Möglichkeiten sind beschränkt, seitdem die einzige Billigpension geschlossen wurde und Jugendherberge/Campingplatz in Renovierung sind (wegen Wiedereröffnung im Tourist-Büro nachfragen).

*** **Broletto**, Via Accademia 1, zentral im *centro storico*, alter Stadtpalast mit modernem Innenleben. Solide Ausstattung, wenn auch nicht übertrieben geschmackvoll. Preis erscheint etwas überhöht. DZ mit Frühstück ca. 130 DM, Tel. 0376/326784.
*** **Due Guerrieri**, Piazza Sordello 52, historischer Palazzo in ganz zentraler Lage, teils Blick auf den Palazzo Ducale, altmodisch, Managment manchmal etwas überfordert. DZ ca. 95-130 DM, Tel. 0376/ 325596.
** **ABC**, Piazza Don Leoni 25, direkt vor dem Bahnhof, ordentliches Albergo mit mäßigem Komfort, Zimmer nach hinten nehmen, vorne laut, kleiner Innenhof zum Sitzen. DZ mit Frühstück ca. 75-100 DM, Parkmöglichkeit gratis im Hof, Tel. 0376/ 322329.
*** **Bianchi Stazione**, gleich nebenan am selben Platz, kürzlich renoviert, ge-

schmackvolle Ausstattung, Zimmer ansprechend gefliest, teils elegante schmiedeeiserne Bettgestelle, jeweils Air-Condition, hinten Innenhof zum Sitzen. DZ mit kleinem Frühstück ca. 100-120 DM, Parkplatz ca. 20 DM, Tel. 0376/326465.
* **Marago'**, das einzige Albergo dieser Preisklasse liegt weit außerhalb in Virgiliana, östlich von Mantua. DZ ca. 60 DM, mit Ristorante (Fr geschl.), Preis/Leistungsverhältnis ok, Tel. 0376/370313.
• *Jugendherberge/Camping*: **Sparafucile**, historischer Turmbau, der in Verdis Rigoletto eine Rolle spielt. Liegt an der SS 10 Richtung Nogara und Legnago, ca. 2 km ab Zentrum (über Fluß fahren und auf Schild achten, links direkt an der Straße), Bus 2 oder 9 ab Piazza Cavalotti. Angeschlossen ein **Campingplatz**. Beide seit mehreren Jahren geschlossen.

Essen

Mantua besitzt zahlreiche gute Lokale, aber erfreulicherweise auch einige Self-Services für das schmale Budget. Die Stadt ist ein Zentrum der Schweinezucht in der Po-ebene, bietet aber wegen des nahen Flusses auch reiche Fischvorkommen und dank der vielen Reisfelder ein berühmtes *risotto alla mantovana.* Zu den örtlichen Spezialiäten gehören außerdem: *tortellini di zucca* (Tortellini gefüllt mit Kürbisbrei), *luccio in salsa* (Hecht in Soße) und *stracotto d'asino* (Schmorbraten aus Eselsfleisch).

Besonders stimmungsvoll ißt man an der Piazza delle Erbe in den zwei Lokalen unter den Säulengang des Palazzo della Ragione - **Cento Rampini** (So geschl.) und **Pavesi.** An der benachbarten Piazza Broletto serviert das Ristorante **Ca' Ramponi** eine Vielzahl leckerer Pizzen (Do geschl.).

L'Aquila Nigra, Vicolo Bonacolsi 4 (Seitengäßchen bei der Piazza Sordello), das elegante Ristorante mit Fresken und alter Holzdecke gilt als eins der besten der Stadt, interessante Speisekarte, vielleicht mal Fisch aus dem Mincio kosten, z.B. *luccio in salsa,* Menü ca. 60 DM, So/Mo geschl.

Osteria della Vecchia Mantova, am Ende der Piazza Sordello, rechts vom Dom. Traditionslokal mit Holztäfelung, urige Ausstattung und raffinierte Speisekarte mit tägl. wechselnden Menüempfehlungen, um die 60 DM. Mi geschl.

Quattro Stagione, Via Giuseppe Verdi, 20 m von der Kirche Sant'Andrea. Einfache, aber gemütliche Nachbarschaftstrattoria, reiche Auswahl an Nudeln verschiedener Art - mit Muscheln, *al ragu,* oder *in brodo* (Suppe), gute Fleisch- und Fischgerichte.

Osteria del Quattro Tette, Vicolo Nazione 4, eins der preiswertesten Lokale der Stadt, etwas versteckt in einem Seitengäßchen der Via Cavour. Tägl. wechselnd nur 1-2 Gerichte, die mit Kreide auf einer kleinen Schiefertafel vermerkt werden, beliebt beim jungen Publikum. So/Mo geschl.

Antica Hostaria Leoncino Rosso, Via Giustiziati 33, unter einem Torbogen zwischen Piazza delle Erbe und Piazza Broletto, halb Kneipe, halb Trattoria, von jungen Leuten geführt, die stolz auf die Vielfalt ihrer selbstgemachten Nudeln sind, drinnen bunte Bilder, auch draußen einige Tische. Günstige Preise. So geschl.

Ochina Bianca, Via Finzi 2, Nähe Piazza Virgiliana, moderne geschmackvolle Trattoria, die sich der Mantovaner Küche verpflichtet fühlt, aber auch Experimente wagt. Sehr gutes Risotto, auch Fisch und anderes Flußgetier wird lecker verarbeitet. An warmen Tagen kann man im Hof sitzen. Mo und Di Mittag geschl.

● *Self Service:* **Virgiliano**, Piazza Virgiliana 57, moderner Self-Service in altem Palazzo, nur mittags, Menü um die 12-15 DM. Geöffnet Mo-Fr 12-14.30 h.

Sehenswertes

Das historische Zentrum Mantuas besteht aus vier aufeinanderfolgenden Plätzen. Jeden Donnerstagvormittag findet hier ein riesiger *Markt* statt, der einen großen Teil der Innenstadt in Beschlag nimmt - sehenswert.

Piazza Mantegna: An der kleinen Piazza steht die gewaltige Kirche *Sant'Andrea* - ein gigantomanischer Renaissancebau mit gotischem Campanile, Riesenkuppel und turmhohem Eingangsportal, dessen Rundung sich in der Tonnenwölbung des monumentalen Innenraums fortsetzt - dieser ist samt der hohen Kuppel völlig mit Fresken ausgemalt, sogar die Kassetten an der Decke sind nicht echt, sondern eine raffiniert angelegte perspektivische Täuschung. In der ersten Seitenkapelle links das Grab des Malers Mantegna (✝ 1506), der den Palazzo Ducale und viele weitere Bauten ausgeschmückt hat. Zu sehen sind eine Grabplatte, eine Büste des Künstlers (wahrscheinlich von ihm selber gefertigt) und Gemälde seiner Schüler. Unter der Kuppel ein oktagonales Gebilde mit niedriger Balustrade, in der Krypta darunter wird "Blut vom Leib Christi" aufbewahrt.

Piazza delle Erbe und Piazza Broletto: Der Obst/Gemüsemarkt ist einge-faßt von schönen alten Bürgerhäusern mit Laubengängen, unter denen Tourist-Info, Cafés und zahlreiche Läden liegen. Die mittelalterliche *Rotonda di San Lorenzo* wird flankiert vom *Uhrenturm*, an den sich der zin-nengekrönte *Palazzo della Ragione* anschließt. An der nördlichen Schmal-seite stellt der *Palazzo del Podesta* mit einem überwölbten Durchgang die Verbindung zur kleinen Piazza Broletto her.

Piazza Sordello: das repräsentative Zentrum der Stadt mit Palazzo Du-cale, Dom und zinnenbewehrten Stadtpalästen. An dem weiten offenen Platz finden oft Veranstaltungen, Konzerte etc. statt, mehrere Cafés.

Der *Dom* eine Mixtur verschiedenster Epochen - klassizistische Fassade, gotische Elemente an der Seitenfront, romanischer Glockenturm. Das In-nere in streng klassischen Formen, korinthische Säulen trennen die fünf Schiffe voneinander ab. Zeitweise kann man sich wie in einem römischen oder griechischen Tempel fühlen. Eindrucksvoll die Kassettendecke, ein girlandengeschmückter Fries zieht sich um das Hauptschiff. Linker Hand schöne Kanzel, Altarraum und Kuppel sind mit zahlreichen, meist nicht allzu alten Fresken ausgemalt.

Palazzo Ducale

Äußerlich wenig eindrucksvoll, auch die gewaltige Ausdehnung des Komplexes läßt sich von der Piazza Sordello kaum erahnen. Die zahl-reichen Gebäudeflügel des Gonzaga-Palastes wurden im Lauf mehre-rer Jahrhunderte aneinander angeschlossen und ergeben architekto-nisch ein ziemlich kunterbuntes Bild. Sie gruppieren sich um mehrere Innenhöfe bzw. Gartenanlagen und stehen über die Piazza Castello mit dem mittelalterlichen Castello di San Giorgio in Verbindung.

Die Besichtigung ist teuer, lohnt aber, um einen Eindruck von der (heutzutage oft ziemlich kitschig empfundenen) Prachtentfaltung der Re-naissance- und Barockfürsten zu bekommen - und wegen der herrlichen Fresken Mantegnas, Höhepunkt der Tour. Nur ein Bruchteil der vielen hundert Räume kann besucht werden, vieles steht noch unter Restaura-tion. Ein Führer, stumm wie ein Fisch, geleitet die in Gruppen zusammen-gefaßten Besucher für ca. 12 DM durch ausgewählte Säle, Dauer etwa 1 Std. (Di-Sa 9-13, 14.30-18 h, So/Mo 9-13 h).

Rundgang: Im Folgenden einige der wichtigsten Räumlichkeiten, die zur Besichtigung freigegeben sind. Das *Appartemento degli Arazzi* ist mit schweren flämischen Wandteppichen geschmückt, die nach Vorlagen von Raffael gewoben wurden. Die *Sala dello Zodiaco* prangt mit einem hüb-schen Sternenhimmel, während sich an den Wänden der gewölbten *Sala delle Fiumi* mythologische Gestalten zwischen Weinlaub-Fresken tummeln. An beiden Schmalseiten je ein Brunnen zwischen künstlichen Tropfstein-felsen, beachtlich die zwei Tische mit wunderschönen Marmoreinlegearbei-ten, durch die Fenster Blick in den eleganten Barockgarten *Giardino Pensile*. Es folgt der große Spiegelsaal *Galleria degli Specchi*, danach die *Galleria degli Metamorfosi*, in der einst die naturkundliche Sammlung der Herzöge ihren Platz hatte. Im *Salone degli Arcieri* hängt ein Rubens, die "Anbetung der Könige" (derzeit jedoch nicht zugänglich). Eindrucksvoll mit der prächtigen Decke und ihrer Länge von 65 m ist die *Galleria della Mostra*, wo einer der Gonzaga-Herzöge seine Kunstsammlung ausstellen wollte. Daneben der *Cortile della Mostra*, ein großer Hof für Reiterspiele. Beim Blick aus dem Fenster kann man die anregende Fassadenarchitektur des Komplexes bewundern. Es folgen mehrere aufwendig geschmückte Säle - in der *Loggia dei Marmi* bemerkenswert üppige Blumenverzierungen, während die *Sala di Troia* riesige Deckengemälde und pralles Schlachtgetümmel bietet. In der großzügigen *Sala di Manto* schließlich eine prächtige Holzdecke.

Ein Treppenaufgang führt jetzt in das von einem Wassergraben umgebene *Castello di San Giorgio* mit dem Höhepunkt der Führung - der **Camera degli Sposi** mit den Fresken Mantegnas. Gerade knapp 3 Min. darf man sich hier aufhalten - die kürzlich restaurierten Fresken aus dem 15. Jh. sind extrem empfindlich und könnten durch menschliche Ausdünstung, Atmung etc. beschädigt werden. Zwei Großbilder beherrschen die Wände des Raums - ihre bestechende Realistik und detailgetreue Darstellung ist faszinierend!

Auf dem Hauptgemälde sitzt Lodovico Gonzaga inmitten seiner Familie und Hofleuten, rechts neben ihm sein Sohn und eine junge Tochter, die apfelkauend zu ihrer Mutter aufblickt. Rechts hinter der Fürstin eine weitere ältere Tochter und eine verkrüppelte Hofnärrin. Lodovico berät mit seinem Sekretär gerade einen Brief, während rechts im Bild ein Bote von einem anderen Herzogshof erscheint.

Die zweite Szene spielt im Freien - vor dem Hintergrund einer grandiosen Felslandschaft, in der ferne Städte liegen, empfängt Lodovico seinen Sohn Francesco, der gerade in Rom zum Kardinal ernannt wurde (rechts neben der Tür). Rechts neben Francesco, der im langen kirchlichen Gewand erschienen ist, blicken sich zwei Personen frontal an - die Gestalt dazwischen ist Mantegna, der sich hier selber verewigt hat.

Wenn noch Zeit ist, einen Blick an die Decke werfen - aus der Tiefe des Raumes blickt man unvermutet zu einer kreisrunden Öffnung hinauf, von dessen Rand freundlich lächelnde Mädchen und Putenengel auf den Betrachter herunterschauen. Diese verblüffende Perspektive hat Mantegna als Erster entwickelt, sie wurde später immer wieder kopiert (z.B. im Palazzo del Te → unten).

Palazzo del Te

Die großartige Zweitresidenz der Gonzaga wurde im 16. Jh. weit außerhalb der damaligen Stadt erbaut (ca. 20 Min. zu Fuß ab Palazzo Ducale). Der eigenartige Name hat nichts mit Tee zu tun, sondern ist abgeleitet von "Teieto", wie diese Gegend damals hieß.

Ursprünglich sollte der Palazzo nur eine Villa werden, in der sich Federico II. di Gonzaga zu vergnügen gedachte - in sicherer Entfernung vom offiziellen Herzogsschloß und seiner strengen Etikette. Der Architekt und Innenausstatter Giulio Romano aber schoß weit über dieses Ziel hinaus - er schuf einen eleganten, für seine Zeit hochmodernen Palast, dessen langgestreckte einstöckige Flügel sich heute inmitten eines großen grünen Parks ausbreiten. Frisch restauriert präsentiert sich der Bau in hellem Stein. In den Sälen schuf Romano eine Vielzahl phantastisch-allegorischer Fresken, die zu den Glanzstücken des italienischen Manierismus gehören (Di-So 9-18 h, Mo geschl. ca. 12 DM Eintritt, ohne Führung zu besichtigen).

Die Höhepunkte: die *Sala di Psiche* ist eine einzige Farborgie und opulenter Tummelplatz nackter Jünglinge, holder Maiden und listiger Satyrn - man neckt sich, völlt und gibt sich der Lust anheim, dargestellt sind diverse Szenen aus der griechischen Mythologie. Zwischen zwei Fenstern thront, um ein Vielfaches größer als alle anderen Figuren, ein gigantischer Riese (Frederico?) à la Tarzan an der Wand, eine Riesenkeule locker zwischen die Beine gelegt (die Anspielung ist nicht zu übersehen). Noch deut-

Üppige Wandfresken in der Sala di Psiche

licher die Szene über dem Fenster links daneben - dort lagert ein Wasserwesen mit erigiertem Penis.

In der benachbarten *Camera dei Veduti* sind in runden Medaillons Szenen aus Jagd und Kampf festgehalten, die *Camera degli Stucchi* besitzt sehr schöne Stuckreliefs auf schwarzem Grund, in der *Sala dei Cavalli* sind die Lieblingspferde Federicos verewigt. Am spektakulärsten die *Sala dei Giganti*, die mit abgerundeten Ecken oben wie eine Kuppel zusammenläuft und von einem einzigen großen Gemälde eingenommen wird: die "Rebellion der Giganten" (nach Ovid). Zweifellos eines der eigentümlichsten Bildwerke der Spätrenaissance - die Giganten, riesige bärbeißige Knurrhähne mit finsteren Gesichtern, werden unter einem Inferno zusammenstürzender Bauten begraben, ausgelöst durch den blitzeschleudernden Zeus. Von einem Rundbau hoch oben (ähnlich wie in der Camera degli Sposi im Palazzo Ducale) blicken die olympischen Götter fasziniert auf das himmlische Strafgericht hinunter.

Weitere Sehenswürdigkeiten: das großartige *Teatro Accademia Bibiena* aus dem 18. Jh., Via dell'Accademia 47 (9-12.30, 15-17.30 h, So geschl., ca. 1 DM); der *Palazzo d'Arco*, Nähe Bahnhof, mit einer Sammlung alter Möbel und Bilder, dazu ein prächtig ausgemalter Saal des Malers Falconetto (Di-So 9-12, Do/Sa/So auch 15-17 h, Mo geschl., ca. 5 DM); die *Casa del Mantegna*, das spartanische Wohnhaus des Malers in der Via Acerbi 47, Nähe Palazzo del Te (tägl. 10-12.30, 15-18 h, frei).

Mantua/Umgebung

Reizvolle Schiffsausflüge über die Seen und den Mincio hinunter bis ins 21 km entfernte San Benedetto Po (→ unten) veranstaltet täglich die *Navigazione Fluviale Turistica*, Kostenpunkt ca. 30 DM. Buchung und Information in der Via San Giorgio 10, Tel. 0376/360870.

▶ **Curtatone**: 8 km westlich am Mincio, kleiner Ort mit bedeutender Wallfahrtskirche *Santa Maria della Grazie* nördlich des Orts, an der SS 10. Als 1390 die Pest in Mantua ausbrach, schwor einer der Gonzagaherzöge, eine große Kirche errichten zu lassen, falls die Seuche glimpflich abliefe. Dies geschah tatsächlich und die Kirche wurde erbaut. Vor der Fassade verläuft eine lange Loggia, das Innere beherbergt die wundertätige Statue der *Madonna delle Grazie*: Von "Geheilten" wurden Dutzende Krücken zurückgelassen, in den Seitennischen stehen außerdem zahlreiche Standbilder aus Holz, Wachs und anderen Materialien - sie stellen angeblich zum Tode Verurteilte dar, die die Madonna errettet hat.

Fiera di Grazie

Mehrtägiges Straßenfest Mitte August auf dem großen Platz vor der Kirche. Höhepunkt ist der Wettbewerb der **Madonnari** (Pflastermaler), die in Italien noch häufig aus ausschließlich religiösen Gründen tätig sind. Aus ganz Europa treffen sich hunderte von Straßenkünstlern und malen 24 Std. lang ununterbrochen ein selbstgewähltes Thema auf den Asphalt vor der Kirche. Die Kunstwerke werden anschließend prämiert. Beginn am 13. August abends, Ende 16. August abends (Auskunft: Tel. 0376/49153).

▶ **Villimpenta**: Das kleine Nest ist Zentrum eines großen Reisanbaugebietes. Alljährlich Anfang Juni gibt es ein großes Reisfest, bei dem das nach alten Rezepten gekochte *risotto alla mantovana* serviert wird (Auskunft: Tel. 0376/667509).

▶ **San Benedetto Po**: kleiner Ort mit Benediktinerkloster aus dem 11. Jh., während der Renaissance aufwendig umgestaltet und vergrößert. Zu besichtigen sind die von Giulio Romano gebaute prachtvolle Kirche, mehrere Kreuzgänge, das Refektorium mit Fresken von Correggio (nur Sa 15-18 und So 10-12, 15-18 h) und das volkskundliche *Museo della Cultura Popolare Padana*, in dem auch wertvolle alte Schriften aufbewahrt werden (Di-So 9.30-12.30, 14-17.30 h, Mo geschl., ca 3 DM). Information unter Tel. 0376/615977.

▶ **Sabbioneta**: 33 km südwestlich von Mantua. Herzog Vespasiano Gonzaga begann im 16. Jh. das kleine schläfrige Städtchen zur "idealen Renaissancestadt" auszubauen, um seine Verwandten im nahen Mantua zu übertrumpfen. Nach seinem Tod stoppte man alle geplanten Projekte, die prunkvolle Residenz wurde wieder zur bescheidenen Landwirtschaftssiedlung, die sie noch heute ist. Viel ist von der vergangenen Pracht nicht mehr zu sehen, jedoch ist Sabbioneta von einer komplett erhaltenen Maueranlage samt schmuckem Wassergraben umgeben - statt schwerbewaffneter Hellebardenträger stehen aber heute Weinreben und Tomatenstauden auf den dicht bewachsenen Bastionen.

Parken am besten auf der großen Piazza Castello, dort führt die langgestreckte Säulenhalle *Galleria degli Antichi* zum Lustschloß *Palazzo del Giardino*. Die rechtwinkligen Gassen im Ortskern sind eine typische Schöpfung der Renaissance, die Gebäude aber bis auf wenige Ausnahmen nicht sehr spektakulär. Im Zentrum die Piazza Ducale mit dem *Palazzo Ducale* (prachtvolles Innenleben) und der Pfarrkirche. Wenige Schritte entfernt das umfassend restaurierte *Teatro Olimpico* aus dem 16. Jh. - entworfen nach dem Vorbild des Palladio-Theater von Vicenza (→ dort) - und die *Chiesa dell'Incoronata*, ein achteckiger Backsteinbau mit Zentralkuppel. Das Kircheninnere im Stil des 18. Jh. beherbergt das Grab Vespasianos mit großer Bronzestatue des Herzogs (gelegentlich Ausstellungen, dann kostenpflichtig).

Information: an der Piazza Castello, freundliche Auskünfte, Stadtführungen mit Innenbesichtigungen werden organisiert. Tel. 0375/52039.

Vom Gardasee nach Westen

Roter Faden ist die Autobahn A 4 - immer am Rand der letzten Alpenhügel entlang.

Brescia

(ca. 205.000 Einwohner)

Pulsierendes Wirtschaftszentrum, nach Milano zweitwichtigste Stadt der Lombardei. Genießt nicht den besten Ruf unter den oberitalienischen Kulturstädten - die Peripherie ist von Industrie geprägt, was viele Besucher abschreckt, zudem ist Brescia seit Jahrhunderten eine der größten Waffenschmiede Italiens - das schreckt noch mehr. Wer am nahen Gardasee Urlaub macht, fährt lieber ins malerischunkomplizierte Verona.

Dabei ist das Zentrum durchaus sehens- und erlebenswert: zwar ziemlich krause Mischung von römischen Tempeln, mittelalterlichen Gäßchen, breiten Laubengängen, klassizistischen Prunkbauten und (leider auch) kalter Faschismus-Architektur - doch irgendwie hat das Ganze Stil. Einige Stunden Brescia lohnen durchaus, die Fußgängerzonen sind voller Leben, an jeder Ecke lockt ein sprudelnder Brunnen oder Wasserhahn, am Domplatz findet man gemütliche Cafés.

Anfahrt/Verbindungen/Information

● *Anfahrt/Verbindungen*: **PKW**, Brescia liegt an der A 4 auf halbem Weg zwischen Garda- und Iseo-See. In den vielen Straßen des Zentrums innerhalb der Ringstraße kann man an Parkuhren parken. Große Tiefgarage unter der zentralen Piazza Vitto-rio (6-1.30 h), außerdem der der gut beschilderte "Autosilo Uno" an der Via Vittorio Emanuele (Mo-Sa 7-24 h).

Bahn, Brescia liegt an der vielbefahrenen Bahnlinie von Milano nach Venedig, Züge gehen nach Desenzano am Gardasee, die private Nebenlinie **FMN** auch zum Iseo-See. Bahnhof südwestlich vom Zentrum, der Viale Stazione führt schräg links zur Piazza della Repubblica, dort rechter Hand den Corso Martiri della Libertà nehmen, ca. 15 Min. ins Zentrum (auch Busverbindung).

Bus, gegenüber vom Bahnhof liegen zwei Busstationen - rechter Hand Verbindungen zum Gardasee, Verona, Cremona, Mantua, links (Viale Stazione) nach Milano und zum Iseo-See.

• *Information*: am Corso Zanardelli 34, der größten Fußgängerzone der Stadt (Fr-Mi 9-12.30, 15-18 h, Sa Nachm. und Do geschl.) und an der Piazza della Loggia 6 (Mo-Sa 9.30-18.30 h).

Übernachten

Gegenüber vom Bahnhof eine Reihe von Unterkünften, allerdings recht laut gelegen.

**** Igea, Viale Stazione 15, komfortables Haus neben der Busstation, schallisoliert, Parkplatz, Garage, DZ ca. 150 DM, Tel. 030/44221.

** Nuovo Orologio, Via Cesare Beccaria 17, kleines Hotel ganz zentral, von der Piazza della Loggia durch das Portal des Uhrenturms gehen und noch 50 m weiter. Verwinkelte Angelegenheit, Zimmer hübsch, Bar/Frühstücksraum, DZ ca. 70 DM ohne, 80 DM mit Bad. Keine Parkmöglichkeit, Tel. 030/3772878.

* Rigamonti, Via Mansione 8, wenige Schritte vom Bahnhof, in einem großen Innenhof, in der unteren Preisklasse ok, mit Parkplatz. DZ ca. 65 DM. Tel. 030/40332. Im selben Komplex das Albergo **** Mansione**, Zimmer zum selben Preis, Tel. 030/48152.

* Corallo, Vicolo Nottole 2, Seitengasse des Corso Martiri della Libertà, akzeptabler Standard in renoviertem Haus, leider oft belegt, nur Etagendusche, DZ ca. 40 DM, Tel. 030/42544.

* Stazione, Vicolo Stazione 15/17, DZ mit Bad ca. 80 DM, Tel. 030/3774614.

Essen

Wer exzellent speisen und viel Geld ausgeben will, kann es im **La Sosta** versuchen, Via San Martino della Battaglia 20/Ecke Via Moretto, eingerichtet in einem eleganten Palazzo aus dem 17. Jh., So und im August geschl.

Circolo delle Arti, Via Trieste 3, beliebtes Ristorante, in dem man auch im Freien sitzen kann, gutes Angebot an Fisch und Meeresfrüchten. Mo geschl.

Mezzaria, Via Trieste 66, Trattoria mit leckerer bodenständiger Küche, hausgemachte Nudeln. So und Juli/August geschl.

Le Arcate, Freiluftlokal unter den Arkaden an der Piazza Mercato, hübsch zum Sitzen.

Serraglio, Via Calzavellia 3/a, in einer Seitengasse der Fußgängerzone Corso Mameli, angenehme Trattoria und Pizzeria, schönes altes Gewölbe in klaren simplen Formen, Wandlampen spenden warmes Licht.

Sehenswertes

Die Fußgängergassen von Brescia lohnen einen Streifzug: der *Corso Mameli*, der am Westende von einem imposanten Mittelalterturm mit schönem Brunnen abgeschlossen wird, der *Corso Palestro*, der anschließende breite *Corso Zanardelli* mit seinen malerischen Arkadengängen und als besonderer Leckerbissen der urig-schmale *Corsetto di Sant'Agata* links neben der Post.

Einige mittelalterliche Gäßchen mit Cafés findet man zwischen Domplatz und Piazza della Loggia, ein großer Markt findet Mo-Fr auf der Piazza Rovetta nördlich der Piazza della Loggia statt, ebenso auf der Piazza Mercato.

Domplatz: Der Dom erschlägt einen fast mit seiner hohen Kuppel und der riesenhaften klassizistischen Fassade, sein Bau kann nur als eklatanter Stilbruch bezeichnet werden. Unmittelbar rechts davon steht, eingesunken im Pflaster, der frühere romanische Dom, die sog. *Rotonda* (leider meist versperrt). Im Inneren wertvolle Gemälden, Grabmäler und Krypta aus dem 9. Jh. Links vom Dom der romanische *Broletto*, ein kommunaler Palazzo mit hohem Turm und schönem Innenhof.

Piazza della Loggia: typisch venezianischer Platz aus der Zeit, als Brescia zur Republik von Venedig gehörte (15-17. Jh.), selbst die Tauben fehlen nicht. Er ist umgeben von niedrigen Palazzi, beherrschend die große *Loggia*, an der unverkennbar auch Palladio mitgewirkt hat, gegenüber der *Uhrenturm* nach dem Vorbild am Markusplatz. Beim Durchgang unter dem Uhrenturm ein Mahnmal für die Opfer eines Anschlags der Roten Brigaden, bei dem im Mai 1974 mehrere Menschen getötet wurden.

Piazza della Vittoria: Der mittelalterliche Platz wurde in den dreißiger Jahren zu einem faschistischen Musterplatz umgebaut - die himmelhohen, kalten und glatten Wände mögen ja ein interessantes Architektur-Monument sein, schön sind sie nicht. An der Nordseite die gestreifte Monsterfassade der Post, an der Längsseite ein kantiger Uhrenturm und Arkaden mit Geschäften.

Tempio Capitolino, Monastero di Santa Giulia und Castello: An der gehsteiglosen Via dei Musei liegen die recht imposant wirkenden Reste der römischen Stadt Brixia. Die Fassade des *Tempio Capitolino* - der größte Tempel im nördlichen Italien - wurde mit Ziegelwerk teilweise rekonstruiert, dahinter öffnen sich die ebenfalls rekonstruierten "cellae" dreier Tempel, in denen Mosaike, Inschriftentafeln etc. untergebracht sind. Ein darüberliegendes *Museo Civico Romano* zeigt Bronzestatuen, Keramik, Glas und Münzen (Di-So 10-12.30, 15-18 h, Mo geschl., ca. 4 DM).

Ein Stück die Straße weiter der *Monastero di Santa Giulia*, ein großer Klosterkomplex mit mehreren Kirchen und dem *Museo dell'Età Christiana,* das jedoch seit langem in Restauration ist (Di-So 10-12.30, 15-18 h, Mo geschl., nur mit Führung).

Neben dem Komplex führt die Via Piamarta zum *Kastell* hinauf - es wurde mehrfach umgebaut und beherbergt heute einen kleinen Zoo, ein Observatorium, ein Museo del Risorgimento und ein großes Waffenmuseum (Di-So 10-12.30, 15-18 h, Mo geschl.).

Sonstiges: Die *Chiesa di Santa Maria dei Miracoli* am Corso Martiri besticht durch ihre überreich geschmückte Renaissance-Fassade.

Das *Museo Tosio-Martinengo*, Piazza Moretto 1, gibt einen ausgezeichneten Überblick über die lombardische Malerei vom Mittelalter bis zum Barock, gut vertreten sind natürlich die Maler aus Brescia (u.a. Moretto), ergänzt durch einzelne Werke von Raffael, Tintoretto und Lorenzo Lotto (Di-So 9-12.30, 15-18 h, Mo geschl.).

Iseo-See (Lago d'Iseo)

Der kleinste der vier großen oberitalienischen Alpenseen ist auch der am wenigsten bekannte. Und das ist gut so, denn ein Rummel à la Gardasee würde dem Iseo-See ganz und gar nicht bekommen. Das Wasser wirkt sauber, die Vegetation ist vor allem in der südlichen Hälfte phantastisch.

Die Orte, die für einen Urlaubsaufenthalt in Frage kommen, sind jedoch beschränkt - im Norden rahmen weitgehend steile Felsufer die schmale Wasserfläche ein, in Lóvere dominieren Fabrikanlagen. Der breite Süden ist das eigentliche Touristenzentrum - um das freundliche Städtchen Iseo liegen zahlreiche Hotels und Campingplätze, letztere so gut wie immer direkt am See und meist mit guten Bademöglichkeiten. Fast alle ausländischen Besucher - hauptsächlich Deutsche und Niederländer - lassen sich hier nieder. Größter Leckerbissen für Individualisten ist der *Monte Isola*, eine steil aufragende und vollständig bewaldete Insel dicht vor dem Ostufer.

● *Anfahrt/Verbindungen*: **PKW**, am besten auf der Autobahn A 4 von Verona oder Milano nach Iseo am Südende vom See. Die SS 42 ab Bolzano führt das Val Camonica hinunter und trifft in Lóvere ans Nordende des Sees, ist aber äußerst langwierig. **Bahn**, ab Brescia gemächliche, privat betriebene Nebenlinie **FMN** am Ostufer entlang und das Val Camonica hinauf bis Edolo.

Schiff, die Fähren der **Navigazione sul Lago d'Iseo** laufen etwa stündl. die meisten Orte am See an, außerdem die Insel Monte Isola (→ unten). Detaillierter Fahrplan an jeder Anlegestelle erhältlich. Kreuzfahrten mit Lunch an Bord können gebucht werden (Fahrt und Essen je 20 DM).

Iseo

(ca. 8000 Einwohner)

Rundum gemütliches Urlaubsstädtchen, bei weitem bestes Standquartier am See. Beliebt bei Deutschen, trotzdem vom Rummel noch nicht überwältigt. An Wochenenden allerdings beliebtes Ausflugsziel für die Bewohner der nahen Städte Bergamo und Brescia.

Hinter der Uferpromenade mit frisch gepflanzten Palmen, an der sich tagsüber Angler und Spaziergänger treffen, erstreckt sich ein kleines Altstadtviertel mit engen Gassen und der kleinen zentralen Piazza Garibaldi, auf der ein moosbewachsener Steinklotz mit der Statue des Risorgimento-Helden steht. Wochentags findet hier der Markt statt. Im Café unter den Arkaden kann man in Ruhe die neuesten deutschen Zeitungen lesen, abends läßt man in den Bars und Gelaterie am Seeufer den Tag ausklingen. Ein Freibad liegt westlich vom Ort.

Information/Übernachten

● *Information*: am Lungolago Marconi, sehr freundliches Personal, es gibt eine exzellente Karte des Sees (mit Fußwegen), Hotelverzeichnis und diverses Prospektmaterial. Alle Mitarbeiter sprechen deutsch. Tägl. 9-12.30, 15.30-18.30 h, Tel. 030/
● *Übernachten*: Hotels meist mit Pensionspflicht und Mindestaufenthalt von einigen Tagen.
*** Ambra, Porta G. Rosa 2, ganz zentral an der Uferpromenade, wenige Meter von der Schiffsanlegestelle. Ordentliches Haus mit gutem Service und Ristorante, Zimmer mit Balkon und teilweise Seeblick. DZ mit Frühstück ca. 110-130 DM, mit Pension derselbe Preis pro Pers., Tel. 030/980130.
** Milano, Lungolago Marconi 4, sehr gepflegtes Haus direkt am See, breite Gänge und komfortable Zimmer mit Teppichböden, TV und geschmackvoll-rustikalem Mobiliar, niederländisch-italienische Leitung, die charmante Tochter Roberta ist sehr um das Wohl ihrer Gäste bemüht. DZ mit Frühstück ca. 100 DM, Tel. 030/980449.
Die preiswerten Unterkünfte liegen in der Stadt, ein Stück vom See, z.B. *** Il Cenacolo** an der lauten Via Mirolte 13, DZ ca. 45 DM, Tel. 030/980136.

Camping Del Sole, ca. 1 km westlich von Iseo, einer der besten Plätze am See, flaches Wiesengelände mit Bäumen, Stellplätze teils direkt am See, sanitär ok, in den Duschen immer heißes Wasser, Bungalows, Tennis, Pool, Tel. 030/980288.

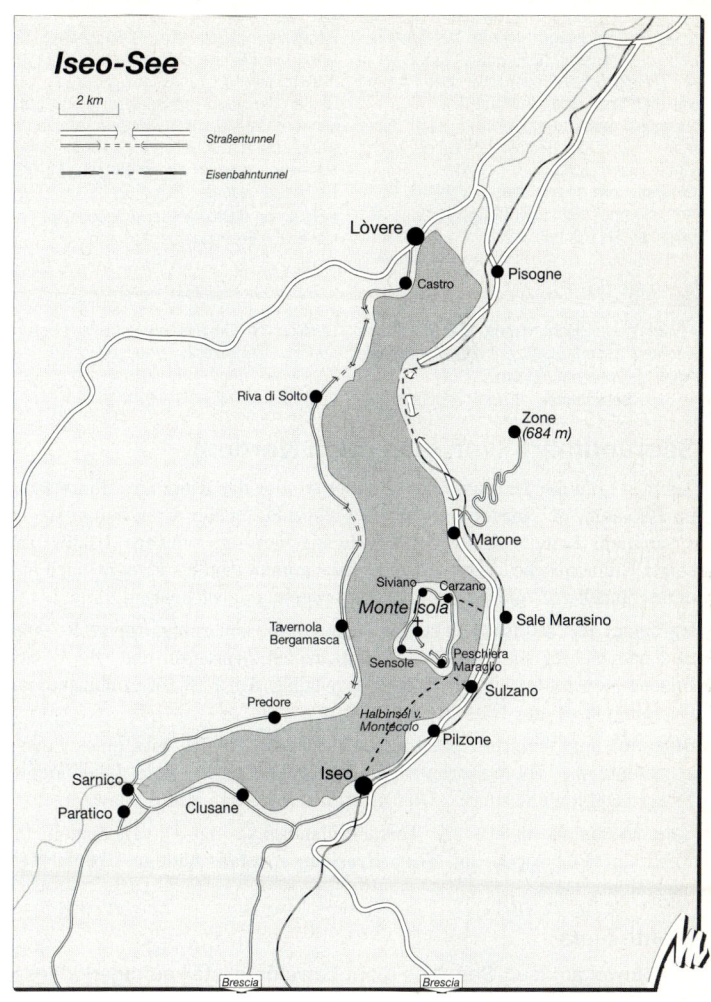

Iseo-See

2 km

Straßentunnel

Eisenbahntunnel

Lòvere

Castro

Pisogne

Riva di Solto

Zone
(684 m)

Marone

Siviano   Carzano

Monte Isola

Sale Marasino

Tavernola
Bergamasca

Sensole

Peschiera
Maraglio

Sulzano

Predore

*Halbinsel v.
Montecolo*

Pilzone

Iseo

Sarnico

Paratico   Clusane

Brescia   Brescia

Caravan Camping Sassabanek, westlich benachbart zu Del Sole, Wiesenfläche mit Bäumen, benachbart großes Sportzentrum mit mehreren Tennisplätzen und zwei großen Pools (für Camper gratis), Tel. 030/980300. Beide Plätze nicht ganz billig.

Weitere Plätze in Richtung Clusane: **Le Bettulle**, **Clusane** und **Girasole**.
Unmittelbar östlich von Iseo die beiden Plätze **Camping d'Iseo** und **Punta d'Oro** zwischen See und wenig befahrener Bahnlinie.

Essen

Il **Bruco**, Lungolago Marconi 20, schöner Blick aufs Wasser, dazu gute Pizza, Gnocchi (Teigklößchen) *coregone* oder Forelle aus dem See - was will man mehr.

Promessi Sposi, gemütlich im alten Zentrum, neben der Piazza Garibaldi, auch Zimmervermietung.

Le **Maschere**, Vicolo della Pergola 7, vom Ambiente her nicht überwältigend, aber die fantasievolle Küche von Vittorio hat einen Michelin-Stern errungen, gehobene Preise.

Reservierung unter Tel. 030/9821542. So Abend und Mo geschl.

Il **Volto**, Via Mirolte 33, etwas zurück vom See an der Hauptstraße landeinwärts. Sehr schöne Osteria mit rustikalem Ambiente, wunderbarer Küche und exquisiter Weinauswahl - rundum zu empfehlen. Mi und Do Mittag geschl.

● *Eis*: **Leon d'Oro**, an der Anlegestelle, fantastisches Eis in riesiger Auswahl.

Nachtleben/Sport

● *Nachtleben*: **Schumanns Bar** in einer kleinen Gasse im Ortszentrum; **Disco Maniax** in Pilzone, Via Veneto.

● *Sport*: **Sassabanek**, großes Sportzentrum

westlich vom Ort, mehrere Schwimmbecken, Tennis, Liegewiese, Badestrand, Sauna, Wasserski-, Segel- und Windsurfschule, Tretboote u.a. Eintritt je Saison 10-15 DM.

Seerundfahrt (von Iseo nach Norden)

Lohnt wegen der Impressionen - immer wieder der Klotz des Monte Isola im Blickfeld, im Norden rücken die Felswände beider Ufer immer enger zusammen. Leider meist viel Durchgangsverkehr, schwere Laster, rasende Einheimische ... Das Ostufer entlang kann man bis Pisogne auch mit den schmucken Züglein fahren, die hier regelmäßig verkehren.

▶ **Halbinsel von Montecolo**: steiles grünes Kap, sehr ruhig, üppige Vegetation und dichter Baumbestand, hauptsächlich Zypressen und Oliven, um Pilzone jedoch durch Ferienhäuser zersiedelt. Am Fuß der Halbinsel vier Campingplätze - für Naturfreunde.

▶ **Sulzano**: liegt inmitten prächtig bewachsener Hänge, Sitz eines Segelsportzentrums. Hauptfährhafen für die gegenüberliegende Insel Monte Isola (5 DM hin und zurück, Überfahrten etwa alle 15 Min.).

▶ **Sale Marasino**: in schöner Terrassenlandschaft mit Olivenbäumen, im Kern eine Pfarrkirche mit alten Fresken, ebenfalls häufige Überfahrten nach Monte Isola.

Monte Isola

Das Juwel am Iseo-See, eine dicht bewaldete, steil aufragende Insel mit mehreren einfachen Fischerdörfern - die größte in einem italienischen See. Ideal zum Wandern und Relaxen: Autos sind auf Monte Isola verboten! Einer der wenigen Winkel Italiens, wo keine Blechmobile hinkommen - Balsam für die Seele.

Schon die Überfahrt macht viel Spaß, zwischen Sulzano und Peschiera Maraglio pendeln hauptsächlich Inselbewohner - zum Arbeiten und Einkaufen fährt man aufs Festland, zur Mittagspause mal eben zurück, dann geht's wieder rüber. Eine Straße umrundet das ganze Massiv, jeder Insulaner besitzt ein Mofa oder einen Roller. Abgesehen von dem sporadischen Geknatter herrscht himmlische Ruhe.

Alle Viertelstunde Überfahrt zum Monte Isola

Da weitgehend Steilküsten vorherrschen, gibt es kaum richtige Badestrände, aber doch immer wieder Stellen, wo man ins Wasser steigen kann. Die Wandermöglichkeiten sind zahlreich - die Inselumrundung dauert ca. 2-3 Std. (8 km) und von allen Orten führen Wege hinauf zur Wallfahrtskirche *Santuario di Madonna della Ceriola*, die in 800 m Höhe auf der Spitze der Insel thront.

Im Hauptort **Peschiera Maraglio** einfache Uferpromenade mit einer Handvoll Shops und zwei, drei Fischtrattorie. Dahinter handtuchschmale Gassen und winklige Treppen, erholsam kühl, da kein Sonnenstrahl hineinfällt. In der klassizistischen Pfarrkirche viel Gold, Wand- und Deckengemälde, einen Blick wert.

Einen Inselplan findet man etwa 200 m rechts der Anlegestelle. Geht man in dieser Richtung weiter und nach ca. 500 m links die Straße hinauf, kommt man zum Santuario auf der Spitze der Insel (Weg ist beschildert, im Sommer sind ständig Wanderer unterwegs).

Geht man von der Anlegestelle links, kommt man an einigen idyllischen Ferienhäusern mit wunderschönen Gärten vorbei und erreicht schnell das einzige Hotel im Ort.

Wer die nötige Ausrüstung hat: in Carzano an der Nordwestecke der Insel hat ein einfacher Campingplatz seine Pforten geöffnet - angeblich sogar ganzjährig.

● *Anfahrt/Verbindungen*: ab **Ostufer** alle 15 Min. Verbindungen von Sulzano nach Peschiera Maraglio und etwa stündl. von Sale Marasino nach Carzano. Vom **Westufer** ca. stündl. von Tavernola nach Sensole und Siviano. Außerdem laufen fast alle sonstigen Seefähren die Insel an - mehrmals tägl. gehen z.B. Schiffe direkt ab Iseo, Sarnico und anderen Küstenorten.

Auf Monte Isola verkehrt mindestens stündl. (oft häufiger) ein **Bus** von Peschiera über Sensole, Menzino und Siviano nach Carzano (ca. 5-23 h, Sa bis 24 h).

● *Übernachten*: **** La Foresta**, in Peschiera Maraglio von der Anlegestelle ca. 200 m nach links. Modernes Haus mit schattigem Garten direkt am Wasser, große Balkons mit Seeblick, wunderbar ruhig, Ristorante vorhanden, DZ mit Frühstück ca. 110 DM, Tel. 030/9886210. Je ein weiteres Hotel in Carzano und Sensole, in Siviano zwei.

Camping Monte Isola in Carzano am Wasser, Tel. 030/988126.

▶ **Marone:** größerer Ort mit historischem Kern, dahinter erhebt sich der Monte Guglielmo (1949 m), mehrere Campingplätze. Eine 7 km lange, extrem steile Serpentinenstraße zweigt nach *Zone* ab, unterwegs Ausblicke auf die "Piramidi di Erosione", bizarr erodierte Felsspitzen.

Nördlich von Marone ausgedehnte Tunnel- und Galerienstrecke bis kurz vor Pisogne. Tolle Ausblicke auf die gegenüberliegende Steilküste von Castro.

▶ **Pisogne:** freundliches Städtchen mit altem Ortskern - breite Laubengänge und enge Gassen, in der Kirche Santa Maria della Neve Fresken von Romanino (15. Jh). Am See große Piazza und mächtiger Bischofsturm, prima Eis gibt's in der Bar Centrale. Camping Eden liegt fast direkt im Zentrum, schmaler Badestrand davor.

▶ **Lóvere:** liegt am Nordende, größter Ort am See, aber Ferienstimmung kommt wegen der ausgedehnten Fabrikanlagen nicht auf. Viel Verkehr auf der Durchgangsstraße. Abzweig nach *Castro* nicht verpassen, Hauptstraße SS 42 führt weiter zum *Lago di Endine* .

Zwischen Castro und Riva di Solto schönstes Streckenstück der Seeumrundung - wilde weiße Steilküste mit turmhohen Wänden, fast senkrecht, z.T. sogar überhängend, darunter tiefgrünes Wasser.

▶ **Riva di Solto:** schmal an den See gebaut, die Straße führt direkt am befestigten Ufer entlang. Oberhalb das altertümliche Örtchen *Zorzino.* Ein Campingplatz.

▶ **Tavernola Bergamasca:** ebenfalls Durchgangsstraße direkt am Wasser, oberhalb davon schöne Hausfronten. Dahinter die Dorfkirche, die mit ihrem warmen dämmrigen Licht zu einem Moment der Besinnung einlädt. Ein Großteil der Häuser liegt am Berghang weit oberhalb vom See. Neben dem Ort aufgerissene weiße Felsflanken und ein lautes Schotterwerk.

▶ **Predore:** kleines Dörfchen mit wenigen Gassen und mächtiger Pfarrkirche. Hoch über dem Ort die weiße Kirche *San Gegorio,* beschilderter Fußweg ab Piazza an der Durchgangsstraße. Am See in betörender Lage das Feinschmeckerlokal Il Gabbiano.

Sarnico

Am schlauchförmigen Ausfluß des Sees, nicht so anheimelnd wie Iseo, viel Durchgangsverkehr, man lebt von der Herstellung von Motorbooten. Die Werft "Riva" an der Straße nördlich vom Ort zählt zu den weltbesten Bootsherstellern.

Im Zentrum zieht sich ein kleines Altstadtviertel einen Hügel hinauf, am Fluß schöne Promenade, am anderen Ufer das Dorf *Paratico.* Viel weniger Touristen als im nahen Iseo, trotzdem quicklebendiges Städtchen. Badestrand nördlich vom Zentrum.

● *Übernachten:* ** **Stazione**, Via Roma 12, auf der Paratico-Seite vom Fluß, großes Hotel mit Restaurant und prächtigem Garten, sehr saubere Zimmer, teils mit Badewanne, unbedingt zur Flußseite hin nehmen. DZ ca. 70-90 DM, Tel. 035/910230.
Camping Nettuno, etwas nördlich außerhalb direkt am See, benachbart der öffentliche Strand Lido Comunale.

● *Essen:* **Al Tram**, großes Ristorante an der Uferstraße. Mi geschl. Abgasfreier ißt man in der Altstadt.
Supergemütlich die Bar **San Marco** mit Fellsitzen, Eisspezialitäten.

▶ **Clusane**: wenig aufregender Ferienhausort mit moderner Uferpromenade, im Umkreis fünf Campingplätze zwischen Straße und Seeufer. Hier mal "tinca al forno" (gebackene Schleie) kosten - dafür ist Clusane traditionell bekannt, besonders gut z.B. in der *Antica Trattoria del gallo* (Di geschl.).

Parco Nazionale delle Incisioni rupestri

Im Val Camonica nördlich vom Iseosee sind im Nationalpark um *Capo di Ponte* über 100.000 prähistorische Felszeichnungen erhalten - von der Jungsteinzeit bis zur Besetzung durch die Römer. Ein einzigartiges Zeugnis der frühen Bevölkerung des Tals (tägl. 9 h bis Sonnenuntergang).

Eine Karte mit den Fundorten der Felsen gibt es im *Centro Camuno di studi preistorici* - in der Nähe liegen die *Massi di Cemmo* (zwei große Felsen mit vielen Zeichnungen), ansonsten findet man die meisten Sgraffiti um *Naquane*, außerdem im *Parco di Nadro*, dort auch ein interessantes Museum.

Anfahrt: mit dem Zug ab Brescia (bzw. Iseo oder Pisogne) bis **Capo di Ponte**, ca. 10 DM einfach.

Bergamo

(ca. 125.000 Einwohner)

Historisches Zentrum in den hügligen Ausläufern der Südalpen. Bergamo besteht aus zwei völlig getrennten Bereichen: die Altstadt - città alta - ist perfekt erhalten und thront auf einem hohen Plateau über der città bassa, der geschäftigen Neustadt in der Ebene. Besonders reizvoll - man kann mit einer Standseilbahn hinauffahren.

Das *centro storico* ist für den Autoverkehr weitgehend gesperrt und erholsam ruhig geblieben. Milano liegt jedoch nur einen Katzensprung entfernt und an Wochenenden wimmelt es von Städtern, die dem heißen Asphaltdschungel entfliehen, um hier die etwas kühlere Bergluft zu genießen. Auf Touristen ist man eingerichtet, die Ristoranti übertrumpfen sich gegenseitig mit kitschiger (Alpen-)Folklore, die alten Pflastergassen sind mit schönen Cafés und Boutiquen gesäumt. Das Preisniveau ist hoch, die Urlauber lassen reichlich Geld in der Stadt - als schicker Naherholungsort hat Bergamo sicher eine große Zukunft vor sich.

Anfahrt/Verbindungen

• *PKW*: in der Unterstadt Parkhaus in der **Via Paleocapa**, gebührenpflichtig parken kann man auch auf der **Piazza della Libertà**. Auf halbem Weg in die Oberstadt liegt am Viale Vittorio Emanuele die Talstation der **Standseilbahn** (dort im Umkreis nur wenige Stellplätze).

Man kann auch den langen gebogenen Viale Vittorio Emanuele direkt in die Città Alta hinauffahren, gebührenpflichtig parken an der **Piazza Mercato di Fieno**.

• *Bahn*: Vom Bahnhof führt der Viale Giovanni XXIII geradeaus ins Zentrum der Neustadt. Wer direkt in die Altstadt will, nimmt Bus 1 oder 3 (stoppt unterwegs an der Talstation der Standseilbahn → Sehenswertes).

Information

APT an der Hauptstraße der Neustadt, Viale Giovanni XXIII 110 (vom Bhf. geradeaus). Mo-Fr 9-12.30, 15-17.30, Sa/So geschl. Tel. 035/242226. Weiteres Büro in

der Altstadt in einem kleinen Seitengäßchen der zentralen Piazza Vecchia (beschildert), Tel. 035/232730. Es gibt u.a. gute
Stadtpläne.

*Ü*bernachten

*** **Piemontese (13)**, Piazzale G. Marconi
11, großes, recht komfortables Haus vis à
vis vom Bahnhof, Zimmer mit TV, allerdings
laut, DZ ca. 120 DM, Tel. 035/242629.

*** **Arli (9)**, Largo Porta Nuova 12, gut aus-
gestattes Stadthotel in ganz zentraler und
ebenfalls lauter Lage, in den modernen
Zimmern TV und Minibar, Garage vorhanden. DZ ca. 130 DM, Tel. 035/222014.

*** **Gourmet (1)**, Via San Vigilio 1, sehr gutes Restaurant, das auch komfortable Zimmer in einer alten Villa vermietet, reizvolle
und ruhige Lage hoch über der Oberstadt
(beschildert), zu erreichen mit Auto (steile
Anfahrt) bzw. per Funicolare, DZ ca. 110
DM, Parkplatz, Tel. 035/256110.

** **Agnello d'Oro (6)**, Via Gombito 22, an der
Hauptgasse der Oberstadt, nicht zu übersehen, schmales historisches Haus aus dem
17. Jh., unten vielgelobtes Ristorante (→ Essen), plüschig eingerichtet, Zimmer einfach,
am besten eins vorne raus nehmen, DZ um
die 95 DM, Tel. 035/249883.

** **Sole (5)**, Via Colleoni 1/Ecke Piazza Vecchia, ebenfalls Città Alta, originelles Haus,
ausstaffiert wie ein Museum, unten Ristorante (→ Essen), dahinter das verwinkelte
Innenleben mit ordentlichen Zimmern und
guten Bädern. DZ ca. 100 DM, Tel. 035/
218238.

* **Sant'Antonio (12)**, Via Paleocapa 1, vom
Bahnhof die Straße hinauf und nach 200 m
links, kein besonders schöner Kasten, aber
soweit ok, einfach und funktional, günstiges Restaurant (→ Essen), DZ um die 55
DM mit Bad, ohne 47 DM, Tel. 035/210284.

● *Jugendherberge*: **Città di Bergamo**
(IYHF), Via Gallileo Ferraris 1, etwas außerhalb, nicht besonders attraktiver Bau in
sehr schöner Lage. Mit Bus 1 oder 3 bis
Porta Nuova, dann Bus 14. Etwa 15 DM
pro Pers., Tel. 035/342349. War 1994/95
wegen Renovierung geschlossen.

*E*ssen

Kulinarisch ist dank der idealen Lage zwischen Poebene und Alpen viel geboten,
die Preise sind gehoben. Die Restaurants
in der Oberstadt reihen sich an der langen
Hauptgasse, sind durchwegs einladend

Bergamo

Hotels

❶ Gourmet
❺ Sole
❻ Agnello d'Oro
❾ Arli
⓬ Sant'Antonio
⓭ Piemontese

Restaurants

❷ Cozzi
❸ Da Franco
❹ Del Colleoni
❼ Tre Torri
❽ La Cantina
❿ Airoldi
⓫ Da Vittorio

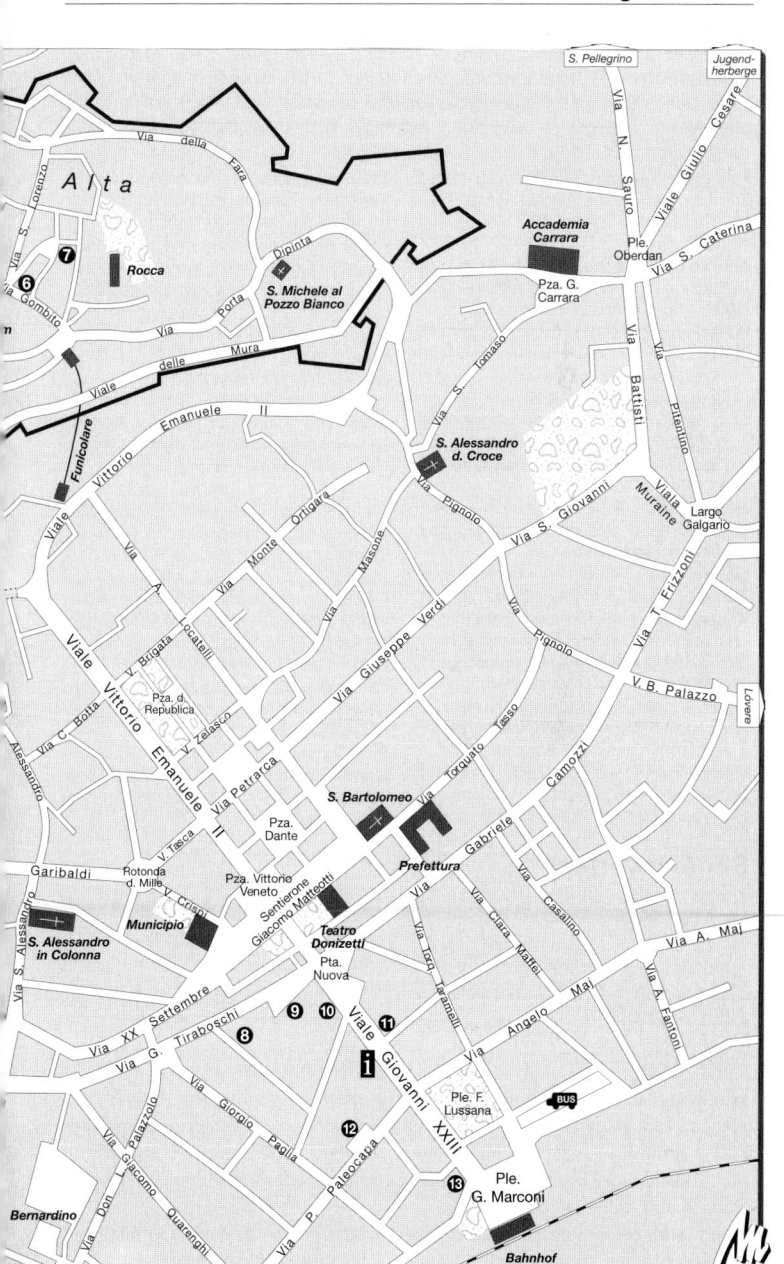

und hübsch eingerichtet, viele haben nach hinten einen Garten. Eine Bergamasker Spezialität sind die leckeren *casoncelli (casonsei) alla bergamasca*, eine Art gefüllter Ravioli, weiterhin Risotto mit Steinpilzen (*funghi porcini*) und *polenta e uccelli* (Maisfladen mit Vogel). Die berühmte Leckerei *polenta e öseii*, eine Kalorienbombe aus gelbem Teig gekrönt von Schokoladenvögeln, ziert die Auslagen zahlreicher Konditoreien.

● *Città Alta*: **Taverna del Colleoni (4)**, teures Terrassenlokal an der schönen Piazza Vecchia, vielseitige Speisekarte. Mo und im August geschl.

Agnello d'Oro (6), Via Gombitto 22, an der Hauptgasse, urig-gemütlich, selbstgemalte Bilder und Kupferarbeiten des Besitzers bedecken die Wände, im Angebot diverse Risotti, natürlich die leckeren *casoncelli alla bergamasca* und Polenta mit kräftigen Fleischgerichten. Mo geschl.

Sole (5), Via Colleoni 1, an der Hauptgasse/ Ecke Piazza Vecchia, ein weiteres Schmuckstück, zwischen unzähligen Bildern, eingelegten Pilzen, alten Uhren und anderen mechanischen Geräten Marke Uralt speist man gepflegt, hinten große Terrasse unter schattigem Dach. Do geschl.

Da Franco (3), Via Colleoni 8, Ristorante/ Pizzeria auf einer kleinen Piazza an der Hauptgasse, etwas einfacher gehalten als der Großteil der anderen Lokale, Spezialität die Pizze und *risotto ai funghi porcini.*

Tre Torri (7), Piazza Mercato del Fieno 7/a, etwas abseits der Hauptgasse, rustikale Trattoria mit einer Handvoll Tische im engen Gewölbe, gute Stimmung. Mi geschl.

Vineria Cozzi (2), Via Colleoni 22, ein echtes Schmuckstück mit prächtiger altertümlicher Einrichtung, man trinkt sein Gläschen an der Theke, oft geht es hoch her. Mi geschl.

Café in der Funicolare-Station, wunderbarer Blick über die ganze Stadt.

● *Città Bassa*: **Da Vittorio (11)**, Viale Papa Giovanni XXIII 21, weitbekannter Gourmettip mit einem Michelin-Stern, man speist zu stolzen Preisen auf samtbezogenen Stühlen hervorragenden Fisch, aber auch gute Nudelgerichte mit frischen Pilzen. Menü um die 80 m und aufwärts. Mi und August geschl.

Airoldi (10), Viale Papa Giovanni XXIII 18, Delikatessengeschäft mit einer Auswahl, daß einem das Wasser im Munde zusammenläuft, an den Tischen im Souterrain kann man dann das oben Erspähte gleich verspeisen. Nur mittags, So geschl.

Piemontese (13), Ristorante/Pizzeria vis à vis vom Bahnhof im gleichnamigen Hotel (→ Übernachten). Architektonisch gekonnt ist der moderne Anbau integriert, flächendeckende Fenster lassen im Sommer viel Luft und Licht herein. Leider viel Verkehr.

La Cantina (8), Via Ghislanzoni 3, uriges Kellerlokal mit langen Holztischen, vor allem spätabends ein Tip. So geschl.

Sant'Antonio (12), Via Paleocapa 1, im einfachen Speiseraum des Hotels gibt's subventioniertes Essen zu reduzierten Preisen. Sa/So geschl.

Sehenswertes

Um in die Altstadt zu kommen, mehrere Möglichkeiten: mit dem Wagen oder Bus direkt hinauf, mit dem Funicolare ab Station am Viale Vittorio Emanuele (alle 10 Min., ca. 1,20 DM einfach, letzte Fahrt hinunter ca. 19.30 h) - oder den Treppenweg nehmen, der unmittelbar hinter der Talstation beginnt (ca. 15 Min.).

Città Alta

Hügliges Auf und Ab, alles mit dunkelrotem Stein gepflastert, die venezianische Stadtmauer aus dem 16. Jh. ist noch vollständig erhalten. Der Funicolare endet am früheren Marktplatz, *Mercato delle Scarpe*. Vom Café in der Station nicht den Superblick auf die Unterstadt versäumen. Neben der Station eine schöne alte Apotheke.

Beim Bummel die lange Hauptgasse entlang fallen die vielen gepflegten, oft altertümlich eingerichteten Läden, Cafés und Pasticcerie auf.

Die filigrane Marmorfassade der Cappella Colleoni

Piazza Vecchia: das harmonische Zentrum der Altstadt - kleinstädtisch ruhig, in der Mitte ein Brunnen, wenn spätnachmittags die heiße Sonne verschwindet, spielen hier überall die bambini. Dominierend der quergestellte gotische *Palazzo della Ragione*, das frühere Rathaus, mit einer breiten Säulenhalle im Erdgeschoß, die man durchquert, um auf den anschließenden Domplatz zu gelangen. Quer durch die Halle zieht sich eine Art *Sonnenuhr* mit Tierkreiszeichen und ellipsenförmigen Bögen - die Zeit konnte man mit Hilfe eines Apparats ablesen, der unter den Arkaden aufgehängt war. Seitlich steht der exakt 52,76 m hohe *Torre Civica*, der besichtigt werden kann (9-12, 14-20 h, Fr/Sa bis 23 h, ca. 2 DM).

Piazzetta del Duomo: prächtiger kleiner Platz mit zwei Kirchen, Baptisterium und der Grabkapelle der Colleoni.

Linker Hand der klassizistische *Dom* - im Inneren großzügig und hell, reichlich Goldverzierungen, über dem Altar eine große goldene Krone. Zahlreiche Gemälde, in der Apsis ein Werk von Tiepolo. Schön die hohe Nebenkapelle links, die mit indirektem Licht diffus beleuchtet wird.

Die romanische Kirche *Santa Maria Maggiore* geradeaus ist ungleich monumentaler und gehaltvoller als der Dom. Die Fassade fehlt, man betritt den imposanten Innenraum von der Seite durch einen reich geschmückten Torbau - wertvolle Teppiche schmücken die Wände (am beeindruckendsten die gewaltige Kreuzigungsszene an der Rückwand), die Gewölbe sind über und über mit Stuckengeln, Gold und Gemälden verziert. Links und rechts vom Altarraum zwei vergoldete Fürstenlogen, sehr schön die geschnitzte Chorschranke mit herrlichen Intarsien (u.a. "Sintflut" und "Arche Noah"). Beachtenswert die ältesten Wandmalereien der Kirche (14. Jh.) - "Szenen aus dem Leben des heiligen Eligio" und "Das Letzte Abendmahl" gleich beim Eingang und genau gegenüber "Der Stammbaum der heiligen Bonaventura".

Angebaut an die Kirche ist die phantastische Renaissance-Fassade der *Cappella Colleoni* - eine Filigran-Arbeit aus weißem und rosa Marmor mit zahllosen Details und Dekorationsformen, nicht unähnlich der berühmten Certosa di Pavia, die vom selben Künstler bearbeitet wurde. In Auftrag gegeben wurde die Grabkapelle von Bartolomeo Colleoni, einem einheimischen Söldnerführer, der in Diensten Venedigs stand (Denkmal in Venedig auf der Piazza Santi Giovanni e Paole → dort). Er und seine Tochter Medea ruhen im Innenraum, Blickfang ist die vergoldete Reiterstatue des Recken (tägl. 9-12, 14-18 h).

Das *Baptisterium* rechter Hand stammt aus dem 14. Jh., besteht aber nur noch in Teilen aus dem originalen Mauerwerk. Ursprünglich stand es innerhalb der Kirche Santa Maria Maggiore, als aber die Taufen in den Dom verlegt wurde, baute man die funktionslos gewordene Taufkapelle 1660 ab und erst zweihundert Jahre später draußen wieder auf. Dabei wurde einiges neu konzipiert.

Ein paar Ecken weiter steht der Palazzo della Misericordia, das frühere Wohnhaus des Bergamasker Opernkomponisten Gaetano Donizetti, heute als reichhaltig bestücktes *Museo Donizettiano* eingerichtet, Via Arena 9 (Mo-Fr 8.30-12, 14.30-17 h). Das Geburtshaus des Komponisten, der aus ärmlichen Verhältnissen stammte, ist von Juni bis September ebenfalls zu besichtigen: *Casa Natale di G. Donizetti*, Via Borgo Canale 14, oberhalb der Città Alta (Sa/So 10-12, 15-18 h).

Citadella, San Virgilio und Rocca: Wenn man von der Piazza Vecchia die Hauptgasse weiterläuft, kommt man am Ende der Altstadt zu den Resten der *Cittadella*, von der noch ein Turm steht. Im Inneren ist ein kleines naturgeschichtliches Museum untergebracht (Di-So 9-12, 14.30-17.30 h, Mo geschl.). An der Außenseite der Burg liegt der *Largo Colle Aperto*, ein größerer schattiger Platz, wo sich abends die Einheimischen treffen - weiter Blick in die Hügel. Einige Schritte entfernt fährt ein Funicolare nach *San Virgilio* hinauf (etwa alle 15 Min., ca. 3 DM hin und zurück). Man kann auch mit dem Wagen fahren (steil) bzw. zu Fuß laufen, schöner Spaziergang. Oben liegt die alte Festung San Marco (geschlossen), herrlicher Blick auf Bergamo Alta und Bergamo Bassa gleichzeitig. *Der Botanische Garten* von Bergamo ist über die Scaletta Colle Aperto zu erreichen (9-12, 14-18 h, frei). Wer noch mehr laufen will, kann vom Largo Colle Aperto die südliche *Umgehungsstraße* hinuntergehen, die dem Verlauf der Stadtmauer folgt - nach knapp 3 km stößt man wieder auf die Abfahrt zur Città Bassa, unterwegs ständig Panoramablicke. Oder man geht wieder in die Stadt zurück und klettert dort zur *Rocca* hinauf mit ihrem kleinen Museo del Risorgimento (in Restauration).

Città Bassa

Insgesamt wenig Besonderes, bietet aber lebendige städtische Atmosphäre, zahlreiche Buchhandlungen und Shops liegen am Viale Papa Giovanni XXIII. Zentraler Platz und Schauplatz der abendlichen Passeggiata ist die weite *Piazza Matteotti* mit Arkadengängen. Am Ostende die Kirche *San Bartolomeo* mit einer herrlichen "Madonna mit Kind" von Lorenzo Lotto.

Für Interessierte ein Muß ist die *Accademia Carrara* in der Via Santo Tomaso, knapp unterhalb der Altstadt. Der prächtige Palast besitzt eine bedeutende Gemäldesammlung von venezianischen und italienischen Meistern (u.a. Botticelli, Raffael, Carpaccio, Pisanello, Tizian, Tintoretto, Tiepolo), aber auch Dürer, Brueghel, Holbein, Rubens, El Greco und Velasquez (Mi-Mo 9.30-12.30, 14.30-17.30 h, Di geschl., ca. 3 DM, Stud. frei).

Bergamo/Umgebung

▶ **San Pellegrino Terme:** Kurort in den grünen Voralpenhügeln, 20 km nördlich von Bergamo. Das berühmteste aller italienischen Mineralwasser kommt von hier, der rote Pellegrino-Stern ist überall im Land präsent. Einige Jugendstilbauten weisen in die Belle Epoque zurück, ein Dutzend *** Hotels und das **** Hotel Terme warten auf Kurgäste.

▶ **Minitalia:** Wer nicht die Zeit hat, Italien ganz zu bereisen - bei der Autobahnausfahrt *Capriate* liegt in einem großen Vergnügungspark der Stiefel im Kleinformat, in kurzer Zeit kann man ihn zur Gänze durchwandern. Von Bozen bis Bari, dazu Sardinien und Sizilien - alle Landschaften und berühmten Bauwerke sind detailgetreu dargestellt, so daß man einen lebendigen Eindruck von der kulturellen Vielseitigkeit des Landes bekommt. Daneben gibt es zahlreiche Attraktionen für kleine Gäste: Minibahn, elektrische

Autos und Wasserboote, Schaukeln, Rutschen u.v.m. Wer in der Gegend ist - lohnt einen Abstecher (tägl. 9-19 h, ca. 12 DM).

Aus der Ostschweiz zum Comer See

Schöne Fahrt über St. Moritz - von dort am Silvaplaner und am Silser See vorbei, über den Malojapaß und hinunter über die Grenze nach Chiavenna.

Chiavenna   (ca. 8000 Einwohner)

Erster größerer Ort nach der Grenze, schöne Lage zwischen hohen bewaldeten Hängen und Weinreben. Die tiefe Schlucht des Mera-Flußes zieht sich mitten durch den Ort, pittoresk kleben die Altstadthäuser mit wackligen Balkons, grün überwucherten Terrassen und Steinschindeldächern an den Ufern.

Das historische Zentrum bietet eine reizvolle Mischung aus Alpenarchitektur und italienischer Palazzibauweise - an den langen gepflasterten Gassen verblichene Pastellanstriche, reizvolle Torbögen und Innenhöfe, in kleinen Straßencafés sitzt man gemütlich.

Chiavenna ist einen kurzen Stopp wert, z.B. zum Mittagessen in einem der stilvollen Ristoranti am Fluß.

● *Anfahrt/Verbindungen*: **PKW**, aus der Schweiz am besten von St. Moritz zu erreichen, SS 37.

Bahn, Chiavenna ist Startpunkt einer Bahnlinie, die am Ostufer des Comer Sees entlang nach Lecco führt, dort häufige Verbindungen nach Milano und Bergamo.

● *Information*: an der Hauptgasse, Via Carlo Peretti bzw. später Via Francesco Dolzino, im selben Gebäude wie das Rathaus.

● *Übernachten*: **** Conradi**, Via Verdi 10, häßlicher Hochbauklotz am Eingang zur Altstadt, Zimmer jeweils mit kleinem Balkon, in den oberen Stockwerken prächtige Aussicht. DZ mit Etagendusche ca. 65 DM, mit eig. Du/WC 85 DM, Tel. 0343/32300.

* Antica, Via Maloggia, 7 Zimmer, aber nur 1 Bad, mit ca. 45 DM preiswerteste Unterkunft, Tel. 0343/34255.

Privatzimmervermietung in der **Trattoria del Mercato**, Via Carlo Peretti 34.

● *Essen*: **Al Cenacolo**, Via Carlo Peretti 16, die Nummer eins im Ort, gepflegtes Lokal mit Atmosphäre, große Terrasse zum Fluß, gute Fleisch- und Nudelküche, Menü um die 45-50 DM. Di Abend und Mi geschl.

Del Mercato, Via Carlo Peretti 34, die preiswertere Variante, bildschön ist die grün überwucherte Terrasse am Fluß.

Al Turbine, Vicolo dei Pilatri 10, Seitengasse bei Caffè Centrale, familiäre Altstadttrattoria, günstige Preise.

Caffè Centrale, Via Francesco Dolzino 61, Eis aus eigener Produktion, es wird deutsch gesprochen.

Sehenswertes: Von der zentralen Brücke, über die die Durchgangsstraße führt, hat man einen prächtigen Blick auf die Häuser am Fluß - erinnert an alte Spitzweg-Motive. Durch den benachbarten Torbogen *Portone Santa Maria* geht's in die Altstadt - die lange Via Carlo Peretti führt über mehrere kleine Plätze, wird zur Via Francesco Dolzino und endet am *Palazzo Balbiani* aus dem 15. Jh., oberhalb davon erstreckt sich der botanische *Paradiso-Garten*. Über eine zweite Brücke kommt man auf die andere Flußseite, wo sich die Altstadt noch ein Stück fortsetzt.

In der Umgebung die sog. *Crotti*, natürliche Höhlen, in denen Weinschenken eingerichtet wurden.

▶ **Lago di Mezzola**: unmittelbar nördlich der Nordspitze des Comer Sees. Die Ufer weitgehend verschilft, das Westufer bilden hohe Steilhänge ohne Besiedlung, drei Orte liegen an der Ostseite, wo auch die vielbefahrene Durchgangsstraße entlangführt.

Zum Baden nur sehr beschränkte Möglichkeiten, z.B. am Ortseingang von *Novale Mezzola* beim Camping El Ranchero - freundliches Wiesengelände unter Bäumen direkt am See, benachbart flaches Kiesufer Lido. Bahnlinie und Straße führen dicht am Platz vorbei.

Das Dörfchen Sala Comacina am Westufer des Comer Sees

Comer See (Lago di Como)

Schon in der Antike "besungen" wie kein zweiter Alpensee, sprichwörtlich sein mildes Klima mit der üppigen Vegetation, seit Jahrhunderten Refugium der Reichen und Dichter - viele Vorschußlorbeeren. Kardinäle und gekrönte Häupter ließen sich Schlösser an seinen Gestaden erbauen, die exklusiven Grand Hotels reihen sich schon fast im Dutzender-Pack, prachtvolle Villen mit opulenten Gartenanlagen verstecken sich überall an den steilen Hängen.

Noch immer besticht die natürliche Schönheit des 55 km langen, fjordartig eingeschnittenen Alpensees, der mit 410 m einer der tiefsten in Europa ist und einen sehr ungewöhnlichen "Grundriß" besitzt - etwa in der Mitte spaltet er sich wie ein umgekehrtes Y unversehens in zwei gleich lange Ausläufer, an deren Enden die beiden größten Städte Lecco und Como liegen. Der Tourismus hat hier eine lange Tradition, in den Informationsbüros wird man deutsch beraten, Service und Standard der Unterkünfte sind hoch, die Preise ebenfalls gehoben. Waren es seit dem letzten Jahrhundert vorwiegend Briten, die den Orten an der Seemitte und im Süden ihren Stempel aufdrückten, sind es mittlerweile vorwiegend Italiener, die hier Urlaub machen. Die Nähe zu Milano macht sich vor allem im Hochsommer bemerkbar, wenn der nostalgische Belle-Epoque-Charme mancher Küstenstädtchen von den Massen überrannt wird und die Küstenstraßen völlig vom Durchgangsverkehr verstopft sind.

Doch der Comer Ses ist beileibe nicht nur beschauliches Feriengebiet. Vor allem um Como und Lecco im Süden des Sees ballt sich auch Industrie - weltberühmt seit langem sind vor allem die hiesigen Seidenmanufakturen, die einen Großteil der gesamten Weltproduktion herstellen (insgesamt drei einschlägige Museen können besichtigt werden). Im Grunde gibt es so nur eine Handvoll Orte, die wirklich zu einem Ferienaufenthalt verlocken. Im touristisch weniger "hochgerüsteten" Norden um *Domaso* treffen sich die deutschen Camper und Surfer, während die Seemitte auch am Comer See die goldene Mitte ist: in *Menaggio* am Westufer kann man sogar im August noch frei atmen und die Atmosphäre eines freundlichen, gut ausgestatteten Touristenorts verspüren. Überhaupt lohnt der Westen mehr als der Osten - schon allein, weil man sich vormittags bereits von Sonnenstrahlen wärmen lassen kann, während das gegenüberliegende Ufer noch im Schatten liegt. *Bellagio* in traumhafter Lage an der Spitze der Halbinsel zwischen den beiden Seearmen, ist einen Tagesausflug wert - so viel (liebenswerten) Kitsch auf einem Fleck erlebt man nicht mehr häufig. Wer mehr sehen will, kann dank der gut organisierten Seeschiffahrt per Fähre oder Tragflügelboot bequem und schnell so gut wie alle Küstenorte besuchen. Und natürlich bieten auch die hohen Bergmassive um den See interessante Ziele - z.B. die Scherenmacherstadt *Premana* und das reizvolle Wandergebiet der *Grigne* bei Lecco.

Anfahrt/Verbindungen

• *PKW*: von der Schweiz kommend, am schnellsten über St. Moritz und Chiavenna. Von Milano Autobahnzubringer nach Como und Lecco. Die autobahnählich ausgebaute SS 36 läuft das gesamte Ostufer entlang (→ Ostufer).

• *Bahn*: von der Schweiz die vielbefahrene **Gotthard-Linie** nach Como: Basel-Luzern-Bellinzona-Lugano-Chiasso-Como. Von **Milano** nach Como entweder die staatliche FS nehmen oder mit der privaten Ferrovia Nord Milano fahren. Am Ostufer entlang führt eine Strecke von **Chiavenna** nahe der ital/schweiz. Grenze nach **Lecco**, von dort häufige Verbindungen nach Milano.

• *Schiff*: Zwischen allen wichtigen Orten am See verkehren die Fähren und (teureren) Tragflügelboote der **Navigazione Lago di**

Como, Abfahrten mindestens 1 x stündl. Zwischen Varenna, Bellagio, Cadenabbia und Menaggio im Zentrum des Sees pendeln ebenfalls fast stündl. **Autofähren** - dies gute und obendrein reizvolle Möglichkeit, den See zu überqueren, ohne ihn ganz umfahren zu müssen. Preis der einfachen Überfahrt für PKW je nach Länge 9-16 DM.

An allen Anlegestellen sind detaillierte Fahrpläne mit Preisen erhältlich. Für Senioren gibt es von Oktober-März 50 % Ermäßigung.

Im Sommer organisiert die Fährgesellschaft **Tag- und Nachtkreuzfahrten**, z.T. mit Essen und Musikgruppen. Eingesetzt wird dabei auch der 1926 gebaute Dampfer Concordia mit Belle-Epoque-Ausstattung.

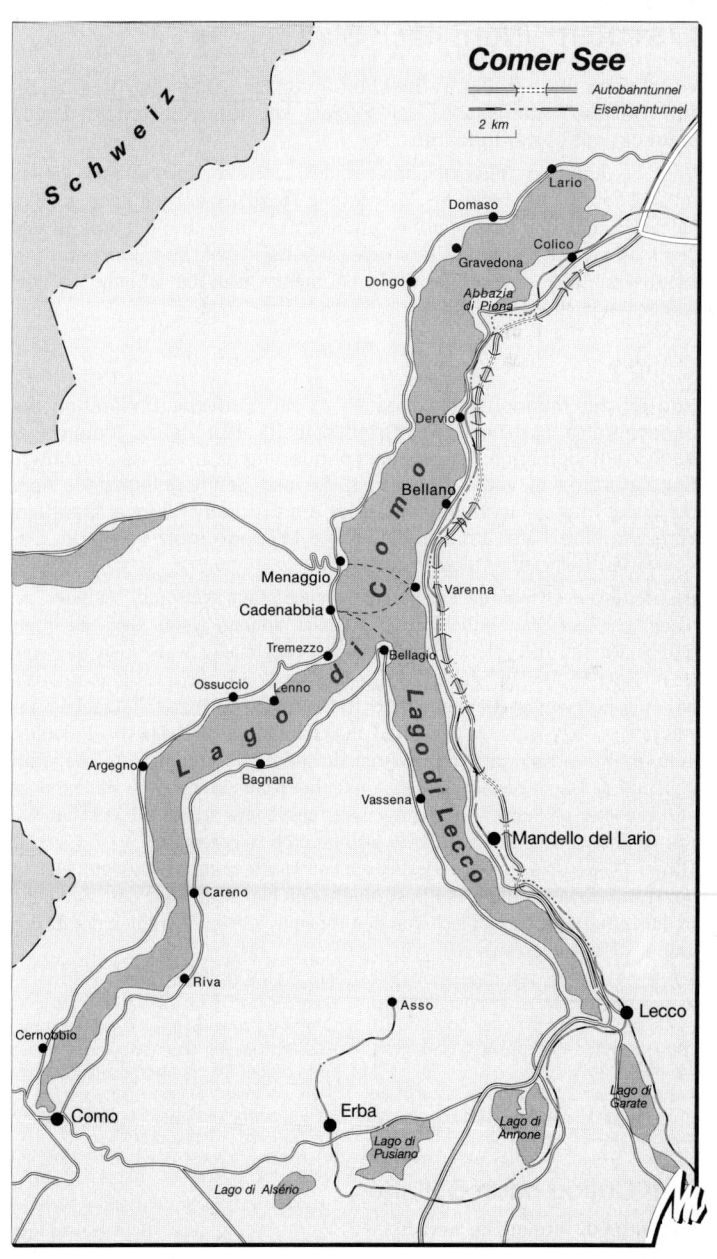

Comer See

Autobahntunnel
Eisenbahntunnel

2 km

Schweiz

Lario
Domaso
Colico
Gravedona
Dongo
Abbazia di Piona

Dervio

Bellano

Lago di Como

Menaggio
Varenna
Cadenabbia
Tremezzo
Bellagio
Ossuccio
Lenno
Argegno
Bagnana
Vassena
Careno
Mandello del Lario

Riva
Asso
Lecco
Cernobbio
Lago di Garate
Como
Erba
Lago di Annone
Lago di Pusiano
Lago di Alserio

Ostufer (Nord nach Süd)

Touristisch eher mäßig frequentiert - von den Orten ist hauptsächlich Bellano interessant, der Süden ist dünn besiedelt, Lecco schreckt mit seiner Industrie.

Quer durch die bewaldeten Hänge verläuft mit zahlreichen Tunnels die autobahnähnlich ausgebaute SS 36 Richtung Milano. Wer will, kann in einer halben Stunde den gesamten See entlangrasen, ohne irgendetwas Besonderes zu sehen. Die alte Uferstraße ist entschieden interessanter. Vorsicht: Wenn man erst auf der SS 36 ist, kommt man nur an ganz wenigen Abfahrten wieder herunter.

Cólico

Nah an der Mündung des Flusses Adda, nördliche Endstation der Seeschiffahrt. Hat bezüglich Ortsbild nicht allzu viel zu bieten - jedoch zeigt sich nach der Alpendurchquerung erstmals das mächtige Seepanorama in voller Schönheit. An der Schiffsanlegestelle liegt die weite Piazza Garibaldi mit Cafés: am 27. Juni 1859 war Garibaldi hier, wie eine Tafel am Bar/Ristorante Miralago stolz vermerkt. Davor verläuft eine schattige Promenade.

Im nördlichen Ortsbereich Camping Comunale mit kräftigem Baumwuchs, daneben öffentlicher Badestrand - ziemlich steinig, etwas Gras dahinter, täglich warten hier viele Surfer auf den regelmäßig wehenden Südwind Beva, Surfschule. Um die Adda-Mündung erstreckt sich das *Pian di Spagna*, eins der letzten Sumpfgebiete Italiens, heute Vogelschutzgebiet für zahlreiche Zugvögel (u.a. Schwäne) und einheimische Wasservögel. Südlich vom Ort Kiesstrand, Segelschule und ein weiterer Campingplatz, der weitgehend mit Dauergästen belegt ist. Wenige Kilometer weiter südlich liegt der *Laghetto di Piona* - für Camper ein besonders schönes Fleckchen (→ weiter unten), vom Zentrum in 30 Fußminuten zu erreichen.

Hinter Cólico erhebt sich majestätisch der *Monte Legnone* (2609 m), beliebt bei Wanderern und Drachenfliegern, die sich hier hoch über dem See kühn in die Lüfte stürzen und sich von den thermischen Luftströmen der Breva in die Höhe treiben lassen.

● *Information:* kleiner **Info-Kiosk** an der Promenade, wenige Meter von der Schiffsanlegestelle. Gut ausgestattet und freundliche Auskünfte, auch Infos für Wanderer. Tel. 0341/930210.

● *Übernachten:* ***** Risi**, gut ausgestattetes Haus an der Uferstraße südlich der Piazza Garibaldi, Ristorante, Parkplatz, DZ ca. 80-

110 DM, Tel. 0341/940123.
Camping Lido, südl. vom Ort direkt am See, **Camping Comunale** nördlich vom Zentrum.
● *Essen:* **Osteria San Giacomo**, zentrale Lage an der Piazza Garibaldi, schön zum Sitzen, interessante Speisekarte.
Il Faro, große, gut besuchte Pizzeria nördlich der Piazza Garibaldi am See.

Von Cólico nach Bellano

▶ **Laghetto di Piona:** Die weit in den See vorspringende, dicht bewaldete *Halbinsel von Piona* bildet fast einen kleinen abgeschlossenen See. Am

Ufer gegenüber der Halbinsel liegen mehrere große und schön begrünte Campingplätze: Piona, Green Village und Baia di Piona.

Auf der Halbinsel selber weist ein unscheinbares Schild zur *Abbazia di Piona*, ein großes Zisterzienserkoster aus dem 13. Jh. Das einst weltabgeschiedene Kloster ist heute ein populäres Ausflugsziel, die Mönche verkaufen in einem großen Shop an Eingang selbstgebrannte Kräuterliköre, verschiedene Tees und Honig. Das prächtige Anwesen ist gut restauriert, sehenswert ist der hübsche Kreuzgang, in der Apsis der schlichten Kirche sind alte Fresken erhalten, in der Grotta di Lourdes im Garten wird unter frommen Gesängen vom Band die Muttergottes verehrt (tägl. durchgehend geöffnet).

▶ **Dervio**: größerer Ort, besitzt am See eine Promenade mit Platanen. Die Zeltplätze Turisport al Lago und Europa sind durch eine wenig befahrene Straße vom Ufer getrennt, kräftiger Baumwuchs, daneben Segelbootverleih, Kiesstrand ohne Einrichtungen.

Bellano

Freundliches Kleinstädtchen, das nicht vom Tourismus lebt. Hinter der Uferpromenade mit Kastanienbäumen, der Schiffsanlegestelle und einem mauergefaßten Hafen für Segelboote münden handtuchschmale Gäßchen in die winklige Altstadt, die sich steil den Berg hinaufzieht.

Ein Stückchen echtes Italien - überall Treppen, kleine Brunnen, an denen man sich im Vorbeigehen erfrischt, urige Trattorie und überwölbte Gassen. Die Fußgängerzone ein schmaler Schlauch, in die kaum ein Sonnenstrahl fällt. Man findet kleine, gut sortierte Geschäfte, Konditoreien und den Bäcker - macht Spaß, hier zu bummeln.

● *Übernachten*: *** Meridiana Bellano, gut ausgestattete Villa am Nordende des Orts, mit Garten direkt am See, Privatstrand, Garage, DZ um die 80 DM, Tel. 0341/821126.
* **Cavallo Bianco**, Via Vittorio Veneto 29, durchschnittliches Stadthotel zentral am See, vorne raus schöner Blick aber laut wegen der Straße, mit ordentlichem Ristorante (→ Essen). DZ mit Bad ca. 80 DM, mit Etagendusche 60 DM, Tel. 0341/821101.
● *Essen*: Cavallo Bianco, vor dem Hotel ißt man direkt am See preiswert, gut und reichhaltig - große Pizze und *insalatone*, eine üppige Salatschüssel. Mo geschl.
La Ca'Rosa, beliebtes Fischlokal am Südende vom Ort, schön zum Sitzen, hier mal

die Fische aus dem See kosten.
Del Ponte, Via Cavour 14, schräg gegenüber der Anlegestelle, Gastraum ganz nett mit Kupfergeschirr, dahinter kleiner Hof, mittlere Peise.
Ell Belanase, Via Plinio 11, bei Hotel Cavallo Bianco hinein, einfache Trattoria am Beginn eines Treppenwegs, Grillspezialitäten.
● *Bars/Cafés*: Circolo **Endas**, Gewerkschaftshaus in der zentralen Fußgängergasse, durch dunklen Torgang ins Hinterhaus, dort große Bar, dahinter Hof mit Bocciabahn, beliebter Treff der Männer von Bellano.
Arrigoni, nettes Eiscafé unter Kastanienbäumen neben der Anlegestelle der Seeschiffahrt, innen Stucksäulen und Marmortische.

Sehenswertes: in der Altstadt die romanische Kirche *Santi Nazaro e Celso* im typischen Zebrastreifenmuster, im Inneren ziemliches Durcheinander der Stile - Kreuzrippengewölbe, barock geschwungene Beichtstühle, Fresken modernen Datums.

Beschildert ist der Weg ab Kirche zum *L'Orrido*, ein eindrucksvoller Wasserfall, der in einem dicken Strahl gleich hinter dem Ortskern aus dem Fels bricht. In einem tief eingeschnittenen Flußbett strömt das Wasser in Richtung See und wird mittels Rohrleitung in ein Turbinenwerk geleitet. Kann besichtigt werden (ca. 3 DM), ein betonierter Weg führt in halber Höhe der bis zu 20 m hohen Felswände durch die Schlucht, große Farne und wuchernder Efeu gedeihen hier prächtig.

Die Treppen, die zum Wasserfall führen, noch ein Stück weiter hinauf zum *Friedhof* hoch über der Stadt - eine wunderschöne Anlage mit zahlreichen aufwendigen Skulpturen und Marmorsteinen, dazu traumhafter Blick auf den See (im Sommer tägl. bis 18 h).

▶ **Bellano/Umgebung:** In den Bergen hoch über Bellano liegt eindrucksvoll das Dorf *Premana*, eine ehemalige Bergwerkssiedlung, wo heute in fast jedem Haus eine Messer- und Scherenwerkstatt untergebracht ist. Man kann den Handwerkern hier und dort zuschauen. Ein ethnografisches Museum gibt Einblicke in das harte Leben der Bergbewohner (April-November Sa/So 15-18, im August tägl. 15-18 h, Tel. 0341/890175).

Varenna

Kleiner Urlaubsort mit Flair, alte Villen zwischen üppigen Zypressen, zwei hochklassige Hotels und Beschaulichkeit auch in der Hochsaison. Ein Refugium der Wohlhabenden.

Ansonsten vor allem wichtiger Anlaufpunkt für Autofahrer - Fähren mit PKW-Transport pendeln hinüber nach Cadenabbia und Bellagio am Westufer, außerdem nach Bellagio an der Spitze der Halbinsel zwischen den beiden Seearmen.

Es gibt zwei Zentren: am See unten die Fährstelle und die Piazza weiter oben an der Durchgangsstraße. Die Gärten der *Villa Monastero*, ein früheres Zisterzienserkloster, können besichtigt werden, ebenso die *Villa Cipressi*. Das ornithologische Museum "Luigi Scanagatta" zeigt im Sommer die umfangreiche Vogelpopulation am See (Di-Sa 9-12, 15-18, So 10-12 h, Mo geschl.). Über steile Serpentinen kommt man zu den Ruinen des *Castello di Vezio* hoch über dem Ort.

• *Information*: am Hauptplatz, Tel. 0341/ 830367.

• *Übernachten*: ****** Du Lac**, etwas unterhalb der Piazza an der Durchgangsstraße, äußerst elegant, die Glasfront des Ristorante direkt am Wasser, traumhafter Blick, Garage und Bootsgarage, sehr ruhig, DZ je Saison ca. 160-220 DM, Tel. 0341/830238.

** Olivedo, direkt am Fähranleger, leuchtend ocker gestrichenes Haus des letzten Jahrhunderts, herrlicher Seeblick, innen viel Marmor und einiges an altem Prunk, hübsch die schmiedeeisernen Balkons, auf der hauseigenen Caféterrasse sitzt man unter wildem Wein in bequemen Korbstühlen. DZ etwa 90-120 DM, einige ohne eig. Bad etwas preiswerter. Im Sommer ohne Reservierung kaum eine Chance, Tel.

0341/830115.

* Del Sole, einfaches Albergo an der zentralen Piazza, 6 Zimmer und 2 Du/WC, DZ ca. 45 DM, Tel. 0341/830206.

• *Essen*: **Cavallino**, elegante Kiesterrasse mit wildem Wein am Fähranleger, *gnocchi alla Piemontese*, Barsch, Forelle und Blaufelchen aus dem See, preislich Mittelklasse. Vermietet auch Zimmer für ca. 60 DM, Tel. 0341/830223.

Victoria Grill, helles elegantes Lokal im gleichnamigen Hotel an der Piazza, zahlreiche Pizze und interessante Paste (z.B. mit Wodka oder Nußsauce), als Secondo z.B. die garnierten Grillspieße. Preise wie im Cavallino.

Dei Pescatori, kleine Trattoria an der Durchgangsstraße, Fisch aus dem See.

▶ **Von Varenna nach Lecco**: Der südöstliche Arm des Sees hat insgesamt nicht allzu viel zu bieten und ist auch bezüglich Vegetation nicht ganz so üppig. Schroffe Steilhänge haben die Ansiedlung von Ortschaften fast unmöglich gemacht, die SS 36 ist quer durch die Berge geschlagen, ein Tunnel folgt dem anderen. *Mandello del Lario* ist Stammsitz der Moto-Guzzi-Werke, in Ortsnähe liegt Camping Continental, mit besonders schöner Aussicht essen kann man im Il Ricciolo. In *Abbadia-Lariana* wurde ein Seidenmuseum eröffnet.

Lecco
(ca. 51.000 Einwohner)

Lärmende Industrielandschaft zwischen Lago Lecco und dem südlich anschließenden kleinen Lago di Garlate - ein Schock. Rasende Automobilisten und dröhnende Schwerlaster signalisieren die Nähe des Großraums Milano, immer wieder kommt es zu Staus.

Zu sehen gibt's nicht umwerfend viel - auch wenn der Dichter Alessandro Manzoni (1785-1873) hier lange lebte und seinen in Italien berühmten Roman "I Promessi Sposi" ("Die Verlobten") hier angesiedelt hat. Immerhin kann man das *Museo Manzoni* besichtigen, in dem der Dichter damals wohnte, Via Guanella 1 (Di-So 9.30-14 h, Mo geschl.).

Am See eine Promenade mit Bäumen, das Zentrum besitzt außerdem einige angenehme Fußgängerbereiche: Die gepflasterte *Via Cavour* läuft vom Bahnhof zur zentralen Piazza Garibaldi nah am See, von dort führt die parallel zur Uferfront verlaufende Fußgängerzone Via Roma zur langgestreckten dreieckigen *Piazza XX Settembre*, flankiert von breitem Säulengang mit großen Terrassenbalkons. Hier findet mehrmals wöchentlich der Markt statt, abends trifft sich die Jugend in den Cafés, hübsch dann das Licht der gelblichen Straßenbeleuchtung. Die *Torre del Castello* am Platz ist der letzte Rest eines Visconti-Schlosses. In den Gassen hinter der Via Roma kleine Durchgänge und viele Innenhöfe. Der äußerlich schlichte Dom mit freistehendem Rundturm *Torre Viscontea* wirkt riesenhaft, da zur Hälfte leer. Das breite Schiff steigt nach links geneigt leicht an, Wandgemälde in den Seitenkapellen, gleich rechts eine modern stilisierte Pietà. Der elfbogige *Ponte Azzone Visconti* über die Adda wurde im 14. Jh. ebenfalls unter den Visconti erbaut, schöner Blick auf die Stadt.

In Garlate am gleichnamigen See gibt es ein instruktives *Seidenmuseum*, das anschaulich über die traditionelle Seidenherstellung informiert (nur am 1. So im Monat geöffnet).

● *Anfahrt/Verbindungen*: **Bahn**, der Bahnhof liegt ein Stück landeinwärts vom See, häufige Verbindungen nach Milano, Bergamo und das östliche Seeufer entlang bis Chiavenna, kurz vor der Schweizer Grenze. Stadtbusse starten vor dem Bhf., hier auch ein großer Stadtplan, die Via Cavour führt ins Zentrum.

● *Information*: Via Nazario Sauro 6, in einer Gasse hinter der Uferfront. Tel. 0341/362360.

● *Übernachten*: ***** Moderno**, Piazza Armando Diaz 5, schräg gegenüber vom Bahnhof, Kunstledercharme der Sechziger, aber solide und gut geführt, Parkplatz, DZ ca. 100 DM, Tel. 0341/286519.

● *Essen*: **Alberi**, Via Lungo Lario Isonzo 4, zentral an der Uferpromenade, Tische unter Markisen und hohem Laubdach, gemütlich und freundliche Bedienung, leider an vielbefahrener Verkehrsstraße, verschiedene Paste, z.B. *crespelline* (ähnlich wie

Crêpes - Art Pfannkuchen aus Nudelteig, gefüllt mit Schinken), als Secondo Fisch aus dem See für ca. 16 DM. Mo geschl.

Al Porticciolo 84, Via Valsecchi 5, bekanntes Fischlokal, in dem man neben Seefisch auch hervorragendes Meeresgetier kosten kann. Menü um die 70 DM. Mo geschl.

Vecchia Lecco, Via Giacomo Anghileri 5, Nähe Piazza XX Settembre, phantasievolle Einrichtung in weißem Gewölbe mit vielen Details, etwas teurer, Seefisch um die 22 DM. So geschl.

Santa Lucia, Via Mascari 33, nur ein paar Ecken vom Vecchia Lecco, grellweiß gekalkte Pizzeria mit hellem Licht, gute Antipasti.

● *Cafés*: **Colonne Commercio**, Piazza XX Settembre 8, vielbesuchte Kneipe, abends **der** Treff, Tische draußen auf der Piazza, drinnen Kronleuchter, alte Holztische und Spiegel.

Caffè del Teatro, an der Piazza Garibaldi, Abendcafé zum Draußensitzen, englisches Bier.

Frigerio, edle Pasticceria, bereits seit 1906 unter dem Säulengang an der Piazza XX Settembre, im Sommer auch zum daußen sitzen. Ihre *tipici dolcetti di Lecco* sind weithin berühmt, mal *ciabattine* kosten!

▸ **Lecco/Umgebung:** Das Kalksteinmassiv der *Grigne* erhebt sich östlich über Lecco bis über 2000 m Höhe. Hier kann man herrlich wandern, z.B. im *Valentino-Naturpark*. Es gibt auch viele im Sommer geöffnete Schutzhütten zum Übernachten. Infos im Touristbüro von Lecco.

Südufer (Lecco bis Como)

Das Dreieck zwischen den beiden Seearmen ist bis auf Bellagio vom Urlaubsverkehr noch nicht gänzlich in Beschlag genommen - vor allem die wenig erschlossene Ostseite zwischen Bellagio und Lecco und das bergige Inland, die sog. *Valassina* (→ unten). Wichtig: Auf den Küstenstraßen besonders vorsichtig fahren - sie sind abenteuerlich schmal!

▸ **Von Lecco nach Bellagio:** Küstenstraße sehr eng und kurvig, immer hart am Wasser entlang, dichter Baumwuchs.

Das Ristorante Le Cascate bietet eine schöne Raststelle mit Blick auf das gegenüberliegende Ufer. *Onno* ist ein kleines Örtchen unter hohen Felswänden, Camping Oliveto liegt unter kräftigen Nadelbäumen.

Sehr hübsch der kleine Camping Onno am Ortseingang des langgezogenen Villendorfs *Vassena*, unter schattigen Bäumen unmittelbar am Kiesstrand, Einrichtung allerdings bescheiden.

▸ **Von Como nach Bellagio:** ebenfalls sehr enge und kurvenreiche Straße hoch über dem See - langsam fahren, häufig kommen Busse entgegen! Mehrere größere Orte, die steil die Hänge hinuntergebaut sind, immer wieder prächtiger Blick aufs gegenüberliegende Ufer, schön zum Durchfahren.

▸ **Valassina:** Alternative zur Anfahrt entlang der Seearme ist die Straße von Erba Richtung Norden hoch über die Berge, bis fast 1000 m Höhe. Ein Abstecher auf den *Monte San Primo* bringt uns sogar in fast 1800 m Höhe.

Im Tiefland um Erba liegen mehrere kleine Seen - der größte ist der *Lago di Pusiano* mit zwei, drei Ortschaften und vielen Privathäusern am Seeufer. Bademöglichkeiten nicht so gut, aber zwei Zeltplätze am See: Camping Lago Pusiano und Camping Due Laghi. Am Weg nach Bellagio kommt man am hübschen *Lago di Segrino* vorbei, die Ufer sind zwar weitgehend verschilft, aber es gibt ein vielbesuchtes Strandbad.

Nördlich vom See liegt *Canzo*, ein trotz seiner Industrie recht attraktives Städtchen inmitten viel Grün. Der Stadtpark lohnt einen Bummel, zum *Santuario San Miro al Monte* kann man mit den Auto einen Abstecher unternehmen.

Bei *Lassigno* steht die *Chiesa di Sant'Alessandro* mit mittelalterlichen Fresken, bei *Margreglio* gibt es einen Campingplatz gleichen Namens. Die Wallfahrtskirche *Madonna di Ghisallo* steht auf der Paßhöhe und ist seit 1949 Schutzpatronin der Radfahrer, täglich finden sich hier ganze Rudel von Bikern ein. Alle Wände des Kirchleins sind bedeckt mit Rennrädern, Trophäen und Siegerpreisen von Wettrennen.

Bellagio   (ca. 4000 Einwohner)

Ein Hauch von Belle Epoque schwebt über dem ehemaligen Fischerdörfchen im geographischen Zentrum des Comer Sees. Große Hotels mit klangvollen Namen nutzen bereits seit dem letzten Jahrhundert die wundervolle Lage an der Spitze zwischen den beiden Seearmen, um Prominenz anzuziehen.

Heute eine heile Welt des Tourismus alter Schule - an der Promenade breite Laubengänge und Traditionscafés, in denen man sich in Ruhe die Times, Le Monde und das Wall Street Journal zu Gemüte führen kann, dahinter enge Treppengäßchen, in denen sich Boutiquen, Souvenirshops und Restaurants reihen - alles äußerst kitschig. Insgesamt ein Örtchen mit Stil - wenn auch mit dem des letzten Jahrhunderts - und sehr beliebtes Ziel für Ausflugsbusse, deren Insassen in Scharen durch das winklige Dorf schwärmen.

*A*nfahrt/*V*erbindungen/*I*nformation

• *Anfahrt/Verbindungen*: PKW, der Ortskern ist für Durchgangsverkehr gesperrt. Wer jedoch ein Hotel ansteuert, kann mit dem PKW die handtuchschmale Hauptstraße benutzen, die im Bogen zur Promenade hinunterführt. Parkmöglichkeit auf dem Kirchplatz im oberen Ortsbereich.

Schiff, häufige Autofähren pendeln hinüber nach Varenna, Cadenabbia und Menaggio.
• *Information*: an der Piazza della Chiesa, gegenüber der Kirche. Viel Prospektmaterial über den gesamten Comer See. Tel. 031/950204.

*Ü*bernachten

Am schönsten (und teuersten) sind die Hotels an der Promenade mit prächtigem Seeblick.

Das herrschaftliche **Grand Hotel Villa Serbelloni** am Nordende der Uferpromenade verfügt über ***** (!) und ist nach der Villa d'Este in Cernobbio das exklusivste Refugium am Comer See. Mit seinen je nach Saison 350-430 DM pro Tag und Zimmer taugt es nur als Präsidentensuite bzw. für Bosse von Automobilkonzernen, im Garten Swimmingpool, Privatstrand vor der Tür, Tel. 031/950216.

*** Florence, aus dem 18. Jh., architektonisch eins der interessantesten Hotels am See, seit über 100 Jahren in Besitz der Familie Ketzlar. Die Rezeption in einem Gewölbe mit dorischen Granitsäulen, abgewetzten Polstermöbeln, schweren Holzbalken und Kamin. Auch in den Zimmern Holzbalkendecke, teils mit historischem Mobiliar, die schicke Cocktailbar im vorgelagerten Rundbau ebenfalls mit viel Holz ausgestattet, Restaurant/Frühstücksterrasse am See. DZ je nach Saison und Ausstattung mit Frühstück ca. 130-170 DM, Tel. 031/950342.

*** Du Lac, ebenfalls historisches Haus, gepflegte Einrichtung, Restaurant im 1. Stock, schöner Dachgarten, einige Zimmer mit eigener Terrasse. DZ mit Frühstück je Saison ca. 130-170 DM, Tel. 031/950320.

*** Excelsior Splendido, herrschaftliches Haus im südlichen Bereich der Promenade, klassizistischer Stil, viel Stuck, Marmor und geschwungene Geländer aus Schmiedeeisen, hinten ein Pool, DZ mit Frühstück ca. 100-130 DM, Tel. 031/950225.

* Suisse, wer weniger Geld ausgeben, aber trotzdem an der schönen Promenade wohnen will, ist hier richtig. Älteres Haus, Ausstattung einfach, DZ ca. 60-80 DM, oh-ne Vorreservierung im Sommer wenig Chancen, Tel. 031/950335.

* Giardinetto, Via Roncati 12, im oberen Ortsbereich, beim Tourist-Info eine kleine Gasse hinein, tolle und ganz ruhig Lage mit herrlichem Seeblick, Zimmer durchgängig renoviert, teils sehr geräumig, auch die Bäder, freundliche Wirtsleute. DZ mit Frühstück ca. 80-100 DM. Tel. 031/950168.

Auch vom exponiert stehenden *** Roma** in der Salita Grandi 6 hat man z.T. schönen Seeblick, ca. 70 DM mit, 55 DM ohne Bad. Tel. 031/950424.

● *Camping*: **Clark**, in Hügellage einige Kilometer landeinwärts von Bellagio, an der Straße nach Erba.

Essen/Cafés

Barchetta, Salita Mella 13, von der Uferpromenade neben Hotel du Lac hinauf, blumengeschmückter Dachgarten, gute Küche mit interessanten Rezepten z.B. *trota al cartoccio* (Forelle im Backofen) für 2 Pers., oft bis auf den letzten Platz belegt, frühzeitig kommen oder reservieren, Tel. 031/951389.

Bilacus, Salita Serbelloni 9, schöner großer Terrassengarten, sehr großer Andrang, worunter die Küche manchmal leidet.

La Grotta, Salita Cernaia 14, bei Hotel Metropole hinauf, Pizzeria in einem Gewölbe mit Granitsäulen, gute Pizze zwischen 7 und 15 DM.

Carillon, Ristorante/Pizzeria im Südteil der Promenade, dank des schönen Gartens am See sehr populär, zudem günstige Preise.

La Pergola, im Fischerdörfchen Pescallo, 500-jähriges Haus mit idyllischer Terrasse direkt am See, spezialisiert auf Fisch. An Wochenenden besser reservieren: Tel. 031/950263. Und wem es hier so gut gefällt, daß er nicht mehr wegwill - man kann im Haus auch Zimmer mieten.

● *Cafés*: **Pasticceria & Bar Rossi**, im breiten Laubengang des Hotel Du Lac, prächtiger Innenraum mit geschnitzten Holzvitrinen und Stuckdecke, draußen gemütliche Korbstühle.

Pasticceria San Remo, südlicher Bereich der Uferpromenade, ausgesprochen hübsch unter dichtem Laubdach und Markise, Korbstühle direkt am Wasser.

Nachtleben/Shopping

● *Nachtleben*: **La Divina Commedia**, im Ortszentrum, ein Türsteher wacht darüber, daß hier das richtige Publikum zusammenkommt.

● *Shopping*: reiche Auswahl für den gut ge-füllten Geldbeutel - Souvenirs, Schmuck, Parfüm, Klamotten. In der **Cartoleria Moderna** am Kirchplatz internationale Zeitschriften und Zeitungen.

Sehenswertes: an der Piazza im oberen Ortsbereich die romanische Basilika *San Giacomo* aus grobem Bruchstein. Oberhalb davon erstreckt sich die *Villa Serbelloni*, die der Rockefeller Foundation gehört, deren kunstvolle Gartenanlagen aber zweimal täglich. (außer Mo) im Rahmen einer Führung besichtig werden können - herrlicher Blick auf die beiden Arme des Sees. Die *Villa Melzi* liegt südlich vom Ort, an der Straße nach Como, in der Nähe vom Lido. Die neoklassizistische Villa ist von einer großzügigen Gartenanlage mit zahlreichen Skulpturen umgeben (tägl. 9-12.30, 14.30-18 h, im Sommer 9-18 h). Besonders hübsch ist außerdem das kleine Fischerdörfchen *Pescallo* an der Ostseite der Halbinsel.

Westufer (Nord nach Süd)

Der Norden bis Menaggio ist die weniger hochgestochene Ecke des Sees - keine Grand Hotels, dafür reichlich Campingplätze und Privatzimmervermietung, bekannt als **das** Surfrevier am Comer See!

Die *Tremezzina*, die Seemitte um Menaggio und Tremezzo, bietet das mildeste Klima und die üppigste Vegetation, die mit Palmen, blühenden Azaleen und Rhododendren teils subtropisch anmutet. Dementsprechend war dieser Seeabschnitt schon im letzten Jahrhundert vielbesuchtes Reiseziel begüterter Mitteleuropäer und Briten. Bei Tremezzo auch der berühmte Park der *Villa Carlotta*, vor dem sich täglich japanische, britische und deutsche Reisegruppen stauen.

▶ **Sórico:** Die nördlichste Ortschaft am See liegt an der Mündung des Flusses Mera, Baden kann man vor dem Camping Au Lac de Como.

Domaso

Um das freundliche Dorf im äußersten Norden des Sees treten die Berge weit vom See zurück - dementsprechend ist die Ecke bei Windsurfern beliebt, der Südwind Breva und der böig-heftige Fönwind Tivano aus Norden bieten hier durchaus eine Alternative zum Gardasee.

Besonders beliebt: zum Kloster auf der gegenüberliegenden Halbinsel Piona surfen, das nur rund 2 km entfernt liegt bzw. am dortigen Kiesstrand einsteigen - je nach Windverhältnissen. Es gibt in Domaso zwei große, deutsch bzw. schweizerisch geführte Surf-Center: Peter Veh am Strand und Hans Hunkeler am Camping Paradiso (auf Schilder achten) und einen schönen, im Sommer aber restlos überfüllten Strand. Außerdem am Ort Wasserski-Schule und Minigolf.

• *Information*: Tel. 0344/95078.

• *Übernachten*: * **Madonnina**, beim gleichnamigen Campingplatz, DZ mit Bad ca. 50 DM, Tel. 0344/96294.

Jugendherberge, Via Carse Sparse 4, freundliches Haus direkt am See, 30 Betten, ca. 13 DM, März-Oktober, Tel. 0344/96094.

12 Campingplätze am See bieten reichlich Platz, darunter die großen Plätze **Solarium**, **Quiete e Letizia** und **Gardenia**, außerdem **Paradiso**, **Italia 90** und **Madonnina**, letzterer auf schattiger Landzunge am Kiesstrand. Ansonsten auch viel Zimmervermietung, oft mit Küche, Strandzutritt etc., z.B. **Residence Windsurf**, Tel. 0344/96122

und **Residence Geranio**, Tel. 0344/95031.

• *Essen*: **Pescatori**, am nördlichen Ortsausgang, preislich gehobenes Fischlokal, schöne Lage am See, gute Weine.

Angela, Trattoria beim Surf-Center Peter Veh, hauptsächlich Surfer verzehren hier die hausgemachten Nudelsachen.

Ruffino, Via Venini 2, alteingesessene Trattoria im Ortskern, Treffpunkt der Fischer. Mo geschl.

Spluga, Pizzeria in Sondrio (4 km nördlich), genießt seit langem guten Ruf, rustikal.

• *Unterhaltung*: **Caffè Concerto**, am Hafen, im Sommer oft Livemusik; danach in die Disco **Xeryus**.

▶ **Von Domaso nach Menaggio:** Das Städtchen *Gravedona* hat eine schöne Seepromenade und die mittelalterliche Kirche Santa Maria del Tiglio, Camping Serenella und Zimmervermietung.

Um *Dongo* viel Landwirtschaft und Weinanbau, mehrere Zeltplätze, darunter Miralago und Alla Vigna del Lago.

In *Pianella del Lario* recht hübsch die zwei kleinen Plätze Laguna Beach und MEC nebeneinander an leidlich sauberem Kiesstrand.

Ruhiges Plätzchen an der Promenade von Menaggio

Menaggio   (ca. 3500 Einwohner)

Einer der nettesten Orte am See - nicht aufgemotzt, die zwei Grand Hotels bleiben dezent am Rande. Bei deutschen Urlaubern beliebt und auch im August erfreulich ruhig.

Am Wasser unten viel Platz, sehr gepflegte Promenade mit schattigen Bäumen, Rasen und Blumenbeeten, anschließend das edle Grand Hotel Victoria, davor ein schmaler Kiesstrand, etwas nördlich Minigolf und der *Lido Giardino*, ein gut eingerichtetes Strandbad mit großem Pool.

Landeinwärts kommt man durch einige Altstadtgassen zur Hauptkirche von Menaggio, links davon auf rundem Kieselsteinpflaster hinauf zum *Castello* auf der Hügelspitze. Dort der verwinkelte alte Ortskern mit Bruchsteinhäusern, die nahtlos mit den Mauern der Burg zusammengewachsen sind - zum Wohnen ausgesprochen schön.

Auch sportlich ist einiges geboten: Im hochgelegenen Ortsteil *Loveno* liegen ein Reiterhof und ein Sportzentrum mit Tennisplätzen, einen Golfplatz gibt es an der Straße zum Luganer See (in Croce abbiegen), gute Wandermöglichkeiten bieten die Berge hinter dem Ort.

• *Information*: zentral an der Piazza Garibaldi, wenige Schritte hinter der Promenade. Sehr freundlich und hilfsbereit, Auskünfte in deutsch. Infos über Wanderwege, Ausflugsmöglichkeiten per Auto und Schiff, Tel. 0344/32924.

• *Übernachten*: *** **Bellavista**, großer Kasten direkt am See neben dem kleinen Jachthafen, gepflegte Einrichtung und herrlicher Blick, schönes Terrassenrestaurant direkt am Wasser, Pool, Garage. DZ mit Frühstück ca. 120-150 DM, Tel. 0344/ 31793.

** **Corona**, modernes Haus neben Tourist-Information, ganz zentral am Wasser. Die meisten Zimmer mit Balkon und Seeblick, neues Mobiliar und sauber, Zimmer, die nicht direkt zum See rausgehen, sind besonders gut ausgestattet. DZ mit Frühstück je nach Saison 85-115 DM, Tel. 0344/ 32006.

* **Il Vapore**, freundliche Pension neben Corona, junge Wirtin spricht gut deutsch, Seeblick, Speiseterrasse vor dem Haus, gute Küche. DZ mit Bad ca. 55 DM, ohne 45 DM, Frühstück extra, Tel. 0344/32229.

** **Meneghet**, Via da Castello 9, in der Altstadt hinter der Kirche am Weg zum Castello, das große historische Haus beherbergt 11 einfach eingerichtete Zimmer für ca. 50-70 DM mit und 35-50 DM ohne eig. Bad, hinter dem Haus ruhiger, langgestreckter Garten, Tel. 0344/32081.

* **Alpino**, Via 4 Novembre 38, etwas versteckt in einer Gasse der Altstadt, beim Turismo hinein und links. Zimmer über einer Pizzeria, einfach und sauber, ca. 70 DM mit, 50 DM ohne Bad, Tel. 0344/32082.

Jugendherberge La Primula, modernes ockerfarbenes Haus am südlichen Ortsausgang, direkt am See ca. 13 DM, März bis November, Tel. 0344/32356.

Camping Lido, Durchgangsplatz im nördlichen Ortsbereich, ein umfunktioniertes Fußballfeld, kein Quentchen Schatten, trotzdem nicht unangenehm. Heiße Duschen im Umkleideraum für Fußballer, am Eingang Bar. Der Swimmingpool des nahegelegenen Strandbads *Lido Giardino* kann benutzt werden. Tel. 0344/31150.

Camping Europa, näher am Wasser, aber fast vollständig von Dauercampern belegt. Tel. 0344/31187.

• *Essen*: **Da Paolino**, im Hotel Corona, gepflegtes Ristorante, herzlicher Familientrieb. Auf der hübschen Terrasse unter Weinlaub werden leckere Nudelgerichte serviert, z.B. *tagliatelle salsa e funghi* (mit Pilzsoße), dazu gibt's reichhaltige Salate und offenen Wein. Der anschließende Fisch wird sachgerecht am Tisch zerlegt. Für ein Menü zahlt man gut 40 DM.

Da Gino, Via Camozzi 16, etwas zurück vom See, in einer gemütlichen Seitengasse neben einem Torbogen, schön zum Sitzen, nicht teuer.

Meneghet, im gleichnamigen Albergo (→ Übernachten), altertümlich eingerichteter Speiseraum, familiäre Küche.

Alpino, brauchbare Pizzeria im Albergo gleichen Namens.

Bar del pess, an der kleinen Piazza am Wasser, abends der beliebteste Treff, Bier vom Faß.

▶ **Von Menaggio zum Luganer See**: Direkt im Zentrum windet sich eine Straße hoch den Hang hinauf, in einer knappen halben Stunde kommt man hinüber zum nahen Luganer See (→ unten).

Riviera Tremezzina (Cadenabbia bis Lenno)

Hier im klimatisch wärmsten Teil des Sees reihen sich zahlreiche prächtige Villen inmitten von Gärten und Parkanlagen mit üppigster Vegetation.

▶ **Cadenabbia**: Ortsteil von Tremezzo an der engsten Stelle in der Seemitte, Anlegeplatz der Autofähren nach Bellagio und hinüber nach Varenna am Ostufer. Alt-Bundeskanzler Adenauer vertrieb sich hier jahrelang seine Urlaubszeit mit Boccia spielen. Er wohnte in der wunderschön gelegenen *Villa La Collina* mit herrlichem Garten - heute im Besitz der Konrad-Adenauer-Stiftung und gelegentlich für exklusive Golfferien als gehobene Unterkunft vermietet (Auskunft: PR Ultramar, Via Fabio Filzi 4, I-22017 Menaggio, Tel. 0344/30700).

▶ **Tremezzo**: für eine Pause lohnend, Panoramablick auf den See und hinüber nach Bellagio. An der Straße direkt am Wasser ein Café neben dem anderen, dahinter einige Treppengässchen den Hang hinauf.

Die berühmte *Villa Carlotta* liegt etwas nördlich vom Ort. Eine großzügige Freitreppe führt von der Uferstraße hinauf zu dem klassizistischen Herrschaftshaus aus dem 18. Jh., das lange im Besitz der preußischen Prinzessin Charlotte war. Es ist vollgestopft mit kitschigen Skulpturen, Reliefs und Gemälden. Schön dagegen der weitläufige botanische Park der Villa, in dem u.a. Palmen, Mammutbäume, Zedern, Azaleen, Rhododendron, Seerosen und Orangen gedeihen (tägl. 9-18 h, ca. 8 DM).

Übernachten/Essen: ***** Rusall**, hoch über Tremezzo, am Rand des kleinen Weilers Rogaro, sehr ruhig mit großartigem Seeblick, DZ ca. 65-100 DM, im Ristorante vorzügliches Essen mit kräftigen Portionen, Reservierung unter Tel. 0344/40408.

▶ **Südlich von Tremezzo**: *Mezzegra* besteht zum Gutteil aus zahlreichen herrschaftlichen Villen. Bei *Giulino di Mezzegra*, vom See etwa 200 m eine schmale Straße hinauf (beschildert), wurden Benito Mussolini und seine Geliebte Claretta Petacci am 28. April 1945 von Partisanen erschossen - zwei Tage zuvor war er in Dongo gefaßt worden, als er in einem deutschen Lastwagen in die Schweiz fliehen wollte. Ein Kreuz direkt an der Straße markiert die Stelle.

Ländlich ruhig präsentiert sich die bewaldete Halbinsel von *Lenno*. Auf der *Punta Balbianello* steht die Villa del Balbianello aus dem 18. Jh., eine ehemalige Abtei mit herrlichem Garten, die bis Ende der Achtziger einem italienischen Kaufhauskönig gehörte und mittlerweile besichtigt werden kann (Di, Do, Sa, So 10-12.30, 16-18.30 h), Bootsverbindung ab Sala Comacina.

Von *Ossuccio* und *Sala Comacina* kann man zur gegenüberliegenden Isola Comacina übersetzen.

Übernachten: **Camping Lavedo** liegt im Grünen am Fuß der Halbinsel, jedoch nicht direkt am See.

Hier wurde der 'Duce' erschossen

Isola Comacina

Einzige Insel im Comer See, dicht vor der Westküste, zu erreichen mit kleinen Motorbooten, die ständig von Sala Comacina und Ossuccio hinüberpendeln. Eine Handvoll Kirchen und Reste alter Festungsmauern verstecken sich im dichtem Grün. In den Zeiten der Völkerwanderung war die Insel immer wieder Rückzugsort vor Eroberern, doch 1169 machte die Stadtrepublik Como auf der mit Mailand verbündeten Insel alles dem Erdboden gleich.

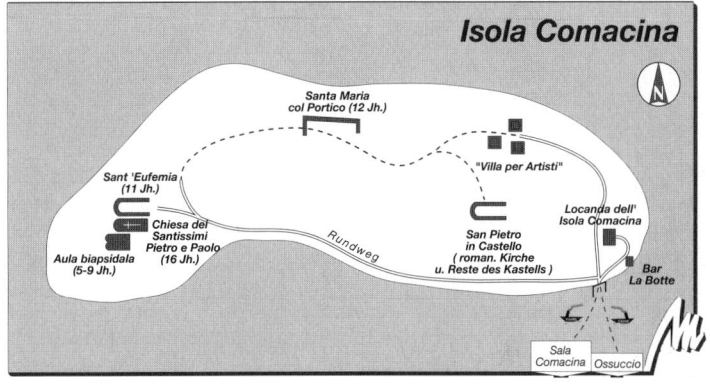

Ein Rundgang auf der kleinen Insel dauert etwa eine halbe Stunde, von der Anlegestelle wendet man sich nach links, läuft erst am Wasser entlang und steigt dann hinauf zur Nordspitze der Insel mit der *Chiesa dei Santissimi Pietro e Paolo* (auch: *San Giovanni*) aus dem 16. Jh. Links dahinter findet man die Grundmauern einer frühchristlichen Kirche mit Doppelapsis und schönem Mosaikboden (5.-9. Jh.), rechts der Kirche die malerischen Überreste der romanischen Basilika *Sant'Eufemia* (11. Jh.). Über dem Ostufer der Insel läuft der Pfad nun zurück nach Süden, unterwegs trifft man auf die spärlichen Reste der Kirche *Santa Maria col Portico* (12. Jh.), kurz darauf auf drei Bruchsteinhäuser, die als Künstlerdomizile erbaut wurden. Auf der Hügelkuppe kann man noch überwucherte Grundmauern der Kirche *San Pietro in Castello* entdecken, ansonsten geht es am berühmten Inselrestaurant vorbei wieder hinunter zur Anlegestelle.

• *Essen*: **Locanda dell'Isola Comacina** (→ Kasten).
La Botte, nette Bar in einem Faß unterhalb vom Ristorante, Sitzplätze direkt am Wasser.
• *Feste*: Am letzten Sa im Juni findet die **Sagra di San Giovanni** statt, eine Johannisnacht auf dem Wasser mit Lichterprozession und anschließendem Festessen - erlebenswert. Die Ursprünge des Festes gehen bis ins 16. Jh. zurück.

Locanda dell'Isola Comacina – Speisen mit Tradition

Seit 1947 bereitet das Ristorante oberhalb der Anlegestelle allabendlich ein unverändertes Sechs-Gänge-Menü aus Seeforelle, Gemüse, Brathähnchen, Schinken, Parmesankäse, Orangen und flambiertem Brandy. Der rührige Wirt Benvenuto Puricelli, angetan mit Schottenweste und Pudelmütze, garniert das üppige Essen mit Geisterbeschwörung und Feuerzauber.

Zahlreiche hochkarätige Berühmtheiten haben sich hier bereits verköstigen lassen, ihre Fotos zieren die Eingangswand: Bruce Springsteen, Elton John, Sylvester Stallone, Kirk Douglas, Konrad Adenauer, Christian Barnard, die Lollobrigida, Rummenigge, Kim Novak, Günther Strack - um nur einige zu nennen. Leider: laut Leserzuschriften soll die Qualität des Essens gehobenen Ansprüchen nicht gerecht werden. Aber der Spaß am Erlebnis läßt das vielleicht verschmerzen.

Preis des Menüs: ca. 85 DM pro Pers., à la carte speisen kann man mittags. 1. März - 31. Oktober. Di geschl. (außer in den Sommermonaten). Reservierung unter Tel. 0344/55083.

▶ **Argegno**: hübscher Ort mit viel Luft am See, Promenade und kleinem Hafen. Seilbahn nach *Pigra* mit Panoramablick über den See. Hier außerdem Auffahrt ins Intelvi-Tal mit dem Sommer- und Wintersportgebiet um *Lanzo d'Intelvi* und Weiterfahrt zum Luganer See (→ unten).

Weiter südlich ist die Küste bis Como mit Dörfern und Villen weitgehend zugebaut, eine schmale Straße führt direkt am Wasser entlang, parallel zur weiter landeinwärts verlaufenden Hauptdurchgangsstraße. Bis Como kein Campingplatz.

▶ **Cernobbio**: mit Como fast zusammengewachsen, ein Refugium der Schönen und Reichen und weltbekannt für sein *Grand Hotel Villa d'Este*, eins der großen Luxushotels Italiens (DZ in der Saison über 700 DM!). Im 16. Jh. von einem Kardinal erbaut, ist die prachtvoll ausgestattete Villa seit 1873 Hotel. Von Churchill über Hitchcock bis Clark Gable und Kissinger - alle waren sie hier, das Publikum besteht zu fast 50 % aus Stammgästen der High Society, z.B. Caroline von Monaco.

Übernachten: *** **Miralago**, stattliches Herrschaftshaus am See, Zimmer mit TV und Minibar, z.T. Air-Condition, Parkplatz/Garage vorhanden. DZ ca. 130-150 DM, Tel. 031/510125.

Como

(ca. 100.000 Einwohner)

Weitläufige und elegante Stadt, die Skyline dominiert von der grünen Domkupppel. In den Randbezirken einiges an Industrie, vor allem Seidenfabrikation, trotzdem herrscht im Zentrum eine angenehme, meist ruhige Kleinstadtatmosphäre, viele Möglichkeiten zum gepflegten Shopping, zahlreiche Boutiquen. Im Sommer immer reichlich Touristen in der Stadt.

Am See lange baumbestandene Promenade und große Piazza mit Rasenfläche, wo die Seeschiffe anlegen. Wer Zeit hat - Spaziergang am Ufer entlang zum prächtigen Park der Villa dell'Olmo am Westufer. Como besitzt auch zwei Strandbäder - bei der Villa Olmo am Westufer und genau vis á vis am Ostufer bei der Villa Geno.

Anfahrt/Verbindungen

• *PKW*: Autobahn ab Milano, gesamte Innenstadt ist für den Verkehr gesperrt, Zufahrt nur für Autorisierte und Hotelgäste. Großes Parkhaus in einer Seitengasse des Viale C. Battisti (beschildert), Nähe landseitiges Stadttor.

• *Bahn*: Como ist Station an der internationalen Gotthard-Linie von Basel nach Milano, eine der wichtigsten Strecken im alpenüberquerenden Verkehr. Außerdem fahren häufige Züge nach Lecco. Der FS-Bahnhof liegt westlich vom Zentrum, in die Altstadt geht's geradeaus die Via Gallio entlang. Auf der anderen Seite der Altstadt, an der Piazza Matteotti (schräg hinter dem Dom), der Bahnhof der privaten **Ferrovia Nord**

Milano (FNM) mit stündl. Verbindungen nach Milano.

• *Bus*: Busse in die wichtigsten Ortschaften am See ab **Piazza Matteotti**, z.B. nach Menaggio und Bellagio. In der Stadt und in die Außenbezirke fahren Stadtbusse 1 bis 14.

• *Fähren*: tägl. Abfahrt in alle Seeorte an der Piazza Cavour.

Information

APT an der Piazza Cavour 16, großer Platz an der Seefront. Freundliche Auskünfte, Stadtpläne, Prospektmaterial und Vermittlung von Ferienwohnungen. Mo-Sa 9.30-12.30, 14.30-18 h, So geschl., Tel. 031/274064.

Übernachten

Como ist ein teures Pflaster, unter 80 DM findet man hier kein Zimmer.

Für gehobene Ansprüche zwei **** Hotels an der Piazza Cavour, das modernere **Barchetta Excelsio**r (Tel. 031/3221) und das gediegene **Metropole & Suisse** in einem Palazzo aus dem 17. Jh. (Tel. 031/269444).

*** **Firenze**, Piazza Volta 16, modernes Hotel in einem historischen Gebäude, freundlich geführt, schick und ansprechend in klaren Linien gestaltet, Zimmer mit Holzböden, z.T. Air-Condition, sehr gute Bäder, leider kein Parkplatz. DZ ca. 140 DM mit Frühstücksbuffet,. Tel. 031/300333.

*** **Tre Re**, ebenfalls mitten in der Altstadt, großes älteres Haus, Treppenhaus im klassizistischen Stil, Zimmer schlicht, durchgängig renoviert, Mobiliar in hellem Holz, Parken im Hof, mit Ristorante. DZ ca. 140 DM mit Frühstück, Tel. 031/265374.

** **Posta**, Via Garibaldi 2, an der Piazza Volta, zentrale Lage, sachlich-funktionale Einrichtung, Lift, Telefon im Zimmer, DZ ca. 80-110 DM, Tel. 031/266012.

** **Fontana**, Via Domenico Fontana 19, wenige Schritte von der Piazza Cavour am See, altes renoviertes Stadthaus mit einer Handvoll solide möblierter Zimmer für ca. 120 DM, jeweils TV, Telefon und Ventilator, Tel. 031/271110.

* **Sole**, Via Borgovico 91, ebenfalls nah beim Bahnhof, nur 4 Zimmer mit eig. Bad, sonst Etagendusche, DZ ca. 70-80 DM, Tel. 031/573382.

• *Jugendherbergen*: **Ostello dell'Olmo (IYHF)**, Via Bellinzona 2, beliebte Herberge im Park der Villa Olmo am Westufer, ca. 1½ km vom Bhf., Bus 1, 2 oder 6. Etwa 15 DM pro Nacht mit Frühstück, Anmeldung ab 16 h, im Sommer oft voll. Tel. 031/ 573800.

Ganz in der Nähe bietet eine Herberge preiswerte DZ nur für Mädchen - **Protezione della Giovane**, Via Borgovico 182. Tel. 031/573540.

• *Camping*: **Camping Internazionale**, günstiger Übernachtungsplatz, da direkt an der Auf/Abfahrt Como Sud der Autobahn Chiasso-Milano, ca. 3 km vom Zentrum. Dicht beschattete Stellplätze unter Bäumen, Kinderspielplatz, kleiner Pool, Bar/ Pizzeria. Ostern bis Mitte Oktober, Tel. 031/ 521435.

Essen/Cafés

Auch beim Essen muß man oft tief in die Tasche greifen, vor allem die besseren Ristoranti sind sehr teuer. Günstige Alternative bilden die vielen Self-Services, in denen sich die jungen Milanesen mit knappem Budget tummeln.

Sant'Anna 1907, Via Filippo Turati 3, außerhalb vom Zentrum, am Weg zur Autobahn, seit fast 90 Jahren Garant für ausgezeichnete lombardische Küche, Menü ca. 60 DM, Reservierung unter Tel. 031/-505266. Fr und Sa Mittag geschl.

Al Giardino, Via Monte Grappa 52, "Osteria con cucina", ebenfalls außerhalb der Innenstadt und ebenfalls obere Preisklasse. Man speist in einer schönen historischen Villa, im Sommer kann man auch im Garten sitzen. Spezialität ist natürlich Fisch aus dem Comer See, Reservierung Tel. 031/ 265016. Mo geschl.

Del Gesumin, Via Cinque Giornate, sehr schickes Restaurant in der Altstadt, in den Innenräumen spiegelnder Granit, hinten grüner Innenhof. Tägl. wechselnde Speisekarte, Menü ca. 80 DM. So geschl.

Posta, Via Garibaldi 2, zentrale Lage, auf der kleinen Terrasse vom gleichnamigen Hotel speist man gemütlich, aber leider reichlich teuer.

Cavour-Taverna Spagnola Pizzeria, Piazza Volta 33, eine der beliebtesten Pizzeria der Stadt, zentrale Lage, oft überfüllt. Mi geschl.

Le Colonne, Piazza Martiri 12, Pizzeria an einem ruhigen Platz, zwar schön zum Sitzen, aber oft völlig überfüllt und zu wenige Kellner. Di geschl.

Messicana, Piazza Martiri 6, Alternative am selben Platz, mit Innenhof. Mo geschl.

● *Self-Services*: **Gourmet**, Piazza Volta 26, für junge Leute, die nicht viel ausgeben wollen, *primo* um die 7 DM, *secondo* 10 DM. So geschl.

Il Golosone, Via Bernardino Luini 40, gut bestückter Self-Service - Nudelgerichte, Salate,

Crêpes, Panini, Kuchen ... So geschl.

Carducci, Via Carducci 4, Nähe Piazza San Fedele, große Mensa mit preiswerten Gerichten, nur mittags. So geschl.

● *Cafés*: **Pasticceria/Gelateria Monti**, Piazza Cavour 21, gegenüber Anlegestelle, erste Adresse in Sachen Eis, auch Pizza vom Blech, der alte Palazzo innen stuckverziert.

Ariston Bar, Via Giuseppe Rovelli 13, Nähe San Fedele, schön zum Draußensitzen an schattiger Gasse, Panini, Pizza und Salate.

Sehenswertes

Das alte Como besaß einen rechteckigen Grundriß und auch die gepflasterten Gassen der Altstadt sind weitgehend rechtwinklig zueinander angelegt - heute zum Großenteil Fußgängerzonen, Gehsteige fehlen meist.

Die Via Luini führt von der großen Piazza Cavour am Wasser zur beschaulichen *Piazza San Fedele* mit der gleichnamigen Kirche. Am Platz zwei nette Cafés, schattige Arkaden, viele Tauben und alte baufällige Häuser, deren morsche Balken und Erker eine pittoreske Umrahmung bilden. Die kleine Basilika im lombardischen Stil besitzt in der Fassade eine Rosette, die Seitenemporen und die Decke stammen teils aus der Renaissance, während die romanische Apsis gut erhalten ist.

Wenn man in derselben Richtung weitergeht, kommt man zur *Torre di Porta Vittoria*, ein Torturm der Stadtmauer in genuesischer Bauart, d.h. er ist nach innen offen. Teile der Stadtmauer sind hier noch erhalten.

Dom: interessante Mischung aus Gotik und Renaissance, steht äußerst dekorativ an einem weitem Platz und ist aufwendig verziert - weißer Marmor mit senkrechten Skulpturenleisten und Türmchen, reich geschmücktes Portal. Daneben der romanische *Broletto*, eine schattige Loggia im Zebramuster mit Viereckssturm, diente zeitweise als Rathaus, beherbergt heute oft Bücherstände, Flohmarkt o.dgl. Im Inneren des Doms grenzen Wandteppiche die Seitenschiffe vom Hauptschiff ab, sparsam bestuhlt kommt die Weite des Baus zum Tragen. Auffallend die vielen bunten Glasfenster - u.a. prächtige Rosette und hohe Glasfenster in der Front, kleine leuchtende Fenster hinter dem Altar. Die spitze Kuppel wirkt fast himmelhoch, beachtlich auch die vergoldete Orgel.

Außerhalb vom Zentrum: Die Kirche *Sant'Abbondio*, westlich außerhalb der Stadtmauern, besitzt in der Apsis schöne Fresken aus dem 14. Jh. Besichtigen kann man am westlichen Seeufer auch die prachtvolle *Villa dell'Olmo* aus dem 18. Jh. mit reichem Innenleben und herrlichem Park (tägl. 8-18 h).

● *Museen*: **Museo Tempio Voltiano**, architektonisch auffallender "Tempel" direkt am See, gewidmet dem Physiker Alessandro Volta, der aus Como stammt. Erinnerungsstücke an den Wegbereiter der elektrischen

Batterie (Di-So 10-12, 15-18 h, Mo geschl.). **Archäologisches Museum** und **Museo del Risorgimento**, beide im selben Palazzo an der Piazza Medaglie d'Oro (Di-Sa 9.30-12.30, 14-17, So 10-13 h, Mo geschl.).

Seidenmuseum, Via Valeggio 3, 1990 in einer alten Seidenspinnerei eröffnet, alle Arbeitsgänge der Seidenherstellung werden an Hand von Originalgeräten ausführlich dargestellt (Besichtigung nur mit Anmeldung, Di-Sa 9-12, 15-18 h, So/Mo geschl.).
● *Shopping*: Seidentücher und -krawatten direkt ab Fabrik kauft man günstig bei **Ratti**, Via Cernobbio 19, Mo-Fr 14-18 h.

▶ **Como/Umgebung:** *Brunate* ist ein kleiner Hügelort hoch über Como, schön zum Spaziergehen und Wandern, herrliche Ausblicke. Zu erreichen per Standseilbahn ab Ostende des Lungo Lario Trieste - 1994 hat das Bähnlein seinen 100. Geburtstag gefeiert (Dauer ca. 7 Min., hin und zurück ca. 6 DM, letzter Zug ca. 22.30 h, im Sommer bis Mitternacht).

Etwa 20 km nördlich von Como kann man von Capolago am Schweizer Ufer des Luganer Sees mit einer Schmalspurbahn auf den 1704 m hohen *Monte Generoso* zuckeln, Fahrt dauert einfach ca. eine halbe Stunde.

Lago di Lugano (italienischer Teil)

Der östliche Arm des Luganer Sees ragt wie eine lange Zunge in italienisches Gebiet hinein. Landschaftlich reizvoll inmitten hoher bewaldeter Hänge, trotzdem insgesamt eine ruhige Ecke mit nur einer Handvoll Orte, in denen der Tourismus auf Sparflamme kocht. Aber ins berühmte Lugano auf schweizerischer Seite sind es nur etwa 15 km.

Auf dem Weg von Menaggio am Comer See kommt man am idyllischen *Lago di Piano* vorbei. Am Ufer liegen drei Zeltplätze, hübscher Platz unter Bäumen ist Camping Ranocchio.

▶ **Porlezza**: Hauptort des Sees auf italienischem Gebiet. Kleinstädtchen mit schattiger Promenade und nettem Altstadtkern, nichts Spektakuläres, eher recht beschaulich. In der Fußgängerzone gut bestückte Delikatessläden. Mehrere Campingplätze am Seeufer südlich vom Ort.

An der Straße nach Osteno passiert man einen kleinen Wasserfall, dort liegt die *Grotte di Rescia*.

● *Übernachten*: **Regina**, Lungolago Matteotti 11, gepflegtes Haus an der Promenade, Zimmer mit modernem Mobiliar, TV und kleinen Balkonen, unten gutes Ristorante. DZ ca. 60-90 DM, Tel. 0344/61228. **Camping Darna** und **Paradiso** lohnen den Stopp, schöne Lage unter Bäumen und gute Bademöglichkeiten.

▶ **Osteno**: ganz kleines Dorf, hübsch am See gelegen, hier ist die Ruhe zu Hause. Camping Lido Osteno direkt beim Ort. Ausflüge ins malerische *Intelvi-Tal*. Bei Lanzo d'Intelvi gibt es einen Golfplatz.

▶ **Campione d'Italia**: italienische Enklave am Schweizer Ufer des Luganer Sees. Das nur wenige Quadratkilometer große Gebiet gehörte fast 1000 Jahre lang dem Kloster von Sant'Ambrogio in Milano, erst Napoleon gab es im Zuge der Säkularisation der Lombardei zurück, nach seiner Niederlage bestätigte der Wiener Kongreß die Transaktion. Als Ort heute relativ langweilig, einziger Anziehungspunkt ist das Spielcasino *Casinò Municipale*. Es öffnet täglich um 15.30 h (bis 2.30 h), in den Saal der Slot-Machines kommt man mit legerer Kleidung hinein, für die Roulette-Säle ist Abendgarderobe Pflicht (Sakko und Krawatte). Ausweis ist vorzulegen. Das Casino hat ein elegantes Dinner-Restaurant mit schöner Seeterrasse, Reservierung unter Tel. 004191/687926.

• _Anfahrt/Verbindungen_: Wer seine Reisekasse verspielen will - auf der Autobahn ist
man von Como aus in einer halben Stunde
dort. Jedoch Vorsicht: Wer keine **Vignette**
am Auto hat, muß an der Schweizer Grenze
auch für dieses kurze Autobahnstück den
vollen Betrag lösen (ca. 40 DM). In diesem

Fall also besser die Staatsstraße nehmen.
• _Information_: **Campione d'Italia**, Via Volta
16, Tel. 004191/685051. Auskunftsbüro des
Casinò auf dem **Zollplatz Brogeda** an der
italienisch-schweizerischen Grenze (Autobahn Como-Lugano).

Zwischen Comer See und Lago Maggiore

▶**Varese**: zentraler Knotenpunkt der Hügelregion Varesotto, große und
wohlhabende Stadt, die mit ihrem Verkehr auf die Nerven geht und in der
man sich gerne verfährt. Außer der _Basilica San Vittore_ mehr oder minder
einzige Sehenswürdigkeit in der Stadt sind die _Giardini Estense_, die im 18.
Jh. nach dem Vorbild Schönbrunns angelegt wurde - abgezirkelte Rasenflächen mit kunstvoll beschnittenen Bäumen und Sträuchern im artifiziel-
len Stil des Rokoko.
Nördlich oberhalb von Varese erhebt sich der 880 m hohe _Sacro Monte_,
ein vielbesuchtes Wallfahrtsziel. Den Aufstieg begleiten 14 skulp-
turenverzierte Kapellen aus dem 17. Jh., nach der letzten Kapelle kann
man die _Villa Pogliaghi_ besuchen, in der ägyptische und griechisch-römi-
sche Kunstwerke ausgestellt sind. Am Ende des Wegs beeindruckt die
große Anlage mit der Kirche _Santa Maria del Monte_ durch ihre Gesamtkomposition, angeschlossen ist das _Museo Baroffio_ mit Pinakothek. Vom
nahen _Campo dei Fiori_ (1227 m) herrlicher Rundblick.
Richtung Norden erreicht man über die SS 233 den winzigen _Lago di Ghir-
la_. Camping Trelago, ein hübscher Grasplatz, liegt gleich beim Strandbad,
Ristorante Piccolo Lago ebenfalls am See (am Wochenende mit Disco). Ein
lohnender Halt bei der Anreise via Bellinzona - Lugano.

▶**Lago di Varese**: in flacher Hügellandschaft auf halber Strecke zwischen
Como und Lago Maggiore. Ufer großenteils verschilft, Wasser wahrscheinlich reichlich dreckig wegen fehlender Kläranlagen.
Die paar kleinen Dörfchen am See bestehen großenteils aus einfachen Fi-
scher- und Ferienhäusern, kaum Tourismus. Nur am Westende bei _Gavi-
rate_ der hauptsächlich mit Dauercampern besetzte Camping Lido, davor
flaches Ufer unter hohen Platanen. Wegen Algenschleim und Wasserpflan-
zen allerdings kein Platz zum Baden. Für die Mittagspause ausgesprochen
hübsch hier das Ristorante/Pizzeria Lido mit seiner Terrasse am See -
freundlicher Service, gutes Essen, Zimmervermietung.
Die zwei kleinen Seen _Lago di Monate_ und _Lago di Comabbio_ südlich von Lago di Varese sind von kleinen gemütlichen Dörfchen umgeben, hier gibt es
einige populäre Badestellen und einen Campingplatz am Lago di Comabbio.

Idyllische Überfahrt zwischen Laveno Mombello und Intra

Lago Maggiore

Der westlichste der drei großen italienischen Alpenseen, 66 km lang und bis zu 12 km breit. Der nördlichste Zipfel gehört noch zum Schweizer Tessin, dort liegen Locarno und Ascona, zwei weltberühmte Urlaubsorte, die vor dem Grenzübertritt einen Stopp lohnen.

Ansonsten ist der Lago Maggiore ähnlich strukturiert wie der Comer See - im Nordwesten treffen sich die (deutschen) Camper, in der Seemitte prangt herrliche Vegetation mit Palmen und botanischen Gärten. Jedoch ist der spezielle Flair des Comer Sees hier nicht überall anzutreffen: vor allem der Süwesten des Lago Maggiore wirkt relativ langweilig, da völlig flach und großenteils verbaut - Milano ist nicht mehr weit.

Generell reizvoller als die lombardische Osthälfte des Sees ist das Westufer, das bereits zur Region Piemont gehört. Zu den schönsten Orten zählt dort *Cannobio*, während *Stresa* seit dem letztem Jahrhundert Sinnbild für die gehobenen Urlaubsfreuden der "upper class" wurde.

● *Anfahrt/Verbindungen*: **PKW**, von Norden kommend ist die Schweizer Autobahn N 2 durch den Gotthard-Tunnel die ideale Anfahrt, Abfahrt zur Nordspitze in Bellinzona. Von der Westschweiz über Brig und durch den Simplontunnel, von Domodossola ist es nicht mehr weit.

Bahn, das Westufer ist von der Schweiz auf der **Lötschberg/Simplon-Strecke** über Brig und Domodossola zu erreichen, unterwegs wird der Simplon-Tunnel durchquert, einer der längsten der Welt. Die Bahnstrecke trifft bei **Baveno** an den See und fährt das südwestliche Ufer entlang.

Den Osten kann man, von Norden kommend, auf der **Gotthard-Bahn** anfahren, wobei in Bellinzona in der Regel umgestiegen werden muß. Die Bahnlinie führt das

gesamte Ostufer entlang.
Von Milano kann man mit der privaten **Ferrovia Nord Milano (FNM)** über Varese nach Laveno Mobello am mittleren Ostufer fahren. **Schiff**, alle wichtigen Orte werden von den Personenfähren und Tragflügelbooten der

Navigazione sul Lago Maggiore angelaufen. In der Seemitte zwischen **Laveno** (Ostufer) und **Intra** (Westufer) verkehren 2-3 x stündl. Autofähren (PKW je nach Länge 9-16 DM), Dauer der reizvollen Überfahrt ca. 20 Min.

Ostufer (Nord nach Süd)

Das nördliche Stück gehört noch zur Schweiz, danach folgt kaum Bemerkenswertes. Die Orte haben wenig speziellen Flair und bis auf die Burg von Angera im Süden gibt es keinerlei Sehenswürdigkeiten.

▶ **Maccagno:** freundliches kleines Örtchen an einem Landvorsprung, angenehmer Zwischenstopp, weil ein ganzes Stück ruhiger als das benachbarte Luino. Camping Azur am Seeufer unter hohen Laubbäumen mit deutscher Leitung, außerdem Camping Lido im nördlichen Ortsbereich, ebenfalls am See. Beide Plätze haben Badestrand.

Luino (ca. 17.000 Einwohner)

Größerer Ort mit lebendigem Zentrum. Etwas versteckt gegenüber der Anlegestelle zieht sich landeinwärts der Durchgangsstraße das Altstadtviertel einen Hügel hinauf - ganz hübsch, mit roten Steinen einheitlich gepflastert, in den wohlhabenden Bürgerhäusern teilweise beachtlich große Innenhöfe.

Es gibt ein großes *Strandbad* am südlichen Ortsende, Nähe Flußmündung, sonst aber wenig, was zum Bleiben reizt. Tretboote werden im kleinen Hafenbecken neben der Anlegestelle verliehen. Wer nur einen Tagesausflug plant, sollte am Mittwoch kommen, dann findet im Stadtzentrum ein riesiger *Wochenmarkt* statt, der in seinen Ursprüngen bis 1541 zurückgeht - jede Menge Trubel und viel fürs Auge.

• *Anfahrt/Verbindungen*: Der **Bahnhof** liegt an der Piazza Marconi im südlichen Stadtbereich, zum See kommt man mit ein paar Schritten geradeaus den Viale Amendola entlang. Unten rechts halten, um ins Zentrum zu gelangen.

• *Information*: Viale Dante Alighieri 6, Durchgangsstraße Nähe Schiffsanlegestelle, Tel. 0332/530019.

• *Übernachten*: Um das Hafenbecken liegen gleich drei Hotels - *** **Ancora**, Tel. 0332/530451 (mit Restaurant), ** **Del Pesce**, Tel. 0332/532379 und das günstige * **Binda**, Tel. 0332/534744.

Camping Boschetto, zwischen Luino und dem südlich benachbarten Germignaga, an der Mündung vom Tresafluß. Schönes Wiesengelände mit Kastanien und Pinien, österreichische Leitung.

• *Essen*: **Tre Re**, Via Alessandro Manzoni 29, in der Altstadt, edles Ristorante im Gewölbe eines restaurierten Palazzo incl. rustikale Kellerbar.

Marinella, Via Manzoni 46, familiäre Pizzeria in der Altstadt, kleiner Raum mit viel Holz, diverse Pizze, auch Seefisch.

Da Mimmo, Piazza Libertà, gute Gelateria an der Anlegestelle der Fähren.

▶ **Von Luino nach Laveno Mombello:** weitgehend bewaldet, recht schöne Strecke dicht am Ufer entlang. Unterhalb von *Brezzo di Bedero* langer Kiesstrand, bei *Calde* einige Ristoranti im Schatten einer Burgruine auf einem Uferhügel.

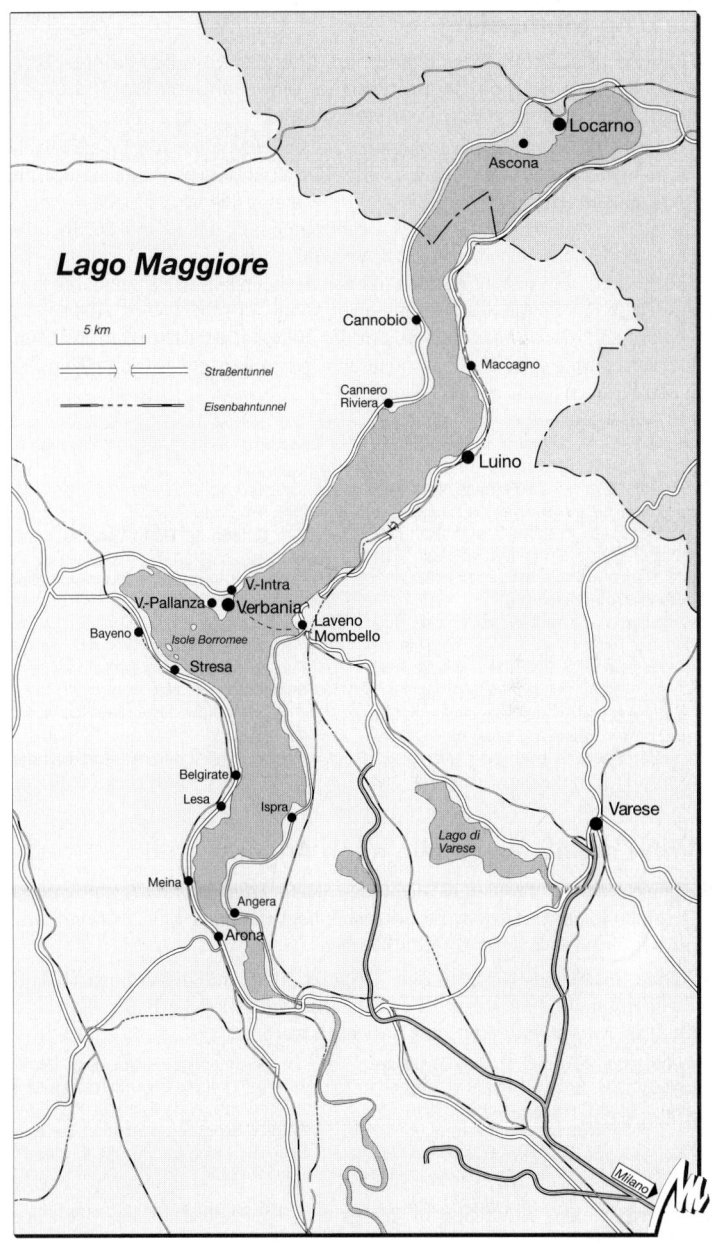

Lago Maggiore

5 km

Straßentunnel

Eisenbahntunnel

Locarno

Ascona

Cannobio

Maccagno

Cannero Riviera

Luino

V-Intra

V-Pallanza   Verbania

Bayeno   Isole Borromee   Laveno Mombello

Stresa

Belgirate

Lesa

Ispra

Lago di Varese

Varese

Meina

Angera

Arona

Milano

Laveno Mombello

Ruhiges unspektakuläres Städtchen, überragt vom bewaldeten Sasso del Ferro. Schöne Seepromenade, eine Handvoll Ristoranti und Hotels, ein Strand, wenig Touristenrummel.

Im letzten Jahrhundert war Laveno bekannt für seine Keramikfabriken, heute haben fast alle zugemacht, einige der alten Gemäuer stehen noch. Im 3 km südlich liegenden Nachbarort Cerro bietet das *Museo della Terraglia* im schönen Palazzo Perabò eine Keramiksammlung des 19. und 20. Jh. (Mo-Do 14.30-17.30, Fr-So auch 10-12 h, ca 3 DM).

Herrlich ist der Ausflug mit den offenen Stehgondeln der Funivia bis kurz unterhalb der Spitze des 1062 m hohen *Monte Sasso del Ferro*, weiter zum Gipfel geht's in 30 Min. zu Fuß. An der Bergstation Ristorante mit Zimmervermietung, von der Panoramaterrasse großartiger Blick auf den See und die Alpen, schön zum Wandern.

• *Anfahrt/Verbindungen*: Die **FS-Station** liegt ein Stück landeinwärts, Züge nach Milano, Novara, Bellinzona und Locarno (Schweiz). Die private **Ferrovia Nord Milano (FNM)** bietet über Varese häufige Verbindungen nach Milano und hat ihren Bahnhof gleich am Hafen, wo Autofähren und Tragflügelboote ins gegeüberliegende **Verbania-Intra** abfahren.

• *Information*: im Rathaus unter den Arkaden der Piazza Italia, etwas nördlich der Anlegestelle der Fähren. Tel. 0332/666666.

• *Übernachten*: *** **Il Porticciolo**, Via Fortino 40, südlich der Anlegestelle direkt am See, das beste Hotel/Ristorante am Ort, mit schöner Speiseterrasse und ausgezeichneter Küche, gepflegte Zimmer mit Teppichböden und TV, Seeblick, Parkplatz. DZ ca. 120-150 DM, Tel. 0332/667257.

* **Concordia**, zentrale Lage in Hafennähe, nicht ganz leise, DZ mit Bad ca. 50 DM, mit Etagendusche etwas günstiger. Mit Trattoria. Tel. 0332/667380.

• *Essen*: **Osteria del Porto Vecchio**, etwas eleganteres Lokal an der Piazza Italia, die "Terrazza" mit Kunststoffwänden vor Wind geschützt, auch Pizza.

Del Lago, Lungolago de Angeli, kleine Pizzeria an der ruhigen Promenade, die von der Piazza Italia nach Nordwesten verläuft.

Lo Scoiattolo, Località Monteggia, 3 km entfernt, bekannt für seine gute Küche, Mo geschl.

• *Shopping*: großer **Keramik/Porzellaladen** an der Zufahrtsstraße zum See, Nr. 103.

Von Laveno Mombello nach Angera

Schöne Strecke durch teils dicht bewaldete Uferlandschaft, nur wenige Orte und kaum zersiedelt. Bei *Monvalle* liegt Camping Lido, in *Ispra* Camping International unter dichten Bäumen.

▶ **Ranco:** idyllisches Nest am See, Tip für ruhigen und erholsamen Urlaub. Zwei Hotels und verstreute Ferienhäuser, verschiedene Bademöglichkeiten. Ein *Transportmuseum* kann besichtigt werden.

• *Übernachten/Essen*: *** **Conca Azzurra**, Hotel direkt am Wasser mit eigenem Strand, große Terrasse mit herrlichem Seeblick, sehr ruhig. DZ mit Frühstück je nach Saison ca. 120-180 DM, Tel. 0331/976526.

Del Sole, Piazza Venezia 5, Luxusrestaurant im gleichnamigen Hotel, zwei Michelinsterne (!!) sind der Lohn für die kreative Küche, hervorragende Fischgerichte, Spezialität die Lasagne mit Scampi, Terrasse mit Seeblick. Menü ca. 90 DM, Di geschl. Tel. 0331/976507.

▶ **Angera:** kleines Städtchen in der grünen Uferlandschaft des südlichen Lago Maggiore. Hoch über dem Ort die gut erhaltene Burg Rocca di Angera

Traditionelle Fischerboote im Hafen von Laveno Mombello

mit hohem Wehrturm und mehreren hohen Innenräumen, deren Wände alte Fresken schmücken. Die Burg wurde von den Visconti begonnen, ging aber schon 1449 in den Besitz der Borromäer über. Seit wenigen Jahren ist hier ein großes *Puppen- und Spielzeugmuseum (Museo della Bambola/Museo dell'Abbigliamento Infantile)* untergebracht, das historische Puppen und Spielzeug aus verschiedenen Kulturen zeigt - eine ehemalige Privatsammlung der Prinzessin Bona Borromeo. Für Liebhaber sicher reizvoll, hat allerdings seinen Preis. In den ehemaligen Stallungen im Hof steht eine gewaltige Weinpresse, ein Museumsshop verkauft Puppen (April-Oktober 9.30-12.30, 14-18 h, Juli/August bis 19 h, ca. 10 DM). Von der Brüstung vor der Burg genießt man einen herrlichen Rundblick über den Süden des Sees.

● *Information*: Piazza Garibaldi, Tel. 0331/930168.

● *Übernachten*: insgesamt fünf Herbergen, zu empfehlen ist ** **Lido** mit eigenem Strand, ca. 100 DM, Tel. 0331/930232. **Camping Cittá di Angera** südlich vom Ort am See, ca. 100 m langer Strand. Tel. 0331/930736.

● *Essen*: **Del Porto**, hier kann man schön im Freien sitzen, Di Abend und Mi geschl. **Rocca**, Terrassenlokal vor der Burg, tolle Lage.

Westufer (Nord nach Süd)

Ein ganzes Stück interessanter bzw. lohnender als der Osten. Während sich im Norden um das schöne Städtchen *Cannobio* zahlreiche Campingplätze ballen, bietet die Seemitte dank ihres milden Klimas Belle-Epoque-Atmosphäre mit prunkvollen Palasthotels, Palmenpromenaden und zahlreichen berühmten Gästen aus Adel und Politik. In *Stresa* und im benachbarten *Baveno* waren sie alle - Queen Victoria, Hemingway, George Bernard

Shaw und die Zarenfamilie - heute gefolgt von britischen, deutschen und amerikanischen Pauschaltouristen.

▶ **Schweizer Ufer**: Natürlich lohnt ein Stopp im schweizerischen *Locarno*, dessen Altstadt sich weitflächig die Hänge hinaufzieht. An der weiten Piazza Grande, umgeben von Laubengängen und mit runden Kieselsteinen gepflastert, kann man gut Kaffee trinken - noch besser aber fast an der weltberühmten Promenade im benachbarten *Ascona*. Das nahe *Centovalli* ist ein populäres Ausflugsziel.

Guter Camping Delta am Maggia-Delta zwischen Locarno und Ascona, weitere Plätze am Nordende des Sees, Nähe Flugplatz.

Cannobio   (ca. 6000 Einwohner)

Das absolute Camperzentrum am See, gut acht Plätze liegen in der Flußebene nördlich vom Ort, dort auch ein langer und sehr breiter Kiesstrand, der zum Baden einlädt. Aber das ist nicht alles. Cannobio besitzt nämlich außerdem Atmosphäre und das nicht zu knapp!

Zum See hin reihen sich pastellfarbene Hausfronten mit schmiedeisernen Balkonen und wunderschön unverbautem Seeblick. Die Uferstraße wird abends zur Fußgängerzone, an der gemütliche Restaurant-Terrassen zum Essen einladen.

Gleich dahinter der krasse Gegensatz: hier krümmen sich dunkle und enge Treppenwege mit überwölbten Durchgängen, Kieselwege ziehen sich zwischen hohen Mauern - architektonisch so reizvoll, wie man es hier im "hohen Norden" Italiens in dieser Ausgeprägtheit nicht erwartet. All das macht Cannobio zu einem der angenehmsten Orte am See - was sich herumgesprochen hat, viel deutsches Stammpublikum.

Anfahrt/Verbindungen/Information

● *Anfahrt/Verbindungen*: Im Ort gibt es mehrere ausgeschilderte Plätze, wo man kostenlos parken kann.

● *Information*: Viale Vittorio Veneto 4 (Durchgangsstraße). Reichhaltiges Prospektmaterial, Hilfe bei der Quartiersuche. Tel. 0323/71212.

Übernachten

Sehr gutes Niveau der Hotels, praktisch alle haben auch ein Ristorante.

*** **Il Portico**, neues Hotel in alten Mauern, ganz zentral hinter der Uferpromenade (nördlicher Teil), sehr geschmackvolle und angenehme Ausstattung. DZ mit Frühstück ca. 120 DM, Tel. 0323/71255.

*** **Pironi**, 500 Jahre altes Bürgerhaus im Ortskern, mit viel Holz gekonnt restauriert, Balkendecken, schönes Mobiliar, Speiseraum mit Wand- und Deckengemälden, jedes Zimmer ist unterschiedlich eingerichtet. DZ mit Frühstücksbuffet ca. 135-160 DM, Tel. 0323/70624.

** **Cannobio**, Traditionshaus direkt am Wasser, schon etwas älter, aber toller Blick, hauseigenes Ristorante in schöner Lage am See, Garage. DZ mit Du/WC ca. 70 DM, ohne ca. 55 DM, Tel. 0323/71390.

** **Antica Stallera**, Via P. Zaccheo 7, zwischen Durchgangsstraße und Uferpromenade, traditionelles Gutshaus mit interessanter Architektur, perfekt restauriert, in den Zimmern teils wertvolle Stilmöbel, Parkplatz. DZ mit DU/WC ca. 85 DM, Tel. 0323/71595.

** **Alexandra**, etwas nördlich vom Ort an der Durchgangsstraße, dementsprechend laut, saubere Zimmer mit Balkon, Restauranterrasse, umgänglicher Wirt. DZ ca. 70 DM, Frühstück extra, Tel. 0323/70274.

* **Elvezia**, freundliches Albergo im Ort, Zimmer mit teils geräumigen Balkonen, unten ein gepflegter Speisesaal, hinten ein großer Garten. DZ mit Frühstücksbuffet ca. 100-120 DM, Tel. 0323/70142.

* **Giardino**, an der Durchgangsstraße, einfaches Albergo, Ausstattung durchschnittlich, gutes Ristorante mit hohem Geräuschpegel (→ Essen). DZ ca. 45 DM, Tel. 0323/ 71482.

* **Del Fiume**, gehört zum gleichnamigen Campingplatz, uriger Gasthof mit kleiner Wirtsstube und einer Handvoll origineller Zimmer, teils schöner Blick, nur Etagendusche. DZ mit Frühstück ca. 50-60 DM. Tel. 0323/71092.

• *Camping*: Die Campingplätze **Campagna**, **Gelsi**, **Paradis** und **Riviera** liegen einer neben dem anderen, ca. 3 km nördlich vom Ort, an einem langen Strand und sind fest in deutscher Hand - in der Saison ein D-Schild neben dem anderen, kaum italienische Dauercamper. Viel Schatten durch verschiedene Laub- und Nadelbäume, die platzeigenen Ristoranti einfach und gemütlich (vor allem Campagna) - preiswertes Essen, das auf deutsche Geschmäcker (und Geldbeutel) zugeschnitten ist, herzhaftes Frühstück.

Wenn alle Plätze belegt sind, bietet **Camping Fiume** an der landseitigen Straßenseite meist noch einige Stellplätze.

Essen

Mehrere freundliche Freiluftlokale liegen an der Uferpromenade, sind aber in der Saison schnell bis auf den letzten Platz besetzt.

Antica Stallera, altes Gutshaus mit stimmungsvollem Innengarten, flackernde Windlichter auf den Tischen. Zwischen Palmen und unter Weintrauben kann man das Angebot der ausgefeilten Speisekarte genießen, internationale Küche mit regionalem Einschlag.

Il Portico, unter breitem Torbogen, sehr gepflegt, Gewölbe mit spiegelndem Granit, zu empfehlen z.B. *tagliata di manzo alla griglia* (Rindsplätzchen vom Grill).

Giardino, oben an der Durchgangsstraße, hauptsächlich junge Leute von den Campingplätzen essen hier, prima Pizze, Kommunikation ist angesagt - lockere Atmosphäre mit Unterhaltungen zwischen den Tischen.

Pizzeria Camelia, bei den Campingplätzen, preiswert und immer gut voll, die Terrasse zur Durchgangsstraße mit dichtem Laubwerk geschützt.

In Carmine, wenige Kilometer südlich, kann man testen, ob das Ristorante **Del Lago** seinen Michelin-Stern zu Recht trägt. Di und Mi Mittag geschl.

Sonstiges

• *Unterhaltung*: an der Promenade am See in der Hochsaison Livemusik und Tanz bis Mitternacht, später lockt die **Disko Torchio** am Berghang hinter den Campingplätzen. Im Ortskern mehrere Pubs, außerdem gediegene Weinkneipe **Vineria Magistris** an der Uferstraße - Seeblick, liebevoll ausstaffiert, Popmusik.

• *Baden*: langer Strand mit grobem Kies und sauberem Wasser, Tretboot- und Surfbrettverleih, auch Surfschule. An der Mündung des Cannobino sogar etwas Sand. Das Flußbett im Hochsommer mit sehr niedrigem Wasserstand - ganz reizvoll, dort etwas herumzulaufen.

• *Internationale Zeitungen/Zeitschriften*: an der Hauptgasse im Ort, neben Bar Verbano.

• *Markt*: jeden So im Ortskern.

▶ **Cannero Riviera**: hübscher Ort mit Stil, duckt sich unterhalb der Seestraße ans Ufer, lange enge Treppenwege und schöne Promenade, Strand am Südende vom Ort. Gehobene Hotellerie mit Tradition.

Nördlich vom Ort, direkt vor dem Ufer, liegen die kleinen Inseln der *Castelli di Cannero* wie zwei verwunschene Burginseln in einem schottischen "Loch". Im Mittelalter hausten hier Raubritter.

• *Übernachten*: *** **Cannero**, seit 1902 dient dieses wunderschön nostalgisch und komfortabel eingerichtete Hotel seinen Gästen als behagliches Domizil. Viele Stammgäste, freundlich geführt von Signora Gallinotto. Parkplatz, Restaurant mit Terrasse

Lago Maggiore mal anders – hier hausten einst Raubritter

und Seeblick, Swimmingpool, Solarium. DZ mit Frühstück ca. 140-160 DM. Sehr zu empfehlen. Tel. 0323/788046.

Camping Lido bietet viel Schatten, davor ein Kiesstrand.

Verbania

Größte Stadt am See, besteht aus zwei Ortsteilen, die durch eine Landzunge getrennt sind. Nicht unbedingt ein Urlaubsort, eher etwas zum Durchbummeln im Rahmen eines Tagesausflugs.

Im nördlichen Ortsteil *Intra*, ist die Anlegestelle der Autofähren, die alle 20 Min. ans gegenüberliegende Ufer nach Laveno pendeln. Hinter der langen Uferstraße zieht sich ein labyrinthisches Altstadtviertel einen leichten Hügel hinauf, oben riesiger Dom mit freistehendem Glockenturm.

Besuchenswert sind die *Giardini di Villa Taranto* auf der Landzunge Punta della Castagnola - ein 16 Hektar großer Park mit einer Unmenge prächtiger exotischer Pflanzen und Bäume, Wasserbecken und Terrassen, 1931 von einem Schotten gegründet, der den Ehrgeiz hatte, hier einen der besten Botanischen Gärten der Welt anzulegen (tägl. 8.30 h bis Sonnenuntergang, ca. 6 DM).

Die Landspitze kann auf einer Straße umrundet werden und man kommt in den hübscheren Ortsteil *Pallanza* - von der Promenade schöner Blick hinüber nach Stresa, außerdem Boote auf die Isole Borromee. Das *Museo del Paesaggio* bietet eine Gipsothek mit Skulpturen einheimischer Künstler, Via Ruga 44 (Di-So 10-12, 15-18 h, Mo geschl., ca. 2 DM).

▶ **Mündung des Toce:** Südlich von Verbania bildet der Fluß Toce eine große flache Niederung mit reichem Baumbestand und viel Grün, neben Canobbio ein weiteres Campingzentrum am See. Hier liegen mehrere große Zeltplätze, u.a. Isolino und Europa. 1 km landeinwärts der kleine *Lago di Mergozzo*, an dessen Ufer Camping Continental Lido liegt. Hier auch Abfahrt zum hübschen Lago d'Orta (→ weiter unten).

Shopping-Tip in Gravellona (von Verbania kommend am Ortseingang): Sergio Tacchini, Sport- und Freizeitbekleidung zu Fabrikpreisen (Mo-Fr 15-19 h).

Baveno

Hübscher Urlaubsort, kleiner und weniger hochgestochen als das südlich benachbarte Stresa, viele Hotels, auch zwei Campingplätze gibt es. Von den großen Bars an der palmengesäumten Uferstraße hat man einen ausgesprochen schönen Blick auf die Isole Borromee (Borromeische Inseln).

- *Information*: Via Garibaldi 16.
- *Übernachten*: Oberhalb der Kirche liegt das brauchbare ** **Alpino** mit DZ für ca. 85 DM, Tel. 0323/24820.

Die zwei kleinen **Campingplätze Lido** und **Parisi** nebeneinander im nördlichen Ortsbereich an einem Kiesstrand, schöner Blick hinüber nach Pallanza und auf die Inseln.

Stresa   (ca. 6000 Einwohner)

Mittelpunkt des Lago-Maggiore-Tourismus - gewaltige Hotelpaläste des letzten Jahrhunderts säumen das Ufer, in perfekt ausgestatteten Tea-Rooms nimmt man seine Drinks, Kristalleuchter sind ein Muß. Besonders schön ist der Blick auf die vorgelagerten Borromeischen Inseln.

Dank seines milden Klimas hat sich Stresa seit dem letzten Jahrhundert kometengleich zum Anziehungspunkt der Upper Class entwickelt. Dementsprechend das Publikum meist Mittelalter, die Preise gehoben. Trotz Belle Epoque und Liberty-Stil wirkt Stresa nicht überladen, die Eleganz hat durchaus Stil und man kann hier eine angenehme Zeit verbringen. Gegenüber der pompösen Promenade wirkt die Altstadt eine Nummer einfacher - je weiter hinten, desto schlichter.

Anfahrt/Verbindungen/Information

- *Anfahrt/Verbindungen*: großer **Parkplatz** an der Uferstraße um den Fähranleger. **Bahnhof** ein Stück landeinwärts (um von dort ins Zentrum zu kommen, nach rechts

gehen u. die dritte oder vierte links nehmen).
- *Information*: Via Principe Tomaso 72, etwas zurück von der Uferpromenade, Tel. 0323/30150.

Übernachten

Im Sommer meist Pensionspflicht. Unbedingt lohnend, die zwei glitzernden Prunkpaläste im nördlichen Ortsbereich zu bewundern - *Hotel des Iles Borromées* und *Regina Palace*. Zum Wohnen sind sie allerdings ein klein bißchen zu teurer.

**** **Milan Speranza au Lac**, an der Durchgangsstraße gegenüber Schiffsanlegestelle. Gediegenes Haus mit prächtig eingerichteten Zimmern (TV, Air-Condition), herrlichem Seeblick und zahlreichen Einrichtungen: Swimmingpool, Tennis, Garage. DZ ca. 125-180 DM, Tel. 0323/31178.

*** **Moderno**, Via Cavour 33, im Zentrum an einer belebten Fußgängergasse mit mehreren Ristoranti, unten spiegelnder Granit und funkelnde Kronleuchter, Zimmer freundlich und modern, DZ je nach Saison ca. 85-140 DM, Tel. 0323/30468.

*** **Primavera**, Via Cavour 39, benachbart,

sauber und solide ausgestattet, DZ je nach Saison ca. 80-130 DM, Tel. 0323/31191.

* **Luina**, Via Giuseppe Garibaldi, zwischen Uferstraße und einer Gasse dahinter, zu erreichen durch schmale Passage von der Uferstraße. Einfach eingerichtet, familiäre Atmosphäre, Besitzerin spricht deutsch.

DZ ca. 90 DM, Tel. 0323/30285.

* **Elene**, Via Mazzini, an einer kleinen Piazza am Ende der Fußgängerzone. Alle Zimmer mit Balkon und TV. DZ ca. 80 DM.

* **Mon Toc**, Via Duchessa di Genova 67, schön über der Stadt gelegen, DZ ca. 75 DM, Tel. 0323/30282.

Essen

Piemontese, Via Mazzini 27, gepflegtes Ristorante in der Altstadt, hinten Garten. Fleisch und Seefisch wird gleichermaßen serviert. Angeschlossen ein Salon de Thè. Menü 40-60 DM. Mo geschl.

Petit Pam Pam, Piazza San Michele 4, ein paar Stufen hinauf zum üppig ausgestatteten Speiseraum mit Bildern und zahllosen Weinflaschen. Küche spezialisiert auf Fisch, phantasievolle Nudelsachen, leckere Antipasti, aber auch Pizza zu haben. Menü 30-60 DM. Do geschl.

Taverna del Papagallo (Pizzeria/Ristorante), Via Principessa Margherita 40, nichts Aufgesetztes, sondern gemütlich einer tra-

ditionellen Bauernschenke nachempfunden, geführt von einem recht patenten Brüderpaar. Stofflampen schaffen warmes Licht, der Raum durch Bögen unterteilt, Kupfergeschirr und Porzellan an den Wänden, nebenan behagliche Séparées, hinten Hof unter einem Blätterdach. Nicht billig, aber im Rahmen. Mi geschl.

Osteria degli Amici, am Ende der Fußgängerzone, überdachter Hof abseits vom Rummel, auch Pizza.

Birreria La Botte, Via Mazzini 8, rustikale Birreria, Pizza vom Blech, Hamburger und Würstel.

▶ **Stresa/Umgebung:** Am Nordende von Stresa liegt die Abfahrtsstelle zu den Borromeischen Inseln (→ unten) und die Talstation der Seilbahn auf den 1491 m hohen *Mottarone* (alle halbe Std., ca. 17 DM hin und zurück). Der Gipfel ist auf einer 9 km langen Panoramastraße auch mit dem Auto zu erreichen.

▶ **Gignese:** kleines Städtchen am Weg von Stresa zum Lago d'Orta (→ unten). Weltweit einmalig ist das *Regenschirm-Museum* mit über tausend Einzelexemplaren und einer alten Werkstatt (Di-So 10-12, 15-16 h, Mo geschl.).

Isole Borromee (Borromeische Inseln)

Die drei Inseln dominieren die Seemitte und gehören zu den beliebtesten Ausflugszielen am Lago Maggiore, im Sommer herscht unglaublicher Rummel. Von Stresa pendeln Motorboote ständig hinüber (Besuch von Isola Bella und Isola dei Pescatori ca. 15 DM hin und zurück), häufige Verbindungen auch von Baveno und Pallanza, außerdem von Lavello Mombello am Ostufer. Auch die Linienschiffe legen auf den Inseln an.

▶ **Isola Bella:** Die "Schöne Insel" ist von Stresa aus die nächste und meistbesuchte. Die Insel präsentiert sich als Gesamtkunstwerk: Im 17. Jh. errichtete die Borromeo-Familie auf der damals kahlen Insel einen riesigen Palast mit prachtvollen Gartenanlagen. Die zahlreichen Säle und Wandelhallen sind aufwendig eingerichtet und bergen barocken Prunk vom Feinsten - Gobelins, Gemälde, wertvolle Möbel, eine alte Bibliothek u.a. Im Untergeschoß gibt es einige künstliche Grotten. Noch heute wird im Sommer ein Flügel des riesigen Anwesens von den Erben bewohnt. Die üppigen Gärten sind mit Statuen und Brunnen in zehn Terrassen übereinander angelegt.

In den Gärten der Isola Bella

An der Spitze ein reich verzierter Steinbau mit Grotten, Muscheln und bizarr-kitschigen Plastiken, darunter das Einhorn, das Wappentier der Borromeo. Eine besondere Attraktion sind die weißen Pfaue, die die Borromäer hier ansiedelten und die unbefangen zwischen den Besuchern herumlaufen (tägl. 9-12, 13.30-17.30 h, ca. 12 DM, Kinder von 6-15 Jahren 6 DM).

▶ **Isola dei Pescatori**: besitzt keinen Palast, sondern ein "idyllisches Fischerdorf", das allerdings die Grenze zum Kitsch schon überschritten hat. Touristenmassen strömen zwischen bunten Souvenirshops, Snackbars, Cafés und Restaurants durch die engen Gassen - ein Besuch lohnt nur, wenn man so etwas mag. Immerhin haben die Lokale schöne Seeterrassen. Wer sich nicht mehr losreißen kann, findet auch einige Hotels.

▶ **Isola Madre**: weit draußen im See, die größte und ruhigste der drei. Auch hier steht ein eleganter *Palazzo Borromeo*, der zahlreiche Porträts der Borromeo-Familie, eine Keramikaustellung und eine große Marionettensammlung besitzt. Er ist umgeben von einem prächtigen Garten mit Azaleen, Rhododendren und Kamelien, in dem weiße Pfaue, Papageien und Fasane leben.

Südwesten

Bringt nicht mehr sonderlich viel - die Berge treten zurück, das Flachland beginnt. *Arona* ist das größte Zentrum, ganz hübsche Promenade mit Blick aufs nahe Ostufer, die 20 m hohe Statue von Carlo Borromeo über der Stadt kann im Innern erklommen werden.

Südlich vom Ort ist der See restlos verbaut, dicht befahrene Verkehrsstraße zwischen Reklametafeln, zahlreiche Campingplätze reihen sich bis zur Südspitze aneinander.

Erlebnis Natur: Parco Naturale dell Valle del Ticino

Vom Südende des Lago Maggiore fließt der Ticino 80 km weit Richtung Süden, bis er bei Pavia in den breiten Po mündet. Entlang des gesamten Flußlaufes ist ein riesiges Naturschutzgebiet ausgewiesen, dessen Besuch vor allem im Frühjahr und Herbst lohnt, denn im Sommer machen einem die Mückenschwärme schwer zu schaffen (→ Pavia). Da direkt am Fluß kaum Ortschaften liegen, hat man auf Regulierung und Kanalisierung verzichtet, der Fluß bahnt sich sein Bett, wie es seiner Natur entspricht. Eine reiche Vogelwelt nistet in der wuchernden Vegetation der zahlreichen Wälder. Der Park bietet sich an zum Fahrradfahren, Baden und Wandern, es gibt mehrere Verleihstellen für Fahrräder und Mountainbikes. Wichtig dabei: Es ist verboten, die Wege zu verlassen.

Auskünfte/Kartenmaterial: **La Societá Orizzonte**, Via Bertini 3/a, Milano, Tel. 02/33103041 oder bei der **Tourist-Information** in Milano.

Lago d'Orta

Westlich vom Lago Maggiore hinter Hügelketten versteckt. Ein hübscher See, dicht bewaldet, wenige Ortschaften. Eine durchgehende Küstenstraße gibt es nur am Ostufer, das Westufer ist steil und touristisch weitgehend unerschlossen.

Schönster und einzig reizvoller Ort ist *Orta San Giulio* auf einer weit in den See ragenden Halbinsel am Ostufer - ein kleines Juwel, das allein die Anfahrt lohnt! Diverse Campingplätze am Ostufer.

● *Anfahrt/Verbindungen*: **PKW**, vom Lago Maggiore entweder über Verbania in der Seemitte oder über Arona im Süden zu erreichen. **Bahn**, der Orta-See liegt an der Strecke von Brig über Domodossola nach Novara, Stationen u.a. in Omegna und Orta San Giulio. **Schiff**, die Fähren der **Navigazione Lago d'Orta** pendeln tägl. mehrmals von Omegna nach Orta (ca. 6 DM) und fahren auch hinüber zur Isola San Giulio.

▶ **Omegna**: an der Nordspitze, größte Stadt am See, malerisch vergammelt, wobei die Betonung auf letzterem liegt. Ein Flüßchen mündet im Hafen, seitlich davon halb verfallene Häuserfronten, im Hafenbecken eine Minifontäne nach Genfer Vorbild. Nichts was zum Bleiben animiert.

An der Straße von Omegna nach Orta einige kleine Campingplätze, ansonsten kaum Möglichkeiten ans Wasser zu gelangen, da meist Privatgrundstücke oder durch Gestrüpp unzugänglich.

Orta San Giulio   (ca. 1500 Einwohner)

An der Spitze einer langgestreckten grünen Halbinsel ein Meer von grauen Schindeldächern, unmittelbar davor eine runde Insel mit schloßartigen Gemäuern - perfekte Filmkulisse für eine Mischung aus "Graf von Monte Christo", "Name der Rose" und "Weißes Rössl am Wolfgangsee".

Über Treppen steigt man hinunter in den Ort, Spaziergang durch enge dunkle Gassen mit Kieselsteinpflaster und hohen barocken Gemäuern, die oft erstaunliche Innenhöfe und Säulengänge verbergen. Plötzlich steht man auf einer wunderschönen Piazza mit dichten Baumreihen am See, umgeben von malerischen alten Patrizierhäusern - Blick auf die geheimnisvolle Insel gegenüber.

Orta San Giulio ist ein wirkliches Bilderbuchstädtchen, perfekt konserviert wurde die alpenländische Architektur, die hier eine wohltuende Verbindung mit bröckelndem Pastellanstrich und Palazzo-Bauweise italienischer Art eingeht. Bei Sonne sitzt man beschaulich im Café und läßt sich sein Eis schmecken, bei trübem Wetter kommt Melancholie auf - wehmütige Spitzwegatmosphäre mit einem Hauch Venedig.

Lago d'Orta

- *Anfahrt/Verbindungen*: **PKW** muß oberhalb von Orta auf einem Parkplatz abgestellt werden (wer Hotel gebucht hat, zunächst zu Fuß runter und nach der Zufahrt fragen). **Bahnhof** liegt weit außerhalb.

- *Information*: in der Hauptgasse, Via Olina 9, kurz vor der Piazza. Freundliche Auskünfte, Hotelverzeichnis und Stadtplan. Tel. 0322/911937.

- *Übernachten*: *** **Orta**, unübersehbar direkt an der Piazza, schöner Blick auf den Platz oder aufs Wasser, schon etwas älter, aber gut ausgestattet, Ristorante mit tollem Seeblick. DZ ca. 80-130 DM, Tel. 0322/90253.

** **Leon d'Oro**, hinter Gelateria Venus, Albergo direkt am See, unten spült das Wasser ans Haus, mit Weinlaub überwachsene Terrasse, Ristorante, einfache DZ mit Frühstück ca. 90-120 DM, Tel. 0322/905666. Leser bemängelten hier das unfreundliche Personal und das schlechte Essen.

* **Ristoro Olina**, Via Olina 40, in der schmalen Altstadtgasse, genau gegenüber vom Tourist-Info. Ristorante mit Zimmervermietung (→ Essen), ausgesprochen saubere und modern ausgestattete Zimmer, an den Fenstern Blumen, DZ mit Frühstück ca. 90 DM, Tel. 0322/905656.

* **Antico Agnello**, Via Olina 18, ebenfalls Ristorante (→ Essen), DZ mit Frühstück ca. 75 DM, Tel. 0322/90259. Di geschl.

* **Conca d'Oro**, südlich der Piazza, nur 5 Zimmer, DZ ca. 60 DM mit Etagendusche,

Tel. 0322/90252.

Camping Orta, kleines Wiesengrundstück in Terrassen am Beginn der Halbinsel, direkt am See, kleiner Badestrand.

Camping Miami, mehrere Kilometer südlich vom Ort, auf einer Terrasse am See, durch die Straße vom Wasser getrennt, dort ein richtiger kleiner Sandstrand, Ristorante und Bar ebenfalls vorhanden.

- *Essen*: **Antico Agnello**, Via Olina 18, an einer schmalen Piazza an der Hauptgasse, völlig zugewachsenes Haus mit schweren Holzbalken, gute traditionelle Küche, Menü ca. 45 DM. Di geschl.

Olina, hübsches, gut geführtes Ristorante gegenüber Tourist Info.

Eine preiswerte **Pizzeria** an der Gasse südlich vom Hauptplatz, Via Giacomo Giovanetti 41.

Sacro Monte, Località Sacro Monte, rustikale Trattoria im Grünen. Di geschl.

- *Shopping*: Zwei hübsche Geschäfte am **Largo dei Gregori** (an der Hauptgasse)

Ein Hauch Venedig – Überfahrt zur Isola San Giulio

bieten die tollsten Sachen - luftgetrocknete Schinken, großes Angebot an Salami, diverse Grappa-Arten und Spirituosen. Gute Möglichkeit für Mitbringsel. Jeden Mi **Markt** auf der Piazza Motta.

Sehenswertes: Blickfang an der zentralen Piazza Motta der *Palazzo della Comunità*, das ehemalige Rathaus mit verblaßten Wandmalereien. Im Untergeschoß eine nach allen vier Seiten offene Loggia, über eine Außentreppe kam man früher zum Versammlungssaal im ersten Stock.

Oberhalb der Piazza thront am Ende einer steilen Pflastergasse die Pfarrkirche *Santa Maria Assunta* - das Innere prangt voll barockem Zierrat und ist ausgemalt mit kitschigen Heiligenfiguren.

Rechter Hand der Kirche schöner Spaziergang auf den *Sacro Monte*, ca. 30 Min. ab Piazza Motta. Seit dem 16. Jh. wurden hier um ein Kapuzinerkloster zwanzig Kapellen errichtet, die dem Franz von Assisi geweiht sind. Einige hundert lebensgroße Terrakotta-Statuen und großflächige Farbfresken stellen Szenen aus dem Leben des Heiligen dar. Von Denkmalpflegern wird das Terrain allerdings reichlich vernachlässigt.

▶ **Isola San Giulio**: Die kleine ovale Insel ist fast vollständig bebaut, durch schmale Gassen kann man einmal rundum schlendern. Beherrscht wird sie vom mächtigen Priesterseminar und der *Basilica San Giulio*, deren Gründung auf einen wundertätigen Heiligen namens Giulio zurückgeht, der die Insel im 4. Jh. von Drachen und Schlangen befreit haben soll. Später wurde die Insel zur schweren Festung ausgebaut, die aber im Lauf der Jahrhunderte verfiel. Anstelle der Burg errichtete man 1844 das Priesterseminar am höchsten Punkt der Insel (abends gelegentlich klassische Musikkonzerte). Die romanische Basilika ist üppig barock ausgestattet, einige ältere Freskenreste sind erhalten, eindrucksvoll vor der Altarschranke die prächtige romanische Kanzel aus schwarzem Marmor, die mit großen Reliefs verziert ist - kämpfende Tiere, Adler und Heiligenfiguren. In der Sakristei der Stolz der Kirche - das Wirbelstück eines "Drachen" (vermutlich ein Walknochen).

Verbindungen: In der Saison fahren ständig Motorboote von der Piazza Motta zur Insel, ca. 3 DM hin und zurück.

▶ **Westufer:** Lohnt, um einmal in die Berge hinaufzufahren - herrlicher Blick auf den See hinunter hat man von der Wallfahrtskirche *Madonna del Sasso*.

Auf dem Domdach: Blick über die Dächer von Mailand

Mailand (Milano)   (ca. 1.600.000 Einwohner)

Riesige Industrie- und Geschäftsmetropole, außerdem Banken- und Modezentrum des Landes. Milano ist die wohlhabendste und kosmopolitischste Stadt Italiens und in vieler Hinsicht die heimliche Hauptstadt. Hier werden Trends gesetzt und mit Effizienz vermarktet. Eleganz ist angesagt in den breiten Fußgängerzonen um den Domplatz, besonders zur Zeit der "fieras", der großen Modemessen im März und Oktober.

Milano ist allerdings in erster Linie eine unpersönliche Großstadt - Hektik, nicht abreißender Stop-and-Go-Verkehr, Lärm und mitteleuropäische Nüchternheit prägen weite Teile der Stadt. An der Peripherie ein weiter Ring von gesichtslosen Betonvorstädten, die in den letzten drei Jahrzehnten entstanden sind, um den gewaltigen Strom von Zuwanderern aus dem

Süden Italiens aufzunehmen. Im Bahnhofsviertel dominieren moderne Stahlbetonbauten, Wolkenkratzer und Riesenparkplätze - dazwischen häßliche Vorkriegskästen, die von den Bombardierungen der Alliierten verschont geblieben sind. Die wenigen Parks kann man an einer Hand abzählen - neben Athen gilt Milano als die europäische Großstadt mit den wenigsten Grünflächen.

Farbig und sehenswert ist dagegen die Altstadt, obwohl auch hier die moderne Stahl- und Betonbauweise um sich greift. Die zentralen Boulevards sind voller Leben, grandios wirken auf der weiten *Piazza del Duomo* der gewaltige Dom und die benachbarte Galleria Vittorio Emanuele II. Das elegante Modeviertel mit den Läden weltberühmter Designer liegt um die *Via Montenapoleone*, etwa zwischen Piazza della Scala und dem Stadtpark. Ganz in der Nähe das ehemalige Künstlerviertel *Brera* um die gleichnamige Straße, heute mit ruhigen Seitengassen und vielen kleinen Läden.

Ganz anders die Gegend um die *Porta Ticinese* und die *Navigli* im Süden: entlang der malerischen alten Kanäle hat sich sozusagen die "Alternativ"-Ecke von Mailand entwickelt - viele Kneipen, Osterie, Secondhandshops etc., in den letzten Jahren allerdings zusehends verdrängt von Schick und Glamour.

Anfahrt/Verbindungen

- *PKW*: nicht zu empfehlen, Klau und Beschädigungen sind häufig, zudem extrem dichter Verkehr und kaum Parkplätze. Auch in Milano wird "Park & Ride" propagiert - an vielen U-Bahnstationen gibt es **bewachte Parkplätze** (7-24 h). Unbewachte Plätze sind nicht zu empfehlen: Die zahlreichen Glasscherben gesplitterter Autoscheiben verraten, was sich dort tut - in der Regel sind die Langfinger jedoch nachts am Werk.

Sinnvoll: sich in einem Hotel mit Garage einmieten oder vom Campingplatz per Bus und Metro in die Stadt pendeln.

- *Bahn*: Die **Stazione Centrale** ist beeindruckend in ihrer Monumentalität. Das typische Beispiel protziger Faschistenarchitektur wurde 1931 fertiggestellt - in den turmhohen Hallen, zwischen den meterdicken Mauern und auf den ewig langen Treppen

(inzwischen auch Rolltreppen) wird man ganz klein und kann über die psychologische Wirkung totalitärer Architektur philosophieren.

Tourist-Information in der Halle links, wenn man von den Zügen kommt (Hotellisten, Stadtpläne etc.), **Geldwechsel** der FS am Ende rechts (tägl. 7.40-21 h, auch am Wochenende), **Gepäckaufbewahrung** (geschl. 4-5 h nachts), im Untergeschoß **Albergo Diurno** mit Duschen, Umkleidekabinen u.a. (7-19.30 h, mi geschl.). Die U-Bahn 3 (M 3 Richtung San Donato) fährt zum Domplatz.

Weiterer Bahnhof ist **Stazione Porta Garibaldi** (von dort M 2 bis Piazza Cadorna und umsteigen in M 1 zum Dom).

Die private **Ferrovia Nord Milano (FN)** hat ihren Bahnhof südlich vom Parco Sempione, Züge zum Lago Maggiore und zum Comer See.

Information

APT-Hauptstelle am **Domplatz**, Via Marconi 1 (rechts vom Dom, wenn man auf die Fassade blickt), Mo-Sa 8-20, So 9-12.30, 13.30-17 h, Tel. 02/809662. Zweigstelle in der **Stazione Centrale**, Mo-Sa 8-19, So 9-12.30, 13.30-18 h, Tel. 02/6690532. Reichlich Prospektmaterial und Stadtpläne, viele Infos für junge Besucher im englischsprachigen "Youths in Milan". Für die Unterkunftssuche das brauchbare "Annuario degli Al-

berghi Milano e Provincia" geben lassen (alle Unterkünfte mit Preisen incl. genauem Innenstadtplan und Metrolinien). Die Büros helfen bei der Quartiersuche, vermitteln allerdings keine Zimmer.

Städtische Information am Ausgang der **Galleria Vittorio Emanuele** zur Piazza della Scala. Infos über Veranstaltungen. Mo-Sa 8-20 h, Tel. 02/62083101.

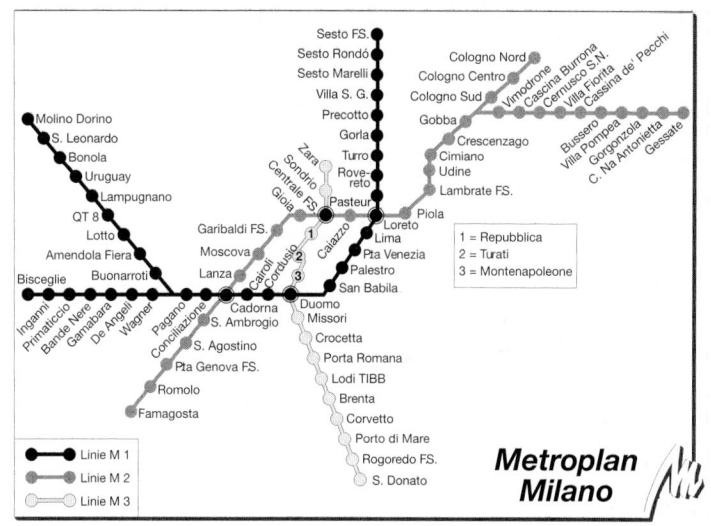

**Metroplan
Milano**

Sesto FS.
Sesto Rondó
Sesto Marelli
Villa S. G.
Precotto
Gorla
Turro
Rove-reto
Pasteur

Cologno Nord
Cologno Centro
Cologno Sud
Gobba
Crescenzago
Cimiano
Udine
Lambrate FS.

Vimodrone
Cascina Burrona
Cernusco S.N.
Villa Fiorita
Cassina de' Pecchi
Bussero
Villa Pompea
Gorgonzola
C. Na Antonietta
Gessate

Molino Dorino
S. Leonardo
Bonola
Uruguay
Lampugnano
QT 8
Lotto
Amendola Fiera
Bisceglie
Buonarroti

Zara
Sondrio
Gioia
Centrale FS.

Garibaldi FS.
Moscova
Lanza
Cadorna
S. Ambrogio
S. Agostino
Pta Genova FS.
Romolo
Famagosta

Inganni
Primaticcio
Bande Nere
Gambara
De Angeli
Wagner
Pagano
Conciliazione
Cairoli
Cordusio
Cairoli

Caiazzo
Piola
Loreto
Lima
Pta Venezia
Palestro
San Babila
Duomo
Missori
Crocetta
Porta Romana
Lodi TIBB
Brenta
Corvetto
Porto di Mare
Rogoredo FS.
S. Donato

1 = Repubblica
2 = Turati
3 = Montenapoleone

●━━● Linie M 1
●━━● Linie M 2
○━━○ Linie M 3

Unterwegs in Milano

● *U-Bahn, Busse & Trams*: Die U-Bahn **Metropolitana Milano** (MM) besteht aus den drei Linien **M1**, **M2**, **M3** und ist ein ideales Verkehrsmittel, um die großen Entfernungen in der Stadt schnell zu überbrücken. Fahrtzeiten von etwa 6 h bis Mitternacht.
Außerdem gibt es **Busse** und ein gutes **Tramsystem**. Die Altstadt liegt innerhalb zweier konzentrischer Straßenzüge, Tram 30 macht auf der äußeren Ringstraße eine Rundfahrt ums Zentrum, auf der Inneren verkehren die Busse 96 und 97
Einzelticket kostet ca. 1,40 DM, erhältlich in Zeitungs-/Tabacchi-Läden und Automaten (gültig 75 Min. lang für eine einzige Metrofahrt und beliebig viele Fahrten mit Bus und Tram). Tip: Am besten immer gleich mehrere Tickets kaufem, da die Tabacchi abends schließen und Automaten oft nicht

funktionieren. In den Metrostationen am Hauptbahnhof und an der Piazza del Duomo gibt es preiswerte **Tageskarten** (ca. 5 DM) und **Zweitageskarten** (ca. 8 DM), die in allen öffentlichen Verkehrsmitteln gelten.
● *Taxi*: sind gelb, sollen aber bald weiß werden. Sie sind leider kein billiger Spaß, da man auf irgendeine Art fast immer übers Ohr gehauen wird. Funk-Taxi über Tel. 6767, 8383 oder 8585.
● *Fahrrad*: **L'Abruzzi**, Via Novara 87 (Tel. 4030093) und **Studio Interior**, Via Archimede 42 (Tel. 02/7384880) verleihen Räder. **Ciclobby Club**, Via Cesarino 11 (Tel. 02/3313664) veranstaltet jeden 3. So im Monat (außer Juli/August) kostenlose Stadtführungen per Rad, Treffpunkt Piazzetta Reale, 10 h.

Übernachten

Milano ist eins der teuersten Pflaster Italiens, DZ mit eig. Bad kosten in * Pensionen ab gut 100 DM, für *** zahlt man schon 170 DM aufwärts. Zu Messezeiten ist die Stadt oft völlig ausgebucht. Man sollte immer versuchen, telefonisch zu reservieren - in den * und ** Pensionen ist das allerdings oft nicht möglich. Die Informationsstellen haben Überblick darüber, wo noch freie Betten zu finden sind, vermitteln jedoch keine Zimmer. Von Fr-So gibt es in vielen Hotels günstige Wochenendtarife namens

"Weekend Milano", Auskunft bei den Info-Stellen. Zentrale Hotelreservierung für Unterkünfte aller Preisklassen: *Associazione Lombardia Albergatori*, Via Palestro 24, I-20121 Milano, Tel. 02/76006095.

Diverse einfache Pensionen liegen im Viertel um den Hauptbahnhof, die Qualität ist allerdings reichlich unterschiedlich. Fast immer Platz findet man in der großen Jugendherberge und am Campingplatz Città di Milano.

*** Casa Svizzera (10), Via San Raffaele 3 (M3: Duomo). Ganz zentral an der Piazza del Duomo, trotzdem relativ ruhige Seitengasse, außerdem schallisoliert. Mehrere Stockwerke hoch, durchgehend modernisiert und freundlich eingerichtet, Zimmer mit TV und Frigobar, DZ mit Frühstück ca. 190-230 DM, Tel. 02/8692246.

*** Zurigo (17), Corso Italia 11/a (M3: Missori). Günstige Lage einige hundert Meter südlich vom Dom. Zimmer mit TV, DZ mit Frühstück ca. 160-230 DM, Tel. 02/72022260.

*** Manzoni (3), Via Santo Spirito 20 (M3: Montenapoleone). 50-Zimmer-Haus im Brera-Viertel, für Motorisierte zu empfehlen, da mit Garage. DZ ca. 150-200 DM, Tel. 02/76005700.

*** King (6), Corso Magenta 19, Nähe Castello Sforzesco (M1/M2: Cadorna). Toller alter Palazzo, Hotel der altehrwürdigen Sorte mit Polstersesseln und verstaubten Läufern, DZ ca. 180-210 DM, Tel. 02/ 874432.

*** Gran Duca di York (7), Via Moneta 1/a (M1: Cordusio). Schönes altes Hotel mit nostalgischer Einrichtung. DZ ca. 150-200 DM, Tel. 02/874863.

** Antica Locanda Solferino, Via Castelfidardo 2, Brera-Viertel, Seitengasse der Via Solferino (M3: Montenapoleone). Historisches Haus mit altem Mobiliar liebevoll eingerichtet, alle 11 Zimmer unterschiedlich in Form und Ausstattung, DZ ca. 125-160 DM, gutes hauseigenes Restaurant, unbedingt reservieren. Tel. 02/6570129.

** London (2), Via Rovello 3 (M1: Cairoli). Günstige Lage direkt beim Castello Sforzesco, angeschlossen ein gutes Restaurant. DZ ca. 100-150 DM, Tel. 02/72020166.

** Aspromonte, Piazza Aspromonte 12. Sauberes und gepflegtes Haus an einer netten kleinen Piazza mit Bäumen, 19 Zimmer, DZ ca. 100-150 DM, Tel. 02/2361119.

● *Preiswert:* *** Nuovo (15)**, Piazza Cesare Beccaria 6 (M3: Duomo). Zentrale Lage, alter Palazzo mit neuem Innenleben, die meisten Zimmer ohne eig. Bad für ca. 90 DM, mit Bad 120 DM, wegen der günstigen Lage immer viel Nachtrage. Tel. 02/-86460542.

* Speronari (9), Via Speronari 4 (M3: Duomo). Einfaches Hotel zwei Fußminuten vom Dom, sauber und relativ günstige Preise, DZ mit Etagendusche ca. 80 DM, Tel. 02/-86461125.

* Jolanda, Corso Magenta 78 (M1: Conciliazione). Ordentliche Herberge in relativ zentraler Lage, DZ ohne eig. Bad für ca. 90 DM, mit Bad 120 DM. Reservierung notwendig: Tel. 02/463317.

* Aurora, Corso Buenos Aires 18 (M1: Porta Venezia). Laut, aber kürzlich modernisiert und gut in Schuß. DZ ca. 100 DM, Tel. 02/2047960.

* Kennedy, *** Canna und * San Tomaso**, Viale Tunisia 6, Seitenstraße des Corso Buenos Aires (M1: Porta Venezia). Zwar keine sonderlich einladende Straße, aber durchwegs guter Standard, sauber und freundliche Leute, auch Dreibettzimmer. Das *Kennedy* ist mit 100 DM fürs DZ mit Bad am teuersten, Tel. 02/29400934. Im *Canna* DZ mit Bad ca. 90-100 DM, ohne 70 DM, Tel. 02/224133. Das *San Tomaso* hat nur Zimmer mit Etagendusche für ca. 70 DM, Tel. 02/29514747.

* Tris, Via Sirtori 26, ebenfalls Nähe Corso Buenos Aires (M1: Porta Venezia). Familienpension mit DZ für 80 DM aufwärts, Tel. 02/29400674.

* Nettuno, Via Tadino 27, zwischen Bhf. und Corso Buenos Aires (M1: Lima). DZ ca. 90 DM, Tel. 02/29404481.

* Valley, Via Soperga 19, Verlängerung der Via Lepetit, in unmittelbarer Bahnhofsnähe (M3: Centrale). Saubere DZ mit Bad ca. 90 DM, Tel. 02/66987252.

* Casa Mia, Viale Vittorio Veneto 30, bei der Piazza Repubblica, vom Bhf. 15 Min. geradeaus (M 1: Porta Venezia). DZ ca. 90 DM, Tel. 02/6575249.

● *Jugendherberge*: **Ostello Pierro Rotta** (IYHF), Via Salmoiraghi 1. Ziemlich weit außerhalb, Metro 1 Richtung Molino Dorino bis Station QT 8 und noch 10 Min. zu Fuß. Moderne JH mit 380 Betten, guten Einrichtungen und Garten, pro Pers. ca. 20 DM mit Frühstück, Ausweis nötig. Geöffnet morgens 7-9, nachm. ab 17 h, Schließzeit 0.30 h (Check-In nur nachm.). Wegen der Größe ist für Individualreisende fast immer Platz. Tel. 02/39267095.

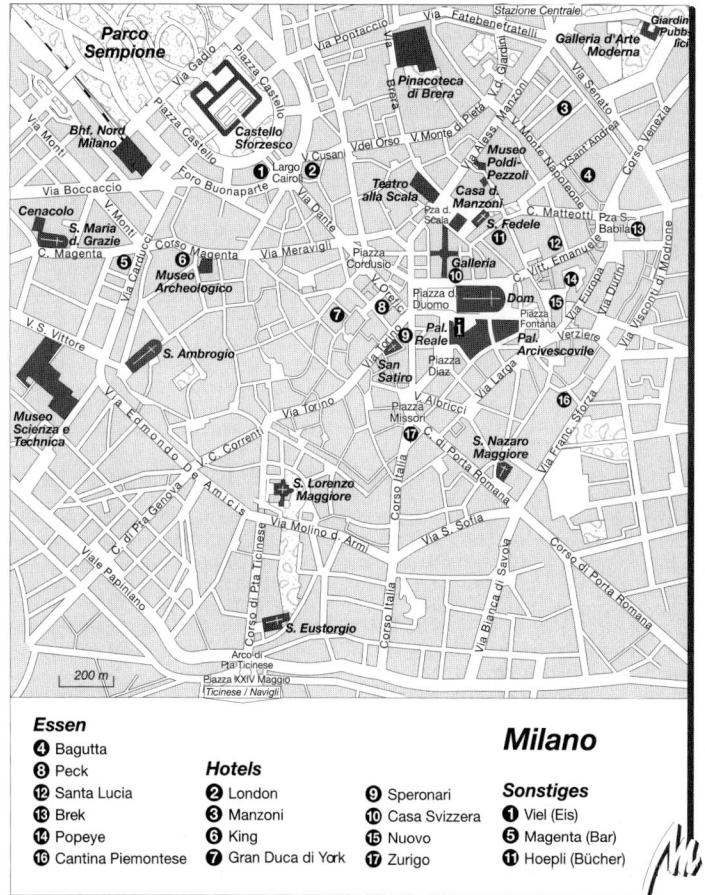

Essen

Milano

- ❹ Bagutta
- ❽ Peck

Hotels

- ❶❷ Santa Lucia
- ❶❸ Brek
- ❶❹ Popeye
- ❶❻ Cantina Piemontese

- ❷ London
- ❸ Manzoni
- ❻ King
- ❼ Gran Duca di York

- ❾ Speronari
- ❿ Casa Svizzera
- ❶❺ Nuovo
- ❶❼ Zurigo

Sonstiges

- ❶ Viel (Eis)
- ❺ Magenta (Bar)
- ❶❶ Hoepli (Bücher)

• *Camping*: **Città di Milano**, Via Gaetano Airaghi 61, großer Platz an der westlichen Peripherie Milanos, direkt neben Wassersportzentrum "Acquatica". Flacher Wiesenplatz ohne Schatten (Bäumchen müssen noch wachsen), Sanitäranlagen großzügig, Bar vorhanden. Im Westen Mailands beschildert - wenn man auf der Autobahn kommt, etwas Sucherei einplanen, von der Westtangente Abfahrt San Siro nehmen. Verbindungen in die Stadt: Bus 72 (Bus-

stopp ca. 200 m vom Platz) bis Piazza de Angeli, dort Metroanschluß, mit M 1 ins Zentrum, z.B. bis zum Dom. Von der Stadt zum Camping: M1 Richtung Inganni bis Piazza de Angeli, dort Bus 72 Richtung Bisceglie bis Via Trivulzio (oder Taxi). Ganzjährig geöffnet. Tel. 02/48200134.

Autodromo in Monza, 15 km nördlich von Mailand, mit Zug bis Monza, weiter per Stadtbus (→ Milano/Umgebung).

Essen

Zu den Milaneser Spezialitäten zählt natürlich das weltberühmte *costoletta alla milanese*, aber auch Risotto in verschiedensten Abwandlungen, besonders gerne mit Safran, außerdem *ossobuco* (Kalbshaxen). Am allerschönsten ißt man in Mailand im Viertel *Ticinese* und *Navigli* im Südwesten, wo im Umkreis der zwei langen Kanäle etliche gute Osterie und Ristoranti aufgemacht haben und jährlich neue eröffnet werden. Preiswerte Alternative zu den oft teuren Restaurants sind Pizzerias und die zahlreichen Schnellimbisse, die z.T. sehr passablen Standard, gediegenes Ambiente und umfassendes Angebot bieten.

• _Zentrum_: **Peck (8)**, eine Institution und seit über 100 Jahren Garant für gehobene Eßkultur. Der geborene Prager Franz Peck hat seit 1883 die Gastronomie Milanos um eine große Palette von Qualitätslokalen und -läden bereichert, geboten ist die ganze reiche Vielfalt der oberitalienischen Küche. Das **Restaurant** in der Via Victor Hugo 4 bietet exklusive Menüs für 80 DM aufwärts, u.a. herrliche Salate, Ravioli mit Steinpilzen gefüllt, *spaghetti alla chitarra* mit Meeresfrüchten, Perlhuhnbrüstchen und Taube mit Balsamessig aus Modena. So geschl. Preiswerter ißt man in der **Rosticceria**, Via Cesare Cantu, dort z.B. auch Pizza zum Mitnehmen. So geschl. Ein **Delikatessladen** von Peck um die Ecke in der Via Spadari 9, Käse gibt's in der **Casa del Formaggio**, Via Speronari 3.

Bagutta (4), Via Bagutta 14, ein Bodenmosaik weist auf der Via Montenapoleone den Weg in die versteckte Trattoria, der ihr Ruf als **das** Künstlerlokal Milanos verauseilt. Die verschiedenen Räumlichkeiten sind von oben bis unten mit Karikaturen und Zeichnungen bekannter und unbekannter Maler geschmückt, tolle Atmosphäre, auf der Speisekarte stehen Gerichte lombardischer und toskanischer Küche, Menü um die 70 DM aufwärts. So geschl. Preiswertere Alternative ist die Pizzeria **Papermoon** auf derselben Straße (Nr. 1).

Montenapo, Via Montenapoleone 12 (M3: Montenapoleone), ruhig und gemütlich im Innenhof eines Palazzo, Treffpunkt der umliegenden Modebranche, auch kleine Gerichte werden serviert, mittlere Preise. So geschl.

Santa Lucia (12), Via San Pietro all'Orto 3, Seitengasse der Fußgängerzone Corso Vittorio Emanuele (M3: Duomo). Eine Bildergalerie ist nichts dagegen, vollgestopft mit Photos von Künstlern und Prominenten, die sich hier sattgegessen haben. Bekannt für seinen exzellenten Fisch (Restaurantname spielt auf das Fischerviertel von Napoli an, siehe unser *Italien* Buch), vollständiges

Menü um die 50 DM, es gibt aber auch ausgezeichnete Pizza. Nur abends, Mo geschl.

Spaghetteria Enoteca, Via Solferino 3, Verlängerung der Via Brera (M3: Via Montenapoleone). Bekannt für seine zahllosen Spaghetti-Variationen, u.a. mit Fisch, Fleisch, Gemüse und Obst. Mal *assaggini* probieren - kleine Portionen von insgesamt 5 verschiedenen Spaghettiarten. Nur abends, Mo geschl.

Antica Trattoria della Pesa, Viale Pasubio 10 (M2: Moscova). Eine wunderschöne Osteria im alten Stil, typische Mailänder Küche, gehobene Preise. So geschl.

Cantina Piemontese (16), Via Laghetto 11, bei der Uni südöstl. vom Domplatz. Junges Publikum und ebensolche Atmosphäre, lombardische Küche. So geschl.

Popeye (14), Via Santa Tecla 3, Nähe Dom. Einfache, aber legendäre Pizzeria, die seit vielen Jahren konstante Qualität bietet. Mi geschl.

Cavour, Corso Magenta/Ecke Via Brisa, alteingeführte Birreria, hinten sitzt man gemütlich, Salate und andere Kleinigkeiten.

• _Bahnhofsviertel und Corso Buenos Aires_: **Da Abele**, Via Temperanza 5 (M1: Pasteur). Freundliche Atmosphäre und viele junge Gäste, vielgerühmte Spezialität ist Risotto, das es in dutzenden von Abwandlungen gibt, dazu reiche Weinauswahl. Nur abends. Mo geschl.

Osteria del Treno, Via San Gregorio 46, die Kantine der Eisenbahner hat sich zum beliebten Treffpunkt entwickelt. Mittags speist man hier wie gewohnt sehr billig, abends (unter anderem Managment) jedoch zu gehobenen Preisen regionale und überregionale Spezialitäten, besonders reichhaltig ist die Auswahl an Antipasti. Im Sommer kann man auch im Freien sitzen. Sa geschl.

Tempio d'Oro, Via delle Leghe 23, Nähe Bahnhof, mal was anderes - im interessanten Ambiente werden arabische Spezialitäten serviert, die gar nicht mal so teuer sind. So geschl.

---

*Der Domplatz – Tauben und Menschen, im Hintergrund die gewaltige
Galleria Vittorio Emanuele II*

Giardino, Via R. Boscovich 58, großes beliebtes Mittelklasselokal, unter dem Stoffdach neben dem Haus diskutiert man bis tief in die Nacht.

Marechiaro, Ecke Via Alessandro Tadino/Domenico Scarlati, einfache Pizzeria/Ristorante, gemütliche Angelegenheit abseits der Touristenpfade, man speist hinter Pflanzen, etwas abgeschirmt von der Straße.

Spontini, Via Spontini 60 (Kreuzung mit Corso Buenos Aires). Stickige und laute Pizzastube, nur eine Sorte Pizza vom laufenden Band, oft großer Andrang mit Wartezeiten, da preislich sehr erfreulich. Di Mittag und Mo geschl.

• *Ticinese*: An den langen Kanälen (Navigli) im Süden Milanos sitzt man ruhig und etwas abseits vom Großstadtlärm. Immer mehr Lokale und Kneipen öffnen hier ihre Pforten - auf Entdeckungsreise gehen (M2: Porta Genova).

Delle Mole, großes Freiluftlokal direkt am Naviglio Pavese, Ecke Viale Gorizia/Via Ascanio Sforza. Sehr beliebt bei den Mailändern, die hier allabendlich im Familienverband Pizza essen. Zu empfehlen der gute offene Hauswein und die kräftigen *maccheroncini alla boscaiola* mit Schinken, Pilzen und Zucchini. Daneben ein umgebautes Hausboot, wo man nach dem Essen gern auf einen Drink bleibt.

Antica Osteria della Briosca, Via Ascanio Sforza 13 (am Naviglio Pavese), hier wird gespeist, bis die Tische krachen - dazu gibt's Popmusik vom Feinsten. Sehr lebendige und echte Atmosphäre, zu empfehlen, aber frühzeitig kommen, wird schnell voll.

Scimmie, Via Ascanio Sforza 49, einer der bekanntesten Jazzschupen der Stadt, vor der allabendlichen Live-Vorstellung kann man hier im "Petit Restaurant" aber auch beschaulich bei Kerzenlicht speisen. Di geschl.

Al Pont de Ferr, Ripa di Porta Ticinese 55, am Kanal Naviglio Grande, wie der Name sagt, kurz vor einer Eisenbrücke über den Kanal. Ausnehmend hübsche Osteria mit hohen Räumen, nostalgisch-gemütlich eingerichtet. Sehr persönliches Ambiente und ebensolche Küche, ausgezeichnete Weinauswahl, alles zu zivilen Preisen. Bis spätabends kann man hier essen, z.B. *pasta e fagioli* oder *stracotto d'asino* (Eselsschmorbraten). So geschl.

Osteria di Formaggio, auf der anderen Seite des Naviglio Grande, kurz nach der Eisenbrücke. Hier gibt's alles auf Käsebasis, u.a. *Fondue alla valdostana* (Aosta-Tal), uralte Radios füllen den ganzen Raum, viel

Stimmung. Im Sommer auch Tische auf einer schwimmenden Plattform. So geschl.

El Brellin, Via Casale 5, gepflegtes Lokal mit Sitzplätzen im Freien, stimmungsvoll an einem schmalen Seitenarm des Naviglio Grande.

Mergellina, Via Molino delle Armi 48, bei der Porta Ticinese. Sehr große, gemütliche und preiswerte Pizzeria, man sitzt inmitten einer Dekoration aus Schindeldächern und Rindenpfeilern, Pizza um die 10-12 DM. Di geschl., außerdem Mi Mittag und im August.

Osteria dell'Operetta, Corso di Porta Ticinese 72, von den Kanälen in Richtung Zentrum. Elegantes kleines Lokal mit selbstgemachten Nudeln und raffinierten Salaten, etwas teurer. So geschl.

• *Self-Services*: **Burghy**, mitten in der Galleria Vittorio Emanuele, der übliche McDonalds-Verschnitt, aber für diese exponierte Lage überraschend preiswert. Für ein Bier kann man sich auf die Bänke im Freien setzen und zahlt ein Vielfaches weniger als im Café ein paar Schritte weiter.

Brek (13), Via Capo del Duca 5/Piazza Umberto Giordano 1 (bei Piazza San Babila), schönster und bester Self-Service der Stadt. Wer hineinschnuppert, kann kaum noch widerstehen - Fleisch, Fisch, Nudeln, Bratkartoffeln in Hülle und Fülle, dazu eine appetitliche Salatbar und leckere Desserts. Kurz - alles, was das Herz begehrt, dazu herrlich kühle Air-Condition. So geschl. **Filiale** in der Via Roberto Lepetit 20 beim Hauptbahnhof.

Ciao, Corso Buenos Aires 7 und Corso Europa 12, unterscheidet sich ebenfalls in angenehmer Weise vom internationalen Fast-Food-Standard. Gepflegte Einrichtung, ruhige Stimmung und sehr gutes Angebot. Mo geschl.

Italy & Italy, Corso Venezia 7, von 12-24 h Spaghetti, Salate und Hamburger.

• *Cafés/Bars*: Unschlagbar stilvoll sitzt man zu hohen und höchsten Preisen in den Freiluftcafés der eleganten Galleria Vittorio Emanuele, im **Camparino** wurde der Campari erfunden. Abends trifft man sich dann an den Kanälen im Stadtteil Ticinese (→ Nachtleben). In vielen Cafés bekommt man auch etwas zu essen, vor allem mittags.

Cova, Via Montenapoleone 8, 1841 eröffnet, der österreichisch-ungarische Charme des letzten Jahrhunderts wurde hier bis heute konserviert, teuer und elegant. So geschl.

Portnoy, Via de Amicis 1, Eckhaus am Corso di Porta Ticinese, eine *Gelateria ecologica* (→ Eis). Nettes kleines Lesecafé mit Raum im 1. Stock, gelegentlich finden

Literaturlesungen statt (*Caffè Letterario*). So geschl.

Biffi, Corso Magenta 87, eine der bekanntesten Pasticcerie der Stadt, super Frühstück.

● *Eis*: **Viel (1)**, Via Luca Beltrami (Largo Cairoli), vis à vis vom Castello Sforzesco. Hier nuckelt man in Karibik-Atmosphäre Fruchtsäfte und genießt das bekannteste Eis der Stadt. Weitere Filialen: Via Marconi 3/e (neben Tourist-Info am Domplatz) und Corso Buenos Aires 15.

Gelateria ecologica, Corso di Porta Ticinese 40, ökologisches Eis garantiert ohne chemische Zusatzstoffe - serviert von klinisch weiß gekleidetem Personal, denen nur noch der Mundschutz fehlt. Etwas teurer als anderswo, nur zum Mitnehmen.

La Bottega del Gelato, Via Pergolesi 3, Riesenauswahl und tolle Geschmacksrichtungen mit Schwergewicht auf exotischen Früchten.

Der weltberühmte Aperitivwein wurde in Milano erfunden

*N*achtleben

Internationaler Treffpunkt ist allabendlich der Domplatz, aus zahllosen Recordern plärrt Popmusik - aber der Platz ist groß. Ansonsten in den Vierteln Ticinese und Navigli zahlreiche Möglichkeiten, vor allem am Naviglio Pavese. Gelegentlich wird eine *tessera* (Mitgliedskarte) verlangt. Veranstaltungskalender jeden Do in den Zeitungen *Corriere della Sera* und *La Repubblica*.

● *Kneipen*: Vor allem am Naviglio Pavese wird man schnell fündig.

Giamaica, Via Brera 32, urige Bar im Modeviertel, früherer Künstlertreff, kleiner Innenraum und winzige Tische, im Sommer sitzt man besonders hübsch unter den Bäumen dahinter. Mittags genießen die smarten Angestellten der Umgebung hier leckere Salate, nachts geht's bei großer Getränkeauswahl schon mal hoch her, bis 2 h ist geöffnet. So geschl.

Via Pioppette 1 a, direkt bei der Porta Ticinese, schöne große Kneipe ohne Namen (theoretisch mit *tessera*). Meist gesteckt voll und viel Stimmung.

Osteria del Pallone, Viale Gorizia, bei der Brücke über den Naviglio Grande (Ticinese), hübsche Ecke, einfaches traditionelles Lokal, ein paar Tischchen draußen, drinnen dunkle Holztäfelung, alternatives Publikum.

El Tropico Latino, Via Ascanio Sforza (am Naviglio Pavese in Ticinese), großer populärer Mexikaner - Cafeteria, Kneipe und Eßlokal in einem. Mo geschl.

Il Golosone, Via Ascanio Sforza 27, gepflegte Kneipenatmosphäre mit viel Holz, Marmortischchen, alten Postern und surrendem Ventilator. Abends gut besucht.

Bodeguita del Medio, Viale Col di Lana 3, ebenfalls im Viertel Ticinese, kubanische Kneipe mit kreolischer Küche, phantasievollen Cocktails und lockerer Stimmung, Gitarrenmusik. So geschl.

Magenta (5), Via Carducci 13/Corso Magenta, ganztägig bis 3 h nachts. Sehr angesagte Jugendstilbar, berühmt für seine Sandwiches, die teilweise nach Fußballstars benannt sind. Wenn es drinnen zu voll wird, mampft man eben draußen vor der Tür. Mo geschl.

Cicic e Ciciap, Via Gorani 9 (M2: Moscova), gemütliche Kneipe nur für Frauen, auch mit Essen.

• *Jazz*: **Capolinea**, Via Lodovico Il Moro 119 (Naviglio Grande), die "Endstation" der Tram 15 ist seit den Sechzigern eine Institution, in der die besten nationalen und internationalen Gruppen spielen, viel studentisches Publikum, auch Restaurant. Mo geschl.

Scimmie, Via Ascanio Sforza 49 (Naviglio Pavese), einer der heißesten Jazztreffs von Milano, ziemlich eng und verräuchert, täglich ab 22.30 h Livemusik - Jazz und Rhythm'n Blues. Auf dem Boot davor bunt ausstaffiertes Nachtcafé, nebenan kann man gut speisen (→ oben). Di geschl.

• *Discos*: Mailand hat eine ausgeprägte Disco-Szene, die jedoch ihr Geld kostet (ca. 30 DM aufwärts, erstes Getränk frei).

City Square, Via Castelbarco 11, im Viertel Navigli, eine der größten und populärsten Discos der Stadt, Tanz auf 3 Etagen, oft spielen Gruppen.

Rolling Stone, Corso XXII Marzo 32, vom Dom Richtung Osten (Bus 62), alteingesessen und ebenfalls riesig, alle Musikrichtungen, auch oft Livemusik, vorwiegend Rock. Mo, Mi geschl.

Time, Via Massarani 6 (M3: Lodi), weitere Superdisco, gleich sechs Bars und vier Tanzflächen stehen zur Verfügung. Mo geschl.

Plastic, Viale Umbria 120 (M3: Lodi), Avantgardetreff, immer hart am Wind, alle neuen internationalen Trends werden verbreitet. Mo geschl.

New Zimba, Via Natale Battaglia 12, heißer Schuppen mit karibischer Musik, Funk und Reggae. Mo geschl.

Hollywood, Corso Como 10 (M2: Stazione Garibaldi), bei der Modewelt beliebt. Mo geschl.

Nuova Idea, Via de Castillia (M2: Gioia), größte Gay-Disco Italiens. Sa und So dürfen aber auch Frauen rein. Mo, Di und Mi geschl.

Shopping

• *Märkte*: **Mercato Papiano**, am Viale Papiano im Viertel Ticinese findet jeden Di und Sa Vorm. einer der größten der zahlreichen Märkte Milanos statt, hauptsächlich Lebensmittel und Klamotten, reiche Auswahl und preiswert (M2: Sant'Agostino).

Fiera di Senigallia, altehrwürdiger Flohmarkt in den Straßen Via Calatafimi, Via Santa Croce und Via Vettabia (jeden Sa 8-17 h).

Mercatone dell'Antiquariato, pittoresker Antiquitätenmarkt am Naviglio Grande, sehr sehenswert, außer Juli und August jeden letzten So im Monat.

• *Mode*: Das Teuerste, was die Designer weltweit zu bieten haben, findet man im "Goldenen Dreieck" der Straßen **Via Montenapoleone**, **Via della Spiga** und **Via San Andrea** (→ Sehenswertes), außerdem am mondänen **Corso Vittorio Emanuele**. Preiswerter kann man in der **Via Torino** und am **Corso Buenos Aires** kaufen. Tip: Einige Modehäuser verkaufen Designer-Textilien der letzten Saison um einiges billiger, u.a. **Il Salvagente**, Via Fratelli Bronzetti 16, **Gastone Stockhouse**, Via Vanzetti 20 und **Vestistock**, Viale Romagna 19. Gebrauchte Designer-Klamotten gibt es im **Mercatino Michela**, Corso Venezia 8 und Via della Spiga 33. Echte Schnäppchen sind in ganz Milano zur Zeit des Sommerschlußverkaufs im Juli zu machen.

• *Sonstiges*: **Buscemi**, Corso Magenta 31, Riesenauswahl an CD's und Schallplatten.

Garbagnati, Via Victor Hugo 3 (Nähe Piazza Mercanti), einer der großen Bäcker Mailands, interessant zum Hineinschauen und -schnuppern.

Hoepli (11), Via Hoepli 5, größte Buchhandlung der Stadt, 4 Stockwerke, unter Schweizer Leitung.

La Rinascente, elegantes Riesenkaufhaus in der Via San Raffaele, direkt an der Piazza del Duomo.

Profumeria Vecchia Milano, Via San Giovanni sul Muro 8 (Seitenstraße des Corso Magenta), modernes Angebot einer über hundert Jahre alten Drogerie.

Sehenswertes

Die Altstadt liegt innerhalb zweier konzentrischer Straßenzüge, Mittelpunkt zu jeder Tages- und Nachtzeit ist natürlich der Domplatz, sehenswert und voller buntem Leben sind aber auch die Hauptgeschäftsstraßen: Via Dante, Via Torino, Corso Vittorio Emanuele u.a.

Der riesige Domplatz wird dominiert von der himmelstürmenden Gotik des Doms und der triumphbogenähnlichen Öffnung der Galleria Vittorio Emanuele II. Gegenüber vom Dom thront das imposante Bronzedenkmal Vittorio Emanueles (vom hohen Sockel optimaler Überblick bei Veranstaltungen, Demos etc.), unter den seitlichen Arkaden teure, aber nicht maßlos überteuerte Cafés - im Gegensatz zum Inneren der Galleria.

Auf der Piazza tummelt sich tagtäglich ein Wald von Tauben und Menschen - japanische Reisegruppen, die klicken und filmen, was das Zeug hält: Gruppenfoto mit Dom, Einzelfoto mit Tauben - die sich ohne Scheu auf Kopf und Arme setzen, sofern man an den kleinen Ständen vor der Fassade Körner gekauft hat ...

An Bahnhof, Domplatz und in den belebten Fußgängerzonen wachsam sein: nicht das Gepäck unbewacht irgendwo stehen lassen und Vorsicht vor anscheinend harmlos herumstreunenden Kindern, die einem Pappschilder unter die Nase halten, während sich darunter flinke Hände an die Geldbörse heranmachen. In den Kaufhäusern wird per Durchsage (auch auf deutsch!) vor Taschendieben gewarnt.

Dom

Ein Werk der Superlative - größter gotischer Bau Italiens und viertgrößte Kirche der Welt (nach dem Petersdom, seiner Kopie an der Elfenbeinküste und der Kathedrale von Sevilla). Seitdem ein Visconti-Fürst im Jahre 1386 den Baubeginn verfügte, hat man über 500 Jahre an der Fertigstellung gearbeitet, die erst unter Napoleon erfolgte. Der gesamte Baukörper bietet mit seinen Tausenden von Spitzen, Verzierungen und Skulpturen einen faszinierenden Anblick. Fast 160 m ist er lang, der Turm mit der 4 m großen, vergoldeten *Madonnina* mißt exakt 108,50 m, 3400 Statuen wurden geschaffen, 40.000 Menschen finden im Inneren Platz.

Fassade: Die völlig aus Marmor gefertigte Front bietet eine großartige Mischung aus Gotik und Barockelementen, die prächtigen Skulpturen lohnen das nähere Hinsehen, z.B. die gequälten Menschlein auf den Sockeln. Auch die fünf Bronzetore sind prall gefüllt mit lebensfrohen und realistischen Reliefs christlicher und stadtgeschichtlicher Thematik, vor allem das Hauptportal ist grandios.

Innenraum: Im gewaltigen fünfschiffigen Innenraum herrscht zwischen turmhohen Säulen ein geheimnisvolles, grünlich-diffuses Licht. Faszinierend gleich nach dem Haupteingang der lange *Meridian* im Boden - durch ein winziges Loch fällt das Sonnenlicht darauf und man sieht den Strahl fast in Sekundenschnelle wandern. Die langen schmalen *Kirchenfenster* sind die schönsten Italiens und gehören zu den größten der Welt. Teilweise sind riesige Einzelbildnisse dargestellt, z.T. sind auf den Flächen zahlreiche Einzelszenen zusammengefaßt.

Unter dem Chor der *Scurolo di San Carlo* mit dem Sarkophag des heiligen Borromäus, im 16. Jh. Erzbischof von Milano. Benachbart der *Domschatz* mit Silber- und Elfenbeinarbeiten.

An der Innenfassade gibt es einen Zugang zu den Ausgrabungen unter der Piazza mit Resten der Vorgängerkirche *Santa Tecla* und des Baptisteriums *San Giovanni alle Fonti* (4. Jh.), in dem der Kirchenvater Augustinus getauft wurde.

Einen Sturm der Entrüstung löste das 1995 ergangene strenge Eintrittsverbot mit Shorts, Miniröcken und nackten Schultern aus - Türsteher wachen mit Argusaugen über unzüchtige Blößen, Tausende von Touristen müssen draußen bleiben (Aufhebung des Verbots wird diskutiert).

Dach: Die zweifellos originellste "Fußgängerzone" der Stadt kann man von 9-17.30 h per Treppe (ca. 5 DM) oder mit dem Fahrstuhl (ca. 7 DM, mit Eintritt ins Dommuseum 10 DM) besuchen, beides an der linken Außenseite des Doms. Oben findet man sich hautnah im filigranen Dschungel von gotischen Spitzen, Verzierungen und Ornamenten und hat einen herrlichen Blick über die Stadt. Im Hochsommer läßt einen hier oben allerdings die starke Ozon- und Hitzebelastung schnell ins Keuchen kommen.

Domplatz und Umgebung

Palazzo Reale: klassizistischer Bau an der Südseite der Piazza del Duomo. Beherbergt das *Museo del Duomo* mit 21 Sälen, in denen zahlreichen Skulpturen und Plastiken aus verschiedenen Jahrhunderten ausgestellt sind, die z.gr.T. zum Schmuck des Doms gedacht waren. Interessant dokumentiert wird die lange Baugeschichte des Doms (Di-So 9.30-12.30, 15-18 h, ca. 7 DM). Hier außerdem das *Civico Museo d'Arte Contemporeana*, in dem die verschiedenen italienischen Kunstrichtungen des 20. Jh. zur Ausstellung gebracht werden (Di-So 9.30-17.20 h, frei).

Piazza Mercanti: versteckte kleine Piazza an der dem Dom gegenüberliegenden Seite der Piazza del Duomo. Der letzte bescheidene Rest des mittelalterlichen Milano - von düsteren Palazzi umgeben wirkt der Platz wie ein Innenhof.

Corso Vittorio Emmanuele II: Die mondänste Fußgängerzone der Stadt beginnt hinter dem Dom und führt breit und bequem zur *Piazza San Babila*. Die hohen modernen Laubengänge sind ein Eldorado für Modefreaks - ein schicker Laden drängt sich an den anderen. In der Mitte der Straße wird oft moderne Bildhauerei ausgestellt.

Galleria Vittorio Emanuele II: Am Domplatz liegt der Haupteingang zur größten, mit einer Glas- und Eisenkonstruktion überdachten Passage Europas - der "Salon" Milanos. Die elegante kreuzförmige Halle mit riesiger Zentralkuppel und Ein/Ausgang in jeder Himmelsrichtung wurde in der zweiten Hälfte des 19. Jh. als Prunkstück des modernen Mailand erbaut und beherbergt elegante Geschäfte, Buchhandlungen und teure Cafés.

Die berühmteste Fußgängerzone der Stadt liegt auf dem Dach des Doms

Piazza della Scala und Umgebung: Der Nordausgang der Galleria führt zur *Scala*, dem berühmtesten Opernhaus der Welt. Nach der gewaltigen Galleria wirkt sie äußerlich ziemlich unscheinbar. Das Gebäude mußte nach dem Zweiten Weltkrieg fast völlig neu wiederaufgebaut werden, vor allem bekannt ist es heute für seine hervorragende Akustik.

Falls keine Probe stattfindet, kann man das Foyer mit seinen schweren Kristalleuchtern und den grandiosen *Opernsaal* besichtigen, außerdem das interessante *Museo Teatrale alla Scala* mit einer umfangreichen Sammlung von Erinnerungsstücken, Gemälden, Dokumenten, Photographien und Instrumenten zur Geschichte der Oper und des Opernhauses. Hier findet man Gipsabdrücke von Händen und Köpfen berühmter Dirigenten und Komponisten - Verdi, Rossini, Donzetti u.a., ein ganzer Raum ist Giuseppe Verdi gewidmet (→ Emilia/Romagna), das Piano von Franz Liszt ist ebenso zu sehen wie ein höchst beeindruckendes Porträt der Callas (im Sommer Mo-Sa 9-12, 14-18 h, So 9.30-12.30, 14.30-18 h, ca. 5 DM).

Opernkarten gibt's um die Ecke am Schalter in der Via Filodrammatici (tägl. 12.30-19 h).

Zwei Museen liegen ganz in der Nähe - das *Museo Manzoniano* in der Via Morone 1 dokumentiert Leben und Schaffen des bedeutenden Mailänder Schriftstellers Alessandro Manzoni (→ Comer See/Lecco) aus dem letzten Jahrhundert, der in diesem Haus lebte (Di-Fr 9-12, 14-16 h, frei). Und das ausgezeichnete *Museo Poldi Pezzoli*, Via Manzoni 12, beherbergt eine umfassende Kunstsammlung vom 15.-19. Jh. - Tapisserie, Glas, Schmuck, aber vor allem wertvolle Gemälde, u.a. von Pollaiolo (Porträt einer jungen Frau), Mantegna, Boticelli, Bellini und Piero della Francesca (Mi-Mo 9.30-17.30 h, Di geschl., ca. 5 DM).

San Satiro: Meisterwerk von Bramante am Beginn der Via Torino, südwestlich vom Domplatz. Typischer Renaissancebau, Mittelschiff und Querhaus mit Tonnengewölben, anschließend an den Chor die mittelalterliche *Cappella della Pietà*, im rechten Seitenschiff Zugang zum Baptisterium.

Modeviertel und Umgebung

Das teuerste und exklusivste Modeviertel Europas ist das "Goldene Dreieck" zwischen *Via Montenapoleone, Via della Spiga* und *Via Sant'Andrea* (alles Fußgängerzone). In den Palazzi aus dem 18./19. Jh. haben sich die berühmtesten Designer des 20. Jh. niedergelassen - Versace, Armani, Valentino, Ungaro, Krizia, Gaultier, Saint Laurent, Kenzo ... Wer Schuhe für 500 DM oder ein Kostüm für 1500 DM sucht, wird hier schnell fündig.

Brera: Das ehemalige Künstlerviertel um die Via Brera ist heute ein elegantes Wohnviertel mit ruhigen Seitengassen, vielen Galerien, kleinen Läden und Lokalen.

In einem prachtvollen Palazzo in der Via Brera ist die *Pinacoteca di Brera* untergebracht, eine der bedeutendsten Gemäldesammlungen Italiens. Vor allem Werke der lombardischen, venezianischen und mittelitalienischen Schule hängen hier, u.a. von Raffael, Tizian, Tintoretto, Mantagna, Bellini und della Francesca. Berühmte Europäer wie El Greco, Rubens, Rembrandt und Van Dyck ergänzen die Sammlung, eine kleine moderne Abteilung schafft Abwechslung. Zwei Attraktionen sind mit einer eigenen Absperrung gesichert: "Sposalizio della Vergine" (Hochzeit der Jungfrau) von Raffael und "Cena in Emmaus" (Abendmahl in Emmaus) von Caravaggio. Ein weiterer Höhepunkt ist "Cristo morto" (Toter Christus) von Andrea Mantegna. Sehenswert ist auch der große schöne Innenhof des Palazzo (Di-Sa 9-17.30, So 9-12.45 h, Mo geschl., ca. 8 DM, EU-Bürger unter 18 und über 60 frei).

Giardini Pubblici: Beim großen Stadtpark - eine von ganz wenigen Grünflächen in der großstädtischen Steinwüste - steht die *Galleria d'Arte Moderna*, Via Palestro 16, mit lombardischen Werken des 19. Jh., ergänzt durch Cézanne, Renoir, Gauguin und andere Berühmtheiten (Mi-Mo 9.30-17.30, Di geschl., frei) und das *Museo Civico di Storia Naturale* am Corso Venezia 55 mit einer umfassenden, vorgeschichtlichen Sammlung, u.a. Millionen Jahre alte Dinosaurierskelette (tägl. 9.30-17.30 h, frei). Nur wenige Schritte entfernt, Corso Venezia 57, findet man das große *Planetarium* von Milano, gestiftet vom Buchhändler Ulrico Hoepli (→ Shopping), Sa und So finden um 15 und 16.30 h Shows statt (Mo geschl., außerdem Juli/August und 1. Hälfte vom September), Tel. 02/29531181.

Castello Sforzesco und Umgebung

Die gewaltige Backsteinfestung wurde Mitte des 15. Jh. erbaut und ab 1911 in fast 20-jähriger Arbeit restauriert. Ende des 19. Jh., als Mailand seinen großen Wirtschaftsaufschwung hatte, wollte der damalige Bürgermeister das heruntergekommene Kastell am liebsten abreissen lassen als ein "Symbol vergangener Tyrannei". Der Plan kam bei der Lobby der Stadt nicht an, der Bürgermeister mußte seinen Abschied nehmen.

Durch den eigenwillig geformten Turm gelangt man in den immens großen und schön begrünten *Haupthof*, in der warmen Jahreszeit ideal zum Relaxen. Dahinter liegen zwei weitere Höfe, in deren Flügel mehrere Museen untergebracht sind - im *Museo Civico d'Arte Antica e Arte Applicata* sind Skulpturen von der Antike bis zur Neuzeit ausgestellt - Höhepunkt ist die unvollendete *Pietà Rondanini*, das letzte Werk Michelangelos (Di-So 9.30-17.30 h, Mo geschl.), weiterhin zu sehen sind Waffen, Möbel und Musikinstrumente. Im ersten Stock gibt es eine Pinakothek mit Werken von Bellini, Mantegna und Tintoretto, ansonsten zu besichtigen eine vorgeschichtliche und ägyptische Ausstellung, außerdem eine wertvolle Briefmarkensammlung und Münzen.

Zum Ausruhen - hinter dem Kastell liegt der weitläufige *Parco Sempione*, der sehr an den Englischen Garten in München erinnert, jedoch ohne die dort üblichen Nacktbadezonen. An Wochenenden oft großer Budenmarkt hinter dem Kastell.

Santa Maria delle Grazie: sehenswerte Kirche am Corso Magenta, einen knappen Kilometer vom Kastell (vom Dom zu erreichen mit Tram 24 ab Via Mazzini oder Piazza Cordusio). Der ursprünglich gotische Bau wurde ab 1492 nach Entwürfen von Bramante verändert - der hohe überkuppelte

Chor läßt viel Licht in den hellen Innenraum. Angeschlossen ist ein schöner Kreuzgang.

Im benachbarten Refektorium *(Cenacolo Vinciano)* die Top-Sehenswürdigkeit von Mailand - das weltberühmte **Abendmahl-Fresko** von Leonardo da Vinci! Es hält den Moment fest, als Jesus seinen Jüngern verkündet: "Einer von euch wird mich verraten" und gilt als besonders tiefgründige Interpretation dieser Schlüsselstelle im Zusammenleben Jesu' mit seinen Anhängern. Das Fresko wird bereits seit zwanzig Jahren (!) restauriert und ist zum Teil eingerüstet. Wegen etwaiger Schäden durch die Feuchtigkeit des menschlichen Atems werden nur jeweils 15 Personen zusammen hineingelassen und man darf das Bild nur aus großer Entfernung betrachten, zusammen mit einem weiteren Gemälde eines unbekannten Malers und Schautafeln zur Restauration. Wer sich für Kunst interessiert, sollte den Eintrittspreis trotzdem investieren - das Bild verfällt rasant schnell. Ein Grund für den schlechten Zustand: Leonardo malte mit Ölfarben auf die Wand anstatt in den feuchten Putz, wie es in der echten Freskotechnik üblich ist. Danach "verhunzten" schlechte Restauratoren das Gemälde immer wieder - einen Bombentreffer im Zweiten Weltkrieg überstand es jedoch unversehrt (Di-So 9-13.15 h, Mo geschl., ca. 6 DM; 1995 war wegen der Restauration keine Besichtigung möglich).

Sant'Ambrogio: wunderschöne mittelalterliche Basilika, die das Vorbild zahlreicher ähnlicher lombardischer Kirchenbauten war. Gegründet als Märtyrerkirche der für ihren Glauben hingerichteten römischen Soldaten Gervasius und Protasius - die beiden liegen heute in der Krypta neben dem hl. Ambrosius, seines Zeichens Bischof von Mailand. Außerdem über Jahrhunderte Krönungskirche zahlreicher Kaiser des römisch-deutschen Reiches, die sich hier zu Königen der Lombardei weihen ließen.

Durch ein arkadengesäumtes *Atrium* gelangt man in den mächtigen dreischiffigen Innenraum mit Vierungskuppel und großem Chor. Im Hauptschiff links vorne die prächtige romanische Kanzel, über dem Hochaltar mit wertvollem Reliefvorsatz aus Gold und Silber ein säulengestützter Baldachin, in der Apsis frühmittelalterliche Mosaike. Unmittelbar links vom Hochaltar das in den Boden eingelassene Grab des Frankenkönigs Pippin, ein Sohn Karls des Großen (bekannt geworden durch die "Pippinische Schenkung", die den Grundstein zum Kirchenstaat legte). Ein ganzes Stück rechts vom Altar die Kapelle des *San Vittore in Ciel d'Oro*, berühmt für ihre herrlichen frühchristlichen Mosaike.

Ans linke Seitenschiff ist der *Portico della Canonica* angeschlossen, ein unvollendeter Kreuzgang von Bramante, der im Weltkrieg schwer beschädigt und wiederaufgebaut wurde. Dort auch das reichhaltige *Kirchenmuseum* (Mo-Fr 10-12, 15-17 h, Sa/So geschl., ca. 3 DM).

Museo Nazionale della Scienza e della Tecnica (Via San Vittore 21): riesiges Technik-Museum mit zahlreichen Abteilungen verschiedenster Art - von den Erfindungen Leonardo da Vincis bis zu modernen E-Loks und Luftschiffen (Di-So 9-17 h, ca. 6 DM).

Weitere Viertel

Bahnhofsviertel: Der *Bahnhof* ist eine imposante Konstruktion der zwanziger und dreißiger Jahre (→ Anfahrt/Verbindungen). Ansonsten dominieren hier wuchtige Hochhausklötze, der größte ist mit über 127 m das windschnittig geformte *Pirelli-Haus*, einer der höchsten Wolkenkratzer in Europa und Sitz der lombardischen Regionalregierung.

Interessanteste Straße der breite *Corso Buenos Aires*, ein geschäftiger, rund um die Uhr vom Verkehrsinfarkt bedrohter Großstadtboulevard, dicht bestückt mit Restaurants, Schnellimbissen und Läden aller Art. Das Südende markiert die große *Porta Venezia*, wo der Stadtpark beginnt.

Ticinese/Navigli: interessanter Stadtteil im Südwesten (M2: Porta Genova). Hier findet man noch am ehesten Spuren des "alten" Mailand und sogar ein wenig "Amsterdam-Feeling" - auf den beiden langen Kanäle *Naviglio Grande* und *Naviglio Pavese* ankern Hausboote, hier und dort führen kleine Brücken über die "Grachten". In diesem noch weitgehend volkstümlich strukturierten Viertel hat sich die Alternativszene von Mailand niedergelassen - viele Kneipen, stilvolle Osterie und Musiklokale, Second Hand-Shops, Kunsthandwerker u.ä.m. Doch inzwischen mischen sich zusehends edle "In-Lokale" für Yuppie-Publikum ins Geschehen.

Hauptachse des Viertels ist der Corso di Porta Ticinese. An der Piazza XXIV Maggiore steht der *Arco di Porta Ticinese*, ein Triumphbogen, der zu Ehren Napoleons errichtet wurde. Ein Stück die Straße hinauf die mittelalterliche Kirche *Sant'Eustorgio*, deren Cappella Portinari reich mit Fresken geschmückt ist und das Marmorgrab des Märtyrers Petrus enthält.

Noch ein Stück in Richtung Stadtmitte das Stadttor *Porta Ticinese* und kurz darauf die wunderschöne Anlage von *San Lorenzo Maggiore*, ein Zentralkuppelbau mit Ecktürmen. Malerisch beleuchtet sind allabendlich die römischen Tempelsäulen an der Straße unmittelbar davor - beliebter Treff junger Milanesen, bevor man sich ins Nachtleben stürzt. Eine Straßenbahn kurvt mitten durch das Gelände. Die Cappella di San Aquillino besitzt wertvolle Mosaiken, hinter dem Altar führt eine Treppe hinunter zu den Ruinen eines römischen Amphitheaters.

● *Weitere Museen* (Auswahl): **Museo Archeologico**, Corso Magenta 15, in einem ehemaligen Kloster griechische, etruskische und römische Stücke (Di-So 9.30-17.30 h). **Museo di Milano**, Via Sant'Andrea 6, Museum zur Geschichte der Stadt im Modeviertel (Di-So 9.30-17.30 h).

Acquario Civico, Via Gadio 2, 48 Becken mit 75 Fisch- und Amphibienarten (Di-So 9.30-17.30 h). **Museo del Cinema**, Via Manin 2, zahlreiche Exponate zur Geschichte des Films (Di-Fr 16-18 h, ca. 4 DM).

Mailand/Umgebung

Die von zahlreichen Flüssen durchzogene Poebene um Milano ist landschaftlich nur partiell reizvoll und im Sommer von Mückenschwärmen bevölkert. Doch die Städte sind einen Abstecher wert, vor allem Pavia und Cremona. Im Folgenden von Milano ausgehend - entgegen dem Uhrzeigersinn - einige der wichtigsten Ziele.

▶ **Monza**: etwa 12 km nördlich von Milano, bekannt für seine Autorennen - wer zur richtigen Zeit am Campingplatz wohnt, kann das röhrende Vergnügen am *Autodromo di Monza* live miterleben. Der Rennparcour ist Teil des riesigen *Parks von Monza*, der Anfang des 19. Jh. angelegt wurde und sich nördlich der Innenstadt über viele Kilometer erstreckt - der größte Stadtpark Europas. Vor allem sonntags sind hier zahllose Radler unterwegs (Verleih: Cascina Bastia, Viale Cavriga, außer Mo Vorm.), auch mit dem Auto kann man viele Straßen im Park befahren. Gegen Gebühr darf man mit dem eigenen PKW sogar auf die Rennstrecke! Der große klassizistische Palast *Villa Reale* kann nicht besichtigt werden.

Das Zentrum der 120.000-Einwohnerstadt ist hübsch kleinstädtisch, lange Fußgängergassen mit niedrigen Häusern führen zum *Dom*, der dem von Milano nicht unähnlich ist. Fassade aus grünen und weißen Marmorstreifen, von Türmchen bekrönt, das Innere mit reichlich kitschigen Fresken (barock) verunstaltet. Auf dem Altar der Cappella Theodolinde die vergoldete Langobardenkrone *Corona del ferro* - Monza war lange Residenz der Langobardenkönige. Wie es heißt, ist sie aus einem Nagel vom Kreuz Christi hergestellt. In der *Schatzkammer* weitere langobardische Stücke (9-12, 15-18 h).

• *Anfahrt/Verbindungen*: **PKW**, von der A 4 Ausfahrt Viale Zara, von Milano Centro SS 36. Zentrum ist für Autoverkehr gesperrt, Parken kann man auf der zentral gelegen Piazza Carducci.

Bahn, etwa stündl. nach Milano Centrale oder Milano Porta Garibaldi. Letzte Verbindungen zwischen 24 und 1 h.

• *Übernachten*: * **Corona ferrea**, am kleinen Domvorplatz, 10 Zimmer, sauber, mit gutem Ristorante, ca. 80 DM, Tel. 039/ 323637.

Camping Autodromo, vom Zentrum den Viale Brianza ca. 4 km Richtung Norden nehmen, in Biassono bei der IP-Tankstelle

rechts und noch ein paar hundert Meter. Großer Wiesenplatz unter hohen dichten Bäumen, viel Platz, da selten voll belegt. An Wochenenden gelegentlich Lärmbelästigung durch die benachbarte Autorennbahn. Tel. 039/387771.

• *Essen*: **El Cordobes**, großes Lokal in Biassono an der Hauptstraße, ca. 1 km vom Camping. Nicht von ungefähr nach dem berühm ten Stierkämpfer benannt, vor wichtigen Rennen kommen hier ganze Rennstall-Crews zum Essen. Aber auch sonst oft bis auf den letzten Platz gefüllt. Gute Fisch- und Fleischküche, wobei Fisch gar nicht mal so viel teurer ist.

▶ **Vigevano**: 35 km südwestlich von Milano, lebendige Stadt, in der früher Seide, heute der Großteil aller italienischen Schuhe produziert wird. Ein *Schuhmuseum* am Corso Cavour 82 (Sa 14.30-18.30, So 10.30-12.30, 14.30-19 h). Besuchenswert ist Vigevano aber vor allem wegen eines der eindrucksvollsten Plätze Italiens - die *Piazza Ducale* ist ein gewaltiges längliches Rechteck, vollständig mit Granitkiesel gepflastert und an drei Seiten eingefaßt von reich geschmückten Arkaden, deren Säulenkapitelle alle voneinander verschieden sind. In mehreren Cafés kann man hier wunderschön sitzen. Die vierte Seite bildet der Dom mit seiner dekorativ geschwungenen Barockfassade. Entworfen wurde der Platz vom berühmten Bramante, Baumeister des Petersdoms in Rom. Auftraggeber war Sforzaherzog Ludovico il Moro, der für das benachbarte riesige *Castello Sforzesco* einen Vorplatz brauchte. Das Kastell wird seit Jahren restauriert, Zutritt ist aber meist möglich.

Übernachten: ***** Europa**, Via Trivulzio 8, komfortables Haus mit Parkplatz. DZ ca. 120-160 DM. Tel. 0381/690483. **Camping Residenziale Roulottes**, Via Edison, Tel. 0381/70501.

Erlebnis Natur:
Die Lomellina, zweitgrößte Reisanbaufläche Italiens

Südlich von Vigevano und westlich von Pavia erstreckt sich das flache eintönige Land der Lomellina, das durch den Visconti-Film "Bitterer Reis" bekannt wurde: lange Reihen von Pappeln, einsame Bauerngehöfte und endlose Felder, die im Frühjahr gewässert werden und dann völlig unter Wasser stehen. Seit dem 15. Jh. wird hier Reis angebaut, eine Million Tonnen ernten die Bauern jedes Jahr. Wie im Podelta werden auch hier hauptsächlich Saisonarbeiter(innen) eingestellt, deren Arbeitsbedingungen noch bis vor kurzem sehr hart waren.

Warnung: Im Sommer ist der Aufenthalt wegen der verheerenden Mückenschwärme kein Vergnügen.

Pavia
(ca. 84.000 Einwohner)

Ruhige Stadt am malerischen Ticino, 30 km südlich von Mailand. Nur wenige Neubauten stören das "centro storico", an Mittelalteratmosphäre blieb vieles erhalten: alte Gassen mit Backsteinbauten, eine Handvoll hoher "Geschlechtertürme", lange Arkadengänge und holpriges Pflaster, die imposante Kuppel des Doms überragt alles. Bereits seit 1361 bringt die große Universität mitten im Zentrum Leben in den Alltag - sie ist nach Bologna die zweitälteste Italiens.

Im 12. und 13. Jh. war Pavia freie Stadtrepublik, aus dieser Blütezeit stammen einige bemerkenswerte romanische Kirchen. Vor allem *San Michele* ist interessant - hier wurde Friedrich Barbarossa zum Kaiser gekrönt. Seit dem 14. Jh. übernahm das Geschlecht der Visconti in Pavia die Macht und ließ ein großes Kastell errichten. Der Dom wurde im 15. Jh. begonnen und besaß bis vor wenigen Jahren einen 50 m hohen Glockenturm mit eineinhalb Meter dicken Mauern - im März 1989 brach er innerhalb weniger Sekunden aus rätselhaften Gründen in sich zusammen, drei Menschen starben unter den Trümmern, dreizehn wurden verletzt.

Flußboote in Pavia

Im Sommer leidet Pavia unter mörderischer Hitze und - wegen der nahen Flußniederungen - unter heftiger Mückenplage. Die Biester sind aggressiv und stechen auf alles ein, was sich bewegt. Erst spätnachts wagen sich die Einwohner aus den Häusern, um ihre gewohnte Passeggiata durch die Altstadt zu beginnen, Kinderwagen sind dann mit Moskitonetzen verschnürt. Tagsüber entgeht man der Hitze am besten am Fluß, wo auf den flachen Sandbänken eifrig gebadet wird.

Anfahrt/Verbindungen/Information

• *Anfahrt/Verbindungen*: **PKW**, Autobahnausfahrt Casteggio-Casatisma. Von Milano/Ticinese die SS 35 nehmen, in der zweiten Hälfte geht es am Kanal Naviglio di Pavia entlang, dabei kommt man nah an der berühmten Certosa di Pavia vorbei - ein Abstecher, den man nicht versäumen sollte. Die Altstadt von Pavia ist für den Verkehr gesperrt, mehrere Parkplätze liegen rund herum.

Bahn, Pavia liegt an der Bahnlinie Milano-Genua und ist von Milano in einer halben Stunde zu erreichen. Bahnhof westlich der Altstadt, ca. 1 km ins Zentrum.

• *Information*: Via Fabio Filzi 2, Nähe Bahnhof. Mo-Sa 8.30-12.30, 14-18 h, Tel. 0382/22156.

Übernachten

Preiswerte Unterkünfte sind in Pavia rar.

*** Excelsior, Piazzale Stazione 25, gegenüber vom Bahnhof, äußerlich nicht schön, innen aber gepflegt und zu empfehlen, gemütlicher Frühstücksraum. DZ 70-120 DM, Tel. 0382/28596.

** Aurora, Viale Vittorio Emanuele 25, vom Bahnhof wenige Schritte die Straße geradeaus, moderne Zimmer mit guten Betten und TV, teils Air-Condition, teils Ventilator, freundliche Vermieter. DZ mit Air-Condition 90 DM, ohne 80 DM, jeweils mit Frühstück, Tel. 0382/23664.

* Splendid, Via XX Settembre 11, mitten in der Altstadt, Seitengasse des Corso Cavour, nomen non est omen, alter Kasten, düster und abgewohnt, etwas unsauber, mit Ristorante, ca. 60 DM mit Etagendusche, Tel. 0382/24703.

Essen

Unschlagbar schöne Lage haben die beiden Ristoranti an der historischen Piazza Vittoria - **Bella Napoli** und **Marechiaro**. Beide bieten gute Küche und korrekten Service.

Vecchia Padova, Via Cardinal Agostino Riboldi 2, an der Rückseite des Doms, fein abgeschmeckte Küche mit phantasievollen Gerichten lombardischer Herkunft, Menü ca. 70 DM, Reservierung notwendig (Tel. 0382/304132). Mo und Mi Mittag geschl.

Capri, Corso Cavour 32, populäre und preiswerte Studentenpizzeria, hinten lockt ein "Fenster" mit der Illusion eines Capristrandes. Di geschl.

Mexicano, Strada Nuova/Ecke Via Riboldi, z. Zt. "der" Laden in Pavia. Oben das Restaurant mit ausgezeichnetem Essen, unten die Bar - freundliche Bedienung und immer fröhliche Atmosphäre.

Besonderer Tip sind die beiden volkstümlichen Osterie am südlichen Flußufer: **Osteria della Malora**, Via Milazzo 79 (beim letzten Check war gerade Totalrenovierung im Gange) und **Antica Osteria del Previ**, Via Milazzo 65. Hier gibt es keine Touristen und man ißt stimmungsvoll mit Blick auf den Fluß die typische Paveser Küche, z.B. die *zuppa alla pavese* (Fleischbrühe mit Ei und Käse).

● *Bars, Cafés*: An der zentralen Piazza Vittoria kann man bei **Pampanin** Eis schlecken oder im **Janko Cafè** gegenüber zum Bier Chips und Oliven knabbern.

Gelateria da Cesare, Corso Garibaldi 15 c, kleine vielgelobte Bar, neben dem selbstgemachten Eis gehören heiße Schokolade mit Sahne und Zabaione zu den Spezialitäten.

Bar Araldo, Corso Carlo Alberto, Studententreff zum Kaffeetrinken nach der Mensa.

Unterhaltung/Discos

● *Unterhaltung*: Als Unistadt besitzt Pavia einige populäre Treffs, während der Semesterferien ist allerdings vieles geschlossen.

Il Broletto, stilvoll eingerichteter Irish Pub im alten Rathaus an der Piazza Vittoria, sieben Biere vom Faß, derzeitiger "In"-Treff der Stadt. Theoretisch gäbe es an heißen Sommerabenden kaum etwas Schöneres, als auf den zu Restaurants/Bars umgebauten **Hausbooten** am Fluß Ticino zu sitzen - doch die Mücken machen einen Aufenthalt dort fast unmöglich.

● *Discos*: **Matisse**, Via Cravos 1, beliebteste Disco in der Innenstadt.

Mulino della Fraga, 8 km nördlich, in Lardirago. Schönste Disco in und um Pavia - umgebaute alte Mühle mit Disco, Piano-Bar und Swimmingpool.

Sehenswertes: Zentrum der Stadt ist die langgestreckte *Piazza Vittoria*, eingerahmt von teils sorgfältig restaurierten Palazzi mit langen Laubengängen. An der Südkante steht der *Broletto*, das alte Rathaus der Stadt, dahinter ragt die stolze Kuppel des Doms. Im Untergrund lohnt einen Blick der *Nuovo Mercato*, der moderne Markt Pavias (Mo-Fr 8-12.30, 16-19.30 h).

Der benachbarte Domplatz ist seit der Katastrophe von 1989 eine Baustelle. Der große *Backsteindom*, ein typischer Renaissancebau, zeigt sich architektonisch interessant in Form eines griechischen Kreuzes und vor allem seitlich und von hinten mit originellem Outfit - die elegant überdachten Apsiden besitzen Rundfenster, die riesenhohe Kuppel stammt aus dem 19. Jh. Der Innenraum ist mit viel Marmor hell und großzügig gestaltet.

Wenige Schritte seitlich der Piazza Victoria kreuzen sich die beiden Hauptstraßen - *Corso Cavour/Corso Mazzini* und *Strada Nuova*. Die lange Strada Nuova führt über einen sanften Hügel zum Ticino hinunter. Der Spaziergang lohnt wegen des schönen Blicks auf den Fluß und die überdachte Brücke *Ponte Coperto* - und (zur richtigen Jahreszeit) natürlich wegen der Terrassenboote, die hier vor Anker liegen.

Wenige Schritte vom Fluß die berühmte Kirche *San Michele*, ursprünglich eine langobardische Gründung, aber im Mittelalter umgebaut. Großartige Fassade mit Reliefs im weichen Sandstein, die leider bis zur Unkenntlichkeit verwittert sind.

Das Kastell der Visconti liegt nördlich vom Zentrum am Ende der Strada Nuova. Am Weg dorthin kommt man am ausgedehnten Komplex der *Universität* entlang. Dahinter liegt die Kirche *San Francesco* mit einer eindrucksvollen Fassade aus Ziegelwerk und hellem Sandstein. Im *Castello* ein besonders schöner Innenhof, umgeben von Loggien, und das *Museo Civico* mit Gemälden und Skulpturensammlung (Di-Sa 9-13.30, So 9-13 h, ca. 5 DM). Nicht weit entfernt die romanische Kirche *San Pietro in Ciel d'Oro*, dessen wertvolles Marmorreliquiar die Gebeine des heiligen Augustinus beherbergt.

▶ **Pavia/Umgebung**: Wenn man von Pavia nach Süden fährt, kommt man in das hüglige Weinbaugebiet *Oltrepò Pavese* - so genannt, weil es von Pavia gesehen, auf der anderen Seite des Po liegt. Hier wird ein Großteil des lombardischen Weins angebaut. Bester Ausgangspunkt für eine Tour ist *Stradella*, südlich von diesem Ort liegen zahlreiche Weingüter, u.a. in *Montù Beccaria* und *Santa Maria della Versa*.

Nordwestlich von Pavia ersteckt sich der riesige *Parco Naturale della Valle del Ticino* bis zum Lago Maggiore (→ dort).

Certosa di Pavia

Berühmter Klosterkomplex des Karthäuserordens, 10 km nördlich von Pavia. 1396 ließ ihn Gian Galeazzo Visconti, Herzog von Mailand, als Grabstätte für sich und seine Familie erbauen, danach übernahmen die Sforza die weitere Ausgestaltung und über dreihundert Jahre hinweg wurde immer wieder angebaut und vergrößert. Die Marmorfassade der Kirche entstand im 15./16. Jh. und gilt als eins der prächtigsten Kunstwerke der oberitalienischen Frührenaissance.

Kurz nach dem Zweiten Weltkrieg veließen die Karthäuser die Certosa, heute ist sie im Besitz des Zisterzienserordens. Die Mönche veranstalten Führungen, bewirtschaften die umliegenden Ländereien und finanzieren mit dem Erlös aus den Touristenspenden ihre Missionen in Afrika und Brasilien. Viele Mönche stammen aus diesen Ländern.

• *Anfahrt/Verbindungen*: **PKW**, SS 35 und noch 1 km eine schöne Allee entlang.
Bahn/Bus, die Certosa hat eine eigene Bahnstation an der Strecke von Milano (Bahnhof liegt an der Rückseite des Komplexes, man muß links herum um die Mau-er bis zum Haupteingang gehen, ca. 15 Min.). Busse fahren etwa stündl. ab Busstation beim Bahnhof von Pavia - aussteigen am Anfang der langen Allee und noch 15 Min. zu Fuß.

Besichtigung (Di-So 9-11.30, 14.30-18 h, Mo geschl., Mönche machen Führungen, Spende erwünscht): Schon von weitem sieht man die Türmchen des Klosters wie die eines Märchenschloßes über die Bäume ragen. Eine schnurgerade Baumallee führt von der SS 35 direkt zum Klostereingang. Durch einen großen Hof gelangt man zur Kirche.

Märchenhafter Bau – die Certosa di Pavia

Die *Fassade* ist ein Werk verschiedener Künstler - die Brüder Mantegazza und G. A. Amadeo gestalteten die faszinierende untere Hälfte, Lombardo fügte später den etwas einfacheren Überbau an, der Abschluß der Fassade fehlt. Sie mutet fast orientalisch an, verspielt fügen sich zahllose Reliefs und Halbreliefs ineinander. Im Sockel reihen sich Medaillons mit den Porträts römischer Herrscher, darüber liegen Basreliefs mit Porträts und Skulpturen von Heiligen und Aposteln. Im Portal beeindrucken die großartigen Reliefs, die Szenen aus der Geschichte der Certosa und aus dem Leben Maria darstellen.

Der hohe gotische *Innenraum* wirkt ausgesprochen harmonisch, die Seitenkapellen enthalten wertvolle Gemälde, z.B. in der zweiten links ein Polyptychon, dessen Mitte ein farbenprächtiger "Segnender Gottesvater" von Perugino einnimmt, der sich mit den Engelsköpfen im Hintergrund wie ein himmlischer Jongleur zeigt. Am Gitter, das das *Querschiff* vom Hauptraum abtrennt, wartet man auf die nächste Führung (sobald sich eine größere Gruppe versammelt hat, bei starkem Andrang etwa alle 15. Min.). Reichlich langatmig und mit vielen Details führt ein eloquenter Mönch auf italienisch durch die wichtigsten Bereiche der Anlage, Dauer ca. 45 Min.

Linker Hand im Transept das *Grabmal* des Ludovico il Moro aus der Familie der Sforza und der Beatrice d'Este mit zwei lebensgroßen Skulpturen. In der *Alten Sakristei* wertvolle Wandschränke und ein Triptychon aus Elfenbein, im *Presbyterium* ein Großaltar aus Marmor, prächtiges Chorgestühl und barocke Wandfresken. Am rechten Ende des Querschiffs das Grabmal Gian Galeazzo Viscontis und seiner Frau. Jetzt gelangt man in den malerischen *Kleinen Kreuzgang*. An der dem Garten zugewandten Seite dienen viele hunderte von Terrakotta-Köpfen als Verzierung.

Äußerst dekorativ der Brunnen mit etwa einen Meter hohen Figuren in der Nähe des Eingangs zum Refektorium, hier auch eindrucksvoller Blick zurück auf die arkadengesäumte Kirche mit ihrem Turm. Das *Refektorium* ist in zwei Hälften geteilt - vorne speisen die Mönche, hinten die Anwärter. An der Wand ein Abendmahlgemälde. Der *Große Kreuzgang* ist von eindrucksvoller Weite und umgeben von den Zellen der Mönche. Jeder hat ein kleines Gebäude mit zwei Zimmern und einem separaten Hof für sich, die Schornsteine, die sich gleichförmig in den Himmel recken, ergeben ein ausgesprochen ästhetisches Bild. Nach Besichtigung einer *Zelle* mit Garten endet die Führung im klostereigenen *Verkaufsladen*, wo man u.a. selbstgebraute Schnäpse, Rum, Liköre, Schokolade und Badezusätze erwerben kann.

● *Essen*: **Vecchio Mulino**, Via al Monumento 5, schräg gegenüber des Klosters in einer alten Mühle. Hübscher Garten und viel Leckeres, wie wär's mit *risotto con le rane* - Froschschenkelrisotto (!) oder *coniglio al Riesling d'Oltrepo* (Kaninchen in Wein). Menü ca. 60 DM. So abend und Mo geschl.

▶ **Parco della Preistoria**: großer "Saurier-Park" bei *Rivolta d'Adda*, 20 km östlich von Milano - vor allem für Kinder ein tolles Erlebnis! Vom Tirannosaurus bis zum Mammuth ist alles in Lebensgröße rekonstruiert, auch Steinzeitmenschen sind in ihrer natürlichen Umgebung dargestellt. Eine Mini-Eisenbahn kurvt durch das Gelände, Restaurant, Bar und Picknickgelände sind vorhanden (März - November tägl. von 9 h bis Sonnenuntergang).

▶ **Crema**: gemütliche Kleinstadt mit langer Fußgängerzone und gewaltigem Backsteindom. Der Campanile ist ein verkleinertes Abbild des Torrazzo von Cremona, meterdicke Säulen tragen das hohe gotische Gewölbe. Fröhliches Leben herrscht hier vor allem an Samstagen, wenn jeder mit dem Fahrrad ins Zentrum fährt. Die Stadtmauer ist noch weitgehend erhalten.

▶ **Soncino**: Am Ortsrand steht eine eindrucksvolle *Rocca* der Sforza. Die große Backsteinburg ist hervorragend erhalten, ein ehemaliger Wassergraben, mächtige Zinnenmauern und bullige Rund- und Viereckstürme prägen das Bild. Im Inneren zwei Höfe und viel treppauf, treppab über Wehrgänge, durch Türme und Verliese. Im Torre dei Capitani eine kleine Sammlung von Drucken (Di-Fr 9-12, Sa/So 10-12.30, 15-19 h, ca. 3,50 DM). Die Eintrittskarte gilt auch für die *Casa degli Stampatori* im Ortszentrum, eine ehemalige Druckerei, wo erstmals in Italien Werke in hebräischer Sprache gedruckt wurden. Ausgestellt sind frühe Buchdrucke und historische Druckmaschinen.

Cremona

(ca. 80.000 Einwohner)

Geschäftige Stadt direkt am Po, eingebettet in weite grüne Uferauen. Hier hängt der Himmel voller Geigen - Cremona ist seit dem 16. Jh. die wichtigste Violinenbauerstadt Italiens, Stradivari ihr berühmtester Sohn. Ein einschlägiges Museum zeigt wertvolle Modelle und historische Arbeitswerkzeuge, es gibt eine internationale Geigenbauerschule und über neunzig Werkstätten. Jeden September findet ein Festival für Saiteninstrumente statt.

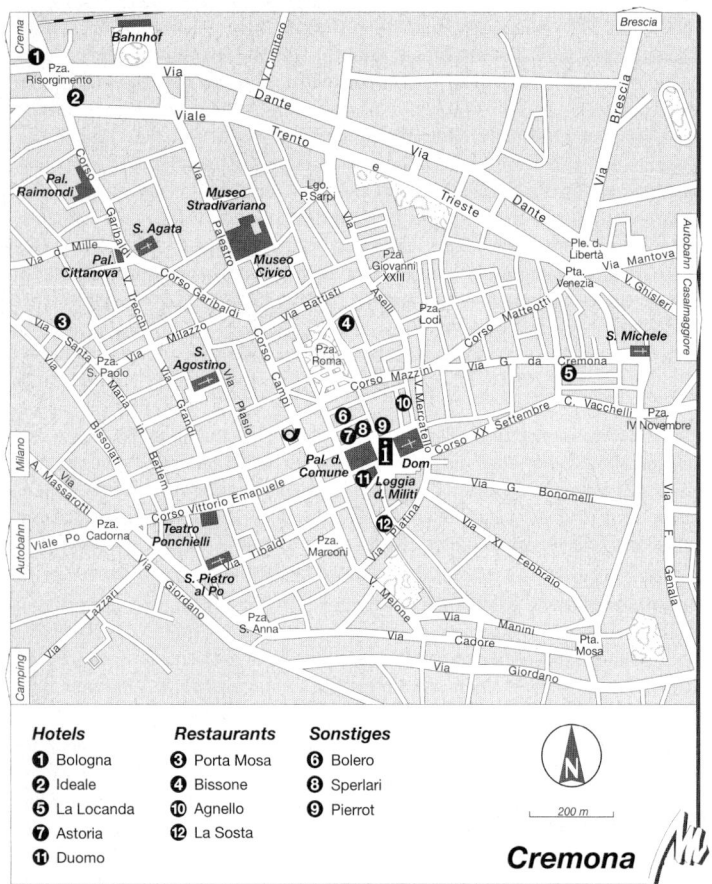

Hotels
- ❶ Bologna
- ❷ Ideale
- ❺ La Locanda
- ❼ Astoria
- ⓫ Duomo

Restaurants
- ❸ Porta Mosa
- ❹ Bissone
- ❿ Agnello
- ⓬ La Sosta

Sonstiges
- ❻ Bolero
- ❽ Sperlari
- ❾ Pierrot

200 m

Cremona

Aber auch für Nichtmusiker hat Cremona Interessantes zu bieten - der grandiose Dom ist einer der beeindruckendsten am Stiefel, sein Glockenturm gilt als höchster im Land und ist weithin sichtbar. Die Piazza davor fungiert abends als wunderschönes "Wohnzimmer", auf der man "Italien pur" erleben kann - noch dazu fast ohne Touristen.

"Der Himmel hängt voller Geigen" ist übrigens wörtlich zu verstehen - auf den Dächern Cremonas werden neugebaute Instrumente zum Trocknen aufgehängt.

Anfahrt/Verbindungen/Information

- *Anfahrt/Verbindungen*: **PKW**, Cremona liegt an der A 21 von Brescia nach Piacenza. Etwas suchen muß man schon, bis man einen Parkplatz findet, wenig ausgeschilderte Möglichkeiten.

Bahn, Bahnhof im Norden der Stadt, immer geradeaus die Via Palestro entlang geht's ins Zentrum, ca. 15 Min. (auch Busverbindung).

• *Information*: an der Piazza del Comune 5 (Domplatz), unter den Arkaden des Palazzo del Comune. Reichhaltiges Material, Stadtplan allerdings verbesserungswürdig. Mo-Sa 9.30-12.30, 15-18.30, So 10-12 h, Tel. 0372/23233.

Übernachten

Die Unterkünfte im Zentrum sind nicht allzu zahlreich und in der unteren Preisklasse oft ausgebucht.

*** **Astoria (7)**, Via Bordigallo 19, schmales Seitengäßchen in zentraler Lage. Sehr angenehmes älteres Albergo, gut in Schuß und relativ ruhig, sehr freundlich geführt, vor der Tür beliebte Abendkneipe (→ Nachtleben). In den Zimmern TV und Ventilator, gute Betten. DZ mit Frühstück ca. 100 DM, Tel. 0372/461616.

*** **Duomo (11)**, Via Gonfalonieri 13, aufmerksamer Familienbetrieb, als Albergo und Ristorante gleichermaßen gefragt, wenige Schritte von der Piazza del Comune. Unten und in den Gängen spiegelnder Granit, Zimmer modern und sachlich, jeweils Air-Condition, Kühlschrank und TV. DZ ca. 110 DM, Frühstück extra, Tel. 0372/ 35242.

*** **La Locanda (5)**, Via Pallavicino 4, populäre Trattoria mit einigen Zimmern im Obergeschoß, jeweils TV und putzige Bäder. DZ ca. 100 DM, Frühstück extra, Tel. 0372/457834.

* **Bologna (1)**, Piazzale Risorgimento 7, nicht weit vom Bahnhof über einer Pizzeria, 8 kleine Einzelzimmer für ca. 30 DM, nur Etagendusche, oft ausgebucht, Tel. 0372/ 24258.

* **Ideale (2)**, Viale Trento e Trieste 2, schräg gegenüber vom Bologna, 16 Zimmer, DZ ca. 45 DM, ebenfalls häufig belegt, Tel. 0372/38668.

Dom, "Torrazzo" und Baptisterium

• *Camping*: **Parco del Po**, schöner und preiswerter Platz in den Uferwiesen des Po (gut ausgeschildert). Fetter Rasen, für Zelte separater Platzteil, Sanitäranlagen könnten etwas besser sein. An Wochenenden von eifrig grillenden Familien und Mücken frequentiert, der Lärm der benachbarten Disco schallt herüber (→ Nachtleben). Tel. 0372/27137.

Essen

Man kann gut essen in Cremona, nur leider selten im Freien. *Gnocchi alla cremonese* (Klößchen mit Sesam- und Mohnkörnern) gehören zu den Spezialitäten - und *mostarda di Cremona*, in süßem Senfsirup eingelegte Früchte, serviert zu gekochtem Rindfleisch.

La Sosta (12), Via Sicardo 9, nur wenige Schritte vom Domplatz, geschmackvoll eingerichtetes Lokal mit Cremoneser Spezialitäten und leckeren selbstgemachten Nudeln, z.B. die Gnocchi nach Cremoneser Art oder *ravioli di patate* mit Pestosoße, dazu exzellenter roter Hauswein. Etwas teurer, aber das ist es wert. Mo geschl.

Duomo (11), Via Gonfalonieri 13, so ziemlich das einzige Lokal, wo man im Zentrum im Freien essen kann, Tische auf der Gasse mit Blick auf den Dom, gute Küche, guter Service.

Antica Locanda Bissone (4), Via F. Pecorari 3, Seitengasse der Via Manzoni (Nähe Piazza Roma), alteingeführte Trattoria mit herzhaften Fleischgerichten, nicht billig. So geschl.

La Locanda (5), Via Pallavicino 4, sehr hübsch aufgemachtes Gewölbelokal mit romantischem Touch, feine Küche (→ Übernachten). Di geschl.

Porta Mosa (3), Via Santa Maria in Betlem 11, traditionelle Osteria im alten Stil, großer Wirtsraum mit schweren Holzbänken und -tischen, hat Atmosphäre. Prima Weine und leckere Gemüsegerichte. So geschl.

• *Self-Service*: **Agnello (10)**, Via Janello Torriani 7, moderne Mensa in einem Gäßchen an der linken Seitenfront des Doms, preiswert. Mo-Sa, nur mittags.

• *Cafés*: **Pierrot (9)**, Gelateria am Domplatz, herrliches Eis in zahllosen Sorten, abends kann man wunderschön auf dem Platz sitzen.

Nachtleben/Shopping/Feste

• *Nachtleben*: **Bolero (6)**, Via Bordigallo, **der** Szenetreff in der Innenstadt, gepflegte Weinkneipe mit Tischen an der Gasse.
Antica Osteria del Fico, Via Giolgio Grandi 12, Weinkneipe im alten Stil, beliebt bei der Jugend, im überdachten Hof mit Feigenbaum sitzt man gern bei einem Schoppen.
Capaninna, populäre Sommerdisco neben dem Campingplatz, an Wochenenden oft Livebands.

• *Shopping*: großer **Lebensmittel- und Kleidermarkt** jeden Mi und Sa um die Piazza Marconi.
Sperlari (8), Via Solferino 25, liebevoll aufgemachtes Delikatessengeschäft, seit 1836 kann man hier das berühmte *mostarda di Cremona* erstehen, dazu zahlreiche

andere Süßigkeiten wie *torrone* (Nougat), Weine und Liköre.
Wer eine **Geige** kaufen will - es gibt mehr als neunzig Geigenbauwerkstätten in der Stadt, Liste *"Liutai Cremonesi"* ist beim Info-Büro erhältlich. Die Preise reichen von ca. 1000-15.000 DM.

• *Feste*: Eine Festivität jagt die andere, fast alles hat mit Musik zu tun, aber nicht nur mit Geigen. Veranstaltungskalender im Info-Büro. Im Frühjahr und Sommer gibt es verschiedene **Jazz-** und **Rockfestivals**, im Herbst steht das Teatro Ponchielli im Mittelpunkt **klassischer Konzerte** und der **Opernsaison** (Karten an der Theaterkasse, Tel. 0372/407273.

Sehenswertes

Das historische Zentrum mit seinen engen Pflastergäßchen ist klein und kompakt ganz im Gegensatz zum monumentalen Dom, der mindestens zwei Nummern zu groß wirkt. Es gibt eine schöne Fußgängerzone und viele historische Paläste, die allerdings nicht zur Besichtigung offen stehen.

Die Piazza vor dem Dom präsentiert sich als wunderschönes Stück Mittelalter - mit dem gotischen *Palazzo del Comune*, unter dessen Arkaden die Korbstühle eines beliebten Cafés stehen, dem schlichten *Baptisterium* und dem alles überstrahlenden Dom. Abends ist der Dom in warmes Licht getaucht, Kinder spielen auf der Piazza, man kommt mit dem Rad angefahren, plauscht, nippt an seinem Campari ...

Dom: Die prachtvolle Fassade mit dem riesigen Backstein-Campanile bietet einen wirklich erhabenen Anblick - letzterer, "Torrazzo" genannt, wirkt fast wie ein islamisches Minarett, ein Gebetsrufer über die weite Poebene würde ihm nicht schlecht zu Gesicht stehen. Stolze 111 m (!) ist er hoch, 500 Stufen führen zum Rondell unter der Spitze hinauf, die astronomische Uhr (9 m Durchmesser!) an der Front stammt aus der Renaissance. Aufstieg ist möglich und lohnt unbedingt (10.30-12, 15-18 h, ca. 5 DM), im ersten Stock ist eine historische *Geigenwerkstatt* eingerichtet (Besichtigung nur nach Voranmeldung).

Die Fassade zeigt sich als glückliche Synthese aus Romanik und Renaissance - vom Boden bis zur großen Fensterrose ist sie romanisch, der skulp-

Historische Geigenbauerwerkstatt in Cremona

turengeschmückte Giebel wurde dagegen erst im 16. Jh. aufgesetzt, die drei Rundtürme wirken wie die Tüpfelchen auf dem i. Unten verläuft ein schattiger Säulengang, das Portal wird von zwei Löwen flankiert, darüber aufwendiger Überbau mit schöner Figurengruppe und einem Reliefband von Antelami, das ländliche Arbeiten im Ring der Jahreszeiten darstellt.

Das Innere wirkt düster und feierlich. Riesenhafte goldgerahmte Fresken schmücken das Mittelschiff, über dem Haupteingang eine gewaltige Kreuzigungszene in den Kostümen des 15./16. Jh., darunter Grablegung und Auferstehung. Zwei prächtige Renaissancekanzeln mit filigranen Reliefs stehen vor dem Altarraum, zahlreiche Seitenaltäre. Das breite Querhaus besitzt drei Schiffe.

Für die folgenden Museen gibt es ein **Sammelticket** (ca. 5 DM): Palazzo del Comune (Violinensaal), Museo Stradivariano, Museo Civico, Museo di Storia Naturale und Museo della Civiltà Contadina. Alle fünf sind geöffnet: Di-Sa 8.30-18, So 9.15-12.15, 15-18 h, Mo geschl.

Palazzo del Comune: Im Obergeschoß des Rathauses ist der *Violinensaal* (Sala dei Violini Classici) zu besichtigen - fünf einzigartige Violinen hängen dort in gläsernen Schaukästen, ihr Klang ertönt vom Band, während eine freundliche Dame Erklärungen gibt, allerdings nur auf italienisch. Zu sehen sind: eine Geige von *Andrea Amati*, dem Begründer der Geigenbauertradition in Cremona (1566), eine weitere von seinem Nachfolger *Nicolò Amati*, eine von *Giuseppe Guarneri* dem Älteren (1689), eine von *Giuseppe Guarneri* (1734) und schließlich - endlich - die "Cremonese ex Joachim", eine echte *Stradivari* von 1715. Nur ganz wenigen Menschen ist es erlaubt, diese Instrumente zu spielen (Di-So 8.30-18, So 9.15-12.15, 15-18 h, Mo geschl.).

Museo Stradivariano: in der Via Palestro 17 in Richtung Bahnhof. Eine huldvolle Skulptur von Stradivari bewacht den Eingang. Drinnen steht alles voller historischer Violinen, dazu gibt es Modelle, Zeichnungen, Entwürfe und Handwerkszeug der Geigenbaumeister. Doch welche Enttäuschung - kaum eine Stradivari ist zu sehen. Ein Video gibt in nahezu unverständlichem Englisch Erläuterungen zur Geschichte der Geigenbauer.

Museo Civico (im Palazzo Affiatati um die Ecke vom Museo Stradivariano, Via Ugolani Dati 4): im Erdgeschoß große archäologische Sammlung, danach schreitet man das großartige Treppenhaus hinauf, oben bietet das hochmodern ausgebaute Museum im ansprechenden Rahmen hübsche Terrakotten, Skulpturen und eine beachtliche Gemäldesammlung, hauptsächlich von Renaissancekünstlern.

Internationale Geigenbauerschule: im *Palazzo Raimondi* am Corso Garibaldi (→ Stadtplan), durch den Hof ins Hintergebäude gehen. Wenn man Glück hat, darf man den Schülern etwas bei der Arbeit zusehen, derzeit werden hier Lehrlinge aus über zwanzig Ländern ausgebildet. Im Sommer sind allerdings zwei Monate Ferien. Mit der Gründung der Schule vor etwa fünfzig Jahren wollte man an die alte Geigenmacherzunft Cremonas anknüpfen.

Sonstiges: *Grabstein* von Antonio Stradivari (etwa 1644-1737) an der Nordseite der Piazza Roma - allerdings nur eine Kopie; *Teatro Ponchielli* am Corso Vittorio Emanuele 52, prachtvolles Theater mit viel Goldstuck und rotem Plüsch vom Anfang des 19. Jh. (nur während der Vorstellungen zu betrachten); *Sant'Agostino* und *San Sigismondo*, zwei von mehreren Kirchen der Stadt (→ Stadtplan) - erstere besitzt alte Fresken und einen Altar von Perugino, letztere eine großartige Innenausstattung im Stil der lombardischen Renaissance.

Antonio Stradivari – Genie der Geigenbauer

1644 in Cremona geboren und 1737 gestorben, wurde er schon zu Lebzeiten berühmt und wohlhabend. Seine Geigen gingen an europäische Fürstenhöfe, an die Medici, an Kardinäle und Päpste. Über sechshundert "Stradivaris" sind noch erhalten, wieviele er gebaut hat, ist unbekannt. Noch heute konstruiert man in Cremona die Geigen weitgehend nach seiner Vorgabe: Für den Boden verwendet man einen Block Ahornholz, der mehrere Jahre luftgetrocknet sein muß. Die Decke besteht aus Tannenholz von Dolomiten-Fichten, die besonders langsam und gleichmäßig wachsen. Geigenhals und Steg sind ebenfalls aus Ahorn, das Griffbrett und die Wirbel aus Ebenholz. Die Böden werden schön geflammt, der Korpus goldgelb grundiert und mit leuchtend rotem Lack überzogen. Vor allem in der Zusammensetzung des Lacks lag wohl das Geheimnis des berühmten Stradivari-Klangs - doch leider hat er dieses Geheimns mit ins Grab genommen und alle Stradivaris sind schon längst neu lackiert worden.

Stolze Burgen bewachen die Region um das Aostatal

Piemont und Aostatal
(Piemonte und Valle d'Aosta)

Die weitgehend flache bis hüglige Landschaft um Turin und die nördlich anschließende Alpenregion Valle d'Aosta bilden den nordwestlichsten Teil Italiens. Architektur, Küche und Sprache sind deutlich von den Nachbarn Frankreich und Schweiz beeinflußt. Das Valle d'Aosta ist offiziell zweisprachig (italienisch und französisch), während im nördlichen Seitental Val di Gressoney sogar eine kleine deutschsprachige Minderheit lebt.

Piemont liegt am Fuß der Alpen und ist geprägt durch die westlichen Ausläufer der Poebene und das umgebende Hügelland. *Turin*, die ehemalige Hauptstadt des piemontesischen "Königreichs Sardinien", hat ihren monumentalen Charakter bis heute bewahrt. Eine interessante, wenn auch zeitweise eintönig wirkende Stadt wie aus einem Guß. Großartige alte Cafés mit dem Charme vergangener Jahrhunderte machen es leichter, den heftigen Verkehr zu ertragen. Die sympathischen Städte *Asti* und *Alba* südlich von Turin, bilden das Zentrum einer großen Weinbaulandschaft - letzteres ist außerdem Liebhabern von Trüffelpilzen ein Begriff. Zur Erntezeit im Oktober ist die Stadt restlos ausgebucht.

Nur ein bis zwei Stunden braucht man mit dem Auto von Turin ins nördlich anschließende Valle d'Aosta - ein breites Alpental mit zahlreichen Seitentälern am Fuß des mächtigen Mont Blanc-Massivs, des Monte Rosa und des Großen San Bernardo. Im Winter ein bevorzugtes Skigebiet - natürlich inklusive alpengerecht überhöhtem Preisniveau - aber auch in der warmen Jahreszeit vielbesucht, dank der wunderbaren Wandermöglichkeiten in herrlich grüner Berglandschaft. Der große *Gran Paradiso Nationalpark* ist eins der schönsten Gebiete, einen weiteren Höhepunkt bildet die Überquerung des Mont Blanc mit der Seilbahn von *La Palud* hinüber nach Chamonix (Frankreich). Während der Hauptort *Aosta* ein hübsches Städtchen mit beachtlicher historischer Vergangenheit ist (schon die alten Römer ...), sind *Courmayeur* und *Breuil-Cervinia* weitgehend vom Skitourismus geprägt. Ausgesprochen malerisch thronen zahlreiche Burgen über dem Aostatal, die im Mittelalter fast alle vom örtlichen Adelsgeschlecht der Challant errichtet wurden, um das strategisch wichtige Transitgebiet zwischen Nord und Süd zu schützen.

Schnell-Überblick

Schöne Orte: *Turin, Asti, Aosta, Susa.*

Landschaftliche Höhepunkte: das gesamte *Aostatal* mit Nebentälern - speziell der *Gran Paradiso Nationalpark* und die spektakuläre Überquerung des *Mont Blanc-Massivs.*

Kulturell interessant: *Turin, Asti, Alba, Aosta.*

Baden: im kleinen *Lago di Viverone* nahe der Autobahn von Turin nach Aosta; die Seen *Lago Maggiore* und *Lago d'Orta* finden Sie im Kapitel "Lombardei und die Seen".

Kurios: das *"Leichentuch von Turin"* und die *Mole Antonelliana* (beides in Turin).

Eher abzuraten: zu lange in *Turin* zu bleiben.

*A*nfahrt/*V*erbindungen

● *PKW:* Von Norden kommend erreicht man das **Piemont** am besten aus der Schweiz über die berühmte **St. Gotthard-Autobahn** (N 2 bzw. E 35) am Luganer See und Como vorbei nach Mailand. Von Mailand nach Turin verläuft die A 4. Gute Alternative dazu die Strecke über den **Großen St. Bernhard** mit 6 km langem Tunnel - Vorteil vor allem das geringere Verkehrsaufkommen (wenig LKW), außerdem landschaftlich sehr reizvoll.

Von Turin ist das **Aostatal** bequem auf der A 5 zu erreichen. Von der französischen Schweiz kann man über den Großen San Bernardo anreisen, von Frankreich führt seit 1963 ein 12 km langer Tunnel durch den Mont Blanc.

● *Bahn:* von der Schweiz am besten auf der **Gotthard-Linie**, eine der wichtigsten Alpenstrecken mit dem 15 km langen St. Gotthard-Tunnel (Basel-Luzern-Bellinzona-Lugano-Como-Milano). Von Milano stündlich Verbindungen nach Turin. Reizvolle Variante: in Bellinzona nach Locarno umsteigen, von dort die hübsche Nebenstrecke durch die Tessiner Alpentäler nach **Domodossola** in Piemont nehmen (die Privatbahn FART/SSIF wird von einer Schweizer und einer italienischen Gesellschaft betrieben). In Domodossola Anschluß an das Bahnnetz der FS und weiter nach Torino.

Oder aus der Westschweiz über Thun-Spiez-Frutigen direkt nach Torino: durch den **Lötschbergtunnel** (15 km), weiter ins Wallis über Brig und durch den **Simplontunnel** (20 km!), über Domodossola und Arona rüber nach Torino.

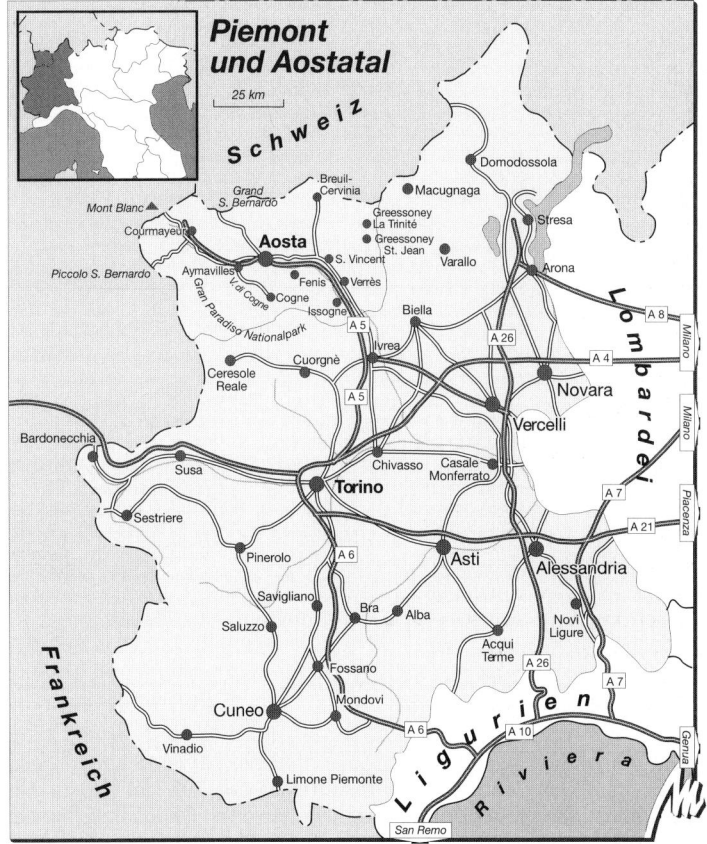

Übernachten

Das **Piemont** ist keine wirkliche Touristen-region, bis auf **Turin** sind die Unterkünfte eher spärlich gesät - dort zahllose Pensio-nen und Hotels aller Preisklassen, eine Ju-gendherberge und zwei Zeltplätze.

Im **Aostatal** dagegen existiert eine ausge-prägte touristische Infrastruktur mit Sommer-und Wintertourismus. Die meisten Hotels und Pensionen arbeiten nur auf Basis von Halb-oder Vollpension, viele Pauschalurlauber kommen hier unter. Speziell im Ort Aosta auch diverse preiswerte Möglichkeiten. In al-len Tälern liegen **Campingplätze**, die mei-sten im Haupttal zwischen Aosta und Cour-mayeur. Einige sind ganzjährig geöffnet, in der Regel aber Juni bis September.

Essen

Die Küche des Piemont und des Aostatals ist entsprechend der meist bergigen Landesna-tur alpenländisch herzhaft, wurde aber durch französische Einflüße und die lange aristo-kratische Tradition der Turiner Savoyen-Herr-scher immer wieder verfeinert.

Getreide wird in großen Mengen angebaut - die **grissini** genannten kleinen Brotstangen werden zu jeder Mahlzeit gereicht und sind mittlerweile in ganz Italien verbreitet. Im Piemont liegen aber auch die größten Reisfelder Italiens, **risotto** und andere Reisgerichte gehören zu den Standardangeboten vieler Restaurants. Zu den bevorzugten Pasta-Varianten zählen die mit Fleisch gefüllten Nudeltäschchen **agnolotti**.

Die größte und teuerste Spezialität Piemonts sind die begehrten **tartufi** (Trüffel). Diese Pilze wachsen, da ihnen das Clorophyll fehlt, unterirdisch im Wurzelgeflecht von Bäumen. Speziell abgerichtete Hunde können diese Stellen aufspüren - die vom Besitzer streng geheim gehalten werden, da dort immer wieder neue Trüffel entstehen. Es gibt schwarze und weiße Trüffel, letztere sind besonders begehrt und stammen meist aus dem Gebiet der Langhe südlich der Stadt Alba. Alba hat den Status einer Trüffelhauptstadt, zur Erntezeit im Herbst kommen Kenner von weither. Trüffel werden meist geschnitten oder gerieben als Geschmacksanreger für viele Gerichte verwendet. Die Preise sind leider in der Regel astronomisch.

Ansonsten spielt im Piemont Käse, besonders Schmelzkäse, eine Hauptrolle - **fontina** oder **fondue alla valdostana** steht oft auf der Speisekarte, gelegentlich mit Trüffel angereichert. Ebenso häufig sind Gerichte mit **funghi porcini** (Steinpilze) und die mit Kartoffelpürree gefüllten und mit Käse überbackenen **gnocchi (alla fontina)**. Natürlich gibt es auch reichlich Forellen und Wild aus den Bergen, **bolliti misti** ist in ganz Oberitalien verbreitet und meint verschiedene gekochte Fleischsorten wie Rind, Huhn und Kalb, die zusammen geschmort und zubereitet werden. **Polenta** gibt es ebenfalls überall, zum Mitnehmen werden oft gefüllte **crepes** (crespelles) angeboten.

Piemont ist eine der führenden Weinbauregionen Italiens. Die besten Weine stammen aus den Anbaugebieten südlich von Turin um Asti und Alba - man hat die Wahl zwischen dem sehr begehrten, schweren Rotwein **Barolo**, dem etwas leichteren und herben "Allerweltswein" **Barbera**, dem fruchtig-frischen **Dolcetto** und dem trockenen **Nebbiolo** mit seinem typischen Veilchenaroma. Dazu kommt der bekannte süße Schaumwein **Asti Spumante**.

Turin ist neben Milano auch Zentrum der italienischen Aperitivo-Produktion, u.a. haben der berühmte Wermutwein **Cinzano** und der nicht minder bekannte **Martini** hier ihren Ursprung. Bekanntester Schnaps des Aostatals ist der klare **Genepy**.

Turin (Torino)

Eine der großen Industriemetropolen Italiens, herrliche Lage in den Ausläufern der Poebene, fast unmittelbar am Fuß der Alpen. Mit dem sonstigen mehr oder weniger liebenswerten Chaos italienischer Städte hat das großzügig und überlegt angelegte Turin nur wenig gemein. Das kann schnell langweilig wirken, doch trotz großstädtischer Monumentalität und Moderne ist einiges geboten.

Turin war im 16. Jh. Hauptstadt des Herzogtums Savoyen, seit Anfang des 18. Jh. Hauptstadt des sog. "Königreichs Sardinien" (Piemont-Sardinien unter savoyischer Herrschaft) und von 1861-65 die erste Hauptstadt Italiens. Diese Vergangenheit läßt sich bis heute nicht verleugnen - das ausgesprochen elegante Zentrum ist französisch angehaucht und noch weitgehend barock geprägt. Winklige Altstadtgassen fehlen, stattdessen bestimmen kilometerlange, schnurgerade und rechtwinklig zueinander verlaufende Straßenzüge mit breiten Laubengängen und pompösen Palazzi das Bild. Manches sieht sich allerdings zum Verwechseln ähnlich, düstergrau ist die vorherrschende Modefarbe, Abgaswolken steigen überall unangenehm in die Nase.

Die Mole Antonelliana – das kuriose Wahrzeichen Turins

Wer mit dem Zug ankommt, steht schon fast im Herzen der Stadt - hier beginnt die lange Via Roma, die Prachtstraße Turins mit ihren eleganten Geschäften und Straßencafés. Sie führt zur zentralen Piazza Castello mit dem Königsschloß und der nahen Kathedrale, in der das legendäre Leichentuch von Turin verwahrt liegt. Ansonsten lohnen vor allen die Museen, die kuriose Mole Antonelliana (der "Eiffelturm Turins") und der erfrischende Parco Valentino am Poufer einen Besuch.

Wer Zeit hat, sollte einen Ausflug in die südlichen Vorstädte unternehmen - in den modernen "Slums" von *Molinette* leben die Hunderttausende, die Turin zur wichtigsten Autostadt Italiens gemacht haben. Fiat, der größte Privatkonzern Italiens, läßt in den riesigen Fertigungshallen namens "Mirafiori" 85 % seiner Wagen vom Fließband laufen - mit einer Belegschaft von über 200.000 Angestellten ist Fiatboß Agnelli der wichtigste Arbeitgeber der Stadt. Wegen der Zuwanderung zahlloser Arbeitswilliger, vor allem aus Süditalien, mußte die Stadt nach dem Krieg erheblich erweitert werden, dies geschah vor allem an der südlichen Peripherie. Wer die Molinette gesehen hat, versteht vielleicht, warum Turin als das industrielle Nervenzentrum Italiens empfindlich auf alle politischen Strömungen reagiert und warum die Stadt in den sechziger und siebziger Jahren zur Keimzelle der "Roten Brigaden" wurde - über zwanzig leitende Fiat-Manager wurden damals Opfer des Terrorismus. Turin gilt aber auch als magische Stadt und Zentrum des Okkultismus in Italien - dies bereits seit dem letzten Jahrhundert, als sich zahlreiche Freigeister und Sekten im religiös toleranten Piemont ansiedelten.

*A*nfahrt/*V*erbindungen/*I*nformation

● *Anfahrt/Verbindungen*: **PKW**, größter Parkplatz ist die langgestreckte **Piazza Vittorio Veneto** am Po. Die Via Po führt von dort zur zentralen Piazza Castello, an der man auf dem Parkplatz vor dem **Palazzo Reale** ebenfalls sein Fahrzeug abstellen kann.
Bahn, der Hauptbahnhof **Stazione Porta Nuova** liegt zentrumsnah (zur Piazza Castello geht man die Via Roma geradeaus). Geldwechsel, Gepäckaufbewahrung (24 Std. offen), Schließfächer, Information. Auch die

Stazione **Porta Susa** liegt in Zentrumsnähe. **Fernbusse** starten am Corso Inghilterra 3, Nähe Bahnhof Porta Susa.
● *Information*: **APT**, Hauptstelle Via Roma 226, in einem der Arkadentore am Südende der Piazza San Carlo. Umfangreiches Material zu Turin und seiner Provinz, auch deutschsprachig. Mo-Sa 9-19.30 h, Tel. 011/535901.
Zweigstelle im **Bahnhof Porta Nuova**. Mo-Sa 9-19 h, Tel. 011/531327.

*U*nterwegs in der *S*tadt

● *Unterwegs in der Stadt*: gutes System von **Bussen** und **Trams**, beim APT ist ein Linienplan erhältlich. Tickets in Tabacchi-Läden, es gibt auch Tageskarten für ca. 4 DM.
Auf dem Po verkehren die Boote der **Navigazione sul Po**, die Rundfahrten auf dem ruhigen Strom bieten eine angenehme Ab-

wechslung, Via Murazzi 65, Tel. 888010.
Wer **organisierte Rundfahrten** liebt, kann für teures Geld mit historischen Straßenbahnwagen durch die Stadt fahren, verschiedene Variationen sind möglich (incl. Essen, Schifffahrt auf dem Po und/oder hinauf zur Basilica Superga). Auskunft beim Tourist-Info.

*Ü*bernachten

Große Auswahl, aber das Preisniveau ist genauso "groß". Zahlreiche Hotels um den Hauptbahnhof, die preiswerten vor allem im *"Vergnügungsviertel"* östlich vom Bahnhof, jenseits der Via Nizza: Via Galliari u.a. Hier jedoch Vorsicht, einige Hotels arbeiten mit zweifelhaften Damen zusammen, nicht wenige sind heruntergekommen. Viele günstige Pensionen sind zudem ständig von Süditalienern belegt, die bei Fiat angestellt sind.

*** Victoria (9), Via Nino Costa 4, ruhige Gasse in zentraler Lage Nähe Piazza San Carlo, sehr gut ausgestattet, Zimmer mit TV und Minibar. DZ mit Frühstück ca. 170-220 DM, Tel. 011/5611909.

*** Genio (11), Corso Vittorio Emanuele II 47, rechts vom Bahnhof (wenn man rauskommt), gepflegte Herberge in einem historischen Palazzo, sehr schön restauriert, elegant und komfortabel, Zimmer mit Air-Condition, TV und Minibar. Garage in der Nähe wird gegen Gebühr vermittelt. DZ je Saison mit Frühstücksbuffet ca. 150-200 DM, Tel. 011/6505771.

*** Due Mondi (12), Via Saluzzo 3, nur wenige Schritte vom Genio entfernt. Vollständig restauriertes Haus des letzten Jh., freundliche Zimmer mit Teppichboden und TV. DZ ca. 130-170 DM, Tel. 011/6505084.

*** Piemontese (17), Via Berthollet 21, Seitenstraße im Vergnügungsviertel, älteres Haus, aber mit viel Holz ansprechend eingerichtet, DZ mit Frühstück ca. 140-185 DM, Tel. 011/6698101.

** Bologna (8), Corso Vittorio Emanuele 60, Eingang unter Arkaden schräg gegenüber vom Bahnhof, ansprechende und saubere DZ mit TV um die 90-110 DM, Tel. 011/5620191.

** Magenta (7), Corso Vittorio Emanuele II 67, Eingang im Laubengang links vom Bahnhof (wenn man rauskommt), gepflegte Pension mit 18 Zimmern (alle mit TV), DZ mit Bad ca. 105 DM, ohne ca. 75 DM, Tel. 011/542649.

* San Carlo (6), Piazza San Carlo 197, superzentrale Lage, DZ mit Bad 90 DM, mit Etagendusche 80 DM, Tel. 011/5627846.

* Bellavista (13), Via Galliari 15, schräg hinter dem Bahnhof, hoch über der Straße im sechsten Stock (Name!), Zimmer mit TV, Parkmöglichkeit im Hof. DZ ca. 100 DM mit Bad, mit Etagendusche 90 DM, Tel. 011/6699121.

* Versilia (14), Via Sant'Anselmo 4, ebenfalls Bahnhofsviertel, DZ ca. 70 DM, Etagendusche, Tel. 011/657678.

● *Jugendherberge*: Ostello Torino, Via Alby 1, gut geführtes und kürzlich renoviertes Haus in den Hügeln am rechten Poufer, ca. 2 km vom Bahnhof Porta Nuova, Bus 52 bis Piazza Crimea und noch ein Stück zu Fuß. Anmeldung ab 17 h, 100 Betten, ca. 17 DM mit Frühstück, Schließzeit 23 h, Fahrradverleih, Tel. 011/6602939.

● *Camping*: Villa Rey, Strada Val San Martino Superiore 27, am rechten Ufer des Po, ruhiges Wiesengelände hoch über der Stadt, beschildert, ziemlich steile Anfahrt. Sanitäranlagen durchschnittlich, ausgezeichnetes Ristorante am Platz (→ Essen). Zu erreichen mit Bus 56 ab Piazza Castello oder Via Po, letzter Bus zwischen 23 und 24 h (Fahrer fragen, wann aussteigen und noch ca. 500 m bergauf laufen). März - Oktober, Tel. 011/8190117.

Essen

Die meisten Lokale findet man im volkstümlichen Viertel östlich der Stazione Porta Nuova, z.B. in den Gassen *Via Bernardino Galliari* und *Via Principe Tommaso* - hier liegt auf engem Raum alles zusammen: Edel-Trattorie und einfache Straßenlokale, aber auch Rumhänger-Kneipen und an etlichen Ecken, wie selbstverständlich integriert, das Rotlicht-Milieu Turins. Die Qualität der Speiselokale steigt beim Überqueren des Corso Vittorio Emanuele in Richtung Innenstadt. Auch sardische Trattorie findet man wegen der früheren engen Beziehungen Piemonts zu Sardinien hin und wieder.

● *Edelklasse*: Del Cambio (3), Piazza Carignano 2, eins der großen historischen Lokale Turins, gegründet 1757, reichhaltiges Dekor aus dem 18. Jahrhundert, Ministerpräsident Cavour war hier Stammgast, sein Platz ist gekennzeichnet. Küche feinster piemontesischer Tradition, bekannt leckere Antipasti. Menü um die 80-100 DM, mittags günstiger. So geschl.

Neuv Caval 'd Brons (5), Piazza San Carlo 157, unter dem östlichen Arkadengang, savoyblaue Wände, üppige Kronleuchter und Deckengemälde schaffen den Rahmen, Riesenauswahl von Fleisch über Fisch bis Perlhuhnbrust, aber auch für Vegetarier ist einiges geboten. Menü um die 80-100 DM, mittags günstiger. Reservierung unter Tel. 011/5627483. So geschl.

Vecchia Lanterna (1), Corso Re Umberto 21, zwei Michelin-Sterne können nicht irren, Menü um die 100 DM. Sa Mittag und So geschl., Reservierung Tel. 011/ 537047.

● *Bahnhofsviertel*: **La Pace (18)**, Via Galliari 22, Bahnhofsviertel, derzeit absolut 'in', zwischen schlichten Backsteinmauern und im Licht der raffinierten Beleuchtung tummelt sich ein fröhliches Volk, Riesenventilatoren fächeln Kühlung. Elegant, trotzdem gemütlich und immer voll, große Auswahl, reichhaltiges Vorspeisen-Buffet. So u. Mo Mittag geschl.

Giappone, Via Galliari 16, paar Schritte weiter, großes einfaches Lokal, draußen und drinnen viel Platz, gute Auswahl, auch Pizza und mindestens elf verschiedene Nudelgerichte.

Il filo di Marianna (15), Via Principe Tommaso 2, gutes und sehr populäres Fischlokal, Sitzgelegenheiten am Gehsteig. Di geschl.

La Nuova Lampara (10), Via Andrea Doria 2, sehr beliebte Pizzeria mit Tischen auf der ruhigen Gasse, auch hier oft viel Stimmung.

● *Zentrum*: In der langen Fußgängerzone **Via Garibaldi** findet man eine Reihe schöner Straßenlokale.

Biagini (2), Via San Tommaso, einfaches Lokal mit heller Holztäfelung, zentrale Lage in einer Seitengasse der Via Garibaldi, geführt von freundlichen Damen. Große Speisekarte, von der aber nicht immer alles vorrätig ist. Nach dem Essen sitzt man hier gern noch bei einem Glas Wein.

Crêperie (4), Via Cesare Battisti 1/e, Nähe Palazzo Carignano, kleines gemütliches Lokal mit einer Handvoll Tische und Tiffany-Lampen, es gibt Crêpes, panini und leckere Salate, zur Mittagspause bei den Angestellten der Umgebung beliebt.

Monferrato, Via Monferato 6, sehr gute piemontesische Küche zu etwas höheren, aber angemessenen Preisen, kosten könnte man hier z.B. *ossobuco* oder *bollito*. Sa/ So geschl.

● *Außerhalb vom Zentrum*: **San Giorgio**, Castello Medioevale al Valentino, freskenbemaltes Ritterlokal in den gotischen Gewölben des mittelalterlichen Wehrdorfs im Parco Valentino, üppige Preise.

Villa Rey, erstaunlich - das Restaurant am Campingplatz gehört zu den besten der Stadt. Täglich pilgern die Turiner in Scharen den Hügel herauf, um dem sommerlichen Smog zu entrinnen. Es gibt zwei Menüs zur Auswahl (Fisch und Fleisch), die großzügig bemessenen Portionen machen

satt. Schöne Sitzgelegenheiten auf großer Terrasse, guter und freundlicher Service, Preise erfreulich. Anfahrt → Übernachten.

Trattoria da Betty, Via Bogino 17, populäres Künstlerlokal im Süden Turins, zahlreiche Bilder schmücken die Wände. So geschl.

● *Self-Services*: **Brek**, Piazza Carlo Felice 22, gegenüber vom Bahnhof, schick und trendy, ausgezeichnete Qualität, aber nicht ganz billig, tägl. geöffnet.

Torino Uno, Via Lagrange 43 g, nicht weit vom Bahnhof, gute Auswahl zu günstigen Preisen, mittags bis 14.30, abends bis 21 h. So geschl.

La Grangia, Via Garibaldi 21/a, ansprechender Self-Service in der Fußgängerzone, leckere Gemüse und Salate, man kann schön im Freien sitzen.

Feng Dian, Via Garibaldi 17, ebenfalls Fußgängerzone, winziger "Take-away chinese", leckere Sachen für wenig Geld. Di geschl.

● *Cafés*: Torino hat eine große Kaffeehaustradition. Unter den Arkaden der zwei Plätze San Carlo und Piazza Castello ballen sich die edelsten Cafés der Stadt, stolze Preise sind selbstverständlich.

Piazza San Carlo: **Torino**, das große alte Café Turins, draußen bequeme Polsterstühle, drinnen Kronleuchter, eingelegter Marmor und Fresken, dafür kostet ein kleines Bier im Sitzen ca. 10 DM (billiger an der Bar). Auch Mahlzeiten sind erhältlich, volles Menü ca. 60 DM, Di geschl.

San Carlo, auch hier Stuck- und Goldverzierungen im Überfluß, aber nicht ganz so besucht wie das Torino und die Stühle sind nicht gepolstert.

Neuv Caval 'd Brons, auf der anderen Platzseite (Nr.157), abends **der** Treff, gleichzeitig kann man hier auch ausgezeichnet essen (→ oben).

Piazza Castello: **Mulassano**, unter den Arkaden der Piazza Castello, prächtiges altes Café mit wertvoller Holztäfelung und Spiegeln der guten alten Zeit.

Confetteria Baratti (Baratti e Milano), riesig, Kronleuchter, Marmortische und Spiegel, bekannt für seine leckeren Kuchen und Süßigkeiten.

Verstreut im Zentrum: vor allem in der Fußgängerzone Via Garibaldi wird man fündig, noch dazu ganz ohne Autoverkehr.

Platti, Corso Vittorio Emanuele II 72, schönes Jugendstilcafé auf der Straße vor dem Bahnhof Porta Nuova.

Gatsby's, Via Soleri 2, Seitengasse der Via Lagrange, eins der "In"-Cafés von Turin -

Turin

Hotels

- **6** San Carlo
- **7** Magenta
- **8** Bologna
- **9** Victoria
- **11** Genio
- **12** Due Mondi
- **13** Bellavista
- **14** Versilia
- **17** Piemontese

Essen

- **1** Vecchia Lanterna
- **2** Biagini
- **3** Del Cambio
- **4** Crêperie
- **5** Neuv Caval 'd Brons
- **10** La nuova Lampara
- **15** Il filo di Marianna
- **16** Enoteka Il Bottigliere
- **18** La Pace
- **20** Flußlokale

Sonstiges

- **19** Fahrradverleih

Piazza d. Repubblica

Porta Palatina

Pza C. Augusto

Via Milano

Teatro Romano

Dom

Palazzo Reale

S. Lorenzo

Piazza Reale

Armeria Reale

Via Garibaldi

Corso San Maurizio

Palazzo Madama

Via F. d'Assisi

Bahnhof Porta Susa

Via Cernaia

Via Petro Micca

Piazza Castello

Palazzo Carignano

Università

Mole Antonelliana

Via S. Teresa

Museo Egizio e Gall. Sabauda

Via Roma

Piazza C. Alberto

Via Giuseppe Verdi

Camping

C. Re Umberto

Pza S. Carlo

S. Carlo

S. Cristina

V. Maria Vittoria

Via princ. Amedeo

Via Po

Piazza Carlo Emanuele II

Piazza Vitt. Veneto

Gran Madre di Dio

Via XX Settembre

Via Roma

Via Lagrange

Via Carlo Alberto

P

Piazza Carlo Felice

Piazza Bodoni

Via dell'Accademia Albertina

V. Maria Vittoria

Bahnhof Porta Nuova

Corso Vittorio Emanuele II

Via Nizza

Via Galliari

Via Tommaso

Via Madame Cristina

Corso Massimo d'Azeglio

Parco del Valentino

Ponte Umberto I

PO

Corso Guglielmo Marconi

Castello del Valentino

Corso Moncalieri

Jugendherberge

Automobilmuseum

Borgo Medioevale

200 m

modisch-smarte Herren in edlen Anzügen schlecken Eis und schlürfen teure Drinks, mittags gibt's auch kleine Happen und Salate. Drinnen elegantes Messing/Marmorstyling, draußen eine Handvoll Tische.

Elena, Piazza Vittorio 5, Nähe Uni, bekanntes Studentencafé mit nostalgischer Einrichtung.

• *Weinstuben* (Enoteche): ein Gläschen trinken oder auch mehr - **Antica Enoteca del Borgo**, Via Monferrato 4; **Il Bottigliere** **(16)**, Via Principe Tommaso 43/f.

• *Eis*: zahllose Gelaterie in der Stadt, besonders gehäuft an der Via Roma.

Fiorio, Via Po 8/c, das beliebteste Eiscafé der Stadt, Innenraum der alten Schule mit rotem Samt, aber viel lieber trifft man sich draußen, wenn die Tageshitze nachgelassen hat. Cavour hat hier einst gerne verkehrt.

Pepino, Piazza Carignano 8, Spezialität ist hier ein herrliches weißes Eis mit dünner Schokoladenschicht, "pinguino" genannt.

Nachtleben & Shopping

• *Nachtleben*: Abends wird die **Via Roma** zum festlich erleuchteten Flanierboulevard à la Las Vegas - Leuchtreklamen en masse, Eisschlecken, Schlendern ...

Anschließend läßt es sich besonders hübsch in den Lokalen im Parco del Valentino direkt am Fluß sitzen - hier kann man Essen und Trinken, aber auch Musikhören und sogar Tanzen: **L'Idrovolante**, in der Nähe Birreria/Ristorante **All'Imbarco Valentino**, **Green River**, das Ristorante **Imbarco Perosino** und die große Pizzeria/Birreria **Chalet Gran Baita del Valentino** (mit Tanz, Mo geschl.).

Jazzkenner gehen in den **Big Club**, Corso Brescia 28.

• *Shopping*: Turin ist eine ideale Einkaufsstadt für **Mode**, zahlreiche preiswerte Boutiquen und ein großes Kaufhaus mit Einzelläden findet man in der Via Lagrange, in der Via Roma liegen die exklusiven Geschäfte.

Kappa, Via Foggia 42 (Seitenstraße des Corso Brescia), nördlich vom Zentrum, Wühlhalle einer großen Sportmodefirma, Stücke mit kleinen Fehlern zu herabgesetzten Preisen (Mo-13-19.30, Di-Fr 10.30-19.30, Sa 9.30-12.30 h).

Bücher bei **Feltrinelli**, Piazza Castello 19 und **La cittá del sole**, Via Po 57.

Stratta, Piazza Castello 191, bereits seit 1836 für sein fantastisches Gebäck geschätzt.

Abello, Via Monte di Pietà 5, uriger Laden mit riesiger Auswahl an Tees, Kräutern und Gewürzen.

Mo-Fr Vormittag und Sa ganztägig Tag großer **Obst-, Gemüse- und Klamottenmarkt** an der Porta Palazzo, Piazza della Repubblica, samstags dort auch populärer Flohmarkt **Balòn**, jeden zweiten Sonntag im Monat **Gran Balòn**, ein besonders großer Floh- und Antiquitätenmarkt.

Sehenswertes

Ein Tag in Turin und die Abgase kommen einem buchstäblich bei den Ohren heraus. Dem ständigen Geräuschpegel der rasenden Automobilisten kann man jedoch in der langen Fußgängerzone Via Garibaldi und am Po entgehen. Wunderbar entspannend sind auch die historischen Cafés unter den Arkaden.

Piazza Castello und Umgebung

Das repräsentative Stadtzentrum, umgeben von Palazzi des 18. und 19. Jh. und dem Königsschloß in der Nordwestecke, dessen Vorplatz mit einem schmiedeeisernen Gitter abgeschlossen ist (Parkplatz). Nur in einer Ecke durchbricht ein einsam ragendes Hochhaus die Konformität - in den dreißiger Jahren erbaut, gilt es als erstes seiner Art in Italien. An der Süd- und Westseite der Piazza lebendige Geschäftspassagen mit einigen erlebenswerten Cafés alter Tradition (→ Cafés).

Mitten auf der großen freien Piazza steht der monumentale *Palazzo Madama* - ein eigenartiger Baukörper mit mächtigen Türmen, in dem Reste eines römischen Stadttors und einer mittelalterlichen Burganlage integriert wurden. Die eindrucksvolle Barockfassade stammt vom berühmtesten Stadtarchitekten Filippo Juvara, der für zahlreiche Turiner Bauten verantwortlich ist. Der Palast ist seit Jahren wegen Restaurierung geschlossen. Falls wieder geöffnet - im Inneren führt ein grandioses Treppenhaus hinauf zum *Museo Civico d'Arte Antica* mit zahlreichen wertvollen Kunstobjekten aus Mittelalter und Renaissance.

Unter den Arkaden an der Nordseite versteckt sich der Eingang zur *Armeria Reale*, eine riesige Waffensammlung von den alten Rittersleuten bis zu modernen Handfeuerwaffen, darunter auch eine asiatische Abteilung (Di/ Do 14.30-19.30, Mi/Fr/Sa 9-14 h, So/Mo geschl., nur mit Führung, ca. 8 DM).

Palazzo Reale: architektonisch wenig origineller Bau aus dem 16. Jh., bis ins 19. Jh. Residenz der savoyischen Herrscher. Die Prunksäle sind beladen mit den typischen Attributen des 17./18. Jh. - Wandfresken, wertvolle chinesische Porzellanvasen, Gold und Glitter (Di-So 9-17 h, nur mit Führung, ca. 8 DM). Kostenlos sind der *Innenhof*, in dem dank seiner wunderbaren Akustik oft Konzerte stattfinden und der gepflegte *Park* hinter dem Schloß mit seinen barocken Rosenhecken, hohen Kastanien und Eichen (tägl. 9-18 h).

San Lorenzo: Nur wenige Schritte vom Königspalast ist die Kirche nahtlos in die anschließenden Hausfronten eingepaßt (bzw. eigentlich dahinter verschwunden, die vorgebaute Fassade gehört zu einem anderen Haus). Das unscheinbare Äußere täuscht aber gewaltig - der annähernd runde Innenraum ist eine opulente Marmor-, Stuck- und Goldorgie, gekrönt von einer grandiosen Kuppel mit diffizil-eleganten Verstrebungen.

Dom: durch einen Durchgang neben dem Palazzo Reale zu erreichen, äußerlich weitgehend uninteressanter Kuppelbau und auch im Inneren wenig bemerkenswert - wenn nicht die *Sacra Sindone* wäre, das berühmteste Leinentuch der Welt: In dem sagenumwobenen "Leichentuch vom Turin" soll angeblich der Leichnam Jesu Christi nach seiner Kreuzigung eingehüllt geworden sein!

Im linken Seitenschiff neben dem Chor ist eine exakte *(Negativ-)*Kopie des wertvollen Lakens ausgestellt. Deutlich erkennt man im weißen Stoff die bräunlich verfärbten Körperumrisse eines bärtigen Mannes mit gekreuzten Händen. Negativabdruck deshalb, weil dort, wo exponierte Körperstellen wie Nase und Bart das Tuch berührten, es sich stärker verfärbte als z. B. in den tieferliegenden Augenhöhlen. Das eigentliche Tuch besitzt also einen tatsächlichen Abdruck des Körpers, der wie ein Foto-Negativ wirkt (weiße Augenhöhlen, dunkle Nase), Licht und Schatten sind umgekehrt wiedergegeben. Wenn man das Tuch allerdings fotografiert, erscheint der Gekreuzigte im Negativ logischerweise positiv - und erst dann zeigt sich das Gesicht in seiner vollen Ausdruckskraft. Gegen wenig Geld kann man sich zahlreiche Schautafeln mit Erklärungen beleuchten lassen, in einem Nebenraum gibt's Literatur und Postkarten mit dem Antlitz zu kaufen.

Zweite Sehenswürdigkeit im Dom ist die *Cappella della Sacra Sindone* hinter dem Altar. Über eine Treppe rechts vom Chor steigt man hinauf in den eigentümlichen Kuppelraum aus schwarzem Marmor, von dem man einen guten Blick auf den Hochaltar hat, in dem das Originaltuch aufbewahrt wird. Dieses wurde 1978 das letzte Mal öffentlich ausgestellt.

Peinliche Überraschung

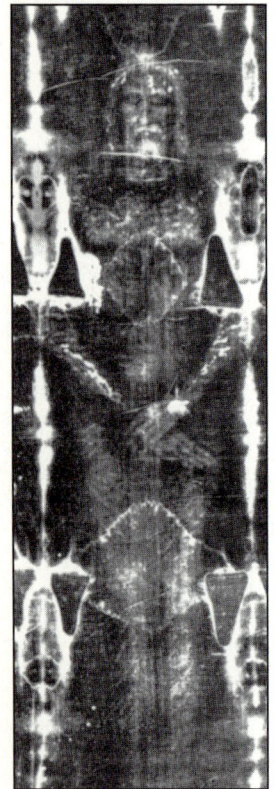

Makaber, aber weltberühmt – das "Leichentuch von Turin"

Peinlich endete im April 1988 die Untersuchung des Tuchs mittels der Radiokarbon-Methode: durch mehrere Experten wurde unabhängig festgestellt ("Mit hundertprozentiger Sicherheit"), daß es aus der Zeit zwischen 1260 und 1390 stammt ... nach Christus! Auch wenn damit bewiesen ist, daß nicht Jesus der Gekreuzigte ist, sind noch immer viele Rätsel zu lösen. So unterscheidet sich das Tuch grundsätzlich von allen anderen Reliquien bzw. Objekten mittelalterlicher Kunst und auch wie der Abdruck ins Tuch kam, ist gänzlich ungeklärt. Neuerdings wurde die These aufgestellt, daß das Tuch gar nicht den tatsächlichen Abdruck eines toten Menschen darstellt. Vielmehr sei eine menschliche Skulptur mit dem Tuch bedeckt und dieses anschließend erhitzt worden, wodurch sich die Abdrücke ins Tuch prägten (so wie ein überhitztes Bügeleisen Abdrücke hinterläßt). Versengte Fasern im Tuch lassen diese Auslegung glaubhaft erscheinen. Es könnte sich also um einen gezielten Reliquienbetrug gehandelt haben - im Mittelalter war mit so etwas viel Geld zu verdienen.

Römische Ausgrabungen: etwas unscheinbar mitten im Stadtzentrum - gleich links neben dem Dom die Ruinen eines *Theaters*, auf der nahen Piazza Cesare Augusto die Reste einer *gepflasterten Straße* und die mächtige vierbogige *Porta Palatina*, die mit ihren zwei sechzehneckigen Wehrtürmen (Torre Palatine) früher ein Teil der Stadtmauer war.

Basilica della Consolata: Im rechten Seitenflügel der Kirche ist eine einzigartige Sammlung von mehreren tausend *Votivbildern* aus dem 19. und 20. Jh. untergebracht. Vom Boden bis zur Decke sind die Wände dicht mit den Dankbildern bedeckt - eine eindrucksvolle Bildergeschichte der Nöte und Sorgen in Turin.

Via Garibaldi: die etwa 1,5 km lange Fußgängerzone zieht sich von der Piazza Castello Richtung Westen bis zur Piazza Statuto - in der Autostadt Turin eine echte Erholung und beliebte Flanierzone mit zahlreichen Straßenlokalen.

Von der Piazza Castello zum Po

Die arkadengesäumte *Via Po* führt zur langgestreckten Piazza Vittorio Veneto am Po. Neben der Via Roma abends eine der zentralen Flanierstraßen, zahlreiche Cafés und Gelaterie reihen sich aneinander, viel junges Publikum, die Universität liegt ebenfalls hier. Die Eleganz der Via Roma fehlt allerdings.

Mole Antonelliana: Das pagodenähnliche Wahrzeichen der Stadt, der "Eiffelturm Turins", steht in der Via Montebello, einer Querstraße der Via Po. Das 167,50 m hohe "Ding" war ursprünglich eine Synagoge, dann baute sie der exzentrische Architekt Antonelli immer höher, setzte eine Art griechischen Tempel obenauf, der wiederum von einem gläsernen Turm und einem Leuchtwerk an der Spitze gekrönt wurde. Das Innere wird für wechselnde Ausstellungen genutzt. Große Attraktion ist die Fahrt im gläsernen Aufzug, der innerhalb des völlig hohlen Baukörpers bis zur Terrasse in 90 m Höhe hinaufschwebt - geeignet nur für Schwindelfreie. Oben herrlicher Panoramablick auf Turin und die Alpen (Mi-So 9-19 h, Mo/Di geschl., ca. 4 DM).

Gran Madre di Dio: etwas erhöht jenseits des Po, große klassizistische Kirche aus der ersten Hälfte des 19. Jh., in Form eines Tempels dem römischen Pantheon nachempfunden. In der Krypta ein Beinhaus der Gefallenen des Ersten Weltkriegs. Esoteriker und Mystiker bringen die Kirche mit dem "heiligen Gral" in Verbindung, auf dessen unbekannten Aufenthaltsort es hier Hinweise geben soll.

Via Roma und Umgebung

Die Prachtstraße Turins führt von der Piazza Castello schnurgerade zum Bahnhof. Abends wird sie zur gleißenden Neonzeile mit eleganten Schaufensterauslagen und üppigen Eisdielen.

Unterwegs überquert man die prächtige *Piazza San Carlo* - eine völlig symmetrische Barockanlage mit Reiterstandbild und den beiden Kirchen Santo Christina und San Carlo - beide vom bereits erwähnten Filippo Juvara entworfen. In den zwei langen Säulengängen liegen einige der schönsten Cafés Turins.

Palazzo dell'Accademia delle Scienze: Der mächtige Palast, ein ehemaliges Jesuitenkolleg, steht nur zwei Ecken von der Piazza San Carlo und beherbergt zwei bedeutende Museen, die leider auch das entsprechende Eintrittsgeld verlangen.

Das *Museo Egizio* (Ägyptisches Museum) im 2. Stock ist nach dem Museum von Kairo die größte altägyptische Sammlung der Welt. Ausgestellt sind u.a. zahlreiche Königsstatuen, Sarkophage und Mumien, außerdem Kopien vom berühmten "Buch des Todes". Höhepunkt ist die reichhaltige Grabkammer des Architekten Kha und seiner Frau aus dem 14. Jh. v. Chr. - eine der wenigen, die von Grabräubern verschont blieben (Di-So 9-14 h, Mo geschl., ca. 12 DM).

Die *Galleria Sabauda* im 1. Stock besitzt neben den Italienern (u.a. Tintoretto, Tiepolo, Fra Angelico) auffallend viele Niederländer, z.B. Breughel, Memling, van Dyck und van Eyck (Di-So 9-14 h, Mo geschl., ca. 8 DM).

Palazzo Carignano: großartiger, innerlich etwas muffiger Barockpalast an der Piazza Alberto, beachtlich besonders die interessant geschwungene Rückfront an der Via Lagrange. Der Palast ist ein nationales Monument: er war Sitz des Parlaments des Königreichs Sardinien und am 14. März 1861 wurde hier feierlich das vereinigte Königreich Italien ausgerufen! Der italienische Nationalstaat war damit nach jahrzehntelangen Bemühungen Wirklichkeit geworden. Von 1861-65 war der Palazzo Sitz des italienischen Parlaments, bis Florenz und später Rom zur Hauptstadt gemacht wurden.

Heute sind in den 30 Sälen des *Museo Nazionale del Risorgimento* Erinnerungen an die Zeit des Risorgimento aufbewahrt, auch die Zeit danach bis zum Zweiten Weltkrieg (Faschismus, deutsche Besetzung, Widerstand) ist vertreten. Zwar illustrieren überdurchschnittlich viele blutrünstige Schlachtgemälde den chronologischen Aufbau der Sammlung, trotzdem ein lohnender Rundgang für alle, die sich für die neuere Geschichte Italiens interessieren - zu sehen gibt's z.B. eine Rekonstruktion von Cavours Arbeitszimmer und das Sterbezimmer König Carlo Albertos, außerdem eine Fahnenkollektion der antifaschistischen Widerstandsbewegungen im Zweiten Weltkrieg, die einen ganzen Saal füllen. Höhepunkt ist der Parlamentssaal des Königreichs Sardiniens, der weitgehend authentisch erhalten blieb (Di-Sa 9-18.30 h, So 9-12.30 h, Mo geschl., ca. 8 DM).

Parco del Valentino und Po-Ufer

Zweifellos die schönste Ecke der Millionenstadt - großer, wunderbar grüner und üppiger Park direkt am Po, weit weg von Gestank, Lärm und Abgasen (zu erreichen, indem man von der Stazione Porta Nuova den Corso Vittorio Emanuele hinuntergeht). Man kann Bootstouren unternehmen, Fahrräder und Fahrraddroschken leihen, in den Gartentavernen am kühlen Wasser sitzen, an kleinen Bars Snacks zu sich nehmen, den Paddlern und Skateboardkünstlern zuschauen und abends Livemusik genießen.

Das große *Castello del Valentino* ist nach dem Vorbild französischer Schlösser erbaut (keine Besichtigung), ein moderner *Messepalast* schließt den Park am Südende ab.

Castello del Borgo Medioevale: eine Ritterburg aus dem Bilderbuch mit einer richtigen kleinen, mittelalterlichen Ortschaft - erbaut für die Weltausstellung von 1884 und alles perfekt rekonstruiert nach tatsächlichen Vorbildern im Aostatal! In den deutlich französisch beeinflußten, gotischen

Backsteinhäusern mit Zinnen, Wandfresken und Säulengängen sind Kunsthandwerksläden und Souvenirshops untergebracht, ein sündhaft teures Ristorante im mittelalterlichen Stil sorgt für das kulinarische Vergnügen (→ Essen).

Die Besichtigung des Kastells macht vor allem Kindern Spaß - über eine Zugbrücke und durch einen freskengeschmückten Hof (originalgetreue Nachbildung vom Innenhof des Castello di Fenis im Aostatal) kommt man in die abenteuerlich-karge Schlafkammer der Soldaten (Castello di Verres), in die Küche (Castello di Issogne), in den reich möblierten Speisesaal, in den prächtigen Freiherrensaal, ins Schlafzimmer (Castello di Issogne), ins Gebetszimmer und in die Kapelle. Die Kerker, die oberen Stockwerke und der Turm sind leider derzeit nicht zugänglich (Di-Sa 9.30-18, So 10.30-18 h, Mo geschl., ca. 6 DM, nur mit italienischer Führung, fragen sie nach dem Informationsblatt in deutsch).

Mit den Schiffen der **Navigazione sul Po** kann man nachmittags und abends auf verschiedenen Routen Rundfahrten auf dem von üppigem Grün umrahmten Fluß unternehmen - Abfahrt an verschiedenen Landungsstellen im Park, z.B. am Borgo Medioevale (Fahrten bis zu 10 x tägl., Preis zwischen 4 und 10 DM pro Pers.).

Museo dell'Automobile: etwa 2 km südlich vom Parco Valentino am Corso Unità d'Italia (Poufer), Bus 34 ab Bahnhof. Das einzige Automobilmuseum im Land, große Dokumentation von den Anfängen Ende des 19. Jh. bis ins Zeitalter der Massenproduktion. Schwerpunkt natürlich Fiat, berühmtester Wagen der "Itala", der 1907 die Raylle Peking-Paris gewann (Di-So 9.30-12.30, 15-19 h, Mo geschl., ca. 10 DM).

Turin/Umgebung

▶ **Basilica di Superga:** Weithin sichtbar thront das Meisterwerk Juvaras auf einem bewaldeten Hügel am rechten Poufer, 10 km östlich und 670 m über der Stadt. Erbaut wurde die prachtvolle, barock-klassizistische Kuppelkirche anläßlich eines Gelübdes des Savoyen-Königs Vittorio Amadeo während der französischen Belagerung von 1706. In einer *Gruft* ruhen die savoyisch-italienischen Herrscher, ebenso wie die komplette Fußballmannschaft von Juventus Turin, deren Flugzeug im Mai 1949 am Superga-Hügel zerschellte.

Unbedingt lohnend ist der Ausflug bei klarem Wetter - gigantischer Blick über die Riesenstadt auf die dahinter aufsteigenden Alpen!

Anfahrt: erst mit Tram 15 ab Via XX Settembre bis Station Sassi, dann mit einer hübschen Zahnradbahn in 20 Min. hinauf (1 x stündl., einfach ca. 2 DM).

▶ **Jagdschloß von Stupinigi:** 10 km südlich vom Zentrum, ein weiteres Meisterwerk von Juvara. Aus einem ursprünglich nur als Jagdpavillon geplanten Bau entstand nach und nach eine große prunkvolle Residenz mit halbkreisförmigen Flügeln. In seiner wunderbar harmonischen Konzeption gilt

Stupinigi als eine der schönsten Schloßanlagen Italiens. Die Innenräume sind im Stil des ausgehenden 18. Jh. eingerichtet, ein *Museo d'Arte e di Ammobiliamento* kann besichtigt werden. Auch ein herrlicher Park gehört zum Schloß (Di-So 9.30-12.30, 14-18, Mo geschl., ca. 8 DM).

▶ **Susa**: 50 km westlich von Turin, alte römische Grenzstadt im Valle di Susa am Fuß des Mont Cenis (Frankreich). Erhalten sind aus der Antike die *Porta Romana* (neben der Kathedrale), Reste der Stadtmauern und -tore, die *Terme Graziane*, ein Amphithater und ein Triumphbogen für Kaiser Augustus - alles mit gelben Hinweistafeln ausgeschildert. Auch die mittelalterlichen Stadtstrukturen sind noch gut erhalten, die Kathedrale San Giusto gehört zu den schönsten im Piemont.

Das *Valle di Susa* ist ein populäres Skisportgebiet, Informationen dazu im APT von *Oulx* (Piazza Garambois 5, Tel. 0122/831596).

Übernachten: *** **Napoleon**, Via Mazzini 44, DZ ca. 90-120 DM, Tel. 0122/622855.
* **Sole**, preiswertes Albergo an der Piazza IV Novembre, Tel. 0122/622192.

Südlich von Turin

Die Landschaften von Monferrato und Langhe bilden zusammen eins der größten Weinbaugebiete Italiens. Asti ist von Turin auf der A 21 schnell zu erreichen.

Asti   (ca. 77.000 Einwohner)

Die sympathische Hauptstadt des Monferrato - Heimat guter Weine, des prickelnd-süßen Asti Spumante und des Asti Cinzano. Das Stadtbild bietet viel fürs Auge, man kann gut essen und die Atmosphäre einer touristisch nur wenig frequentierten Stadt genießen.

Von der zentralen Piazza Alfieri - benannt nach dem größten einheimischen Dichter, den die Freiheitsbewegung des 19. Jh. zu ihrem Idol machte - kommt man auf den langen Corso Alfieri, der die ganze Altstadt durchzieht. Seitlich davon öffnen sich die Gäßchen und Plätze der malerisch-verwinkelten Altstadt, dort findet man auch einige interessante Kirchen und den mächtigen Dom. Auch eine Handvoll der alten Geschlechtertürme aus Backstein sind erhalten.

Höhepunkt im sonst gemächlichen Stadtleben ist der *Palio d'Asti* am dritten Sonntag im September, ein großer Umzug mit historischen Kostümen und anschließendem Pferderennen quer durch die Stadt von der Kathedrale zum riesigen Campo del Palio.

Anfahrt/Verbindungen/Information

• *Anfahrt/Verbindungen*: **PKW**, große gebührenpflichtige Parkplätze im Zentrum sind Piazza Alfieri und Campo del Palio. **Bahn**, mindestens 1 x stündl. Verbindung mit Turin, außerdem mehrmals von und nach Mailand. Bahnhof südlich vom Zentrum, geradeaus über den Campo del Palio zur zentralen Piazza Alfieri.

• *Information*: im Palazzo della Provincia an der Südseite der zentralen Piazza Alfieri, Nr. 34. Stadtplan, reichlich Prospektmaterial, darunter Infos zum Palio und zur Besichtigung von Weinkellereien. Mo-Fr 9-12.30, 15-18, Sa 9-12.30 h, So geschl., Tel. 0141/530357.

Übernachten

**** Reale, Piazza Alfieri 6, historisches Haus mit Geschichte, seit 1793 als Hotel geführt, ganz zentrale Lage. Am 13. März 1867 hat Garibaldi vom Balkon gesprochen. Edle Eingangshalle mit antiker Ausstattung, in den Zimmern schönes Mobiliar, teils Parkett, teils Teppichboden, jeweils TV und Minibar. DZ ca. 80 DM, Tel. 0141/ 50240.

*** Hasta, auf einem Hügel 4 km außerhalb, zu erreichen von der SS 10 nach Turin. Flacher Bau im Landhausstil, umgeben von einem großen Park, freundliche Zimmer, Gartenrestaurant, Parkplatz und Garage. DZ ca. 120-160 DM, Tel. 0141/213312.

** Cavour, Piazza Marconi 3, direkt am Bahnhof, modern, DZ mit Bad ca. 80 DM, Tel. 0141/530222.

Camping Umberto Cagni im nordöstlichen Stadtgebiet, Località Valmanera 152.

Essen/Cafés/Bars/Shopping

● *Essen*: **Gener Neuv**, Via Lungo Tanaro 4, außerhalb vom Zentrum, michelinbesterntes Essen am Fluß Borbore, schönes und elegantes Lokal mit phantasievoller Regionalküche, u.a. gute Fischgerichte. So Abend und Mo geschl. Reservierung unter Tel. 0141/557270.

Il Cenacolo, Viale Pilone 95, am Ostende des Corso Alfieri, gemütliches Traditionslokal mit Atmosphäre, gute piemontesische Küche - selbstgemachte Nudeln und im Herbst viel Trüffel. Mo und Di Abend geschl.

L'Angolo del Beato, Via Guttuari 12. Leckere Küche in einem hübschen Altstadthaus. So geschl.

Il Falcon Veccio, Via San Secondo 8, Traditionslokal ganz zentral in einem schmalen Gäßchen hinter der gleichnamigen Kirche. So Abend und Mo geschl.

Barolo & Co, Via Cesare Battisti 14, freundliche Osteria in einer ruhigen Seitengasse. Gute lokale Weine, Menü ca. 30-35 DM. So Abend und Mo geschl.

● *Cafés/Bars*: Im Viertel um die Kirche San Secondo findet man einige nette Adressen, z.B. die **Robin Hood Bar** u. die **Old River Bar**. **Caffé Garibaldi**, Via Giuseppe Garibaldi, gemütliches Straßencafé um die Ecke von der Kirche San Secondo.

● *Shopping*: Unter den Lauben der Piazza Alfieri und am Corso Alfieri läuft einem das Wasser im Mund zusammen: besonders die lokalen Weine, der Spumante und das leckere Gebäck *polentina delle mandorle* verführen zum Kauf.

Samstags großer Wochenmarkt auf der **Piazza Alfieri**, Mo und Mi Gemüsemarkt auf dem großen **Campo del Palio**.

Sehenswertes: Das Herzstück der Altstadt bilden der weite *Campo del Palio* - im September Schauplatz des Palio, ansonsten Parkplatz und Vormittagsmarkt - und die benachbarte malerische *Piazza Alfieri* mit ihren langen Laubengängen. Nördlich davon zieht sich der mit Granitquadern gepflasterte *Corso Alfieri* durch die ganze Stadt, in der verkehrsarmen Zeit ein schöner Anblick mit vielen prächtigen Häusern und Palazzi.

Südlich vom Corso steht in einer hübschen Ecke der Altstadt die romanisch-gotische Kirche *San Secondo* (13./14. Jh.). Sie ist dem Schutzheiligen von Asti geweiht ist, der hier den Märtyrertod gestorben sein soll. In einer der Kapellen werden die Banner des Palio aufbewahrt, interessant außerdem die alte Krypta mit einem Wald von Säulen.

Am Corso findet man die städtische *Pinakothek* im Palazzo Mazzetti, ein *Alfieri-Museum* in der Nr. 357. Weiter westlich erhebt sich der mittelalterliche Rundturm *Torre Rossa* auf römischen Fundamenten. Kurz vorher rechts kann man durch schmale Pflastergasse zur gewaltigen Kathedrale abbiegen - die gotische Backsteinkirche steht an einem ruhigen Platz und gilt als eine der schönsten in Piemont. Äußerlich beeindruckt vor allem die abgesetzte weiße Musterung und die herrliche Fassade mit drei Rosetten, das Innere ist mit opulenten Rokoko-Fresken ausgeschmückt.

Am Ostende des Corso Alfieri steht schließlich noch die Kirche *San Pietro* mit einem schönen *Baptisterium* und einer kleinen archäologischen Sammlung.

▶ **Asti/Umgebung:** In den Weinbergen der Umgebung gibt es zahlreiche Kellereien, die Degustationen anbieten (aktuelle Informationen im Tourist-Büro von Asti), z. B. in und um *Costigliole d'Asti* auf halbem Weg nach Alba. Ein Kastell kann dort besichtigt werden und das Restaurant da Guido besitzt zwei Michelin-Sterne (Reservierung obligatorisch, Tel. 0141/966012).

Auf der SS 231 zwischen Asti und Alba kommt man an den Stammwerken von *Cinzano* vorbei.

Alba
(ca. 32.000 Einwohner)

Im schönen grünen Hügelland der Langhe eine kleine mittelalterliche Stadt, die für zwei Dinge berühmt ist: ihre roten Weine und die weißen Trüffel "tartufi".

Aber auch für Nicht-Gourmets lohnt ein Besuch - der Kern Albas mit engen Pflastergassen und einigen Geschlechtertürmen, dominiert vom großen Backsteindom, ist sympathisch und von der Moderne nicht zerstört. Angereichert wird das Ambiente noch durch die kulinarischen Kostbarkeiten, die überall angeboten werden: alljährlich zur Erntezeit im Herbst bricht in Alba das Trüffelfieber aus - an allen Ecken stehen die kartoffelförmigen Edelpilze für sündhaft teures Geld zum Verkauf (100 g für 200-300 DM!). Jeder Sammler behandelt seine Fundstellen wie ein mittleres Staatsgeheimnis - am liebsten lassen die Experten ihre Hunde nachts nach den Knollen schnüffeln. Und zur selben Zeit sind auch die Trauben in den Weinbergen um die Stadt reif - Genießer haben die Wahl zwischen dem vollen und kräftigen Barolo, dem fruchtig-herben Barbera, dem samtigen Barbaresco, dem frischen Dolcetto und dem trockenen und taninreichen Nebbiolo. "Cantinas" und "Enoteche" mit Besichtigung, Kostproben und Verkauf findet man in den zahlreichen Weindörfern der Umgebung.

Besonders reizvoll ist ein Besuch Albas am Samstag - dann findet in der Altstadt der große *Wochenmarkt* statt, der in seinen Ursprüngen bis 1171 zurückgeht.

*I*nformation

Neues Büro im modernen Palazzo dei Congressi am westlichen Ortseingang, Piazza Medford. Große Auswahl an Material über ganz Piemont, viele deutschsprachige Prospekte über Weinanbau und Degustation. Mo-Fr 9-12.30, 14.30-18.30, Sa 9-12.30 h, Tel. 0173/35833.

*Ü*bernachten/*E*ssen

• *Übernachten*: Unterkünfte sind dünn gesät, aber lediglich im Oktober kann es Engpässe geben, sonst kein Problem. Das Informationsbüro hilft weiter.

*** **Savona**, Via Roma 1, sehr gepflegtes und gut geführtes Haus direkt an der Piaz-za Savona. Schön möblierte Zimmer mit TV und Jacuzzi-Bädern, Parkplatz im Innenhof und empfohlenes Restaurant (Di geschl.). DZ ca. 120 DM, Tel. 0173/440440.

** **Piemonte**, Piazza Rossetti, hübsche und sehr ordentlich geführte Pension, ganz zentral hinter dem Dom. In den Zimmern TV, Parkmöglichkeit vorhanden, Ristorante. DZ mit Bad ca. 70-85 DM, Tel. 0173/441354.

• *Essen*: Mit Trüffelgerichten etwas vorsichtig sein - sonst ist die Reisekasse futsch!

Osteria dell'Arco, Piazza Savona, etwas versteckt im Hinterhof der Nr 5/a. Gepflegte Trattoria mit sehr ansprechender Atmosphäre, fühlt sich der Slow Food-Bewegung verpflichtet, interessante Speisekarte

mit saisonal wechselnden Gerichten, sehr gut die selbst gemachten Tajarin-Nudeln, gar nicht teuer. So geschl.

Enoclub (Ristorante/Osteria), Piazza Savona 4, tagsüber beliebte Bar (Caffé Umberto), abends trinkt man einen Schluck oder auch zwei und kommt auch gern zum stimmungsvollen Essen in die Räume hinter der Bar. Mo geschl.

Calissano, schönes historisches Café mit Stuckdecken neben dem Dom, Di geschl.

Feste/Shopping

• *Feste*: Abgerundet wird das alljährliche Trüffel- und Weinspektakel im Oktober durch den **Palio degli Asini** (Eselslauf), eine Parodie auf den Palio von Asti, und das mittelalterliche Spiel **Giostra delle Cento Torri** (Spiel der hundert Türme), gefolgt vom unvermeidlichen **Trüffelfest** in Grinzane Cavour und Barolo (→ unten).

• *Shopping*: Samstags ist am Domplatz

und entlang des gesamten Corso Vittorio Emanuele großer **Markt**.

Cremeria Berta, Corso Vittorio Emanuele 10, *tartufi dolci* (Marzipangebäck in Trüffelform), *albesine al rhum* und andere süße Leckereien kann man hier erstehen, gut geeignet als Mitbringsel.

Tartufi Morra, Piazza Pertinace 3, eine der renommiertesten Adressen für Trüffel.

Sehenswertes: Der romanisch-gotische Dom *San Lorenzo* besitzt im Inneren quergestreifte Säulen und eine blaue Sternchendecke, besonders beachtenswert ist das Chorgestühl aus dem 16. Jh. Am selben Platz steht das *Rathaus*, in dessen Sitzungssaal zwei Renaissancegemälde besichtigt werden können: "Die gekrönte Jungfrau" und das "Kleine Konzert". Die frühgotische Backsteinkirche *San Domenico* steht etwas am Rande, seitlich der Fußgängerzone Corso Vittorio Emanuele, und enthält einige alte Fresken.

▶ **Alba/Umgebung:** In den Hügeln um Alba dreht sich alles um Wein. Im Castello von *Grinzane Cavour* ist die älteste Önothek des Piemont untergebracht, angeschlossen ist ein hervorragendes Restaurant. Außer der genußvollen Weinprobe kann man in der Burg die ehemaligen Gemächer des Ministerpräsidenten Camillo Benso di Cavour besichtigen, der im 19. Jh. maßgeblich die Einigung Italiens vorantrieb ("Bismarck Italiens") - hier war er einst Bürgermeister (Mi-Mo 9-12, 14.30-18.30 h, Di geschl., ca. 5 DM).

Noch ein Stück weiter südlich liegt *Barolo*, wo im Palazzo Falletti eine weitere angesehene Önothek auf den Besuch von Weinliebhabern wartet, dazu kann man die Utensilien zur Herstellung der guten Tropfen bewundern (Fr-Mi 10-12.30, 15-18.30 h, Do geschl., ca. 3 DM).

Schließlich lohnt das Weingut *Fontanafredda* bei Serralunga d'Alba einen Besuch - nach Anmeldung besichtigen kann man den Park, die Kellereien und (leider nur von außen) das Jagdschlößchen, in dem sich König Vittorio Emanuele II. mit seiner bürgerlichen Geliebten Bela Rosin traf (Tel. 0173/613161). Die Burg von Serralunga steht ebenfalls zur Besichtigung offen (Di-So 9-12, 14-18 h, frei).

• *Übernachten*: *** **Barolo**, in Barolo, Via Lomondo 2, DZ ca. 100 DM, Parkplatz, Tel. 0173/56354.

*** **Al Castello**, im benachbarten Novello, neugotisches Schloß mit antiken Stilmöbeln, Parkplatz. DZ ca. 100 DM, Tel. 0173/731250.

Von Turin zur Riviera

Gängigste Route ist die A 6 nach Savona, interessante Alternative aber die SS 20 über Cuneo nach Ventimiglia, dabei wird ein Stück Frankreich durchquert.

Auf der SS 20 geht es anfangs durch die flache Poebene, südlich von Cuneo dann in vielen Kurven hinauf in die Seealpen, französische Grenze am *Colle di Tenda* mit langem Straßentunnel (1279 m), danach folgt die Straße dem gewundenen Flußlauf des Roya. Malerische Strecke zwischen hohen Hängen, an denen immer wieder kleine Dörfer kleben.

Tende staffelt sich mit vielen kleinen Gäßchen und Treppen großartig den steilen Hang hinauf, überragt von einer Burgruine. Weiterer hübscher Ort ist *Breil-sur-Roya*, dort Camping de la Roya direkt am Fluß.

Die parallel zur Straße laufende Bahnlinie gilt als eine der schönsten Strecken der Alpen! Verbindungen etwa 5 x tägl., ca. 4-5 Std. Fahrtzeit, z.T. mit Umsteigen in Fossano oder Cuneo. Streckenführung: Turin-Fossano-Cuneo-Limone-Tende-Breil-Ventimiglia (ab Breil geht eine Zweiglinie nach Nizza an der Cote d'Azur).

Grande Traversata delle Alpi (GTA) – interessantes Projekt des "sanften Tourismus"

Italien, wie es kaum jemand kennt und Herausforderung für Wanderer, die gerne abseits der wohlbekannten Routen wandern: Ein Fernwanderweg verläuft von Domodossola im Norden bis zur französischen Grenze im okzitanischen Sprachraum und durchquert so den gesamten Welstalpenbogen. Man läuft auf alten Saumpfaden und Karrenwegen, übernachtet wird auf einfachen Matratzenlagern in halb verlassenen Bergdörfern. Route und Übernachtungsquartiere werden von der Associazione GTA in Turin gewartet. Der Südwestteil der Route in den Seealpen wird häufiger begangen und ist derzeit besser gepflegt als der Nordosten.

Literaturtip: Werner Bätzing: **GTA. Teil 2: Der Süden**. Verlag der Weitwanderer, Oederstr. 23, D-26121 Oldenburg.

Geführte Wanderungen: **TCEN (Tra Cultura e Natura)**, c/o F. Wiecha, Henselstr. 6, D-35390 Gießen.

Von Turin nach Aosta

Die A 5 schwingt sich im weiten Bogen das Haupttal der Region Valle d'Aosta hinauf, wirklich schöner Abstecher aus der flachen Poebene in die Alpen.

Die Straße verläuft parallel zum Fluß *Dora Baltea*. Über fast jedem Dorf thront eine Burg, die bekanntesten sind die von Fenis, Verres und Isogne - Besichtigung kann ganz amüsant sein.

▶ **Lago di Viverone**: etwas abseits der Hauptroute, nahe der A 26 nach Milano. Überraschend hübscher See, ländlich ruhig inmitten sanfter grüner

Hügel, dahinter die Bergkette der Alpen. Von ausländischen Touristen gänzlich unentdeckt, obwohl diverse einschlägige Einrichtungen vorhanden sind. Für ein, zwei Tage Badeaufenthalt und Entspannen nicht schlecht, Wasser wirkt relativ sauber. Geboten sind am Südende des Sees (Abfahrt wenige Kilometer nördlich von Cavaglia) Minigolf, Tennis, Tretboote und Strandbad.

Übernachten: zwei Campingplätze (**La Rocca** am Südwestufer, **Plein Solei** am Nordende) und einige kleinere Hotels.

▶ **Ivrea:** größere Stadt unmittelbar an der A 5, Standort des Schreibmaschinenherstellers Olivetti (an der Zufahrtsstraße von der Autobahn zur Stadt). Im Zentrum hübsch die lange Fußgängerzone mit einem großen freien Platz und mehreren Straßencafés. Am höchsten Punkt der Stadt die *Kathedrale* und gleich dahinter das renovierungsbedürftige *Castello delle Quattro Torri.* Für Touristen ist hier nichts aufbereitet, vor allem am Festungshügel sieht man viel heruntergekommene Bausubstanz. Lohnend ist ein Besuch im Karneval zur berühmten *Apfelsinenschlacht* (→ Reisepraktisches/Feste).

▶ **Pavone Canavese:** der kleine Nachbarort von Ivrea wird von einem Bilderbuchkastell überragt, von der Autobahn aus eindrucksvoll zu sehen. Besichtigung leider nicht möglich, aber im Inneren gibt es ein Restaurant mit Tischen im Schloßhof.

▶ **Castello di Bard:** riesige Festung am Eingang des Tals, schwere Bastionen und Kasematten sorgten für den Schutz des Tals, bis Napoleon die Burg 1800 zerstörte. Dreißig Jahre später wurde sie wieder aufgebaut.

▶ **Castello di Verres:** über dem gleichnamigen Ort auf einem wuchtigen Felsen. Die befestigte Burg der führenden Familie der Challant verteidigte das Tal an diesem strategisch wichtigen Punkt, wo das lange *Val d'Ayas* abzweigt (→ Die Seitentäler). Eine reine Militäranlage mit Quartieren für Söldner, weitgehend authentisch erhalten (Do-Di 9.30-12, 14-17.30 h, Mi geschl., ca. 4 DM).

▶ **Castello d'Issogne:** von Verres aus auf der anderen Flußseite, mitten im gleichnamigen Dorf. Hier ist vor allem das Innenleben lohnend - malerischer Hof mit fünfhundert Jahre alten Fresken und einem wunderschönen schmiedeeisernen Brunnen in Form eines Granatapfelbaums, in den Gemächern wertvolles Mobiliar aus der Spätgotik. Eine Ausstellung von mittelalterlichen Gewändern kostet noch einmal extra Gebühr (Di-So 9.30-12, 14-17.30 h, Mo geschl., ca. 4 DM).

▶ **Castello di Fenis:** kurz vor Aosta (Ausfahrt Nus). Äußerlich perfekt erhaltenes Kastell in wunderschöner Lage mit weitem Blick das Tal hinunter. Der doppelte Mauerring mit stolzen Türmen wurde ebenfalls von den Challant erbaut und diente trotz seines wehrhaften Aussehens vornehmlich Wohnzwecken. Heute wird er oft als Kulisse für Ritterfilme verwendet. Führungen finden etwa halbstündlich statt - am eindrucksvollsten der Innenhof mit prächtigen Fresken, einer geschwungen Treppe und rundum laufenden Galerien (perfekt nachgebaut im Borgo Medioevale von Turin, siehe dort). Derzeit kann nur das Erdgeschoß besichtigt werden, dessen

Räume praktisch leer stehen, eine Tonbandstimme gibt auf italienisch Erläuterungen, unterlegt mit klassischer Musik (Mi-Mo 9.30-12, 14-17.30 h, Di
geschl., ca. 4 DM).

Übernachten: **Camping Les Chataigniers** liegt in der Nähe der Burg.

Aosta
(ca. 38.000 Einwohner)

**Hauptstadt der Region, freundliches Alpenstädtchen zwischen Gip-
feln, die auch im Sommer schneebedeckt sind - die frische klare
Bergluft und die angenehmen Temperaturen bieten einen erholsamen Kontrast zur stickigen Poebene. Hochsaison ist natürlich im
Winter, aber auch in der warmen Jahreszeit ist Aosta ein guter Ausgangspunkt für Ausflüge in die Seitentäler.**

Es gibt einiges zu sehen - Aosta war schon in römischer Zeit ein wichtiger
Militärstützpunkt. Relikte findet man überall: der streng quadratische
Grundriß des alten Lagers, Überreste der Tore, ein großes Theater und
Teile der antiken Stadtmauern sind bis heute erhalten - Aosta wird auch
das "Rom der Alpen" genannt. Außerdem stehen noch diverse Bauten aus
dem Mittelalter. Eine schöne lange Fußgängerzone durchquert das ganze
Zentrum, überall bieten Touristenläden die typischen Produkte der Region
an - Liköre mit eingelegten Früchten, Grappa, Marmelade und Steinpilze.

Anfahrt/Verbindungen/Information

• *Anfahrt/Verbindungen*: **PKW**, die Autobahn A 5 von Turin endet in Aosta, sehr
schöne Fahrt das Tal hinauf. Von Frankreich kommend über Courmayeur auf der
SS 26, von der Schweiz auf der SS 27.
Bahn, Bahnhof an der Piazza Manzetti südlich vom Zentrum, parallel zur Stadtmauer.

Ins Zentrum sind es ca. 600 m geradeaus.
Busse fahren vor dem Bahnhof ab.
• *Information*: am Hauptplatz, Piazza E.
Chanoux 8. Nette Leute und jede Menge
Info-Material. Es wird deutsch gesprochen.
Mo-Sa 9-13, 15-18, So 9-13 h, Tel. 0165/
236627.

Übernachten

*** **Bus**, Via Malherbes 18, moderner Hoch-
bau mit Parkplatz in zentraler Lage, DZ je
nach Saison ca. 90-130 DM, von den oberen
Stockwerken herrlicher Blick in die umgebende Berglandschaft, Tel. 0165/ 43645.
* **La Belle Epoque**, Via d'Avise 18, freundliches Haus in einer handtuchschmalen Seitengasse der Hauptstraße (Nähe Restaurant

Moderno), DZ ca. 70 DM. Tel. 0165/ 362276.
* **Monte Emilius**, Via Carrel 9, ordentliches
Albergo Nähe Bahnhof, DZ ca. 70 DM, Tel.
0165/35692.
Zwei **Campingplätze** liegen etwas außer-
halb: **Ville d'Aosta**, Viale San Gran Bernar-
do 67, und **Milleluci**, Via Porossan 15. Auf
Beschilderung achten.

Essen

An der langen Fußgängerstraße viele Möglichkeiten, in erster Linie westlich der Piazza Chanoux.

Praetoria, Via San Anselmo 9, wenige Meter von der Porta Pretoria, kleine gemütliche Trattoria mit Holzbalken und Rauhputz.
Im Angebot z.B. Trota (Forelle) und Kaninchen, diverse Nudelsorten, zu empfehlen
z. B. die mit Kartoffelbrei gefüllten *gnocchi
di patate*. Do geschl.

Vecchia Aosta, direkt in der Porta Pretoria.
Elegantes Lokal mit raffinierter und dementsprechend teurer Küche. Di Abend und
Mi geschl.
Da Nando, Via de Tillier 41, alteingesessene Trattoria mit reichhaltigen Spezialitäten
aus Aosta und anderen Regionen, z.B. *sal-*

ciccette in umido. Mo geschl.

Brasserie du Commerce, Via de Tillier 10, vor allem mittags beliebt, viele junge Leute und Angestellte aus der Umgebung kommen für einen schnellen Lunch, geboten sind Steaks, Hamburgers, Omeletts und leckere Salate.

Moderno, Via E. Aubert 21 (Fortsetzung der Via Tillier), gutes Ristorante/Pizzeria in angenehmer Lage, man sitzt unter Markisen direkt an der Straße, Spezialität das Fondue mit gerösteten Brotschnitten.

La Vaporiera, preiswerter Self-Service beim Bahnhof.

Sehenswertes: Am Osteingang der Altstadt steht der verkehrsumbrauste *Augustusbogen* aus dem 1. Jh. v. Chr., das Kruzifix ist die Kopie eines Kreuzes aus dem 15. Jh.

Geradeaus geht es die Via San Anselmo entlang ins Zentrum, nach ca. 200 m rechts kann man zur *Chiesa Sant'Orso* abzweigen - kleine stille Piazza mit einem hohen Turm, Kollegiatskirche und filigran verziertem Priorenpalast. Die Kirche besitzt eine schlichte, aber hübsche Fassade, im Inneren prächtige Kreuzrippengewölbe, Reste alter Fresken und reich verziertes Chorgestühl. Besonders schön der Kreuzgang rechts daneben.

Zurück zur Hauptgasse und weiter bis zur *Porta Pretoria*, einem mächtigen doppelten Torbogen - das Osttor der früheren römischen Garnison. Rechts geht es hier zu den Ruinen des *Römischen Theaters* aus dem 1. Jh. v. Chr. (tägl. 9.30-12, 14.30-18.30 h) und dem dahinter liegenden *Amphitheater*, geradeaus weiter zur großzügigen *Piazza Chanoux*, wo sich das (nicht ganz billige) Freiluftcafé zum verdienten Relaxen anbietet.

Die nahe *Kathedrale* wirkt auf den ersten Blick schlicht, hat aber doch einiges zu bieten. Die Fassade hübsch mit Skulpturengruppe (Abendmahl) und bunten Fresken. Im Mittelgang verglaster Blick auf altes Baptisterium im Untergrund, vor dem Altar großer Mosaikboden und gotisches Chorgestühl, im Wandelgang dahinter die Schatzkammer des Doms. Im linken Seitenschiff Kapelle mit schönen bunten Glasfenstern.

Links neben der Kathedrale ein langer bedeckter Arkadengang des *Forum Romanum*, in seiner Monumentalität recht eindrucksvoll (tägl. 10-12, 14.30-18 h).

Auch die *Stadtmauer* der römischen Stadt ist noch weitgehend erhalten und vor allem im Süden um den Bahnhof gut zu sehen (Via Cretier, Via Matteotti). Sie bildete ein Rechteck von 800 x 625 m.

Von Aosta nach Courmayeur

In den Orten an der Straße immer wieder Schlösser, z.B. die eindrucksvolle Burg von *Sarre*, ein späteres Jagdschloß König Vittorio Emanueles II., ausstaffiert mit reichlich Jagdpomp (im Sommer Mi-Mo 10-11, 14.30-16.30 h, ca. 3 DM) und das gegenüberliegende Kastell von *Aymavilles*.

In *Saint-Pierre* sogar ein wahres Dornröschenschloß mit Zinnen und Erkern, im Inneren naturgeschichtliches Museum (tägl. 9-12, 15-19, im Sommer 9-19 h, ca. 3 DM).

Außerdem kommt man an einigen Wasserfällen vorbei, 5 km nördlich von Avise z.B. Wegweiser zur *Cascade di Lenteney*.

Zum Übernachten bieten sich die zahlreichen Campingplätze an, vor allem um *Sarre* am Fluß.

Courmayeur

(ca. 3000 Einwohner)

Einer der bekantesten Wintersportorte Italiens, herrliche Lage in einem Kessel zwischen hohen Hängen. Nur wenige Kilometer weiter das mächtige Mont Blanc-Massiv, wo man mit der höchsten Seilbahn der Welt nach Chamonix (Frankreich) hinübergleiten kann.

Vom Ortsbild her ist nicht viel geboten - wie in den meisten Skidörfern dieser Art dominiert die typische Alpenarchitektur, zahlreiche Hotels liegen verstreut um den kleinen Kern, eine Fußgängerzone bietet etwas Zerstreuung.

Im Sommer läuft der Betrieb zwar eher auf Sparflamme - viele Betriebe sind geschlossen - trotzdem einiges an Wandertourismus, außerdem lockt die spektakuläre Seilbahn. Hohes Preisniveau.

Anfahrt/Verbindungen/Information

• *Anfahrt/Verbindungen*: **PKW**, großer Parkplatz unterhalb vom Ortskern, Piazzale Monte Bianco.
Bahn, Endstation der Bahnlinie von Turin in **Pré Saint Didier**, ca. 4 km südlich von Courmayeur, von dort regelmäßige Busverbindung.
Busse, starten am Piazzale Monte Bianco, etwa stündlich nach La Palud (Talstation der Seilbahn), 8 x tägl. nach Chamonix, außerdem häufig nach Aosta und Turin.

• *Fahrräder*: Mountainbikes kann man mieten bei **Ulisse** an der Talstation vom Sessellift.

• *Information*: im modernen Betongebäude am großen Piazzale Monte Bianco unterhalb vom Ortskern, wo auch die Busse halten. Reichhaltiges Material, Fahrpläne und Hilfe bei der Unterkunftssuche, Tel. 0165/842060.

Übernachten

Da im Sommer diverse Unterkünfte geschlossen haben, sind die verfügbaren Zimmer meist schon Monate im Voraus ausgebucht.

*** **Centrale**, Via Mario Puchoz 7, zentrumsnah, gepflegt und großzügig, eigener Parkplatz und Garage, jedoch nur in der Nebensaison eine Chance, ohne Pensionspflicht unterzukommen, DZ ca. 120-150 DM, Tel. 0165/846644.
* **Ferrato**, Via Roma 86, an der Fußgängerstraße im Zentrum, einfache Zimmer mit Etagendusche, von den oberen Stockwerken herrlicher Blick, DZ ca. 70 DM, Tel. 0165/842249.
* **Agip**, Strada Regionale 72 (östliche Verlängerung der Via Roma), über der Tankstelle, gesichtslos modern, aber mit ca. 60 DM die billigsten Zimmer in Courmayeur, Tel. 0165/842427.

* **Funivia**, in La Palud (4 km), DZ um die 80 DM mit Bad, 65 DM ohne, eventuell günstig, wenn man die erste Seilbahn erwischen will, Tel. 0165/89924.
Mehrere **Campingplätze** liegen weit außerhalb - um Morgex an der Straße nach Aosta die Plätze **Du Parc** und **Arc-en-Ciel** (beide ganzjährig). Landschaftlich reizvoller die Plätze in den beiden Tälern Val Veny und Val Ferret, die sich von La Palud ausgehend, am Fuß des Mont Blanc entlangziehen - z.B. **Cai-Uget Monte Bianco**, **Aiguille Noire** und **La Sorgente** im Val Veny und **Tronchey** im Val Ferret (alle Mitte Juni bis Mitte September).

Essen

Preisgünstig essen ist nicht einfach - an der zentralen Via Roma (Fußgängerzone) ein, zwei Crêperien (Crêpes zum Mitnehmen) und die Pizzeria **La Piazzetta**. Preislich im Rahmen ist außerdem das Ristoran-

te/Pizzeria **Vieux Pommier**, unten am Piazzale Monte Bianco.
Im **Pierre Alexis 1877** an der Via Marconi 54 (oberer Ortsteil) speist man gut und teuer. Mo geschl.

Courmayeur/Umgebung

Die Seilbahnen um Courmayeur sind zahlreich. Ein Sessellift startet direkt in Courmayeur zum *Plan Chécrouit* (1704 m), von wo man zum *Lac du Chécrouit* (2256 m) weiterfahren kann - dort wiederum geht es hinauf zur *Cresta d'Arp* (2755 m).

▶ **La Palud**: 5 km oberhalb von Courmayeur, die letzte Siedlung vor der ganzjährig schneebedeckten Wand des Mont Blanc - ein großartiger und majestätischer Anblick! Hier öffnet sich der 12 km lange Autotunnel nach Chamonix und hier beginnt die abenteuerliche Seilbahn über den Mont Blanc (Monte Bianco).

Es geht in mehreren Etappen hinauf - von *La Palud* (1306 m) zuerst zum *Pavillon* (2130 m), dann zum *Rifugio Torino* (3375 m) und auf die *Punta Hellbronner* (3462 m, Grenze und Paßkontrolle). Wer nicht nach Frankreich hinüber will, kann hier wieder den Rückweg antreten, Kostenpunkt für Hin- und Rückfahrkarte ca. 40 DM.

Weiter gehts über den *Gros Rognon* (3533 m) zum *Aiguille du Midi* (3842 m, höchster Punkt der Strecke) und den *Plan des Aiguilles* (2317 m) hinunter nach *Chamonix* (1035 m). Speziell die französische Seite des Gletschers bietet absolut phantastische Eindrücke - eins der eindrucksvollsten Erlebnisse dieser Art, das man in den Alpen haben kann! Kostenpunkt der ganzen Tour ca. 70 DM einfach. Zurück nach Italien mit Bus durch den Tunnel (ca. 5 x tägl.).

Leider - bei schlechtem Wetter, was häufig vorkommt, sind Teile der Strecke gesperrt! So bei unserem letzten Check das französische Teilstück von der Punta Hellbronner zum Aiguille du Midi. Infos hängen an der Talstation in La Palud aus.

● *Praktisches*: morgens so **früh** wie möglich aufbrechen, nachmittags hängt oben oft alles voller Wolken. **Warme Sachen** mitnehmen - auch im Hochsommer sinkt das Thermometer oft unter Null Grad.

Spartip - erst oben an der Grenze kann man die französische Strecke bezahlen. Am besten schon in Italien Geld wechseln, sonst muß man die Kabinenbahn auf französischer Seite mit Lire zahlen, was einen ganz schönen Aufpreis bedeutet!

Die Seitentäler

Mit zahlreichen Skiliften und Pisten vor allem für den Skitourismus ausgebaut, aber auch die Wandermöglichkeiten sind ideal. Vor allem der Gran Paradiso Nationalpark bietet herrliche Trails in wenig beeinträchtigter Naturlandschaft. Die Informationsbüros besitzen alle reichlich Material über Wanderwege (auch in deutsch) und Unterkunftsmöglichkeiten.

▶ **Val Gressoney**: östlich des Aosta-Tals, schweizerisch anmutend. Hier leben die Walser, eine deutschsprachige Minderheit, die im Mittelalter aus der Schweiz kamen. Straßenschilder sind dreisprachig (italienisch, französisch und deutsch). Hauptort ist *Gressoney-La Trinité* weit oben im Tal - besonders schön dort der Ausflug per Lift zum Lago Gabiet. Camping Staffal im gleichnamigen Ort 5 km nördlich von Gressoney (ganzjährig).

▶ **Val d'Ayas:** zweigt bei Verres vom Haupttal ab und gilt als eins der schönsten Täler, im Norden überragt vom mächtigen Monte Rosa. *Brusson* ist ein geeigneter Standort, von hier herrliche Straße durch dichte Tannenwälder zurück zur Hauptroute (Saint-Vincent). In *Antagnod* weiter oben im Tal berühmter Barockaltar in der Pfarrkirche. Camping Dean bei Extrepieraz nördlich von Brusson und Camping La Grolla bei Saint-Anselme (beide ganzjährig).

▶ **Valtournenche:** Hier im Schatten des spektakulären Matterhorn (Monte Cervino) herrscht der größte Rummel, dank des Gletschers wird das Tal fast das ganze Jahr über von Skisportlern besucht. Zentrum des Tals ist *Breuil-Cervinia*, ein großer moderner Skiort mit allen Einrichtungen, aber ohne Geschichte. Zahlreiche Seilbahnen und Sessellifte führen hinauf in die herrlichen Gletscher-Skigebiete auf dem *Plateau Rosa*. Für Wanderer bieten im Sommer zahlreiche Berghütten Übernachtungsmöglichkeit. Camping Glair liegt beim Lago di Maen, südlich von Valtournenche (bei Moulin von der SS 406 abzweigen).

Information: **Breuil-Cervinia**, Via Carrel 29 (Hauptstraße), Tel. 0166/949136. Es gibt ausführliche Wanderkarten zur Region.

▶ **Valle del Gran San Bernardo:** jahrtausendealter Transitweg über die Alpen. Sehr schöne, teils einsame Strecke auf moderner Hochstraße durch herrliche Gebirgslandschaften, bei Cerisey Abzweigung auf die kurvige alte Paßstraße mit starken Steigungen (fünf Monate im Jahr gesperrt). Die Landesgrenze erreicht man auf einem Paß in 2473 m Höhe, hier ein klarer See und auf der Schweizer Seite das berühmte *Hospiz San Bernardo*, in dem Mönche früher Bernhardiner züchteten (heute kleines Hundemuseum) und die erschöpften Reisenden beherbergten, auch Hemingway kam hier einst unter. Wer's eilig hat, bleibt auf der gut ausgebauten Hauptstraße und überquert im 5,8 km langen Tunnel *Traforo di San Bernardo* die Grenze. Camping Pineta in Flassin bei Saint-Oyen und Camping Europe bei Gignod (beide ganzjährig).

▶ **Val di Cogne:** In diesem schönen Tal hat man den besten Zugang zum großartigen *Gran Paradiso Nationalpark*, der sich mit einer Fläche von 720 qkm von den Alpengipfeln bis in die nördlichen Ausläufer der Poebene erstreckt. Das ehemalige königliche Jagdrevier wurde 1922 zum Nationalpark umgewandelt, um den zahlreichen Gemsen und Steinböcken Schutz zu bieten - nachdem der schießwütige Vittorio Emanuele II. den Bestand deutlich geschmälert hatte. Inzwischen ist der Bestand wieder auf mehrere tausend Tiere angestiegen. Das anfangs enge Tal mit Tannenwäldern weitet sich zur Ebene um *Cogne* (häufige Busse ab Aosta), dort Bergwerksmuseum und bester Ausgangspunkt für Wanderungen - z.B. nach *Valnontey*, von wo man zum botanischen Garten *Giardino Alpino Paradisia* in 1700 m Höhe wandern kann (Juni bis September 9-12.30, 14.30-18 h, ca. 3 DM). Camping Vallée de Cogne in Fabrique bei Cogne und Camping Les Salasses bei Lillaz am Ende des Tals (beide ganzjährig), außerdem mehrere Plätze um Valnontey (Juni bis September).

Information: **Cogne**, Piazza Chanoux 34, Tel. 0165/74040.

Portovenere – eins der malerischsten Örtchen an der Riviera

Ligurien (Liguria)

Der Küstenstreifen von der französischen Grenze bis zur Toskana ist nach Norden völlig durch den steilen und dicht bewaldeten Apennin abgeschirmt. Hier tut sich tatsächlich eine andere Welt auf - nichts mehr von der glatten Effizienz der norditalienischen Binnenstädte, dafür verwinkelte Altstadtviertel mit düsteren Gassen, Fischerdörfer, die mit ihren Treppen extreme Steilhänge hinaufklettern, leuchtend bunte Hausfassaden im Meeresdunst, kilometerlange Sandstrände und wilde Klippenküsten. Die Riviera - ein Zauberwort seit bald zweihundert Jahren.

Dank der geschützten Lage konnte sich in Ligurien eine üppige mediterrane und subtropische Vegetation entwickeln, die schon im letzten Jahrhundert den Grundstein für den blühenden Tourismus legte. Damals hatte nur der Adel die nötigen Mittel, die Schönheit der Region westlich und östlich von Genua zu genießen - heute ist die Riviera bis auf wenige Ausnahmen ein Massenziel geworden. Namen wie *San Remo*, *Alassio*, *Rapallo* oder *Portofino* sind längst ein Begriff, in Italien wie im Ausland. Gleichzeitig expandierte aber die Industrie in dieser wichtigen Landschaft zwischen Südwesteuropa und Italien, Genua wurde zu einem der größten Handelshäfen Europas. Der Zwiespalt ist überall zu spüren - heftig zersiedelte Küstenlandschaften wechseln mit malerischen Örtchen, die noch bis vor kurzem kaum erreichbar waren. Die *Cinque Terre* beispielsweise ist einer der letzten Zipfel am italienischen Meer, die mit dem PKW nur mühsam angefahren

Schnell-Überblick

Schöne Orte: *Camogli, Sestri Levante, Vernazza/Corniglio/Manarola/Riomaggiore* (*Cinque Terre*), *Portovenere, Portofino, Lerici, Noli, Tellaro.*

Landschaftliche Höhepunkte: *Cinque Terre, Halbinsel von Portofino, Naturpark von Montemarcello* (*Lerici*).

Kulturell interessant: *Genua, Albenga, Chiavari, Luni.*

Baden: lange Sand- und Sand-/Kiesstrände in fast allen Orten der *Riviera*, im Sommer jedoch mit gebührenpflichtigen Badeanstalten fast völlig zugebaut. Klippenbaden in der Cinque Terre.

Kurios: Altstadt von *San Remo* (die "Kasbah" der Riviera), *Portofino* (Jet Set mit Superyachten), *Finale Ligure* ("man spricht deutsh").

Eher abzuraten: Savona und *La Spezia.*

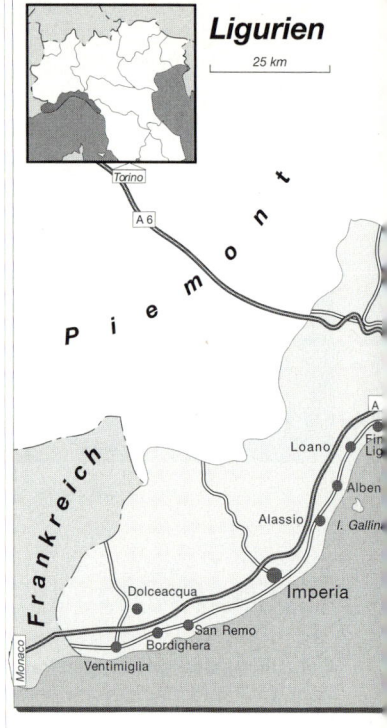

werden können - und wurde dadurch zum inzwischen weit verbreiteten "Tip" für Naturliebhaber und Erholungssuchende, die Rummel scheuen. Hier kommen vor allen Wanderer auf ihre Kosten, denn alle Küstendörfer sind durch markierte Wege miteinander verbunden. Ebenso ist die *Halbinsel von Portofino* in weiten Teilen einsam geblieben - während Portofino selber eine überteuerte Jet-Set-Enklave wurde. Die abschreckenden Gegenbeispiele sind z.B. Savona und der Umkreis von Genua, wo sich Raffinerien und Industrie über viele Kilometer breitgemacht haben.

Schon längst sind nicht mehr alle Orte der Riviera uneingeschränkt zu empfehlen - wer bis zum letzten Fleckchen durchorganisiertes und gebührenpflichtiges Strandleben nicht mag, wird nur bedingt auf seine Kosten kommen. Malerisch, d.h. nicht von Beton, Verkehr und Urlaubermassen erdrückt, sind nur noch wenige Ziele, die hauptsächlich östlich von Genua an der *Riviera di Levante* zu finden sind - *Camogli* ist neben der Cinque Terre einer der reizvollsten Anlaufpunkte. Viele deutsche Urlauber schätzen dagegen *Finale Ligure*, wo es neben dem ausgezeichneten Sandstrand ein reges Nachtleben und ein gastronomisches Angebot gibt, das weitgehend auf

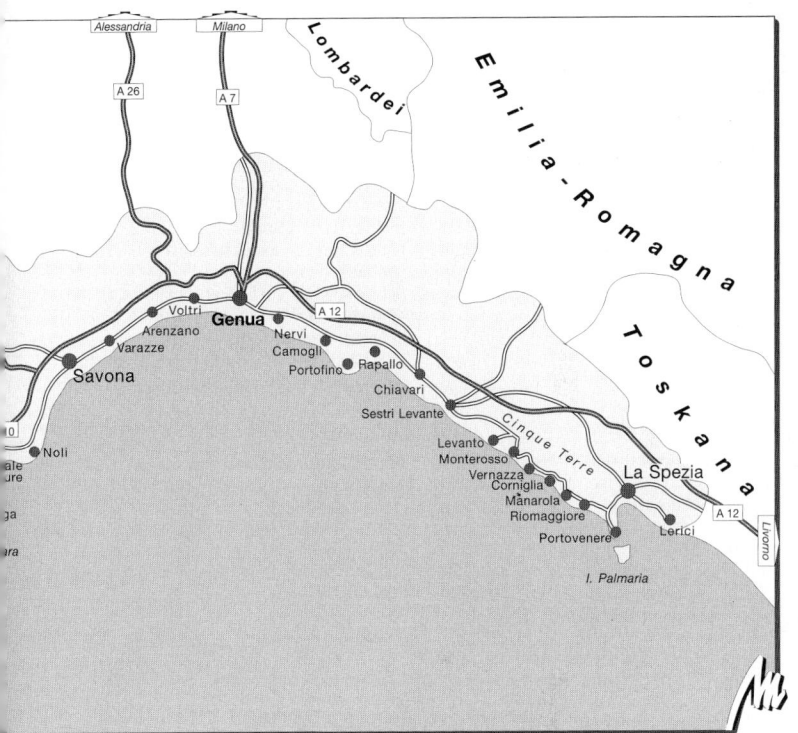

Gäste aus dem germanischen Norden abgestimmt ist. Wo man aber auch hinfährt, die typisch ligurische Atmosphäre - leicht vergammelt, herzlich und mediterran lässig - ist noch überall zu spüren. Die Küche ist ausgezeichnet und vollständig vom Meer geprägt, das touristische Angebot riesig. Wer Ruhe sucht, muß allerdings in der Regel ins dicht begrünte Hinterland ausweichen - dort sieht man selten Urlauber, kann Tropfsteinhöhlen besuchen oder die kleinen, wenig verbauten Bergdörfer.

Anfahrt/Verbindungen

• *PKW*: Richtung Genua und dann links oder rechts! Roter Faden für die meisten Ligurienreisende sind zunächst die Autobahnen durch die Poebene und anschließend die A 7 durch den Apennin nach **Genua**. Dort entscheidet sich dann der weitere Verlauf der Reise - westlich an die *Riviera di Ponente* oder östlich zur *Riviera di Levante*. Die Apenninstrecke ist vielbefahren und hat zahlreiche Tunnels.

Überlegenswerte Alternative, vor allem mit Ziel Riviera di Levante, ist die Anfahrt über Parma, von dort Autobahn A 15 nach **La Spezia** oder - viel reizvoller - die SS 62 über den hohen Kamm des Apennin (Details → S. 463).

Aus Richtung Torino bzw. Westschweiz kommend, nimmt man die A 6 nach **Savona** oder - interessanter - die kurvige SS 20 nach **Ventimiglia**, die über Tenda und

Breil durch Frankreich führt. Details zu dieser Strecke durch die Alpi Maritime unter Turin, S. 386.

Die durchgehende **Küstenautobahn** verläuft mit vielen Tunnels meist hoch über der Küste und hilft beim schnellen Erreichen der Ziele. Die SS 1 (Via Aurelia) schlängelt sich unmittelbar an der Küste entlang, was hautnahes Erleben, jedoch auch viel Streß bei Ortsdurchfahrten und auf verstopften Straßen bedeutet. Die Cinque Terre ist mit dem PKW nur schlecht zu erreichen, am besten funktioniert die Anfahrt von La Spezia nach Riomaggiore (Details → Cinque Terre).

• *Bahn*: **Genua** ist Dreh- und Angelpunkt des Bahnnetzes an der Riviera, direkte Kurswagen gibt's via Basel von verschiedenen deutschen Städten. Im Sommer fährt auch zumindest ein Direktzug ab Stuttgart (über Schaffhausen). Ansonsten ab Basel SBB auf der Gotthardstrecke hervorragende Verbindungen nach **Milano**, von Milano nach Genua etwa stündl. In Genua gibt es zwei große Bahnhöfe - von der Stazione Porta Principe gehen die meisten Züge (→ Genua).

Alternative: alle 1 - 2 Std. geht ein Zug von Parma nach **La Spezia**, Dauer ca. 2 ½ Std. (Parma liegt an der Direttissima von Milano nach Bologna).

Sehr lohnender Tip für Bahnfans ist die Anfahrt von Turin mit der berühmten schmalspurigen **Tenda-Bahn**, die sich mehrmals tägl. über die Seealpen nach Ventimiglia schlängelt (→ Piemont/Turin).

Übernachten

Die Riviera di Ponente und die Riviera di Levante sind gesegnet mit zahllosen **Hotels und Pensionen** - im Sommer herscht jedoch fast überall Pensionspflicht. Genua besitzt zahlreiche billige Pensionen, die jedoch oft heruntergewirtschaftet und vernachlässigt sind. An der Cinque Terre gibt es Hotels in ausreichender Zahl nur in Monterosso.

Auch **Campingplätze** sind dicht gesät, wenn auch nicht überall gleichmäßig. Direkt an der Cinque Terre liegen keine Zeltplätze, sondern nur im Nachbarort Levanto, der von der Cinque Terre in wenigen Minuten mit dem Zug zu erreichen ist. **Jugendherbergen** in Genua, Finale Ligure und Savona.

Essen

Die ligurische Küche hat sich trotz expandierendem Tourismus ihre Eigenart bewahren können. Auf den grünen Hängen gedeihen Oliven, Kräuter, Pilze und Wein - das Olivenöl ist von hervorragender Qualität ("extra vergine"), kann oft direkt vom Bauer gekauft werden und spielt bei allen Gerichten eine wichtige Rolle, ebenso die vielen Kräuter der Küste wie Majoran, Rosmarin, Salbei und vor allem Basilikum.

Die Pasta-Variationen sind vielfältig - angeblich wurden die **ravioli** in Genua erfunden, weitaus häufiger bekommt man aber die eckigen Bandnudeln namens **trenette**. Ihre Krönung ist fast immer die kaltgerührte, knallgrüne Basilikumsoße **pesto** mit Knoblauch, Pinienkernen und Olivenöl, außerdem zwei Sorten Käse - Parmesan und Pecorino aus Sardinien. Alternative dazu sind **troffie**, die mit Kartoffelbrei gefüllten gnocchi. Sehr geschätzt wird der berühmte **minestrone alla Genovese**, eine sehr üppige und dicke Gemüsesuppe, ebenfalls mit pesto garniert. An einen Hackbraten oder eine Roulade erinnert die **cima ri-**

piena alla Genovese - Kalbsbrust, gefüllt mit Kalbsfleisch, Erbsen, Pinienkernen, hartgekochten Eiern und Parmesan, gedünstet mit Knoblauch und Zwiebeln.

Natürlich gibt es alle Arten Fisch und Meeresgetier, die meist gegrillt serviert werden. Wie in Venedig gehört **Stockfisch** zu den Spezialitäten, **burrida** heißt der ligurische Fischeintopf.

Torta pasqualina ist eine aus vielen Schichten bestehende Gemüsetorte. **Focaccia**, ein flacher Hefeteig, mit Kartoffeln, Tomaten und Zwiebeln belegt oder einfach mit Salz und Olivenöl (*all'olio*) bestrichen, dient als Brotersatz. Weitere ligurische Spezialität ist die **farinata**, eine Art Pizza aus Kichererbsen, Weizenmehl, Olivenöl und Wasser. Die oft fast wagenradgroßen Fladen werden im Holzofen knusprig gebraten.

Die Weine sind meist herbe Landweine ohne besondere Reputation. Eine besondere Rarität ist jedoch der **Sciacchetrá**, der süße Dessertwein der Cinque Terre. Er ist sehr teuer - und oft sogar unverkäuflich, dann bleibt er in der Familie.

Genua (Genova) (ca. 750.000 Einwohner)

Riesige Hafen- und Industriestadt, weit ausgebreitet zwischen dicht bewaldeten Berghängen. Pastellfarbene, rote und schmutziggraue Häuserfronten staffeln sich kilometerweit hinauf und tief ins Hinterland. Vor allem in den höheren Lagen ein bizarres System aus Tunnels, Treppen und Brücken.

Im Zentrum offenbart sich die Kolumbusstadt als überwältigendes Museum aus unzähligen historischen Palazzi und Baudenkmälern. Die elegante City um Piazza de Ferrari und Via XXX Settembre beeindruckt durch monumentale Architektur und mondäne Geschäfte, tagsüber pulsiert hier das volle Leben. Im schroffen Gegensatz dazu zeigt sich das alte Hafenviertel heruntergekommen und neapolitanisch anmutend: schmal-verwinkelte Kopfsteinpflastergäßchen zwischen verblühten Prachtfassaden, fliegende Händler, Nobeljuweliere, Schuh- und Jeansboutiquen dicht an dicht, in den dunklen Seitenwegen blühen Prostitution und Drogenhandel, an jeder Ecke ein liebevolles Heiligenbild, es stinkt nach Urin ... Eindrücke, die man schon nach einem kurzen Bummel auf der handtuchschmalen "Hauptstrasse" aufspürt, die parallel zum Hafenbecken verläuft. Viele Einwohner beklagen den heruntergekommenen Zustand des *centro storico*, trotzdem hängen die meisten an diesem Viertel und behalten ihre Wohnungen.

Die traditionellen Sehenswürdigkeiten der Stadt sind nicht sonderlich spektakulär, zudem erstickt Genua im Verkehr. Die meisten Touristen kommen deshalb nur, um die täglichen Fähren nach Sardinien oder Korsika zu nehmen. Wer im August anreist, erlebt Genua nur halb - jeder der kann, flüchtet dann aus der Stadt ans Meer, *ferragosto* ist angesagt.

Eindrucksvoll auch die "Umfahrung" des Molochs auf der Autobahn, ein grandioses System von Fahrbahnen, Hochhäusern und Industriebezirken drängt sich zwischen die üppig bewaldeten Küstenberge.

Anfahrt/Verbindungen

- *PKW*: Mit dem eigenen Fahrzeug nicht zu empfehlen - die Altstadt ist ein Labyrinth, Parkplätze sind beschränkt und teuer, zudem besteht Diebstahlsgefahr. Am besten auf dem Parkplatz am Hafenbecken **Darsena** parken, unterhalb der Hochstraße. Wer zum Hafen will, auf Beschilderung **Navi Traghetti** achten.
- *Bahn*: Es gibt zwei Bahnhöfe in Genua. Der Hauptbahnhof **Stazione Porta Principe** liegt im Westen der Stadt nahe am großen Passagierhafen, die **Stazione Brignole** im Osten. Die Bahnhöfe sind miteinander verbunden, Züge gehen von beiden Stationen in alle Richtungen. In beiden Bahnhöfen Gepäckaufbewahrung und Informationssschalter (→ Information).
- *Schiff*: von der **Stazione Marittima** häufige Fährverbindungen nach Sardinien, Korsika und Sizilien, Abfahrt meist auf der Mole Ponte Cristoforo Colombo. Vom Hauptbahnhof zum Hafen kann man in ca. 20 Min. zu Fuß laufen (wenn man aus dem Bhf. tritt, rechts die gewundene Via Andrea Doria hinunter und immer am Wasser entlang nach rechts). Man kann aber auch einen Bus bzw. Verbindungszug zur Stazione Marittima nehmen.

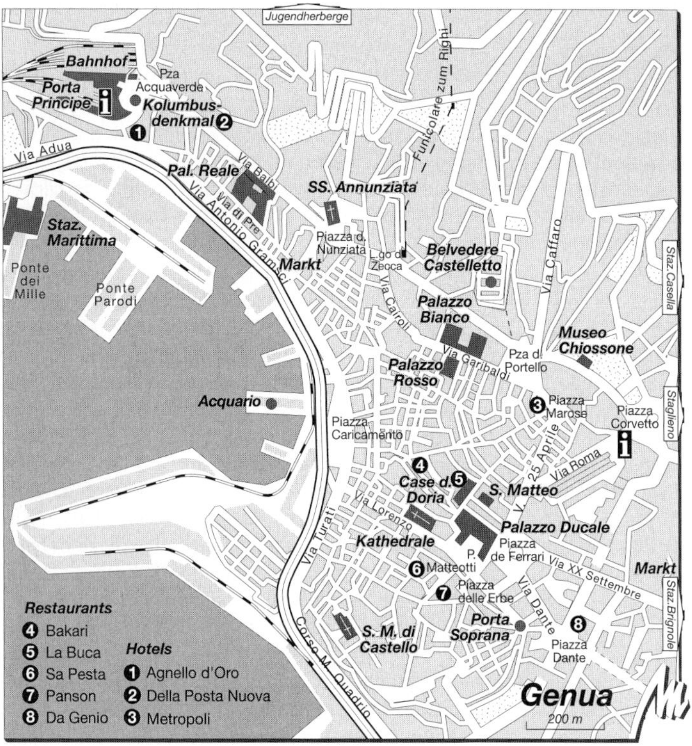

Restaurants
- ④ Bakari
- ⑤ La Buca
- ⑥ Sa Pesta
- ⑦ Panson
- ⑧ Da Genio

Hotels
- ❶ Agnello d'Oro
- ❷ Della Posta Nuova
- ❸ Metropoli

Information

APT, Via Roma 11 (1. Stock), im Zentrum, unmittelbar an der Piazza Corvetto, Bus 37 ab Stazione Porta Principe. Stadtplan, Hotelverzeichnis und umfangreiches Prospektmaterial (auch auf deutsch). Mo-Fr 8-13.30, 14-17, Sa 8-13.30 h, Tel. 010/ 541541. So geschl.
Info-Schalter auch in beiden **Bahnhöfen** (tägl. 8-20 h).

Unterwegs in der Stadt

• *Stadtbusse*: AMT-Busse gehen vom Hbf. und Piazza Ferrari in alle Richtungen. Die Buslinien 33 und 37 verbinden die beiden Bahnhöfe miteinander. Beim FS-Infoschalter gibt es **Linienpläne** und **Tageskarten** (ca. 4 DM, Paß vorzeigen).

• *Standseilbahnen/Aufzüge*: Sechs **funicolari** und **ascensori** gibt es in der Oberstadt von Genua. Fahrt kostet jeweils 0,50 DM.
• *Schiff*: **Hafenrundfahrten** mit Cooperativa Battellieri del Porto di Genova (→ Sehenswertes), veranstaltet werden auch Schiffsausflüge entlang der **Riviera Levante**.

Übernachten

Am besten und sichersten wohnt man in der Umgebung der Stazione Brignole. Wer an der Stazione Principe ankommt, kann auf der *Via Balbi* Quartier nehmen, die vom Bahnhof schnurgerade nach Osten zur Piazza della Nunziata führt. In der Innenstadt findet man zahlreiche Ein-Stern-Pensionen - doch viele sind heruntergekommen und nicht wenige werden als Stundenhotels genutzt.

Wer komfortabel und trotzdem einigermaßen budgetgerecht logieren will - die Hotels der oberen und obersten Preisklasse bieten günstige Wochenendtarife (DZ mit Frühstück ab 150 DM), z.B. das neue "Columbus Sea", Via Milano 63, Tel. 010/535056 (mit Parkplatz) und das altehrwürdige "Bristol", Via XX Settembre 35, Tel. 010/592541.

*** **Agnello d'Oro (1)**, Via delle Monachette 6, Nähe Bahnhof Principe, in einem alten Palazzo der Doria, nostalgischer Charme und gut eingerichtete Zimmer, Parkplatz. DZ ca. 110-140 DM, Frühstück extra, Tel. 010/ 2462084.

*** **Metropoli (3)**, sehr gutes Stadthotel in zentraler Lage an der Piazza Fontane Marose, DZ mit Frühstück ca. 150-200 DM, Tel. 010/284141.

** **Della Posta Nuova (2)**, Via Balbi 24, eine der besten Pensionen dieser Straße (Nähe Bahnhof Principe). DZ mit Bad ca. 90 DM, 70 DM mit Etagendusche, Tel. 010/262005.

Stazione Brignole: In der Via Groppallo gibt es eine ganze Reihe von guten Möglichkeiten - in den Ein-Stern-Pensionen **Valle** (Tel. 010/882257), **Mirella** (Tel. 010/ 893722), **Carola** (Tel. 010/891340) und **Rita** (Tel 010/870207) zahlt man etwa 60-70 DM fürs DZ.

● *Jugendherbergen*: **Ostello Genova (IYHF)**, Via Constanzi 120, westliche Oberstadt, großer Neubau mit kleinen Schlafräumen (max 6 Pers.), 210 Betten, sehr gute Ausstattung, Self-Service-Restaurant/Bar, TV-Raum. Schließzeit 23.30 h. Mit Frühstück ca. 20 DM. Zu erreichen mit Bus 33 oder 35 ab Stazione Principe, dann umsteigen in 40 (oder Funicolare ab Largo della Zecca). Ab Stazione Brignole geht Bus 40 direkt bis zum Hostel. Tel. 010/2422457.

Casa della Giovane, Piazza Santa Sabina 4, nur für Mädchen, ein Platz im Mehrbettzimmer kostet ca. 20 DM incl. Frühstück Tel. 010/206632.

● *Camping*: Mehrere Plätze liegen im Umkreis der Stadt.

Villa Doria, westlich von Genua im Vorort Pegli (Nähe Autobahnausfahrt), brauchbar und freundlich geführt, Bus 1, 2 und 3 von und nach Genua, ganzjährig geöffnet, Tel. 010/6969600.

La Vesima, ein Stück weiter westlich bei Voltri, ab Genua Bus 1, 2 oder 3 bis Pegli, umsteigen in 95.

Genova Est in Bogliasco, östlich von Genua, weit oberhalb vom Ort, Februar - November.

Essen

In der ganzen Altstadt findet man zahlreiche preiswerte und gemütliche Trattorie und Osterie.

Sa Pesta (6), Via dei Giustiniani 16r, Nähe Piazza Matteotti, alteingesessene Trattoria, beliebt wegen seiner herzhaften lokalen Küche, stadtbekanntes Pesto, mittags verzehren hier viele Arbeiter und Angestellte eine *farinata* oder ein Stück *torta pasqualina*. Preislich im Rahmen. Sa Abend und So geschl.

Bakari (4), Vicolo della Fieno 16r, Nähe Piazza San Matteo. Grottenähnliches Lokal im Art-Deco-Stil, Auswahl mehrerer Menüs zu günstigen Preisen. Sa/So und Mi und Fr abends geschl.

La Buca (5), direkt an der Piazza San Matteo, toskanische Spezialitäten, sehr beliebt, oft voll. Reservierung unter: Tel. 010/ 294810.

Panson (7), schickes Restaurant mit Gärtchen auf der lebhaften Piazza delle Erbe, etwas teurer. So geschl.

Da Genio (8), Salita San Leonardo 61r, Nähe Piazza Danta (Seitengasse der Via Fieschi), hervorragende Fischgerichte ligurischer Tradition, Menü um die 40 DM. So und im August geschl.

Enoteca con Cucina Sola, Corso Barabino 120r, Nähe Piazza della Vittoria, kleines preisgünstiges Feinschmeckerrestaurant, hervorragende Weinauswahl, netter Familienbetrieb.

Bruxaboschi, Loc. San Desiderio, Via Francesco Mignone 8, seit über 100 Jahren existiert dieses populäres Ausflugslokal weit entfernt vom Stadtlärm - jeder kulinarisch interessierte Genuese findet irgendwann einmal den Weg herauf. Ausgezeichnete Küche mit Schwergewicht auf Pilzen. So Abend und Mo geschl. Reservierung notwendig, Tel. 010/3450302.

● *Self-Services*: **Kilt 2**, Vicolo Doria, Piazza San Matteo; **Ciao-Spizzico**, Via XII Ottobre 24/26 (Nähe Via XX Settembre).

Sehenswertes

Das unvergleichliche, neapolitanisch anmutende Straßenleben mit seinen zahllosen Läden und Lädchen macht das besondere Flair der labyrinthisch verwinkelten Altstadt aus - einen Sonntag sollte man sich deshalb zur Besichtigung nicht aussuchen. Allerdings gilt das "centro storico", besonders das Hafenviertel, abends als unsicher, gehen Sie dann besser nicht alleine los.

Ausgangspunkt eines Rundgangs kann z.B. der Hauptbahnhof sein. Am Vorplatz das gewaltige Denkmal von *Christoph Kolumbus*, des berühmtesten Sohns der Stadt - seine überseeischen Unternehmungen läuteten paradoxerweise das Ende der mächtigen Seerepublik Genua ein. Das 500-jährige Jubiläum der "Entdeckung Amerikas" (für die indianischen Kulturen der Anfang vom Ende) wurde 1992 groß gefeiert.

> **Hafenrundfahrt** alle 30 Min. ab Calata Zingari neben Stazione Marittima. Oder ab Stazione Principe kombiniertes Zug-/Fährticket "Treno/Batello" (ca. 10 DM).

Altstadt

Am Ostende des Bahnhofsvorplatzes beginnt die kerzengerade Via Balbi (→ unten). Steigt man wenige Meter rechts davon die paar Stufen der Salita San Giovanni hinunter, trifft man auf den *Carrugio Lungo*, das Rückgrat des volkstümlichen Genua - tagsüber quirlig und belebt, abends wie ausgestorben und anrüchig. Die lange Fußgängergasse zieht sich mit verschiedenen Namen quer durch die Altstadt: *Via di Prè*, *Via del Campo*, *Via di Fossatello* und *Via Santa Luca*. Zwischen den hohen grauen Häuserfassaden drängt sich ein Laden neben dem anderen, anfangs zahlreiche Straßenstände und fast Flohmarktatmosphäre, dann Boutiquen, Schuhgeschäfte, Schmuckläden in endloser Reihe. Ein typisches altes Hafenviertel, gewiß nicht "sehenswert" im herkömmlichen Sinn, dafür voller Leben, Autos passen hier nirgendwo durch. Auch die zahlreichen Seitengassen reizen zum Erforschen - rechter Hand kommt man auf die mehrspurige Hafenstraße *Via Antonio Gramsci*, unter deren langen Laubengängen zahllose Verkaufsstände, Bars und Garküchen ihre kulinarischen Schätze präsentieren. Im *Palazzo Spinola*, Piazza di Pellicceria (gelbes Schild), ist die Galleria Nazionale mit frühen italienischen und flämischen Meisterwerken untergebracht, die prächtigen Säle besitzen noch ihre ursprünglichen Wandmalereien (Di-Sa 10-19, So 9-13, Mo geschl., ca. 6 DM, unter 18 frei). Erst die breite Autostraße Via San Lorenzo unterbricht nach 1½ km das mittelalterliche Gassenlabyrinth. Hier findet man den Dom.

Tiefe Häuserschluchten in Genua

Dom San Lorenzo: Die romanische Säulenbasilika wurde nach einem schweren Brand zu Beginn des 13. Jh. im gotischen Stil vollkommen neu konzipiert und bis zum 16. Jh. mehrfach umgebaut. Das typisch schwarz-weiße Streifenmuster ist inzwischen trübe geworden durch den Großstadtverkehr, im tief gestaffelten Hauptportal eine kunstvolle Christusskulptur. Eindrucksvoll das düstere Innere mit romanischen Säulenreihen, in der ersten Kapelle rechts ein Kreuzigungsrelief, daneben eine britische Granate des letzten Weltkriegs, die das Dach durchschlug, aber - wie durch ein Wunder - nicht explodierte. Auf der anderen Seite die reich geschmückte *Cappella di San Giovanni Battista*, in der einst die angebliche Asche Johannes' des Täufers ihren Platz hatte. Hier auch das *Dommuseum* - ausgestellt sind u.a. eine Glasschale, die gemäß der Tradition beim heiligen Abendmahl verwendet wurde und eine weitere, auf der Salome das Haupt des Täufers serviert worden sein soll.

Piazza San Matteo: versteckt im Gassengewirr der Altstadt, bildhübscher Platz mit kleiner romanischer Kirche und den typischen, schwarz-weiß gestreiften Marmorpalazzi der Doria, die in Genua lange Zeit das Sagen hatten. In der Krypta liegt Andrea Doria begraben, neben der Kirche gotischer Kreuzgang.

Via Garibaldi/Via Cairoli/Via Balbi: Die ehemaligen Prachtstraßen Genuas verlaufen oberhalb der Altstadt. Die erstere ist Fußgängerzone und eine ununterbrochene Folge von Palästen aus dem 16.-18. Jh., darunter linker Hand der *Palazzo Bianco* und rechts der *Palazzo Rosso*, beide mit interessanten Gemäldegalerien - Schwerpunkt genuesische und venezianische Künstler, darunter Tizian und Tintoretto, aber auch flämische Maler, u.a. Rubens und vam Dyck (beide Di-Sa 9-13, 15-18, So 9-12 h, ca. 5 DM).

An der *Piazza della Zecca* Talstation der Standseilbahn auf den Aussichtspunkt *Righi* 300 m über der Stadt - herrlicher Blick auf die Stadt und den Golf. Ein Stück weiter in Richtung Hauptbahnhof die Piazza della Nunziata mit der klassizistischen Kirche *SS. Annunziata*. Das überladene Innere beeindruckt durch die Vielfalt der barocken Malereien und Skulpturen.

Unmittelbar oberhalb der Altstadt führt die *Via Balbi* mit engen Gehsteigen, horrendem Verkehr und auspuffgeschwärzten Fassaden des 17./18. Jh. zur Stazione Principe. Auch hier sind einige Gemäldegalerien untergebracht, z.B. im großen *Palazzo Reale* auf der linken Straßenseite, einem ehemaligen Königspalast mit kunstvoll gepflastertem Hofgarten - schöner Blick auf den Hafen (tägl. 9-13 h, ca. 6 DM). Schräg gegenüber die *Universität*, sehenswerter Innenhof und Festsaal.

Aquarium: auf dem Ponte Spinola am alten Hafen, unterhalb der Altstadtpiazza Banchi. Größtes Seewasseraquarium Europas, in dem futuristischen Neubau tummeln sich Tropenfische, Haie, Pinguine, Delphine u.v.m. Vor allem mit Kindern unbedingt einen Besuch wert (Di, Mi, Fr 9.30-17.30, Sa/So 9.30-19.30 h, Do geschl., ca. 10 DM, Kinder bis 5 frei).

Geschäftszentrum

Piazza de Ferrari und Umgebung: das Zentrum des modernen Genua, eine gigantische Platzanlage mit dem riesenhaften, rotschimmernden Bör-

senpalast, dem Palazzo Ducale, der Kunstakademie und dem Opernhaus.
Hier beginnt die arkadengesäumte *Via XX Settembre*, monumentaler Flanierboulevard und Hauptverkehrsstraße der Stadt mit zahlreichen Kaufhäusern, Geschäften, Kinos, Cafés etc. Eine weitere moderne Geschäftsstraße ist die *Via Roma*, parallel dazu die glasüberdachte *Galleria Mazzini*
mit vielen Bücherständen und Nobelboutiquen.

An der nahen Piazza Dante steht das angebliche *Geburtshaus von Kolumbus* - im 17. Jh. wurde es durch französisches Bombardement völlig zerstört und später teilweise wieder aufgebaut, ein Museum ist eingerichtet,
aber nur sporadisch geöffnet.

An der nahen Piazza Corvetto die *Villetta di Negro*, ein schöner großer Ter-
rassenpark mit künstlich angelegten Wasserfällen und Grotten. Hier außerdem das *Museo d'Arte Orientale Edoardo Chiossone*, eine bedeutende Sammlung orientalischer Kunst (Di-Sa 9-17, So 9-12.30 h, ca. 6 DM, unter 18 frei).

Genua/Umgebung

▶ **Cimitero Staglieno**: Der berühmte Genueser Friedhof liegt am Hang des
Bisagno-Tals, 3 km nordöstlich der Stadt. 1830 wurde die riesige Toten-
stadt gegründet, in der, säuberlich nach Vierteln getrennt, Aristokraten,
Kaufmannsfamilien und Bürgerliche liegen. Die Armen sind in hohen
Schließfachfronten, den "Kolumarien", untergebracht. Mit seinen monumentalen, teils phantastischen Grabmälern, Miniaturkirchen und -tempeln
spiegelt der Staglieno die verschiedenen Zeit- und Kunstströmungen seit
seiner Entstehung wider. Viele Prominente liegen hier begraben, z.B. *Giuseppe Mazzini*, einer der Wegbereiter des Risorgimento - aber auch die
Brezelfrau *Caterina Campodonico*, eine Genueser Legende, die 1881 starb
und zeitlebens für ihr Standbild sparte: Wie im Leben steht sie nun auf ihrem Grab und bietet Nüsse und Backwerk feil.

Anfahrt: ca. 45 Min. Fahrt mit Bus 34 ab Stazione Principe oder Piazza Corvetto.

▶ **Nervi**: östlicher Vorort, der durch die wuchernde Großstadt nicht zerstört
wurde, eventuell als Standquartier für Genuabesichtigung geeignet.
Prachtvolle Villenparks und der hübsche Hafen sorgen für viel Ambiente.
Am Hafen beginnt die über 2 km lange Steiluferpromenade mit zwei interessanten Museen: moderne Kunstgalerie in der *Villa Serra* und Gemälde
des 19. Jh. in der *Villa Grimaldi*.

● *Information*: Piazza Pittaluga 4/r.
● *Übernachten*: Viele schmucke Villenho-
tels stehen an der Palmenallee gegenüber
vom Bahnhof.
** **Villa Bonera**, Via Sarfatti 8, im Ortskern
neben der alten Römerbrücke. Gepflegter
historischer Palazzo mit kleinem Garten
und gutem Ristorante. DZ ca. 90 DM, Tel.
010/3726164.
● *Essen*: **Da Pino**, klassisches Fischrestaurant am Hafen. Do geschl.

▶ **Pegli**: Die westliche Vorstadt war einst ein bevorzugter Wohnort des Genueser Adels, heute ist sie völlig dem heftigen Durchgangsverkehr über-
lassen. Interessant ist allerdings das *archäologische Museum* mit der größten Sammlung zur ligurischen Frühgeschichte, umgeben vom prächtigen
Parco Durazzo Pallavicini (Di-Sa 9-17, So 9-12.30 h, ca. 9 DM). Anfahrt am
besten mit Nahverkehrszug ab Genua, mit Auto nicht zu empfehlen.

▶ **Casella**: (nicht nur) für Bahnfans absolut erlebenswert - die kurvige Tour per altersschwacher Schmalspurbahn ins Bergdorf Casella im grünen Hinterland, 25 km von Genua. Abfahrt am "FGC-Stazione del Trenino di Casella", oberhalb der Piazza Manin, etwa 8 x täglich.

Riviera di Ponente

Der Küstenstreifen von Genua bis zur französischen Grenze. Die üppig begrünten Berge drängen bis ans Meer, in den Ebenen und Nischen haben sich hektische Hafenstädte und wuchernde Ferienorte breitgemacht - letztere fast immer mit langen Sandstränden der feinsten Sorte. Subtropische Vegetation, buschige Palmen, blühende Blumen, Zitronen- und Orangenbäume bringen Flair an die Küste, leider oft getrübt durch Benzingestank und Autoschlangen.

Nicht mehr überall findet man diese kleinen beschaulichen Badeorte

Wie die benachbarte Côte d'Azur war die italienische Riviera dank ihres milden Klimas schon im letzten Jahrhundert bevorzugtes Reiseziel der High Society. Vor allem russische und englische Adelige fanden hier einen Fluchtpunkt vor den kalten Wintern in der Heimat - und seit den zwanziger Jahren auch vor der russischen Revolution. Die meisten Orte sind seit langem zu 100 % auf Fremdenverkehr eingestellt, trotzdem gibt's neben prunkvollen Haus- und Hotelfassaden aus dem letzten Jahrhundert noch überall die typisch ligurischen Altstadtviertel mit engen überwölbten Gassen und viel authentischer Atmosphäre.

Im Sommer ist alles ausgebucht, die überfüllten Strände sind meist bis auf den letzten Fleck mit gebührenpflichtigen Badeanstalten belegt, gleich dahinter verläuft oft die Durchgangsstraße oder die Bahnlinie. Der Verkehr auf der Küstenstraße kann erheblich auf die Nerven gehen - im Stop & Go-Rhythmus quält man sich durch die verstopften Städte, die sich dabei von ihrer unattraktivsten Seite zeigen. Die heftige wirtschaftliche Entwicklung zusammen mit dem boomenden Fremdenverkehr haben die Küste schwer geschädigt - jeder freie Fleck in den wenigen Ebenen ist hoffnungslos zugebaut, die Riviera platzt aus den Nähten. So paradox das auch klingt - von der Autobahn im Hinterland oberhalb der Städte kann man noch das meiste von der herrlichen Natur dieser Berg- und Küstenlandschaft verspüren. Hier drängt sich immer wieder der Gedanke auf: Wie schön muß die Riviera einmal gewesen sein!

• *Anfahrt/Verbindungen*: *PKW*, die SS 1 folgt dem Verlauf der antiken Via Aurelia. Reizvolle Küstenfahrt, unterbrochen durch weniger reizvolle Stadtdurchfahrten. Wer's eilig hat, zu einem bestimmten Ziel zu kommen, sollte unbedingt die Autobahn A 10 wählen - dort allerdings zahlreiche Tunnels.
Bahn, Küstenlinie von der französischen Grenze bis Genua. Schöne Fahrt durch üppig grüne Hügel fast durchgehend dicht am Meer entlang, häufige Tunnels.

▶ **Arenzano**: Der erste Ort westlich von Genua, wo man sich wieder ins Wasser wagen könnte - doch das Tankerunglück von 1991 steckt noch vielen in den Knochen. Damals sank eineinhalb Kilometer vor der Küste der zypriotische Tanker "Haven" - in 60 m Tiefe stieß er auf Grund, 15.000 Tonnen Öl floßen ins Meer. Wo es geblieben ist, weiß keiner so recht, die Strände von Arenzano wurden zwar erheblich verschmutzt, doch das Gros soll zur Côte d'Azur hinübergetrieben worden sein. Angeblich 110.000 Tonnen Öl sollen sich noch immer im Bauch des Schiffes befinden.

Insgesamt ein recht durchschnittlich wirkender Badeort, eingebettet in die Küstenhügel, an der Durchgangsstraße mit Pinien und Palmen gruppieren sich Hotels und Ristoranti. Der Strand davor ist in mehrere Abschnitte unterteilt, wo sich die unvermeidlichen *stabilimenti* aneinanderreihen, nur wenige Bereiche sind frei zugänglich. Die Altstadt zieht sich landeinwärts der Straße den Hang hinauf, hübsch, aber nichts Spezielles. Einen Besuch wert ist jedoch der *Stadtpark* mit der schönen Villa Pallavicini (heute Rathaus) und angeblich 7000 verschiedenen Sträuchern und Gehölzen - ein Großteil davon als Ableger per Schiff aus Amerika herangeschafft.

• *Übernachten*: ****** Grand Hotel Arenzano**, 1995 vollkommen renoviert und modernisiert, Golf, Tennis, Reiten. Halbpension pro Pers. ca. 100-150 DM. Ganzjährig geöffnet, Tel. 010/91091.
Camping La Vesima zwischen Voltri und Arenzano, eingeklemmt zwischen Via Au-
relia und den Bahngleisen.
• *Essen*: **Parodi**, Via C. Romeo 28, im Ort oben, exzellente Meeresküche, auch Rosticceria mit Speisen zum Mitnehmen.
Caffè Roma, an der Durchgangsstraße, ausgezeichnetes Eis.

Von Arenzano bis Savona

▶ **Cogoleto**: ähnlich strukturiert wie Arenzano. Angeblich soll hier Christoph Kolumbus geboren worden sein (ein Geburtshaus gibt es jedoch auch in Genua), seine Büste steht an der zentralen Piazza und sein Konterfei prangt am Rathaus. Am Ortseingang ein geradezu monströses Industriewerk Marke Uralt, dort Hinweis zum Camping Europa Unità.

▶ **Varazze:** große Badestadt, die weit in die Umgebung wuchert. Die Uferstraße säumen alte Paläste, davor langer schmaler Sandstrand und großer Jachthafen. Der historische Ortskern hat Atmosphäre, im Mittelalter waren in Varazze große Segelschiffwerften beheimatet. Zahlreiche Hotels und strandnaher Camping Il Portogliolo am östlichen Ortsrand. Küstenwanderweg ins 3 km entfernte *Invrea*, streckenweise auf der stillgelegten Eisenbahntrasse.

▶ **Celle Ligure:** hübscher Badeort mit farbenfrohen Fassaden, kleinem historischen Kern und schönem langen Strand. Camping Columbus liegt 1 km westlich direkt an der Via Aurelia.

▶ **Albisola:** weitläufige Gemeinde mit drei Ortsteilen, früher bekannt für ihre Keramikproduktion. Die *Passeggiata degli Artisti* (Künstlerpromenade) ist mit bunten Keramikfliesen verziert, *Keramikmuseum* in der prachtvollen Villa Faraggiana am nördlichen Stadtrand von Albisola Marina (Mi-Mo 15-19 h, Di geschl.).

Savona

(ca. 75.000 Einwohner)

Im Weltkrieg wurde die Stadt völlig zerstört. Heute präsentiert sich eine weitgehend häßliche Industrie- und Hafenzone, in der es Überwindung kostet, auch nur kurz Halt zu machen. Lange schurgerade Straßenzüge umgeben das kleine Altstadtviertel am Hafen, dort auch die massive Festung *Priamar*, die gerade vollständig restauriert wird und mehrere Museen beherbergt (Di-Fr 16-19, Sa/So 10-12.30, 16-19 h).

Am westlichen Ortsausgang hinter einer markanten Kurve, die um ein Kap führt, sehr schöner Badestrand direkt an der SS 1, wo im Sommer halb Savona zu finden ist.

• *Übernachten*: *** **Riviera Suisse**, Via Paleocapa 24, altehrwürdiges Innenstadthotel, DZ mit Frühstück ca. 110-170 DM, Tel. 019/850853.
* **Cacciatori**, Via XX Settembre 7, das billigste Stadthotel, DZ ca. 50 DM, Tel. 019/8387387.

Es gibt zwei **Jugendherbergen**, eine davon in der **Festung Priamar**, Bus 2 oder 7 ab Bhf., Tel. 019/812653.
Am westlichen Stadtausgang liegen mehrere triste **Campingplätze**.

▶ **Spotorno:** lebhafter Ferienort mit großer moderner Neustadt, deren Hochhäuser die kleine Altstadt fast erdrücken. Am kilometerlangen Strand herrscht durchorganisierter Badebetrieb. Drei Campingplätze liegen am südwestlichen Stadtrand, allerdings im Kanalisationsgebiet zweier Flüsse, nicht besonders schön.

Noli

(ca. 3500 Einwohner)

Ruhiges kleines Städtchen am Fuß hoher grüner Berge, in der sanft geschwungenen Bucht davor langer Sandstrand, der noch nicht völig mit Badeanstalten zugebaut ist. Das historische Zentrum hinter der Durchgangsstraße bestens erhalten, die engen Gassen öffnen sich zu hübschen kleinen Plätzen, überall stützen sich die Häuser mit gemauerten Bögen gegenseitig ab. Angenehme Atmosphäre, die touristisch noch nicht zerstört wurde.

Im Zentrum findet man zahlreiche Reste von Stadtmauern, alten Toren und mächtigen Backsteintürmen aus der Zeit, als Noli selbständige Seerepublik war. Parallel zur Durchgangsstraße erstreckt sich ein breiter finsterer Laubengang, hier beginnen die kleinen Gäßchen der Altstadt. Von der langgezogenen *Piazza Morando* hat man einen schönen Blick auf die zerborstene Ruine des *Castello Ursino* hoch über Noli, von dem sich eine Festungsmauer mit Wehrgang und Rundtürmen bis in den Ort hinunterzieht. Die seitlich abzweigende Via Sartorio führt zu einem kleinen Platz mit der romanischen *Kathedrale San Pietro*, die im 17. Jh. grundlegend erneuert wurde.

Im westlichen Ortsbereich die frühromanische Kirche *San Paragorio* mit Fragmenten alter Fresken, einen schönem Bischofsthron, einem berühmten Holzkruzifix und einer Krypta (Di-So 10-12, 15.30-17 h, Mo geschl.).

- *Information*: Corso Italia 8, westliches Ende der Durchgangsstraße, Tel. 019/748931.
- *Übernachten*: Einige der historischen Palazzi wurden zu Hotels umgebaut:

*** **Miramare**, Corso Italia 2, großer renovierter Palazzo an der Durchgangsstraße, z.T. Meeresblick, gepflegt, elegantes Ristorante, DZ ca. 90-120 DM, in der Regel Pensionspflicht (HP ca. 80-100 DM pro Pers.), Tel. 019/748926.

** **Pontevecchio**, Via C. Battisti 6, im westlichen Ortsbereich, wenige Meter hinter der Durchgangsstraße gelegen, benannt nach einer historischen Brücke in der Nähe, auffälliges altes Gemäuer mit Sonnenterrasse und gutem Ristorante, Familienbetrieb, DZ ca. 80-100 DM (HP ca. 90 DM pro Pers.).

Tel. 019/748040.
Ansonsten einige kleine Pensionen in der Altstadt:

* **Il Glicine**, ruhige Lage an der intimen Piazza Garibaldi, die Fassade völlig überrankt mit blühendem Strauchwerk, DZ ca. 60-70 DM. Tel. 019/748168.

* **Romeo**, Via C. Colombo 81, kleines Albergo mit empfehlenswertem Ristorante, ca. 60-70 DM. Tel. 019/748973.

Nächster **Campingplatz** im nahen Varigotti.

- *Essen*: **Torre**, traditionsreiches und beliebtes Altstadtlokal an der Piazza Cattedrale.

Pubby, an der schmalen und belebten Piazza Garibaldi, frische und jugendliche Atmosphäre in alten Gemäuern.

▶ **Varigotti:** von der Durchgangsstraße unscheinbar, doch im Kern ein malerisches Fischerdorf. Winziger Camping Valentino (Juni bis September) am Strand.

Finale Ligure

(ca. 14.000 Einwohner)

"Hier ist es gut sein, hier läßt's sich leben" - seit den sechziger Jahren ist Finale Ligure der Anlaufpunkt deutscher Urlauber an der Riviera. In den Gassen wimmelt es von "Bei Uschi" und "Bei Gisela", deutsches Bier und deutschen Kaffee gibt's an allen Ecken - gut gemischt mit ligurischem Flair.

Hunderttausende können nicht irren - so ganz unrecht haben die teutonischen Massen wirklich nicht: Finale Ligure ist ein reizvoller Standort für einen Badeaufenthalt, auch wenn man das im Verkehrsgetümmel entlang der vielbefahrenen Durchgangsstraße zunächst nicht bemerkt. Doch die Gassen des alten Zentrums sind gemütlich zum Bummeln, direkt davor erstreckt sich ein langer Sandstrand, begleitet von einer breiten Palmenpromenade - abends das Zentrum des Lebens mit turbulenter junger "Passeggiata" und kuschelig-romantischen Bars, deren Kerzenlicht und schmelzende Pianomusik eine ausgesprochen romantische Stimmung herbeizaubern.

Finale Ligure besteht aus drei verschiedenen Ortsteilen - *Finale Marina* ist der Hauptort hinter dem Strand, hier spielt sich der Großteil des touristischen Lebens ab. Östlich davon, durch den beschaulichen Fluß Sciusa getrennt, liegt das kleine ruhige *Finale Pia*. Ein ganz besonderes Schmuckstück ist schließlich der mittelalterliche Ort *Finalborgo* wenige Kilometer landeinwärts.

Anfahrt/Verbindungen/Information

• *Bahn*: es gibt mehrere Bahnhöfe, Schnellzüge halten nur in **Finale Marina**, Piazza Vittorio Veneto. Zum Strand geht's geradeaus, in die Altstadt vom Bahnhofsvorplatz nach links die Via Torino (Durchgangsstraße) entlang, nach ca. 500 m rechts.

• *Bus*: Busbahnhof beim Bahnhof, Via Aurelia 28.

• *Fahrradverleih*: Oddone, Via C. Colombo 20 (Vico Sant'Erasmo), pro Std. ca. 4 DM, Tag 12 DM.

• *Information*: **APT**, Via San Pietro 14, Straße parallel zur Meerespromenade. Im Sommer Mo-Sa 8-13, 15.30-18.30, So 9-12 h, sonst kürzer, Tel. 019/692581.

Hilfe bei der Zimmersuche gibt **Associazione Alberghi e Turismo** am Bahnhofsvorplatz (Piazza Vittorio Veneto).

Übernachten

Am Hang oberhalb von Finale Marina verstecken sich zahlreiche Hotels und Pensionen im Grünen.

*** Garibaldi, schönstes Stadthotel an der zentralen, zum Meer hin offenen Piazza Vittorio Emanuele, kleiner begrünter Dachgarten, gemütliches Restaurant. DZ ca. 120 DM, Halbpension ca. 75-120 DM pro Pers., Tel. 019/690453.

*** Miramare, Lungomare San Pietro 9, Nähe Triumphbogen. Historischer Strandpalazzo, innen gediegen-gemütlich, komfortable Balkonzimmer mit Meeresblick. DZ ca. 80-120 DM, Tel. 019/692467.

** Medusa, Via Concezione/Vico Brichieri 7, schmale Quergasse zum Lungomare, gepflegtes kleines Hotel, Restaurant und Sonnenterrasse. DZ ca. 70-100 DM, Tel. 019/692545.

** Nino, Via Concezione 52, kleine saubere Strandpension mit großem Restaurantbetrieb. DZ ca. 70-95 DM, Halbpension 60-90 DM pro Pers., Tel. 019/692678.

* Deutsche Familienpension, Via Generale Caviglia 19, jawohl so heißt das stattliche Haus am Hang - zu Recht, denn bei Pippo finden ebensolche Gäste ihre Urlaubsbleibe, herrlicher Blick und gut geführt, DZ je Saison ca. 70-90 DM, Pension 60-80 DM pro Pers., Tel. 019/690615.

* Villa Lidia, an der Treppe zur Jugendherberge, sehr hübsch und etwas versteckt, DZ ca. 70-90 DM, Pension 60-80 DM pro Pers., Tel. 019/692554.

Finale Pia: Auch im freundlichen Viertel um den Fluß liegen viele kleine Hotels und Pensionen:

*** Palace, Via Lungosciusa 1, direkt am Fluß, solides und modernes Hotel, DZ ca. 100-120 DM, Tel. 019/601840.

* Lia, Via Piemonte 10, nette Pension an der Zufahrt zum Camping Mulino, Zimmer mit Balkons, ruhig, DZ ca. 50-70 DM, keine Pensionspflicht, Tel. 019/601325.

* Villa Ave, Via Madonna 23, sauberes modernes Haus mit relativ günstigen Preisen, nur DZ ohne eig. Bad für 45-60 DM, Pension dasselbe pro Pers., Tel. 019/600672.

• *Jugendherberge*: **Ostello Castello Wuillermin**, Via Generale Caviglia 46. Ein echter Tip, leider im Sommer fast immer ausgebucht, da in populären Ami-Reiseführern erwähnt. Wenn möglich, vorreservieren. Das bildschöne alte Kastell hoch über der Stadt würde Dornröschen zur Ehre gereichen, es ist sorgfältig restauriert und gut ausgestattet, davor erstreckt sich eine hübsche Gartenterrasse mit Zitronenbäumen und Blick aufs Meer. Man glaubt zu träumen, wenn im nächsten Moment ein hübsches Burgfräulein auf den Balkon tritt - aber es ist nur Cindy aus Ohio. Anmarsch: vom Bahnhof links die Durchgangsstraße Via Torino ca. 800 m entlang, bei der Esso-Tankstelle links die Gasse hinein, bei der Kurve geradeaus weiter die schweißtreibenden Treppen rauf. Etwa 18 DM mit Frühstück, Anmeldung ab 17 h, Schließzeit 23 h. Mitte März - Mitte Oktober, Tel. 019/690515.

• *Camping*: Alle 3 Campingplätze liegen östlich vom Zentrum am Fluß Sciusa und sind beschildert.

Del Mulino, strand- und zentrumsnächster Platz (zum Strand 300 m, ins Zentrum 1 km), mehrere Wiesenterrassen auf einem steilen Hügel, die Anfahrt ist für Gespanne zu steil,

sanitär sehr einfach. Tel. 019/601669.

Tahiti, ca. 200 m weiter als Mulino, niedrige Hügellage. Tel. 019/600600.

Eurocamping, bester Platz, flaches Wiesengelände unter Bäumen, allerdings ca. 1½ km den Fluß hinauf, dafür Swimmingpool. Tel. 019/601240.

Essen/Nachtleben

Wichtige Finale-Ligure-Regel - man sagt nicht "il conto, per favore" sondern "zahlen bitte"! Ansonsten, Deutsche lieben's nicht elegant, sondern rustikal - das hat sich unter den Wirten herumgesprochen.

Da Carlo, Via Garibaldi 21, gemütlich-maritime Atmosphäre, leckere neapolitanische Küche, *spaghetti vongole* und *muscardini* (kleine Tintenfische in Tomatensud).

Bei Gisela, Via C. Colombo 2, deutsche Speisekarte, deutsche Küche, deutsches Bier, deutsche Besitzer, deutsche Gäste, rustikal-gemütlich nach ... Art.

Il Portichietto, Via Roma 41, hier sitzt man einfach und hübsch unter einem Portico, Pizza, Nudelgerichte, Fisch- und Fleischgerichte - keine Einteilung in *primi* und *secondi* - wie's halt die "tedesci" gewohnt sind. Aber es hat geschmeckt. Wirt Antonio schaut aufs Geld (keine Kreditkarten) und der Hund wird von den Abfällen immer dicker.

La Tavernetta, Via C. Colombo 42, liebevoll aufgemachte Trattoria, einige Tische draußen auf der Gasse, preislich im Rahmen und gute ligurische Land- und Meeresküche.

Finale Pia: **Zum alten Markt** (Mercato Vecchio), Via Molinetti 6, ruhige Ladengasse beim Fluß, im Angebot sind Würstel, Cordon Bleu, deutsches Bier vom Faß, Gulasch, Spaghetti usw.

Finalborgo: **Ai Torchi**, Via Annunziata 3, beliebtes Spezialitätenrestaurant in der Altstadt, vorwiegend Landküche. Mo/Di geschl. Reservierung unter Tel. 019/690531.

Vecchio Borgo, Piazza Tribunale 1, traditionsreiche Trattoria, in die sich kaum Touristen verirren.

• *Bars/Cafés*: **Le Caviglia**, Piazza Vittorio Emanuele, populäres Straßencafé an dem zum Meer hin offenen Hauptplatz.

Bar Elios, an der Promenade, "gemütlicher" geht's kaum noch, flackernde Windlichter, Blick auf die monderleuchtete See, Cocktails schlürfen ...

• *Discos*: **Sporting Club**, große populäre Disco mit Swimmingpool, liegt etwas außerhalb, Pendelbus.

Sehenswertes

Finale Marina: Im alten Zentrum läßt die prächtige Kirche *San Giovanni Battista* durch ihre Größe erstaunen, die Piazza mit dem einzigartigen Fassadenensemble gehört zu den anmutigsten Plätzen der Riviera.

Oberhalb der Durchgangsstraße liegt das *Castelfranco* aus dem 16. Jh., zu erreichen über Treppen von der Durchgangsstraße. Kann tagsüber besichtigt werden und ist abends eindrucksvoll beleuchtet.

Finale Pia: Der Fluß *Sciusa* ist fast völlig mit Schilf zugewuchert, Hunderte von Enten paddeln herum, hier und in den Gassen rundum herrscht beinahe dörfliche Atmosphäre, für Kinder ideal. Die *Via Molinetti* ist eine angenehme kleine Laden- und Marktgassse.

Finalborgo: wenige Kilometer landeinwärts am Fluß eine echte Rarität - typisches altes Wehrdorf mit Mauern, Türmen und massiven Außenhäusern, beinahe touristenfrei, nur Tagesbesucher durchstreifen für einen Kurzbesuch die alten Pflastergassen mit den schiefen Fassaden. Auf der Piazza spielt sich das fast idyllisch wirkende Dorfleben ab, ein "caffè" in der Bar Centrale ist Pflicht. Da ohne jegliche Neubauten ein wirkliches Schmuckstück und hoffentlich unter Denkmalschutz.

Dorfpiazza von Finalborgo (Finale Ligure)

Die Kirche *San Biagio* am südlichen Stadttor ist ein altes Gemäuer, in dessen Löchern Tauben nisten. Im prunkvoll ausgestatteten Inneren zahlreiche Bildtafeln aus dem 16. Jh. Im hinteren Ortsteil das Kloster *Santa Caterina* mit elegantem Kreuzgang und interessantem archäologischen Stadtmuseum (Di-Sa 9-12, 14.30-16.30, So 9-12 h, Mo geschl., ca. 5 DM). Dahinter steigt ein Weg den Rebenhang zur Ruine des *Castel Gavone* mit exponierten Rundtürmchen hinauf, im nahen *Perti* einige interessante Kirchenbauten.

Von Finale Ligure bis Albenga

Die nächsten Badeorte *Pietra Ligure*, *Loano* und *Borghetto Santo Spirito* lohnen keinen längeren Aufenthalt. Immerhin besitzt aber Loano einen kilometerlangen Strand, der jedoch im Sommer hoffnungslos überfüllt ist.

In der Schwemmlandebene um Albenga ein Meer von Treibhäusern, in denen Blumen und Gemüse (vorzugsweise Artischocken) reifen. Die hochgradige wirtschaftliche Nutzung hat hier eine völlige Zersiedelung nach sich gezogen.

▶ **Hinterland**: Zwischen Borghetto Santo Spirito und Albenga lohnen sich einige Abstecher. Im Dolomitmassiv oberhalb von Loano, ca 10 km vom Meer, liegt *Le Grotte di Toirano*, ein riesiger Komplex von Tropfsteinhöhlen, in dem Skelette von Höhlenbären und Spuren von Steinzeitmenschen gefunden wurden. Sehr eindrucksvolle Besichtigung, Busverbindung ab Loano (tägl. 9-12, 14-17 h, mit Führung ca. 10 DM).

Zuccarello gilt als mittelalterliches Vorzeigedorf der Region, die lange Hauptgasse ist beidseitig von Arkadengängen gesäumt, Essen kann man gut in der gemütlichen Osteria du Burgu. Das nahe Wehrdorf *Castelvecchio di Rocca Barbena* bietet ein labyrinthisches Geflecht aus Häusern und

Gassen, in dem sich immer mehr Städter den Traum einer Ferienwohnung in Rivieranähe erfüllen.

Albenga

Weit weniger mondän als viele andere Rivierastädte, die ganz "auf Fremdenverkehr machen" - trotzdem eine typisch ligurische Stadt. Die Außenbezirke zum Vergessen, das interessante historische Zentrum grau und düster, alles wirkt etwas ungepflegt. Für Touristen hat man bisher wenig herausgeputzt, auch der schmale Kies-/ Sandstrand ist nicht sonderlich einladend.

Ein Stopp lohnt trotzdem, Albenga war schon in römischer Zeit eine bedeutende Siedlung und besitzt noch heute ein geschlossenes mittelalterliches Stadtbild. Die lebendigen Einkaufsgassen mit ihren kleinen Gemüseläden und spielenden Kindern haben nichts von den übertriebenen Boutiquenzeilen in den Badestädten der Nachbarschaft. Wichtigste Ladenstraße und Fußgängerzone ist die *Via Medaglie d'Oro* (vom Museo Ingauno die Via Bernardo Ricci weiter bis zur Querstraße).

Die historischen Bauten ballen sich um den romanisch-gotischen Dom *San Michele* und präsentieren sich als eindrucksvolles Gesamtensemble mit hohen Backsteintürmen. Der Innenraum der Pfeilerbasilika aus grauem Stein ist bis auf die bunte Freskendecke (19. Jh.) schmucklos, erstaunlich ist das Formen- und Stilgemisch aus diversen Jahrhunderten. Hinter der Kirche liegt 3 m unter dem heutigen Bodenniveau ein *Baptisterium* aus dem 5. Jh., das eins der bedeutendsten frühchristlichen Relikte in Ligurien darstellt. Im Inneren Mosaikverzierungen und spärliche Freskenreste (Di-So 10-12, 15-18 h, Mo geschl., ca. 3 DM). Benachbart zur Kathedrale steht das alte Rathaus mit dem Torre Comunale, unter dessen Arkaden das *Museo Ingauno* untergebracht ist, ausgestellt sind hauptsächlich prähistorische Funde (Di-So 10-12, 15-18 h, Mo geschl., ca. 3 DM). Gegenüber der Domfassade liegt das sehr sehenswerte *Museo Navale Romano* auf der Piazza San Michele. Es zeigt die Überreste eines gesunkenen römischen Frachtschiffs und seiner Amphorenladung, das in den fünfziger Jahren vor der Isola Gallinara entdeckt wurde (Di-So 10-12, 15-18 h, Mo geschl., ca. 4 DM).

• *Anfahrt/Verbindungen*: vom Bahnhof die Via Martiri della Libertà nehmen, die direkt zum Domplatz führt.

• *Information*: **APT**, Via Martiri della Libertà 1, am Weg vom Bahnhof ins Zentrum, Tel. 0182/50475.

• *Übernachten*: diverse Möglichkeiten am Lungomare C. Colombo, direkt am Strand.
* **Villa Rosa**, schönste Unterkunft im Strandviertel, ca. 70-90 DM, Tel. 0182/50529.
* **Italia**, Via Martiri della Libertà 8, zentral zwischen Bahnhof und Altstadt, DZ ca. 60-75 DM, Tel. 0182/50405.
In der Umgebung zahlreiche **Camping-**plätze, allerdings teilweise heruntergekommen (vor allem im Bereich der Centamündung). Besser sind die Plätze an der Uferstraße, z.B. **La Papaya** und **Mauro**.

• *Essen*: basiert wegen der agrarischen Umgebung hauptsächlich auf Gemüse.
Al Falcone, Via Roma 53, beliebte Adresse in der Innenstadt, rustikal im Gewölbe eines alten Stadthauses.
Le Anfore, Via Bernardo Ricci 8 (schräg gegenüber Museo Ingauno), ebenfalls gutes Altstadt-Ristorante, etwas teurer.
Dei Leoni, Via Legueglia 49, kleine aber feine Osteria, etwas versteckt hinter dem Dom und am Baptisterium vorbei.

Alassio

(ca. 13.000 Einwohner)

Einer der elegantesten und renommiertesten Urlaubsorte der gesamten Riviera. Man lebt ausschließlich vom Tourismus, kein Winkel in der langen Bucht bleibt dabei ungenutzt. Jedoch, was sich selbst für mondän und schick hält, ist längst ein Opfer des gehobenen Massentourismus geworden.

Auch Alassio ist Stammquartier vieler deutscher Gäste - geboten ist alles, was Urlauberherzen begehren und alles ist perfekt durchorganisiert: es gibt eine endlose Bummelgasse, einen übervollen und verbauten Sandstrand und eine Uferpromenade, die alle Rekorde des gastronomischen Überangebots sprengt. Im Sommer kann man nach dem Strandvergügen das ausgeprägte Nachtleben mit dutzenden Bars und Diskotheken genießen.

- *Information*: zentrale Lage in der Via Gibb 26, Tel. 0182/640346.
- *Übernachten*: 140 Hotels bieten sich an ...
** Eden, Passeggiata Cadorna 20, gutes Haus direkt am Strand, mit Restaurant, DZ ca. 120-140 DM, Tel. 0182/640281.
* Arenella, Passeggiata Cadorna 20, ruhig und gepflegter Gesamteindruck, DZ ca. 60-80 DM, Tel. 0182/642014.
Camping Monti e Mare, Spitzenadresse ca. 5 km außerhalb Richtung Imperia. Terrassenförmig über dem Meer, riesig groß, zahlreiche versteckte Winkel, kostenlose Basketball-, Volleyball- und Tennisplätze, Strand. Allerdings nicht ganz billig. Tel. 0182/643036.

- *Essen*: In dem Riesenangebot gibt es nur wenig, was herausragt. Besonders viel Geld kann man im **Palma** ausgeben, Via Cavour 5 - das Lokal wurde zweier Michelin-Sterne für würdig befunden. Mi geschl.

Von Alassio bis Imperia

▶**Laigueglia:** schmaler Küstenort mit freundlichem Ortskern und gutem Strand, kleiner und überschaubarer als Alassio, aber ebenfalls gut besucht, es gibt etwa 50 Hotels. Trotzdem spielt der Fischfang noch eine große Rolle - die Fischer ziehen ihre Boote unmittelbar vor dem Ortskern aufs Trockene, hier werden die Netze geflickt und auch der Verkauf findet hier statt. Eine malerische Gasse mit vielen kleinen Plätzen schlängelt sich durch die enge und belebte Altstadt, wo man gut bummeln kann.

- *Information*: Via Milano 33, Tel. 0182/690059.
- *Übernachten*: **** Windsor**, großes schönes Strandhotel, stilvolle Bar und gemütliches Ristorante. DZ ca. 75-110 DM. Tel. 0182/690000.
* Aurora, kleine preisgünstige Pension mitten in der Altstadt, DZ ca. 60-75 DM, Tel. 0182/690354.
Camping Capo Mele, gepflegter schattiger Platz am westlichen Ortsrand. Tel. 0182/499997.
- *Essen*: Die lebendige Fischertradition sorgt tägl. für frischen Fisch.
Il Pescatore, Piazza Garibaldi 7, beim kleinen Fischerstrand, netter Familienbetrieb, Hausherr ist selber Fischer.
Sardinia, Piazzetta Maglione, an der Uferpromenade, sardische Küche.

▶**Von Laigueglia bis Imperia:** Nach dem *Capo Mele* folgt *Marina di Andora* mit großem Jachthafen, danach der einsame *Lido Capo Mimosa*.

Cervo besitzt einen besonders hübschen mittelalterlichen Ortskern am Steilhang (Borgo Medioevale), zum Baden ist es wegen der vielbefahrenen Küstenstraße und dem Bahndamm allerdings weniger geeignet.

Gleich darauf passiert man die weiträumige Badesiedlung *Diano Marina* mit sehr schönem Strand und ausgeprägtem Tourismus, hundert Hotels warten auf Gäste, Strandbäder und Restaurants sind oft bis in den Oktober hinein geöffnet. Camping Angolo di Sogno am westlichen Ortsrand ist sogar ganzjährig geöffnet.

Imperia
(ca. 42.000 Einwohner)

Langgezogene Provinzhauptstadt, die aus zwei Teilen besteht: im Osten das weitgehend moderne *Oneglia* mit großem Wirtschaftshafen, im Westen *Porto Maurizo*, dessen Altstadt einen Hügel hinaufdrängt und einen kurzen Stopp wert ist.

Am Eingang zum alten Viertel der monumentale klassizistische *Dom*, steile Treppenwege mit überwölbten Durchgängen führen auf die Hügelkuppe. Schöner Aussichtspunkt der Vorplatz der barocken Kirche *San Pietro*, ebenso der benachbarte lange Arkadengang des Klosters *Santa Chiara*, in dem sich Liebespaare verewigt haben.

Von Imperia bis San Remo

Zentrum des Blumenanbaus an der Riviera di Ponente, die deshalb auch *Riviera dei Fiori* genannt wird. In zahlreichen Gewächshäusern reift die bunte Saat, die zum berühmten Blumenmarkt von San Remo gebracht wird.

San Remo
(ca. 63.000 Einwohner)

Eine Stadt voller Leben, vielbesucht und quirlig, obwohl sich die Attraktionen in Grenzen halten. San Remo lebt noch immer von seinem mondänen Ruf als vormalig beliebtester Rivieraort der "Upper Class". Von der High Society ist heute zwar nicht mehr viel zu spüren, doch das Publikum wirkt modebewußter und peppiger als in anderen Rivieraorten. Das berühmte Spielcasino tut das Seine, um den Ruf San Remos zu mehren und auch das alljährlich im Februar stattfindende Musikfestival, obwohl immer wieder in den Negativschlagzeilen, spielt in Italien nach wie vor eine große Rolle.

Hauptschlagader der Stadt ist der *Corso Matteotti* mit zahlreichen Nobelboutiquen, Kinos und Diskos - hier flaniert man im permanenten Benzingestank auf und ab, die Stadtjugend trifft sich auf ihren Zweirädern. Auf dem riesigen *Blumenmarkt* bei der zentralen Piazza Colombo werden täglich außer Sonntag in aller Morgenfrühe mehrere Tonnen Schnittblumen versteigert - ein tolles Schauspiel, bei dem offiziell nur Händler zugelassen sind, Zuschauer aber nicht abgewiesen werden.

Der Dom *San Siro* ist in einfachen klaren Formen gehalten, spätromanische Fassade und kunstvoll gearbeitete Fensterrose, im Inneren Holzreliefs. In den umliegenden Gassen findet man noch Spuren des alten San Remo, Blumenstände auf der kleinen Piazza etc.

Belebte Einkaufsstraße ist die *Via Palazzo* - dort über die Piazza Alberto Nota Einstieg in die unbedingt sehenswerte Altstadt *Citta Vecchia*, "La Pigna" genannt: auf der Hügelkuppe fast labyrinthisch anmutendes Gewimmel von steilen, sich immer wieder verzweigenden Treppengassen, oft unter Häusern hindurch und düster überwölbt - erinnert stark an arabische Souks. Unterhalb von La Pigna liegt der kleine *Porto Vecchio*. Tagsüber bieten hier Fischhändler ihre Ware an, abends kann man in diversen Restaurants gut essen.

Das prunkvolle weiße *Casino* schräg gegenüber vom Bahnhof hilft schließlich, die übervolle Reisekasse zu erleichtern (tägl. 14-2 h, ca. 15 DM, ab 18 Jahre, Sakko und Krawatte). Gegenüber der Tourist-Information steht eine eindrucksvolle russische Kirche *San Basilio*, in den zwanziger Jahren von Adligen errichtet, die vor der Oktoberrevolution geflüchtet waren (nur vorm. offen). Hier beginnt Richtung Westen auch der *Corso Imperatrice*, die berühmte Promenade von San Remo mit leider ziemlich unansehnlichen Palmen. Der Strand davor ist vollständig von Strandbädern belegt.

Anfahrt/Verbindungen/Information

- *PKW*: großer Parkplatz hinter dem Bahnhof, Lungomare delle Nazioni (westlich vom Zentrum). Direkt im Ortskern gebührenpflichtiger Parkplatz wenige Meter von der Piazza Colombo, Zufahrt ab Corso Matteotti.
- *Bahn*: Bahnhof liegt am Strand westlich vom Zentrum. Rechts den Corso Matteotti nehmen, um in die Stadt zu kommen.
- *Bus*: Busbahnhof an der zentralen Piazza Colombo.
- *Fahrradverleih*: Oasi, Giardini Vittorio Veneto, neben der Festung Santa Tecla am alten Hafen.
- *Information*: **APT**, Largo Nuvoloni 1, schräg gegenüber vom Bahnhof in einem verschnörkelten Palazzo. Prospektmaterial zur ganzen Provinz. Mo-Fr 8-19, Sa/So 9-13 h, Tel. 0184/571571.

Übernachten

Hotelpreise liegen leicht über dem Niveau der anderen Blumenrivieraorte. Preiswerte Pensionen in Bahnhofsnähe. Vermittlung von Privatzimmern im Tourist-Info (Mindestaufenthalt 1 Woche), dort auch Unterkunftslisten.

*** Eden, Strada Solaro 4, altehrwürdiger dreistöckiger Bau oberhalb des verkehrsgeplagten Corso Matuzia. Zimmer mit Meeresblick, kleiner Pool. DZ ca. 80-140 DM, Tel. 0184/61701.

*** Eletto, Via Matteotti 44, hüscher Palazzo aus dem letzten Jh., teils Stilmöbel, hinten kleiner Garten, Parkplatz. DZ ca. 80-115 DM, HP ca. 85-100 DM, Tel. 0184/ 531548.

** Mariluce, kleine Villa gegenüber vom allmächtigen Grandhotel Londra, möbliert im Stil der sechziger Jahre, Parkplatz. DZ ca. 65-85 DM, Tel. 0184/667805.

** Sole Mare, Via Carli 23, nette kleine Pension in zentraler Lage, alle Zimmer mit Bad, DZ ca. 60-90 DM, Tel. 0184/576392.

Einige preiswerte Pensionen an der *Via Roma* (vom Bhf. rechts), u.a. **Ambrosiana** und **Rosella** (Nr. 36), **Parco**, **Mara** und **La Rosa Bianca** (Nr. 93) - außerdem am quer dazu verlaufenden *Corso Mombello*: **Mombello**, **San Marino** u. **Mina** (Nr. 49), **Centro** (Nr. 50).

- *Camping*: **Villagio dei Fiori**, am westlichen Stadtrand, direkt am Strand, schattig, nicht ganz billig, ganzjährig geöffnet, Tel. 0184/60635.

La Vesca und **Blue Beach** liegen am östlichen Ortsrand, ebenfalls direkt am Strand.

Essen

Im Hafenviertel stehen reichlich Restaurants zur Auswahl, besonders authentisch ißt man im kleinen Altstadtviertel La Pigna.

- *Hafenviertel*: **U Nostromu**, Piazza Sardi 2, am Hafeneingang, leckere Fisch- und Muschelsuppen. Mo geschl.

Da Raimondo, Via Gaudio 24, gemütlich-familiär, vor allem von Einheimischen frequentiert, akzeptable Preise. Do geschl.

Sciabecco, Via Gaudio 42, modern und klimatisiert, leckere Fischvariationen zu moderaten Jahre. Di geschl.

- *Zentrum und La Pigna*: An der großen Piazza Eroi Sanremesi hinter dem Dom findet man einige brauchbare Trattorie mit

Die "Kasbah" von San Remo

günstigen Touristenmenüs.
4 Stagioni, Via Corradi 83, in Domnähe, zwei kleine Räume, freundliche Atmosphäre, von jungen Leuten geführt.
Hostaria della Costa, Via Romolo Morano

12, eng und dunkel im Gassengewirr der Altstadt, einfache Hausmannskost.
Cantina Sanremesi, Via Palazzo 7, freundliche Osteria mit traditioneller ligurischer Küche zu moderaten Preisen. So geschl.

▶ **San Remo/Umgebung**: Das nahe Bergstädtchen *Bussana Vecchia* wurde vor hundert Jahren durch ein Erdbeben zerstört und ist jetzt ein beliebter Wohnort für Künstler, Architekten etc., die die malerischen Ruinen wieder bewohnbar gemacht, aber äußerlich unangetastet gelassen haben. Zahlreiche Galerien und Kunsthandwerksläden bieten mehr oder weniger geschmackvolle Erzeugnisse an.

Anfahrt: Bus 14/5 ab Piazza Colombo bis Friedhof von Bussana, von dort noch 30 Min. zu Fuß. Letzter Bus nach San Remo fährt um 18 h.

Bordighera

(ca. 12.000 Einwohner)

Badekurort der Jahrhundertwende mit einem Hauch britischer Noblesse. Prächtige Grandhotels und zahlreiche Jugendstilvillen posieren mit exotischen Gärten landeinwärts am Hang. Im Umkreis der Stadt üppige Palmenhaine, deren Samen einst der hl. Ampelius aus Ägyptem mitgebracht haben soll - die Wedel werden in der Osterwoche seit vier Jahrhunderten exklusiv vom Vatikan in Beschlag genommen.

Die etwas gesichtslose Neustadt bestimmen schnurgerade Boulevards. Großer Pluspunkt jedoch: die einladende Uferpromenade ist kilometerlang und flankiert den ebenso langen Kies-/Sandstrand, der erstaunlich viele frei zugängliche Stellen aufweist - auch direkt im Zentrum. Der Lungomare endet im Osten am hügligen *Capo Sant'Ampelio*, wo im 5. Jh. der hl. Ampelius in einer Grotte lebte, dort die gleichnamige Kapelle und ausgehöhlte

Felsen zum genüßlichen Sonnen. Am landseitigen Hang des Kaps, oberhalb vom Jachthafen, das hübsche *centro storico* mit freundlichen Plätzen und engen Gassen, weit weg vom heutigen Mittelpunkt Bordigheras. Das Stadtleben konzentriert sich auf den *Corso Italia*, der mit seinen vielen Restaurants und Cafés abends zur lebendigen Fußgängerzone wird.

Von Ende Juli bis Ende August findet in Bordighera ein großes Komikfestival statt (*Il Salone internazionale del umorismo*), zahlreiche Veranstaltungen, Filme und Ausstellungen.

• *Anfahrt/Verbindungen*: Die Bahnlinie verläuft unmittelbar parallel zum Lungomare - wer mit dem Zug anreist, muß nur eine der Passagen unter den Gleisen durchqueren und steht am Strand.

• *Information*: Via Roberto 1, Nähe Bahnhof, Tel. 0184/262322.

• *Übernachten*: Riesenauswahl, viele Hotels haben jedoch im Sommer Pensionspflicht und verlangen merhrtägigen Aufenthalt.

**** **Parigi**, Lungomare Argentina 18, direkt an der Uferpromenade Nähe Capo Sant' Ampelio, sehr gut ausgestattet, herrlicher Meeresblick. DZ ca. 140-220 DM, Tel. 0184/261405.

** **Villa Elisa**, Via Romana 70, schöne Lage hoch über der Stadt, schöner Garten, auch in der Umgebung viel Grün, Pool, Parkplatz. DZ ca. 110-160 DM, Tel. 0184/261313.

* **Villa Miki**, Via Lagazzi 14, im Zentrum, angenehme Lage und relativ ruhig, DZ ca. 60-70 DM, im Sommer Pensionspflicht, Tel. 0184/261844.

* **Centrale**, Via Libertà 48, Nähe Markthalle, schlichte preisgünstige Unterkunft, DZ ca. 50 DM, Tel. 0184/262630.

• *Essen*: **La Reserve Tavestin**, Via Arziglia 20, Nähe Jachthafen, sehr gute Fischspezialitäten zu gehobenen Preisen. So Abend und Mo geschl. (im Sommer kein Ruhetag).

Chez Louis, beliebtes Feinschmeckerlokal am Corso Italia 30.

Maoma, Lungomare Argentina, erfrischende Alternative, da das einzige Lokal am Meer.

Preiswerte Trattorie findet man im kleinen *centro storico*, im Bereich der Piazza Viale und Piazza del Popolo.

▶ **Bordighera/Umgebung:** Im nahen Vallecrosia lohnt das *Museo dell'Italia che canta* für Interessierte unbedingt einen Abstecher - in drei historischen Eisenbahnwaggons sind mechanische Musikinstrumente, Grammophone, Spieluhren, Drehorgeln und andere Tonträger ausgestellt, die die technische Entwicklung der Tonwiedergabe dokumentieren (Via Roma 108, Tel. 0184/291000, großzügige Öffnungszeiten).

Ventimiglia

(ca. 26.000 Einwohner)

Typische Grenzstadt nah der französischen Grenze, Hektik, tosender Verkehr, Wechselstuben und Geschäfte mit enormem Alkoholvorrat kennzeichnen das Stadtbild. Viele Franzosen kommen herüber, um sich mit billigem Schnaps einzudecken. Zweisprachige oder französische Ladenschilder sind die Regel.

Der Fluß Roia trennt XXmiglia (so auf den meisten Straßenschildern der Riviera: "venti" = XX) in zwei deutlich unterschiedene Bereiche. In der Neustadt östlich vom Fluß sind die Betonfassaden, z.T. schmuddeligen Gassen und der unattraktive Kiesstrand wenig erhebend. Jeden Freitag findet jedoch ein riesiger *Wochenmarkt* statt, auf dem man von Antiquitäten bis Ziegenkäse alles erstehen kann. In der *Archäologischen Zone* am nordöstlichen Neustadtrand wurden die Ruinen einer römischen Stadt ausgegraben, darunter ein großes Theater (nicht zugänglich, jedoch guter Überblick vom Corso Genova).

2. Juliwochenende   Festa gestieri   S.63

Einen ausgesprochen ungewöhnlichen Anblick bietet dagegen die gut erhaltene und gepflegte *Città Medioevale* am Hügel westlich vom Roia. Teile der mittelalterlichen Stadtmauer ziehen sich die Hänge hinunter, schmale Treppengassen zweigen von der lebendigen Hauptstraße Via Garibaldi ab, an der die romanische Kathedrale liegt.

Vorteil der Stadt: Sie ist ein Stück billiger als San Remo und Konsorten - insofern eventuell interessant als Standquartier für Tagestrips entlang der Riviera.

Anfahrt Verbindungen/Information

• *PKW*: bei Ventimiglia liegt die westlichste Auf-/Abfahrt zur Riviera-Autobahn. Von Norden kommt die SS 20 aus Turin, durchquert einen Zipfel Frankreichs und verläuft am Roia entlang nach Ventimiglia. Dies die Hauptverbindungsstrecke vom Piemont (bzw. Schweiz) in den Westen der Riviera. Gebührenpflichtiger Parkplatz in der Neustadt unterhalb vom Palmenplatz, am Lungo Roya G. Rossi. Von dort führt eine Fußgängerbrücke direkt zum Altstadthügel.

• *Bahn*: FS-Bahnhof an der Piazza Battisti in der oberen Neustadt, geradeaus trifft man auf die querlaufende Haupt- und Durchgangsstraße Via Cavour. Mehrmals tägl. fährt die schmalspurige **Tenda-Bahn** über Tende und Limone nach Cuneo (Piemont).

• *Information*: Via Cavour 61, Durchgangsstraße, Tel. 0184/351183.

Übernachten

** **Villa Franca**, Corso Repubblica 12, direkt am Wochenmarkt. Kleines herrschaftliches Haus mit Terrassen-Restaurant hinter exotischer Pflanzenpracht, Blick auf die Altstadt, sauber und ruhig, hauseigener Papagei. DZ ca. 70 DM, Tel. 0184/351871.

* **Cavour**, Via Cavour 3, kleine gepflegte Pension in besonders schönem Stadthaus, DZ ca. 70 DM, Tel. 0184/351366.

* **Abbo**, Via Cavour 33, billiger, aber längst nicht so schön wie das Cavour. DZ ca. 50 DM, Tel. 0184/351970.

* **Lido**, Via Marconi 11, direkt am Strand unterhalb der Altstadt, schönstes Hotel dieser Kategorie, bröckelnder Charme, Parkplatz, Restaurant und kleines Gärtchen. DZ ca. 50 DM, Tel. 0184/351473.

*** **Sea Gull**, Lungomare Marconi 13, ebenfalls am Strand, komfortabel, mit Parkplatz und Grün ums Haus, DZ ca. 70-90 DM, im Sommer Pflicht zur HP, Tel. 0184/351726.
Um Ventimiglia liegen mehrere **Campingplätze: Roma**, Via Peglia 5, Stadtcamping unterhalb der Altstadt, Bahngleise gleich nebenan. Tel. 0184/33580.
Por la Mar, in Latte an der SS 1 zur französischen Grenze, gepflegtes Hanggelände mit ausreichend Schatten, 300 m zum Meer, ganzjährig, Tel. 0184/229626.

▶ **Ventimiglia/Umgebung**: Wenige Kilometer westlich liegt bei La Mortola der berühmte *Jardin Botanico Hanbury*, 1867 von Sir Thomas Hanbury gegründet. Tausende von exotischen Pflanzen aus Afrika und Asien machte der Brite hier inmitten der mediterranen Flora heimisch, so daß der Park heute zu den bedeutendsten Botanischen Gärten Italiens zählt (im Sommer tägl. 9-18 h, sonst etwas kürzer, ca. 9 DM). Zu erreichen per Bus ab Ventimiglia (Kreuzung Via Cavour/Via Martiri della Libertà).

Zwei Kilometer weiter, unmittelbar vor der Grenze und mit demselben Bus zu erreichen, liegen die *Balzi Rossi*, zum Meer hin abfallende Felswände, in deren Höhlen man zahlreiche steinzeitliche Relikte gefunden hat. Das meiste davon ist in einem kleinen, didaktisch vorbildlich eingerichteten Museum ausgestellt (Di-So 9-12, 14.30-18.30 h, Mo geschl., ca. 4 DM).

10 km landeinwärts schließlich das schöne mittelalterliche Städtchen *Dolceacqua*, Zentrum der Wein- und Ölerzeugung. Überragt wird es von

einem mächtigen Kastell der Doria (Mi-Mo 9-12, 15-18 h, Di geschl., ca. 2 DM), eine über 30 m breite Bogenbrücke überspannt den Fluß Nervia, an dessen beiden Ufern sich Dolceacqua ausbreitet.

Von Ventimiglia nach Turin

Die SS 20 folgt dem Lauf des Roia nach Norden, durchquert die Seealpen und einen Zipfel von Frankreich, passiert den Tunnel des Colle di Tenda (1279 m) und senkt sich in die westlichen Ausläufer der Poebene. Schöne kurvige Fahrt durch die Berge (Details → Turin, S. 386).

Diese Strecke auch spezieller Tip für Bahnfahrer: die berühmte *Tenda-Bahn* ist eine der schönsten Bahnlinien der Alpen. Etwa 8 x täglich (mit Umsteigen) kann man von Turin nach Ventimiglia fahren, ebenso umgekehrt - eventuell interessant als Anreise zur Riviera (→ Turin).

Riviera di Levante

Östlich von Genua bis Marina di Carrara schönstes Stück der italienischen Riviera - bizarre, teils dicht bewaldete Felsküsten mit üppiger subtropischer Vegetation und zahlreichen tief eingeschnittenen Buchten. Etliche malerische Dörfer und Städtchen, dazwischen aber auch immer wieder Orte, wo's einen graust - sobald die Geographie es zuläßt, heftige Tendenz zu Zersiedlung und hemmungsloser Betonarchitektur.

Lohnendste Ziele die *Halbinsel von Portofino* und die *Cinque Terre*, letzteres eine abgelegene bergige Region, die man am besten mit dem Zug entdeckt. Orte wie Portofino und Santa Margherita haben eine lange Urlaubstradition, Stammpublikum und erhöhte Preise - speziell Portofino gilt als einer der exklusivsten italienischen Badeorte und ist zum Retorte-Paradies für Millionäre und Tagesgäste verkommen.

Meine Tips für einen Aufenthalt wären *Camogli* am Fuß der Halbinsel von Portofino und *Sestri Levante* ein Stück weiter östlich - und natürlich die *Cinque Terre*, in der vor allem Wanderer auf ihre Kosten kommen.

In den Sommermonaten sind praktisch alle Orte stark überlaufen - gewisse Ausnahme stellt wegen ihrer schlechten Erreichbarkeit nur die Cinque Terre dar, dort sind aber auch die Unterkünfte rar.

• *Anfahrt/Verbindungen*: **PKW**, die SS 1 ist die lohnende Alternative zur Autobahn, die fast ständig in Tunnels verläuft. Ab Sestri Levante wird's schwierig, hier keine durchgehende Küstenlinie mehr, nur noch mühsame Stichstraßen, während sich die Durchgangsstraße hoch oben über die Berge quält.
Bahn, von Genua ab Stazione Porta Principe oder Stazione Brignole Zug nach La Spezia nehmen, abwechslungsreiche Fahrt die Küste entlang, etliche Tunnels und viel Meer.

▶ **Bogliasco**: Hier rauscht der Tourismus fast vollständig vorbei, obwohl Ortskern und Fischerhafen tief unterhalb der Durchgangsstraße durchaus einen Blick lohnen. Genova Est, der einzige Campingplatz zwischen Genua und Rapallo, liegt hoch über Bogliasco im Ort Cassa (beschildert).

Halbinsel von Portofino

Eins der malerischsten Fleckchen an der gesamten Riviera. Subtropische Pflanzen, Palmen und Blumen gedeihen in verschwenderischer Vielfalt.

Die bergige Halbinsel ist fast unbesiedelt, bietet zahlreiche herrliche Wanderwege und eine einstmals abgelegene Abtei, die inzwischen täglich per Ausflugsboot besucht wird. Die Urlaubsorte Portofino und Santa Margherita Ligure an der Ostküste gehören zu den mondänsten in Italien, Camogli am Westfuß der Halbinsel hat sich trotz seiner vollendeten Schönheit seine Natürlichkeit und Ursprünglichkeit bewahren können.

Wer wandern will, sollte sich vor Ort unbedingt eine der recht genauen Wanderkarten besorgen, die man überall bekommt.

Camogli – trotz der turmhohen Fassaden ein Badeort mit Stil

Camogli

(ca. 6700 Einwohner)

Bildschöne Fischerstadt in einer weiten Bucht am Beginn der Halbinsel von Portofino. Bunte, sechs- bis siebenstöckige Fassaden ziehen sich den grauen Kiesstrand entlang - ein herrlicher Anblick.

Auf einem Felsvorsprung über dem Strand thront die Kirche Santa Maria Assunta, auf der anderen Seite liegt, bewacht vom Castello, der idyllische kleine Fischerhafen, von dem dunkle Treppengassen zur Hauptstraße Via della Repubblica hinaufklettern. Der Rest des Ortes zieht sich steil die Hänge hinauf, umgeben vom Grün der Oliven und Pinienwäldchen.

Insgesamt eine gelungene Kombination aus ligurischer Kleinstadt, anregendem Ferienort und traditionellem Fischerdorf - natürlich seit langem voll kommerzialisiert, aber eben doch mit der Spur Echtheit, die ein Urlaubsziel braucht, um nicht steril oder künstlich zu wirken.

• *Anfahrt/Verbindungen*: **Bahnhof** liegt 5 Fußminuten vom Strand, die Via XX Settembre und die anschließende Via Garibaldi hinunter.

• *Information*: Via XX Settembre 33 (Nähe Bahnhof), Vermittlung von Privatzimmern (Mindestaufenthalt eine Woche), Tel. 0185/771066.

• *Übernachten*: nur wenige preiswerte Pensionen im Ort, kein Camping.

*** **Casmona**, Salita Pineto 13, zwischen Via della Repubblica und Uferstraße, typisches Camogli-Hochhaus, diverse Terrassen unter Pinien, phantastischer Meeresblick, ruhig. DZ je Saison ca. 90-170 DM, im Sommer Pensionspflicht, Tel. 0185/ 770015.

** **La Camogliese**, Via Garibaldi 55, gepflegte Pension am Beginn des langen Kiesstrands, freundliche Besitzer, in jedem Zimmer TV, DZ ca. 70-95 DM, Tel. 0185/ 771402.

* **Selene**, Via Cuneo 15, Nähe Bahnhof, ergrauter Neubau, keine feine Adresse, aber für Camogli günstig. DZ mit Etagendusche ca. 65-85 DM, Tel. 0185/770149.

• *Essen*: **Vento Ariel**, direkt am Hafenbek-ken, im kulinarischen "Fischtempel" sucht sich der Gast den Fisch lebend aus, teuer. Reservierung: unter Tel. 0185/771080 Mi geschl.

La Camogliese, Via Garibaldi (Uferstraße), auf einer Veranda hoch über dem grauen Kiesstrand, herrlicher Blick, Fischgerichte, nicht ganz billig.

Il Faulo, ebenfalls Uferstraße, Nähe Ristorante Camogliese, American Bar mit großem vegetarischen Angebot.

Revello, Via Garibaldi 183, Bäckerei am Westende des Strands, es gibt Focacce und Pizza vom Blech, außerdem kann man hier die berühmten Leckereien namens *camogliesi* kosten - kleines Rundgebäck mit Rum, Amaretto, Nuß, Amarena u.a. Dieselben gibt's auch in der Via della Repubblica 136.

• *Feste*: Riesenattraktion ist am 2. So im Mai die **Sagra del Pesce**, das traditionelle Fischessen aus den größten Bratpfannen der Welt - jeweils 4 m Durchmesser und Platz für 2200 Fische, jeder Gast wird kostenlos bewirtet.

Stella Maris, große Bootsprozession zur Punta Chiappe am 1. So im August.

Sehenswertes: Der Pfarrkirche *Santa Maria Assunta* sieht man äußerlich ihre Pracht nicht an - Dutzende von Kristalleuchtern schmücken den prunkvollen Innenraum, alles ist mit Gold überzogen, dazu prangen verschiedenfarbiger Marmor und Deckenfresken.

Um die Ecke vom Fischerhafen arbeitet eine kleine *Werft*, im Turm des Castello ist ein *Aquarium* untergebracht mit allem, was im Tyrrhenischen Meer kreucht und fleucht (tägl. 10-12, 15-19 h).

Ein *Schiffahrtsmuseum* in der Via Bono Ferari 41 (Bahnhofsnähe) dokumentiert die frühere Bedeutung Camoglis - bereits im Mittelalter war die Stadt eine wichtige Seemacht und besaß eine große Flotte. Auch eine *archäologische Sammlung* ist dort untergebracht.

Die *Bratpfannen* der Sagra del Pesce (→ Feste) hängen während des Jahres an der Stadtmauer am oberen Ende der Via Garibaldi.

Camogli/Umgebung

Vom Fischerhafen fahren in der Saison stündlich Ausflugsboote zur *Punta Chiappe* (9 DM hin und zurück), eine schöne Badestelle mit flachen Felsplatten und weiter nach *San Fruttuoso* (12 DM), einem der malerischsten Winkel an dieser Küste.

Von San Fruttuoso kann man per Boot stündlich nach *Portofino* weiterfahren (ca. 6 DM einfach) und von dort eine schöne Busfahrt nach Santa Margherita Ligure anschließen (→ unten).

2 x wöchentlich fährt ein Boot außerdem zur *Cinque Terre* (ca. 30 DM).

▶ **San Fruttuoso**: eine Idylle auf engstem Raum - kunstgeschichtlich bedeutsame *Benediktinerabtei* in einer tief eingeschnittenen Felsbucht mit immergrünen Steilhängen, zwei winzige Kiesstrände, glasklares Wasser, einige Ristoranti direkt auf dem Strand und im Sommer sogar Übernachtungsmöglichkeiten. Die Bucht ist nur zu Fuß oder per Boot zu erreichen und im Sommer überlaufen von Massen von Schiffsausflüglern. Zu Fuß von Camogli braucht man etwa 4 Std., der Weg ist beschildert - sehr schöne, im letzten Abschnitt allerdings nicht ganz einfache Wanderung.

Das Kloster wurde im 8. Jh. von spanischen Mönchen errichtet, die vor den Mauren geflohen waren und hier die Gebeine des hl. Fruttuoso zur Ruhe betteten. Später übernahmen es die Benediktiner. Ansehen kann man den kürzlich restaurierten *Abtspalast* (13. Jh.), die hübsche *Kirche*, die zu den ältesten Liguriens zählt (11. Jh.), einen *Kreuzgang* mit *Krypta*, in denen die Gräber der Adelsfamilie Doria liegen, und das *Klostermuseum* (Di-So 10-13, 14-18 h, Mo geschl.).

Im Wasser vor der Bucht wurde 1954 eine *Christusstatue* versenkt - in 20 m Tiefe beschützt sie nun die Taucher. Am 28. August große Bootsprozession zu ihren Ehren.

Übernachten: **Da Giovanni**, kleines Albergo im ehemaligen Nebengebäude des Klosters, nur Juni - September. DZ ca. 70-80 DM. Reservierung nötig: Tel. 0185/770047.

Rapallo

(ca. 30.000 Einwohner)

Seebad am Ostfuß der großen Halbinsel von Portofino. Ein Name, der Assoziationen weckt - berühmter Prominententreff der Belle Epoque und Schauplatz des Rapallo-Vertrags von 1922, in dem die Sowjetunion und Deutschland nach dem Weltkrieg erstmals wieder diplomatische Beziehungen aufnahmen ...

Die heutige Realität dann eher enttäuschend - ein lärmender Hexenkessel mit kleiner Altstadt und zugegebenermaßen schöner Palmenpromenade, von der man einen herrlichen Blick auf die Bucht hat. Die Bänke sind fast immer voll besetzt mit Signori und Signore ab 60 aufwärts - Rapallo ist das bevorzugte Rentnerparadies Italiens, wer's sich leisten kann oder eine Kur bezahlt kriegt, geht nach Rapallo.

Die wenigen Gassen des historischen Zentrums beginnen an der Piazza Cavour. Mit wenigen Schritten kommt man zur Promenade, Blickfang ist das alte Castello linker Hand, heute für Ausstellungen genutzt. Danach vielleicht ins *Gran Caffè Rapallo* mit dem Hauch der guten alten Zeit.

• *Anfahrt/Verbindungen:* **PKW**, kostenpflichtiger bewachter Parkplatz beim Bahnhof.
Bahn, vom Bahnhof geht's geradeaus in die nahe Altstadt.

• *Information:* Via Diaz 9, am Westende der Palmenpromenade rechts, Tel. 0185/51282.

• *Übernachten:* großes Hotelangebot mit mehreren preisgünstigen Ein-Sterne-Unterkünften.

*** **Riviera**, am Lungomare, Piazza IV Novembre 2, älterer Stadtpalazzo, innen vollständig modernisiert u. klimatisiert, elegante

Zeitvertreib auf der Promenade von Rapallo

Einrichtung. DZ mit Frühstück ca. 120-230 DM, Tel. 0185/50248.

** **Villa Marosa**, Via Rosselli 10-11, am rechten Kanalufer, Nähe Info-Büro, kleiner gepflegter Flachbau mit viel Grün, Ristorante. DZ ca. 75-100 DM, Tel. 0185/50668.

* **Villa Zunino**, Via Zunino 21, preisgünstige Familienpension im alten Hafenviertel. DZ ca. 60 DM, Tel. 0185/56707.

* **Bandoni**, Via Marsala 24, in der 2. Etage eines alten Bürgerpalazzo, vorne raus schöner Meeresblick, DZ ca. 60-70 DM, Tel. 0185/50423.

Camping Miraflores, bei der Autobahnauffahrt Rapallo, laut, aber passabler Platz mit Standplätzen auf Terrassen. April - Oktober.

Camping Rapallo, Nähe Miraflores, einfacher, aber wesentlich ruhiger, auf Schilder achten. Flacher Rasenplatz, wenig Schatten, freundliche Besitzerin spricht deutsch. Juni - September.

● *Essen*: **Vesuvio**, Lungomare Veneto 29, im Untergeschoß eines ehemaligen Strandhotels, innen laut, aber stimmungsvoll, draußen flotte Bedienung unter den Markisen. Mi geschl.

Hostaria Vecchia Rapallo, Via Fratelli Cairoli 24, mitten in der Altstadt, sehr edel, Rauhputzgewölbe mit schweren Deckenbalken, teuer, aber es lohnt sich. Do geschl.

La Goletta, Via Magenta 28, Stadtzentrum, gemütlich und recht preiswert. Di geschl.

Santa Margherita Ligure

(ca. 13.000 Einwohner)

3 km südlich von Rapallo, sehr sauberes, gepflegtes und adrettes Städtchen inmitten prachtvoller Vegetation mit einem deutlichen Hauch von Exklusivität - was sich in den Preisen niederschlägt.

Das halbe Dutzend Edelhotels der **** und *****-Kategorie prägt das Publikum - hier macht Urlaub, wer über Geld verfügt, protzige Luxuskarossen sieht man häufiger als anderswo. Entlang der gewundenen Uferfront viele schöne Palazzi, Palmen und Pinien, das bißchen Strand davor allerdings nicht der Rede wert. Herrlich der Blick auf die Rivieraküste Richtung La Spezia.

● *Anfahrt/Verbindungen*: **PKW**, Portofino/ Park and Ride - gute Parkmöglichkeiten an der Uferstraße und alle 15 Min. weiter mit Bus ins benachbarte Portofino (Ticketsäu-

len an den Haltestellen).
Bahn, sehr gute Verbindungen nach Genua und La Spezia. Bahnhof nördlich vom Zentrum, 10 Min. ins Zentrum.

● *Information*: Via Aprile XXV 2/b, Stadtplan, Prospekte und Zimmervermittlung, Tel. 0185/287485.

● *Übernachten*: insges. hohes Preisniveau.
*** Tigullio et de Milan, Viale Rainusso 3, gepflegtes Haus, zentral und ruhig gelegen, DZ ca. 80-140 DM, Tel. 0185/287455.
** Fasce, Via Luigi Bozzo 3, ca. 10 Min. vom Wasser, Seitengasse des Corso Matteotti. Freundliches u. gut geführtes Hotel mit Parkplatz, DZ mit Frühstück ca. 70-110 DM, im Sommer Pensionspflicht, Tel. 0185/ 286435.

** Conte Verde, Via Zara 1, sehr schön in einer Villa des 18. Jh., DZ mit Frühstück 90-140 DM, Tel. 0185/287139.
* Annabella, Via Costasecca 10, großes älteres Haus an der Piazza Mazzini, etwas zurück vom Wasser, DZ um die 55-65 DM, Tel. 0185/286531.

● *Essen*: **Baicin**, Via Algeria 5, Nähe Piazza della Libertà, freundlicher Familienbetrieb, leckere Antipasti aus Meeresfrüchten, köstliche Kräuter-Scampi aus dem Holzofen. Mo geschl.
Il Frantoio, Via Giuncheto 23/a, besonderer Tip - ehemalige Mühle im hinteren Stadtzentrum, gemütliche Räume und Garten, große Portionen und ehrliche Preise. Di geschl.

Von Santa Margherita herrliche Kurvenfahrt nach Portofino, immer am Meer entlang. Jedoch Vorsicht - auch hier sind ständig rasende Zweiradrabauken unterwegs! Vor Portofino bilden sich oft lange Staus, der Ort ist hoffnungslos überlastet und hat nicht genügend Parkkapazität - deshalb besser mit "Park and Ride" ab Santa Margherita Ligure versuchen (→ dort).

Portofino   (ca. 1000 Einwohner)

Das exklusivste Pflaster der Riviera, ein Bilderbuchdorf, dessen hohe Bilderbuchfassaden sich um einen Bilderbuchhafen schmiegen. Illustre Persönlichkeiten residieren in den Prachtvillen der Umgebung. Als Normalverdiener sollte man hier allerdings besser nicht übernachten oder essen wollen - schon das Parken in der neuen Tiefgarage läßt den Geldbeutel blaß werden. Die High Society umgeht die Staus an der Zufahrtsstraße und läßt sich per Hubschrauber einfliegen.

Zu tun gibt's nicht viel: die Atmosphäre in sich aufnehmen, die Superjachten bestaunen und zur knallgelben Kirche *San Giorgio* hinaufsteigen (rechts vom Hafen), um das obligate Portofino-Photo zu schießen.

Wer noch mehr Kraft hat, kann zum *Castello* weiterlaufen und von dort in 15 Min. zum Leuchtturm (Faro) an der *Punta Portofino*, der Südostspitze des Kaps. In entgegengesetzter Richtung führt ein Zweistundenweg zur Abtei *San Fruttuoso* (→ oben).

Von Rapallo bis Chiavari zieht sich die SS 1 durch die Berge, bis sie in die große Ebene um Chiavari herunterkurvt.

Chiavari   (ca. 30.000 Einwohner)

Größere Stadt, weit ausgebreitet in einer Küstenebene und mit dem benachbarten Lavagna fast zusammengewachsen. Wenn man nur auf der Durchgangsstraße bleibt, enttäuschend. Das Zentrum dagegen durchaus angenehm - schattig-kühle Laubengänge mit Geschäften und Cafés flankieren die langen, geometrisch exakt verlaufenden Straßen, einige Plätze lockern das Bild auf.

● *Essen/Cafés*: Authentisch essen kann man in der gemütliche Osteria **Ü Dria**, Via Costaguta 27 (Mo geschl.) oder im **La Parmigiana**, Via Marinetti (gegenüber Albergo Monte Rosa). Für die Kaffeepause lohnen das Traditionscafé **Defilla** an der Piazza Roma und **Caffè Il Salotto** an der Hauptstraße, Via Martiri della Liberazione 91.

▶ **Lavagna**: langweilig und gesichtslos, besitzt aber einen kilometerlangen Sandstrand, unmittelbar dahinter verläuft die Bahnlinie.

Sestri Levante

(ca. 22.000 Einwohner)

Einer der angenehmsten Stopps an diesem Küstenstreifen. Größeres Städtchen, dessen hübsches Zentrum am Fuß einer grünen Halbinsel liegt und von zwei Badestränden flankiert wird. Die triste Neustadt sollte man allerdings rasch durchqueren.

Die lange Hauptstraße *XXV Aprile* ist von schönen alten Häusern gesäumt und für den Verkehr gesperrt. Mit ihren Läden, Gelaterie und Ristoranti lädt sie zum Bummeln ein. Fast parallel dazu die lange *Baia delle Favole* - randvoll mit Badekabinen, Liegestühlen und trockengelegten Booten, begleitet von einer Palmenpromenade mit einigen prächtigen alten Palazzi, Blick rüber nach Lavagna und Chiavari. Erfreulicher Kontrast dazu die bildhübsche *Baia di Silenzio*, eine ca. 200 m lange, halbrunde Sandbucht, wo man zwischen Fischerbooten ins Wasser steigt und den Blick auf die steile Küstenlinie genießt, an der sich schmucke Villen im Grün verstecken.

● *Anfahrt/Verbindungen*: **PKW**, bewachte und unbewachte Parkplätze an der Uferstraße der Baia delle Favole.
Bahn, Bahnhof liegt ca. 1½ km nordwestlich der Altstadt, den Viale Roma entlang, dann Viale Mazzini links bis Piazza Sant'Antonio, dort in den Corso Colombo einbiegen und immer geradeaus.
● *Information*: Via XX Settembre 33/Ecke Piazza Sant'Antonio, Tel. 0185/41422.
● *Übernachten*: im Sommer fast überall Pensionspflicht.
*** Due Mari, Vico del Coro 18, ganz zentral am Fuß der Halbinsel, üppige Ausstattung und Blick auf beide Seiten der Halbinsel (Name), DZ ca. 100-130 DM, Tel. 0185/42695.
*** Mira, Uferpalazzo an der Baia delle Favole, Zimmer mit imitierter antiker Einrichtung. DZ ca. 90-130 DM, Tel. 0185/41576.
* San Pietro, Via Palestro 13, mitten in der Altstadt bei Piazza Cavour, Nähe Baia di Silenzio. Freundliches kleines Albergo mit 9 Zimmern, DZ ca. 65-75 DM, Tel. 0185/41279.
* Villa Jolanda, Via Pozzetto 15, ebenfalls preisgünstiger Altstadttipp, hübscher Neubau mit Sonnenterrasse am Fuß der Halbinsel. DZ ca. 65-75 DM.
Mehrere **Campingplätze** im Umkreis, zu empfehlen ist der große gepflegte Platz **Tigullio**, von Sestri ca. 3 km in Richtung Casarza, Tel. 0185/457257.
● *Essen*: **Turin**, Via XXV Aprile 131, sehr gutes Fischlokal in der Hauptgasse der Altstadt, auch von Einheimischen gern besucht. Mi geschl.
Sampan, Via XXV Aprile 34, netter Familienbetrieb, freundliche Bedienung.
Buon Geppin, Corso Colombo 53, ruhige Piazza in Verlängerung der Via XXV Aprile, ausgezeichnete ligurische Küche, vor allem die Nudelsachen, einige Plätze auch hinten im Hof, Mo geschl.

Von Sestri Levanta zur Cinque Terre

Waldreiche Steilküste, in deren Nischen sich einige Badestädtchen mit Sandstränden verbergen - kleiner Vorgeschmack auf die Cinque Terre.

Die Orte allerdings meist mit wenig Flair, Neubauten dominieren. Handikap außerdem - nicht alle sind leicht zu erreichen, von Riva Trigoso über Moneglia bis Deiva Marina muß man durch zwei kilometerlange, recht abenteuerliche Tunnel fahren, weiter östlich fehlt eine durchgehende Küstenverbindung. Alternative ist die hoch über die Berge schlingernde Via Aurelia, von der lange kurvige Zufahrten zu den Küstenorten abzweigen. Landschaftlich ist das Gebiet jedoch unbedingt reizvoll: riesige blühende Ginsterbüsche, dichte Laub- und Nadelwälder, Akazien, Steineichen, Bergzypressen, Kastanien - nur eilig darf man's nicht haben.

▶ **Moneglia:** Der breite Strand ist durch eine vorgelagerte Mole geschützt, gleich dahinter die freundliche Altstadt mit ihren schmalen Ladengassen. Sehenswert die Kirche *San Giorgio* (14. Jh.) mit frisch restaurierter Fassade. Zahlreiche Unterkünfte von * bis ***, außerdem die zwei herrlichen Küstenzeltplätze La Secca und Smeraldo in Richtung Riva Trigoso (nur durch den Tunnel zu erreichen). Essenstip: "La Ruota", mit herrlichem Blick von der Terrasse und vorzüglicher Meeresküche, gehobene Preise (Tel. 0185/49565).
Die Straße von Moneglia nach Deiva Marina führt ebenfalls durch einen Tunnel am Meer entlang.

▶ **Deiva Marina:** unansehnlicher Ort, am Meer die obligaten Wohnblocks und Apartmenthäuser, davor ca. 300 m Strand. Etwa 3 km talaufwärts inmitten prachtvoller artenreicher Vegetation ein halbes Dutzend Campingplätze - lohnend, falls man Wandern mit Badeurlaub verknüpfen will.

▶ **Bonassola:** aufregende Lage in einem dicht bewachsenen Taleinschnitt, der sich zum Meer hin öffnet und eine Badebucht bildet. Einzige Zufahrt ein steiles, viel zu schmales Gäßchen mit Haarnadelkurven, vorsichtig fahren. Das Städtchen unten "ganz nett" und vergleichsweise ruhig geblieben. Diverse Unterkünfte in Bereich 60-80 DM fürs DZ.

Levanto   (ca. 7000 Einwohner)

Lebendiges Städtchen, nicht sonderlich schön, aber mit breitem Sandstrand. Für Camper das ideale Standquartier für Bahnausflüge in die Cinque Terre, mehrere Plätze am Ortsrand. Nach Monterosso fährt man mit der Bahn gerade 5 Min., per PKW dauert die Tour gut 30-45 Min.! Es gibt aber auch einen sehr schönen Küstenwanderweg nach Monterosso, Dauer ca. 2½ Std., Ausgangspunkt Altstadthügel, Nähe Chiesa Sant'Andrea.

• *Information*: Piazza Cavour, Tel. 0187/ 808113.

• *Übernachten*: *** **Nazionale**, Via Jacopo da Levanto 20, seit 100 Jahren **das** Hotel im Zentrum, mittlerweile vollständig modernisiert und klimatisiert. Dach- und Hofgarten, Ristorante. DZ mit Frühstück 100-150 DM, Tel. 0187/808102.

** **Stella Maris**, Via Marconi 4, um die Ecke vom Primavera, bescheidener Komfort in altehrwürdigem Palazzo, DZ ca. 75-110 DM, Tel. 0187/808258.

* **Primavera**, Via Fratelli Cairoli 5, im Zentrum, freundlich eingerichtet, unten großer Frühstücksraum, Zimmer mit Balkons, DZ ca. 70-95 DM, Tel. 0187/808314.

* **Gentile**, Via Jacopo da Levanto, zentrale Lage, das billigste am Ort, DZ ohne eig. Bad ca. 55 DM, Tel. 0187/808551.
Camping Acqua Dolce, ganz nah am Zentrum (beschildert), allerdings beengte Platzverhältnisse, PKW werden in der Regel auf separatem Parkplatz abgestellt. Alle anderen Plätze an der Straße nach Monterosso, ca. 2-3 km landeinwärts - zu empfehlen **Albero d'Oro** (schattig unter hohen Akazien) und **San Michele** (im dichten Grün, von der untersten Terrasse Blick auf Levanto und Bucht).

• *Essen*: **Hostaria da Franco**, Via Privata Olivi 8, ruhige Seitengasse, beschildert, die Terrasse durch Blumen begrenzt. Beste

Wahl im Zentrum, hervorragende Fischküche, Menü ab ca. 40 DM, Mo geschl.
La Loggia, Piazza del Popolo 5, lauschiges
Plätzchen vor der gut erhaltenen Loggia
del Comune, ausgezeichnete Küche zu
gehobenen Preisen.
La Mela, "der Apfel" (der Eva?), etwas außerhalb an der Straße nach Monterosso bei
den Campingplätzen. Großes Ausflugslokal, schön zum Draußensitzen, von jungen
Leuten geführt. Wir wurden aufmerksam
bedient und die Portionen waren üppig.
Angeschlossen beliebte Disco der Stadt,
ab 23 h Jugendtreff.

Die Küste der Cinque Terre ist eine der malerischsten in Oberitalien

Cinque Terre

**12 km langer, felsiger Küstenstreifen mit den fünf Orten Monterosso,
Vernazza, Corniglia, Manarola und Riomaggiore - landschaftlicher
Höhepunkt der Riviera! In tiefen Einschnitten kleben die abenteuerlich übereinander gestaffelten Dörfer unter üppigen Weinterrassen
und wilden Steilhängen. Zwischen bunten Hausfassaden, dunklen
Treppenwegen und Fischerbooten herrscht knurrig-wettergegerbte
Atmosphäre, im Kontrast dazu wuchert die herrlich mediterrane Vegetation mit meterhohen Agaven, Pinien und Ölbäumen. Konkurrenzlos beste Reisezeit der Frühling.**

Ein armes Land, das noch in den fünfziger Jahren weitgehend auf sich gestellt war - man lebte von Fischfang, Wein- und Olivenanbau. Dementsprechend wirken sowohl Orte wie Umgebung noch heute unverfälscht "echt" -
die gesamte Region ist *zona verde*, d.h. Landschaftsschutzgebiet, in dem
nichts gebaut und verändert werden darf. "Geheimtip" ist die Cinque Terre
aber schon lange nicht mehr, eher ein Tip für Urlauber, die es "ursprünglich" lieben - auch wenn vieles heute bereits Kulisse ist. Touristen sind ein

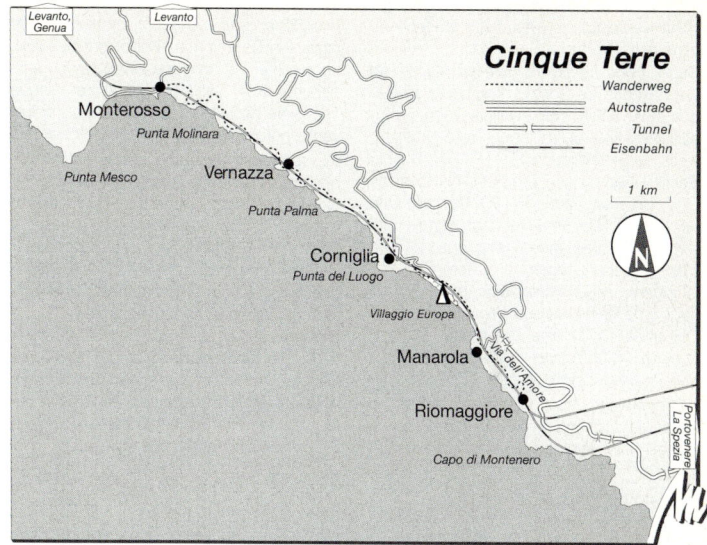

alltägliches Bild, der Massentourismus, wie er an den meisten ligurischen Stränden zu finden ist, kann in den kleinen einfachen Dörfern jedoch nur schwer Fuß fassen - bis auf Monterosso gibt es kaum Hotels und keinen einzigen Campingplatz. Die Bademöglichkeiten sind bescheiden, nur zwei Orte verfügen über längere Strände, ansonsten ist Klippenbaden angesagt. Fast ausschließlich Tagesausflügler sind unterwegs, darunter ein hoher Prozentsatz Wanderer. Eine besondere, ökologische Rarität auf dem autobesessenen Stiefel: die Cinque Terre erreicht man leichter mit der Eisenbahn als mit dem Auto! Bis heute gibt es keine durchgehende Küstenstraße, die Durchgangsstraße kurvt im Hinterland hoch über die Berge, erst seit Anfang der Siebziger besitzt das südlichste Dorf Riomaggiore überhaupt einen Anschluß. Alle Dörfer sind für Autos gesperrt, man stellt sie am Ortseingang ab. Unbedingt vermeiden sollte man die PKW-Anfahrt an Sonntagen, die Zufahrtsstraßen sind dann kilometerweit zugeparkt und man muß oft eine gute halbe Stunde laufen, um ins Zentrum zu kommen. Tip deshalb - Standquartier in Levanto (→ oben) oder Monterosso nehmen und per Zug weiter! Dabei gibt's allerdings wegen der häufigen Tunnel kaum Ausblicke.

Zweifellos schönste Art der Fortbewegung: den gut markierten und weitgehend unbeschwerlichen Küstenpfad entlang von Ort zu Ort wandern - dauert jeweils 1-2 Std. (Gesamtdauer ca. 5 Std.) und bringt wunderschöne Ausblicke auf die Terrassenplantagen und die bizarr zerrissene Küste.

● *Anfahrt/Verbindungen*: **PKW**, der leichtere Einstieg von La Spezia aus, von dort nach Riomaggiore führt eine Panorama-straße mit herrlichen Rückblicken auf den Golfo di Poeti (→ unten). Von Levanto im Westen ist die Anfahrt eine sehr mühselige

Angelegenheit - erst hoch in die Berge, dann wieder tief hinunter, teilweise fehlt unvermittelt der Asphalt.

Bahn, *treno locale* mindestens stündl. ab Genua nach La Spezia, Fahrtzeit von Genua etwa 2 Std., hält in allen Orten, Fahrtzeit zwischen den Cinque-Terre-Orten jeweils nur 5-10 Min.

Schiff, Linea Cinque Terre und Navigazione Golfo dei Poeti verbinden 2 x tägl. alle Orte der Cinque Terre und das nahe Portovenere (→ unten) miteinander, allerdings nur von März - Oktober und nur bei sicherer See.

Wandern, außer dem Küstenpfad gibt es noch eine Reihe weiterer Wanderwege. Vor Ort erhältlich ist eine detaillierte Wanderkarte des Club Alpino Italiano, die *carta dei sentieri delle Cinque Terre*.

● *Übernachten*: Fast alle Hotels liegen in Monterosso, einige wenige in Vernazza und Manarola, in Riomaggiore eines. In allen Orten gibt es Privatzimmer und Appartments mit Küche, großes Angebot vor allem in Corniglia - in Bars fragen funktioniert meistens. Im Sommer ist allerdings vieles restlos ausgebucht. Kein Campingplatz in der Cinque Terre, die nächsten Zeltplätze liegen in **Levanto**, nördlich von Monterosso (→ oben).

● *Essen*: Die Restaurants gehören nicht unbedingt zu den besten Liguriens, wenige exzellente Köche haben sich in dieser abgelegenen Ecke niederlassen. Hervorragenden Ruf genießt jedoch der berühmte Cinque Terre-Dessertwein namens **Sciacchetrà**. Schwer und goldgelb ähnelt er entfernt einem Portwein, um seine Reife zu erreichen, wird er bis zu 12 Jahren gelagert. Ein echter Sciacchetrà kostet gut 50 DM pro Flasche und ist auf dem freien Markt kaum noch erhältlich. Vorsicht also: Die überall unter diesem Namen angebotenen Tropfen sind meist minderwertige Billigweine.

Monterosso
(ca. 1800 Einwohner)

Der größte und touristischste Ort der Cinque Terre hat nicht den Reiz der anderen vier, die in steilen Flußtälern zum Wasser hinunterklettern. Monterosso liegt flach am Meer, es gibt ein langweiliges Neubauviertel, aber auch einen breiten Sandstrand und zahlreiche Hotels - insofern bester Standpunkt für einen Cinque-Terre-Urlaub.

Vor dem schönen alten Kern mit einem Gewirr von Gassen und Treppen liegt ein kleiner Kiesstrand. Ein Tunnel bohrt sich durch den Hügel San Cristoforo, auf dem der *Convento dei Cappuccini* aus dem 17. Jh. steht, hinüber zur agavengesäumten Uferpromenade vor der Neustadt Fegina. Hier erstreckt sich der einzige Sandstrand der Cinque Terre, der im Sommer allerdings mit den üblichen *stabilimenti* verbaut ist.

Täglich fahren Boote ins nahe Vernazza, mit der Bahn ist man in wenigen Minuten dort und in den weiteren Nachbarorten - oder man läuft zu Fuß, nach Vernazza sind es ca. 1 ½ Std. (Ausgangspunkt: Hotel Porto Roca).

● *Information*: Via Fegina 38, unterhalb vom Bahnhof an der Uferstraße. Unterkunftslisten und kleine Wanderkarte. Tel. 0187/817506.

● *Übernachten*: über 20 Hotels im Ort.

**** Porto Roca, wunderbare Lage auf einem Felsvorsprung über dem Meer, herrlich die Räumlichkeiten im Dachgeschoß mit riesigen Terrassen, Zimmer z.T. etwas klein. DZ mit Frühstück ca. 190-280 DM, Tel. 0187/817502.

*** Jolie, Via Gioberti 1, das ruhigste Altstadthotel, liebevoll angelegter Garten. DZ ca. 150 DM. Tel. 0187/817539.

*** Moretto, kleine Pension mitten in der Altstadt. DZ ca. 90-100 DM, Tel. 0187/817483.

** Villa Adriana, Via IV Novembre 23, nah am Meer, großes freundliches Albergo im Ortsteil Fegina, DZ ca. 110 DM, im Sommer Pensionspflicht, Tel. 0187/818109.

* Agavi, Via Fegina 30, stattliche kleine Villa an der Uferpromenade, freundliches Personal, DZ ca. 90-100 DM, Tel. 0187/817171.

● *Essen*: **La Taverna**, Via Molinello 39, populäres Ristorante im Fegina, gleich nach der Bahnüberführung links, große Portionen und ehrliche Preise.

Il Pirata, Via Molinello 6, ebenfalls in Fegata, von jungen Leuten geführt, entsprechendes Publikum.

Postkartenidyll Vernazza

La Cambusa, Via Roma, wahrer Touristen-magnet mitten in der Altstadt, Fisch- und Fleischgerichte, nicht billig. Mo geschl.

Belvedere, Piazza Garibaldi 36, vor der Altstadt am kleinen Strand, bekannt für seine *cima ripiena alla genovese* (gefüllte Kalbsbrust) und die *trenette al pesto*.

Cantina di Tony, Via Vittorio Emanuele 15, Weinkeller, wo man vielleicht ein Gläschen vom Sciacchetrà kosten kann.

Bar Centrale, Piazza Garibaldi, die beliebteste Dorfbar, abends immer gut voll, zu empfehlen das selbstgemachte Eis.

▶ **Monterosso/Umgebung:** Die Abtei *Nostra Signora di Soviore* liegt mit großer Aussichtsterrasse ca. 3 km oberhalb von Monterosso in einem angenehm kühlen Waldgebiet. Etwa 1½ Std. dauert die Wanderung (mit PKW Straße nach Vernazza nehmen). Man kann oben essen und die Schwestern vermieten auch preiswerte Zimmer.

Vernazza

Hübscher geht's kaum noch: eine richtige kleine Piazza am Wasser, Cafés und Sonnenschirme flankiert von bunten Häusern und der schlichten Pfarrkirche aus grauem Stein, die direkt ans Wasser gebaut ist. Davor Mole und kleiner Strand, wo Kinder plantschen und natürlich Fischer ihre Netze flicken - das Ganze überragt von den Ruinen eines Kastells.

Vernazza bietet eine vollendete Postkartenidylle und das hat sich herumgesprochen - der kleine Ort ist immer gut besucht, zahlreiche Ristoranti bieten ihre Dienste an, teils in bestechender Lage auf dem Burgfels. Zu dem alten verwitterten Rundturm sollte man mal hinaufsteigen - herrliches Panorama, rundum praktisch nur Steilhänge. Und noch ein Superlativ - die engen Treppengassen des alten Ortskerns seitlich der Hauptgasse gehören zweifellos zu den steilsten Italiens.

Der Bahnhof liegt am oberen Ende der Hauptstraße, die zum Wasser hinunterführt. Der Fußweg nach Corniglia ist vielleicht der schönste der Cinque Terre und beginnt seitlich der Hauptgasse in der Via M. Carattino, anfangs steiler Anstieg (rot-weiße Markierung, 1 ½ Std.).

• *Übernachten*: ** **Sorriso**, Via Gavino 4, hinter dem Bahnhof wenige Meter die Straße hinauf, einfache Pension, kann wegen der Züge etwas laut werden. Etwa 65-75 DM fürs DZ, im Sommer Pensionspflicht, Tel. 0187/812224.

Ansonsten bieten fast alle Restaurants auch Zimmer an, z.B. **Gianni Franzi** kleine gemütliche Balkonzimmer direkt unterhalb der Hafenfestung.

• *Essen*: Einige nette kleine Trattorie findet man an der Hauptgasse, während die teuren Großlokale am pittoresken Hafen liegen, u.a. das populäre **Gianni Franzi** und das hervorragende **Gambero Rosso**.

Ein Schlückchen kosten kann man in der urigen **Cantina del Mola** (Do geschl.), ebenfalls am Hafen.

Super Blick hat man von den beiden Restaurants **Belforte** und **Al Castello**. An der Hauptgasse im Ortskern liegt das sympathisch schlichte **Il Baretto**, Via Roma 31.

Corniglia

Hier ist alles anders - Corniglia liegt hoch über dem Meer und ist vom Bahnhof unten am Meer nur über eine schweißtreibende Treppe zu erreichen.

Oben angelangt findet man zwischen den üppigsten Weinterrassen den ursprünglichsten Ort der Cinque Terre, weitgehend isoliert vom Badebetrieb an

der Küste. Stille graue Gassen öffnen sich zu hübschen kleinen Plätzen, wo man in himmlischer Ruhe seinen Caffè schlürfen kann. Von vielen Punkten im Ort hat man herrliche Ausblicke auf die tief unten liegende Küste und das Meer.
Corniglia ist ein Ort, wo sich vor allem Wanderer und Ruhesuchende treffen - wer Baden will, bleibt meist gleich unten am Bahnhof, neben dem sich der *Spiaggione di Corniglia*, der längste Strand der Cinque Terre erstreckt. Dort beginnt auch der Weg nach Manarola - man geht östlich vom Bahnhof die Treppe hinunter, unter den Gleisen hindurch und links zwischen den Bungalows und Badekabinen des Villaggio Marino Europa entlang, dann markierter Anstieg (ca. 50 Min.).
Der Weg nach Vernazza beginnt oben im Ort (ca. 1 ½ Std.).

● *Übernachten*: Überall im Ort werden **Privatzimmer** vermietet, beim ziellosen Umherstreifen findet man meist mehrere Hinweisschilder. Einige Telefonnummern von Vermietern: 0187/513830, 821154, 812384, 812293 - letztere ist die Nummer von Signora Maria, ihr Haus liegt besonders hübsch an einer Piazza mit Blick in die Berge.

● *Essen*: **Cantina de Mananan**, Via Fieschi 117, traditionelles Bruchsteingewölbe in der engen Hauptgasse, nur eine Handvoll Tische, tolle Atmosphäre, oft geht es hoch her. Gekocht wird nach ligurischer Tradition und so weit wie möglich mit eigenen Produkten, man stellt eigenen Rot-/Weißwein, Grappa und Dolce her. Im Sommer tägl. (nur abends), sonst Di geschl.

Grandios klammern sich die Häuser von Manarola an die Steilhänge

Manarola

Der vielleicht intimste Ort der Cinque Terre. Äußerst pittoresk drängen sich turmhohe Häuser die Steilhänge eines Einschnitts hinunter. Vom Bahnhof im oberen Ortsteil geht man durch einen Tunnel, überquert die Bahnlinie und trifft auf die Hauptstraße, die bergab zum Wasser führt und in einer betonierten Plattform endet, wo sich die Fischerboote zwischen Ristoranti stapeln. Unterhalb davon eine tief verzweigte Bucht, in der Boote ankern und auf den Klippen gebaden wird. Eine äußerst hübsche Szenerie, die schon dazu verleiten kann, hier einen Nachmittag zu verträumen.

Rechter Hand vom Hafen führt ein Weg um die Felsnase herum zu einer betonierten Badeplattform mit Blick auf den langen Strand von Corniglia, ein Schlauchanschluß sorgt für Süßwasser. Wer nach dem Bad nach *Corniglia* weiterlaufen will, kann hier einen engen Serpentinenweg hinaufklettern und trifft auf den Fußweg nach Corniglia, der in Manarola an der Hauptstraße kurz vor dem Hafen beginnt (beschildert, ca. 50 Min.).

● *Übernachten*: *** **Marina Piccola**, hübsche Lage direkt am kleinen Hafen, sechs einfache saubere DZ ca. 80-100 DM, HP im Sommer obligatorisch, Tel. 0187/920103. *** **Ca d'Andrean**, an der Hauptgasse, helle gemütliche Zimmer mit auf die Bucht gerichteten Sonnenbalkonen. DZ ca. 80-90 DM, Tel. 0187/920040.

● *Essen*: Am besten ißt man Meeresgetier im **Marina Piccola** am Hafen und in der Trattoria **Il Porticciolo** an der Hauptgasse. Wer nur einen Snack will, kann die freundliche Paninoteca **Enrica** an der Hauptgasse besuchen.

Erlebnis Natur: Via dell'Amore

Der berühmte, breit ausgebaute "Weg der Liebe" wurde 1930 angelegt und führt hinüber in den Nachbarort Riomaggiore - ihn können sogar Wandermuffel wagen, man ist gerade 20 Min. zu Fuß unterwegs. Seinen Namen erhielt er, weil sich hier die Jugendlichen aus den beiden Dörfern trafen und dabei so manche zarte Romanze begann. Der gut beschilderte Weg beginnt am Bahnhof von Manarola, man überquert zunächst über einem Tunneleingang die Gleise und es geht halbhoch über dem Meer entlang, unterwegs trifft man immer wieder auf betonierte Sitzbänke. Herrliche Ausblicke hat man über meterhohe Agaven die Steilküste hinunter, unten flache Felsplatten, auf denen es sich zahlreiche Badende bequem gemacht haben.

Riomaggiore

Umgeben von weitläufigen Weinterrassen pressen sich die Häuser nebeneinander ein steiles Tal entlang. Ein breiter Hauptweg führt von der Durchgangsstraße hinunter zum kleinen Hafen, wo bisher keinerlei Zugeständnisse an Touristen gemacht wurden - hier ist nur Platz für Boote.

Das gesamte öffentliche Leben spielt sich auf der Hauptstraße ab, einen Blick wert ist die reliefgeschmückte Kanzel in der Pfarrkirche (am oberen Ende der Straße seitlich ab), der Markt findet am Montag statt. Baden kann man in einer Kies-/Sandbucht links vom Ort bzw. unterhalb des Fußwegs nach Manarola. Der Bahnhof liegt unten am Hafen und ist durch einen langen Fußgängertunnel zu erreichen. Hier beginnt die legendäre Via dell'Amore (Brücke über die Bahngleise, beschildert).

Seit 1992 gibt es am oberen Ende der Hauptgasse ein riesiges Parkhaus mit über tausend Stellplätzen - die früher kilometerweit durch Tagesbesucher zugeparkte Durchgangsstraße wird dadurch spürbar entlastet.

• *Übernachten/Essen*: Wer bleiben will - am besten nach **Privatzimmern** durchfragen, es gibt eine ganze Reihe davon. Oder das Albergo **Villa Argentina** beim Park-hochhaus versuchen, DZ ca. 80-90 DM, Tel. 0187/920213.
Im **La Laterna** an der Hafenbucht ißt man auf einer einladenden Terrasse.

La Spezia (ca. 115.000 Einwohner)

Tolle Lage am Ende des schlauchförmigen Golfo della Spezia, lange Promenade mit Palmen, jedoch weitgehend uninteressante Großstadt mit bedeutendem Wirtschafts- und Passagierhafen, außerdem wichtiger Kriegshafen der italienischen Marine. Häufige Fähren gehen nach Korsika und Sardinien. Interessant ist das ethnographische *Museo Civico* in der Via Curtatone 9/ Ecke Corso Cavour mit einer großen Sammlung frühgeschichtlicher und antiker Funde der Region (Di-Sa 9-13, 15-19 h, So 9-13, Mo geschl., frei).

▶ **Von La Spezia nach Portovenere**: Panoramastraße an der Innenseite des Golfs entlang, herrliche Rückblicke auf La Spezia und den Golf - er wird übrigens auch *Golfo dei Poeti* genannt, weil Anfang des 19. Jh. die Dichter Shelley und Lord Byron hier verweilten. Ein Ausflug nach Portovenere lohnt sehr - jedoch an Wochenenden Null Chance, einen Parkplatz zu finden, die Zufahrtsstraße ist kilometerweit zugeparkt!

Portovenere (ca. 5000 Einwohner)

An der äußersten Spitze der Halbinsel, die den Golf von La Spezia bildet. Schon der erste Anblick einfach großartig - hohe bunte Hausfassaden flankieren den breiten Hafenkai, darüber thronen die Mauern eines mächtigen alten Genuesen-Kastells, vorgelagert die dicht begrünte Isola Palmaria.

Im Zentrum der *Carrugio*, die schmale lange Hauptgasse mit hübsch hergerichteten Geschäften, Backstuben und natürlich zahlreichen Souvenirläden. Am Ortsausgang auf der äußersten Felsspitze von Portovenere das alte Kirchlein *San Pietro*, von dem man einen herrlichen Blick die Steilküste entlang Richtung Cinque Terre hat. In der Nähe führt eine Treppe zu der *Arpaia-Grotte* hinunter, Lieblingsplatz des legendären Lord Byron, der einige Sommer in Portovenere verbrachte (er soll mehrmals von den gegenüberliegenden Orten San Terenzo und Lerici herübergeschwommen sein). Bootsausflüge kann man auf die dicht begrünte *Isola Palmaria* machen, dort Badebuchten und beschilderter Rundweg (ca. 3 Std.).

• *Information*: an der Hauptpiazza Bastreri, im Wachtürmchen der Festungsmauer, Tel. 0187/900691.

• *Übernachten*: hohes Preisniveau und kaum Auswahl.

*** **Paradiso**, Via Garibaldi 34, am Ortseingang, komfortables Albergo in älterem Palazzo, DZ mit Frühstück ca. 120-140 DM, Tel. 0187/900612.

** **Genio**, Piazza Bastreri 8, in der Altstadt, nur 7 Zimmer, gemütlich, DZ ca. 95 DM, keine Pensionspflicht, verlangt im Sommer aber Mindestaufenthalt von einigen Tagen. Tel. 0187/900611.

• *Essen*: **La Medusa**, gemütliche Trattoria am kleinen Brunnenplatz des Altstadt-Carrugio. **Elettra**, beliebtes Feinschmeckerlokal über den Hafenarkaden, beste Lage mit schönem Meeresblick.

Lerici

(ca. 14.000 Einwohner)

Am Ausgang des Golfo di Poeti, hübscher Ferienort in einer großen Bucht. Spektakulär das Panorama von der Zufahrtsstraße - inmitten steiler Hänge mit üppigster Vegetation thront ein wehrhaftes Kastell über dem Bootshafen, weiter vorne schiebt sich die eindrucksvolle Halbinsel von Portovenere ins Meer.

Hinter der langen geschwungenen Promenade der alte Ortskern mit einem Gewirr von steilen Treppengassen, an den Hängen dahinter schicke Villen in üppigem Grün. Von der Hafenpiazza führt die Via Zanelli steil hinauf zum *Kastell*. Es wurde von den Pisanern im 13. Jh. erbaut - Konkurrenz zur Genuesenburg von Portovenere - und später von den Genuesen erweitert. Ein Waffenmuseum und die Kapelle Sant'Anastasio können besichtigt werden. Westlich von Lerici liegt der Zwillingsort *San Terenzo* mit kleinem Sandstrand und einigen preiswerten Unterkünften.

• *Anfahrt/Verbindungen*: **PKW**, im Ort konsequentes Einbahnstraßensystem und kaum Parkplätze.

Bahn/Bus, Zug bis **Sarzana** und noch 7 km per Bus. Oder ATC-Bus L direkt ab La Spezia/Piazza D. Chiodo.

• *Information*: Via Gerini 40, Nähe Uferpromenade, Tel. 0187/967346.

• *Übernachten*: Die Hotels sind im Sommer lange im voraus ausgebucht, auch der Camping meist voll.

*** **Doria Park**, obere Durchgangsstraße, konkurrenzlos schöne Lage, Zimmer mit herrlichem Buchtblick und Frühstück um die 150-170 DM, ohne Blick ca. 110 DM, Tel. 0187/967124.

** **Del Golfo**, schräg gegenüber vom Info-Büro, die preiswerteste Unterkunft in Lerici, DZ ca. 60-85 DM, Tel. 0187/965733.

Camping Maralunga, etwas teurerer Platz östlich vom Ort hinter dem nächsten Hügel. Tolle, aber etwas beengte Lage auf steilen Terrassen unter Olivenbäumen oberhalb einer malerischen Felsbucht mit Bademöglichkeit. Mit Wohnwagen könnte man beim Rangieren auf den engen Terrassen Schwierigkeiten bekommen. Von der Busstation im Zentrum läuft man ca. 1 km zum Platz, Aufstieg über steile Treppen. In die Stadt runter: vom Ausgang des Campingplatzes links halten, nach ca. 50 m rechts einen verwitterten Stufenpfad hinauf bis zur Straße, dort ca. 150 m links gehen und über steile Treppen hinunter in den Ortskern. Tel. 0187/966589.

• *Essen*: zahlreiche Fischlokale an der Promenade und an der Hafenpiazza Garibaldi.

Vecchia Lerici, Piazza Mottino 10, traditionsreiches Schlemmerlokal mitten in der Altstadt, Fisch vom Feinsten, gehobene Preise. Do und Fr Mittag geschl.

Del Vicolo, Via Giacopello/Ecke Piazza Garibaldi, gute und preiswerte Pizzeria/ Trattoria, etwas versteckt hinten an der Hafenpiazza.

Golfo dei Poeti, großes beliebtes Fischlokal direkt auf dem breiten Hafenkai neben dem Fischmarkt.

La Palmira, Via Trogu 13, im Nachbarort San Terenzo, freundliche rustikale Trattoria mit ausgezeichneter Fischküche. Mi geschl.

• *Bars*: **Erix Bar**, die letzte unterhalb des Kastells, abends viel Stimmung und gute Kontakmöglichkeiten.

La Lanterna, kurz vor Erix, American Bar mit Snacks, Cocktails und Popmusik.

• *Ausflüge*: tägliche **Bootsfahrten** zu den Orten der Cinque Terre, ca. 30 DM hin und zurück.

Lerici/Umgebung

▶ **Tellaro**: Eine kurvige Straße führt von Lerici über den Ferienort *Fiascherino* in dieses 5 km entfernte, bildhübsche Örtchen. Unterwegs etliche Badebuchten, zu denen man von der Straße hinuntersteigt - an Wochenenden herrscht allerdings Hochbetrieb. Das Dorf balanciert auf einer zerklüfteten Landzunge hinunter ans Meer - ein winziger Hafen, über dem die Häuser und Treppenwege zur Piazza hinaufsteigen, einige Geschäfte und die typischen Bars. Alles ist picobello gepflegt, allerdings fest in der Hand von Ferienhausbesitzern - trotzdem ein Plätzchen, wo man es einige Tage aushalten kann.

• *Übernachten*: **** Miramare**, ruhig gelegener Neubau am Ortseingang, DZ ca. 60-85 DM, Tel. 0187/967589.

* Delle Ondine, älteres Haus direkt an der Dorfpiazza, könnte laut werden. DZ ca. 50-70 DM, Tel. 0187/965131.

Camping Gianna, kurz vor Tellaro direkt oberhalb der Straße, schöner Platz unter Olivenbäumen, Swimmingpool, ca. 10 Min. läuft man bis nach Tellaro und zum dortigen Felsenstrand.

• *Essen*: **Miranda**, Via Fiascherino 92, Gourmet-Tip, sechs antik eingerichtete Zimmer, Spitzenküche und prallvoller Weinkeller. Mo geschl.

▶ **Parco Montemarcello**: Südöstlich von Lerici überrascht die intakte Landschaft - herrliche Fahrt durch prächtiges Waldgebiet, die Kiefern stehen bis in die bizarren Felsbuchten hinunter, keinerlei Bebauung. Des Rätsels Lösung: Das Küstengebirge ist Naturschutzgebiet. Einige gekennzeichnete Wanderwege durchziehen das Gebiet, Auskunft im Info-Büro von Lerici. Die Hauptstraße führt zunächst nach *Montemarcello*, ein kleines kompaktes Nest hoch über der Spitze der Landzunge, 20 Fußminuten unterhalb kleiner Badestrand. Kurz bevor es nach *Bocca di Magra* hinuntergeht, öffnet sich ein herrlicher Blick auf die Mündung des Flusses Magra. Über das herausgeputzte Vorzeigedorf *Ameglia*, das wie eine runde Häuserkrone auf einer Hügelkuppe sitzt, kann man nach Carrara und an die toskanische Küste weiterfahren (→ im Folgenden).

Übernachten: mehrere **Campingplätze** am westlichen Magraufer.

▶ **Luni**: versunkene Römerstadt in der Magra-Ebene, größte antike Ausgrabung Liguriens. Das flache und weitläufige Ausgrabungsgelände läßt die Ausmaße der alten Stadtanlage deutlich erkennen. Ein didaktisch vorbildliches Museum zeigt die wichtigsten Fundstücke (tägl. 9-19 h, ca. 4 DM).

Abstecher in die Toskana

Südlich von La Spezia sieht man in der Ferne schon die weißen Berge von Carrara leuchten, Italiens berühmteste Steinbrüche. Ein Ausflug dorthin juckt förmlich in den Fingern.

Die Küste im toskanischen Norden um Forte dei Marmi, Viareggio und Pisa war zwar mal schön, ist aber inzwischen zur Feriengroßstadt verkommen. Die weitaus interessantere Ecke die *Maremma-Küste* südlich von Livorno, Details in unserem *Toskana*-Buch.

Wer bis *Pisa* fahren will - der Schiefe Turm ist wegen umfassender Sanierung geschlossen (Stand 1995).

Versilia und Apuanische Riviera

Die Versilia, das kleine Gebiet um Viareggio und Lido di Camaiore, und die nördlich angrenzende Apuanische Riviera sind der nördlichste Küstenstreifen der Toskana. Beide Landstriche sind klimatisch privilegiert - kalte Nordwinde werden durch das fast 2000 m hohe Apuanische Gebirge abgeschirmt, in dem die größten Marmorvorkommen Italiens lagern.

Der Tourismus begann schon früh - bereits Anfang des letzten Jahrhunderts wurde hier das Bad im Meer als Therapie empfohlen und das erste Spielcasino errichtet. Adel und Geldbürger kamen zuhauf und es entstanden jene altehrwürdigen Luxushotels und Villen, die heute noch den Badeorten ihr exklusives Ambiente geben.

Die schachbrettartig angelegten Badeorte gehen meist nahtlos ineinander über - eine Art Rimini mit historischem Flair. Zwischen Promenade und Meer reihen sich gebührenpflichtige Badeanstalten wie Perlen an der Kette - frei zugängliche Plätze gibt es nur vereinzelt. Entlang der Küste verläuft eine vierspurige "Autopromenade" - im Sommer ein absolutes Chaos, im Winter wie ausgestorben. Insgesamt nicht unbedingt eine Gegend zum längeren Verweilen - Ausnahme jedoch das Frühjahr, dann ist hier noch kaum etwas los, die Menschen sind freundlich und die Preise relativ niedrig.

In den *Apuanischen Alpen* kann man prächtig wandern - heller Dolomitfels, weiße Abraumhalden der Marmorbrüche und schattige Kastanienwälder bestimmen das Bild. Die Wege sind gut markiert und fünf Hütten des Alpenvereins (meist ganzjährig geöffnet) bieten Logis. Im Tourist-Büro von Carrara gibt es einen speziellen Wanderführer auf italienisch, außerdem zu empfehlen die kleine Wanderbroschüre *Versilia Alpi Apuane* und die Wanderkarte *Alpi Apuane* von Multigraphic/Florenz (1:25.000).

Carrara   (ca. 70.000 Einwohner)

Die Stadt am "Milchbach". Wegen der zahlreichen Marmorsägereien, die das Wasser des Gebirgsbachs als Kühlmittel und zum Spülen benutzen, fließt ein meist milchiger Gipsbach mitten durch Carrara.

Im Ortsbild mischt sich etwas Mittelalter mit pompösem Klassizismus, ansonsten hat die kleine Verwaltungs- und Arbeiterstadt wenig zu bieten. Die harte Arbeit in den Marmorbrüchen hat ihre Spuren im politischen Leben gezogen - die anarchistische Bewegung besitzt in Carrara eine lange Tradition, diverse Denkmäler erinnern an Revolutionäre.

In der örtlichen *Bildhauerschule* (*Istituto Professionale di Stato per l'Industria e l'Artigianato del Marmo*, Via Pietro Tacca 36) dauert eine Ausbildung drei Jahre, vier verschiedene Fachrichtungen können gewählt werden: Steinmetz, Modellier, Bildhauer und Ornamentist. Ausländer können sich auch für die kürzeren, sechs Monate dauernden Kurse einschreiben.

● *Anfahrt/Verbindungen*: nächster Bahnhof in **Carrara Avenza** (zwischen Marina di Carrara und Carrara), Busverbindung alle 10 Min.

● *Information*: in Marina di Carrara.

● *Übernachten*: ** **Da Roberto**, Via Apuana 5, am Rand der Altstadt neben dem Milchbach, leider auch an der Straße. Oft ausgebucht, DZ ohne Bad 50, mit Bad ca. 70 DM, Tel. 0585/70634.
Ausweichmöglichkeiten im Nachbarort **Carrara Avenza** (Bahnhof): * **Da Maurin**, Via Fiorino 2, Tel. 0585/859385 und * **Da Sergio**, Via Provinciale 180, Tel. 0585/ 858938.
Zahlreiche Pensionen im Badeort **Marina Carrara**, z.B. ** **Margherita**, Via Venezia 22, Tel. 0585/635972 und ** **Anna**, Via Garibaldi 4, Tel. 0585/633469.
Jugendherberge Ostello Apuano, Viale delle

Pinete 89 (Partaccia) am Rand von Marina di Carrara, fast schon in Marina di Massa. An einem unbebauten Stück Küste, direkt am felsigen Strand. Busse fast stündlich ab Bahnhof Marina di Massa oder von Carrara-Avenza mit Bus Richtung Hafen (Fahrer Bescheid sagen), von hier ca. 400 m zu Fuß. Voranmeldung nötig. Tel. 0585/780034.
Mehrere **Campingplätze** liegen an beiden Ortsausgängen von Marina di Carrara direkt an der Küste, z.B. der recht schöne **New Camping**.

● *Essen*: **Soldaini**, Via Mazzini 11, Lokal der gehobenen Preisklasse, Menü ca. 60 DM. Mo geschl.
Capinera, Via Ulivi 6, preiswert und einfach. Hier hocken mittags die Arbeiter im Blaumann, Menü ca. 30 DM.

Sehenswertes: Der *Dom* im pisanischen Stil steht eingezwängt im ältesten Teil von Carrara. Viel Marmor stand für den Bau nicht zur Verfügung, denn das angehäufte Kapital der Marmorbarone blieb nie in der Stadt. Eigenwillig die übergroße Rosette. Eine originelle Augenweide die *Fontana del Gigante* (Hünenbrunnen) am Domplatz - auf zwei wasserspeienden Fischköpfen posiert eine mächtige Figur, den genuesischen Admiral Andrea Doria darstellend.

An der fast barocken Piazza Alberica mit Palmen und Blumenbeeten erinnert die *Accademia di Belle Arti* an eine phantastisch-verspielte Riesensandburg. Eine Schwester Napoleons vermachte 1805 das frühere Prinzenpalais der Kunstakademie, freskengeschmückter Innenhof.

Scolpire all'Aperto: Alle zwei Jahre (die nächsten Male 1996 und 1998) verwandelt sich die Piazza Alberica in ein riesiges offenes Atelier - zwanzig bis dreißig Bildhauer aus aller Welt modellieren um die Wette, hautnah lassen sich die einzelnen Arbeitsgänge verfolgen. Genauer Termin beim APT Marina di Carrara, Piazza Menconi 5/b, Tel. 0585/632218.

Professor Nicole führt das bekannteste Atelier in Carrara an der Piazza XXVII Aprile. Schauen Sie mal rein - wenn Sie nicht gerade der zwanzigste Besucher an diesem Tag sind, kann er sehr informativ und gesprächig werden.

Ein *Marmormuseum* befindet sich einige Kilometer außerhalb im Viale XX Settembre (beim Stadion). Die Ausstellung dokumentiert die geologische Entstehungsgeschichte, Förderung und Nutzung des Marmors (Mo-Sa 9.30-12.30 und 15.30-18.30 h, So geschl., ca. 5 DM).

▶ **Die Marmorbrüche:** im Umfeld von 5-10 km von Cararra, meist als numerierte *Cave* ausgeschildert. Michelangelo war oft hier, um sich einen Block auszusuchen, zuletzt im Jahre 1525. Seitdem hat sich viel gewandelt - im Zug der industriellen Revolution wurde 1876 eine Bahnlinie gebaut, auf den stillgelegten Trassen schleichen heute die schweren LKW mit 30 Tonnen-Blöcken den Berg hinunter.

Über eine Million Tonnen des kristallisierten Kalks werden zur Zeit jährlich abgebaut, und die Vorräte sollen sich noch auf viele Millionen von Kubikmetern belaufen. In früheren Jahrhunderten nutzte man dafür die Erfindung des Schießpulvers, Ende des letzten Jahrhunderts revolutionierte eine neuartige Sägetechnik den Abbau: mit 5-6 m/Sek. wird ein endloses, auf Rollen gelagertes stählernes Sägeblatt durch die Schnittfuge gezogen. Wasser und Kieselsand, die währenddessen eingespült werden, dienen als Schleifmittel.

Einen Besuch wert ist das kleine *Freilichtmuseums* von Walter Danesi (von Carrara der Beschilderung Colonnata folgen, dann nach Miseglia, von dort beschildert). Urzeitlich anmutende Preßlufthämmer, monströse Sägen und allerlei andere rostige Ungetüme werden kompetent erläutert.

Beliebtes Ausflugsziel ist *Colonnata*, ein kleines Bergarbeiterdorf in 532 m Höhe. Im obersten Teil des Dorfes, zwischen der frisch gestrichenen Dorfkirche und halbverfallenen Gemäuern, steht das moderne Denkmal für die *Cavatori*, die Arbeiter in den Steinbrüchen. Auf zwei übermannshohen Relieftafeln wird die traditionelle Abbaumethode illustriert. Unten am Dorfplatz die Endstation der Busse - hier stehen und plaudern die alten und jüngeren Veteranen aus den Steinbrüchen: jeder zweite hinkt. Sehr zu empfehlen: das kleine alteingesessene Restaurant Da Venanzio, Piazza Palestro 3 (Do und So Abend geschl.).

Pietrasanta
(ca. 26.000 Einwohner)

Während Carrara hauptsächlich auf die Gewinnung und den Export von Rohmarmor spezialisiert ist, entstand hier ein vielfältiges, künstlerisch-industrielles Zentrum zur Veredelung des zarten Steins.

Mittelpunkt ist die *Piazza Duomo* mit einigen Straßencafés und der hübschen Fassade des dreischiffigen Doms aus dem 13. Jh. Den Berghang zieht sich eine alte Befestigungsmauer mit grünen Olivenhainen hinauf. An der Peripherie viele Ateliers und Marmorfabriken, kleine "Kopierbetriebe" zum Reinschauen im Zentrum - hier werden Engelchen, Brunnen, Gartenbänke usw. in Kleinserie hergestellt. Man trifft auf viele amerikanische, deutsche und englische Handwerker - sie alle haben es geschafft, eine Praktikantenstelle in einem der kleinen Ateliers zu ergattern.

● *Übernachten:* ** **Stipino**, Via Provinciale 50, 5 Min. nördlich vom Zentrum. Geräumige Zimmer mit TV, vorm Haus viel Verkehr, jedoch Schallschluckfenster. DZ ca. 70-90 DM, Tel. 0584/71448.

● *Essen:* **Lo Sprocco**, Via Padre Barsanti

22, geräumige rustikale Trattoria, Kaninchenbraten mit würziger Soße. Mi geschl. Empfehlenswerte **Rosticceria** in der Fußgängerzone Via Giuseppe Mazzini 23. **Wagener**, liegt außerhalb, ca. 2 km auf der

SS 439 Richtung Viareggio und nach Valdicastello/Due Ponti links abbiegen (ca. 5 km), am Ortsende oberhalb der Brücke. Wohnzimmeratmosphäre in einem ehemals feudalen Landhaus. Mo geschl.

▶ **Marina di Pietrasanta**: nicht so mondän wie das benachbarte Forte dei Marmi, wo Fiat-Chef Agnelli eine pompöse Villa sein eigen nennt, dafür aber mit ausgeprägt vielfältigem Kulturangebot: in *La Versiliana*, der 100 Hektar großen grünen Oase am Ortsausgang Richtung Forte dei Marmi, finden während der ganzen Saison Theater-, Operetten- und Ballettaufführungen statt. In der neben der Parkvilla liegenden *Fabrica dei Pinoli* (ehemalige Pinienkern-Mühle) Ausstellungen zu Bildhauerei, Malerei und Fotografie. Vielbesucht auch das "Literatencafé" mit prominenten Persönlichkeiten aus Kultur und Politik.

• *Information*: Via Donizetti 14 (Tonfano), Tel. 0584/20331.

• *Übernachten*: *** **Gemma del Mare**, Via Leonardo da Vinci 156, im hinteren Ortsteil, ruhig mit großem Kieferngarten, sehr gepflegt, viele deutsche Gäste, Halbpension ca. 100 DM pro Pers., Tel. 0584/745403.

• *Essen*: **Da Riccá**, Viale Carducci 112, Ortsteil Fiumetto, empfehlenswert die Tortellini (gefüllte Teigtaschen) und *riso alla marinara*.

Viareggio

(ca. 60.000 Einwohner)

Ursprünglich ein trostloses Fischernest immitten von malariaverseuchtem Sumpfland. Erst im letzten Jahrhundert entstand der Badeort, die Sümpfe wurden entwässert, ein größerer Hafen entstand. Klassizistische Prunkfassaden und Nobelhotels der Jahrhundertwende prägen noch heute das Gesicht der Stadt.

Für die 60.000 Einwohner gibt es, abgesehen vom Tourismus, nur wenig Beschäftigungsmöglichkeiten. Eine kleine Werft, bekannt für den Bau von Luxusjachten, lebt von den Aufträgen solventer Ölmagnaten.

Bekannt ist der *Karneval* von Viareggio, der erstmalig 1873 stattfand und nach dem venezianischen der berühmteste in ganz Italien ist - ein riesiger Umzug mit hydraulisch gesteuerten Pappfiguren, politische Satire monumental. Die Karnevals-Hallen (Hangar Carnevale) am Ende des Viale Marco Polo können während der Sommermonate besichtigt werden.

Zu den freien Badestränden südlich des Orts verkehren während der Saison halbstündlich CLAP-Busse ab Piazza d'Azeglio.

• *Anfahrt/Verbindungen*: **Bahn**, Viareggio liegt an der Hauptlinie von Genua nach Rom, außerdem geht eine Nebenlinie nach Lucca und Florenz. Bahnhof im Zentrum, 500 m sind es geradeaus zum Meer.

• *Information*: Viale Carducci 10, Tel. 0584/ 962233.

• *Übernachten*: Viareggio besitzt die meisten * **Hotels** der Versilia - ca. 100! Oft in ehemaligen Privatvillen eingerichtet, bieten sie etwas nostalgischen Glanz incl. Familienatmosphäre. Zu finden hauptsächlich um die Pineta di Ponente, den Stadtpark von Viareggio, und in den Seitenstraßen. Im Sommer jedoch meist Pensionspflicht. Etliche **Campingplätze** in der südlich anschließenden Strandlandschaft *Macchia Lucchese*. Zu empfehlen ist **Camping Paradiso**, der nächste Platz von Viareggio aus.

• *Essen*: außer den Fastfood-Bars an der Strandpromenade alles in gehobener Preisklasse.

Rosticceria La Campagna, Via Antonio Fratti 13, Pizza, Hähnchen, Fisch.

Vecchia Viareggio, Via Regia 106, die calzone ist gewaltig und kaum zu schaffen, Rohkostsalate mit Öl-/Essigsoße zum Eintauchen. Mo geschl.

▶ **Lago di Massaciúccoli:** Der seichte See (maximal 4 m tief) ist von einem dichten Schilfgürtel umzogen, eine Vielzahl von Vögeln nistet hier, seitdem Jagdverbot besteht. Zum Baden wegen der Wasserqualität nicht empfehlenswert, im Sommer Seerundfahrten mit Ausflugsbooten.

In *Torre del Lago Puccini* die hübsche zweigeschossige Villa des Opernkomponisten Puccini (1858-1924). Von hier ist der Blick auf den See fast alpenländisch - auf der glatten Oberfläche spiegelt sich das apuanische Gebirge. Heute ist hier ein Museum mit des Komponisten liebsten Instrumenten untergebracht - nach dem Klavier waren es seine Jagdflinten, mit denen er den Vögeln nachstellte. In einem kapellenartigen Raum liegt er neben Gemahlin Elvira und Sohn Tonio begraben (10-12.30, 15-18 h, Mo geschl). Alljährlich im Sommer findet auf einer Freiluftbühne im Ort ein Opernfest statt.

Übernachten: **Camping del Lago**, am Seeufer, neben den alten Betriebsgebäuden einer ehemaligen Torfstecherei.

▶ **Küste zwischen Viareggio und Pisa:** urwüchsiges Marschland mit Pinienhainen, Macchia und Sumpfgebieten. Die *Macchia di Migliarino* ist Naturschutzreservat und darf nur mit vorheriger Genehmigung der Parkverwaltung betreten werden (Consorzio del Parco, Via Cesare Battisti 10, I-56100 Pisa). Leider wird der Küstenstreifen durch giftige Abwässer des hier mündenden Arno zusehends in Mitleidenschaft gezogen. Die starken libyschen Sommerwinde (*Libeccio*) treiben die Abwässer landeinwärts, deren aggressive Bestandteile die Vegetation zerstören. In *San Rossore* steht der Sommerpalast des italienischen Staatspräsidenten, Teil eines Großgrundbesitzes. Der Park ist an Sonntagen zu besichtigen.

Pisa

(ca. 105.000 Einwohner)

Die Stadt ist nicht so fein herausgeputzt wie beispielsweise Florenz oder Siena. In der Altstadt bröckeln die Hausfassaden, an denen anscheinend seit Generationen nichts mehr verändert wurde. Kleine Gäßchen führen wie Tunnels zwischen den Häusern hindurch. Leben bringen vor allem die 30.000 Studenten in die Stadt - Pisa besitzt seit dem 14. Jh. eine bedeutende Universität.

Die *Piazza dei Miracoli*, die saftig grüne "Wiese der Wunder", liegt am Rand der Altstadt. Dort stehen sie, die weltberühmten Sehenswürdigkeiten von Pisa: der Schiefe Turm, der Dom und das Baptisterium, umgeben von der alten Festungsmauer - prachtvolle Überreste der Zeit, als Pisa im Mittelalter eine der mächtigsten Städte Italiens war. Hinweis jedoch: Der allmählich bedrohlich schiefe Turm wird seit 1991 grundlegend restauriert und ist gesperrt (Wiedereröffnung geplant für 1996).

Die Touristenfluten, die per Bus meist nur für einen Nachmittag kommen, sieht man in der hübschen Altstadt kaum. Dort, zu beiden Seiten des Arno-Ufers, ist Italien noch typisch: täglich betriebsamer Gemüsemarkt im Metzgerviertel. Abends, wenn die Buden abgebaut sind, tratschen die "Mammas" im Kreis zusammengerückter Stühle.

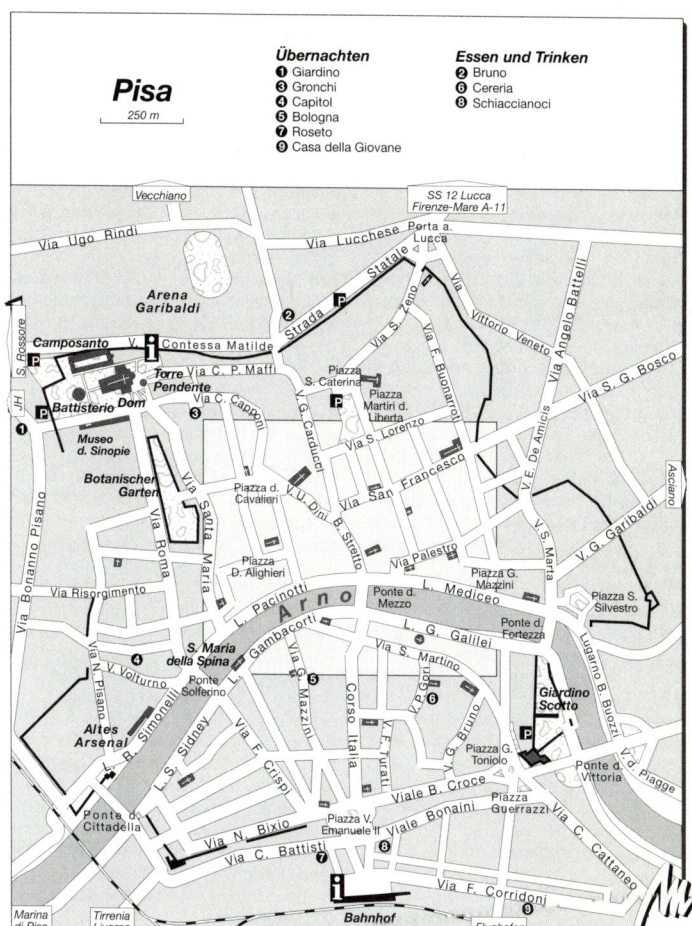

Pisa

250 m

Übernachten
- ❶ Giardino
- ❸ Gronchi
- ❹ Capitol
- ❺ Bologna
- ❼ Roseto
- ❾ Casa della Giovane

Essen und Trinken
- ❷ Bruno
- ❻ Cereria
- ❽ Schiaccianoci

Anfahrt/Verbindungen/Information

● *Anfahrt/Verbindungen*: **PKW**, Pisa liegt an der Autobahn A 12 von Genua nach Livorno, von Florenz kommt man über Empoli schnell hierher. Bewachter Parkplatz bei der Wunderwiese hinter der Stadtmauer, leider oft überfüllt.
Bahn, Station an der Hauptlinie von Genua nach Rom, außerdem häufige Verbindungen nach Lucca und Florenz (etwa alle 30 Min.). *Hauptbahnhof* ca. 1 km außerhalb vom alten Zentrum - zur "Wunderwiese"

sind es ca. 2 km, Bus 1 fährt alle paar Minuten). Weiterer Bahnhof *San Rossore* in Nähe der Wunderwiese (→ Camping).
Bus, *APT-Busse* speziell für die nähere Region von Pisa, *Lazzi-Busse* nach Florenz, Lucca, Arezzo, Montecatini, La Spezia u.a. Abfahrt und Ankunft Piazza Sant'Antonio, Nähe Bahnhof.

● *Information*: an der "Wunderwiese", weiteres Büro am Bahnhof, Tel. 050/560464.

Übernachten

Zahlreiche einfache Pensionen in der Stadt, vor allem um die Wunderwiese, bei der Piazza Dante (Altstadt) und um den Bahnhof.

*** **Royal Victoria**, Lungarno Pacinotti 12, direkt am Arno-Ufer in der Altstadt. Vor längerer Zeit beste Adresse von Pisa, heute eher Mittelklasse. Viel Platz in den Gängen und Zimmern, allein die Badezimmer sind teilweise so geräumig wie ein Hotelzimmer. Schwere massive Holzmöbel mit vielen Rundungen, kalkweiße, ungeschmückte Wände - viktorianisch kühl. DZ je nach Saison ohne eig. Bad ca. 80 DM, mit Bad ca. 130 DM, Tel. 050/502130.

*** **Capitol (4)**, Via E. Fermi 3, 10 Min. zu Fuß von der Altstadt, ruhige Lage, gepflegte und geräumige Zimmer, einige Parkplätze, DZ ca. 120 DM, Tel. 050/49597.

** **Bologna (5)**, Via Mazzini 57, ordentliches Hotel auf der Bahnhofsseite der Altstadt, DZ ca. 100 DM, mit Parkplatz, Tel. 050/24449.

** **Roseto (7)**, Via Mascagni 24, nicht weit vom Bahnhof. Einige Zimmer zu den Gärten hinter dem Haus für ungestörten Schlaf, Grundrenovierung 1995. DZ mit Du/ WC ca. 80 DM, ohne ca. 60 DM, Tel. 050/ 42596.

* **Gronchi (3)**, Piazza Arcivescovado 1, optimale Lage nur 100 m vom Schiefen Turm, freundl. altes Albergo mit Deckengemälden und ausgeleierten Hängebetten, hinten raus ruhiger Garten. DZ ca. 50 DM. Parken in den umliegenden Gassen. Tel. 050/561823.

* **Leon Bianco**, Piazza Pozzetto 6, altes verwinkeltes Haus an der hübschen, aber oft lauten Piazza neben dem Arno. Große muffige Zimmer, die fast schon arm wirken. Einige Zimmer mit Balkon zum Platz. DZ mit Waschgelegenheit ca. 60 DM, mit Dusche 100 DM, Tel. 050/45003.

* **Giardino (1)**, Via C. Cammeo 3, gleich neben der "Wunderwiese" in einem Hinter-

haus, deshalb relativ ruhig. Wegen der zentralen Lage meist schon am frühen Vormittag ausgebucht. DZ mit Du/WC ca. 55 DM, ohne ca. 45 DM, Tel. 050/562101.

● *Außerhalb*: *** **Villa di Corliano**, etwa 9 km außerhalb an der alten Straße nach Lucca (SS 12), in San Giuliano links ab. Alter Palast inmitten eines 6 ha großen Parks am Fuße des Monte Pisano - schöner Blick auf die Ebene. Was ihn liebenswert macht: der unaufdringliche Glanz. In den Salons und riesigen Schlafgemächern herrliche Wandgemälde und wertvolle Möbel. DZ mit Du/WC ca. 130 DM, ohne 70 DM, Tel. 050/818193.

● *Jugendherberge*: **Ostello Madonna dell' Acqua**, Via Pietrasantina 15, in einem ehemaligen Kloster vor den Toren der Stadt. Check-in ab 18 h, Übernachtung ca. 20 DM pro Pers., Bus 3 ab Bahnhof oder Wunderwiese. Tel. 050/890622.

Casa della Giovane (9), Via Corridoni 29, an einer lauten Straße Nähe Bahnhof, katholischer Verein mit Strahlenmadonna an der Rezeption. Nur für Mädchen, Übernachtung mit (schlechtem) Frühstück ca. 22 DM pro Pers., Tel. 050/43061.

● *Camping*: **La Torre Pendente**, Viale delle Cascine 86, ca. 1 km vom Schiefen Turm am Stadtrand, Bus 5 ab Hauptbahnhof (letzter Bus 23.30 h). Relativ klein und wenig Bäume, hübsche, schattige Laube mit Frühstücks- und Imbißmöglichkeit. Mai bis September. Wer mit der Bahn anreist, muß in San Rossore an der Strecke Pisa - Lucca bzw. Viareggio aussteigen, Schnellzüge halten jedoch nicht. Tel. 050/561704.

Weitere Plätze in **Marina di Pisa**, **Tirrenia** und **Calambrone**.

Essen/Trinken

Die lokale Küche legt eine radikale Vorliebe für Spaghetti in phantastischen Variationen an den Tag. Eine ganz besondere Spezialität, die man nicht mehr überall bekommt, ist aber *cee alla pisana* - frischgeborener (!) Aal, in Öl, Salbei und Knoblauch ausgebacken und anschließend mit Parmesan gepudert.

Da Bruno (2), Via Bianchi 12, eine der wenigen Lokale mit *cee* auf der Karte, auch sonst empfehlenswert. Mo Abend und Di geschl.

Schiaccianoci (8), Via Vespucci 104, Nähe Bahnhof, klein und unscheinbar. Traditionelle Küche, gute Meeresgerichte, z.B. Risotto mit Tintenfisch (ganz schwarz von der eigenen Tinte), auch gute hausgemachte Tagliatelle, Menü ca. 50 DM. So geschl.

Cereria (6), Via Gori 33, Nähe Bahnhof, einfache Einrichtung und reich mit Bildern dekorierte Wände. Was auf den Tisch kommt, ist gelungen, besonders Fischliebhaber kommen auf ihre Kosten. Exzellent auch die Fischsuppe. Für das Gebotene fast preiswert, Menü ca. 35 DM. Auch die Lage erwähnenswert - grüner Hinterhof hinter dem Teatro Redini. Di geschl.

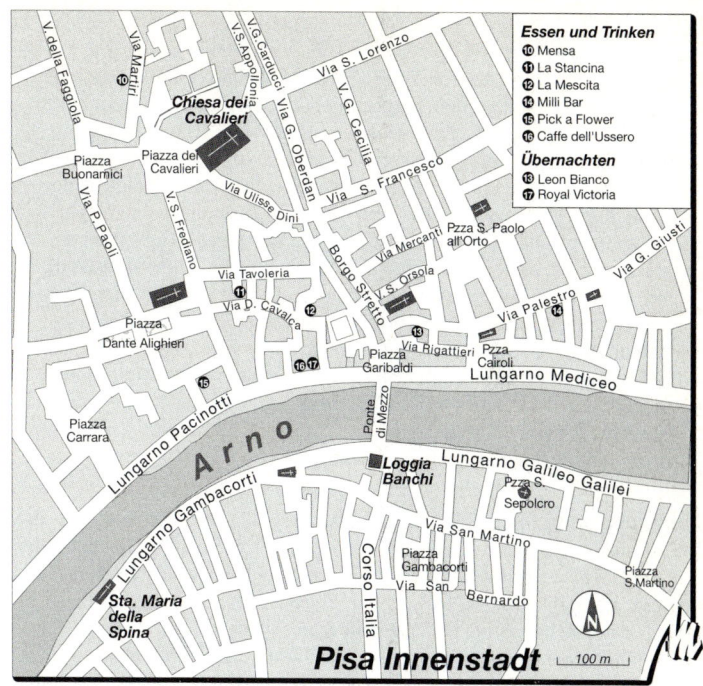

Pisa Innenstadt

La Mescita, Via Cavalca 2, kleines gutbürgerliches Lokal am Markt. Diverse Festpreismenüs ab 30 DM, auch viel Vegetarisches. Sa Mittag und So geschl.

La Stanzina, Via Cavalca 30, ebenfall Nähe Markt, der Speisesaal eine gemütliche Wohnhöhle. Mittags nur ein Tagesgericht, abends diverse Fleisch- und Fischgerichte sizilianischer Zubereitung. Spezialität ist aber auch das ungarische Gulasch. Di geschl.

● *Cafés/Bars*: **Caffè dell'Ussero** (Zum Husaren), Lugarno Pacinotti 27, traditionelles Kaffeehaus am Arnoufer, gegründet 1794. Abgesehen von eingerahmten historischen Zeitungsausschnitten und Radierungen an der Wand, hat es die Ausstrahlung eines provinziellen Opernhauscafés. Süße Spezialität: *torta coi bischeri*, mit Schokoladenpulver, Rosinen und Pinienkernen.

Pick a Flower, Via Serafini 14, freundliche Neonkneipe in kühlem Palazzo-Gewölbe, auch zum Draußensitzen. Gute Snacks wie Salate und *antipasti*.

Milli Bar, Via Palestro 39, hier ist abends am meisten geboten. An Wochenenden Pianojazz oder italienischer Folk. Angenehme Räumlichkeiten - historische Rundbögen und Säulen wie in einem mittelalterlichen Arsenal.

● *Markt*: täglich außer So an der **Piazza Vettovaglie**, im Zentrum nicht weit vom Arno.

Sehenswertes

Die großzügig angelegte "Wunderwiese" ist ein einzigartiges Ensemble von Bauten der pisanischen Romanik und war Vorbild für viele weitere dieser Art. In der Hauptsaison verwandelt sie sich in ein einziges Getümmel auf grünem Rasen. An der Straße ein Souvenirladen neben dem anderen, Eisverkäufer, Touristenhorden ... In der ruhigen Altstadt ist von dem ganzen Trubel nichts mehr zu spüren.

Galileo Galilei – "und sie bewegt sich doch"

Der geniale Querdenker wurde 1564 in Pisa geboren. Beim Gebet im Dom beobachtete er den Kirchendiener, der mit der Leiter zum Leuchter aufstieg, um die Öllampen anzuzünden. Die Pendelbewegungen des schweren gußeisernen Leuchters brachten ihn zum Grübeln - so erzählt es die Legende. Er erfaßte die Gesetzmäßigkeit der Pendelbewegung und machte vom Schiefen Turm aus seine Experimente über den freien Fall. Er wies nach, daß jeder Gegenstand, unabhängig von seinem Gewicht (abhängig nur vom Luftwiderstand), mit derselben Geschwindigkeit in die Tiefe fällt. Später veröffentlichte er sein Werk "Dialog über die Maximalen Systeme" und begründete darin - wie sein Kollege Kopernikus - die Theorie, daß die Erde Kugelform habe und sich in einer Umlaufbahn um die Sonne befinde. Von der katholischen Kirche wurde er gezwungen, seine Theorie zu widerrufen und starb verbittert im Jahre 1642. Erst 1979 wurde er von der Kirche offiziell rehabilitiert.

Torre pendente (Schiefer Turm): Der freistehende Glockenturm des Doms gilt - mal ganz abgesehen von seiner Neigung - als einer der schönsten Türme Italiens und ist stark von der islamischen Baukunst beeinflußt, die dank der weitreichenden Wirtschaftsverbindungen Pisas im Mittelalter hierher fand. 1173 begann man mit dem Bau, der auf Grund des sandigen Schwemmlandbodens jedoch schon bald seine absonderliche Neigung zeigte. Daraufhin stoppte man das Vorhaben und wagte sich erst hundert Jahre später an die Fertigstellung. In unserem Jahrhundert betrug die Neigung schließlich 4,54 m - und jährlich wurden es etwa 0,7 Millimeter mehr! Wissenschaftler berechneten daraufhin einen maximal möglichen Überhang von 4,74 m - wonach der Turm in ca. 200 Jahren umstürzen würde. Bereits in den dreißiger Jahren hatte man Beton ins Erdreich eingespritzt, um die Fundamente zu stabilisieren, jedoch ohne Erfolg. 1991 wurde endlich ernst gemacht und der Turm gesperrt - eine aufwendige Restaurierung soll das weitere Absinken endgültig verhindern, Wiedereröffnung ist geplant für 1996. Großer Schreck im Herbst 1995: zwischen La Spezia und Pisa bebte 15 Sekunden lang die Erde - der Schiefe Turm schwankte, wurde aber nicht beschädigt.

Für die folgenden Monumente gibt es keine Einzelkarten. Das **Sammelticket** für vier Sehenswürdigkeiten kostet ca. 15 DM, das für zwei ca. 10 DM. Die Tickets gelten zur freien Auswahl für: Dom, Battistero, Camposanto, Museo dell'Opera und Museo delle Sinopie.

Dom: Die Vorderseite wurde in der ersten Hälfte des 12. Jh. gebaut, man dachte dabei wohl an einen römischen Tempel. Im unteren Teil wirkt das Ganze dagegen eher orientalisch. Wo Lang- und Querschiff sich kreuzen, ist das *Tor des San Ranieri* das einzige, das von den ehemals vier Toren üb-

rig geblieben ist. Es ist stark byzantinisch beeinflußt und von hübscher Einfachheit. Dargestellt sind
die Geburt Christi, die Flucht nach
Ägypten und die Kreuzigung Christi.
Im Inneren das Grabmal Kaiser
Heinrichs VII. - er starb überraschend an der Malaria, noch bevor
er die ins Wanken geratene Kaiser-
macht in Italien stabilisieren konnte. Die *Kanzel* von Giovanni Pisano
ist das großartigste Kunstwerk des
Doms. Mit seiner realistischen Dar-
stellungsweise gilt Giovanni als
Wegbereiter der Renaissance - er
ist der Sohn von Nicola Pisano, dessen Gegenstück im benachbarten
Baptisterium steht. Der obere Teil
der Kanzel besteht aus neun Relief-
teilen mit Themen aus dem Neuen
Testament. Die Säulen ruhen auf
einschüchternden christlichen Sym-
bolen - ein Löwe, Sinnbild der göttlichen Kraft der Kirche, frißt heidni-
sche Esel (März - September Mo-Sa
10-19.40, So 13-19.40 h).

*Toristenmagnet seit Generationen –
der schiefe Turm am Rand von Pisa*

Baptisterium: die größte Taufkapelle der christlichen Welt. In ihr sind romanische, gotische (Außenfassade), byzantinische (die inneren Säulen) und
sizilianische Bauweise vereint. Das kühle Innere wird beherrscht vom
Taufbecken. Bigarelli dekorierte es - achteckig - mit einer Statue Johannes
des Täufers in der Mitte. In das große Becken wurden früher die Erwach-
senen eingetaucht, in die kleinen Becken die Kinder. Daneben steht die
Kanzel von Nicola Pisano (1201-1278), einem der größten Bildhauer seiner
Zeit. Sein Stil scheint bereits nach neuen künstlerischen Wegen zu suchen
und sich in seiner naturalistischen Lebendigkeit von der verklärenden
Idealisierung der Gotik zu lösen - Beispiele hierfür sein "Herkules" oder die
drei säulentragenden Löwen unter der Kanzel (8-19.40 h).

Camposanto: Der Bau des langgestreckten, marmorummauerten Monu-
mentalfriedhofs wurde von Giovanni di Simone 1278 begonnen. Viele berühmte Pisaner fanden in der extra hierher geschafften Jerusalemer Erde
ihre Grabstätte. 1944 wurde er in Brand geschossen, und das herabflie-
ßende Blei der Dächer richtete immensen Schaden an. Vor allem die Fresken, die den Camposanto so berühmt gemacht hatten, wurden zum großen
Teil zerstört. Eine einzigartige Restaurierungsarbeit wurde in die Wege
geleitet und so kann der Besucher heute den Monumentalfriedhof wieder
in seiner ursprünglichen Gestalt bewundern.

Zu den berühmtesten Werken zählt die *Jungfrau des Lächelns* von Giovanni Pisano, eine familiäre Mutter-Kind-Darstellung, fast losgelöst von jeder idealisierenden Religiösität. Aufrührerisch dagegen das Kolossalgemälde *Triumph des Todes*, die Collage eines von Seuchen und Korruption geplagten Volkes im 14. Jh.: Nach außen hin zeigte sich die Kirche sehr konservativ, innen war sie völlig korrumpiert. Im unteren Teil ein Leichenberg aus Nonnen, Pfarrern und Bischöfen. Ihnen entschlüpfen die Seelen - Teufelchen und Engel kämpfen um sie. Daneben die höfische Gesellschaft, genießerisch auf der Jagd und ohne sich der Hinfälligkeit des Lebens bewußt zu sein. Rundum findet man römische Sarkophage, einen Saal mit Rötelzeichnungen und einen weiteren Saal mit einer Schwarz-Weiß-Dokumentation der Fresken.

Museo dell'Opera del Duomo: In dem ehemaligen Kloster an der Piazza Miracoli sind zahlreiche Kunstwerke und Schätze des Doms ausgestellt.
In den Räumen Raum 2, 4 und im Portico einige Werke von Nicola und Giovanni Pisano (13. Jh.) - Giovannis Originalskulpturen aus dem Baptisterium sind stilvoll plaziert, die verwitterten Statuen in halbkreisförmigen Reihen aufgestellt. Im Raum 3 zwei Modelle der Kathedrale aus dem 19. Jh. (aus Holz und aus Alabaster). Zwei weitere Werke, die "*Madonna Heinrichs VII.*" und "*Madonna del Colloquio*" von Giovanni Pisano sind im Raum 5 zu bewundern, im Raum 6 Werke des Bildhauers Tino Camaino, der das *Mausoleum für Heinrich VII.* im Dom gestaltete. Die beiden Räume 9 und 10 bergen besonders kostbare Schätze der Kathedrale, darunter wertvolle Goldschmiedearbeiten und Juwelen. Im vorderen Raum strahlt Giovanni Pisanos "*Madonna mit dem Kind*" aus Elfenbein, zweifellos das faszinierendste Objekt der Sammlung. Die auffallend grazile Skulptur wurde ursprünglich in einem Tabernakel über dem Hauptaltar aufbewahrt.
Im Obergeschoß u.a. eine Sammlung mittelalterlicher Schriften, darunter auch einige aufwendig illustrierte liturgische Bücher aus dem 14. und 15. Jh. Raum 19 ist *Carlo Lasinio* gewidmet. In der ersten Hälfte des vorigen Jahrhunderts entdeckte er den Friedhof Camposanto und leistete Entscheidendes für seine erfolgreiche Restaurierung sowie für den Aufbau des Museums.

Museo delle Sinopie: am Domplatz, gegenüber vom Baptisterium. Hier findet man die Entwürfe (Rötelzeichnungen) für die Fresken des Camposanto. Benannt ist das Museum nach Sinop, einer Stadt in der heutigen Türkei, die wegen ihrer Erdfarben berühmt war.

Santa Maria della Spina: am Arno-Ufer, über und über mit Tabernakeln, Engelchen und Heiligen dekorierter Bau aus der Schule Giovanni Pisanos. Früher lag die Kirche tiefer, doch drohte das Wasser, sie zu zerstören. So wurde sie verlegt und Stein für Stein an ihrem heutigen Platz wiederaufgebaut.

Piazza dei Cavalieri: Dieser Platz - ausnahmsweise ohne Straßencafé - war früher das Zentrum Pisas und ist in seinem Stil durch und durch von der Renaissance geprägt. Hier steht der *Palazzo dei Cavalieri*, in dem sich früher die Militärschule der Ritter befand - heute Sitz der Scuola Normale Superiore, eine weit über Pisa hinaus bekannte Elite-Universität.

Neben dem Palast die Kirche *Santo Stefano dei Cavalieri*, die nach Plänen von Vasari entstand. An der Kirchenrückseite ein Kunstwerk von Donatello, der San Rossore.

Nationalmuseum San Matteo: nicht weit vom Arno-Ufer, im alten Kloster San Matteo. Für speziell Interessierte eins der interessantesten Museen der Toskana. Schon allein wegen der Werke von Giovanni und Nicola Pisano lohnt ein Besuch. Außerdem findet man pisanische primitive Kunst, eine Reihe von Altarbildern aus dem 14. und 15. Jh., Werke flämischer Meister und aus dem Florenz des 17. Jh., alte Choralbücher, Statuen und Statuetten. Berühmt sind Pisanos "*Mädchen im Tanz ohne Kopf*" und "*Die alte Madonna mit dem Kind aus San Martino*" (Di-Sa 9-19, So 9-13.30 h, Mo geschl., ca. 8 DM).

Altes Arsenal: etwas außerhalb vom Zentrum am Arno. In den fabrikähnlichen Hallen wurden die Galeeren vor ihrer Fahrt in den Orient repariert. Heute steht nur noch ein kleiner Teil des Gebäudekomplexes, der gegen feindliche Angriffe mit dicken Mauern und Türmen versehen war. Ein Besuch lohnt sich - es finden wechselnde Ausstellungen und Dokumentationen statt.

Wer von Kunst und Kultur genug hat, kann sich in eine der zwei grünen Oasen von Pisa zurückziehen. Der *Scotto-Garten* (*Giardino Scotto*) liegt im Südosten der Stadt. 1440 bauten hier die neuen Herren von Pisa, die Florentiner, eine Zitadelle. Geblieben ist die alte Bastion. Später erwarben die blaublütigen Scotto das Gelände, heute ist es eine öffentliche Anlage der Stadt.

Noch üppiger der *Botanische Garten*, unweit vom Schiefen Turm, mit meterhohen Palmen und anderen exotischen Gewächsen. 1543 von Cosimo I. in Auftrag gegeben, ist er der älteste Botanik-Garten der Welt (Mo-Fr 8-12.30, 14-17, Sa 8-12 h).

Mittelalterliche Basreliefs am Dom von Modena

Emilia-Romagna

Wie ein breiter Riegel schiebt sich die riesige Poebene zwischen das südliche Voralpenland und die Toskana. Zusammen mit den südlich ansteigenden Hügeln des Apennin bildet sie die Doppelregion Emilia-Romagna. Eine fruchtbare, bis zum letzten Winkel erschlossene Landschaft, in der Landwirtschaft und Industrie die Hauptrollen spielen, außerdem aber auch einige der bedeutendsten Kulturstädte Italiens liegen.

Im Sommer brennt die sengende Sonne unbarmherzig in die stille Ebene, kein Hauch rührt sich. Endlos ist die Fahrt durch die üppigen Wiesen und Weiden. Kilometerlang ziehen sich ewig gleiche Baumalleen, bis zum Horizont reichen die Felder mit ihrer intensiven Bebauung von Mais, Korn und Gemüse. Dazwischen stehen immer wieder kleine Bauerndörfer und landwirtschaftliche Nutzbauten, letztere oft in althergebrachter Backsteinarchitektur, nicht selten heruntergewirtschaftet und veraltet. Schnurgerade Kanäle sorgen für die Bewässerung, Pappeln für den Windschutz, schwarzweiße Kühe bringen etwas flandrische Marschlandstimmung in die flimmernde Hitze. Insgesamt eine eintönige, oft melancholisch stimmende Landschaft, über der immer wieder dichter Nebel liegt und im Herbst der würzige Rauch aromatischer Kartoffelfeuer aufsteigt. Der gewundene Po bildet die Nordgrenze - eine trübe, lehmig-braune Brühe, die gemächlich zur Adria treibt, flankiert von silbrigen Pappelwäldchen und Myriaden von Mückenschwärmen.

Man freut sich, wenn man endlich über enge Sträßchen in die kühlen, teils dicht bewaldeten, teils bizarr erodierten Höhen des Apennin flüchten kann: Südlich von Piacenza, Parma, Modena und Bologna wird das Land unvermittelt hügliger, z.T. fast dramatisch. Schroffe Klippen und grüne Bergrücken signalisieren den Beginn des langen Mittelgebirges mit durchschnittlichen Höhen um 1000 m. Auf der Autobahn Richtung Florenz folgt eine Kurve nach der anderen und kaum weniger Tunnels, dazu rollt ständig dichter Verkehr - am besten häufig Pause machen.

Emilia-Romagna kulinarisch: die Region besitzt genug Grundstoffe, um eine der besten Küchen Italiens zu kreieren: sie ist die Kornkammer Italiens und Mittelpunkt der Schweine- und Rinderzucht, an den Südhängen gedeihen hervorragende Weine, Parmaschinken und Parmesan sind weltberühmt ... Eine echte Feinschmeckerprovinz, in der man für teures Geld ausgezeichnet und reichhaltig speisen kann - sicher ein Grund, um hier einige Tage zu verbringen.

Der Hauptgrund für einen Besuch liegt aber in den grandiosen Kunst- und Architekturschätzen der Städte. Nahezu jede größere Ansiedlung bietet Besonderes: die Renaissancestadt *Ferrara*, *Modena* mit seinem berühmten Dom, Baptisterium und Dom in *Parma*, die einzigartigen byzantinischen Kirchen von *Ravenna*, die Hauptstadt *Bologna* mit ihren kilometerlangen Arkadengängen, hoch in den Bergen die Zwergrepublik *San Marino*. Und wer will, kann auf Verdis Spuren wandeln oder sogar nach *Canossa* gehen ...

Baden in der Emilia-Romagna? Im Westen gelangt man von Parma in einer wunderschönen Kurvenfahrt hinunter zur ligurischen Riviera. Und im Osten grenzt die Emilia-Romagna mit kilometerlangen weißen Sandstränden direkt ans adriatische Meer, wo einige der renommiertesten Badeorte Italiens liegen - Herzstück der Adria natürlich das legendäre und international besuchte *Rimini*.

Schnell-Überblick

Schöne Orte: *Bologna*, *Ravenna*, *Ferrara*, *Parma*, *Rimini*, *Piacenza*, die selbständige Republik *San Marino*, *San Leo* (Region Marken).

Landschaftliche Höhepunkte: die Hänge des *Apennin* - z.B. auf der Fahrt nach Canossa; die Pineta von *Ravenna*; der Monte Titano in *San Marino*.

Kulturell interessant: *Bologna*, *Ravenna*, *Ferrara*, *Modena*, *Parma*, *Rimini*, *Piacenza*, *San Marino* u.v.m.

Kurios: *Rimini* - längste und trubeligste Uferpromenade Italiens; *San Marino* - ältester Zwergstaat der Welt; *Cesenatico* - höchster Wolkenkratzer der Adria; *Bresciello* - Heimat von Don Camillo und Peppone; *Predappio* - Geburtsort Mussolinis.

Baden: Schön sind die Sandstrände von *Marina di Ravenna* und *Cesenatico*, rappelvoll die von *Rimini*, *Riccione* und *Cattolica*. Badeorte mit viel Grün: *Lido di Volano*, *Milano Marittima*, *Lido di Fstensi* und *Marina Romea*.

Eher abzuraten: im Hochsommer durch die Poebene zu fahren.

Anfahrt/Verbindungen

• *PKW*: Von Verona bzw. vom Brenner kommend, bleibt man immer auf der **A 22**. Beim Verkehrsknotenpunkt Modena trifft man auf die **A 1**, die von Milano kommend als berühmte *strada di sole* die ganze Emilia-Romagna der Länge nach durchquert und ab Bologna über Florenz nach Rom führt. Fast alle wichtigen Städte der Emilia-Romagna liegen hier aufgereiht wie an einer Perlenkette.
Ab Bologna geht die wichtige Autobahnachse **A 14** an die Adria und dort immer an der Küste entlang bis Taranto im tiefen Süden.
• *Bahn*: Aus dem Norden kommen die vielbefahrenen Linien von **Verona**, **Milano** und **Venedig** und treffen sich alle im Knotenpunkt **Bologna**. Von Bologna geht eine wichtige Linie nach **Rimini** und von dort nach Süden immer dicht am Meer entlang - zum Durchfahren hübsch, zum Aussteigen nicht überall (→ Regionen Marche und Abruzzo/Molise in unserem Führer *Italien gesamt*).

Übernachten

An der Adriaküste natürlich zahllose Hotels und Pensionen, aber auch die Kulturstädte im Inland sind gut ausgerüstet. **Bologna** ist wegen seiner vielen Messen mehr auf Geschäftsreisende ausgerichtet und teurer.
Campingplätze sind bei den Städten Parma, Bologna, Modena und Ferrara, in San Marino zu finden, außerdem in Mengen an der Adriaküste.
Jugendherbergen gibt's in Bologna, Reggio d'Emilia, Rimini, Parma und Ravenna.

Essen

Die Emilia-Romagna ist die unbestrittene Feinschmeckerprovinz Italiens, Bologna der kulinarische Mittelpunkt Oberitaliens. Die Küche ist allerdings recht schwer - Schweinefleisch, Sahne und Käse bestimmen die Speisenpalette.
Getreide wird in großem Maßstab angebaut, ebenso ist die Region führend in der Schweinezucht. Ersteres ist verantwortlich für die breite Palette von Paste - die leckeren gefüllten **tortellini**, **lasagne**, **tagliatelle**, **tortelloni**, **cappelletti, cappellacci** und andere Nudelsorten haben hier ihren Ursprung. Letzteres bedingt eine exzellente Wurst- und Fleischproduktion - die berühmte **mortadella** stammt aus Bologna bzw. ihrer Umgebung und die **spaghetti**

bolognese sind jedem ein Begriff, der gern Spaghetti mit Fleischsoße **(al ragu)** ißt
Der fast schon legendäre **prosciutto di Parma** (Parmaschinken) hat seinen Siegeszug in alle Welt angetreten. Seine Herstellung, angefangen von der Schweinezucht und -mast (u.a. mit Molke vom Parmesankäse), ist ein äußerst komplizierter Prozeß und seit Jahrhunderten überliefert und ständig verfeinert worden. Bevor er in die Feinkostläden geliefert wird, wird er an den Apenninhängen südlich von Parma monatelang luftgetrocknet. Die Region, deren Schinken sich Parma-Schinken nennen darf, ist per Gesetz festgelegt - nur um die Stadt Langhirano wehen die Fallwinde so ideal, daß er zur Delikatesse reifen kann.

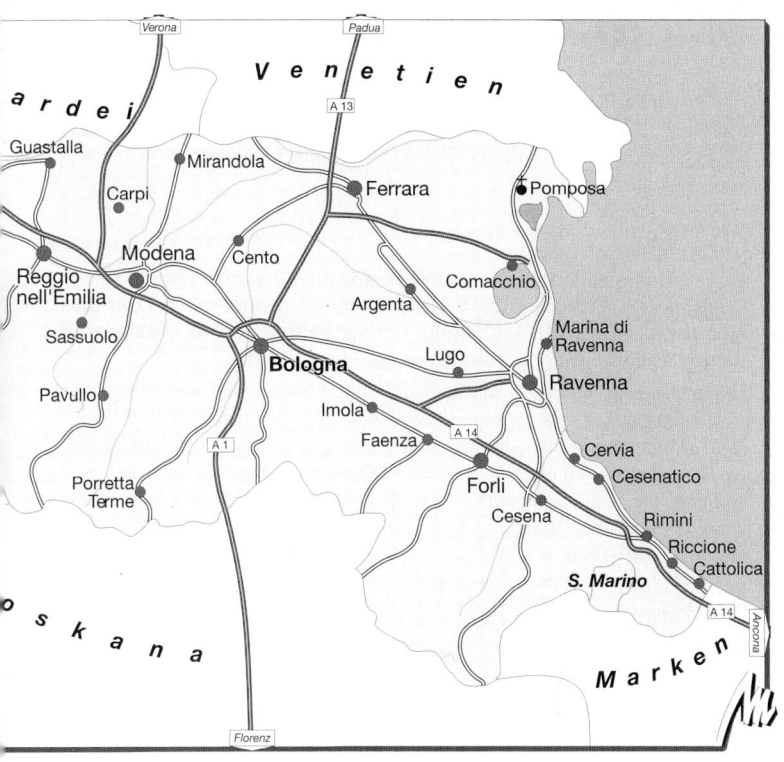

Mindestens genauso bekannt ist natürlich der harte und scharf-würzige Reibekäse **parmigiano-reggiano** (Parmesankäse), der zum Würzen vorzugsweise über Pasta gestreut wird. Auch seine Herstellung in einigen wenigen Orten der Emilia Romagna wird streng kontrolliert.

Zampone ist eine ureigene Spezialität von Modena - gefüllte Schweinshaxe, deren Knochen herausgelöst wurde und durch Gehacktes ersetzt wird. Ebenfalls aus Modena stammt der **aceto balsamico**, ein aromatischer Kräuteressig, mit dem man weniger Salat, als vielmehr Fleisch herrlich pikant würzt. Er muß viele Jahre lang in ausgewählten Holzfässern reifen und kostet mit garantiertem Gütesiegel in kleinen 80-ml-Fläschchen gut 100 DM aufwärts.

Auch **bollito misto** sollte man einmal kosten - mehrere Fleischsorten, die gesotten und mit grüner Kapernsoße serviert werden.

Fische, vor allem **anguille** (Aale), werden in den riesigen Lagunen von Comacchio zwischen Ferrara und Ravenna gezüchtet. Die reichhaltige Fischsuppe **brodetto** ähnelt der von Venedig.

Bezüglich ihrer Weine hat die Emilia Romagna keinen exzellenten Ruf. Von den Tropfen der Poebene und den südlich anschließenden Apenninhängen ist aber der **Lambrusco** unbedingt einen Versuch wert - mit dem gepantschten Gesöff, das bei uns unter diesem Namen oft in Supermärkten verkauft wird, hat dieser spritzige, stark kohlensäurehaltige Rote nichts gemein. Besonders gut ist er in Modena.

Von Westen nach Osten

Wie an einer Perlenkette aufgereiht, liegen von Piacenza bis Rimini alle wichtigen Städte der Region an der *Via Emilia* (SS 9), der ehemaligen römischen Heerstraße durch die Poebene. Die Autobahn A 1 bzw. A 14 verläuft parallel dazu.

Piacenza   (ca. 108.000 Einwohner)

Trotz donnernder Bundeswehr-Tornados eine recht sympathische Stadt am Po. Das Zentrum verkehrsberuhigt, wunderschön der harmonische Hauptplatz mit seinem gotischen Rathaus, in der benachbarten langen Fußgängerstraße einige nette Cafés.

Durch Piacenza bummeln macht Spaß - die Straßen sind weitgehend für Autos gesperrt, es gibt einige interessante Kirchen, jedoch kaum Touristen. An einigen Stellen sind die langen alten Gassen so schmal, daß kaum ein Sonnenstrahl hineinfällt. Wer vom Pflastertreten genug hat - das Zentrum ist von einer noch teilweise erhaltenen Stadtmauer aus dem 16. Jh. umgeben, in deren Bereich z.T. Grünanlagen angelegt wurden, vor allem im Süden der Stadt.

● *Anfahrt/Verbindungen*: **PKW**, ausgeschilderte Parkplätze sind rar, man findet aber meist auch so etwas in Zentrumsnähe. **Bahn**, Bahnhof liegt wenige Fußminuten nordöstlich vom Zentrum, abends eine eher unangenehme Gegend. Vom Bahnhofsvorplatz rechts am Park entlang und weiter, bis man auf die Via Roma trifft, geradeaus noch wenige Schritte zum Dom.

● *Information*: in der Seitenfront des gotischen Rathauses, Piazzetta dei Mercanti 10. Schönes Material - Stadtpläne, eine Karte zur Provinz, Hotellisten und Diverses mehr. 9-12.30, 16-18.30 h, Do Nachm. und So geschl., Tel. 0523/29324.

● *Übernachten*: Die Möglichkeiten sind nicht allzu zahlreich gesät, vor allem im Zentrum gibt es kaum Unterkünfte.
*** **Milano**, Viale Risorgimento 47-49, am Piazzale Milano, Nähe Museo Civico (→ Sehenswertes), geräumiges Haus mit Garage, DZ mit Frühstück um die 110-150 DM, Tel. 0523/336843.
* **Moderno**, Via Tibini 31/Ecke Via Alberoni, schräg gegenüber vom Bahnhof, an einer Ecke des Parks. Solides Albergo in bequemer Fußentfernung zum Zentrum. DZ ca. 70 DM, ohne Bad 55 DM, Tel. 0523/ 329296.

● *Essen*: **Antica Osteria del Teatro**, Via Verdi 16, Edeladresse in einem alten Palazzo in der Nähe vom Hauptplatz, exzel-
lente und phantasievolle Küche (z.B. Aal im Teigmantel, Gänsebrust mit frischen Feigen), gehobene Preise. Reservierung unter Tel. 0523/323777.
Agnello, Via Calzolai 2, neben Rathaus, alteingeführte Trattoria mit gutem traditionellen Essen - *asino* (Esel), *cavallo* (Pferd) und *manzo* (Rind) mit Polenta. Mo geschl.
Gotico, Piazza Gioia 3, elegantes Lokal mit feiner Piacenza-Küche, z.B. die Spezialität *pisarei e fasò* (Klößchen aus Kartoffelteig mit Bohnen). So geschl.
Antica Trattoria Santo Stefano, Via Santo Stefano 22, ruhige Gasse in der Nähe vom Dom, ganz urige und gemütliche Trattoria, geführt vom Ehepaar Dosi und ihren vier Söhnen. Man sitzt hautnah zur Küche im Innenraum oder hinten im Hof. Alle Familienmitglieder werkeln, was das Zeug hält - das Ergebnis sind wirklich leckere Gerichte, die täglich wechseln. Relativ preiswert.
Osteria del Trentino, Via Castello 71, Nähe Piazza Borgo (westlich vom Hauptplatz). Schlichtes alteingesessenes Lokal mit schön begrüntem Innenhof, guter regionaler Küche und passabler Weinauswahl. So geschl.
Da Lucio, freundliches Fischlokal neben Hotel Moderno (→ Übernachten).
Self-Service, preiswerte Kantine der Bahnarbeiter neben dem Bahnhof, Touristen sind willkommen.

Sehenswertes: Dominierendes Zentrum der Altstadt ist nicht der Domplatz, sondern die gepflasterte *Piazza dei Cavalli*, flankiert vom bildschönen *Palazzo il Gotico*, dem früheren Rathaus. In der unteren Hälfte breiter marmorverkleideter Arkadengang, darüber Backsteinfassade mit Zinnen und filigran verzierten Fensterbögen. Vor dem Palast zwei großartige *Reiterskulpturen* aus Bronze, die Herzog Alessandro Farnese und seinen Sohn darstellen.

Die Kirche *San Francesco* an der Schmalseite der Piazza besitzt ein schönes gotisches Portal, im großen Innenraum spitze gotische Gewölbe und hübsche schmale Glasfenster. Von den Stufen, die zum Portal hinaufführen, hat man einen umfassenden Blick auf die Piazza.

Gleich neben der Kirche beginnt die lebendige Fußgängerzone *Via XX Settembre*, die mit zahlreichen Läden bestückt ist und zum *Dom* hinüberführt - ein schöner romanischer Bau, dessen Zwerggalerien an der Fassade sich auch an den Seitenfronten entlangziehen. Im Inneren tragen stämmige Rundsäulen das Hauptschiff und setzen sich im Querschiff fort, in der achteckigen Kuppel Fresken aus dem 17. Jh., die wunderschönen Reliefs der Kanzel in Sichthöhe, neue große Orgel mit riesigen Kupferpfeifen rechts neben dem üppig vergoldeten Altar.

Nur einen Straßenzug südlich die bemerkenswerte Kirche *Sant'Antonio*, ein sehr ungewöhnlich geformter Bau ganz aus Backstein. Unmittelbar hinter der Fassade liegt das lange Querschiff, an dessen nördlichem Ende eine türmchengeschmückte Vorhalle angebaut ist, "Paradies" genannt. Im Innenraum am anderen Ende des Schiffs hoher goldener Altar mit großem Baldachin, im Längsschiff beeindruckend vergoldete Orgel. Auch in Sant'Antonio Deckenfresken und Wandgemälde.

Im großen Palazzo Farnese lohnt noch das kürzlich restaurierte *Museo Civico* am Corso Cavour einen Besuch - Funde aus der Bronzezeit bis zur römischen Epoche, außerdem mittelalterliche Stücke und Gemälde. Attraktion ist die etruskische Schafsleber aus Bronze, in der die Namen von Gottheiten eingeritzt sind (Di-So 9-12.30, Sa/So 15-18 h, ca. 4 DM).

▶ **Piacenza/Umgebung:** Das kleine Dorf *Grazzano Visconti* liegt 15 km südlich von Piacenza. Vor allem an Wochenenden herrscht hier enormer Andrang - die ganze Siedlung ist ein perfekt auf mittelalterlich getrimmtes Schaudorf mit freskenbemalten Backsteinhäusern, efeubewachsenen Säulenfronten und malerisch gekleideten Menschen. Der Vater des weltberühmten Regisseurs Visconti initiierte zu Beginn des Jahrhunderts dieses Projekt, um die alten Handwerkskünste am Leben zu erhalten. Das Ergebnis ist teilweise reichlich kitschig geraten und in fast jedem Haus hat sich ein Souvenirladen eingenistet. Unbedingt sehenswert ist jedoch südlich vom Zentrum das *Istituto Giuseppe Visconti di Modrone*, wo herrliche Stilmöbel hergestellt werden, die allerdings ihren stolzen Preis haben. Jeden zweiten Samstag im Monat findet ein *Kunsthandwerksmarkt* statt.

Von Piacenza in den Apennin: Die SS 45 zieht sich das lange stille *Trebbia-Tal* entlang, die kleinen Siedlungen sind vom Tourismus gänzlich unbeleckt. Nach einem Besuch von Grazzano Visconti (→ vorheriger Abschnitt) kann man schnell bis zum Hauptort *Bobbio* weiterfahren (ca. 30 km). Die Kleinstadt besitzt eine frühmittelalterliche Abtei, gegründet vom heiligen Columban aus Irland, der hier auch begraben liegt. Kirche, Krypta und Klostermuseum können besichtigt werden. Malerisch ist der berühmte Ponte Vecchio mit elf Bögen über die Trebbia.

● *Übernachten/Essen*: *** **Piacentino**, Piazza San Francesco 19/a, DZ ca. 90-130 DM, Parkplatz. Tel. 0523/936563.
Enoteca San Nicola, Contrada dell'Ospedale, Tip - eingerichtet in einem ehemaligen Nonnenkloster, hervorragender Weinkeller, dazu kleine Happen oder gute Nudel- und Fleischgerichte. Di geschl.

Zwischen Piacenza und Parma

▶ **Chiaravalle della Colomba**: einstmals bedeutendstes Kloster im Raum Piacenza, im 12. Jh. gegründet von französischen Zisterziensermöchen, der berühmte Bernhard von Clairvaux war hier Abt. Die große Anlage liegt nur wenige Kilometer nördlich der Via Emilia (in Alseno abbiegen). Sehenswert sind die Kirche, der Kreuzgang und der Kapitelsaal.

▶ **Castell'Arquato**: Das hübsche Mittelalter-Städtchen wird überragt von einer mächtigen Visconti-Burg aus dem 14. Jh. Am Hauptplatz der stolze Palazzo Pretorio und die romanische Chiesa della Collegiata.

● *Information*: Via Remondini 1, Tel. 5023/803091.
● *Übernachten/Essen*: ** **Leon d'Oro**, Piazza Europa 6, DZ ca. 80-120 DM, Tel. 0523/803651.

In der Rocca kann man die Enoteca/Ristorante **Da Franco** besuchen (Di Mittag und Mi geschl.) oder an der Piazza Europa das edle **Maps** versuchen. Mo Abend und Di geschl.

Weitere Hinweise zu dieser Region → Parma/Umgebung.

Parma
(ca. 180.000 Einwohner)

Wichtige Messe- und Industriestadt in den Ausläufern der Po-Ebene, südlich begrenzt durch die Hänge des Apennin. Geschäftiges Leben und buntes Treiben prägen das Bild - Parma wirkt kein bißchen provinziell, im Gegenteil, fast großstädtische Eleganz und ein gewisses kosmopolitisches Flair sind zu spüren.

Der gleichnamige Fluß teilt Parma ins historische Zentrum und die alten Arbeiterviertel. Das Stadtbild ist nicht unbedingt attraktiv zu nennen, die langen Straßenzügen wirken etwas ermüdend und hübsche *piazze* gibt es nur wenige. Unbedingt sehenswert jedoch das prachtvolle Baptisterium beim Dom - es gilt als das bedeutendste romanische Bauwerk Italiens! Parma besitzt eine der ältesten Universitäten Europas mit der größten medizinischen Fakultät des Landes. Viele ausländische Studenten sind hier eingeschrieben, denn in Italien wurde bisher kein Numerus Clausus eingeführt. Dank der vielen Studenten gibt es eine abwechslungsreiche Kultur- und Kneipenszene.

Parma war stets ein wichtiges kulturelles Zentrum Oberitaliens: Giuseppe Verdi und Arturo Toscanini wurden hier geboren, der Geigenvirtuose Paganini lebte und starb in der Stadt, der Maler Correggio und Regisseur

Bertolucci wirkten hier, um nur einige der bekanntesten Künstler zu nennen. Anfang des 19. Jh. regierte Herzogin Marie-Louise, Tochter des österreichischen Kaisers und Gattin Napoleons, die Stadt. Diese Epoche ging als kulturelle Blütezeit in die Annalen ein. Und natürlich ist Parma auch kulinarische Metropole - nur hier, an den waldreichen Hängen des Apennin, wehen die Fallwinde so ideal, daß die berühmten Parma-Schinken in den Lagerhallen von Langhirano, Bagni und Lesignano zur Delikatesse reifen können. Vom legendären Parmesan-Käse *"Parmigiano-Reggiano"* werden jährlich etwa 90.000 Tonnen hergestellt - gut zwei Jahre dauert es dann noch, bis der Rundkäse die gewünschte Qualität besitzt, die ihn weltweit unverwechselbar macht.

Anfahrt/Verbindungen/Information

• *Anfahrt/Verbindungen*: **PKW**, die Innenstadt ist großräumig für Kraftfahrzeuge gesperrt, die nicht in Parma zugelassen sind. Parken am besten westlich vom Fluß oder südlich der Altstadt. Kostenpflichtige Parkplätze u.a. beim Bahnhof (Viale Antonio Fratti) und beim Palazzo della Pilotta (Piazzale della Pace).
Bahn, häufige Verbindungen nach Bologna und Milano. Bahnhof nördlich der Altstadt, die Via Verdi führt parallel zum Fluß geradeaus ins Zentrum, ca. 1 km.
Bus, Station für Busse am Viale Toschi, nördlich des Ponte Verdi.
• *Information*: Piazza del Duomo 5, Umfangreiches Prospektmaterial, Stadtplan und Hotelverzeichnis der gesamten Provinz. Mo-Fr 9-12.30, 15-17, Sa 9-12.30 h, So geschl., Tel. 0521/234735.

Übernachten

Das Preisniveau der besseren Häuser liegt relativ hoch. Einige wenige preiswerte Pensionen findet man in Bahnhofsnähe (Zona Stazione) und in der historischen Altstadt (Zona Centro).

**** Stendhal (3), Via Bodoni 3, beim Palazzo della Pilotta, komfortables Haus mit Old World Charme, in der Lobby Marmor, schwere Teppiche und kuschlige Polstersessel, in den Zimmern Teppichböden und Stilmöbel, Garage. DZ mit Frühstück ca. 250 DM, Tel. 0521/208057.
*** Astoria (1), Via Trento 9, neuer auffallender Glasbau neben dem Bahnhof, innen sehr elegant, schallgedämmte Zimmer mit Teppichböden und TV, große Garage, stilvolles Restaurant. DZ mit Frühstück ca. 150 DM, Tel. 0521/272717.
*** Torino (6), Via A. Mazza 7, sehr günstige Lage nur wenige Schritte vom Domplatz, Halle etwas beengt, insgesamt etwas angejahrt, aber soweit ok, Garage. DZ mit Frühstück ca. 140 DM, Tel. 0521/281046.
*** Button (14), Borgo della Salina 7, ruhige Seitengasse bei der zentralen Piazza Garibaldi, relativ modern und freundlich eingerichtet, mit Parkmöglichkeit. DZ ca. 120 DM, Tel. 0521/208039.
* Leon d'Oro (2), Viale Antonio Fratti 4, beim Bahnhof (wenn man rauskommt, links), einfaches, aber ordentliches Albergo, laut. DZ mit Etagendusche ca. 55 DM, Tel. 0521/773182.
* Croce di Malta (11), Borgo Palmia 8, nette Ecke in der Altstadt, unten gutes Ristorante (→ Essen), DZ mit Etagendusche ca. 60 DM, Tel. 0521/235643.
* Lazzaro (8), Via XX Marzo 14, ganz in der Nähe vom Dom, einige wenige Zimmer über dem gleichnamigen Restaurant, DZ mit Bad ca. 65 DM, Tel. 0521/208944.
Casa della Giovane (9), Via del Conservatorio 11, gute Herberge in zentraler Lage, von Nonnen geführt, nur Mädchen, ca. 20 DM pro Pers. incl. Frühstück, Tel. 0521/283229.
• *Jugendherberge/Camping*: **Ostello Citadella (16)** (IYHF), Parco Citadella 5, im großen Farnese-Kastell im Süden der Stadt. Renoviertes Haus mit 6-Bett-Zimmern, nur für Mitglieder, pro Pers. ca. 15 DM, kein Frühstück. Tagsüber von 9.30-17 h geschl., Schließzeit 23 h. Bus 9 ab Bhf., Bus 6 ab Piazza Garibaldi. Tel. 0521/581546.
Zur Jugendherberge gehört **Camping Citadella (17)** gleich daneben, weicher Grasplatz mit schattigen Bäumen, Duschen (ohne Münzen) in der JH. April - Oktober, Tel. 0521/581546.

Essen

Den berühmten (und auch in Parma sündhaft teuren) Parma-Schinken ißt man als Vorspeise mit Melone oder anstatt Fleisch. Außerdem gibt's alle erdenklichen Nudelgerichte, größtenteils mit Sahnesoßen und Parmesankäse. Eine besondere Spezialität ist Pferdefleisch: wird entweder als *pesto al cavallo* (Tartar) mit Olivenöl und Zitronensaft beträufelt und mit Parmesankäse bestreut serviert oder gekocht als *bollito di cavallo* gegessen.

La Greppia (4), Strada Garibaldi 39/a, Gourmettip in der Nähe des Palazzo della Pilotta, durch eine Glaswand kann man dem Koch bei der Arbeit zusehen. Sehr lecker die hausgemachten Nudeln mit Trüffeln, Spinat, Radiccio und Kräutern. Menü ca. 70 DM. Mo u. Di geschl., Reservierung sinnvoll, Tel. 0521/233686.

La Duchessa (12), hübsches Freiluftlokal direkt an der zentralen Piazza Garibaldi, etwas teurer, aber auch große Auswahl an Pizza.

Gallo d'Oro (13), Borgo della Salina 3, in einer ruhigen Gasse nur wenige Schritte von der Piazza Garibaldi, ideal zum draußen sitzen, diverse Nudelsorten, gut der *carpaccio alla parmigiana*, natürlich auch *cavallo* zu haben, preislich im Rahmen. So geschl.

Croce di Malta, Borgo Palmia 8, Ecke Via Giordani Cavestro, exzellentes Speiselokal, Tische vor einer kleinen Kirche, ruhig, Menü ca. 40-60 DM. So geschl.

Dei Corrieri (10), Via del Conservatorio 1, große und vielbesuchte Trattoria im alten Stil, leckere traditionelle Gerichte, z.B. die *tortelli di zucca* (Nudeltaschen mit Kürbistüllung). So geschl.

Al Corsaro (7), Via Cavour 37, populäre und gut geführte Pizzeria in der Fußgängerzone, die Theke in Form eines großen Schiffs, wenige Tische im Freien, reichhaltige Auswahl und große Karaffen mit offenem Wein. Fr geschl.

Enoteca Polidoro, Borgo Piccinini 7/a, hübsch eingerichtete Önothek, in der man auch gut essen kann. So geschl.

La Vecchia Stalla (5), Piazzale Corridoni 15/e, gleich westlich vorm Ponte di Mezzo (Verlängerung der Strada Mazzini). Freundliche Pizzeria/Trattoria, von nettem Ehepaar geführt, gut und preiswert, Speisen auch zum Mitnehmen. Mo geschl.

Parma

Essen
- ④ La Greppia
- ⑤ La Vecchia Stalla
- ⑦ Al Corsaro
- ⑩ Dei Corrieri
- ⑫ La Duchessa
- ⑬ Gallo d'Oro
- ⑮ Al Cavallino Bianco

Hotels
- ① Astoria
- ② Leon d'Oro
- ③ Stendhal
- ⑥ Torino
- ⑧ Lazzaro
- ⑨ Casa del Giovane
- ⑪ Croce di Malta
- ⑭ Button
- ⑯ Jugendherberge
- ⑰ Camping

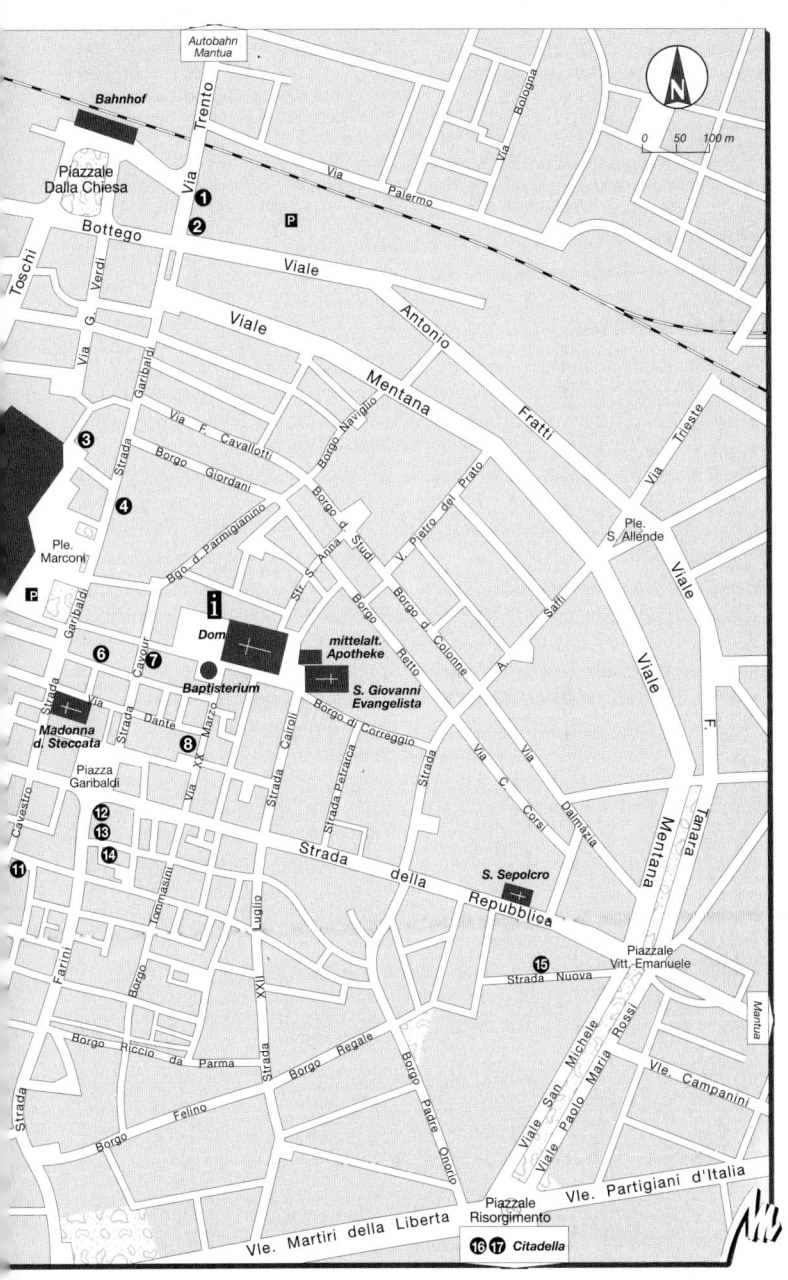

• *Eis*: **Gelateria Cavour**, Strada Cavour 30, von der Piazza Garibaldi um die Ecke, das beste Eis Parmas - über 40 Sorten, ein Augen- und Gaumenschmaus, Spezialität ist *focacce*: Eis im Brötchen.

• *Kneipen*: **Al Cavallino Bianco (15)**, Strada Nuova 4, im östlichen Altstadtbereich, parallel zur Strada della Repubblica. Gemütliche Studentenkneipe mit alten Holztischen und -täfelung, täglich wechselnde Speisen. Mal den Malvasia versuchen, ein trockener Weißwein der Region. Mo geschl.

Mac Donald, Piazzale San Lorenzo 19/a,

Nähe Via Farini, gemütliche Atmosphäre, überwiegend junge Leute und Studenten. Auf der Speisekarte knapp 120 verschiedene Antipasti, alle hausgemacht vom Feinschmecker Franco, dazu 50 verschiedene Biersorten, auch kaltes Bier vom Faß. Mo geschl.

Chioso Barino, Viale Solferino/Ecke Via Magenta, tagsüber Café, abends vielbesuchte Gartenkneipe südlich der Altstadt, ganz in der Nähe vom Kastell, junges Publikum.

• *Märkte*: täglicher Vormittagsmarkt auf der **Piazza Ghiaia** am Fluß.

Sehenswertes

Zentrum der Stadt ist die elegante *Piazza Garibaldi* mit dem mächtigen Palazzo del Governatore, im Sommer sitzt man bis nach Mitternacht in den großen Freiluftcafés. Gleich um die Ecke beginnt die lebendige Fußgängerzone *Via Cavour* mit zahlreichen Geschäften, Boutiquen etc.

Die Kreuzkuppelkirche *Madonna della Steccata* aus der Renaissance steht nur einen Block nördlich der Piazza - im Inneren eindrucksvolle Fresken, z.T. von Parmigianino, nach Correggio (→ Dom) der zweite bedeutende Maler der Stadt.

Dom und Baptisterium: Die *Piazza del Duomo* liegt etwas versteckt am Rand und besticht durch die Harmonie der mittelalterlichen Gesamtkomposition.

Der große romanische *Dom* mit hoher Kuppel und noch höherem Turm besitzt äußerlich im rückwärtigen Bereich einen reichlich verzwickten Grundriß - vor allem im Chorbereich wurden in späteren Jahrhunderten diverse Anbauten getätigt. Das majestätische Innere war ursprünglich vollständig ausgemalt und ist auch heute noch reich mit Fresken ausgestattet - Attraktion in der Kuppel *Mariä Himmelfahrt*, ein berühmtes Bildwerk von Correggio mit äußerst sinnlicher Ausdruckskraft. Weitere Fresken verschiedenen Alters im Altarbereich, an der inneren Fassadenwand (wirkungsvoll hineingesetzt: das Glasfenster!), an den oberen Wänden des Hauptschiffs und in den Seitenkapellen. Im rechten Querschiff ein bedeutendes Relief "Kreuzabnahme" von Antelami.

Das großartige *Baptisterium* mit seinen vier übereinanderliegenden Außengalerien stammt aus dem 13. Jahrhundert, eine mehrjährige Außenrestaurierung wurde kürzlich abgeschlossen und die Fassade erstrahlt in frischem Rosa. Sehr sehenswert der Innenraum - Kuppel und Apsiden sind völlig mit Fresken des 13. Jh. ausgemalt, die in der Kuppel wirken deutlich byzantinisch. Auch der plastische Schmuck ist beachtenswert, z.B. in den Bögen der Portale. Die zwölf allegorischen Monatsstatuen, die hier üblicherweise stehen, sind derzeit in Restauration (tägl. 9-12.30, 15-18 h, ca. 3 DM).

Hinter dem Dom die Renaissancekirche *San Giovanni Evangelista* mit weiteren Fresken von Correggio, vor allem die Vision des Johannes in der Kuppel. Daneben eine mittelalterliche *Apotheke* mit drei hintereinander

Frisch restauriert – das mittelalterliche Baptisterium in Parma

liegenden Räumen, in denen Holzmobiliar vom 17. Jh. und wertvolle alte Arzneigefäße zu besichtigen sind, ein deutschsprachiges Informationsblatt gibt Hinweise (tägl. 9-13.45 h, ca. 4 DM).

Palazzo della Pilotta: Der riesige Palast sollte die Macht der einflußreichen Farnese-Familie unterstreichen und war von seiner Konzeption her als Stadt in der Stadt geplant. Er wurde Ende des 16. Jh. begonnen, jedoch nie fertggestellt und 1944 durch Bomben schwer zerstört. Der Name rührt daher, daß die Kinder der Farnese im Innenhof mit ihren Freunden Pelotta - eine Art Squash - spielten.

Im Inneren die *Biblioteca Palatina*, ein *Archäologisches Museum* (Di-So 9-13.30 h, Mo geschl., ca. 4 DM) und vor allem die bedeutende *Galleria Nazionale* mit zahlreichen Werken der einheimischen Meister Correggio und Parmigianino, außerdem Piombino, Bronzino, Tiepolo, Murillo, El Greco und Holbein, sogar ein "Mädchenkopf" von Leonardo da Vinci ist vertreten (tägl. 9-13.45 h, ca. 12 DM). Um in die Galerie zu gelangen, durchquert man das *Teatro Farnese* - es ist dem Teatro Olimpico von Palladio in Vicenca nachgebaut, wurde im Weltkrieg völlig zerstört und wieder aufgebaut.

Über den Ponte Verdi kommt man in den weitläufigen *Parco Ducale*, dessen Palast wegen Restauration nicht zugänglich ist. Besonders an Sonntagen blüht dort das Leben, viele Kinder tummeln sich und am Stadtteich werden die dicken Karpfen gefüttert.

● *Weitere Museen*: **Museo Glauco Lombardi**, Via Garibaldi 15, Stücke aus der Regierungszeit (1816-47) der habsburgischen Herzogin Marie-Louise (Di-Sa 9.30-12.30, 16-18, So 9.30-13 h, Mo geschl., frei).

Casa natale e Museo di Arturo Toscanini, Via Rodolfo Tanzi, Geburtshaus des berühmten Dirigenten (Di-Sa 10-13, 15-18, So 10-13 h, Mo geschl., frei).

Parma/Umgebung

▶ **Salsomaggiore Terme:** Im sanften Hügelland westlich von Parma liegt die "große Salzstadt", eins der bedeutendsten Thermalbäder Italiens. Wo man jahrhundertelang Salz gewonnen hatte, erkannte man im 18. Jh., daß die jod -und bromhaltigen Quellwasser Heilwirkung hatten. Mittels tiefer Brunnen wird seitdem das wertvolle Naß aus dem Boden gefördert und in diversen Thermen findet der Badebetrieb statt. Neben vielen illustren Persönlichkeiten kurte auch Verdi hier gerne. Trotz einiger schöner alter Bauten zeigt sich die Stadt heute überwiegend modern und aufgelockert mit Grünanlagen. Imponierend ist die zentrale *Terme Berzieri*, ein prächtiger Jugendstilbau im orientalisierenden Stil (öffentlich zugänglich). Vor der Terme der *Pozzo di Acqua Salsoiodica* von 1864, 715 m tief in den Boden gebohrt.

● *Anreise/Verbindungen*: Salsomaggiore Terme hat Bahnanschluß von Fidenza u. Parma.

● *Information*: im Kongreßpalast, Viale Romagnosi 7. Hilfe bei der Unterkunftssuche. Mo-Fr 8-15, 15.30-18.30, Sa 8-13, 16-18.30, So 10-12.30 h, Tel. 0524/574416.

● *Übernachten*: Über hundert Hotels beherbergen hauptsächlich Arthritis- und Rheumakranke, ruhige Lage hat *** **Principe**, Via Romagnosi 22, ein klassizistischer Bau ge-

nüber von einem Park, DZ ca. 110 DM, Tel. 0524/573540. Preiswerte Pensionen findet man im kleinen Altstadtviertel gegenüber der Terme Berzieri.

Camping Arizona, schattiger Platz 6 km außerhalb bei Tabiano Bagni, April bis Oktober, Tel. 0524/565648.

● *Essen*: **L'Incontro**, Viale Berenini, populäres Ristorante/Pizzeria vis à vis eines großen Parks.

Auf den Spuren Giuseppe Verdis

Wer die Werke des bedeutendsten italienischen Opernkomponisten noch nicht kennt, kann in der
Arena von Verona (→ Veneto)
eine erste eindrucksvolle Begeg-
nung mit Aida, Rigoletto, La
Traviata oder Nabucco haben.
Bis heute haben Verdis Melodien
nichts von ihrem suggestiven "Ohr-
wurmcharakter" verloren. In seinem umfangreichen Werk spiegelt sich aber auch die national-
staatliche Einigung Italiens wider - die tiefe emotionale Wirkung seiner Opern wurde auch
später noch so gefürchtet, daß
beispielsweise Nabucco mit seinem "Gefangenenchor" in der
DDR und UdSSR lange Zeit verboten war.

Vielleicht neugierig geworden auf
den genialen Musiker, findet man
im Nordwesten von Parma mehrere Erinnerungsstätten: In der

Dem Maestro wurden viele Denkmäler gewidmet – dieses in Busseto

Ebene nahe am Po wurde Verdi 1813 im Dörfchen *Roncole*, 4 km östlich von
Busseto geboren. Die Casa Natale, ein schlichtes Bauerngehöft an der
Durchgangsstraße, kann besucht werden (Di-So 9-13, 15-19 h, Mo geschl., ca 8
DM - im hohen Eintrittspreis sind auch die Besichtigung des städtischen Mu-
seums von Busseto in der Villa Pallavicino und des Verdi-Museums im Palaz-
zo Orlandi inbegriffen).

Eindrucksvoller als das Geburtshaus ist die *Villa Verdi*, etwa 5 km nördlich
von Busseto (der Beschilderung folgen). 1849 ließ der bereits damals gefeier-
te Komponist diesen großen Landsitz mit herrlichem Park anlegen. Heute
leitet eine gesprächige Führerin die Besucherschar durch alle Räume des
Anwesens und erläutert jedes einzelne Stück des Originalmobiliars, allerdings nur auf italienisch (Di-So 9-12, 15-19 h, Mo geschl. ca. 5 DM).

Ausklingen lassen kann man die Verdi-Tour mit einem Besuch *Bussetos*,
dessen malerisches Zentrum einen ausgiebigen Bummel wert ist. Entlang
der schnurgeraden Hauptgasse reihen sich schöne alte Palazzi, in der Via
Roma 56 ist das *Verdi-Museum* untergebracht. Auf dem großen freien
Hauptplatz vor dem Kastell ist der große Sohn der Stadt mit einem
gewaltigen Denkmal verewigt. Im Kastell dahinter findet man das städtische Informationsbüro, auf der anderen Platzseite steht die Backsteinkirche Collegiata di San Bartolomeo. Das bildschöne Caffè Centrale am
Platz lädt danach zur wohlverdienten Rast.

Übernachten/Essen: man wohnt gut im *** **I due Foscari**, Piazza Rossi 15 (DZ
ca. 120 DM, Tel. 0524/92205 (und speist hervorragend im kleinen, aber feinen
Ristorante bei **Ugo**, Via Mozart 3 (Mo/Di geschl.)

▶ **Castello di Torrechiara**: Von Parma in Richtung Langhirano fahren, der Weg führt durch Bergdörfer, in denen Schinken, Salume und Parmigiano hergestellt werden. Das massiv ummauerte Kastell aus dem 15. Jh. wurde 1984 bei einem Erdbeben stark zerstört, ist aber mittlerweile wieder restauriert und gehört zu den eindrucksvollsten der Region. Sehenswerter, mit Terrakottaziegeln getäfelter Rittersaal. Hier drehte Luis Trenker in den dreißiger Jahren einen Kostümfilm, und Bertolucci feierte auf Torrechiara seine Oscars für den "Letzten Kaiser" (Di-So 9-13, 15.30-18.30 h, ca. 5 DM).

> *Lesertip*: "Unterhalb des Castello (Torrechiara Dorf) gibt es eine kleine *Molkerei*. Dort kann man preiswert Parmesan kaufen und wer nett bittet, darf auch einen Blick hineinwerfen und zuschauen bei der Herstellung, interessant auch der Lagerkeller" (P. Scholz & P. Jonas).

▶ **Langhirano**: Die Schinkenstadt - zwölf (!) Monate lang trocknen die wertvollen Schweineschlegel in seltsamen, langgestreckten Gebäuden mit schmalen Luftscharten, immer wieder unterbrochen durch stunden- oder tagelanges Trocknen auf Gestellen an der Luft. Wenn man zur rechten Zeit kommt, ein bizarres Bild.

Für die Produktion des originalen Parmaschinkens dürfen nur Schweine aus der Emilia-Romagna, der Lombardei, aus Venetien und Piemont verwendet werden, und zwar ausschließlich Säue, die nicht trächtig waren und kastrierte Eber. Mit Spezialfutter aus Weizen, Gerste, Mais, Kleie und Molke vom Parmesankäse werden sie etwa ein Jahr lang gemästet, bevor sie ihren letzten Gang antreten.

▶ **Fontanellato**: Der kleine Ort nordwestlich von Parma wird im Zentrum von einer eindrucksvollen Wasserburg beherrscht. Innenbesichtigung lohnt, viele Räume sind mit antikem Mobiliar ausgestattet. In der *Saletta di Diana e Atteone* wertvolle Fresken von Parmigianino (tägl. 9.30-12, 15-18 h).

▶ **Colorno**: 15 km nördlich von Parma steht der *Palazzo Maria Luigia*, einst das "Versailles" der Farnese-Herzöge und auch von Herzogin Marie Louise als Sommerresidenz genutzt. Die üppig verzierte Fassade, der Prunk der Gemächer und der herrliche Park machen einen Abstecher lohnend (jedoch in Parma vorher nach aktuellen Öffnungszeiten erkundigen).

▶ **Brescello**: Unmittelbar am Po liegt dieses geradezu auffallend unauffällige Landwirtschaftsdorf. Der schläfrige Hauptplatz mit der unscheinbaren Kirche brütet in der Sonne. *Don Camillo* tritt aus dem Portal, *Peppone*, der kommunistische Bürgermeister, kommt aus dem Rathaus ... ein geradezu klassischer Gegensatz, der in den Romanen von Giovannnino Guareschi auflebt. Der Po war in den fünfziger Jahren die Nahtstelle zwischen zwei katholisch und kommunistisch geprägten Landstrichen (nördlich und südlich vom Fluß) und damit geradezu prädestiniert für die legendäre Verfilmung der liebenswerten Geschichten von *"Don Camillo und Peppone"*.

Zu sehen gibt es nicht viel, aber ein paar Ecken vom Hauptplatz liegt das beschilderte *Museo di Peppone e Don Camillo* - in dieser Reihenfolge, weil der Bürgermeister noch heute Kommunist ist (Öffnungszeiten nach Bedarf, in der dahinter liegenden Kneipe fragen). Jedoch: in Brescello muß man Farbe bekennen, unbedingt - geht man nun am Hauptplatz in die Kneipe

"Peppone", benannt nach dem überzeugten Kommunisten und Bürgermeister, oder kehrt man bei *"Don Camillo"* ein, dem leidenschaftlichen Priester und Seelentröster? Für die Einwohner kein Problem: Im Peppone trifft sich die Jugend, während bei Don Camillo eher alte Männer ihr Plätzchen finden.

Von Parma nach La Spezia (Ligurien)

Wunderschöne Fahrt über den wilden Kamm des Apennin hinunter nach La Spezia - Ausgangspunkt einer Ligurienfahrt oder für die Fahrt entlang der toskanischen Küste.

Bei etwas Zeit unbedingt die SS 62 nehmen, wesentlich interessanter als die Autobahn A 15. Es geht kurvig durch dichtbewaldete Hänge mit artenreicher Vegetation - Steineichen, Kastanien, Nadelbäume. Vor *Berceto* der einzige Campingplatz der Strecke: Camping "I Pianelli" in herrlicher Lage auf einem bewaldeten Hügel abseits der Straße (ganzjährig, Tel. 0525/64521) - ideal, um ein, zwei Tage in frischer Bergluft zu verbringen. Am *Passo della Cisa* mit 1039 m der höchste Punkt der Straße, hier kann man verschnaufen, Erfrischungen kaufen und die kleine graue Kirche besuchen. Danach geht es in teils sehr steilen Serpentinen Richung *Pontremoli* hinunter. Auf der ganzen Strecke Vorsicht vor wildgewordenen Motorradfahrern, die oft in selbstmörderischer Manier die Kurven schneiden!

Ligurien → S. 393.

Reggio nell'Emilia   (ca. 132.000 Einwohner)

Für ihre Größe erstaunlich ruhige Stadt ohne jeglichen Touristenrummel, freundlich, bietet aber insgesamt wenig Besonderes. In der langen gepflasterten Via Emilia, die sich durch die ganze Stadt zieht, kann man gut bummeln und Schaufenster betrachten, danach im großen Parco del Popolo ausruhen.

Schönste Kirche ist *Madonna della Ghiara* am Corso Garibaldi in der westlichen Innenstadt, ein harmonischer Kreuzkuppelbau mit reich vergoldeter Deckenwölbung und Fresken aus dem 17. Jh. Sehr ausdrucksvoll das Gemälde "Christus am Kreuz" im linken Querschiff.

Der *Dom* an der Piazza Prampolini ist nahtlos in die Hauserreihen eingefügt, an der Spitze der Fassade ein achteckiger Turmaufsatz mit einer bronzenen Madonna, im Innenraum vergoldete, weit ausladende Kerzenleuchter und diverse Grabmäler in Seitenkapellen. An der Südseite der Piazza Prampolini das Rathaus mit der berühmten *Sala del Tricolore*, wo das Urbild der italienischen Flagge aufbewahrt wird, 1797 erstmals verwendet für die Gründung der cisalpinischen Republik Napoleons.

An der Rückseite des Doms der schöne alte Marktplatz mit der Kirche *San Prospero*. Die barocke Fassade aus dem 18. Jh. wird von vier zähnefletschenden Löwen bewacht, daneben der archaisch wirkende Glockenturm mit schweren Quadern.

Die insgesamt vier *Musei Civici* nördlich der Piazza Battisti enthalten archäologische Funde und Kunst des 18. Jh., die *Galleria Parmeggiani* am

Corso Cairoli zeigt Kunst und Kunsthandwerk der Region (alle Di-Sa 9-12, So 9-12, 15-18 h. Mo geschl.).

• *Information*: Piazza Prampolini (Domplatz) 5/c, Tel. 0522/451152.

• *Übernachten*: **** **Posta**, Piazza Cesare Battisti 4, ganz zentral im Stadtkern, wenn es das Budget erlaubt, sicher einen Aufenthalt wert - edle Einrichtung im Rokoko-Stil, viel Stuck und gepflegte Polstermöbel, Garage. DZ mit Frühstück ca. 180-250 DM, Tel. 0522/432944.

* **Morandi**, Via Emilia San Pietro 64, Nähe Bahnhof, DZ ca. 60 DM, Tel. 0522/454397. **Jugendherberge Ostello Tricolore (IYHF)**, Via dell'Abbadessa 8, bequeme Lage in Bahnhofsnähe, sauber und gepflegt, moderne Einrichtung, preiswertes Essen in der angeschlossenen Casa dello Studente. Der Leiter, Herr Gelati, spricht deutsch. Übernachtung mit Frühstück ca. 16 DM, Tel. 0522/454795.

Canossa

Fast so bekannt wie "Dreidreidrei bei Issos Keilerei". Der Dauerbrenner zahlloser Schulaufgaben, Extemporalien und historischer Examensarbeiten liegt südlich von Reggio in den steilen Ausläufern des Apennin. Bis heute - und wahrscheinlich noch in Jahrhunderten - müssen zahllose Generationen von entnervten Schülern büffeln, was es mit dem "Gang nach Canossa" auf sich hatte.

Aus dem Geschichtsbuch der Oberstufe: *...In den siebziger Jahren des 11. Jh. kommt es zum schweren Konflikt zwischen dem deutschen König und dem Papst - Papst Gregor VII., überzeugt davon, daß das Papsttum über allen weltlichen Gewalten steht, will das alleinige Einsetzungsrecht (Investitur) der Reichsbischöfe an sich reißen, das bisher weitgehend vom König bestimmt wurde. Als ihm Heinrich IV. auf der Reichsynode in Worms die Anerkennung als Papst abspricht, belegt ihn Gregor mit dem Kirchenbann und verkündet seine Absetzung. Die deutschen Fürsten machen daraufhin Front gegen Heinrich und verlangen, daß der König von Gregor binnen einen Jahres die Rücknahme des Banns erhält, anderenfalls würden sie ihn nicht mehr anerkennen. Heinrich muß handeln. Als Gregor Ende 1076 nach Norden aufbricht, um die Reichsfürsten in Augsburg zu treffen, erreicht ihn die Nachricht, daß ihm Heinrich entgehenzieht. Schnell zieht er sich auf die nahe Burg von Canossa zurück, die seiner Anhängerin Gräfin Mathilde gehört. Doch Heinrich kommt nicht mit Waffengewalt, sondern als Büßer: drei Tage muß er im härenen Gewand in bitterer Kälte vor den Toren der Burg warten, bis ihn Gregor vom Kirchenbann löst - und nach kirchlichem Recht lösen muß! Die vermeintliche Niederlage entpuppt sich als politischer Schachzug Heinrichs, der damit sein Königtum rettet, jedoch gleichzeitig die päpstliche Strafgewalt über sich anerkennt. Der Kampf geht weiter, Gregor legitimiert einen Gegenkönig, die heinrichtreuen Bischöfe setzen einen Gegenpapst ein - letztendlich muß Gregor fliehen und stirbt im Exil ...*

Jeder "geht" irgendwann einmal "nach Canossa", d.h. kriecht aus taktischen Überlegungen zu Kreuz vor einem Gegner, der im Moment die besseren Trümpfe in der Hand hat. Wer jedoch das reale Canossa besuchen will, tut besser daran, zu *fahren*: handtuchschmale Serpentinensträßchen winden sich von der Poebene steil hinauf durch frische grüne Wälder und Wiesen,

Hier wurde Geschichte gemacht – die Ruinen von Canossa

vorbei an kahlen Erosionshängen und mit herrlichen Rückblicken in die Ebene - bis plötzlich hinter einer Kurve der markante Felsklotz mit der bescheidenen Ruine auftaucht. Viel ist nicht mehr erhalten von der Burg der Gräfin Mathilde, die hier einst weite Landstriche besaß und noch heute einen hohen Bekanntheitsgrad genießt - alljährlich am letzten Sonntag im Mai findet ihr zu Ehren in *Quattro Castella* ein großer Umzug in historischen Kostümen statt. Das Gefühl, an einem Platz zu stehen, wo "Geschichte gemacht wurde", ersetzt aber leicht das Fehlen spektakulärer Sehenwürdigkeiten. Dazu kommen die Stille und der herrliche Blick in die umgebenden Apenninberge - man sieht Richtung Westen die Burg von *Rossena* und die von *Bianello* im Norden.

Besichtigung: Vom Parkplatz mit dem Ristorante La Rupe (Mi geschl.) führt ein Treppenweg hinauf auf die Spitze des Kalkfelsens, wo ein etwas undefinierbares Gewirr von Mauerresten den zentralen Kern der Burg anzeigt, die einst die ganze Bergspitze einnahm. Man erkennt die Grundrisse einiger Räume, in erster Linie die Apsis der *Burgkapelle* mit zwei Säulenstümpfen - wahrscheinlich löste Gregor VII. an dieser Stelle Heinrich IV. vom Kirchenbann, aber sicher stammen Teile der Mauern aus späteren Zeiten.

Gegenüber der Ruine steht das kleine *Museum* mit Keramikfunden, Steinen, Säulenkapitellen etc. aus verschiedensten Epochen, dazu gibt es Bilder aus dem 19. Jh., auf denen die Ereignisse auf Canossa reichlich romantisch verklärt werden. Originell der Wandteppich mit dem nachdenklich büßenden Heinrich (Burg & Museum Di-So 9-12.30, 15-19 h, frei).

Anfahrt/Verbindungen: von Reggio über **Quattro Castella** oder **San Polo**, ab diesen Orten ist Canossa beschildert. Keine Busse.

Modena

(ca. 180.000 Einwohner)

Der Dom ist eins der großartigsten Werke der mittelalterlichen Baukunst Oberitaliens - ansonsten gibt es wenig Gründe, Modena zu besuchen. Lange gerade Gassen mit düsteren Laubengängen durchziehen das Zentrum, echte Anziehungspunkte sind rar, kaum eine freundliche Piazza lädt zum Sitzen ein.

Modena ist Verkehrsknotenpunkt - hier trifft die Autobahn vom Brenner auf die Strecke von Milano nach Bologna - und eine der wichtigsten Industriestädte der Poebene. Zahlreiche Autofirmen, darunter Ferrari und Maserati, lassen hier produzieren, die Beschäftigungslage ist ausgezeichnet und Modena gehört zu den Städten mit dem höchsten Pro-Kopf-Einkommen Italiens. Kulturell ist für neugierige Besucher (bis auf den Dom) wenig geboten - allerdings stammt Luciano Pavarotti aus Modena. Und: man kann hier ausgezeichnet essen - dabei unbedingt den schaumig prickelnden *Lambrusco* kosten!

Anfahrt/Verbindungen/Information

• *Anfahrt/Verbindungen*: **PKW**, Modena ist wichtiger Verkehrsknotenpunkt und liegt am Schnittpunkt zweier Autobahnen, der A1 von Milano und der A 22 von Verona.
In der Altstadt kann man mit Parkscheibe (zona disco) und an Parkuhren parken.
Bahn, Modena liegt an der Strecke von Milano nach Bologna, Bahnhof ca. 1,5 km nördl. vom Zentrum, Bus 7 fährt in die Stadtmitte.

Fahrrad, an verschiedenen Stellen kann man Fahräder leihen, z.B. im Bahnhof und beim Parco Novi Sad. In der Garage Ferrari, Viale Trento Trieste 31 (So geschl.) erhält man ein Fahrrad, wenn man dort seinen Wagen abstellt.
• *Information*: Via Scudari 30, Nähe Dom. Ausführliche Stadtbroschüre "Modena c'è", Tel. 059/222482.

Übernachten

*** Centrale, Via Francesco Rismondo 57, zentrale Lage, gekonnt restauriertes Haus mit modernem Innenleben, schlichte klare Linien und viel Platz in 36 Zimmern, gepflegt und sauber, alle Zimmer mit Teppichböden, TV und Air-Condition. DZ ca. 100-120 DM, Garagenplatz ca. 12 DM, Tel. 059/218808.
*** Libertà, ganz zentral in der Via Blasia 10 bei der Piazza Mazzini, 200 m vom Dom, ebenfalls sehr gut ausgestattet. Zimmer mit Telefon, TV und Minibar, Air-Condition nur in der Lobby. DZ ca. 100-130 DM, Garagenplatz ca. 15 DM, Tel. 059/222365.

* Sole, Via Malatesta 45, zentrale Lage, klein und sauber, DZ ca. 55 DM, Tel. 059/214245.
* Astoria, Via Sant'Eufemia 43, Nähe Dom, derselbe Preis, Tel. 059/225587.
• *Camping*: **International Modena**, direkt an der Autobahnausfahrt Modena Nord, ziemlich laut. Weitgehend schattiger Platz unter niedrigen Bäumen, sanitär einfach, aber heiße Duschen. Üble Umgebung - Fernfahrerstrich liegt an der einzigen Zufahrtsstraße zum Camping. Beliebt ist das Ristorante Turismo neben dem Platz. Tel. 059/332252.

Essen

Lambrusco, der berühmte Weinessig *aceto balsamico* und *zampone* (gefüllter Schweinsfuß) sind nur einige der Spezialitäten, mit denen Modena versucht, Bologna den Ruf als kulinarische Hauptstadt der Emilia-Romagna streitig zu machen. Die folgenden Lokale liegen alle im Zentrum.

L'Aragosta, Via Emilia 192, mit dichtem Grün von der lauten Straße abgetrennt, speziali-

siert auf Fisch, aber auch Fleischgerichte zu haben, z.B. das pikante *scaloppina all'aceto* mit exzellentem Essig aus Trebbiano-Trauben, die *maccheroncini della casa* schön knackig, auch Pizza. Mo geschl.

Uva d'Oro, Piazza Giuseppe Mazzini 38 (direkt an der Via Emilia), geschmackvoll eingerichtete Trattoria, schön zum Sitzen auf begrünter und ruhiger Piazza, geführt von zwei Kretern, die neben hervorragenden emilianischen Gerichten auch gelegentlich Griechisches wie Moussaka und Souvlaki im Angebot haben. So geschl.

Da Danilo, Via Coltellini 27 (bei Piazza G. Mazzini), ausgezeichnete Küche und reichhaltige Speisekarte, einige Tische auf ruhiger Seitenstraße. Fr geschl.

La Cervetta, Via Cervetta 7, südlich vom Dom, traditionelle Trattoria mit authentischer Küche der Region. So Abend und Mo geschl.

• *Preiswert*: **Italy & Italy**, Via dell' Universita 25, südöstlich vom Dom, Filiale der bekannten Schnellimbißkette, leckere Salatbar, Hamburger und Spaghetti.

Ghirlandina Grill, Via Vescovo Leodino 9, Mensa in der Nähe vom Dom, günstige Mahlzeiten. Sa geschl.

Sehenswertes

Roter Faden ist die *Via Emilia*, die sich durch die ganze Innenstadt zieht. An der großzügigen *Piazza Grande* trifft sich am frühen Abend die halbe Männerwelt von Modena vor der Seitenfront des Doms.

Dom: Nicht nur Pisa hat seinen schiefen Turm, auch der Glockenturm des Doms, die hohe schlanke *"Ghirlandina"*, sinkt allmählich seitwärts, ebenso die von einem Schutzgitter umgebene Apsis. Der prachtvolle romanische Bau besitzt eine vielgestaltige weiße Marmorfassade, deren schmückende Blendarkaden sich auch noch an den Längsseiten fortsetzen, an der Platzseite außerdem zwei schöne Portale.

Das reich verzierte *Hauptportal* der Kirche wird flankiert von zwei großartigen *Basreliefs*, die zu den frühesten ihrer Art gehören (zwei weitere über den Nebenportalen) - die Themen reichen von der Erschaffung von Adam und Eva und der Vertreibung aus dem Paradies bis Kain und Abel und Arche Noah.

Das Innere ist düster und feierlich, hat aber seine gotische Struktur hervorragend bewahren können. Eine elegante Galerie mit Dreifachfenstern zieht sich oben entlang, unter dem erhöhten Chor liegt eine große Krypta. Viele Details sind zu betrachten - der *Lettner* (Chorbrüstung) ruht auf Säulen, die von Löwen gestützt werden. Seine prachtvollen Basreliefs zeigen das Abendmahl und die Leidensgeschichte Jesu. Ganz herrlich die gebückten Männlein, die seitlich davor mürrisch die schwere Last der Bischofskanzel tragen. Über dem Lettner ein äußerst realistisches *Kruzifix* aus dem 14. Jh., im Altarbereich oben findet man *Chorgestühl* mit wundervollen Intarsien. Die Krypta ist ein ganzer Wald von Säulen, äußerst realistisch die *Krippenszene* mit lebensgroßen Figuren - der Junge verzieht beim Essen sein Gesicht, daher der schöne Name Madonna della Pappa, die "Griesbrei-Maria".

Palazzo dei Musei: großer düsterer Palazzo am westlichen Beginn der Via Emilia. Heute sind in dem früheren Arsenal die städtischen Museen untergebracht - im Untergeschoß das *Museo Risorgimento* mit den obligaten Stücken zur nationalstaatlichen Einigung Italiens (wegen Restaurierung geschl.), im ersten Stock die *Biblioteca Estense* mit wertvollen Handschriften, u.a. die überreich illustrierte Bibel von Borso d'Este (Mo-Do 9-19, Fr/Sa 9-13.30 h, frei), im Geschoß darüber die *Galleria Estense*, deren Werke hauptsächlich von venezianischen und emilianischen Meistern stammen

(Di, Fr, Sa 9-19, Mi, Do 9-14, So 9-13 h, Mo geschl., ca. 8 DM), schließlich noch ein *Archäologisches Museum* (Di-Sa 9-12, Di und Sa auch 16-19, So 10-13, 16-19 h, Mo geschl., ca. 4 DM).

Angebaut ist die überreich ausgestattete Kirche *Sant'Agostino*, im einschiffigen Innenraum mächtige Skulpturen und großflächige Deckenfresken. Am ersten Altar rechts eindrucksvolle Terrakottagruppe.

Sonstiges: Nicht versäumen sollte man die schöne *Jugendstilmarkthalle* in der Via Albinelli; jeden Montag Flohmarkt *Mercato delle Pulci* im Parco Novi Sad, nordwestlich vom Zentrum.

▶ **Modena/Umgebung**: südlich von Modena finden Auto-Fans in *Maranello* die Ferrari-Werke, "Schumis" neue Wirkungsstätte. Sie sind offiziell nicht zu besichtigen, doch die *Galleria Ferrari* zeigt eine Ausstellung der schönsten "Ferraris" und Formel 1-Rennwagen aus der Geschichte des Konzerns (Via Dino Ferrari 43, Di-So 9.30-12.30, 15-18 h, Mo geschl., ca. 8 DM).

Wenige Kilometer nördlich liegt die Kleinstadt *Carpi*, die an sich wenig bedeutsam wäre - wenn sie nicht einen unglaublich großen Hauptplatz besäße, flankiert von Arkadengängen und dem mächtigen *Castello dei Pio*. Von dessen Renaissance-Innenhof kommt man zum *Museo Civico*, in dem hauptsächlich Gemälde und Skulpturen ausgestellt sind (Do-So 10-12.30 h). Eine Überraschung findet sich im Seitenhof - das *Museo Monumento al Deportato Politico e Razziale* mit angeschlossener Gedenkstätte erinnert daran, daß im Zweiten Weltkrieg zahlreiche Bewohner von Carpi in verschiedene KZ's von Hitlerdeutschland und Polen verschleppt wurden (die Lagernamen sind auf den Steinen im Hof nachzulesen). In *Fossoli* nördlich von Carpi sind die Ruinen des damaligen Sammellagers erhalten.

Ferrara

(ca. 140.000 Einwohner)

Ruhige und sympathische Stadt in der brettflachen Ebene des Po - viele Radfahrer, wenige Touristen und zahlreiche historische Bauten. Die mächtige Familie der Este baute Ferrara zu einem der wichtigsten Renaissance-Zentren Italiens aus, zeitweise war es gleichbedeutend mit Florenz, Mailand und Venedig.

Mit dem Aussterben der Este Ende des 16. Jh. kam jedoch der rasche Niedergang, Ferrara blieb über Jahrhunderte "öde und menschenleer" wie viele Reisende, darunter auch Goethe, feststellten. Auf Spuren des ehemaligen Reichtums trifft man heute auf Schritt und Tritt - mitten in der Stadt dominiert das riesige Kastell der Este, wenige Schritte entfernt erhebt sich der monumentale Dom, eine 9 km lange, fast vollständig erhaltene Mauer umgibt das Zentrum. Schon seit dem 13. Jh. begannen die Este, das Stadtbild zu prägen und Ende des 15. Jh. vergrößerte Ercole I. d'Este Ferrara fast ums Doppelte. Mit langen schnurgeraden Straßen und großzügigen Palazzi ließ er nördlich vom Zentrum einen geschlossenen Renaissancekomplex errichten, der für seine Zeit revolutionär war. Im reizvollen Gegensatz dazu stehen heute die eng gekrümmten Pflastergassen des mittelalterlichen Viertels im Südosten des *centro storico*.

Treffpunkt Domplatz – jeder fährt Rad in Ferrara

Anfahrt/Verbindungen/Information

● *Anfahrt/Verbindungen:* **PKW**, das historische Zentrum ist für Autos gesperrt, gebührenpflichtig Parken kann man auf der Piazza Travaglio, südlich vom Dom.

Bahn, Ferrara hat häufige Verbindungen nach Venedig, Bologna und Ravenna. Der Bahnhof liegt etwas außerhalb vom Zentrum, den breiten Viale Cavour entlang kommt man direkt zum Castello Estense mitten in der Stadt (auch Bus 9).

Bus, Station an der Via Rampari San Paolo, Nähe Piazza del Travaglio. Viele Busse fahren auch ab Bhf.

Fahrrad, lohnt sehr in Ferrara - Verleih bei den städtischen Info-Büros und am Campingplatz. Mit der *Bicicard* kann man sein Auto an einem bewachten Parkplatz abstellen, erhält ein Fahrrad und kann alle städtischen Museen besuchen (erhältlich bei den Tourist-Büros).

● *Information:* Corso Giovecca 21, vis à vis vom Kastell die Straße hinunter, Tel. 0532/209370.

Außerdem Via Kennedy 2, beim Parkplatz Centro Storico (Piazza Travaglio) südlich vom Zentrum, Tel. 0532/765728.

Übernachten

**** Annunziata (4), Piazza Repubblica 5, ruhige Lage an einer Piazza, Blick auf das Kastell. Wunderschön restauriertes historisches Haus, moderne und elegante Einrichtung, wobei die alten Deckenbalken großenteils erhalten blieben. Zimmer mit TV, Parkplatz. DZ mit Frühstück ca. 190-280 DM, Tel. 0532/20111.

*** Carlton (2), Via Garibaldi 93, direkt an der Piazza Sacrati, modernes, gut ausgestattetes Haus, kürzlich vergrößert, dank der 58 Zimmer immer reichlich Platz, Zimmer schallisoliert, mit Air-Condition und TV,

Parkplatz. DZ ca. 120-160 DM, Tel. 0532/211130.

** Nazionale (9), Corso Porta Reno 32, zentrale Lage, sauber und gepflegt, oft ausgebucht. DZ ca. 85 DM, Tel. 0532/209604.

** San Paolo (14), Via Baluardi 13, freundliches Albergo am Südrand des Centro Storico, vis à vis der Stadtmauer. DZ ca. 60-85 DM, Tel. 0532/762040.

* Casa degli Artisti (11), Via Vittoria 66, versteckt in der Altstadt. DZ mit Etagendusche ca. 50 DM, Tel. 0532/761038.

• *Camping*: **Estense**, nördlich außerhalb der Stadtmauer, an der Via Gramicia. Wiesengelände mit bisher noch kleinen Bäumen. Vom Bhf. Bus 3 oder ca. 1,5 km zu Fuß nach Norden die Stadtmauer entlang. Tel. 0532/752396.

Essen

Grotta Azzurra (3), Feinschmeckertreff an der Piazza Sacrati 43, mal kosten - *salama al sugo*, eine heiß servierte, kräftig-pikante Wurst in Wein getränkt. Im **Buca San Domenico** schräg gegenüber auch gute Auswahl an Pizza.

Centrale (7), Via Boccaleone 8 (zweigt von der Via Ripagrande ab), Familienbetrieb in ruhiger Gasse, immer auf der Speisekarte stehen die Tortelloni mit Schinken, Sahne und Trüffeln und natürlich die *cappellacci di zucca* - mit Kürbisbrei gefüllte Nudeln, eine weitere Spezialität von Ferrara. So und Mi Abend geschl.

Il Bagattino (8), Via Correggiari 6, großes neues Ristorante, das dem Andrang nach ausgezeichnet ankommt, mehrere Speiseräume hübsch aufgemacht mit Kupfergeschirr an den Wänden, auch einige Tische auf der Straße, gute traditionelle Küche.

Di Cucco (15), Via Voltacasotto 3, mitten im Gassengewirr der Altstadt, rundum sympathische Trattoria und vielleicht der hübscheste Fleck zum Essen in Ferrara. Gemütlich rustikaler Gastraum, dahinter ein schattig begrünter Hof, junge Wirte. Leckere Nudelgerichte, natürlich auch *cappellacci di zucca*. Mi geschl.

Antica Trattoria Volano (13), Viale Volano 20, das alteingesessene Wirtshaus am Flußarm südlich der Altstadt ist innen vollständig modernisiert, auch hier wird typische Ferrara-Küche serviert. Fr geschl.

Da Giacomo (1), Via Garibaldi, 135, Nachbarschaftstrattoria ca. 10 Min. vom Kastell, sehr gut die gefüllten Tortelloni, günstig. Sa geschl.

Da Noemi (12), Via Ragno 31/a, schlichte Trattoria in einem Gäßchen der Altstadt, ruhiges Essen abseits vom Rummel. Di geschl.

Leserempfehlung für das **La Romantica** in der Via Ripagrande - "Gutes Mittelklasserestaurant, prima Weinkarte und leckere regionale Gerichte, saisonal auch günstige Trüffelgerichte."

• *Osterie/Kneipen*: **Al Brindisi (6)**, Via Adelardi 11, die älteste Osteria Italiens findet sich unmittelbar neben dem Dom, bereits 1435 ging man hier einen heben. Zur Auswahl

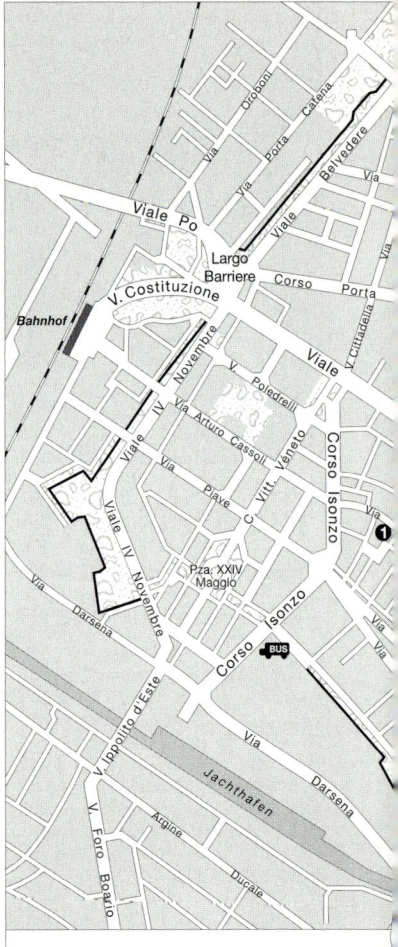

Ferrara

Essen

❶ Da Giacomo
❸ Grotta Azzura
❻ Al Brindisi
❼ Centrale
❽ Il Bagattino
⓬ Da Noemi
⓭ Antica Trattoria Volano
⓯ Di Cucco

Hotels

❷ Carlton
❹ Annunziata
❾ Nazionale
⓫ Casa degli Artisti
⓮ San Paolo

Sonstiges

❺ Fahrradverleih
❿ Fahrradverleih

von 600 Weinen nimmt man in den winzigen Räumen Sandwiches zu sich, aber auch Nudel-, Bohnen und Wurstspezialitäten. Mo geschl.

Al Bierfilz, Piazza Sacrati 34, bietet einige Biersorten und jede Menge deutscher Bierfilze an der Wand.

Weitere Kneipen in der Altstadt im Bereich zwischen Via Borgo di Sotto und Via Carlo Mayr, z.B. das beliebte **Lobo Loco** und das gemütlich-familiäre **Antas**, Via Carlo Mayr 7, mit nettem gesprächigem Besitzer und Gitarrenmusik live.

• *Discos*: ziemlich gestylt das **Enigma** in der Nähe der juristischen Fakultät, etwas lockerer **Il Gatto e la Volpe**, 3 km außerhalb an der Straße nach Rovigo (vor der Po-Brücke rechts).

Feste

Am letzten Maisonntag findet der *Palio di San Giorgio* statt, ein Pferderennen der acht Stadtviertel (Contrade), gefolgt von verschiedenen populären Veranstaltungen und einem großen Reiterspiel.

Von Mitte Juli bis Mitte September läuft *Estate Ferrara* mit zahlreichen Veranstaltungen aus allen kulturellen Sparten - Tanz, Theater, klassische Musik, Rock, Jazz u.a. Veranstaltungskalender im Tourist-Büro.

Ende August steht die Stadt eine Woche lang kopf - das *Busker's Festival* lockt Straßenmusiker aus der ganzen Welt nach Ferrara, extra eingeladen werden zwanzig besonders populäre Gruppen.

Sehenswertes

Was im nahen Bologna noch nicht möglich ist: Fast die gesamte Innenstadt ist für den motorisierten Verkehr gesperrt, das Fahrrad das wichtigste Transportmittel. Das trägt erheblich zur Lebens- und Besichtigungsqualität bei. Beherrschend im Stadtbild die *Piazza Cattedrale* mit dem Dom, dem gegenüberliegenden Palazzo Comunale und dem Uhrenturm. An der Längsseite des Doms die *Piazze Trento e Trieste*, beliebter Treffpunkt der radelnden Männer von Ferrara.

Kathedrale: mächtig wie ein Ozeanschiff und eine interessante Synthese aus romanischen und gotischen Elementen, errichtet mit Unterbrechungen im 12.-14. Jh. Schöne dreiteilige Fassade, prachtvolles Portal mit reich verziertem Überbau - in der Loggia eine "Madonna mit Kind" von Cristoforo da Firenze, darüber das "Jüngste Gericht" mit Seligen, die das Paradies erreichen und Sündern, die in die Hölle abwandern. An der rechten Seitenfront der Kirche ist eine wunderschöne *Ladenzeile* mit Säulengang angebaut - lebendiges Zeugnis der Integration von Kirche und Stadt.

Durch eine Vorhalle gelangt man in den monumentalen Innenraum, der im Stil des 18./19. Jh. ausgestattet ist - klassizistisch überladen, aber doch sehr feierlich mit üppiger Goldbemalung und niedrig hängenden Kristallleuchtern. Angenehm warmes Licht fällt durch die farbigen Glasfenster und Oberlichter. In der Apsis riesiges Fresko "Das Jüngste Gericht" (Beleuchtung ca. 1 DM) von Filippo Lippi, rechts im Querschiff Altar mit lebensgroßen Bronzestatuen. In der Vorhalle Eingang zum *Dommuseum*, das einige interessante Stücke enthält, darunter Gemälde von Cosmè Tura und zwölf Marmortafeln, die allegorisch die Monate darstellen (Mo-Sa 10-12, 15-17, So 10-12 h, Spende).

Palazzo Comunale: Den Eingang zum schönen Innenhof des zinnengekrönten Palazzo bewachen zwei grünspänige Bronzestatuen (Niccolo III.
und Borso d'Este), die in unserem Jahrhundert nach alten Vorbildern ge-
formt wurden. Auf Anfrage kann man das *Stanzino delle Duchesse* besichtigen, das Kabinett der berüchtigten Lucrezia Borgia, die 1502 einen der
Este ehelichte.

Castello Estense: Die trutzige Burg der Este mit vier mächtigen Ecktürmen steht mitten in der Stadt - von einem breiten Wassergraben umgeben,
bildet sie eine eindrucksvolle Dekoration. Vom ehemaligen Prunk dieses
enorm reichen Fürstenhofes, an dem sich Gelehrte und Künstler die Klinke
in die Hand gaben, kann man sich heute kaum noch eine Vorstellung machen -
das Innere ist fast leer, erhalten sind noch einige Fresken, z.B. im *salone dei
giochi*. Interessant ist auch ein anschauliches Tonmodell der Stadt. In den
unterirdischen Gefängnissen wartete u.a. Parisina, die Gattin Niccolos III.
d'Este, auf ihre Hinrichtung, nachdem sie ihren Gatten mit ihrem jungen
Stiefsohn Ugo betrogen hatte (Di-So 9-17.30 h, Mo geschl., 6 DM).

Vor dem Castell an exponierter Stelle das Denkmal *Savonarolas* - der lei-
denschaftliche Reformator, der in Florenz gegen die Verschwendungs-
sucht der Medici kämpfte, wurde 1452 in Ferrara geboren.

Renaissance-Palazzi: An den schnurgeraden Straßen reihen sich viele
Dutzend davon, die Außenfassaden oft schmucklos und nüchtern, dahinter
liegen aber große Gärten und auch das Innenleben lohnt zuweilen - einige
sind zur Besichtigung geöffnet. Die meisten findet man an den breiten
Straßen im Nordteil des Zentrums: Corso Porto Ercole d'Este und Corso
della Giovecca, außerdem am Rand des mittelalterlichen Stadtviertels, z.B.
Via XX Settembre und Via Scandiana.

Der breite Corso della Giovecca beginnt beim Castello und ist eine der
Hauptstraßen der Stadt, an die Nr. 170 die *Palazzina di Marfisa* mit Fresken von Filippi (tägl. 9-12.30, 15-18 h, ca. 3 DM). Nur zwei Ecken entfernt
an der Via Savonarola 30 die *Casa Romei*, ein ehemaliges Kaufmannshaus
der Renaissance mit Skulpturen und Fresken (Di-Fr 8.30-14, Sa/So 8.30-19
h, Mo geschl., ca. 4 DM).

Der große *Palazzo di Schifanoia* an der Via Scandiana 23 besitzt in seinem
Salone dei Mesi die großartigsten, leider teilweise schlecht erhaltenen
Fresken der Stadt - Szenen aus dem Leben des Borso d'Este, das höfi-
sche Leben des 15. Jh. und Monatsallegorien (tägl. 9-19 h, ca. 6 DM). Der
Palazzo Ludovico Il Moro an der Via XX Settembre 124 ist berühmt für
seinen Arkadenhof und beherbergt das Archäologische Museum.

Der *Palazzo dei Diamanti* steht am gepflasterten Corso Ercole d'Este, der
vom Castello nach Norden führt - so genannt, weil die gewaltigen Fassa-
densteine wie Diamanten behauen sind. Die typische Rustika-Fassade
glänzt frisch restauriert in Weiß und leichten Rosatönen, was den strengen
ebenmäßigen Stil etwas mildert. Im Erdgeschoß wechselnde Ausstellungen moderner Kunst, im ersten Stock die *Pinacoteca Nazionale* mit Werken der Ferrareser Schule des 14.-16. Jh. (Di-Sa 9-14, So 9-13, Mo geschl.,
ca. 8 DM). Benachbart zum Palazzo Diamanti das nur mäßig interessante

Museo del Risorgimento e della Resistenza (Di-Sa 9-14, 15-19, So 9-12, 15.30-18.30 h, ca. 3 DM). Nur wenige Schritte weiter nördlich findet man am Corso Porta Mare den *Palazzo Massari* mit einer ganzen Reihe von Ausstellungen, u.a. das *Museo d'Arte Moderna e Contemporanea* und das *Museo Boldini* (alle Museen tägl. 9-13, 15.30-19 h, Sammelticket ca. 8 DM). Nicht weit ist es von hier zur *Certosa*, ein ehemaliges Kloster, dessen Gelände heute als Friedhof genutzt wird und die noch sehr gut erhalten ist.

Mittelalterliches Viertel: Südöstlich des Doms blieb der ursprünglich verwinkelte Grundriß bis heute erhalten. Hauptgasse und Fußgängerzone ist die lebendige *Via San Romano*. Holpriges Pflaster, alte Laubengänge und terrakottageschmückte Torbögen findet man vor allem in der *Via delle Volte*. Um die Via Mazzini lag jahrhundertelang das jüdische Viertel. Bis zum Zweiten Weltkrieg lebte in Ferrara eine der größten jüdischen Gemeinden Italiens, die von den Nazis und ihren Helfern fast völlig ausgerottet wurde. In der Nr. 95 die einzige erhaltene *Synagoge* der Stadt und das Haus der israelitischen Kultusgemeinde. An der Fassade eine Gedenktafel für die 1943 in Auschwitz ermordeten Juden der Stadt.

Jüdischer Friedhof: im Norden der Stadt, jenseits des Corso Porta Mare. Sehr sehenswert, eine Gedenkstätte erinnert an die Ermordung der Ferrareser Juden. Für Besichtigung am Eingang klingeln.

Jachthafen: Obwohl Ferrara immerhin gut 60 km vom Meer entfernt ist, liegen im *Canale di Burana* (südlich der Stadtmauer an der Via Darsena) hunderte von Booten vor Anker, Hausboote können gemietet werden. Verbunden ist der Kanal mit Po und Adria.

Bologna

(ca. 450.000 Einwohner)

Hauptstadt der Emilia-Romagna, Halbmillionen-Einwohnermetropole, bedeutende Messe- und Modestadt, außerdem einer der wichtigsten Verkehrsknotenpunkte Oberitaliens. Wirtschaftlich das dominierende Zentrum der Poregion, obwohl am äußersten Südrand der Ebene gelegen - unmittelbar südlich der Stadt beginnen die Hänge des Apennin.

La Dotta (die Gelehrte), *la Rossa* (die Rote), *la Grassa* (die Fette) - die Spitznamen der Stadt sagen bereits einiges: in Bologna wurde 1088 die erste Universität Europas gegründet, die Stadt wird seit langen Jahren von einer kommunistischen Stadtregierung geführt und ist der kulinarische Mittelpunkt der Feinschmeckerprovinz Emilia-Romagna. So viele ausgezeichnete Trattorie findet man kaum anderswo auf einem Fleck versammelt.

Die gesamte weitläufige Altstadt bildet ein beeindruckend monumentales Ensemble von hohen schattigen Bogengängen und ist ganz in Rot- und Okkertönen gehalten. Insgesamt 35 km Gehsteig sind überdacht, im Mittelalter errichtet, um ab dem ersten Stock zusätzlichen Wohnraum zu gewinnen, ohne die Straßen zu verschmälern. Bologna gilt in Italien als Vorbild moderner Stadtplanung, kaum eine Bausünde stört das Gesamtbild. Leider

Unvollendete Fassade, aber fünftgrößte Kirche der Welt –
San Petronio in Bologna

konnte die Verkehrsplanung mit den Erfordernissen des Denkmalschutzes nicht Schritt halten - Bologna wird vom PKW-Verkehr förmlich überschwemmt und auch in der Innenstadt sind verkehrsberuhigte Zonen eher die Ausnahme.

Für junge Leute das lebendigste und interessanteste Viertel - die Straßen um die Uni: zahlreiche Kneipen, Osterie und Ristoranti versprechen Abwechslung und ein für italienische Verhältnisse relativ ausgeprägtes Nachtleben - allerdings nur während des Semesters.

*A*nfahrt/*V*erbindungen

● *PKW*: Rund um die Innenstadt zieht sich an Stelle der früheren Stadtmauer eine heftig befahrene **Ringstraße**. Innerhalb davon Parken gestaltet sich schwierig - alle Gassen des Centro Storico sind hoffnungslos zugeparkt. Mein persönlicher "Geheimtip": westlich der Porta Saragossa (an der Ringstraße) liegen die ruhigen Alleestraßen **Via Rodolfo Audinot**, **Via Francesco Roncali** und andere. Hier findet man meist noch ein Plätzchen, ins Zentrum läuft man 15 Min. Gebührenpflichtige Parkplätze (oft überfüllt) an **Piazza XX Settembre** und **Piazza Roosevelt**.

● *Bahn*: Bologna ist der wichtigste Eisenbahnknotenpunkt Oberitaliens, häufige Verbindungen nach Milano, Rom, Verona, Venedig u.a.

Am 1./2. August 1980 sprengten Rechtsextremisten den halben Bahnhof in die Luft, eines der furchtbarsten terroristischen Verbrechen in der neueren Geschichte Italien. An der Stelle der Explosion wurde eine Gedenkstätte für die 85 Toten (!!) errichtet (im Wartesaal des Bahnhofsgebäudes, sieht man bereits von den Bahnsteigen aus).

Der Bahnhof liegt im Norden der Stadt, vom Ausgang 300 m links halten bis zur Piazza XX Settembre, von dort führt die 1,5 km lange **Via dell'Indipendenza** schnurgerade zur zentralen Piazza del Nettuno/ Piazza Maggiore. Wem das zu weit ist - viele Busse fahren ab Bahnhof ins Zentrum um die Piazza Maggiore (Tickets beim ATC-Kiosk vor dem Bhf., ca. 1.30 DM).

• *Bus*: Das öffentliche Busnetz (ATC) ist gut ausgebaut, Einzelticket 1.30 DM, Biglietto Cumulativo (City Pass) mit 8 Fahrten ca. 10 DM, Monatskarte ca. 55 DM. Fahrscheine sind erhältlich in den ATC-Büros an der Piazza Settembre (Fernbusbahnhof) und an der Piazza Medaglie d'Oro (Bahnhof), außerdem in Tabak- und Zeitschriftenläden. **Fernbusse** starten an der Piazza XX Settembre, Nähe Bahnhof.

Information

APT im **Palazzo Comunale** an der Piazza Maggiore 6 (rechts vom Dom, wenn man auf die Fassade blickt). Umfangreiches Material, im Eingang außerdem ein Computer, dem man allerlei Informationen über Sehenswürdigkeiten, Hotels, Trattorie etc. entlocken kann. Im Sommer Mo-Sa 9-19, So 9-13 h. Tel. 051/239660.
Zweigstelle im **Bahnhof** (mit Zimmervermittlung), Tel. 051/246541.

Übernachten

Bolognas Hotellerie ist ganz auf Geschäftsreisende abgestimmt. Unter 80 DM fürs DZ gibt es kaum etwas, nach oben ist die Preisskala dagegen fast offen. Speziell während der diversen Messen kann sich die Unterkunftssuche schwierig gestalten. Die besseren Häuser haben fast durchwegs Parkmöglichkeit.
Einzige Billigunterkunft ist die (außerhalb liegende) Jugendherberge, außerdem gibt es einen stadtnahen Campingplatz.

**** Corona d'Oro 1890 (20), Via Oberdan 12, Nähe Torri Pendenti, komfortables historisches Haus im mittelalterlichen Gassengewirr. Stilvolle Einrichtung von jahrhundertealten Fresken bis zum "Art noveau"-Salon, viele liebevolle Details. Garage. DZ mit Frühstück ca. 260-390 DM, Tel. 051/236456.

*** Orologio (22), Via IV Novembre 10, wenige Meter vom Dom, freundliches schmalbrüstiges Haus in zentraler Lage, gut ausgestattet, blinkende Messing-Rezeption, Zimmer mit türhohen Fenstern, die im unteren Teil vergittert sind, z.T. Blick auf den Domplatz, Garage. DZ mit Frühstück ca. 170-250 DM, Tel. 051/231253.

*** Dei Commercianti (24), Via de' Pignattari 11, sorgfältig restaurierter Mittelalter-Palazzo in ruhiger Lage unmittelbar neben dem Dom, moderne Ausstattung, Air-Condition, Lift, Garage, im Haus wurden teilweise die alten Fachwerkbalken sichtbar gemacht. DZ mit Frühstück ca. 170-250 DM, Tel. 051/233052.

*** Cavour (6), Via Goito 4, seitlich der Via dell'Indipendenza, kleines freundliches Hotel in zentraler Lage, auch von Lesern gelobt, leider keine Parkmöglichkeit. DZ ca. 100-140 DM, Tel. 051/228111.

** Centrale (17), Via della Zecca 2, Seitengasse der Via Ugo Bassi, gut geführte Pension im dritten Stock eines großen Palazzo, sauber und stilvoll, könnte vorne raus jedoch laut sein, unbewachte Parkmöglichkeit. DZ ca. 90-120 DM, Tel. 051/225114.

** Accademia (11), Via delle Belle Arti 6, großer alter Palazzo im atmosphärisch interessanten Univiertel, einfaches, aber sympathisches Haus mit geräumigen Gängen, Zimmern und Bädern, Frühstück im "Rittersaal", Parken gratis im Hof. Im Umkreis diverse preiswerte Lokale. DZ mit Bad/Frühstück ca. 80-120 DM, ohne 50-90 DM, Tel. 051/232318.

** Il Guercino, Via L. Serra 7, hinter dem Bahnhof (auf der Via Matteotti über die Gleise und links halten), weit entfernt vom lauten Zentrum, gute Zimmer, Garage vorhanden. DZ mit Bad ca. 115-150 DM, ohne Bad ca. 95 DM, Tel. 051/369893.

* Apollo (26), Via Drapperie 5, schlichte Pension in toller Lage - direkt in der Marktgasse mitten im Herz des alten Bologna. Zimmer über mehrere Stockwerke verteilt, einfaches Mobiliar, aber alles sehr sauber und gute Betten (Zimmer Nr. 5 neben Rezeption vermeiden - laut!). Gäste erhalten vom Hotel einen Einwohner-Parkausweis. DZ ca. 80-100 DM, ohne Bad ca. 75 DM, Einzel 75 bzw. 55 DM, Tel. 051/223955.

* Marconi (1), Via Marconi 22, Pension an einer breiten Verkehrsstraße westlich vom Zentrum. DZ mit Bad um die 90 DM, ohne 75 DM, Tel. 051/262832.

* Minerva (4), Via de Monari 3, Seitengasse der Via dell'Indipendenza, zentrale Lage, DZ ca. 75 DM, nur Etagendusche, Tel. 051/239652.

• *Jugendherberge*: **Ostello di San Sisto** (IYHF), Via Viadagola 5 und 14, 6 km außerhalb Richtung Norden in San Sisto. Schöne ruhige Lage mit riesigem Garten (Gartenmöbel vorhanden), Übernachtung ca. 18 DM

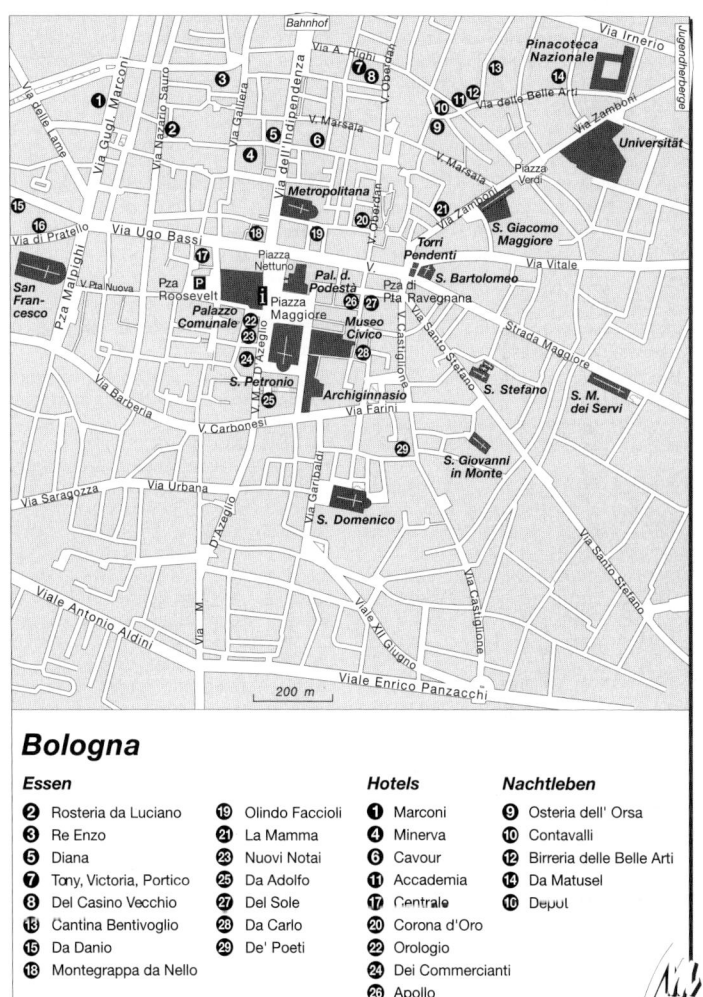

Bologna

Essen		**Hotels**	**Nachtleben**
❷ Rosteria da Luciano	⑲ Olindo Faccioli	❶ Marconi	❾ Osteria dell' Orsa
❸ Re Enzo	㉑ La Mamma	❹ Minerva	⑩ Contavalli
❺ Diana	㉓ Nuovi Notai	❻ Cavour	⑫ Birreria delle Belle Arti
❼ Tony, Victoria, Portico	㉕ Da Adolfo	⑪ Accademia	⑭ Da Matusel
❽ Del Casino Vecchio	㉗ Del Sole	⑰ Centrale	⑯ Depot
⑬ Cantina Bentivoglio	㉘ Da Carlo	⑳ Corona d'Oro	
⑮ Da Danio	㉙ De' Poeti	㉒ Orologio	
⑱ Montegrappa da Nello		㉔ Dei Commercianti	
		㉖ Apollo	

pro Pers. mit Frühstück, Abendessen ca. 13 DM. Bus 93 ab Via Irnerio, Seitengasse der Via dell'Indipendenza, nicht weit vom Bahnhof (Fahrer nach Ostello fragen oder links aus dem Bus schauen, bis ihr das IYHF-Symbol seht, aussteigen, noch ca. 500 m zu Fuß). Nach 20.30 h und an Sonn- u. Feiertagen fährt Bus 20 b ab Via dell' Indipendenza (Haltestelle Nähe Bahnhof), jedoch nach dem Aussteigen 1,5 km zu Fuß. In der Bahnhofs-Information gab's bisher ein übersichtliches Faltblatt zur JH. Geöffnet Februar - Dezember, Tcl. 051/519202 und 501810.

• *Camping*: **Città di Bologna**, relativ neues Wiesengelände im Nordosten von Bologna, mit PKW Ausfahrt 8 der Tangenziale nehmen (Camping beschildert). Ganzjährig geöffnet, Tel. 051/325016.

Piccolo Paradiso, sehr schöner und völlig ruhiger Platz etwa 20 km südlich von Bologna bei Sasso Marconi an der Autobahn A 1 (beschildert ab Ausfahrt Sasso Marconi). Hoch oben am Hang liegt das dicht beschattete Gelände mit waldähnlichem Charakter - zahlreiche Nadelbäume sorgen für ganztägigen Schatten. In der Nähe ein Reitstall und ein Sportpark mit Schwimmbecken und Tennisplätzen. Ganzjährig geöffnet, Tel. 051/842680.

Essen

Bologna wird seinem Ruf als kulinarische Metropole voll gerecht. In zahlreichen Schaufenstern, auf den Märkten und in Feinkostläden gibt's unglaublich viel zu bewundern und zu kosten. Zahllose exzellente Trattorie lassen die Wahl schwer fallen.
Vor allem die Bologneser Paste (Nudeln) in diversen Variationen sind berühmt - die Tortellini (mit Kalbfleisch, Parmesan oder Ricotta gefüllt, besonders lecker *in brodo* - in klarer Brühe) sind eine Bologneser Erfindung, außerdem werden Tagliatelle und *spaghetti alla bolognese* (mit Fleisch und Tomatensoße) überall serviert. Auch die Lasagne stammt aus Bologna (hier meist mit Spinat gefüllt).

Diana (5), Via dell'Indipendenza 24, ein Klassiker im Herzen der Stadt, riesige Spiegel und Kerzenleuchter, eine alte Glocke hängt von der Decke. Die Bologneser Gerichte werden hier streng nach der Tradition zubereitet und sogar in den Kochtöpfen und -pfannen serviert, damit kein Aroma verloren geht. Am besten läßt man sich beraten. Menü um die 60 DM. Mo geschl.
Rosteria da Luciano (2), Via Nazario Sauro 19. Kleines Feinschmeckerlokal mit ausgezeichneter Fleischküche, die jedoch bewußt nicht schwer und fettreich gehalten ist. Die Spezialität *fritto misto* lohnt einen Versuch. Menü um die 50 DM. Mi geschl. Reservierung unter Tel. 051/231249.
Re Enzo (3), Via Riva di Reno 79. weiterer stadtbekannter Gourmettreff nur wenige Schritte weiter, ebenfalls klein u. überschaubar gehalten. "König Enzo" aus Napoli regiert sein Reich mit Umsicht, vielseitige und sorgfältig zubereitete Gerichte kennzeichnen seine Trattoria. Menü um die 50 DM. So geschl. Reservierung unter Tel. 051/234803.
Nuovi Notai (23), Via de' Pignattari 1, zentrale Lage direkt neben dem Dom, elegantes Lokal mit internationaler und italienischer Küche, Fisch und Fleisch gleichermaßen, Menü ca. 60 DM. So geschl.
Montegrappa da Nello (18), Via Montegrappa 2, ganz zentral Nähe Piazza Maggiore, stadtbekanntes Restaurant auf zwei Ebenen, berühmt für seine weißen Trüffel, die auch das Schaufenster zieren, Menü 50-60 DM. Mo geschl.
Buca San Pietro, schräg gegenüber von Montegrappa, elegante Weinstube im Souterrain, mittlere Preise. Di geschl.
Il Pescatore, Via Manuzio 4/b, hervorragendes Fischrestaurant außerhalb vom Zentrum, ungewöhnlich für das fleischgewohnte Bologna und gerade deswegen sehr beliebt. Mo geschl.
Da Carlo (28), Via Marchesana 6, stimmungsvolles Terrassenlokal in der hohen Loggia eines historischen Palazzo, Menü ca. 50 DM aufwärts. Di geschl.
Da Adolfo (25), Corte de' Galluzzi, in einem Innenhof mit historischem Torre an der Fußgängerzone Via d'Azeglio (Nr. 28), man kann draußen sitzen oder im schönen Innenraum, freundlich-familiäre Atmosphäre.
Cantina Bentivoglio (13), Via Mascarella 4/b, großes gemütliches Weinlokal im Univiertel, vorwiegend junges Publikum, hauptsächlich Bologneser Gerichte, zu den Spezialitäten zählen *pasta e fagioli*, Gulasch und Gemüse aus dem Ofen. Von September bis Mai wird Live-Jazz gespielt, auch für's Nachtleben ein Tip. Mo geschl.
Boni, Via Saragozza 88 a, etwas südlich außerhalb vom unmittelbaren Zentrum, aber der Weg lohnt sich. Ausgesprochen freundliche Trattoria mit holzgetäfeltem Innenraum, auch ein paar Tische draußen im Laubengang. Sehr aufmerksame Bedienung, täglich wechselnde Spezialitäten, guter Hauswein. Als Primi die selbstgemachten Nudeln kosten, z.B. Tortellini, Pappardelle oder Passatelli (Tip: "Tris Emilia" - drei Nudelsorten auf einmal). Als Secondi z.B. *spezzatino* (eine Art Gulasch), außerdem Braten, Schnitzel und *bolliti misti* (mehrere Fleischarten gekocht). Zum Dessert "Bologna" kosten, eine Art Tiramisu. Günstiges Mittagsmenü für ca. 20 DM (zuzügl. *coperto* und Getränk). Fr Abend und Sa geschl., ebenso im August.
Il Tari, Via Saragozza 13/a, Trattoria/Pizzeria, geschmückt mit großen Keramikka-

cheln, Pizzaofen im Eingang, Riesenauswahl an verführerisch duftenden Pizze, z.B. die leckere *ai frutti di mare*, preislich mittel. Do geschl.

Delle Belle Arti, Via delle Belle Arti 14/e, beliebte Trattoria im Univiertel, viel Stammpublikum. Mi geschl.

Via Augusto Righi: Eine besonders hübsche Ecke zum Essen findet man in dieser Straße, die von der Via dell'Indipendenza abzweigt. Sie bildet eine Art längliche Piazza mit einer ganzen Reihe gemütlicher Straßenlokale ohne Lärm: **Tony (7)** auf Nr. 1 (Di geschl.), **Victoria (7)** auf 9/b (Do geschl.) und **Portico (7)**, Nr. 11/a.

• *Preiswert*: **Da Danio (15)**, Via San Felice 50/a, einfache Trattoria an der Verlängerung der Via Ugo Bassi. Riesenauswahl an hausgemachten Nudeln, allein fünf Tortellini-Variationen, reichliche Portionen, Festpreismenü um die 20 DM. So geschl.

La Mamma (21), Via Zamboni 16/d, etwas versteckt an der Hauptgasse im Univiertel, vielbesuchte Pizzeria mit Mensacharakter, Studententreff. Sa geschl.

San Martino, Piazza San Martino 7 (am Rand des Univiertels), moderner Self-Service unter den Arkaden einer ruhigen Piazza, preiswert und große Auswahl, nur mittags. So geschl.

Marsala, Via Marsala 17, Self-Service in der Nähe von San Martino und diesem ähnlich, geräumig und vielbesucht, auch abends offen. Angeschlossen ein ganz nettes Mittelkasserestaurant. So geschl.

Bass'8, Via Ugo Bassi 8, großer Self-Service im Souterrain eines Geschäftshauses, sterilmodern, aber relativ preiswert. So geschl.

Günstig sind außerdem die diversen Mensen, z.B. **Irnerio** an der Piazza Verdi und **Acoser**, Nähe Porta Mascarella (vom Bhf. ca. 15 Min. nach Osten). Internationaler Studentenausweis nötig, Essen ca. 7 DM.

• *Cafés/Bars*: **Zanarini**, Piazza Galvani 1, seitlich hinter dem Dom, eins der bekann-

testen Kaffeehäuser der Stadt, gehobene Preise.

Canton de'Fiori, Via dell'Indipendenza 1/c, vielbesuchte Stehbar mit leckeren Kleinigkeiten auf der Theke, während der Geschäftszeit treffen sich hier die jungen smarten Bologneser.

Vittorio, Freiluftcafé in toller Lage neben der Basilika an der Piazza Maggiore, gehobene Preise.

• *Eis*: hervorragende Qualität im **Il Cuore del Gelato**, Via dell'Indipendenza 21/c, Do geschl.

• *Osterie*: Die Weinstuben Bolognas sind zahlreich und über die ganze Stadt verstreut. Hier trifft man sich, kann essen, trinken und plaudern. Weitere Adressen unter Nachtleben.

Olindo Faccioli (19), Via Altabella 15/b, seit 1924 existiert bereits diese bildhübsche Osteria in ganz zentraler Lage, seitlich der Via dell'Indipendenza. Im wandhohen Regal stehen mehrere hundert Weine zur Auswahl, dazu warme und kalte Speisen. So geschl.

Del Sole (27), Via Ranocchi 1/d, erste urkundliche Erwähnung im 15. Jh. und damit wahrscheinlich die älteste Osteria der Stadt, mitten im Marktgeschehen, vor allem vormittags beliebt für ein Glas Wein oder auch zwei. Schließt abends schon um 21 h. So geschl.

Del Casino Vecchio (8), Via Bertierra 10, winziger Raum, in dem man zu klassischer Musik gemütlich speisen und trinken kann. Mo geschl.

Moretto, Via San Mamolo 5, altertümliche Osteria mit Atmosphäre, beliebter Treffpunkt etwas südlich außerhalb vom Zentrum, Nähe Piazza di Porta San Mamolo. Nur abends. So geschl.

De' Poeti (29), Via dei Poeti 1, südlich der Piazza Maggiore, einer der traditionsreichsten Weinkeller der Stadt, seit dem 17. Jh. in Betrieb, viel Stimmung im uralten Gewölbe, gehobene Preise. Mo geschl.

Nachtleben/Treffs

Abends lebhafte Passeggiata auf der *Via dell'Indipendenza*, die im oberen Bereich für Autos gesperrt ist.

Wichtigste Treffpunkte für junge Leute die *Piazza Maggiore* mit dem Dom und die *Piazza Verdi* im Univiertel. Allerdings - von Mitte Juli bis Ende August Semesterferien und deshalb tote Hose! Die folgenden Adressen alle im Umkreis der Uni.

• *Kneipen/Treffs*: **Piccolo Bar**, Piazza Verdi, eins der beliebtesten Tagescafés der Studenten, ebenso das **Maggiolino**, Ecke Via delle Belle Arti/Via Antonio Bertolini. In

beiden Kneipen gibt's Kleinigkeiten zu essen - bei Maggiolino z.B. gefüllte Pfannkuchen und Sandwiches.

Da Matusel (14), Via Bertolini 2/b, nur

abends, vielbesuchte und lebhafte Kneipe. So geschl.

Birreria delle Belle Arti (12), Via Belle Arti 6, neben Hotel Accademia (→ Übernachten), gemütliche "Osteria con cucina", nicht allzu groß, Wände ausstaffiert mit alten Werbetafeln und viel Krimskrams. Ordentliche Küche - z.B. Gulasch, Pizza, *ravioli al tartufo* u.a., bis 24 h offen.

Osteria dell'Orsa (9), Via Mentana 3/a, rustikal und gemütlich, im Hauptraum nur eine Handvoll Tische, im Untergeschoß weiterer größerer Raum mit langen Holzbänken und Bier vom Faß.

Contavalli (10), Via delle Belle Arti 2, eine der Nachtkneipen dieser Straße, die am längsten offen hat.

Cantina Bentivoglio, Via Mascarella 4/b (→ Essen).

● *Disco*: **Depot (16)**, Via del Pratello, von der Piazza M. Malpighi kommend am Anfang der Straße. Tägl. außer Mo, gemischtes Musikprogramm, Eintritt frei, Drinks um die 7-10 DM.

Anfang Juli bis Mitte August täglich Open-Air Disco, teilweise auch mit Livegruppen, in der **Arena Parco Nord**, Eintritt frei, zu erreichen mit Bus 25 a.

Shopping

Bologna hat sich den Ruf einer der führenden *Modemetropolen* Italiens erobert und ist nach Milano Oberitaliens zweites Zentrum in Sachen Kleidung und Schuhe. Zahllose Boutiquen reihen sich an den Straßen Via dell'Indipendenza, Via Ugo Bassi und Via Rizzoli.

Marktgetümmel herrscht nur ein paar Schritt von der Piazza Maggiore, im Viertel um die Straßen Via Pescherie Vecchie, Via Drapperie, Via Caprarie und Via Clavature. Eine große **Markthalle** auch an der Via Belvedere, parallel zur Via Ugo Bassi (Mo-Sa 7.15-13 h, Mo-Mi auch 17-19, Fr 16.30-19 h.

Tamburini, Via Drapperie 1, im Marktviertel, phantastisches Angebot an Nudeln, Käse, Wurst, Schinken etc., dazu Schnell-

gerichte aller Art zum Mitnehmen.

Atti Paolo & Figli, Via Caprarie 7, traditionsreiche Pasticceria, Gebäck, Brot und Nudeln in allen Variationen.

Enoteca Italiana, Via Marsala 2/a, großer Weinladen mit Riesenauswahl.

La Piazzola, großer Floh- und Klamottenmarkt auf der Piazza VIII Agosto (Fr und Sa 7-14 h).

Feste

Das große Festival *Bologna Sogna* bietet den ganzen Juli und August über Konzerte, Filme und Theater an vielen Orten der Stadt. Veranstaltungskalender im Tourist-Info.

Sehenswertes

Leider ist das Zentrum mit den wichtigsten Sehenswürdigkeiten auch brodelnder Verkehrsmittelpunkt der Stadt - was in Verona seit langem praktiziert wird, die Sperrung der Innenstadt nämlich, ist hier bisher nicht möglich.

Von der zentralen Piazza Maggiore gehen kreuzförmig die wichtigsten Geschäftsstraßen Bolognas aus - nach Norden die *Via dell'Indipendenza*, nach Westen die *Via Ugo Bassi*, nach Osten die *Via Rizzoli* und nach Süden der einzige größere Fußgängerbereich um die *Via Massimo d'Azeglio*.

Piazza Maggiore: Der weite, taubenumflatterte Mittelpunkt der Stadt, wichtigster Treffpunkt für alle und alles und umgeben von diversen öffentlichen Gebäuden - festlich illuminiert wird er abends zu einem der schönsten Plätze Italiens.

Monumental und platzbeherrschend an der Südseite die gotische *Basilica di San Petronio*, fünftgrößte Kirche der Welt. Ursprünglich sollte sie größer als der Petersdom werden (!), doch die Geldmittel und der zur Verfügung stehende Platz wurden dann für das benachbarte ehemalige Universitätsgebäude Archiginnasio verwendet (→ unten). Karl V. wurde hier 1530 von Papst Clemens VII. zum Kaiser gekrönt. Praktisch zu jeder Tageszeit sind die breiten Stufen am Kirchenvorplatz Ruheplatz und Treffpunkt für jedermann. Die rot-weiße Marmorfassade ist nur im unteren Bereich fertiggestellt, die drei Portale sind umrahmt von hübsch-detaillierten Skulpturtafeln, in den Lünetten große Statuengruppen von Jacopo della Quercia (15. Jh.). - links "Auferstehung", Mitte "Geburt Christi", rechts "Kreuzabnahme". Klein und verloren steht man im monumentalen Innenraum (132 m lang!) mit seinen riesigen, rotgetönten Pfeilern und den aufwendig gestalteten Seitenkapellen. Die Fenster lassen viel Licht und Wärme herein, eine Seltenheit bei den meist düsteren italienischen Kirchen.

Der Neptun mit dem Dreizack – Wahrzeichen von Bologna

Ein metallener Meridian zieht sich im Boden von der linken Seitenfront quer durchs Schiff zur Fassade - wenn die Sonne hoch genug steht, fällt ein Strahl durch ein winziges Loch im Dach und wandert die schmale Leiste entlang, Punkt 12 Uhr mittags zeigt er dabei Monat und Tag an.

Vis à vis vom Dom steht der *Palazzo del Podesta* mit hohen Arkadengängen. Die westliche Platzfront nimmt der große *Palazzo Comunale* ein, über dessen Portal die gewaltige Bronzestatue Gregors XIII. thront. Im Inneren neu eröffnet das *Museo Morandi* - der Bologneser Maler Giovanni Morandi zählt zu den bedeutendsten Künstlern des 20. Jh. in Italien (Mo, Mi-Fr 9-14, So 9-12.30 h, Di geschl.). Östlich vom Dom das *Museo Civico Archeologico* mit einer weitgefächerten Sammlung prähistorischer, ägyptischer, etruskischer und römischer Stücke (Di-Fr 9-14, Sa/So 9-13, 15.30-19 h, Mo geschl., ca. 5 DM, Stud. ermäß.).

Piazza del Nettuno: Der unmittelbar an die Piazza Maggiore anschließende Nebenplatz wird dominiert vom berühmten *Neptunbrunnen*, dessen Spitze die herrliche Bronzestatue des Wassergotts von Giambologna bildet (16. Jh.). Sein Dreizack wurde von Maserati zum Firmenzeichen erkoren. Im zinnengekrönten *Palazzo di Re Enzo* saß Enzio, der Sohn des Stauferkaisers Friedrich II., über zwanzig Jahre lang bis zu seinem Tod gefangen. Eine Besucherterrasse ist öffentlich zugänglich. Gegenüber an der Verlängerung des Palazzo Comunale ein eindrucksvolles *Denkmal* für die getöteten Widerstandskämpfer gegen die Faschisten mit hunderten von Kleinporträts der Gefallenen.

Archiginnasio: der erste feste Sitz der Universität von Bologna. Der große Palazzo an der Piazza Galvani, schräg links hinter dem Dom, wurde 1563 erbaut und beherbergt heute die städtische Bibliothek, außerdem das wunderschöne Teatro Anatomico, einen anatomischen Hörsaal und Sezierraum aus dem 17. Jh. Man betritt zunächst den *Innenhof*, der mit zahllosen Skulpturen, Wappen und Schautafeln von berühmten und minder berühmten Hochschullehrern geschmückt ist. Über einen bunt ausgemalten Treppenaufgang kommt man hinauf in den ersten Stock mit dem *Teatro Anatomico* (hintere Seite des Umgangs). Nach einem verheerenden Bombenangriff vom 29. Januar 1944 mußte der Saal völlig neu wieder aufgebaut werden, allerdings konnte man dabei weitgehend die Originalteile verwenden. Er besteht vollkommen aus Holz, oberhalb der Sitzreihen stehen die Statuen bedeutender Ärzte des Altertums und von wichtigen Medizinern der Universität Bolognas. An der Decke schwebt Apollo im Kreis der zwölf Sternbilder. Man sollte eine Zeitlang sitzen bleiben, um die Stimmung auf sich einwirken zu lassen. Der Saal ist während der Öffnungszeiten der Bibliothek in der Regel offen (Mo-Fr 9-19, Sa 9-13.30 h, frei), ansonsten beim Pförtner fragen.

Markt: unbedingt einen Blick wert - die Marktgassen östlich der Piazza, der Bauch Bolognas. In der schmalen *Via Pescherie Vecchie* und in der quer dazu verlaufenden *Via Drapperie* sitzen die Obst- und Gemüsehändler, außerdem gibt's eine Markthalle und den legendären Delikateßladen Tamburini (→ Shopping), angesichts dessen Angebot einem das Wasser im Mund zusammenläuft.

Piazza Porta Ravegnana: von der nahen Piazza Maggiore über die Via Rizzoli zu erreichen. Verkehrsumtost stehen hier zwei der letzten hohen Adelstürme aus dem Mittelalter, die sich inzwischen bedenklich zueinander neigen, die sog. *Torri pendenti*. Zeitweise soll es bis zu zweihundert solcher Türme in Bologna gegeben haben. Eine alte Legende erzählt von einem Wettbewerb zweier Familien, wer den höheren Turm bauen könne - eine andere behauptet, die Türme wären deshalb so schief, weil sich zwei Mitglieder der verfeindeten Familien so innig liebten. In Wirklichkeit handelte es sich aber wahrscheinlich um Ausguckposten für die Stadtverteidigung - der erste Turm sank im weichen Untergrund seitwärts, so daß ein zweiter gebaut werden mußte.

Auf den größeren, den 97 m hohen *Torre degli Asinelli*, kann man über 498 enge Holzstufen hinaufklettern, seine Neigung beträgt über 1,20 m (tägl. 9-18 h, ca. 3 DM).

Universitätsviertel: Bei den Türmen zweigt die *Via Zamboni* mit ihren langen Laubengängen ab - auf engem Raum ballen sich hier und in den umliegenden Gassenzügen die Universitätseinrichtungen in Palästen des 17. und 18. Jh. Studenten bestimmen weitgehend das Straßenbild, es herrscht angenehme Campus-Atmosphäre und erfreulicherweise kaum Autoverkehr.

Ristoranti und Bars sind ganz auf studentische Geldbeutel abgestimmt, die Säulen präsentieren sich bunt bemalt und sind mit Plakaten, Graffiti und Sprüchen aller Art bedeckt.

Die Kirche *San Giacomo Maggiore* besitzt eine gotische Fassade und einen Renaissance-Innenraum - sehenswert vor allem die Cappella Bentivoglio und das Oratorio di Santa Cecilia, die mit zahlreichen wertvollen Fresken aus dem 15. und 16. Jh. ausgestattet sind.

Zentraler Platz und Treffpunkt ist die *Piazza Verdi* - man steht in Grüppchen, plaudert miteinander vor der Mensa oder in der immer vollen Piccolo Bar. Kurz darauf kommt man rechter Hand am *Palazzo Poggi* vorbei, der seit fast 200 Jahren als Hauptgebäude der Universität dient.

Wenige Meter weiter trifft man auf die *Pinacoteca Nazionale* am Beginn der Via delle Belle Arti - große Sammlung Bologneser Maler des 14.-19. Jh., außerdem venezianische Meister wie Tintoretto und auch Raffael (Di-Sa 9-14, So 9-13 h, Mo geschl., ca. 5 DM).

Piazza Santo Stefano: ruhige intime Piazza, kieselsteingepflastert und leicht abfallend zu einem mittelalterlichen Klosterkomplex mit drei kleinen Kirchen, die dicht aneinander gebaut sind, eine vierte im rückwärtigen Teil des Baus. Die Ursprünge dieses eigenartigen Bauwerks sind uralt, zahllose Generationen von den Römern über das Frühchristentum und die Langobarden bis zu den Benediktinern des frühen Mittelalters haben hier gebaut.

Man betritt zunächst die größte Kirche *Chiesa Crocifisso*, ursprünglich aus dem 11. Jh., aber mehrfach restauriert, mit erhöhtem Chor über der schönen alten Krypta.

Linker Hand benachbart die interessanteste Kirche *San Sepulcro* - eine reine Backsteinkirche mit vieleckigem Grundriß in annähernder Rundform und hoher Kuppel, ein ausgesprochen harmonischer Bau. Im Zentrum eine Nachbildung des *Heiligen Grabs* in Jerusalem aus dem 11. Jh., das die Knochen des Bischofs Petronius von Bologna enthält (Urne zu sehen durch die kleine viereckige Öffnung im unteren Bereich). In späteren Jahrhunderten wurden die großen Basreliefs und der linke Anbau zugefügt, außerdem eine Kanzel mit Marmorsäulen obenauf gesetzt, zu der ein Treppenaufgang hinaufführt.

Hinter der Heiliggrab-Kirche der gepflasterte *Pilatus-Hof* mit einem langobardischen Marmor-Taufbecken aus dem 8. Jh. und schönen Säulengängen an beiden Langsseiten. An der Rückfront die *Chiesa della Trinità*, deren beide Querschiffe durch eine Reihe Säulen getrennt ist. In der linken Apsis eine prächtige Gruppe Holzfiguren - die "Anbetung der Könige" vom Bologneser Künstler Simone de'Crocifissi (kann beleuchtet werden).

Rechter Hand vom Pilatushof öffnet sich unvermutet ein wunderschöner zarter *Kreuzgang* mit zwei unterschiedlichen Stockwerken - die bunten Schmuckblumen stellen einen wirkungsvollen Kontrast zu dem matten Ziegelwerk her, in der Mitte die alte Klosterzisterne. In der *Klosterapotheke* an der Rückfront verkaufen die Benediktinermönche zahlreiche Produkte aus verschiedenen Abteien am Stiefel - diverse Wässerchen, Säfte, Seifen, Marmelade und etliches mehr. Daneben das kleine Museum, in dem die wertvollsten Stücke der Kirchenausstattung untergebracht sind - Gemälde, Altäre, Statuen etc. (tägl. 9-12, 16-19 h, ca. 2 DM).

San Vitale e Agricola, die letzte Kirche (neben der Heiliggrab-Kirche), ist im einfachen romanischen Stil gehalten und außer einigen Kapitellen völlig schmucklos.

Ganz in der Nähe, ein Stück den Berg hinauf, die Kirche *San Giovanni in Monte* in den schönen klaren Formen der Gotik, die Spitzgewölbe und Kreuzrippen aus Backstein deutlich abgesetzt von den weißen Wänden.

Via dell'Indipendenza: breite und schnurgerade Prachtstraße, im oberen Bereich Fußgängerzone. Flankiert von hohen Säulengängen eine einzige Abfolge von Edel-Boutiquen, Gelaterie, Hotels und Schnellimbissen.

In der seitlich abzweigenden Via Manzoni 4 das *Museo Civico Medioevale e del Rinascimento* mit einer großen Sammlung mittelalterlicher Skulpturen (Mo-Fr 9-14, Sa/So 9-13, 15.30-19 h, ca. 5 DM, Stud. ermäß.).

Am Nordende Nähe Bahnhof der *Parco della Montagnola* oberhalb des Straßenniveaus. Über eine Treppe kommt man hinauf, im Schatten von Bäumen kann man auf der Wiese relaxen, das Ganze ist bevölkert von Schülern, Studenten, Gitarrespielern, Familien mit Kindern etc.

Weitere Kirchen: *San Domenico* - Dominikanerkirche südlich vom Zentrum, enthält zahlreiche Kunstwerke, darunter die reich ausgestattete Cappella di San Domenico mit dem Schrein ("Arca") des Gründers des Ordens, des heiligen Domenico.

San Francesco - westlich vom Zentrum, großer gotischer Baukörper mit schweren Stützbögen an den Außenseiten. Angeschlossen sind zwei Kreuzgänge, im Inneren beeindruckender Altar. Einzigartig in Italien sind die freiliegenden Gelehrtengräber (Unirektoren etc.) vor der Kirche.

Santa Maria dei Servi - östlich vom Zentrum, ebenfalls gotisch, in einer Kapelle des Chorumgangs hinter dem Altar die berühmte "Thronende Madonna" von Cimabue.

Galleria Comunale d'Arte Moderna: im Palazzo della Cultura auf dem Messegelände, eine der bedeutendsten Sammlungen moderner Kunst in Italien. Künstlerische Experimente und temporäre Ausstellungen gehören zum Konzept.

▶ **Bologna/Umgebung**: Auf einem Hügel südlich der Stadt, nahe der Autobahn, thront die Wallfahrtskirche *Madonna di San Luca* - ein fast 4 km langer Arkadengang führt von der Porta Saragozza hinauf! Interessanter Spaziergang und herrlicher Blick auf die Stadt.

Lohnend auch eventuell ein Ausflug in die Dörfer ringsum (wo Bertoluccis "1900" gedreht wurde!), sowohl in der Ebene, wie auch in den Vorbergen des Apennin. Im Dorf *Marzabotto* haben die Deutschen 1944 über 1800 Zivilisten ermordet, was von den meisten Reiseführern verschwiegen wird (ein Beinhaus für die Opfer unter der Kirche). Bekannter sind die für diese Region recht bedeutenden *etruskischen Ausgrabungen* an der Straße nach Porretta, etwas außerhalb.

Bei Pontecchio Marconi (SS 64 nach Sasso Marconi) das Mausoleum für den Bologneser Physiker *Guglielmo Marconi*, dem Erfinder der drahtlosen Telegraphie und Wegbereiter des Funkverkehrs. In der oberhalb stehenden *Villa Grifone* machte er seine ersten Experimente. Beides kann besichtigt werden.

▶ **Imola**: Die sympathische Kleinstadt an der Via Emilia ist aus zwei Gründen einen Abstecher wert: Zum einen gibt es am Rand der Altstadt eine gut erhaltene und eindrucksvoll konzipierte *Burg* mit breitem Graben, bulligen Türmen und gedecktem Zinnengang (im Inneren Waffen- und Keramiksammlung, Besichtigung nur Sa/So); zum anderen liegt südlich vom Fluß die berühmte Autorennbahn *Autodromo Enzo e Dino Ferrari*, wo regelmäßig Formel 1-Meisterschaften stattfinden. 1994 fuhr hier der weltberühmte Brasilianer Ayrton Senna sein letztes Rennen - in einer Kurve verunglückte er tödlich. Seitdem hat Schumi kaum noch ernstzunehmende Gegner. Wenn keine Rennen stattfinden, kann man jederzeit auf die Tribünen und bei etwaigen Trainingsrunden zusehen - Oropax ist jedoch dringend anzuraten.

▶ **Dozza**: schönes mittelalterliches Hügelstädtchen 8 km westlich von Imola. Alljährlich findet hier ein großer Wettbewerb der Wandmaler statt und zahlreiche Hausfassaden im Zentrum sind mit großflächigen Gemälden bepinselt. Die *Rocca* (Burg) aus dem 15. Jh. kann besichtigt werden, dort ist auch die hervorragend bestückte "Enoteca Regionale Romagnola" untergebracht mit den besten Tropfen der Emilia-Romagna. Essen und Übernachten kann man gepflegt im Canè, Via XX Settembre 27, Tel. 0542/678120.

Faenza

(ca. 55.000 Einwohner)

"Ceramiche di Faenza" - die riesigen Hallen an der Autobahn signalisieren es: Faenza ist seit vielen Jahrhunderten berühmt für seine glasierten Keramikprodukte, die man seitdem "Fayencen" nennt. Wer sich dafür interessiert, findet etliche einschlägige Geschäfte, auch eine renommierte Keramikschule gibt es. Sogar die Straßen- und Hausschilder sind heute aus Keramik.

Zu sehen gibt es außer dem kleinen, aber eindrucksvollen Zentrum um die Piazza del Popolo vor allem eins: das berühmte *Museo Internazionale delle Ceramiche* am Viale Baccarini mit einer reichhaltigen Sammlung von Keramik und Majolika aus aller Welt - von den alten Ägyptern über vorkolumbianische Stücke Südamerikas und China-Porzellan bis zu Einzelwerken berühmter Künstler unseres Jahrhunderts (u.a. Chagall, Picasso) ist alles vertreten, natürlich auch reichlich italienische Keramik (im Sommer Mo-Sa 9-19, So 9-13, 15-19 h, im Winter kürzer, ca. 8 DM).

Die *Piazza del Popolo* ist ein harmonisches Ensemble aus einem Uhrturm und zwei Loggien - Palazzo del Podesta (mit später aufgesetzten Zinnen) und Palazzo del Popolo. In den Cafés kann man die Gesamtarchitektur in Ruhe betrachten. Benachbart steht die *Kathedrale* aus dem 15. Jh., deren Front aus hervorspringenden Backsteinen einen eigenartigen Anblick bietet - die eigentlich vorgesehene Prachtfassade blieb bereits im Planungsstadium stecken. Das Innere ist streng und klar gehalten mit zahlreichen Seitenkapellen und Grabmälern. Vor dem Dom ein expressiver *Löwenbrunnen*.

Ein besonders schönes Beispiel für die Fayencekunst bietet der *Palazzo Matteucci* am Corso Mazzini 62.

Kunstvolle Fayencen schmücken viele Häuserfassaden

• *Anfahrt/Verbindungen*: **PKW**, Faenza liegt an der A 14 zwischen Bologna und Rimini. Gebührenpflichtig parken auf der zentralen Piazza Martiri della Libertà, benachbart zur Piazza del Popolo.
Bahn, Bahnhof im Norden der Stadt, der Viale Via Baccarini führt ins Zentrum.

• *Information*: Pro Loco unter dem Uhrturm, Piazza del Popolo 1. Viel Prospektmaterial, auch auf deutsch, Tel. 0546/25231.

• *Übernachten*: Es gibt nur drei Hotels, in der Umgebung aber reichlich Agriturismo, Liste im Tourist-Büro.
**** Vittoria, Corso Garibaldi 23, gehobener Standard im Zentrum, nostalgisch im Stil des 19. Jh., DZ mit Frühstück ca. 120-150 DM, Tel. 0546/21508.
** Torricelli, Piazzale Cesare Battisti 8, vis à vis vom Bahnhof, ziemlich laut, DZ ca. 50-60 DM, Tel. 0546/22287.
Odalisca, Vicolo San Antonio 6, Privatzimmer für ca. 50 DM, Tel. 0546/26551.

• *Essen*: **Le Volte**, Corso Mazzini 54, verstecktes Ristorante in einem großen Palazzo, von außen praktisch nicht auszumachen. Phantasievoll-ausgefeilte Küche mit ausgefallenen Gerichten, gehobene Preise. So geschl.
Zwei typische Osterie im traditionellen Stil sind **Osteria Baia del Re**, Via Gallo Marcucci 71 und **Osteria del Mercato**, Piazza del Mercato.

• *Shopping*: Eine Liste der fast sechzig **Keramikwerkstätten** in Faenza ist im Tourist-Büro erhältlich.
Estate Ceramica, alljährlich Juni bis September Verkaufsausstellung der Handwerker und Künstler im *Salone del Palazzo del Podesta* und im *Salone delle Bandiere del Palazzo Municipale* (tägl. geöffnet).
Ende September/Anfang Oktober finden jeweils **Keramikausstellungen** im *Palazzo delle Esposizione* statt, Corso Mazzini 92.
Weitere Informationen bei der **Ente Ceramica Faenza**, c/o Agenzia Polo Ceramico, Via Granarolo 62, Tel. 0546/661653.

▶ **Brisighella:** mittelalterliches Städtchen südlich von Faenza. Vor allem Feinschmeckern ist der Name ein Begriff - die zwei Restaurants "La Grotta" und "Gigiole" haben jeweils einen Michelin-Stern. Die historische *Via degli Asini* (Eselsstraße) durchquert das Zentrum, auch eine Burg ist zu besichtigen. Anfang Juli zwei Wochen lang großes mittelalterliches Fest.

▶ **Forlì:** weitgehend moderne Stadt, die im Zweiten Weltkrieg stark zerstört wurde. Der von Renaissance-Palazzi flankierte Corso Garibaldi ist die

Hauptschlagader im Zentrum. Der Palazzo Gaddi (Nr. 96) beherbergt die vier städtischen Museen (alle Di-Sa 9-14, So 9-13 h, Mo geschl.): *Museo Romagnolo del Teatro*, *Museo Etnografico della Civilta Contadina* (ethnographisches Museum der Region), *Museo della Marina Romagnola* und *Museo del Risorgimento*.

▶ **Predappio**: Wenn man im lebhaften Forli südwärts abbiegt und endlich die richtige Straße findet, kommt man nach etwa 16 km Fahrt durch die wunderschöne grüne Hügellandschaft des ansteigenden Apennin in die Kleinstadt Predappio. Ein zweifelhafter "Ruhm" geht diesem Städtchen voraus - denn 1883 wurde hier Benito Mussolini geboren. Tatsächlich ist im Zentrum sein Geburtshaus beschildert ("Casa nativa di Benito Mussolini"). Das alte Bruchsteinhaus ist jedoch geschlossen, die Fenster sind mit Brettern verrammelt.

Doch die eigentliche "Attraktion" wartet kurz nach dem südlichen Ortsende: auf dem *Cimitero di San Cassiano in Pennino* liegt tatsächlich der Duce inmitten seiner Familie begraben! Eine monströse Gruft mit dem überlebensgroßen Kopf Benitos, Skulpturen der Familienmitglieder und einer Reihe gewaltiger Sarkophage wartet täglich auf den Besuch von Faschisten und Schaulustigen. Ein Andenkenhändler, der mit braunen Devotionalien handelt, verteilt Reklamezettel für seinen Laden, dazu einen Nachdruck des Testaments Mussolinis und verlangt dafür 1000 Lire. Fast unglaublich, daß der Führerkult hier noch immer so nachdrücklich gepflegt wird, doch Predappio ist eine Art Wallfahrtsstätte für die Unverbesserlichen.

Erfreulich dann immerhin, daß der gesamte Friedhof mit seinen eindrucksvollen Grabmälern sehr sehenswert ist, ebenso die schöne schlichte romanische *Basilica di San Cassiano* aus hellem Stein mit ihrer Krypta.

Das Ortszentrum wurde nach den Wünschen Mussolinis weitgehend im faschistischen Architekturstil angelegt, sehenswert ist jedoch die große *Pfarrkirche* am Ende der Hauptstraße.

Adriaküste (Po-Delta bis Ravenna)

Schöne Fahrt zwischen Küstenpineta, Kanälen und großen Lagunenseen - üppig grüne Landschaft, die Seen sehr fischreich. Bei Comacchio ballen sich sieben große Badeorte, nördlich davon ist es ruhiger. Größte Sehenswürdigkeit ist die Abbazia di Pomposa. In den südlichen Ausläufern des Po-Deltas liegt der Bosco della Mesola, Rest eines großen Waldes.

Das Wasser im Norden ist mit Schwermetallen aus dem Po belastet (→ Veneto, S. 219). Mit modernen Kläranlagen kann man zwar die Abwässer der Badeorte reinigen - gegen die Gifte, die der Po aus dem Hinterland heranschwemmt, ist man aber bisher machtlos.

▶ **Abbazia di Pomposa**: bedeutende mittelalterliche Abtei in der Einsamkeit der Küstenebene südlich vom Podelta, direkt an der Strada Romea. Von Benediktinern wahrscheinlich bereits im 7. Jh. gegründet und zu einem landwirtschaftlichen Großbetrieb entwickelt. Tausend Jahre später

Größtes Kunstwerk im Podelta –
die Abbazia di Pomposa

mußte Pomposa wegen steigender Malariagefahr aufgegeben werden - auf Grund von Änderungen im Lauf des Pos breiteten sich zusehends riesige Sümpfe aus. Weithin sichtbar der markante, 48 m hohe *Turm* mit Blendarkaden, nach oben sich verbreiternden Fenstern und bunten Majolika-Scheiben. Wirklich bildschön ist die Fassade der *Klosterkirche*, eine grazile Arkadenhalle mit Reliefbändern, Terrakotta- und Majolikaverzierungen. Das hohe dreischiffige Innere ist vollständig mit bunten Fresken der Bologneser Schule des 14. Jh. ausgemalt - in drei Reihen übereinander Szenen der biblischen Geschichte. Der Boden besteht fast vollständig aus Mosaiken (7.30-12, 14-19 h, Spende wird erwartet).

Einige weitere großflächige Fresken gegenüber im *Refektorium*, wahrscheinlich von einem Schüler Giottos. Der Kapitelsaal, anschließend an die Apsis der Kirche, ist meist verschlossen, ebenso das kleine *Museum* mit Relikten aus der Geschichte der Abtei.

Gegenüber der Kirchenfassade der *Palazzo della Ragione* mit elegantem Arkadengang - hier wurde einst der Besitz des Klosters verwaltet und Recht gesprochen.

▶ **Mesola**: Städtchen am Po di Goro, der die Grenze zur Region Venetien bildet. Das Castello delle Robinie wurde im 16. Jh. von den Este erbaut und beherbergt ein Besucherzentrum für den Naturpark Delta del Po (Tel. 0533/993644).

▶ **Bosco della Mesola**: Ein bescheidener Rest des riesigen Waldes, der einst das ganze Delta bedeckte, liegt beim Ort *Bosco Mesola*. Er ist eingezäunt, wird von der Forstverwaltung bewacht und steht unter strengem Naturschutz, Wildtiere haben hier ein letztes Refugium. Besichtigung nur Sa/So und an Feiertagen 8-18 h, ausschließlich zu Fuß oder per Fahrrad (Verleih am Eingang, ca. 5 DM/Std.). Unter hohen Steineichen, zwischen dichtem Unterholz und kleinen Wasserläufen kann man hier ein, zwei ruhige Stunden verbringen.

An der Zufahrtsstraße, kurz vor dem Eingang, der *Giardino del Delta*, wo selten gewordene Pflanzen gedeihen (ca. 5 DM).

▶ **Goro**: am Südrand des Deltas, kleiner Ort, jedoch der größte Fischerhafen der Region. Im quadratischen Hafenbecken ein Wald von Masten, ständig werden neue Fänge entladen und landen in der Versteigerungshalle *Mercato Ittico*, wenige hundert Meter entfernt an der Zufahrtsstraße. Im Zentrum Albergo/Trattoria Da Primou.

Comacchio

(ca. 22.000 Einwohner)

Auf den ersten Blick fast ein kleines Bilderbuchstädtchen am Rand der Valli di Comacchio, des größten Lagunensees Italiens. Der ehemalige Küstenort liegt heute mehrere Kilometer landeinwärts und hat dank seiner so verminderten wirtschaftlichen und touristischen Bedeutung Teile seines schönen alten Ortsbilds erhalten können.

Wie Venedig und Chioggia ist Comacchio auf Inseln erbaut und malerische Kanäle durchziehen das Zentrum - im Lauf seiner Geschichte wurde es immer wieder überschwemmt und war oft über lange Zeiträume ganz von der Umwelt abgeschnitten. Sogar ein eigener Dialekt soll sich so entwickelt haben. Dank seiner Lage ist Comacchio ein wichtiges Fischereizentrum - kulinarische Spezialität sind die Aale, die im Lagunensee gezüchtet werden, und der eigentümlich säuerlich mundende *Vino del Bosco Eliceo*, der auf den Sanddünen der Umgebung wächst (→ Essen/Shopping).

Das Zentrum lohnt einen ausgedehnten Streifzug: Niedrige pastellfarbene Häuschen und blitzblank geputzte Gehsteige säumen die sanft geschwungenen Kanäle, die praktisch überflüssig geworden sind und nur als Zierde dienen - in einem ist ein alter Frachtkahn festgezurrt. Einige imposante Bauten und hübsche Backsteinbrücken setzen dekorative Akzente - vielbestaunt wird immer wieder *Trepponti*, eine elegante Treppenkonstruktion am Zusammenfluß dreier Kanäle (wenige Meter von der Durchgangsstraße). Leider zeigt die Peripherie des Städtchens ein anderes Gesicht - vieles ist dort heruntergekommen und verdreckt, denn Touristen verlassen selten das unmittelbare Zentrum.

● *Anreise/Verbindungen*: ab Ferrara autobahnähnliche ausgebaute Schnellstraße, gebührenfrei.

● *Übernachten*: * **Tre Ponti**, Via Marconi 3, modernes Albergo an der Durchgangsstraße, DZ ca. 60 DM, Tel. 0533/312766.
* **La Pace**, Via Fogli 21, einfaches Alloggio am Hauptkanal im Ort, derselbe Preis, Tel. 0533/81285 (→ Essen).

● *Essen*: **La Barcaccia**, am Hauptplatz beim Dom, gut geführtes Fischrestaurant mit großer Auswahl, hauptsächlich auf Aalbasis, z.B. *brodetto di anguilla con patate* (Aalsuppe) oder *anguillette fritte* (junge gebratene Aale).
La Pace und **La Peschiera**, zwei einfache Fischlokale am Hauptkanal.
Da Giulia, Via Muratori 21, unscheinbare Trattoria, in der noch die authentische Küche gepflegt wird. Mo geschl.

● *Shopping*: **La Bottega**, wenige Meter ortseinwärts von Trepponti, schön aufgemacht und Riesenauswahl an regionalen Produkten - eingedoster und marinierter Aal, Reis, Salami, Käse und natürlich der typische Vino del Bosco Eliceo.

● *Sonstiges*: In der Saison mehrmals täglich **Bootsfahrten** durch die Kanäle, Dauer ca. 40 Min., Abfahrt und Information unterhalb Trepponti.
Bis zu 4 x tägl. Bootsfahrten in die **Valli di Comacchio** (Museo delle Valli) mit Besichtigung der *casoni*, der traditionellen Fischerhütten in den Lagunen. Hinweisschild an der Durchgangsstraße (Staz. Foce), Tel. 0533/81742.

Sehenswertes: Wenn man über Trepponti den Ort betritt und gleich danach rechts in die Via Muratori abbiegt, kommt man zur *Fisch-* und *Markthalle*. Falls man jedoch geradeaus weiterläuft, trifft man auf den Hauptkanal im Ort - linker Hand imponiert die klassizistische Fassade des *Vecchio Ospedale* (altes Krankenhaus) aus dem 18./19. Jh., eine frühere Kirche. Näher getreten, stellt man allerdings fest, daß der Bau innen völlig zerstört und verwahrlost ist - eine Sanierung wird kaum noch möglich sein. Im *Palazzo Bellini* gegenüber gibt es wechselnde Ausstellungen zur Region. Am Hauptplatz steht der gewaltige Backsteindom *San Cassiano* mit eigentümlich geschwungenem Turmfuß. Eine Überraschung ist schließlich das ehemalige *Kapuzinerkloster* mit einem 1 km langen Arkadengang im Norden der Stadt.

▸ **Comacchio/Umgebung**: Die Überreste der großen etruskischen Hafenstadt *Spina* liegen 6 km westlich von Comacchio. Seit 1922 hat man hier gegraben, in einer großen Nekropole konnten mehrere tausend Gräber freigelegt werden. Ausgrabungsfunde im archäologischen Museum von Ferrara.

Sette Lidi di Comacchio

Sieben großflächige Badeorte liegen wie Perlen an der Kette auf 20 km Länge vor Comacchio, z.T. gehen sie ineinander über. Der ganz große Rummel wie in Rimini herrscht hier nicht, viele Urlauber kommen in Ferienhäusern unter, die mit ihren Piniengärten die langen Straßen flankieren. Im Folgenden von Nord nach Süd.

▸ **Lido di Volano**: etwas abseits der anderen sechs, noch im Einzugsbereich des südlichen Po-Deltas, am Rand des Lagunensees *Valle Bertuzzi*. Schöner langer Strand, der mit einer Reihe flaggengeschmückter Badeanstalten prangt, gleich dahinter dichte Pineta - eingezäunt, aber mit Durchgängen. Positiv ist das Fehlen jeglicher Bebauung, vor allem Richtung Süden wird der Strand leer. Mit Wohnmobil stehenbleiben, ist ausdrücklich verboten - trotzdem sieht man immer wieder welche.

▸ **Lido delle Nazioni**: großer Badeort mit vielen modernen, z.T. recht pompösen Bauten, sehr offen gebaut, kaum Baumbestand. Im Zentrum das Wassersportzentrum Aqualand, Richtung Norden wird der Strand schnell einsam und ist gänzlich unbebaut. Zahlreiche Ferienwohnungen werden angeboten.

● *Übernachten*: Das zentral gelegene *** **Grand Hotel Le Nazioni** bietet gepflegte Unterkunft.
Ein besonderer Tip ist der *** **Hotel Club Spiaggia Romea** in einsamer Lage nördlich außerhalb im Pinienhain, Via dell'Oasi 2. Besitzer ist der "Pfirsichbaron" Luigi Mazzoni - er züchtet Camargue-Wildpferde und veranstaltet für seine Gäste tägliche Ausritte in die Pineta und Lagunen der Umgebung. Tel. 0533/355130.
Camping Tahiti gehört zu den Zeltplätzen, die von einem großen deutschen Automobilclub als herausragend bezeichnet wurden, schön bepflanztes Gelände, Animation für Kinder, organisierte Ausflüge. Mitte Mai - Ende September, Tel. 0533/379500.

▸ **Lido di Pomposa/Lido degli Scacchi**: Die zwei Badeorte bilden zusammen eine weitläufige Badestadt, für deren Bau ein Großteil der Uferpineta weichen mußte. Angenehm fällt trotzdem der reiche Baumbestand auf, mit dessen Pflege man sich sichtlich Mühe gibt. Eine ganze Reihe von Campingplätzen bieten Quartier: Florenz, Vigna sul Mar, Ancora und Tre Boschettieri.

▶ **Porto Garibaldi:** von Comacchio auf Stichstraße zu erreichen, großer Hafen, Badeort und Fischereizentrum, langer Strand Richtung Norden. Ein Kanal verbindet das Meer mit den *Valli di Comacchio*, dicht an dicht reihen sich hier die großflächigen Fischernetze. Camping Spiaggia e Mare nördlich vom Zentrum.

▶ **Lido di Estensi/Lido di Spina:** zwei große Feriensiedlungen in dichter Pineta, die mittlerweile fast zusammengewachsen sind. Insgesamt schön gemacht mit zahlreichen Ferienhäusern, viel Vegetation und angenehmen Ortszentren. Am Strand wurden teilweise Bäume gepflanzt, was das Ambiente sichtlich hebt.

• *Übernachten*: ***** Pineta**, Lido di Estensi, hübsche Unterkunft wenige Meter vom Strand, schattige Laube neben dem Haus, Tel. 0533/327956.

*** Piazza, Hochhaus am Strand von Lido di Estensi, Meeresblick und Pool; ebenfalls mit Pool das ***** Gallia** in Lido di Spina.

Camping Mare e Pineta, Lido di Estensi, großer Platz unter hohen Pinien und Laubbäumen, Tel. 0533/330194.

Camping Spina, Lido di Spina, schönes Gelände im Pinienwald, Tel. 0533/330179.

Ravenna

(ca. 135.000 Einwohner)

"Unter der harten ärmlichen Schale aus Ziegelsteinen ruht ein Schatz von Saphiren"

(André Frossard)

Die ehemalige Residenzstadt der byzantinischen Kaiser liegt in der großen flachen Küstenebene etwas landeinwärts der Adriaküste. Im fein herausgeputzten Kern findet man Fußgängergassen, schöne alte Palazzi, niedrige Häuser und ruhige Plätze - insgesamt eine angenehme und wenig hektische Stadt, in der man sich mit Muße der Kultur widmen kann.

Vielbesuchte Attraktionen sind die in der Stadt verstreuten Kirchen mit phantastischen Mosaiken aus byzantinischer Zeit - Höhepunkte die großartige Basilica San Vitale mit dem kleinen, aber feinen Mausoleum der Galla Placidia gleich dahinter, die Basilica Sant'Apollinare Nuovo (Nähe Bahnhof) und einige Kilometer außerhalb die große Kirche Sant'Apollinare in Classe. Ansonsten kann man noch das Grabmal des Gotenkönigs Theoderich (Dietrich von Bern) anschauen, der hier lange als byzantinischer Statthalter residierte.

Anfahrt/Verbindungen/Information

• *Anfahrt/Verbindungen*: **PKW**, von Bologna kommend die Autobahn A 14, dann den beschilderten Zubringer nach Ravenna nehmen. Gebührenpflichtige Parkplätze beim Nationalmuseum/Basilica San Vitale und auf der zentralen Piazza Kennedy, außerdem viele Standplätze mit Parkuhren.

Bahn, Bahnhof an der Piazza Farini östlich der Altstadt, der Viale Farini führt geradeaus ins Zentrum zur Piazza del Popolo.

Fahrrad, Verleih am Pavillon vor dem Bahnhof und am Parkplatz beim National-

museum/Basilica di San Vitale. Wie wär's mit einem Radausflug zur Küste (ca. 10 km), gut zu verbinden mit einem Abstecher zur Basilica Sant'Apollinare in Classe (→ unten), insgesamt 25-30 km.

• *Information*: Via Salara 8-12, Seitengasse der Fußgängerzone Via Cavour. Reichhaltiges Material (auch deutschsprachig) und freundliche Auskünfte, mit etwas Glück sogar in deutsch. Mo-Sa 9-13, 15-18, So 9-12, 15-18 h, Tel. 0544/35404.

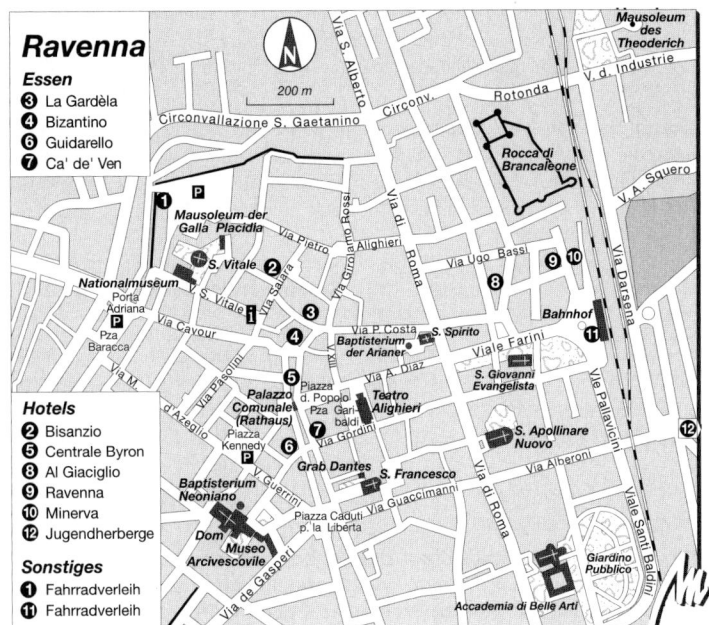

Ravenna

Essen
- ❸ La Gardèla
- ❹ Bizantino
- ❻ Guidarello
- ❼ Ca' de' Ven

Hotels
- ❷ Bisanzio
- ❺ Centrale Byron
- ❽ Al Giaciglio
- ❾ Ravenna
- ❿ Minerva
- ⓬ Jugendherberge

Sonstiges
- ❶ Fahrradverleih
- ⓫ Fahrradverleih

Übernachten

**** Bisanzio (2), Via Salara 30, nur wenige Schritte vom Tourist-Büro. Rein äußerlich ziemlich häßlich, aber innen Top-Ausstattung und stilvolles Ambiente mit Kronleuchtern, Marmor und weichen Teppichböden. Hinten kleiner Garten, gepflegte Zimmer mit TV. DZ mit Frühstücksbuffet ca. 150-200 DM. Platz in Parkgarage muß extra bezahlt werden, Tel. 0544/217111.

*** Centrale Byron (5), Via IV Novembre 14, nur 20 Meter von der zentralen Piazza del Popolo. Durch eine blanke Messingtür kommt man in die schlauchförmige Lobby aus weißem Marmor, unten nüchterner Frühstücksraum, die über 50 Zimmer verschieden groß und mit modernem Holzmobiliar und Teppichboden solide eingerichtet, in der Regel TV. DZ ca. 100-125 DM, Tel. 0544/212225.

** Minerva (10), Via Maroncelli 1/a, an der Straße vor dem Bahnhof, etwas laute Lage, ansonsten ok, wohl wegen der bahnhofsnahen Lage etwas überteuert, DZ ca. 100-

120 DM, Tel. 0544/213711.

* Ravenna (9), Via Maroncelli 12, gegenüber vom Minerva, einfaches Stadthotel mit Parkplatz, DZ ca. 75 DM mit eig. Bad, 60 mit Etagendusche, Tel. 0544/212204.

* Al Giaciglio (8), Via Rocca Brancaleone 42, ruhige Ecke nah beim Bahnhof, altes Stadthaus, innen besser, als man von außen erwartet, hohe Zimmer, sauber, mit Teppichboden, begrünter Hinterhof, Ristorante. DZ mit eig. Bad ca. 60 DM, mit Etagendusche ca. 50 DM, Tel. 0544/39403.

• *Jugendherberge*: **Ostello Dante (12)**, Via Aurelio Nicolodi 12, große nüchterne Angelegenheit in einem Außenviertel, ca. 20 DM incl. Frühstück. Bus 1 ab Bahnhof, Rezeption ab 18 h offen, Schließzeit 23.30 h, Tel. 0544/420405.

• *Camping*: Am Meer bei **Marina di Ravenna** mehrere große Campingplätze, wo man auch in der Hochsaison immer Platz findet (→ unten).

Essen

Ca' de' vén **(7)**, Via Corrado Ricci 24, Enoteca mit Küche - mit Abstand das reizvollste Lokal in der Stadt, riesiges holzgetäfel-
tes Gewölbe, dahinter grüner Hof, immer
gut besucht. Es werden Weine der Region
serviert, dazu leckere Salate und Snacks,
z.b. *crescione* (gefüllte Teigtaschen) und
piadina, eine Art Crêpe. Mo geschl.

Guidarello **(6)**, Via Gessi 7, große Pizzeria
in zentraler Lage, nüchtern eingerichtet,
Reisegruppen verköstigen sich hier oft, Essen nicht schlecht, So geschl. Unter derselben Leitung, aber stimmungsvoller um
die Ecke im 1. Stock **Da Renato**, Via Mentana 31, gemütliches Ristorante in stadtbekannter Qualität, Fleischgerichte und Nudelsachen. So geschl.

La Gardèla **(3)**, Via Ponte Marino 3, Nähe
Markthalle, gutbürgerliches Ristorante mit
sehr gutem Ruf, die traditionelle Küche ist
vor allem auf Grillgerichte spezialisiert, die
Preise sind maßvoll. Do geschl.

Al Giaciglio, das gleichnamige Albergo ($\rightarrow$
Übernachten) besitzt ein nettes kleines Ristorante, wo man in angenehmer Atmosphäre die Hausküche kosten kann.

Bizantino **(4)**, Piazza Andrea Costa, ausgezeichneter und moderner Self-Service in
der Markthalle, Menü ca. 14 DM. Nur Mo-
Fr Mittag.

• *Cafés*: **Caffè Nazionale**, Freiluftcafé an
der Piazza del Popolo, unter der Loggia
neben dem Rathaus, eine Institution, gleichermaßen Treff für Touristen wie für Einheimische.

• *Eis*: **Gelateria Cavour**, Via Cavour 42,
zahllose Eissorten in traumhafter Qualität.

Feste

Alljährlich im Juli steht die Stadt im Zeichen des *Ravenna Festivals*, das mit klassischer Musik, Oper und Theater an vielen Plätzen stattfindet, viele prominente Künstler finden sich ein. Hauptaufführungsort ist die venezianische Festung Rocca di
Brancaleone in der Nähe vom Bahnhof.
Im August findet ebenfalls in der Rocca das Festival *Ravenna Jazz* statt.

Sehenswertes

**Ravenna besitzt ein kompaktes und angenehm ruhiges Centro Sto-
rico, in dem das Bummeln Spaß macht. In den letzten Jahren wurde
viel Kraft auf die Restaurierung verwandt.**

Die malerische *Piazza del Popolo* bildet das Zentrum der Altstadt. Am
oberen Ende das zinnengekrönte Rathaus, davor zwei hohe Säulen mit
Stadtheiligen, seitlich anschließend die elegante Loggia des *Palazzo Veneziano*. Mehrere Cafés und ein etwas deplaziert wirkender Schnellimbiß
bieten reichlich Sitzgelegenheiten.

Benachbart die *Piazza Garibaldi* mit dem obligaten Standbild des Risorgimento-Helden und dem kürzlich restaurierten *Teatro Alighieri* in kräftigem
Habsburger Gelb. Hier zweigt eine kleine Gasse ab, die zum *Grabmal
Dantes* führt - der berühmte Dichter der "Göttlichen Komödie" starb nach
seiner Vertreibung aus Florenz 1321 in Ravenna. Ein kleines Kuppelhäus-
chen aus dem 18. Jh. beherbergt heute seine sterblichen Überreste (im
Sommer 7-19, sonst 9-12, 14-17 h) - während der heftigen Bombenangriffe
des Zweiten Weltkriegs lagen sie tief unter dem benachbarten Erdhügel
(hinter dem Zaun) vergraben, da man die Zerstörung des Grabmals fürch-
tete. Wenige Schritte weiter der *Braccioforte*, ein antiker Gewölbebau mit
zwei frühchristlichen Sarkophagen. Dahinter die schlichte Backsteinkirche
San Francesco, in der die Beerdigungszermemonie für Dante stattfand. Im

Kreuzgang der Kirche (Eingang links neben dem Grabmal) verschiedene Kunstausstellungen, der Eingang zu einem kleinen *Dante-Museum* liegt hinter seinem Grabmal (Di-So 9-12, 15-18 h, Mo geschl., ca. 3 DM).

Nördlich der Piazza del Popolo steht an der Piazza Andrea Costa die lebendige *Markthalle*. Richtung Westen beginnt hier die verkehrsberuhigte *Via Cavour*, die schönste Flanierstraße im Zentrum. Am Straßenende liegt ein freier Platz mit der *Porta Adriana*, einem ehemaligen Stadttor. Kurz vorher zweigt eine Gasse zur berühmten Basilica San Vitale ab (→ unten).

Das byzantinische Ravenna

Ravenna war Anfang des 6. Jh. italienischer Brückenkopf des oströmischen Reiches von Konstantinopel. Unter Kaiser Justinian residierte der Ostgotenkönig Theoderich hier Anfang des 5. Jh. als Statthalter.

Den byzantinischen Prunk der Residenzstadt kann man noch heute anhand der vielen prächtigen Mosaike nachvollziehen. Leider stehen die verschiedenen erhaltenen Gebäude und Kirchen weit auseinander - um alle zu sehen, muß man einen Stadtplan haben und gut zu Fuß sein. Eine Sammeleintrittskarte kostet ca. 10 DM (Stud. 8 DM), Einzeleintritt jeweils ca. 4-5 DM.

Museo Nazionale: In den Kreuzgängen eines früheren Benediktinerklosters untergebracht, hier tritt man ein, um zur direkt angebauten Basilica San Vitale durchzugehen. Im Untergeschoß hauptsächlich römische Skulpturen und Inschriftentafeln, oben Stücke aus Spätantike, Mittelalter und Renaissance - Bronzen, Ikonen u.a. (Di-So 8.30-19.30 h, Mo geschl., ca. 8 DM, nicht im Sammelticket inbegriffen, EG-Mitglieder unter 18 frei).

Basilica San Vitale: die große Attraktion Ravennas! Die byzantinische Basilika wurde 525 während der Herrschaft Theoderich begonnen und unter Justinian 548 beendet. Der Einfluß des Ostens ist in vieler Hinsicht spürbar - es gibt kein Längsschiff, wie in Italien meist üblich, sondern die Kirche ist ein achtseitiger Rundbau mit einer Zentralkuppel. Nach dem Eintritt bleibt man unwillkürlich überrascht stehen - das Innere ist architektonisch äußerst reizvoll, zudem mit Marmor und Mosaiken aufwendig ausgeschmückt, fast wie ein orientalischer Palast. Das warme dämmrige Licht, das durch die gelblich getönten Scheiben fällt, verstärkt den nahezu mystischen Gesamteindruck.

Der originelle achteckige Kirchenraum wird an allen acht Seiten von hohen Bögen begrenzt, die ihrerseits wiederum von Arkaden unterteilt sind. In einem der Bögen liegt das Presbyterium mit den weltberühmten Mosaiken des Kaiserpaars *Justinian* und *Theodora* an den beiden Seiten. In der Apsis thront Jesus auf einer türkisfarbenen Weltkugel. Rechter Hand, von einem Engel begleitet, der Gründungsbischof der Basilika mit einem Kirchenmodell, links der Namenspatron San Vitale. Hergestellt wurden die Mosaiken etwa 520-550 n.Chr., ihre unglaubliche Leuchtkraft und der Abwechslungsreichtum der Farben läßt das Alter von nahezu 1500 Jahren nicht vermuten (tägl. 9-19 h, ca. 5 DM).

Mosaiken von Weltrang – Kaiser Justinian mit Würdenträgern

Mausoleum der Galla Placidia: Der äußerlich völlig unscheinbare, kleine Backsteinbau steht auf der Rasenfläche hinter San Vitale. Das Innere ist über und über mit Mosaiken bedeckt, alles auf tiefblau leuchtendem Grund! Gebäude und Mosaiken sind hundert Jahre älter als San Vitale und damit die ältesten von Ravenna. In der Kuppel prangt ein goldenes Kreuz inmitten zahlloser Sternchen, seitlich darunter sind die Apostel dargestellt, an den Enden der Seitenschiffe Hirsche, über dem Eingang der Gute Hirte inmitten von Schafen. Das Ganze eingerahmt von herrlichen Ornamenten und vielfarbigen Mustern, die Fensteröffnungen sind mit lichtdurchlässigem Alabaster versetzt (tägl. 9-19 h, Eintritt inbegriffen im Besuch der Basilica).

Dom: besitzt keine Mosaiken, sondern ist ein durchschnittlicher Barockbau mit weitgehend uninteressantem Innenleben - beachtenswert ist allerdings das große *Lesepult* des Erzbischofs Agnello mit seinen frühchristlichen Reliefs im Mittelschiff vorne rechts (6. Jh.). Benachbart zur Kirche ein schoner Campanile aus dem 10. Jh.

An der Rückseite des Doms ist der Erzbischöfliche Palast angebaut, im ersten Stock das beachtliche *Museo Arcivescovile* mit Mosaikfragmenten, einem berühmten Bischofsthron aus Elfenbein (6. Jh.) und einer mit Mosaiken wunderschön ausgestalteten Hauskapelle (tägl. 9-19 h, ca. 4 DM).

Baptisterium Neoniano (auch: Baptisterium der Orthodoxen): Taufkapelle aus dem 5. Jh., achteckiger Ziegelbau neben dem Dom. Die Innenwände mit Arkaden, Marmorsäulen und Stuck aus verschiedenen Epochen, in der Kuppel zeigt ein großes Mosaik die Taufe Jesu im Jordan. In der Mitte des Raumes ein großes Taufbecken, in dem die Täuflinge von Kopf bis Fuß eintauchen mußten. Der ursprüngliche Boden liegt drei Meter tiefer, er ist in den sumpfigen Untergrund abgesunken (tägl. 9-19 h, ca. 4 DM).

Basilica Sant'Apollinare Nuovo: Die Palastkirche Theoderichs aus dem 6. Jh. steht in der Nähe des Bahnhofs an der Via di Roma. Vor der Fassade kleine Säulenvorhalle, ansonsten abgesehen vom attraktiven runden Glokkenturm äußerlich wenig Besonderes. Das Innere ist absolut leer, so kommen die großartigen Mosaiken noch besser zur Geltung: beide Wände des langgestreckten Mittelschiffs sind mit großen weißgewandeten Menschengestalten bedeckt - rechts ziehen die Märtyrer vom Palast des Theoderich zum Thron Jesu, links Märtyrerinnen vom Hafen Classe zu Maria mit dem Kind - angeführt von den hl. drei Königen. Darüber Apostelfiguren und Szenen aus dem Leben Christi. Der prunkvolle Palast des Theoderich wurde von einem späteren Bischof retuschiert: wo jetzt Schleier in den zwei Loggien wehen, standen früher arianische Würdenträger, Spuren sind noch zu erkennen - Theoderich war Arianer, d.h. für ihn war Jesus nicht gottgleich, sondern nur wesensähnlich (tägl. 9-19 h, ca. 4 DM).

Baptisterium der Arianer: achteckiger Bau aus dem 6. Jh., in der Kuppel Mosaiken aus der gleichen Zeit. Daneben *Santo Spirito*, die ehemalige Kathedrale der Arianer.

Basilica di San Giovanni di Evangelista: weitere frühchristliche Kirche, ganz in der Nähe vom Bahnhof. Reste von Mosaiken sind im Inneren erhalten, ein Kreuzgang der Renaissance schließt sich an.

Grabmal des Theoderich: etwas außerhalb vom Zentrum, vom Bahnhof aus rechts, auf der anderen Seite der Gleise. Wahrscheinlich noch von Theoderich persönlich in Auftrag gegeben, monumentaler zweigeschossiger Bau - gegenüber der byzantinischen Mosaikenpracht auf den ersten Blick "barbarisch" einfach, trotzdem in einer für die Germanen sonst untypischen Eleganz.

Der untere Raum kreuzförmig, über eine Außentreppe gelangt man in das Obergeschoß, dort in der Mitte ein großer Behälter aus Porphyr, in dem vielleicht Theoderich aufgebahrt lag (seine Gebeine sind verschollen). Das Kuppeldach mißt 11 m im Durchmesser und besteht aus einem einzigen Steinblock! Der lange Spalt soll der Legende nach von einem Blitz herrühren, der das Mausoleum traf, als Theoderich vor einem Unwetter Schutz suchte (tägl. 8.30-19.30 h, ca. 4 DM, nicht inbegriffen im Sammeleintritt und das Geld nur wert, wenn man ernsthaft interessiert ist).

Ravenna/Umgebung

In der Ebene von Ravenna durchziehen viele Entwässerungskanäle das ehemalige Sumpfgebiet. Im weiten Umkreis dominieren Industrieanlagen - vor allem Erdgas wird gewonnen, auch eine Erdölraffinerie arbeitet hier. Ausgedehnte Pinienwälder und ein endloser, im Sommer trotzdem meist rappelvoller Sandstrand schließen die Ebene um Ravenna zum Meer hin ab, eine ganze Reihe von Badeorten bieten Unterkunft.

Von der Küste zieht sich ein breiter schiffbarer Kanal bis zum großen Wirtschaftshafen *Darsena* am Stadtrand von Ravenna. Bei der PKW-Anfahrt von Ravenna zum Meer genau auf Beschilderung achten: Nördlich vom Kanal ("Lidi Nord") kommt man nach *Porto Corsini, Marina Romea* und *Casal Borsetti,* südlich vom Kanal ("Lidi Sud") geht es nach *Marina di Ravenna, Punta Marina, Lido Adriano* und *Lido di Dante.* Es gibt keine Brücke über den Kanal - zwischen Porto Corsini und Marina di Ravenna kann man jedoch mit ständig verkehrenden Pendelfähren übersetzen (PKW ca. 3 DM, Fahrrad 1 DM, Fußgänger 50 Pfennig).

▶ **Basilica Sant'Apollinare in Classe:** Die größte und am besten erhaltene Kirche Ravennas steht weithin sichtbar 5 km südlich der Stadt, nahe der Schnellstraße nach Marina di Ravenna - in der Antike lag hier die stark befestigte Hafenstadt Classe. Auf dem Weg von der Stadt kommt man an den *archäologischen Grabungen* vorbei (tägl. 9-19 h).

Die weiträumige Backsteinkirche mit schönen Marmorsäulen und hohem Holzbalkengewölbe ist bis auf zehn große *Sarkophage* fast leer - alles beherrschender Blickpunkt sind die herrlichen Mosaike in der Apsis. *Sant' Apollinare,* der erste Bischof der Stadt Classe, steht inmitten einer paradiesisch grünen Szene mit Schafen, darüber prangt ein güldener Himmel, in dessen Zentrum ein edelsteinbesetztes Kreuz mit dem Antlitz Jesu im Schnittpunkt die *"Verklärung Christi auf dem Berg Tabor"* darstellt.

Unter dem Altarbereich die meist verschlossene Krypta. Im linken Seitenschiff neben der Apsis ein wertvoller marmorner Baldachin *(Ziborium)* aus dem 10. Jh. - hier und am diagonal entgegengesetzten Ende des Kirchenschiffs sind Reste des ursprünglichen Bodens aufgedeckt (tägl. 8.30-12, 14-19 h, nicht im Sammelticket inbegriffen, ca. 4 DM).

• *Anfahrt/Verbindungen:* an der Schnellstraße nach Marina di Ravenna beschildert. Vom Zentrum von Ravenna die breite Via di Roma nach Süden nehmen, wird zur Via Cesarea und danach zur Via Romea und führt aus der Stadt hinaus. **ATM-Bus 4** ab Bahnhof, auch Bahnstation in der Nähe (Linie nach Rimini).

▶ **Pineta di Classe:** Naturschutzgebiet südöstlich von Classe, in den teilweise sehr alten Pinienwäldern läßt es sich vorzüglich radfahren.

Ravenna/Die Nordstrände (Lidi Nord)

▶ **Porto Corsini:** unmittelbar nördlich vom großen Kanal, der nach Ravenna führt. Keine Ferienhaussiedlung ohne Hotels, fast ausschließlich von Bewohnern der Region genutzt. Der Strand beginnt nördlich der 5 km (!) langen Mole, die den Kanalausgang vor hohem Wellengang schützt. Für Wohnmobile gibt es eine Stellwiese.

▶ **Marina Romea:** hübsche und gepflegte Feriensiedlung, ganz versteckt in der Pineta, schattig und grün. Von der Durchgangsstraße führen zahlreiche schmale Wege zu den zahlreichen "Bagni" am Strand, Durchfahrt für Wohnmobile verboten, für PKW erlaubt. Einige gute Hotels und viele Ferienhäuser bieten passablen Komfort, es gibt einen Reitparcour, verschiedene Sportanlagen und Wanderwege im Pinienwald.

Hinter dem Ort der Lagunensee *Pialassa della Baiona* (Bootstouren mit "Birdwatching") und das Naturschutzgebiet *Punte Alberete* unter Aufsicht des WWF (World Wide Fund of Nature).

● *Information*: Viale Ferrara 13/a, Tel. 0544/446035.

● *Übernachten*: Die gepflegten Hotels *** **Solaria** (Tel. 0544/446088) und *** **La Meridiana** (0544/446040), beide mit Swimmingpool, liegen ganz im Schatten von Pinien. Nördlich vom Ort die **Campingplätze Reno**, **Romea** und **Pineta**, südlich **Villaggio del Sole**, alle in der Pineta.

▶ **Casal Borsetti**: durchschnittlicher Ferienort an der Mündung des Canale destro Reno, in der die Fischer ihre Fangnetze aushängen. Camping Adria liegt nordwärts, jedoch nicht direkt am Strand. Noch weiter nördlich beginnt ein militärisches Sperrgebiet.

Ravenna/Die Südstrände (Lidi Sud)

▶ **Marina di Ravenna**: Hauptort am Strand von Ravenna, der schon vor hundert Jahren seine touristische Karriere begonnen hat. Heute eine typische Marina-Siedlung mit streng geometrischen Straßenzügen, vom nördlich benachbarten Porto Corsini durch den breiten Ravenna-Kanal getrennt. An der Kanaleinfahrt ragt (wie in Porto Corsini) eine Mole kilometerweit ins Meer - beliebt bei Netzfischern, Hobbyanglern und Joggern. Hier auch der große Fischer- und Jachthafen mit über 800 Liegeplätzen. Richtung Süden dichte Pineta mit diversen Hotels und Campingplätzen, davor sehr schöner weißer Sandstrand mit Zugängen von der Durchgangsstraße. Im Juli/August abends immer viel Rummel im Ort, diverse Lokale mit Musikgruppen und Remmidemmi. Interessante Möglichkeit: Motorschiffe machen regelmäßig Tagesausflüge ins nahe Po-Delta (40 DM) und nach Venedig (70 DM).

● *Anfahrt/Verbindungen*: **ATM-Busse** pendeln ab Bahnhof in Ravenna.

● *Information*: Viale delle Nazioni 159, Mai bis September, Tel. 0544/530117.

● *Übernachten*: In den zahlreichen Hotels und Pensionen läuft im Hochsommer ohne Halbpension meist nichts.
**** **Park Hotel**, das beste der Hotels an der langen Uferstraße, schöner großer Park mit Swimmingpool, Tennis. DZ mit Frühstück ca. 170-270 DM, Tel. 0544/531743. Zwei ausgedehnte schattige **Campingplätze** liegen südlich vom Ort, hier findet man auch im August meist noch ein Plätzchen. **Rivaverde** ist der nächste, danach **Internazionale Piomboni**. Abends oft Animation, Tanz, Musikbands etc.

● *Essen*: Dank seines großen Fischerhafens gilt Marina di Ravenna als hervorragende Adresse für fangfrische Meerestiere.
In Hafennähe eine ganze Reihe Fischrestaurants, z.B. das gepflegte **Da Matteo** am Viale delle Nazioni, **Maria Christina** (innen viel Holz, draußen Tische unter Weinranken, allerdings Blick auf Parkplatz) oder die **Osteria Porticine** mit Garten und Blick auf den Hafen.
Da Vincenzo, Viale delle Nazioni 152, großes preiswertes Lokal an der Hauptstraße. Riesenventilatoren fächern Kühlung, entweder draußen an der Straße sitzen oder im Innenraum, wo man den Pizzabäckern zuschauen kann, offener Wein.
Da Carlo, beliebte Pizzeria in der Pineta südlich vom Ort.

▶ **Punta Marina**: südlich anschließend an Marina di Ravenna, langer Strand und drei Campingplätze, bekannt für seine Thermen, wo Erkrankungen der Atemwege kuriert werden.

● *Übernachten*: Zwei freundliche Pensionen mit Garten sind ** **Aurora** und ** **Regina**, DZ mit Balkon kosten ca. 80-100 DM, über die Straße rüber zum Baden.
Camping Park Adriano ist ein sehr gut ausgestatteter Riesenplatz mit Pool, zum Meer läuft man 400 m; **Camping Villagio dei Pini** ist der nächste am Meer, liegt praktisch am Strand, ist jedoch mit Mauer begrenzt; **Camping Coop 3** liegt 100 m vom Meer.

▶ **Lido Adriano**: Badestadt mit bis zu 8 Stockwerken hohen Betonkästen, zahlreiche Ferienwohnungen werden angeboten. In der preiswerten Nebensaison hauptsächlich von osteuropäischen Besuchern bevölkert. Vergnügen bis in die frühen Morgenstunden bietet die exponiert stehende Disco Raja, die allnächtlich ihre Laserstrahlen in den Himmel schickt.

▶ **Lido di Dante**: der kleinste Badeort an der ravennatischen Küste, dank der zwei Zeltplätze Camping Classe und Camping Ramazzotti hauptsächlich für Camper interessant.

Adriaküste (Ravenna bis Rimini)

Hier ballt sich der Tourismus - Höhepunkt natürlich das legendäre Rimini, eine Badestadt von größtem Ausmaß, die sich mit Vororten fast 20 km die Küste entlangzieht. Von Cesenatico bis Gabbice Mare ist die Adria praktisch zugebaut, Cervia und Milano Marittima liegen nördlich davon etwas am Rande. Insgesamt warten in der Provinz Rimini 40 km Sandstrand.

Diese typischen Fischernetze findet man an der gesamten Adria

Cervia

Der große Bade- und Thermalkurort blickt auf eine lange Vergangenheit zurück und hat sich im Zentrum ein hübsches historisches Ensemble bewahrt: die *Piazza Garibaldi* mit Arkadengängen, Dom, Rathaus und mehreren kleinen Plätzen im Umkreis. Im Rathausdurchgang Gedenktafeln an die Gefallenen der Weltkriege, aber auch an die sardische Nobelpreisträgerin Grazia Deledda, die hier zur Kur weilte.

Dank eines großen Lagunensees im Hinterland (Saline di Cervia, heute Naturschutzgebiet) war Cervia früher ein bedeutender Ausfuhrhafen für Salz, durch den Canale delle Saline fuhren die Schiffe zum Meer. Bei der zentralen Piazza Andrea Costa am Kanal stehen noch die ehemaligen *Salzmagazine* - ihre Mauern sind noch heute so getränkt vom "weißen Gold", daß sie salzig schmecken. Der *Torre di San Michele* wurde zum Schutz der Magazine erbaut. Jeden Donnerstag findet hier ein großer Markt statt.

● *Information*: Pro Loco im Rathaus. Tel. 0544/971013. Weiteres Info-Büro am Viale Roma 86, Tel. 0544/974400.

● *Übernachten*: Sehr großes Angebot an Hotels und Ferienhäusern, besonders schön wohnt man im nahen Milano Marittima (→ unten).

Nördlich von Cervia

▶ **Milano Marittima**: elegante "Gartenstadt" mit zahlreichen Ferienhäusern und Hotels inmitten dichter Pineta. Viele Stammgäste kommen regelmäßig in diese ruhige und gepflegte Ecke, wo der sonstige lärmende Rummel italienischer Seebäder nicht zu finden ist.

● *Information*: Viale Romagna 107, kreisförmige Straße im Zentrum, Tel. 0544/993435.

● *Übernachten*: *** **Ariston**, Viale Corsica 16, gepflegtes und geräumiges Haus direkt am Strand, Garten, Parkplatz, Swimmingpool. DZ ca. 70-120 DM, Tel. 0544/ 994659.

*** **Mazzanti**, Via Forli 51, mit Garten und beheiztem Schwimmbad. DZ ca. 60-100 DM, Tel. 0544/991207.

Nördlich vom Milano Marittima liegen einige **Campingplätze**, z.B. **Romagna**, Tel. 0544/949326.

▶ **Lido di Savio**: der krasse Gegensatz - großer gesichtsloser Badeort mit turmhohen Häusern entlang schnurgerader Straßen. Über einen breiten Kanal mit Fischernetzen geht es hinüber nach **Lido di Classe**, dessen Uferstraße durch häßliche Hotelbauten verunstaltet ist. Camping Bisanzio hat schöne Strandlage, eine benachbarte Freiluftdisco sorgt abends allerdings für lautstarke musikalische Untermalung.

Der große Vergnügungspark *Mirabilandia* mit Achterbahnen, Wasserautos, Karussels und Feuerwerk liegt etwas landeinwärts bei Savio - kostenloser Shuttle-Service ab Bahnstation Savio und tägliche Busse aus allen Badeorten (tägl. 10-19 h, im Sommer bis Mitternacht, ca. 30 DM, Kinder bis 1 m Größe frei, darüber 25 DM).

Cesenatico

(ca. 20.000 Einwohner)

Großes Seebad mit einem langen Kanal, der sich quer durch die Stadt zieht. Traditioneller Anlaufpunkt deutscher Urlauber, zahllose Hotels und kilomterlange weiße Sandstrände.

Der malerische Kanal ist Ankerplatz der Fischerflotte, der berühmte Leonardo da Vinci konstruierte ihn Anfang des 16. Jh. Im Umkreis liegt die hübsche Altstadt mit niedrigen pastellfarbenen Häusern. An Abwechslung ist hier immer einiges geboten - diverse Restaurants und Kneipen, gelegentlich Straßenmärkte, abends Livemusik. Kleine Fähren pendeln regelmäßig zwischen beiden Ufern.

Historische Adriaschiffe im stillgelegten Kanalhafen von Cesenatico

Am Meer flankieren Schirmpinien den breiten Viale Carducci parallel zum Strand, dort auch das bizarre "Wahrzeichen" Cesenaticos - das mit Abstand höchste Hochhaus der Adria kratzt hier die Wolken. Welch ein Ausblick muß sich vom obersten Stockwerk bieten!

● *Anfahrt/Verbindungen*: **PKW**, von Ravenna bzw. Rimini die SS 16 nehmen. Parken kann man gebührenfrei am Kanal.
Bahn, Bahnhof liegt ca. 1 km ein Stück landeinwärts vom Meer.
Fahrrad, ganze Reihe von Verleihern an der Uferstraße, z.B. Barocci Patrizia, Viale Carducci 190 und Ceccarini Pierfilippo, Viale Caducci 316/c.

● *Information*: im Rathaus, kurz vor dem Hochhaus, Viale Roma 112. Guter Stadtplan mit Hinweisen zu Sehenswürdigkeiten und umfangreiches Prospektmaterial auf deutsch. Tel. 0547/80091.

● *Übernachten*: Fast vierhundert Hotels und Pensionen bieten Zimmer, dazu gibt es zahllose Ferienwohnungen (Vermittlung über diverse Agenturen). Umfangreiche Unterkunftsliste im Info-Büro - sollte kein Problem sein, eine geeignete Unterkunft zu finden.
*** Grand Hotel Cesenatico, altehrwürdiges Haus genau vis à vis vom Hochhaus - welch ein Gegensatz. Üppig aufgemacht und komfortable Zimmer mit TV und schönem Seeblick, kann allerdings mit dem üblichen Standard der Grand Hotels nicht ganz Schritt halten. Für Familien gibt es

kleine Wohnungen zu mieten. Swimmingpool, Privatstrand, Tennis, Wasserski, Windsurfschule. DZ ca. 130-180 DM, Vollpension pro Pers. 90-160 DM, Tel. 0547/ 80012.
Camping Zadina, nördlich vom Ort, riesiger Platz mit viel Schatten, ein Kanal durchzieht das Gelände, davor schöner langer Sandstrand. Das gesamte Personal spricht deutsch, in der Bar wird auch deutscher Kaffee serviert. Tel. 0547/82310.
Benachbart der noch größere **Camping Cesenatico**, Fahrrad mitbringen, ist hier nicht die schlechteste Lösung. Tel. 0547/ 81344.

● *Essen*: **La Buca**, Corso Garibaldi 41, schöne Lage am Kanal, Stefano Bartolini ist weithin bekannt für seine exzellente Fischküche, Preise gehoben. Mo geschl.
San Marco, Piazza Fiorentini, wenige Meter vom Kanal neben der kleinen Markthalle, alteingeführtes Fischlokal, angenehm lockere Atmosphäre, viel mit Meeresfrüchten und Muscheln, gut z.B. das *risotto alla pescatora*, eigener Hauswein in Flaschen, Preise im Rahmen. Mi geschl.
Cantina del Porto und **Denis**, zwei hübsche Bars direkt am Kanal.

Sehenswertes: Originell ist das *Museo della Marineria*, das einzige "schwimmende Museum" Italiens - in einem stillgelegten Kanalabschnitt liegen verschiedene historische Schiffstypen der mittleren und oberen Adria vor Anker (umfangreicher deutschsprachiger Prospekt im Info-Büro), eine Festlandsabteilung des Museums soll demnächst fertiggestellt werden. Vor dem benachbarten Rathaus steht die erste *Garibaldi-Statue* Italiens. Ein kleines *Antiquarium* mit römischen Funden ist in der Biblioteca Comunale an der Piazza Ciceruacchio untergebracht (am Kanal). Historische *Kühlmulden* für Fische sind an der Piazza delle Conserve erhalten.

▶ **Zwischen Cesenatico und Rimini:** Küstenzone fast durchgehend bebaut, lieblos hochgezogene Betonbauten ohne Anspruch auf Ästhetik, gelegentlich frei zugängliche Strandpartien. Mehrere Campingplätze stehen zur Verfügung: Rubicone in *Savignano Mare*, Happy in *Bellaria*, Riccardo in *Igea Marina*, Castellabate und Torre Pedrera in *Torre Pedrera*.

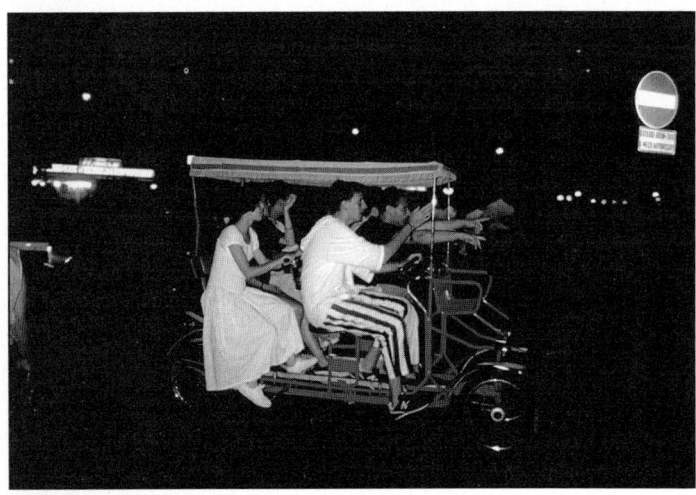

Allabendlicher Spaß im "Ciclocarrozzelle"

Rimini   (ca. 130.000 Einwohner)

Badegroßstadt mit Schuhschachtelarchitektur, größter Badeort der Adria. An der zehn Kilometer langen Marina drängen sich Hotels, gläserne Ristoranti, glitzernde Diskotheken, Cafés und Kneipen, Ramschboutiquen, schäbige Spielhallen, Pizzabuden ... Neuankömmlinge wissen nicht, wo sie Halt machen sollten, es sieht alles gleich aus. Knapp zwei Kilometer landeinwärts dann der unerwartete Kontrast - die stilvolle Altstadt um die großzügige Piazza Cavour. Von der "großen weiten Welt" am Strand ist hier nichts mehr zu spüren. In den alten Kopfsteinpflastergassen fühlt man sich ins Mittelalter zurückversetzt.

Allabendlich im Hochsommer wird an der Marina die längste *Passeggiata* der Welt inszeniert - gut zwei bis drei Stunden läuft man im Menschenstrom den völlig überfüllten Gehsteig rauf und wieder runter, zwängt sich dann endlich irgendwo in eins der Straßencafés, deren Stühle nicht zur Straße, sondern sämtlich zum Laufsteg der Eitelkeiten ausgerichtet sind. Falls man nicht rauf und runter läuft - was selten ist - kann man seine Gaudi mit den vierrädrigen *ciclocarrozzelle* haben, danach ab in die Disco oder Eisschlecken oder frustriert ins Bett, weil man in dieser tollgewordenen Urlaubsmaschine einfach nicht zurechtkommt. Rimini darf nicht sterben - diese Glitzerwelt aus Modepüppchen, italienischen Großstadt-Freaks, parfümierten Gigolos, aufgedrehten Urlaubs-Skandinaviern, trunkenen Briten, dickbäuchigen Deutschen, vielen braven Familien und zahllosen Rentnern aus ganz Europa ist sehens- und erlebenswert. Sogar Fellini verfiel der Magie Riminis und verbrachte bis zu seinem Tod jeden Sommer in seiner Geburtsstadt. Das Geheimnis Riminis: für jeden etwas! Mein Rat: unbedingt im August kommen!

Aufstieg eines Seebades

Der märchenhafte Aufstieg des bekanntesten aller italienischen Seebäder begann 1843 mit der Gründung des ersten bescheidenen "Bagno": ganze sechs Strandkabinen - drei für Männer und drei für Frauen - wurden in einem streng eingehaltenen Sicherheitsabstand von 30 m zwischen den Geschlechtern bereitgestellt. Schon um die Jahrhundertwende galt Rimini als eine der ersten Adressen Europas, hauptsächlich besucht von der besseren Gesellschaft und der Aristokratie. 1908 öffnete das Grand Hotel seine Pforten, das bis heute feudalen Prunk und gediegene Eleganz bietet. In den sechziger und siebziger Jahren explodierte der Fremdenverkehr, Rimini wurde zur Inkarnation des Massentourismus schlechthin und liebste Badewanne der Deutschen, die hier den Nabel ihres "Teutonengrill" fanden. Ende der Achtziger verursachte eine verheerende Algenplage die größte Krise in der Geschichte des Urlaubsorts, zahlreiche Betten blieben leer, das Ende Riminis wurde prophezeit. Heute boomt das Geschäft wieder wie eh und je, Millionen zieht es alljährlich hierher und auch die Deutschen sind wieder da, wenn auch nicht mehr so massiv wie früher, dafür umso mehr Osteuropäer.

Anfahrt/Verbindungen

● *PKW*: Autobahn A 14, **Rimini Nord** oder **Rimini Sud**, dann immer den Schildern "Al Mare" hinterher. An der Marina steht man im Sommer ständig im Stau, Parken in den Seitengassen.
Im historischen Zentrum einige gebührenpflichtige Parkplätze, z.B. am Viale Roma, Nähe Bahnhof (alle eingezeichnet im Stadtplan von Rimini, erhältlich bei den Info-Büros).

● *Bahn*: häufige Verbindungen in die Nachbarorte an der Küste, Fernzüge nach Bologna, Rom und entlang der Adria.
Bahnhof am Piazzale Cesare Battisti, auf halbem Weg zwischen Altstadt und Strand. Ins Zentrum kommt man geradeaus die Via

Dante entlang, ca 5 Min. zum Tempio Malatestiano, 10 Min. zur Piazza Cavour. Vom Bahnhof zum Strand rechts gehen bis zum Tunnel unter der Bahnlinie und dort die Via Principe Amedeo ca. 1 km geradeaus - oder Bus 10 oder 11 nehmen (→ Unterwegs in der Stadt).
Von Mai bis September tägl. **Autoreisezüge** ab München (Stand '95).

• *Bus*: Fernbusstation an der **Via Clementini/Via Roma**, Nähe Bahnhof. Busse ins Hinterland und nach San Marino starten direkt vor dem Bahnhof.
• *Flug*: Flughafen südlich vom Zentrum in Rimini-Miramare, Charter aus ganz Europa landen hier. Linienbusse 9 und 124 pendeln ab Bahnhof.

Information

• *Zentrum*: **IAT**, Via Dante Alighieri 86, gegenüber vom Bahnhof. Umfassendes Material, u.a. hervorragender Stadtplan, nützlich ist die dicke Broschüre "Agenda". Im Sommer tägl. 8-20 h, Tel. 0541/51331.
Unmittelbar links neben dem Bahnhof (wenn man rauskommt) findet man eine **Hotelinformation** und ein gut bestücktes Informationsbüro **San Marino**.

Kostenlose **Zimmervermittlung** rechts im Bahnhof, Tel. 0541/390530.
• *Marina*: **IAT** am zentralen Piazzale Federico Fellini (Nähe Kanalmündung). Im Sommer tägl. 8-20 h. Tel. 0541/51101.
Zweigstellen in **Igea Marina**, **Torre Pedrera**, **Viserba**, **Bellariva** und **Miramare** - genaue Standorte sind im kostenlosen Stadtplan von Rimini eingezeichnet.

Unterwegs in der Stadt

Ein effektives Bussystem sorgt für den Transport durch die riesige Badestadt und ins historische Zentrum. Tickets gibt's in allen Zeitungs- und Tabakläden, am Bahnhofsvorplatz und in einem Schalter an der Piazza Tre Martiri. Die Haltestellen sind durchnumeriert und auf dem Gratis-Stadtplan eingezeichnet.
Start der orangefarbenen Busse **4**, **4a**, **10** und **11** an der zentralen Piazza Tre Martiri im Zentrum, nächste größere Station ist der

Bahnhofsvorplatz. Bus 10 und 11 fahren runter zum Meer und pendeln die schnurgerade Küstenstraße entlang bis **Miramare**, Bus 11 fährt sogar bis ins benachbarte **Riccione**. Bus 4 und 4a fahren Richtung Norden die Küstenstraße entlang bis **Torre Pedrera**.
Von Mitte Juli bis Ende August pendelt nachts der **Blue Bus** entlang der Küstenstraße zu allen wichtigen Diskotheken (→ Nachtleben).

Übernachten

An der Strandpromenade reihen sich viele hunderte gesichtslose Betonkästen, alle platzsparend gebaut, hellhörig und langweilig, Zimmer meist mit Mini-Balkon, "zweckmäßig" eingerichtet und auf Pauschalgäste eingestellt, durchwegs Pensionspflicht. Die besten und ruhigsten Häuser liegen im zentralen Bereich der Marina, Nähe Kanal. Prcislich günstiger sind die Häuser in den etwas zurückliegenden Straßen ohne Meeresblick. Atmosphärisch schöner wohnt man in den wenigen Hotels der Altstadt. Preislich gibt's starke saisonale Schwankungen, denn vor Mai und nach Oktober sind kaum Urlauber im Ort. Im Sommer unbedingt Zimmervermittlung in Anspruch nehmen.

• *Zentrum*: ****** Duomo**, Via Giordano Bruno 28, bestes Hotel in der Altstadt, moderne stilvolle Einrichtung, Zimmer mit TV, Minibar und Telefon, hinten kleines Gärtchen, Garage. DZ mit Frühstück ca. 140-200 DM, Tel. 0541/24215.
*** Moderno, Piazzale Cesare Battisti 16, schräg gegenüber vom Bahnhof, größerer Backsteinbau in unschöner Umgebung, dafür gepflegte Einrichtung und bequem für Bahnfahrer. Mit Parkplatz. DZ ca. 75-

110 DM, Tel. 0541/26725.
** Giulio Cesare, Via Battarra 9, ruhiges Seitengäßchen der Piazza Tre Martiri, sehr gemütliches Haus, Grünpflanzen vor der Tür, altmodisch-gepflegt mit Holztäfelung, Polstermöbeln und schönen Leuchtern in der Lobby. DZ ca. 70-90 DM, Tel. 0541/51303.
** Cardellini, Via Dante 50, nur ein paar Schritte vom Bahnhof, großes, äußerlich etwas langweiliges Stadthotel, aber solide

geführt und gut eingerichtete Zimmer mit TV, Parkmöglichkeit. DZ ca. 70-110 DM, Tel. 0541/26412.

• *Marina*: Hier ist zu empfehlen, sich in einem der besseren Häuser einzumieten. Aber natürlich gibt es auch zahllose andere.

***** **Grand Hotel**, Piazzale Federico Fellini 2, mal Reinschnuppern lohnt - herrlicher Garten und tolle gediegene Atmosphäre, in den Zimmern venezianische und französische Möbel des 18. Jh., viele reiche Gäste. Fellini verbrachte hier seine letzten Tage, der Platz vor dem Haus wurde nach ihm benannt. DZ mit Frühstück ca. 260-430 DM, Tel. 0541/56000.

**** **Imperiale**, Viale Vespucci 16, gepflegtes Haus mit geschmackvoll eingerichteten Zimmern, Ristorante, Pool und Parkplatz. DZ mit Frühstück ca. 190-300 DM, Tel. 0541/52255.

**** **Polo**, Viale Vespucci 23, moderner Betonkomplex mit sachlich-schlichter Eleganz, Parkplatz. DZ mit Frühstück ca. 150-250 DM, Tel. 0541/51180.

*** **Biancamano**, Via Cappellini 1, wenige Meter vom Grand Hotel mit Blick auf selbiges, gemütliches Haus mit Pool und Parkplatz. Vollpension pro Kopf ca. 65-110 DM, Tel. 0541/55491.

*** **La Fiorana**, Via Don Giovanni Bosco 13, etwas zurück vom Strand, mit Parkplatz, Vollpension pro Kopf ca. 50-90 DM, Tel. 0541/390710.

• *Jugendherberge*: **Ostello Urland (IYHF)**, kleines Hostel in Rimini-Miramare, Via Flaminia 300, etwa 6 km südlich vom Zentrum Nähe Flughafen. Mit Bus 9 ab Bahnhof bis Station Via Stoccolma und noch 200 m zu Fuß (oder Bus 10 bzw. 11 auf der Küstenstraße bis Stopp 31 und den Viale Martinelli 1 km hinauflaufen. Auch Bahnverbindung, Station Rimini-Miramare etwa 600 m von der JH. Pro Pers. mit Frühstück ca. 13 DM, geöffnet Mai - September, Anmeldung ab 17 h, Schließzeit 24 h. Vorher anrufen und reservieren, oft voll, Tel. 0541/373216.

• *Camping*: **Maximum**, großer Platz an der Küstenstraße in Miramare, im südlichen Stadtbereich von Rimini, etwa 7 km vom Zentrum (aus allen Richtungen sehr gut beschildert). Das baumbestandene und schattige Gelände besteht aus zwei getrennten Platzbereichen, die beide im Sommer extrem überfüllt sind. An der Rezeption internationale Crew mit Sprachkenntnissen. Busse 10/11 pendeln in die Stadt (11 auch nach Riccione), Haltestelle 33 genau gegenüber vom Eingang. Bar/Ristorante. Der Platz wird die ganze Nacht über bewacht. Tel. 0541/372602.

Italia, schattiger Wiesenplatz in Viserba, 4 km nördlich vom zentralen Bereich der Marina. Bus 4 und 4a pendeln ins Stadtzentrum (Bahnhof bzw. Piazza Tre Martiri), Haltestelle 14 vor dem Eingang. Bar/Ristorante, warme Duschen ohne Aufpreis, Tel. 0541/732882.

Essen

Im Strandbereich in der Regel niveaulos - Pizza en gros, oft auf rustikalen Holzbänken, Massenabfertigung, manchmal Nepp. Nach dem Essen spielt sich hier die große Straßenshow ab. In der Altstadt ißt man mit viel mehr Flair, ruhiger, besser und oft preiswerter.

• *Zentrum*: Man wähnt sich Lichtjahre entfernt vom Touristentrubel am Meer.

Pic Nic, Via Tempio Malatestiano 30, hübsch und gemütlich aufgemachtes Ristorante mit viel originellem Dekor, z.B. ein Harmonium im Eingang. Hinten auch ein Garten. Leckeres Buffet und umfangreiche Speisekarte.

La Bussola, Via Sigismondo 39, ruhige Seitengasse gegenüber der Kirche Sant'Agostino, sympathisches, von einer jungen engagierten Crew geführtes Lokal, alles mit hellem Holz getäfelt, dazu Korblampen mit warmem Licht, meist gut besucht. Sehr große Auswahl an leckeren selbstgemachten Nudeln, z.B. *gnocchi verdi* und *tagliolini alla crudaiola*, im Angebot auch spezielle Fleisch- und Fischmenüs, Pizza.

Dallo Zio, Via Santa Chiara 18, Nähe Augustusbogen, "Beim Onkel" im Herzen der Altstadt ißt man stilvoll und wird freundlich bedient. Reine Meeresküche, interessant die verschiedenen Pastavariationen mit Muscheln, Fischsoße etc., Menü um die 40-60 DM. Mi geschl.

La Bicocca, Via Santa Chiara 109, elegantes Ristorante mit feiner Küche.

Wenn man auf dem *Ponte di Tiberio* den Fluß Marecchia überquert, kommt man ins alte Fischerviertel Borgo San Giuliano mit einer Reihe interessanter Lokale:

Colombo, Viale Tiberio 5, gleich nach der Brücke, alteingesessene Trattoria mit mehreren Speiseräumen hintereinander, volkstümlich. Mo geschl.

Osteria de Börg, Via Forzieri 12, ein Volltreffer - der gemütliche Innenraum ist meist gesteckt voll mit fröhlichen Menschen, einige Tische stehen auch im Freien. Phantasievolle Küche, die sich an der Tradition orientiert, hervorragend die Nudeln aus eigener Produktion, freitags leckere Fischsuppe *brodetto di pesce*. Werktags nur abends, an Festtagen auch mittags. Reservierung sinnvoll unter Tel. 0541/56074. Mo geschl.

• *Marina Centro*: **Embassy**, Viale Vespucci 33, elegantes Lokal, eins der besten unten am Meer, angeschlossen eine große Disco.

Taverna degli Artisti, Nähe Tourist-Büro an der Piazza Fellini, ordentliches Restaurant mit regionaler Küche. Bis spät nachts offen.

• *Außerhalb*: **Il Baretto della Buona Piadina**, Gartenlokal am Hügel unterhalb der Disco Paradiso (→ Nachtleben) bei Mama Ilde gibt's hervorragende heiße Fladenbrote (Piadine) - der Tip nach dem Discovergnügen.

• *Preiswert*: **Mensa Ferrovia**, Viale Roma 70, nah beim Bahnhof, wer aufs Geld achten muß, ist hier richtig, mittags und abends offen. So geschl.

Mercato Centrale Coperto, für Selbstversorger, der große städische Markt liegt schräg hinter dem Tempio Malatestiano.

• *Cafés/Bars*: Sehr schön sitzt man an der Piazza Cavour, preiswerter ist das **Caffè Turismo** an der Piazza Tre Martiri.

Gelateria Nuovo Fiore, Viale Amerigo Vespucci 7, Nähe Piazza Federico Fellini, riesiges Eiscafé mit Chrom-Feeling und Sorten wie Sand am Meer von Rimini. Zweigstelle auch in der Altstadt, Piazza Tre Martiri 8 und im nahen Riccione 8 (→ dort).

Nachtleben

In *Marina Centro* geht es rund - der parallel hinter der breiten Uferstraße verlaufende *Viale Amerigo Vespucci* und die südliche Fortsetzung *Viale Regina Elena* fungieren als nächtlicher Laufsteg, die Cafés, Kneipen und Diskotheken gehen in die Hunderte. Das Zentrum des Trubels erstreckt sich vom Parco Federico Fellini etwa 2 km Richtung Süden, aber auch weiter südlich kommen immer wieder Ballungszonen bis zum Campingplatz. Wer nicht laufen will, kann bis etwa 1 h morgens bequem mit dem Bussen 10 und 11 hin- und herpendeln, die Stationen sind nach Nummern benannt. Mitte Juli bis Ende August machen die Busse der *Blue Line* ab etwa 22 h bis in die frühen Morgenstunden etwa alle 30 Min. eine Rundtour zu zahlreichen Clubs, Pubs und Diskotheken von Torre Pedrera bis Riccione. Start ist beim Rockisland auf der Kanalmole, Kostenpunkt ca. 4 DM.

Für alle Nachteulen hier ein warnendes Statement der Tourismusbehörde von Rimini: "Die Leute gehen um 10 Uhr vormittags ins Bett und stehen um 5 Uhr nachmittags auf - viele kommen blaß hin und fahren nach 3 Wochen leichenblaß wieder zurück".

• *Discos*: Eintritt je nach Marktlage, meist um die 20-30 DM, in der Nebensaison gelegentlich frei. Außerhalb Juli/August machen viele Discos nur am Wochenende auf. Ausnahme der Carnaby Club, der auch in der Nebensaison immer gut besucht ist.

Paradiso, Via Covignano 260, Riesendisco in den Pinienhügeln über der Stadt, seit den Sechzigern die Nr. 1, Platz für bis zu 2000 Besucher, auch Open-Air. An/Abfahrt mit Blue Bus oder Taxi, ein hauseigener Bus steht ebenfalls zur Verfügung. Eintritt 35-40 DM. Tel. 0541/751132.

Embassy by Emingway, Viale Vespucci 33 (Busstop 11), edel aufgemachte Disco mit Garten und oft Livemusik, ganz zentrale Lage, Platz für 1000 Personen.

Blow up, Viale Regina Elena 209 (Busstop 21), kleinere, aber recht beliebte Disco, Szenetreff.

Carnaby Club, Viale Brindisi 30 (Busstop 26), der "In"-Treff an der Marina, drei Tanzflächen übereinander, es geht rund, fröhliche Atmosphäre.

Cellophane, in Miramare (Busstop 31), ideal für Camper, die danach nicht mehr weit laufen wollen, Camping Maximum nur 5 Min. entfernt.

• *Treffs*: **Rockisland**, tolle Lage an der Spitze der Kanalmole, große Bar mit Livebands, kein Eintritt, aber Getränkepflicht.

Rock Café, Viale Vespucci 64, Livemusik und Disco-Dancing.

Rose & Crown, Viale Regina Elena 2/a, populärer Dartpub.

The Black Cock, Piazza Gregorio da Rimini, hübscher Pub in der Altstadt von Rimini, Tische auf einer winzigen Piazza, die wie ein Innenhof wirkt.

Jede Menge Möglichkeiten, detaillierte Hinweise und viele weitere Adressen in der Broschüre Agenda.

● *Baden*: Der kilometerlange Strand ist eine einzige gigantische Sonnenschirmparade, mehr als 140 durchnumerierte Badeanstalten bieten identischen Service an, so gut wie jedes Fleckchen wird ausgenutzt. Gebühren pro Tag: Liegestuhl (lettino), Sonnenschirm (ombrellone), Strandkabine (cabina) und warme Dusche in den hinteren Reihen 16-23 DM/Tag, vorne 18-26 DM. Bei Wochenmiete Rabatt. Frei zugängliche Standpartien nur in der Nähe des Hafens und in Miramare bei der Mündung des Rio Marano.

Die Comune unternimmt erhebliche Anstrengungen, die Wasserqualität zu verbessern - moderne Kläranlagen wurden gebaut und weit draußen schwimmen Barrieren, die Algen abhalten sollen. Seit Ende der Achtziger sind sie nicht mehr aufgetaucht.

An kühlen Tagen wird der Strand zur riesigen Spazierzone, schwarze Verkäufer bieten Schmuck und Souvenirs an.

● *Fahrrad*: Die **Fahrraddroschken** (riscio oder ciclocarrozzelle), die überall vermietet werden, kosten pro Stunde ca. 12 DM (Zweisitzer) bzw. 20 DM (Viersitzer).

● *Wassersport*: **Ruder/Tretboote** kosten ca. 8-10 DM/Std.

Strände drohen zu versinken

ROM (dpa) — Italienische Touristenhochburgen wie Rimini oder Ostia drohen nach Angaben von Forschern von der Landkarte zu verschwinden. Fast zehn Prozent der Küstenfläche Italiens könnten im Meer versinken, wenn der Kohlendioxidausstoß weiter zunimmt und das Meer bis zum Jahr 2100 um 60 Zentimeter steigt. Das berichteten US-Forscher zum Abschluß der Klimakonferenz in Rom. Die größte Gefahr droht nach der Studie den Küsten im Süden.

Aus: Nürnberger Nachrichten Herbst '95

Surfschulen gibt es an verschiedenen Stellen des Strands (z.B. Bagno 8, 36 und 62), Brettverleih ca. 28 DM für halben Tag, Kurs ca. 150 DM.

Segelkurse im Club Nautico, Piazzale Boscovich 12, Tel. 0541/26520.

Ruderverein (Canoa Club Rimini), Via Valturio 38, c/o Cooperativa La Romagnola, Tel. 0541/741321.

● *Landsport*: **Golf** im Rimini Golf Club, Via Mulino Bianco 109, 9 Löcher, Tel. 0541/678122.

Rollschuhlaufen, Garden Sporting Center, Via Euterpe 7, Tel. 0541/774230.

Reiten, Club Ippico Riminese La Fenice, Via Secchiano 34, Tel. 0541/727792.

Außerdem natürlich **Tennis**, **Squash** u.v.m.

VERGNÜGEN

● *Italia in Miniatura*: in Viserba, einem nördlichen Vorort von Rimini. Vergnügungspark in Form des italienischen Stiefels incl. Sizilien und Sardinien, in dem originalgetreu verkleinert die Modelle von zweihundert berühmten Monumenten des Landes stehen. Dazu kann man Bötchen, Einschienenbahn und Go-kart fahren (tägl. 8.30 h bis Sonnenuntergang, im Juli/August bis 23 h, ca. 20 DM, Kinder 15 DM).

● *Fiabilandia*: in Miramare an der SS 16. Fabelland, in dem der Grand Canyon, das Schloß des Zauberers Merlin, ein Märchensee und ähnliches mehr zu bewundern sind.

Feste/Veranstaltungen

Riesenangebot aller Art im ganzen Großraum um Rimini, auch in den Dörfern im Hinterland: Konzerte, Folklore, historische Festspiele, Märkte u.v.m. Detaillierte viersprachige Hinweise im Veranstaltungskalender *La Festa*, erhältlich in den Tourist-Büros.

Sehenswertes

Rimini wurde in Mittelalter und Renaissance von dem Fürstenge-
schlecht der Malatesta beherrscht und zeitweise rigide unterdrückt.
Größte Sehenswürdigkeit ist der Tempio Malatestiano, eine gotische
Kirche, die während der Renaissance völlig umgestaltet wurde.

Mittelpunkt der Altstadt ist die weite offene *Piazza Tre Martiri*, von der die
Straßen kreuzförmig in vier Richtungen gehen. Richtung Osten kommt
man zum Tempio Malatestiano und zum Bahnhof, nach Süden gehts zum
römischen Triumphbogen Arco d'Augusto und im Norden führt die Einkaufsstraße Corso d'Augusto zur historischen Piazza Cavour.

Tempio Malatestiano: Massiger Baukörper aus fast weißem Kalkstein, die
Front ist dem Augustusbogen am Südostrand der Altstadt nachgebildet,
rundum laufen große Rundbögen, die heute zugemauert sind. Die ursprüngliche Franziskanerkirche wurde im 15. Jh. vom Despoten *Sigismondo Malatesta* zu einem Ruhmestempel für sich und seine Familie
umfunktioniert.

Der immens große einschiffige Innenraum vermittelt etwas von dem
Machtanspruch dieses skrupellosen Gewaltmenschen, der Rimini groß gemacht hatte, aber wegen seiner zahlreichen Greueltaten von Papst Pius II.
exkommuniziert wurde. Die aufwendigen Seitenkapellen sind z.T. Grab-
male, so die zweite Kapelle rechts das Grab der *Isotta degli Atti*, der Mä-
tresse und späteren dritten Ehefrau Sigismondos. Die verschlungen In-
itialen der beiden - S und I = $ - sind überall in der Kirche zu finden, ebenso
wie der Elefant, das Wappentier der Malatesta. Ein Holzkreuz von *Giotto*
in der gleichen Seitenkapelle gehört zu den größten Kunstwerken der Kirche, ebenso ein Fresko von *Piero della Francesca* in der ersten Kapelle
rechts (tägl. 12-15 h geschl.).

Arco d'Augusto: Der älteste aller römischen Triumphbögen steht etwas
einsam und verlassen am südöstlichen Ausgang der Altstadt.

Piazza Cavour: Sehr harmonische Piazza, vor allem abends, wenn im de-
zenten Flutlicht die Bewohner von Rimini zum Plausch angeradelt kommen. Die nördliche Längsseite wird von drei wehrhaften Palazzi gebildet,
darunter der *Palazzo dell'Arengo* in der Mitte. Vom malerischen *Brunnen*
mit seinem tannenzapfenförmigen Aufsatz trinkt man seit Jahrhunderten,
während Papst Paul V. auf seinem Denkmalsockel sitzt. Vis á vis der Palazzi der alte *Fischmarkt* mit langen Reihen von marmornen Verkaufsti-
schen, heute meist von Schmuckverkäufern in Beschlag genommen.

Wenige Schritte hinter dem Teatro Comunale an der oberen Platzseite
kommt man zur *Rocca Malatestiana*, erbaut im 15. Jh. unter Sigismondo. Im
Inneren das *Museo Dinz Rialto*, eine reiche völkerkundliche Ausstellung
außereuropäischer Kulturen (Mo-Fr 8-13 , Sa 8-13, 16-18 h, ca. 4 DM).

Ponte di Tiberio: Die fast 2000 Jahre alte Brücke über den Fluß Marecchia
verbindet die Altstadt mit dem volkstümlichen Viertel Borgo San Giuliano,
wo man noch einige gute alte Trattorie findet (→ Essen).

Südlich von Rimini

Die Reihe der Badeorte setzt sich noch bis Gabbice Mare fort, dort beendet ein Küstengebirge die touristische Expansion in der Ebene.

Riccione

Endlos ausufernder Hotel-, Ristorante- und Strandkomplex, fast mit Rimini zusammengewachsen, aber doch anders. Riccione besitzt viel Grün, eine breite, mondän aufgemachte Fußgängerzone, exklusive Läden und viel Chic.

Im Gegensatz zum volkstümlichen Rimini, wo sich wirklich jeder und alles tummelt, kann man in Riccione auch heute noch den Stil eines gehobenen Seebades verspüren. Viele wohlhabende Italiener verbringen hier regelmäßig ihre Ferien und auch für Familien ist das eher ruhige und gediegene Ambiente gut geeignet. Daß einst auch der Duce hier regelmäßig zur Sommerfrische weilte, tut dem keinen Abbruch.

Für Ablenkung ist reichlich gesorgt - am Viale Torino gibt es ein *Thermalbad* und am Lungomare ein *Delphinarium*, weiterhin zahlreiche Sportanlagen und im Hinterland den großen Wasservergnügungspark *Aquafan*. Kleiner Nachteil allerdings: Die Bahnlinie führt durch den Ort und die Einflugschneise zum Flughafen von Rimini darüber.

• *Information*: Palazzo del Turismo, Piazzale Cecarini 10. Tel. 0541/43361.

• *Übernachten*: zahllose Möglichkeiten in allen Preisklassen.

*** **Ambassador**, Via N. Bixio 18, modernes und gepflegtes Haus südlich vom Zentrum, Zimmer mit TV, 150 m zum Strand, Swimmingpool, Parkplatz. Vollpension pro Kopf ca. 85-110 DM, Tel. 0541/600861.

** **Colombo**, am Ende der Fußgängerzone kurz vor der Bahnlinie, einfache, aber gemütliche Pension mit Ristorante und Garage. Vollpension pro Kopf, ca. 60-90 DM, Tel. 0541/692730.

Am südlichen Ortsausgang bieten drei **Campingplätze** große Wiesenflächen unter schattigen Bäumen: **Riccione**, **Alberebello** und **Fontanelle**.

• *Essen*: **Diana**, exponierte Lage mitten in der Fußgängerzone, fast jeder Riccione-Urlauber ißt hier irgendwann einmal.

Al Pescatore, Via Ippolito Nievo 11, großes alteingeführtes Fischlokal im Zentrum. Di geschl.

La Belle Epoque, schräg gegenüber vom Pescatore, schick auf nostalgisch getrimmt.

Nuovo Fiore, am Beginn der Fußgängerzone, größte Gelateria der Adria, Sortenvielfalt über Dutzende von Metern.

• *Nachtleben*: wie in Rimini riesiges Angebot an Discos, z.T. ganzjährig geöffnet. Mit dem Blue Bus kann man auch von und nach Rimini pendeln.

Moxio d'Oro, ganz zentral in der Fußgängerzone, Viale Ceccarini 110.

Aquarius in Aquafan, im Hinterland von Riccione, Via Pistoia, größte Disco am Ort, mit Freilufttanzfläche und Swimmingpool.

Byblos, sehr beliebt, im Nachbarort Misano Adriatico, Via Pozzo Castello 24.

Populäre Pubs sind **Lucky Corner**, Via Dante 187, und **Time**, Viale Boccaccio 12.

▶ **Misano Adriatico**: langgestreckte, wenig attraktive Badestadt mit schnurgeraden Straßen. Am südlichen Ortsende (kurz vor Cattolica) Camping Misano Adriatico und Conca d'Oro.

▶ **Cattolica**: einige Kilometer weiter südlich, ebenfalls großer Badeort, jedoch mit einem historischen Kern und geschäftigem Fischereihafen. Archäologisches

Museum auf der Piazza della Repubblica. Bus 124 pendelt über Riccione bis Rimini.

▶ **Gabbice Mare**: von Cattolica nur durch einen Flußlauf getrennt, angenehmes Badestädtchen in malerischer Lage am Nordfuß eines üppig grünen Küstengebirges. Vor dem Ortszentrum schöner Sandstrand, abgeschiedene Buchten weiter südlich am Fuß der Berge.

Besonders reizvoll ist der Aufstieg nach *Gabbice Monte* - herrlicher Blick auf Meer und Küstenebene Richtung Norden, ideal zum abendlichen Essengehen. Eine Panoramastraße führt über die Berge weiter nach Pesaro (→ unser Führer zu *Gesamtitalien*, Region Marken).

Übernachten: Das **** **Grand Hotel Michellacci** bietet zentrumsnah komfortable Unterkunft (DZ ca. 160-240 DM, Tel. 0541/954361), etwas günstiger das große *** **Miramare**.

Rimini/Hinterland

Mal raus aus dem Rummel, die "Entroterra" Riminis bietet einiges, nicht nur das völlig überlaufene San Marino - fast jeden Ort krönen die Burgen der Malatesta, die jahrhundertelang Rimini beherrschten. Durchs *Marecchia-Tal* kommt man rasch ins grüne Hügelland, wo man so gut wie keine Touristen mehr antrifft.

▶ **Santarcangelo di Romagna**: malerische Hügelstadt kaum 10 km von der Küste, überragt vom 70 m hohen Kirchturm und der dominierenden *Malatesta-Burg*. Hochinteressant im Vicolo Denzi die *Bottega Artigianale della Stampa su Tela* von Familie Mangano, wo mit einem riesigen Tretrad Tuche bedruckt werden. Weiterhin gibt es in der Via Montevecchio 41 ein ethnografisches Museum zur Romagna, das *Museo degli Usi e Costumi della Gente di Romagna*. Last but not least faszinieren die weitläufigen *Grotten* unter der Stadt, die den Hügel wie einen Schweizer Käse durchlöchern. Man kann sie ein Stück weit besichtigen - Entstehungsgeschichte und Ursache für ihren Bau sind gänzlich unbekannt, früher wohnte man darin, heute lagern die Einwohner ihren Wein (Eingang in der Via dei Fabbri). Vielgerühmter Essenstip ist die Osteria dell Violina, wo man im Anbau eines zweihundertjährigen Palazzo hervorragend und nicht teuer ißt, Vicolo Denzi 4 (Mi geschl.).

▶ **Verucchio**: mittelalterliches Hügeldorf mit einer Malatesta-Burg, die als Stammsitz der Sippe gilt. Ein archäologisches Museum in der Burg zeigt reiche Grabfunde aus dem 1./2. Jahrtausend v. Chr.

Im nahen *Torriana* kann man in der Osteria del Povero Diavolo einen herrlichen Ausblick bis zur Küste genießen, Via Roma 30 (Mi geschl.).

▶ **Grotte di Onfero**: riesige Tropfsteinhöhle im Karst bei *Gemmano*, ca. 25 km von Rimini. Besichtigung mit Führung im Sommer tägl. 9.30-12, 15-19 h, Rundgang dauert ca 1 Std., letzter Einlaß 18 h (Tel. 0541/984694).

▶ **Montefiore Conca**: besonders eindrucksvolle Malatesta-Burg - aus der quadratischen Basis ragt ein mächtiger vieleckiger Bau mit schweren Mauern. Oben angelangt, herrlicher Blick bis zur Küste. Im Ort gibt es noch einige Töpfereien, die nach jahrhundertealten Motiven formen.

San Marino

(ca. 25.000 Einwohner)

Die kleinste und älteste Republik der Welt (!) liegt in 675 m Höhe auf dem bewaldeten Höhenzug des Monte Titano, 23 km westlich von Rimini. Die perfekt restaurierten mittelalterlichen Burganlagen aus grauem Stein sind sorgfältig aufgepäppelt und bilden eine markante Silhoutte. Tagsüber quetschen sich zahllose Tagesausflügler von der nahen Küste durch die engen Gassen, über Nacht bleiben nur die wenigsten. Zweifellos ein touristisches "Disneyland" - aber eines das Spaß machen kann, vor allem wegen der wunderschönen Lage.

Die Legende erzählt, daß das Unikum im 4. Jh. von einem Steinmetz namens *Marinus* gegründet wurde, der hier vor den Christenverfolgungen des Diokletian Schutz suchte - sein Kollege Leo ließ sich einige Berghänge weiter westlich nieder (→ San Leo). Als Marinus mit seinen Gebeten den Sohn einer Edelfrau rettete, schenkte diese ihm den Berg. Im Windschatten der Küste blieb das kleine Gemeinwesen lange unbeachtet, bis es sich um 1250 eine Verfassung gab, die bis heute in Kraft ist! Zweimal, 1503 und 1739, besetzten päpstliche Truppen die Republik, doch blieben diese Episoden ohne Nachwirkung. Napoleon zeigte sich 1797 amüsiert, aber auch beeindruckt von dem stolzen Bergstaat und soll gesagt haben "Man muß San Marino als Beispiel der Freiheit aufrechterhalten". Er bot den Sammarinesen sogar eine beträchtliche Gebietserweiterung an, doch diese lehnten weitsichtig ab, um die umgebenden Nachbarn nicht neidisch werden zu lassen. 1849 gewährte San Marino dem General Garibaldi Schutz auf der Flucht vor dem österreichischen Heer, 1854 schickten die Franzosen einen Botschafter, was die Republik vor der Besetzung durch den Herzog von Toskana bewahrte. Im Zweiten Weltkrieg blieb San Marino neutral und nahm insgesamt hunderttausend Flüchtlinge auf. San Marino hat heute fünfundzwanzigtausend Einwohner und besteht aus der Haupstadt auf dem Berg und acht umliegenden Dörfern. Es hat diplomatische Vertretungen in 35 Ländern und ist Mitglied in Europarat und Uno. Es gibt ein Parlament und an der Spitze der Regierung stehen zwei *Capitani Reggenti*, die gegenseitiges Vetorecht haben.

Schwierigkeiten hatte man natürlich immer wieder mit den Finanzen - da kaum Platz ist für Industrie oder Landwirtschaft im größeren Maßstab. Als der italienische Staat in der Nachkriegszeit Restriktionen auferlegte für ein geplantes Spielcasino, verlegte sich der Kleinstaat ausschließlich auf die Briefmarkenherstellung - bis zur explosionsartigen Entwicklung des Tourismus die Haupteinnahmequelle San Marinos. Dank eines perfekten Versandwesens sind die Marken heute bei Sammlern in aller Welt geschätzt. Seit Anfang der Siebziger werden auch Münzen hergestellt und vertrieben, was von Mussolini 1938 verboten worden war.

Man mag den "Kleinstaat San Marino" etwas spöttisch belächeln - Tatsache ist, daß seine Bewohner ihre Unabhängigkeit bis heute bewahren konnten, was z.B. bezüglich der Steuergesetzgebung nicht unwichtig ist. Zahllose duty free-shops verkaufen Whisky, Liköre und Weine, dazu kommen Schmuck, Elektrogeräte, Uhren und Spielsachen - alles leicht billiger als "jenseits" der Grenze. Das Pro Kopf-Einkommen San Marinos zählt dank seiner klugen Tourismuspolitik zu den höchsten im Stiefel! Die Sanmarinesen haben ihren kleinen Burgfels zur Goldgrube gemacht.

Anfahrt/Verbindungen/Information

• *Anfahrt/Verbindungen*: **PKW**, von Rimini gut beschildert und auf der SS 72 problemlos zu erreichen. In steilen Windungen klettert die Straße durch einen Schilderwald von Reklame auf den steilen Burgfels hinauf - keine Paßkontrolle. Südlich unterhalb vom Zentrum sind an der Straße zahlreiche kostenpflichtige Parkflächen gekennzeichnet, in die man eingewiesen wird (pro Stunde ca. 2 DM DM, pro Tag 15 DM). Über Treppen steigt man in 10 Min. hinauf in die Altstadt.

Man kann auch schon kurz vorher in der Unterstadt **Borgo Maggiore** stoppen, von dort geht alle paar Minuten eine Seilbahn (Funivia) auf den Burgfels (ca. 3 DM), Parken kostet dort pro Tag ca. 6 DM.

Bus, ab Rimini fahren stündlich **Benedettini**- und **ATR-Busse** von der Piazza Tripoli an der Uferstraße und vom Bahnhofsvorplatz, ca. 9 bzw. 7,50 DM hin und zurück, Dauer der Fahrt 55/45 Min.

• *Information*: im Palazzo del Turismo, neben der Seilbahnstation. Es gibt ausführliches Prospektmaterial, darunter einen sehr guten Stadt u. Republikplan. Gegen kleine Gebühr kann man hier seinen Paß stempeln lassen. Tel. 0549/882410.

Übernachten

Titano, Kat. 1/A, Contrada del Collegio 21, eins der edelsten Hotels der Stadt, Panoramaterrasse und gutes Ristorante, zu empfehlen ist der gediegene "tea room". Parkmöglichkeit vorhanden. DZ ca. 100-140 DM, Tel. 0549/991006.

La Grotta, Kat. 1/B, Contrada Santa Croce 17, schön eingerichtetes Hotel, geräumige Zimmer mit TV, DZ ca. 90-100 DM, Tel. 0549/991214.

La Rocca, Kat. 1/B, Salita alla Rocca 37, hervorzuheben der herrliche Panoramablick, Parkmöglichkeit in der Nähe. DZ ca. 90-100 DM, Tel. 0549/991166.

Cesare, Kat. 2, Salita alla Rocca 7, benachbart zum La Rocca, elf ordentliche Zimmer, gute Küche (→ Essen), DZ ca. 80-95 DM, Tel. 0549/992355.

Bellavista, Kat. 3, bei der Bergstation der Seilbahn, mit ca. 65-75 DM fürs DZ das preiswerteste Hotel in der Stadt, von den Zimmern weiter Blick. Tel. 0549/991212.

Für **Privatzimmer** gibt es eine Liste im Tourist-Info, DZ mit eig. Bad ca. 42-55 DM.

Camping Centro Turistico San Marino, Strada San Michele 50, von Rimini kommend an der SS 72 beschildert. Schönes Terassengelände mit herrlichem Blick, Swimmingpool, ruhig. Ganzjährig geöffnet. Tel. 0549/903964.

Essen

"Hier deutscher Kaffee, Torte mit Sahne, Wienerschnitzel" - alles was das Herz begehrt, ist in San Marino zu haben! Zu den lokalen Spezialitäten zählen Lasagne, Tagliatelle und andere Nudelgerichte. Touristenmenü kostet überall ca. 24 DM.

Righi La Taverna, Traditionslokal an der zentralen Piazza della Libertà, schräg gegenüber vom Palazzo Pubblicco. Draußen sitzt man unter Markisen, drinnen im rustikalen Gewölbe. Hier mal die örtliche Spezialität kosten, *lasagne sammarinese* mit Béchamelsauce und Ragout. Im ersten Stock teures Ristorante für Industrielle und Parlamentsabgeordnete.

Cesare, Salita alla Rocca 7, beim Südtor, schattige Terrasse und angenehm kühler Innenraum, durch gotische Spitzbogenfenster herrlicher Blick ins Tiefland. Spezialität ist hier Fleisch vom Spieß, ansonsten sind leckere Vorspeisen aufgereiht - Antipasti di

Pesce, Polpi, eingelegte Calamari. Natürlich auch hier selbstgemachte Lasagne.

Grotta dei Nani, Contrada dei Magazzeni, die "Zwergengrotte", rustikal und hübsch kitschig, mehrere kleine Speiseräume mit Holzbalkendecke, rundum Schilf und Weinflaschengalerie, Bilder von Schneewittchen und den sieben Zwergen.

La Capanna, Via Salita alla Rocca 47, am Aufstieg zur Burg, Snackbar mit traumhaftem Blick.

Hostaria da Lino, Piazza Grande 47, großes rustikales Weinlokal in Borgo Maggiore.

Sehenswertes

Das Profil San Marinos könnte einem Mittelalter-Bilderbuch entstammen - lange Zinnenmauern ziehen sich zu drei trutzigen Burgtürmen hinauf, die auf den drei höchsten Zacken des Monte Titano in den Himmel ragen, darunter krallt sich die Stadt an den Hang. Die massiven Häuser der Altstadt wirken streng und sind fast alle aus grauem Bruchstein, z.T. unverputzt. Zahllose bunte Shops flankieren die engen Gassen.

San Marinos Regierungspalast, hoch oben in frischer Bergluft

Nach dem steilen Aufstieg vom Parkplatz tritt man durch die *Porta San Francesco* in die Altstadt ein. An der kleinen Piazzetta Placito Feretrano kann man erst einmal zwischen Menschengewühl und Souvenirs im Selfservice-Café verschnaufen. Rechter Hand die Kirche *San Francesco* mit Pinakothek, u.a. großes Fresko "Anbetung der Könige" und ein "Heiliger Franziskus" von Tizian (Mai bis August tägl. 8-20 h, April/September 8.30-12.30, 14.30-18.30 h, ca. 3 DM).

Linker Hand leicht bergauf zum *Giardino dei Liburni* mit modernen Gußskulpturen, faszinierend das Knäuel der "Bienen". Wenige Schritte weiter die große *Bastion* mit der Seilbahnstation und dem Denkmal des Archäologen Borghesi - wunderbarer Blick auf die Ziegeldächer der Unterstadt Borgo Maggiore und weit in die Hügellandschaft.

Die schmale Gasse führt nun hinauf zur *Piazza della Libertà*, ins Zentrum der Stadt.

> Für Pinacoteca San Francesco, Rocca Guaita und Rocca Cesta gibt es ein **Sammelticket** für ca. 7 DM.

Palazzo Pubblico: Der elegante neugotische Regierungspalast beherrscht den Platz. Zinnengekrönt mit markantem Glockenturm und gotischen Spitzbögen ist er ständiges Fotoobjekt - viel mehr aber noch die farbenprächtigen Wachen im Eingang. Hier darf sich jeder mal danebenstellen - knipsen erlaubt, sogar erwünscht!

Das Innere lohnt - durch die große Vorhalle mit Wappen, Gedenktafeln und Bronzebüsten und über die breite Treppe hinauf in den ersten Stock.

So einen behaglichen *Sitzungssaal* hat nicht jedes Parlament - auf dem gepflegten Parkettboden unter der hohen Holzdecke stehen ringsum die spitzlehnigen Sitze der Ratsmitglieder, an der Stirnwand ein monumentales Wandgemälde, auf dem der heilige Marino vom Himmel zu seinem Volk herabschwebt. Auf der gegenüberliegenden Seite ein monumentaler Kamin. Außerdem im ersten Stock der Thronsaal bzw. Saal der Audienzen, an dessen Wänden sämtliche "*Capitani Reggenti*" San Marinos verzeichnet sind (Mai bis August tägl. 8-20 h, April/September 8.30-12.30, 14.30-18.30 h, ca. 3 DM).

Basilika del Santo: stammt aus dem letzten Jahrhundert, klassizistische Fassade, im Inneren im Stil der Renaissance mit korinthischen Säulen und Tonnengewölbe, Kassettendecke mit Stuckverzierungen. Rechts vom Altar wird der Schädel des Heiligen in einer goldenen Schatulle aufbewahrt.

Interessanter ist das benachbarte Kirchlein *San Pietro* - hinter dem Altar kommt der nackte Fels zum Vorschein, in den ausgehauenen Nischen sollen die Gründungsväter San Marino und San Leo genächtigt haben.

Vom großen Kirchplatz kommt man durch eine ansteigende Gasse hinauf zur Festung.

Rocca Guaita: am höchsten Punkt der Stadt unmittelbar an den senkrecht abfallenden Fels gebaut. Die Mauern und Türme grau verwittert wie das Felsgestein - macht Spaß, die Zinnengänge entlang zu laufen und in dem verwinkelten Gemäuer etwas herumzuklettern, weiter Blick in den Apennin. In einem Raum sind alte Mörser und historische Dokumente ausgestellt. Der höchste Turm kann auf abenteuerliche Weise mittels einer steilen Holzleiter erklommen werden (Mai - August tägl. 8-20 h, April/September 8.30-12.30, 14.30-18.30 h, ca. 3 DM).

Entlang der südlichen Stadtmauer zurück in die Stadt (man kann direkt auf der Mauer laufen oder am Weg daneben!) oder über den schönen "Hexenpaß" zur Rocca Cesta hinüberlaufen.

Rocca Cesta: beherrschend am höchsten Punkt des Monte Titano, Turm kann bestiegen werden, großes *Waffenmuseum* mit einer Unmenge Stich-, Hieb- und Feuerwaffen von 1450 bis Ende des 19. Jh. (Mai - August tägl. 8-20 h, April/September 8.30-12.30, 14.30-18.30 h, ca. 3 DM).

Parco Naturale del Monte Titano: Vom Castello della Cesta führen schöne Spazierwege durch das dicht bewaldete Titano Massiv, etwa 30 Min. braucht man bis zum *Montale*, dem alleinstehenden Turm auf der Südspitze des Bergrückens (nicht zu besichtigen).

• *Museen*: **Museo delle Cere**, Wachsfigurenkabinett inmitten von Souvenirläden an der Via Lapicidi Marini - Gestalten aus der Geschichte San Marinos, u.a. die Eremiten San Marino und San Leo, außerdem Garibaldi, aber auch internationale Persönlichkeiten wie Churchill und Lincoln (Juli/August 8.30-20, April-Juni und September 8.30-18.30 h, ca. 5 DM).

Briefmarken- und Münzmuseum in Borgo Maggiore, u.a. die ältesten Briefmarken San Marinos von 1877 (ca. 4 DM).

Für eingefleischte Autonarren außerdem in Borgo Maggiore das **Museo Auto d'Epoca Oldcars** mit Oldtimern ab 1900 (ca. 7 DM) und die Ferrari-Schau **Collezione Maranello Rosso** im Zentrum (ca. 10 DM).

San Marino/Umgebung

In kurviger Berg- und Talfahrt kann man von San Marino ins nahe San Leo weiterfahren, das bereits in der Region Marken liegt. Ab San Marino sind es ca. 23 km, allerdings muß man eine gute Stunde Fahrt rechnen.

San Leo

Das winzige Dörfchen schmiegt sich mit unverputzten Bruchsteinhäusern und gepflasterten Gassen und Plätzen an einen Hügel. Darüber thront ein eindrucksvolles Kastell auf einem bewaldeten Felsklotz, der nach vorne jäh und unvermutet abbricht - den Rahmen um das Gemälde setzt die einsame Hügellandschaft des Montefeltro.

In dem stillen Örtchen kann man sich bestens vom Trubel in San Marino erholen. Doch unbekannt ist San Leo nicht mehr, inzwischen spürt man förmlich den touristischen Aufbruch - Kunsthandwerker haben sich niedergelassen, das Hotel ist frisch renoviert, an der luftig-harmonischen Piazza sitzen die Tagesausflügler von der Küste im einzigen Café. Gleich nebenan zwei sehenswerte Kirchen, dann rauf zum Kastell.

San Leo wurde von einem Eremitenkollegen des San Marino gegründet - beide kamen zusammen von Dalmatien herüber und suchten sich jeweils einen geeigneten Fels zum Meditieren, daraus entstanden die beiden Orte.

● *Anfahrt/Verbindungen*: Am besten von San Marino zu erreichen, es sind ca. 23 hüglige und kurvige Kilometer. Mehrmals täglich gehen **Busse** vom Bahnhofsvorplatz in Rimini (ca. 1 ½ Std. Fahrt).

● *Übernachten/Essen*: ** **Castello**, Piazza Dante Alighieri 11, ganz zentral, alter Bruchsteinpalazzo, der durchgängig renoviert ist. Gesamteindruck hell, freundlich und sehr sauber. Angenehmer Tonziegelboden, Blick auf die Piazza. DZ ca. 70-100 DM. Restaurant Do geschl., Tel. 0541/916214.

** **La Rocca**, Via Leopardi 16, ehemaliger Bauernhof, an der Auffahrt zur Burg beschildert, hübsch rustikal ausgestattet, sieben Zimmer mit Du/WC, je Saison für ca. 50-80 DM, draußen große Speiseterrasse, gelegentlich Livemusik. Tel. 0541/916241. Ansonsten zwei **Pizzerias** im Ort.

Sehenswertes

Dom: exponierte Lage an einem Abhang, von Vorplatz weiter Blick in die waldreiche Umgebung. Das schmuck- und nahezu fensterlose Gemäuer aus lehmbraunen Sandstein stammt aus dem 12. Jh. und ist noch fast unverfälscht romanisch erhalten - eine Rarität, die nur der Abgeschiedenheit der Lage zu verdanken ist. Das Innere gänzlich unverputzt, krummer Boden und ebensolche Säulen, mit Bögen und Gewölben aber vielgestaltig. Der Hauptaltar erhöht auf einer Empore, durch ein Geländer abgetrennt vom Kirchenschiff, eine halbzerstörte Treppe führt hinauf. In der gedrungenen Krypta eine Reliquie des San Leo.

Chiesa delle Pieve: Stammt aus dem 9.-11. Jh. und ist frühromanisch, ihre Apsis ragt fast in die Piazza hinein. Hohes, gänzlich leeres und schmuckloses Hauptschiff mit Holzdecke, praktisch nur ein einziges Fenster an der Rückfront, die zwei Seitenschiffe sind mit Rundbögen abgetrennt. Der Altar ist mit einem Ziborium aus dem 9. Jh. überdacht.

Stanza di San Francesco: An der Piazza gegenüber vom Albergo weist eine Gedenktafel darauf hin, daß Franz von Assisi am 8. März 1213 in diesem Palazzo vom Conte Orlando Catani di Chiusi den Berg *La Verna* in der nördlichen Toskana zum Geschenk bekam. Er richtete daraufhin dort eine Einsiedelei ein, die heute ein berühmtes Kloster ist (→ unsere Führer *Gesamtitalien* und *Toskana*). Im ersten Stock ein Gedenkzimmer, in dem Franziskus gepredigt haben soll.

Castello San Leo: Bereits seit der römischen Antike stand hier ein Kastell. Im 15. Jh. wurde es unter den Grafen von Montefeltro zur praktisch uneinnehmbaren Festung ausgebaut - zur Dorfseite hin wurden die Mauern mehrfach verstärkt und zwei massive Rundtürme errichtet, auf der anderen Seite bot der senkrecht abfallende Fels natürlichen Schutz. Seit dem 18. Jh. diente San Leo dem Vatikan als Gefängnis, berühmtester Häftling war der Graf *Cagliostro*, ein seinerzeit europaweit berühmter Alchimist, Freimaurer und Wunderheiler. In seiner undogmatischen Denkweise wurde er dem Vatikan unbequem, daraufhin der Hexerei verdächtigt und 1791 zu lebenslänglichem Kerker verurteilt. Aufgrund der unmenschlichen Haftbedingungen starb er nach vier Jahren und vier Monaten im Alter von 52 Jahren. Seine Zelle kann besichtigt werden - sie war nur durch eine Falltür in der Decke zugänglich, das Essen wurde ihm von Aufsehern an einem Strick herabgelassen.

Das labyrinthische Innere der Burg ist weitgehend restauriert, viele Räume sind mit historischem Mobiliar ausgestattet, eine große Waffensammlung, verschiedene Kunstausstellungen und Dokumentationen sind zu besichtigen. Am weitläufigen Burghof weht fast immer ein frisches Lüftchen - paßend zu diesem abgeschiedenen Örtchen mit traumhaftem Blick über die sanfte Hügellandschaft (tägl. 9-12, 14-19 h, ca. 7 DM).

Etwas Italienisch

Mit ein paar Worten Italienisch kommt man erstaunlich weit - es ist nicht mal schwer, und die Italiener freuen sich auch über gutgemeinte Versuche. Einige Floskeln genügen, um für den Reisenden wichtige Informationen auszukundschaften. Der Übersichtlichkeit halber verzichten wir auf wohlgeformte Sätze und stellen nach dem Baukastensystem die wichtigsten Ausdrücke zusammen. Ein bißchen Mühe und guter Wille lohnen sich wirklich - besonders in abgelegeneren Gegenden, in denen die Italiener nicht auf den "Würstel con Craut"-Tourismus eingestellt sind.

Aussprache

Hier nur die Abweichungen von deutscher Aussprache

c: vor e und i immer "tsch" wie in rutschen centro (Zentrum) = tschentro, sonst "k" cannelloni = kannelloni

cc: wie "c", nur betonter: faccio (ich mache) = fatscho; boccone (Imbiß) = bokkone

ch: wie "k" chiuso (geschlossen) = kiuso

cch: immer wie ein hartes "k": spicchio (Scheibe) = spickio

g: vor e und i "dsch" wie "Django", vor a,o,u als g wie in "gehen" gesprochen; wenn es trotz eines nachfolgenden dunklen Vokals als "dsch" gesprochen werden soll, wird ein i eingefügt, das nicht mitgesprochen wird wie z.B. in Giacomo ("Dschacomo")

gh: immer als "g" gesprochen

gi: wie in giorno (Tag) = dschorno, immer weich gesprochen

gl: wird zu einem Laut, der wie "lj" klingt: z.B. in "la moglie" (Ehefrau), sprich mollje

gn: ein Laut, der hinten in der Kehle produziert wird, z.B. in bagno (Bad), sprich bannjo

h: wird am Wortanfang nicht mitgesprochen: z.B. hanno (sie haben) = anno und wird sonst nur als Hilfszeichen benutzt, um c und g vor den Konsonanten i und e hart auszusprechen

qu: im Gegensatz zum Deutschen ist das u mitzusprechen, z.B. in acqua (Wasser) = akua oder quando (wann) = kuando

r: etwas für Fortgeschrittene: Das r wird kräftig gerollt!

rr: wird noch kräftiger gerollt

sp und **st**: gut norddeutsch immer als zwei Konsonanten sprechen, z.B. specchio (Spiegel) = s-peckio, stella (Stern) = s-tella

v: wie das deutsche "w"

z: immer weich sprechen wie "sss", z.B. zucchero (Zucker) = sssuckero

Die Betonung liegt meistens auf der vorletzten Silbe, oder sie wird durch einen Akzent angezeigt. Das bedeutet dann, daß der akzentuierte Vokal betont gesprochen wird und nicht, wie nach den gängigen Ausspracheregeln, unbetont bleibt oder gar verschluckt wird, z.B. Lucía = Lutschia und nicht Lutscha;

Der Plural läßt sich bei vielen Wörtern sehr einfach bilden; die meisten auf "a" endenden Wörter sind weiblich, die auf "o" oder "e" endenden männlich; bei den weiblichen wird der Plural mit "e" gebildet, bei den männlichen mit "i", also: una ragazza (ein Mädchen), due ragazze; un ragazzo (ein Junge), due ragazzi. Daneben existieren natürlich diverse Ausnahmen, die wir bei Bedarf im Folgenden zusätzlich erwähnen.

Elementares

Frau -	*Signora*	Bitte	*per favore...*
Herr -	*Signor(e)*	(als Einleitung zu einer Frage oder Bestellung)	
Guten Tag, Morgen	*buon giorno*	Sprechen Sie Englisch?	*parla inglese?*
Guten Abend	*buona sera*	Deutsch	*tedesco*
(ab nachmittags!)		französisch	*francese*
Guten Abend/ gute Nacht	*buona notte*	Ich spreche kein Italienisch	*non parlo italiano*
(ab Einbruch der Dunkelheit)		ich verstehe nichts	*non capisco niente*
Auf Wiedersehen	*arriverderci*	Könnten Sie etwas	*Puo parlare und po`*
Hallo/Tschüß	*ciao*	langsamer	*lentamente?*
Wie geht es Ihnen?	*come sta?/ come va?*	sprechen?	
		Ich suche nach...	*cerco...*
Wie geht es dir?	*come stai?*	okay, geht in	*va bene*
Danke, gut	*molto bene, grazie benissimo, grazie*	Ordnung	
		Ich möchte/	*vorrei (das "ei" wird*
Danke	*grazie/mille grazie/ grazie tanto*	ich hätte gern	*ausgesprochen wie "ey")*
		Warte/	*aspetta/*
Entschuldigen Sie	*(mi) scusi*	Warten Sie!	*aspetti!*
Entschuldige	*scusami/scusa*	groß/klein	*grande/piccolo*
Entschuldigung, können Sie mir sagen...?	*Scusi, sa dirmi...?*	Es ist heiß	*fa caldo*
		Es ist kalt	*fa freddo*
		Geld	*i soldi*
Entschuldigung, könnten Sie mich durchlassen/ mir erlauben..	*permesso...*	ich brauche...	*ho bisogno*
		ich muß...	*tengo che*
		in Ordnung	*d`accordo*
(beliebt bei älteren Damen, die sich durch Super-märkte drängen und aller Art eiliger Italiener; ist im Sinne von "ich erlaube mir..." zu gebrauchen)		ist es möglich, daß...	*è possibile ...*
		mit/ohne	*con/senza*
ja	*si*	offen/geschlossen	*aperto/chiuso*
nein	*no*	Toilette	*gabinetto*
Ich bedaure, tut mir leid	*mi dispiace*	verboten	*vietato*
		was bedeutet das?	*Che cosa significa*
Macht nichts	*fa niente*		*(sprich sinjifika)*
Bitte!	*prego*	wie heißt das?	*Come si chiama*
(im Sinne von gern geschehen)		zahlen	*pagare*

Equivoco!
Eine Art Allheilmittel: "es liegt ein Mißverständnis vor". Wenn etwas schief gelaufen ist, ist dies das Friedensangebot. Ein Versprechen wurde nicht eingehalten? - Nein, nur "Un equivoco"!

Fragen

Gibt es/ haben Sie...?	*c'e ...?*
	(auszusprechen als tsche)
Was kostet das?	*Quanto costa?*
Gibt es (mehrere)	*ci sono?*
Wann?	*quando?*
Wo? Wo ist?	*dove?/ dov'e?*
Wie?/Wie bitte?	*come?*
Wieviel?	*quanto?*
Warum?	*perché?*

Smalltalk

Ecco!
Hat unendlich viele Bedeutungen. Es ist eine Bestärkung am Ende des Satzes: Also! Na bitte! Voilà... Zweifel sind dann ausgeschlossen.

Ich heiße	*mi chiamo ...*
Wie heißt du?	*come ti chiami?*
Wie alt bist du?	*quanti anni hai?*
Das ist aber schön hier	*Meraviglioso!/che buono!/buonissimo*
Von woher kommst du?	*Di dove sei tu?*
Ich bin aus München/Hamburg	*Sono di Monaco, Baviera/di Hamburgo*

Orientierung

Bis später	*a più tardi!*
Wo ist bitte...?	*per favore, dov'é..?*
... die Bushaltestelle ...	*...la fermata*
... der Bahnhof	*...la stazione*
Stadtplan	*la pianta della città*
rechts	*a destra*
links	*a sinistra*
geradeaus	*tutto diritto*
Können Sie mir den Weg nach ... zeigen?	*Sai indicarmi la direzione per..?*
Ist es weit?	*è lontano?*
Nein, es ist nah	*no, è vicino*

Bus/Zug/Fähre

Fahrkarte	*un biglietto*	Verspätung	*ritardo*
Bus, in der Stadt	*il bus*	aussteigen	*scendere*
übers Land	*il pullman*	Ausgang	*uscita*
Zug	*il treno*	Eingang	*entrada*
Hin und zurück	*andata e ritorno*	Wochentag	*giorno feriale*
Ein Ticket von X nach Y	*un biglietto da X a Y*	Feiertag	*giorno festivo*
Wann fährt der nächste?	*Quando parte il prossimo?*	Fähre	*traghetto*
... der letzte?	*...l'ultimo?*	Tragflügelboot	*aliscafo*
Abfahrt	*partenza*	Deck-Platz	*posto ponte*
Ankunft	*arrivo*	Schlafsessel	*poltrone*
Gleis	*binario*	Kabine	*cabina*

Auto/Motorrad

Auto	*macchina*	Reifen	*le gomme*
Motorrad	*la moto*	Kupplung	*la frizione*
Tankstelle	*distributore*	Lichtmaschine	*la dinamo*
Volltanken	*pieno, per favore*	Zündung	*l'accensione*
Bleifrei	*benzina senza*	Vergaser	*il carburatore*
	piombo	Mechaniker	*il mechanico*
Diesel	*gasolio*	Werkstatt	*l'officina*
Panne	*guasto*	funktioniert nicht	*non funziona*
Unfall	*un incidente*		
Bremsen	*i freni*		

Baden/Strandleben

Meer	*il mare*	tief	*profondo*
Strand	*la spiaggia*	ich gehe	*faccio il bagno*
Stein	*pietra*	schwimmen	
schmutzig	*sporco*	braungebrannt	*bronzata (f)/*
sauber	*pulito/netto*		*bronzato (m)*

Stabilimenti: Strandabschnitt mit Eintrittsgebühr und Verleih von Liegestühlen und Sonnenschirmen.

Bank/Post/Telefon

Geldwechsel	*il cambio*
Wo ist eine Bank?	*Dov'è una banca*
ich möchte wechseln	*vorrei cambiare*
ich möchte	*vorrei cambiare dei*
Reiseschecks	*traveller's cheques*
einlösen	
Wie ist der	*Qual'é il cambio?*
Wechselkurs	
DM	*marchi tedeschi*

Post	*officino postale*	Briefkasten	*la buca (delle*
Ein Telegramm	*spedire un*		*lettere)*
aufgeben	*telegramma*	Briefmarke(n)	*il francobollo/i*
Postkarte	*cartolina postale*		*francobolli*
Brief	*lettera*	Wo ist das Telefon?	*Dov' è il telefono?*
Briefpapier	*carta di lettera*	Ferngespräch	*communicazione*
			interurbana

Camping/Hotel

Haben Sie ein Einzel/Doppelzimmer?
c'è una camera singola/doppia?
Können Sie mir ein Zimmer zeigen?
può mostrarme una camera?
Ich nehme es/wir nehmen es
la prenda/la prendiamo

Zelt	*tenda*	Wir haben reserviert	*abbiamo prenotato*
kleines Zelt	*canadese*	Schlüssel	*la chiave*
Schatten	*ombra*	Vollpension	*pensione*
Schlafsack	*sacco a pelo*		*(completa)*
warme Duschen	*docce calde*	Frühstück	*prima colazione*
gibt es warmes	*c'è acqua calda?*	Hochsaison	*alta stagione*
Wasser?		Nebensaison	*bassa stagione*
Mit Dusche/Bad	*con doccia/ bagno*	Haben Sie nichts	*Non ha niente che*
Ein ruhiges Zimmer	*una camera*	billigeres?	*costa di meno?*
	tranquilla		

Zahlen

		0	*zero*	19	*diciannove*
		1	*uno*	20	*venti*
		2	*due*	21	*ventuno*
		3	*tre*	22	*ventidue*
		4	*quatro*	30	*trenta*
		5	*cinque*	40	*quaranta*
		6	*sei*	50	*cinquanta*
		7	*sette*	60	*sessanta*
		8	*otto*	70	*settanta*
		9	*nove*	80	*ottanta*
		10	*dieci*	90	*novanta*
Der erste	*il primo*	11	*undici*	100	*cento*
zweite	*il secondo*	12	*dodici*	101	*centuno*
dritte	*il terzo*	13	*tredici*	102	*cento e due*
einmal	*una volta*	14	*quattordici*	200	*duecento*
zweimal	*due volte*	15	*quindici*	1.000	*mille*
halb	*mezzo*	16	*sedici*	2.000	*duemila*
ein Viertel	*un quarto di*	17	*diciasette*	100.000	*centomila*
ein Paar	*un paio di*	18	*diciotto*	1.000 000	*un milione*
einige	*alcuni*				

Maße & Gewichte

Ein Liter	*un litro*	100 Gramm	*un etto*
halber Liter	*mezzo litro*	200 Gramm	*due etti*
Viertelliter	*un quarto di un litro*	Kilo	*un chilo, due chili*
Gramm	*un grammo*		(gesprochen wie im Deutschen)

Uhr & Kalender

Uhrzeit

Wie spät ist es?	*che or' è?/che ore sono*
Mittags	*mezzogiorno*
	(für 12 Uhr gebräuchlich)
Mitternacht	*mezzanotte*
Viertel nach	*... è un quarto*
Viertel vor	*... meno un quarto*
halbe Stunde	*mezz'ora*

Tage/Monate/Jahreszeit

Ein Tag	*un giorno*
Woche	*la settimana*
Ein Monat	*un mese*
Ein Jahr	*un'anno*
Ein halbes Jahr	*mezz'anno*
Frühling	*primavera*
Sommer	*l'estate*
Herbst	*autunno*
Winter	*inverno*

Juni	*giugno*
	(sprich dschunjo)
Juli	*luglio (sprich luljo)*
August	*agosto*
	(Feiertag des 15.8. ferragosto)
September	*settembre*
Oktober	*ottobre*
November	*novembre*
Dezember	*dicembre*

Wochentage

Montag	*lunedì*
Dienstag	*martedì*
Mittwoch	*mercoledì*
Donnerstag	*giovedì*
Freitag	*venerdì*
Samstag	*sabato*
Sonntag	*domenica*

Gestern, heute, morgen ...

Heute	*oggi*
morgen	*domani*
übermorgen	*dopodomani*
gestern	*ieri*
vorgestern	*l'altro ieri*
sofort	*pronto*
	(dehnbarer Begriff)
später	*più tardi*
jetzt	*adesso*
der Morgen	*la mattina*
Mittagszeit	*la siesta*
Nachmittag	*il pomeriggio*
der Abend	*la sera*
die Nacht	*la notte*

Monate

Januar	*gennaio*
Februar	*febbraio*
März	*marzo*
April	*aprile*
Mai	*maggio*

Einkaufen

Haben Sie	*Ha...?*
Ich hätte gern...	*Vorrei...*
Etwas davon	*un poco di questo*
Dieses hier	*questo qua*
Dieses da, dort	*questo là*
Was kostet das?	*quanto costa questo?*

Geschäfte

Apotheke	*la farmacia*
Bäckerei	*panetteria*
Buchhandlung	*libreria*
Fischhandlung	*pescheria*
Laden, Geschäft	*negozio*
Metzgerei	*macelleria*
Reinigung	*lavanderia/*
(chemische)	*lavasecco*
Reisebüro	*l'uffizio viaggi*
Touristeninformation	*informazione*
	turistichi
Schreibwarenladen	*cartoleria*
Supermarkt	*alimentari,*
	supermercato

Drogerie/Apotheke

Seife	*il sapone*
Tampons	*i tamponi, i o.b.*
	(sprich ò-bè)
Binden	*assorbenti*
Waschmittel	*detergente*
Shampoo	*lo shampoo*
Toilettenpapier	*la carta igienica*
Zahnpasta	*la pasta dentifricia*
Schmerztabletten	*qualcosa contro il*
	dolore
Kopfschmerzen	*mal di testa*
Abführmittel	*un lassativo*
Sonnenmilch	*crema solare*
Pflaster	*cerotto*

Arzt/Krankenhaus

Ich brauche einen	*ho bisogno di un*	**Hilfe!**	*soccorso!*
Arzt	*dottore/un medico*	**Erste Hilfe**	*pronto soccorso*

Krankenhaus	*ospedale*
Schmerzen	*dolori*
Ich bin krank	*sto male*
Biß/Stich	*puntura*
Fieber	*la febbre*
Durchfall	*diarrea*
Erkältung	*raffreddore*
Halsschmerzen	*mal di collo*
Bauchweh	*mal di stomaco*
Zahnweh	*mal di denti*
Zahnarzt	*dentista*
verstaucht	*lussato*

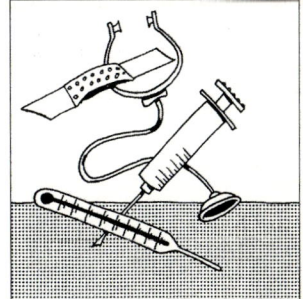

Im Restaurant

Haben Sie einen Tisch für x Personen?	
	c'è una tavola per x persori?
Die Speisekarte, bitte	
	il menu/la lista, per favore
Was kostet das Tagesmenü?	
	Quanto costa il piatto del giorno?
ich möchte gern zahlen	
	il conto, per favore

ich habe Hunger	*ho fame*
ich habe Durst	*ho sete*
Gabel	*la forchetta*
Messer	*il coltello*
Löffel	*il cucciaio*
Aschenbecher	*il portacenere*
Mittagessen	*il pranzo*
Abendessen	*la cena*
Eine Quittung, bitte	*vorrei la ricevuta, per favore*
Es war sehr gut	*era buonissimo*
Trinkgeld	*la mancia*
(läßt man aber ohne großeErklärungen am Tisch liegen)	

Speisekarte

coperto/pane e servizio	*Extra-Zahlung für Gedeck, Service und Brot*
antipasto	*Vorspeise*
primo piatto	*erster Gang*
secono piatto	*zweiter Gang*
contorni	*Beilagen zum zweiten Gang*
postre	*Nachspeise Süßes (dolci), Obst (frutta) oder Käse (formaggio)*

Getränke

Wasser	*acqua*
Mineralwasser	*acqua con gas*
Wein	*vino*
weiß	*bianco*
rot	*rosso*
Bier	*birra*
hell/dunkel	*chiara/scura*
vom Faß	*spina*
Saft	*succo di...*
Milch	*latte*
heiß	*caldo*
kalt	*freddo*
Kaffee	*un caffè*
(das bedeutet espresso)	
Cappuccino	*un cappuccino*
(mit aufgeschäumter Milch, niemals mit Sahne!)	
Milchkaffee	*un caffè latte*
Kalter Kaffee	*un caffè freddo*
... ist was sehr Erfrischendes, wird im Glas mit Eiswürfeln serviert und schmeckt mit viel Zucker	
Tee	*un thè*
mit Zitrone	*con limone*
Cola	*una coca*
Milkshake	*frappè*
Ein Glas	*un bicchiere di*
Eine Flasche	*una bottiglia*

Speiselexikon

Diversi – Verschiedenes

aceto	*Essig*	olive	*Oliven*
antipasto	*Vorspeise*	pane	*Brot*
bombolone	*Pfannkuchen*	panino	*Brötchen (auch belegt*
brodo	*Brühe*		*zu kaufen)*
burro	*Butter*	saccarina	*Süßstoff*
frittata	*Omlett*	salame	*Salami*
formaggio	*Käse*	sapore	*Geschmack*
gnocchi	*kleine Kartoffelklöße*	salsiccia	*Frischwurst*
marmellata	*Marmelade*	uovo/la uova	*Ei/Eier*
minestra/zuppa	*Suppe*	zabaione	*Wein-Eier-Creme*
minestrone	*Gemüsesuppe*	zucchero	*Zucker*
olio	*Öl*		

Erbe – Gewürze

aglio	*Knoblauch*	prezzemolo	*Petersilie*
alloro	*Lorbeer*	rosmarino	*Rosmarin*
basilico	*Basilikum*	sale	*Salz*
capperi	*Kapern*	salvia	*Salbei*
origano	*Oregano*	senape	*Senf*
pepe	*Pfeffer*	timo	*Thymian*
peperoni	*Paprika*		

Preparatione

affumicato	*geräuchert*	cotta	*Kompott*
ai ferri	*gegrillt*	cotto	*gekocht*
al forno	*überbacken*	duro	*hart/zäh*
alla griglia	*ü. Holzkohlefeuer*	fresco	*frisch*
alla panna	*mit Sahne*	fritto	*frittiert*
alla pizzaiola	*Tomaten/Knobl.*	grasso	*fett*
allo spiedo	*am Spieß*	in umido	*im Saft geschmort*
al pomodoro	*mit Tomatensauce*	lesso	*gekocht/gedünstet*
arrosto	*gebraten/geröstet*	morbido	*weich*
bollito	*gekocht/gedünstet*	piccante	*scharf*
casalinga	*hausgemacht*	teneo	*zart*
	nach Hausfrauenart		

Contorni – Beilagen

asparago	*Spargel*	finocchio	*Fenchel*
barbabietole	*Rote Beete*	insalata	*allg. Salat*
bietola	*Mangold*	lattuga	*Kopfsalat*
broccoletti	*wilder Blumenkohl*	lenticchie	*Linsen*
carciofo	*Artischocke*	melanzana	*Auberginen*
carote	*Karotten*	patatas	*Kartoffeln*
cavolfiore	*Blumenkohl*	piselli	*Erbsen*
cavolo	*Kohl*	polenta	*Maisbrei*
cetriolo	*Gurke*	pomodoro	*Tomaten*
cicoria	*Chicoree*	riso	*Reis*
cipolla	*Zwiebel*	risotto	*Reis mit Zutaten*
fagiolini	*grüne Bohnen*	sedano	*Sellerie*
fagioli	*Bohnen*	spinaci	*Spinat*
funghi	*Pilze*	zucchini	*Zucchini*

Pasti – Nudeln

cannelloni	*gefüllte Teigrollen*	penne	*Röhrennudeln*
farfalle	*Schleifchen*	tagliatelle	*Bandnudeln*
fettuccine	*Bandnudeln*	tortellini	*gefüllte Teigtaschen*
fiselli	*kleine Nudeln*	tortelloni	*große Tortellini*
lasagne	*Schicht-Nudeln*	vermicelli	*Fadennudeln*
maccheroni	*Makkaroni*		*("Würmchen")*
pasta	*allg. Nudeln*		

Pesce e frutti di mare – Fisch & Meeresgetier

Fisch allgemein heißt il pesce (sprich pesche; nicht zu verwechseln mit le pesche, sprich peske, dem Plural von Pfirsich)

aragosta	*Languste*	pesce spada	*Schwertfisch*
aringhe	*Hering*	polpo	*Krake*
baccalà	*Stockfisch*	razza	*Rochen*
calamari	*Tintenfische*	salmone	*Lachs*
cozze	*Miesmuscheln*	sardine	*Sardinen*
dentice	*Zahnbrasse*	seppia/totano	*großer Tintenfisch*
gamberi	*Garnelen*	sgombro	*Makrele*
granchio	*Krebs*	sogliola	*Seezunge*
merluzzo	*Schellfisch*	tonno	*Thunfisch*
muggine	*Meeräsche*	triglia	*Barbe*
nasello	*Seehecht*	trota	*Forelle*
orata	*Goldbrasse*	vongole/peoci	*Muscheln*
ostriche	*Austern*		

Carne – Fleisch

agnello	*Lamm*	lombatina	*Lendenstück*
anitra	*Ente*	maiale	*Schwein*
bistecca	*Beafsteak*	maialetto	*Ferkel*
capretto	*Zicklein*	manzo	*Rind*
cervello	*Hirn*	pernice	*Rebhuhn*
cinghiale	*Wildschwein*	piccione	*Taube*
coniglio	*Kaninchen*	pollo	*Huhn*
fagiano	*Fasan*	polpette	*Fleischklöße*
fegato	*Leber*	trippa	*Kutteln*
lepre	*Hase*	vitello	*Kalb*
lingua	*Zunge*		

Frutta – Obst

albicocca	*Aprikose*	limone	*Zitrone*
ananasso	*Ananas*	mandarino	*Mandarine*
arancia	*Orange*	mela	*Apfel*
banana	*Banane*	melone	*Honigmelone*
ciliega	*Kirsche*	more	*Brombeeren*
cocomero	*Wassermelone*	pera	*Birne*
dattero	*Dattel*	pesca (Pl. le pesche,	*Pfirsich*
fichi	*Feigen*	sprich peske)	
fichi d'india	*Kaktusfeigen*	pompelmo	*Grapefruit*
fragole	*Erdbeeren*	uve	*Weintrauben*
lamponi	*Himbeeren*		

Verlagsprogramm

Mit der Eisenbahn durch Europa

von Eberhard Fohrer:
Unsere Reihe bietet maßgeschneiderte Bücher für Bahnfahrer in Europa (Interrail, Euro-Domino, Bahnpässe). In den regional (und neuerdings auch nach den 1994 eingerichteten Zonen) gegliederten Büchern sind die schönsten Bahnlinien, Städte, günstige Übernachtungsmöglichkeiten, preiswerte und gute Lokale, Sehenswürdigkeiten und Routen enthalten. Die Reihe umfaßt bisher folgende Titel:

- **Europa-Gesamt,** 724 Seiten.
- **Europa Südwest**
  (Zone F + Frankreich), ca. 380 Seiten.
- **Skandinavien/Dänemark**
  (Zone B+Dänemark), 204 Seiten.
- **Frankreich/Benelux/GB/Irland**
  (Zone A/E), 348 Seiten.

NORWEGEN

Neu Nordkap und Fjorde, vielleicht noch Ibsen, Grieg oder der Friedens-Nobelpreis und, natürlich, die leidige Walfang-Politik – sonst noch was im Land der Fjorde? Überall naturverliebte Wanderer und ski-verrückte Loipenläufer – sonst noch wer im Eldorado der Outdoor-Fans? Jenseits von Klischees und Superlativen stellen wir die Heimat von Telemark-Schwung und Büroklammer vor. Wo man radfahren oder wandern kann, wann welche Fähre verkehrt, und wo die preiswertesten "hytta" zu finden sind – das und vieles mehr verrät dieses Norwegenbuch.

Koch, Hans-Peter; ca. 550 Seiten.

GROSSBRITANNIEN

England
Hohe Kliffs bei Dover, endlose Sandstrände im Süden. Im Inland wechseln sanfte Hügel und Täler mit weiten Weide- und Heideflächen, dazwischen zwängen sich kleine, urige Dörfer mit schlichten Steinkirchen und alten Fachwerkhäusern. Im Süden Cornwall – die englische Riviera mit subtropischer Pflanzenwelt, zerklüfteter Steilküste und pittoresken Hafenstädten. London: europäische Metropole und ethnischer Schmelztiegel, Parks und Paläste, Kirchen und Museen, die roten Doppeldeckerbusse – und ein vielfältiges Kultur- und Nachtleben.

Zeutschner, Michael; 572 Seiten.

Schottland
Zu Besuch bei den Volksbarden **Neu** Scott und Burns und den Schlössern der Lowlands. Bottlenose-Delphine, die nichts mit Whiskeyflaschen zu tun haben. Traumstrände auf den Hebrideninseln Barra und Lewis, Wanderungen durch einsame Heidelandschaften. Mystische Kultstätten und die Steingräber der Könige. Puffins in der atemberaubenden Klippenszenerie entlang der Westküste. Dazu die Orkney- und Shetlandinseln – wo die Sonne nicht mehr untergeht und der Whiskey aus Wikingerhelmen geschlürft wird.

Neumeier, Andreas; ca. 640 Seiten.

IRLAND

Ist die "grüne Insel" wirklich ein Patchwork unverdorbener Landschaften? Hat jedes Dorf einen Pub? Was blieb von den Kelten? Diesen und anderen Fragen ist unser Autor nachgegangen. Er hat dabei die düsteren Hinterhöfe Dublins genauso erkundet wie die halsbrecherischen Klippen am Atlantik, neue Wanderwege und alte Wasserstraßen aufgespürt, Betten getestet, Speisen gekostet, Fahrpläne studiert, die irische Gemütslage am Tresen und anhand von Gay Byrne´s "Late Night Show" erkundet – damit Sie die guten Erfahrungen teilen können und die schlechten nicht selbst machen müssen.

Braun, Ralph-Raymond; 562 Seiten.

NIEDERLANDE

Niederlande

Wasser ist das dominierende Element - unzählige Kanäle, Flüsse und Wasserläufe durchkreuzen die weiten Ebenen. Im Sommer wird auf jeder Wasserfläche gesurft, gesegelt oder gerudert. Die Badestrände am Meer reichen von der belgischen bis zur deutschen Grenze. Aber auch die Städte, allen voran Amsterdam, sind ein Muß - entlang der zahllosen Grachten ziehen sich lange Reihen von bilderbuchreifen Patrizierhäusern aus dem 17. und 18. Jh.
Sievers, Dirk; 576 Seiten.

Amsterdam

Ein detaillierter Führer durch sämtliche Viertel der jugendlichsten Hauptstadt Europas mit einer Fülle praktischer Tips: Grachten und Märkte, Museen und Galerien, Hotels und Restaurants, Theater, Konzertsäle, Discos, Bars . . . Alles über die holländische Kultur von Hieronymus Bosch bis zum Jenever, dem holländischen Gin.
Dunford / Holland; 244 Seiten.

FRANKREICH

Korsika

Die "Insel der Schönheit": von traumhaften Badebuchten hinauf zu entlegenen Hochtälern. Kastanienwälder, Korkeichen und eine wild duftende Macchia. Geschichte und Geschichten von der Menhir-Kultur bis zur Gegenwart. Vorschläge zu aufregend schönen Wanderungen - und natürlich eine Fülle praktischer Tips: Hotels, Campingplätze, Restaurants etc.
Schmid, M. X.; 396 Seiten.

Südwestfrankreich

Atlantikküste und Pyrenäen –
im Gleitflug entlang der höchsten Düne Europas, endlose Sandstrände, kleine Städte mit großer Geschichte. La Rochelle, Bordeaux, Biarritz und das Baskenland. Viele Ausflüge ins Hinterland und in die Pyrenäen.
Schmid, M. X.; 384 Seiten.

Bretagne

Meerumspülte und sagenumwobene Granit-Halbinsel, die man für das Ende der Welt hielt - Hinkelsteine, Kirchenkunst und 4000 km Küste. Wo einst die Druiden ihre Zaubertränke brauten, locken heute moderne Badeorte und kilometerlange Strände. Rund 500 Seiten prall gefüllt mit handfesten Informationen und wunderschönen Geschichten über Dolmen und Menhire, Kirchen, Kapellen und Calvaires von Mont St. Michel bis La Baule . . .
Grashäuser / Schäffer; 636 Seiten.

PORTUGAL

Portugal

Im Norden wildromantische Gebirgslandschaft mit saftig grünen Wiesen und das einsame Gebiet "Tras-os-Montes" (hinter den Bergen). In Zentralportugal lockt die nostalgische Weltstadt Lissabon und an der rauhen Westküste unzählige Strände. Nur im äußersten Süden, am schmalen Küstenstreifen der Algarve, konzentriert sich der internationale Tourismus.
Müller, Michael; 400 Seiten.

Lissabon/Umgebung

Eine Stadt, die niemals schläft; **Neu** rund um die Uhr wird immer etwas geboten: Bars, Diskotheken, Restaurants, Konzerte, Fado . . . Zusammen mit ihrem Umfeld hat Lissabon für jeden Besucher etwas: interessante Museen und prächtige Kirchen, verträumte Klöster und riesige Paläste, Fischerdörfer und mondäne Seebäder, endlose Sandstrände und kleine Felsbuchten. Johannes Becks Buch erweist sich als zuverlässiger Begleiter durch das Tag- und Nachtleben der Hauptstadt und ihrer Umgebung.
Beck, Johannes; ca. 270 Seiten.

Infokarte
MICHAEL MÜLLER VERLAG

LA PALMA

3 Karten im Set · Maßstab 1 : 75.000 und 1 : 50.000

Informativ wie ein Reiseführer
• Ortsbeschreibungen, Sehenswürdigkeiten und praktische Tips •
die 7 interessantesten Tagestouren
der Insel • 7 Wanderbeschrei-
bungen • Stadtpläne und
Wanderkarten

Road Reiseplan

SPANIEN

Spanien
Ein faszinierendes Reiseland mit vielen Gesichtern: endlose Atlantikstrände und hochal-
pine Bergwelt, gotische Kathedralen und mau-
rische Burgen, Paella in Valencia oder Austern
in Vigo. Zahllose wertvolle Tips zu Badeplät-
zen, Verkehrsmitteln und Tapa-Bars, zu Para-
dores, Hostals und Campingplätzen, zu urba-
nen Abenteuern in Barcelona und Madrid; dazu detaillierte Infos über Sehenswürdigkeiten
und Hintergründe. Von der Costa Brava bis
Galizien: ganz Spanien im Griff.
Schröder, Thomas; 684 Seiten.

Andalusien
Flamenco und Stierkampf, Sonne am Meer
und Schnee auf der Sierra, menschenleere
Wüsten und weiße Dörfer. Orient in Sevilla,
Cordoba und Granada. Schloßquartiere und
Landgasthöfe, Landrovertour am Guadalquivir
und Streifzug durch die Alhambra, Gazpacho
in Ronda und Sherry in Jerez: detaillierte Tips
zu Hotels, Camping, Restaurants und Verkehrsmitteln; zuverlässige Infos über die ein-
samsten Badeplätze, die reizvollsten Wanderungen und Autotouren, zu Sehenswürdigkeiten und Geschichte.
Schröder, Thomas; 396 Seiten.

Nordspanien
Von den sanften Buchten des Baskenlandes bis
zu den tiefen Rías Galiciens: Das "grüne Spani-
en" ist anders. In unserem Reisehandbuch finden Sie Entdeckungstips für jeden Geschmack:
elegante Seebäder an der Küste, Naturparks im
Hochgebirge, uralte Kirchlein am Jakobsweg,
steinzeitliche Zeichnungen in Tropfsteinhöhlen.
Und natürlich alle praktischen Informationen:
Übernachten im familiären Hostal und im Burg-
parador, Reisen mit Auto, Mietwagen, Bus und
der längsten Schmalspurbahn Europas, Apfel-
weinbars in Asturien und Austernstrände in Vigo,
das Nachtleben der Großstädte, Fiestas und
Ferias und und und...
Schröder, Thomas; 384 Seiten.

Katalonien
Eine selbstbewußte Nation im Nordosten Spani-
ens, mit eigener Sprache und Kultur. Die schön-
sten Winkel der Costa Dorada, Wandern in den
Pyrenäen, Entdeckungstouren im unberührten
Ebro-Delta; griechische u. römische Ausgrabungs-
stätten, romanische Kirchen u. gotische Klöster.
Und natürlich die schillernde Metropole Barcelona.
Schröder, Thomas; 288 Seiten.

KANARISCHE INSELN

Gomera
Das immergrüne Paradies vor der Küste Afri-
kas - Lorbeerwälder und bizarre Schluchten!
Niveauvoller Winterurlaub neben Palmen und
Bananenhainen auf der abwechslungsreichsten
Kanarischen Insel. Die schönsten Wanderun-
gen, die preiswertesten Residencias, die be-
sten Bars und Strände.
Zeutschner / Burghold / Igel; 276 Seiten.

La Palma
"La Isla Verde", die grüne Insel! Bislang vom
Massentourismus übersehen, gilt La Palma, dritt-
kleinste und westlichste der Kanarischen Inseln,
als Geheimtip für Wanderer und Individualreisende. Höchste Zeit also für einen Trip zu den
Lorbeerurwäldern und einem der größten Vul-
kankrater; an menschenleere, vulkansandige Badebuchten und in noch gesunde Pinienwälder.
Koch, Hans-Peter / Börjes, Irene; 324 Seiten.

La Palma Infokarte
Die Straße zur Hauptstadt kann niemand verfehlen,
aber mit dem Weg zu den Höhlen der Urein-
wohner ist das schon schwieriger. Die La Palma
Infokarte macht noch lange nicht Schluß, wo her-
kömmliche Straßenkarten aufhören... Die Karte enthält auf Vorder- und Rückseite ausführliche Texttei-
le zu den wichtigsten Sehenswürdigkeiten, beschreibt Wanderungen etc.
Börjes, Irene / Ladik, Judit; 2 Info-Karten

Lanzarote
Die nordöstlichste Kanarische Insel weist eindrucksvolle Zeugnisse des Vulkanismus auf – eine
Mondlandschaft mit über 300 Vulkanen. Ausflüge,
z.B. in die Feuerberge verdeutlichen dem Besucher eindrucksvoll die Wirkungskraft vulkanischer
Tätigkeit. Berühmt und beliebt ist die Insel aber vor
allem wegen ihrer kilometerlangen schwarz-, aber
auch weiß- und goldsandigen Strände.
Fohrer, Eberhard; 452 Seiten.

Teneriffa   **Neu**
Spaziergang über den Wolken,
ganz allein inmitten von 1000 Blüten und summen-
der Bienen oder lieber ein Bad im schäumenden
Atlantik? Mit dem Reisehandbuch von Irene Börjes findet man sie noch, die stillen Ecken auf der
klassischen Urlauberinsel Teneriffa, die kleinen
Orte, wo in einfachen Lokalen das deftige Essen
der Bauern oder frischer Fisch auf den Tisch
kommt.
Börjes, Irene; 408 Seiten.

GRIECHENLAND

Griechenland - gesamt

Eine konzentrierte Zusammenfassung unserer Griechenlandreihe. In seiner Informationsfülle bestechend. Gesamtes Festland, Peloponnes und über 65 Inseln! Flächendeckend zahllose Tips, die sich schnell bezahlt machen: günstige Hotels, lohnende Tavernen, Nachtleben, Sehenswürdigkeiten, Ausgrabungen u. v. m.

Fohrer / Kanzler / Siebenhaar; 740 Seiten.

Griechische Inseln

Inseln wie Sand am Meer – Nördliche und Südliche Sporaden, Ionische und Saronische Inseln, Dodekanes, Kykladen, Kreta und mehr. 75 griechische Inseln in einem Band vom Norden bis tief in den Süden! Alles Notwendige und viel Wissenswertes: Übernachten, Baden, Camping, Wandern, Tavernen, Klöster, Bootstrips, Sport, Ausflüge ins unberührte Hinterland.

Fohrer / Kanzler / Siebenhaar; 660 Seiten.

Kykladen

Mittelpunkt der griechischen Inselwelt: Mykonos, Paros, Naxos, Santorini und 21 weitere Inseln. Die schönsten Strände, Tavernen, die nicht jeder kennt, preiswerte Pensionen und Hotels. Vulkane, Klöster, Eselspfade – vom Rummel in die Einsamkeit.

Fohrer, Eberhard; 576 Seiten.

Peloponnes

Alles zum "Herzen" Griechenlands und der umliegenden Inselwelt. Kilometerlange Sandstrände bei Killini, die weltberühmten Ausgrabungen von Olympia und Mykene, das Theater von Epidauros, die karge Halbinsel "Mani", Mistra – die verfallene Klosterstadt, die Inseln Kephallonia, Ithaka, Zakynthos, Lefkas, Hydra, Spetses, Ägina und und und.

Siebenhaar, H.-P.; 516 Seiten.

Korfu und Ionische Inseln

Griechenland mal anders – italienisches Flair und griechische Lebensart. Viele praktische Tips zu den grünen Inseln vor der Westküste Griechenlands. Korfu, Kephallonia, Zakynthos, Ithaka und die winzigen Eilande im Umkreis - bis auf Korfu noch abseits der Touristenströme.

Kanzler P./ Siebenhaar H. P.; 288 Seiten.

Kreta

Schluchten, Meer, Palmenstrand. Über 600 Seiten Information und Hintergründe - die schönsten Strände, versteckte Fischerdörfer, minoische Paläste, byzantinische Fresken, familiäre Pensionen. Außerdem jede Menge detaillierte Wanderrouten. Ein unentbehrlicher Begleiter, der sich schnell bezahlt macht.

Fohrer, Eberhard; 680 Seiten.

Kreta Infokarten

Unsere Kreta Infokarten enthalten auf 3 Blättern (West, Mitte u. Ost) alles Wissenswerte zu Straßen, Routen, Stränden, Campingplätzen, etc. sowie im Textteil (auch auf der Kartenrückseite) relevante Sehenswürdigkeiten, empfehlenswerte Hotels, Restaurants u. v. m. Integrierte Stadt- und Ausgrabungspläne runden das gleichermaßen sehens- wie lesenswerte *Kretakompendium* ab.

Fohrer, Eberhard / Ladik, Judit; 3 Info-Karten.

Kos (farbig)

Eine attraktive, einladende Insel, die für jeden Geschmack etwas zu bieten hat: weite Sandstrände, klares Wasser, gut erhaltene Sehenswürdigkeiten, winzige Bergdörfer und viel Kultur - von Hippokrates bis zu den alten Römern. Das durchgehend vierfarbig gestaltete Buch enthält jede Menge Tips auch abseits ausgetretener Touristenpfade.

Naundorf, Frank / Greiner, Yvonne; 256 Seiten.

Samos, Chios, Lesbos

Inseln für Individualisten - reich an Landschaft, Kultur und Architektur. Unser Buch, aktuell, vielseitig und genau recherchiert, führt Sie an unverbaute Strände, zu versteckten Sehenswürdigkeiten u. auf reizvolle Wanderungen, bringt Ihnen Mythologie, Geschichte und Alltagsleben der Inseln nahe und erleichtert mit einer Fülle praktischer Informationen die Reisepraxis.

Schröder, Thomas; 444 Seiten.

Nord- und Mittel-Griechenland

Reisehandbuch mit vielen praktischen Tips zum griechischen Festland. Baden auf Chalkidiki, Bergwandern auf dem Olymp, Meteora-Klöster zwischen Himmel und Erde, das Orakel von Delphi . . . Athen, die Millionenstadt. Dazu die vorgelagerten Inseln: Korfu, Skiathos, Thassos, Samothraki, Limnos u. v. m.

Kanzler, Peter / Neumeier, Andreas; 610 Seiten.

Rhodos & Dodekanes

Aktuelle Informationen zu einer der schönsten Ecken Griechenlands. In der azurblauen Weite der Südägäis zwischen Kreta und der türkischen Küste liegen ein Dutzend Inseln: Rhodos - mittelalterliche Gäßchen zwischen wuchtigen Burgmauern; Kos - ein schwimmender Garten; Kalymnos - das Schwammtaucherparadies.

Kanzler, P. / Siebenhaar H.-P.; 396 Seiten.

Karpathos

Die Außenseiterin! Zwischen Rhodos und Kreta liegt die Oase, die ohne den Tourismus groß geworden ist. Wenige, aber motivierte Besucher kommen – und entdecken eine der abwechslungsreichsten Inseln der Ägäis! Abgesehen von der Region um die Hauptstadt Pighadia, ist Karpathos noch nahezu frei von jeglicher touristischen Ausuferung. Das Buch enthält viele Wandervorschläge nebst detaillierten Skizzen.

Schwab, Antje / Schwab, Gunther; 264 Seiten.

Lesbos (farbig)

Die drittgrößte Insel Griechenlands bietet entsprechend weiten Raum für Entdeckungen. Landschaftlich sehr vielfältig, gilt Lesbos als bevorzugtes Reiseziel für Individualisten. Der Titel ist durchgehend vierfarbig gestaltet und enthält 20 ausgesuchte Wandervorschläge.

Schröder, Thomas; 256 Seiten.

ITALIEN

Italien
Gelato, Cappuccino, Campari . . . Viele praktische Tips für jeden, der den Stiefel bereist, ausführlich u. aktuell: Kneipen, Ristoranti, Übernachtungsmöglichkeiten, Camping, Sehenswürdigkeiten, Badeurlaub – vom hektischen Mailand bis zum faszinierenden Palermo, Surfen am Gardasee, Camping am Gargano, endlose Sandstrände an Adria u. Tyrrhenischem Meer u. Mittelalter in der Toscana.
Fohrer, Eberhard; 742 Seiten.

Oberitalien
Südtirol, die oberitalienischen Seen, die historischen Städte der Poebene, Riviera, Adria und Venedig. Jede Menge handfester Tips: Wandern in Cinque Terre, Bummeln in Venedig, Mode in Mailand, Surfen am Gardasee, Opernfestspiele in Verona, Schlemmen in Bologna.
Fohrer, Eberhard; 540 Seiten.

Toscana
Toscana, Umbrien, Elba – ein nützliches Reisebuch zur vielfältigsten Region Italiens. Zahllose praktische Tips zu Unterkunft, Ristoranti, Sehenswertem, Kunst und Kultur . . . Florenz, Siena, Perugia – Chianti kosten in Castellina, Filetto im Chiana-Tal, Michelangelo und die Medici-Gräber.
Müller, Michael; 660 Seiten.

Rom
Umfassender Reiseführer über die Weltstadt und ihre Provinz (Latium) – zahlreiche Tips zu Sehenswürdigkeiten aus der ganzen Geschichte bis heute. Außerdem Café Greco, Eis bei "Giolitti", die Gärten von Tivoli . . . Restaurants, Hotels, Nachtleben, Bekanntes und Verstecktes.
Hemmie, Hagen; 488 Seiten.

Sardinien
Eine Insel zum Entdecken – kilometerlange Sandstrände, meerumspülte Felsbuchten, uralte Korkeichenwälder, winzige Bergnester . . . Eine Fülle praktischer Hinweise zu Übernachten, Essen, Baden, Sehenswertem, außerdem viele Hintergrundinformationen, Geschichte, u. Geschichten u. v. m.
Fohrer, Eberhard; 600 Seiten.

Apulien
Ein detaillierter Führer zum äußersten Südosten des Stiefels. Abwechslungsreich die Landschaft von der Ebene des Tavoliere um Foggia bis hin zum felsigen – im Innern über 1000 m hohen – Gargano, dem Sporn des Stiefels, oder der langgezogenen Stiefelferse, dem Salento, weithin flach und steinig, trotzdem ungewöhnlich und keinesfalls uninteressant. Badeurlaub vom Feinsten an den weißen Sandstränden des Gargano, Bummeln in Lecce und viel Geschichte in Castel del Monte.
Machatschek, Michael; 336 Seiten.

Sizilien
Italiens südlichste Ecke – Sommer von April bis November! Griechische Tempel und normannische Kathedralen, lange Strände und malerische Schluchten. Wertvolle Tips zu Camping, Hotels, Restaurants und Fortbewegung, reichlich Infos zu Geschichte und Sehenswürdigkeiten. Sightseeing in Palermo, Vulkanbesteigung auf Stromboli, Baden im Nationalpark Zingaro. Unentbehrlich für Sizilien-Entdecker.
Schröder, Thomas; 468 Seiten.

Ital. Riviera/Cinque Terre
Die italienische Riviera – 300 Küstenkilometer – zwischen der französischen Cote d´Azur und der toscanischen Versilia: seit über 100 Jahren ein Zauberwort. Ob Baden an der Blumenriviera, Wandern in der dramatischen Küstenlandschaft der Cinque Terre oder Ausflüge zu den mittelalterlichen Bergdörfern des ligurischen Hinterlandes – der Titel bietet hierzu alle notwendigen Informationen.
Machatschek, Michael; 318 Seiten.

ZYPERN

Nordzypern
Ein "Staat", den die Weltgemeinschaft nicht anerkennt, und ein **Neu** weißer Fleck auf der Urlaubskarte der großen Reiseveranstalter. Um so verlockender ist der türkische Teil Zyperns für Individualtouristen: intakte Natur und romantische Kreuzritterburgen, verschlafene Städtchen mit gotischen Kathedralen, von deren Türmen der Muezzin zum Gebet ruft, vergessene Ausgrabungen, die der Wind wieder mit Erde und Sand verhüllt. Noch wagen sich die Schildkröten an die unverbauten Strände.
Braun, Ralph-Raymond; 300 Seiten.

Zypern (südl. Landesteil)
Die "Insel der Götter" liegt geographisch, ethnisch und politisch im **Neu** Schnittpunkt von Orient und Okzident. Gegensätzlich, vielseitig und manchmal bizarr präsentiert sich das Wirtschaftswunderland des Mittelmeerraums dem Besucher: Wandern im Troodoogobirge, Badefreuden an den Stränden, wo die schöne Aphrodite dem Meer entstieg, und Flanieren in den englisch geprägten Städten. Eingeschlossen ist ein Tagesausflug in den türkischen Norden.
Braun, Ralph-Raymond; ca. 380 Seiten.

OSTEUROPA

Baltische Länder

Jahrelang versteckt hinter dem Eisernen Vorhang, eröffnet sich nun ein völlig neues und abenteuerliches Reiseziel, in dem es noch viel zu entdecken gibt. Das Baltikum – menschenleere Strände entlang der Bernsteinküste. Mystischen Höhlen, dichten Wäldern und glasklaren Seen stehen alte Ordensburgen und die wiederaufblühenden baltischen Metropolen gegenüber. Ein gelungener Wechsel zwischen wilder nordischer Natur und einer Reise in das Zeitalter der Hanse und Kreuzritter.
Marenbach, Claudia; 552 Seiten.

Polen

Die hohen Gipfel der Tatra, die beschaulichen Masurischen Seen und die urwüchsige Bialowiezer Heide lohnen einen Besuch, und abseits der ausgetretenen Pfade birgt Polen noch viele Überraschungen. Am Kreuzungspunkt zwischen Ost und West war Polen oft das turbulente Kernland Europas. Jahrhunderte von Invasionen und Auswanderung haben ihre Spuren hinterlassen, aber trotz der Schrecken der jüngsten Vergangenheit hat Polen seinen für sein Feiern und seine traditionelle Gastfreundschaft bewahrt.
Salter M. / McLachlan G.; 600 Seiten.

Ungarn

Alles über Land und Leute – nicht nur Budapest und Plattensee. Für den Reisenden akribisch recherchiert und detailliert beschrieben: Übernachten, Essen, Sehenswertes, Shopping, Kultur, Camping, Wandern, Heilbaden, Reiten usw. Dazu viele Hintergrundstories zu Interessantem und Kuriosem: Tokajer Weine, Pferdezucht, Donaukraftwerk, Pußtaausflüge...
Zeutschner, Heiko; 528 Seiten.

Tschechische u. Slowakische Republik

Von Westböhmen mit seinen pompösen Kurbädern bis zum Mährischen Karst mit bizarren Felsen, Höhlen und unzähligen Burgen – von der Donau-Niederung in die Hohe Tatra – Das Buch ist hierbei ein nützlicher und unentbehrlicher Begleiter: ob in Prag, Bratislava oder Olomouc . . .
Humphreys, Rob; 552 Seiten.

SÜDOSTEUROPA

Slowenien & Istrien

Ob Wandern in den Julischen Alpen und den Karawanken, Badeurlaub an den ausgedehnten Stränden der Istrischen Halbinsel, flanieren in Ljubljana oder ein Besuch der weltberühmten Grottensysteme von Skocjan und Postojna – das Buch bietet jede Menge brandneuer Informationen für Reisende jeglicher Couleur.
Marr-Bieger, Lore; ca. 350 Seiten.

ÖSTERREICH

Tirol (farbig)

Neu

Tirol ist schon seit Generationen eines der Hauptreiseziele deutscher Urlauber. Doch die Zeiten, in denen die Reisenden ausschließlich "vor Ort" unterwegs waren, sind schon lange vorbei. Aktivurlaub heißt mittlerweile auch hier das Stichwort. Jochen Grashäusers Buch gibt Einblick ins Tiroler Leben jenseits der Folkloreschiene, fordert zu Rundreisen und Ausflügen in das Inntal oder die lebhafte Hauptstadt Innsbruck ein. Die Erlebnis- und Freizeitangebote der Region sind nahezu unüberschaubar: Das Buch bietet jede Menge Tips, die die Auswahl erleichtern. Kenntnisreiche Detailinformationen für Wanderer, Wassersportler, Radfahrer (sowohl für ambitionierte Sportler als auch die gesamte Familie) sind dabei ebenso enthalten, wie Gastronomieempfehlungen und die wichtigsten Verkehrsverbindungen der Region.
Grashäuser, Jochen; ca. 250 Seiten.

TÜRKEI

Türkei - gesamt

Verlockung des Orients – gut erhaltene Ausgrabungsstätten, einsame Sandstrände und preiswertestes Urlaubsland am Rande Europas. Türkei komplett: Istanbul, gesamte Ägäis- und Mittelmeerküste, Inneranatolien, Kappadokien, Schwarzmeer, Van-See, Ararat und Nemrut-Dagi. Tausende von Adressen und Tips, aktuell und gründlich recherchiert.
Weber u. a.; 828 Seiten.

Türkei - Mittelmeerküste, Kappadokien, Istanbul

Alles Wissenswerte zur "türkischen Riviera" - Übernachten, Essen, Sehenswertes – Badeurlaub im Schatten von Kreuzritterburgen und Minaretten. Im Hinterland Ausgrabungen von Weltrang: Ephesus, Troja, Milet. Kleinode in Inneranatolien, Istanbul, an der Südküste.
Grashäuser / Weber; 636 Seiten.

Türkei - der Osten incl. Istanbul

Vom großen Tourismus unberührt: Anatolien mit der unendlichen Weite seines Hochlands und der tiefgrünen Küste des Schwarzen Meeres. Der bergumrahmte Van-See, Erzurum, die orthodoxe Metropole des Ostens, der Bibelberg Ararat oder Trabzon und die alte Kaiserhauptstadt Trapezunt, locken zu einer Entdeckungsreise. Ein zuverlässiger und unterhaltsamer Reisebegleiter.
Grashäuser / Schmid; 574 Seiten.

DEUTSCHLAND

Fränkische Schweiz (farbig)

Ursprüngliche Mittelgebirgslandschaft in Oberfranken. Üppiger Mischwald an den Talhängen, dazwischen helle Kalksteinfelsen, versteckte Dörfer, Tropfsteinhöhlen, Burgen, Mühlen und 100 Privatbrauereien (!). Viele Tips zu urigen Kneipen, Wanderungen, Kultur zwischen Heinrich II. und Wagner . . .

Siebenhaar / Müller; 264 Seiten.

Altmühltal und Fränkisches Seenland

Ein praktisches Reisehandbuch mit vielen Hinweisen zu Kultur und Geschichte des Altmühltals. Tips zum Segeln, Surfen, Wandern, Radeln und Bootfahren. Viele aktuelle Übernachtungstips und Restaurantadressen.

Schrenk, Johann; 356 Seiten.

Berlin

Das Handbuch zur Weltstadt – für Neuentdecker und Fortgeschrittene. Prall gefüllt mit praktischen Informationen aus Ost und West. Ausführlich, aktuell und unentbehrlich – für Einheimische und Zugereiste.

396 Seiten.

Sauerland

"Heiko Zeutschner (...) geht ausführlich (...) ans Werk und geht dabei die Details so dicht an, daß er mit seiner interessanten, praktischen und unterhaltsamen Darstellung (...) die Grenzen eines gängigen Reiseführers (...) überschreitet."
Frankfurter Allgemeine Zeitung

Zeutschner, Heiko; 428 Seiten.

Bodensee

Alles über den Bodensee - von Meersburg bis Lindau, von Bregenz bis Konstanz. Die schönsten Wandergebiete, Baden, Camping, Sport, Einkaufen, gute Restaurants, preiswert Übernachten (aber auch mit mehr Komfort) u. v. m. Einsame Plätze und Touristenrummel; Hermann Hesse und Graf Zeppelin auf der Spur. . .

Siebenhaar, H.-P.; 408 Seiten.

Oberbayerische Seen (farbig)

Neu

Chiemsee, Königssee, Kochelsee, Tegernsee und Starnberger See: nur die prominentesten Namen unter den Dutzenden von Seen in Deutschlands beliebtester Ferienregion. Konzipiert sowohl für Urlauber als auch für Münchener Ausflügler, beschreibt das umfassende Reisehandbuch alle großen oberbayerischen Seen, stellt aber auch so manches unbekanntere Kleinod vor. Es verrät die schönsten Badeplätze und die besten Wirtshäuser, verlockt zu Abstechern in die nahen Berge und gibt wertvolle Tips für Wanderer, Radfahrer und Wassersportler.

Schröder, Thomas; ca. 250 Seiten.

Donau – Quelle bis nach Passau

Die Donau, der völkerverbindende Strom, der sagenumwobene Fluß der Kelten und Nibelungen. Wie auf einer Perlenkette aufgereiht die ehemals freien Reichsstädte Ulm und Regensburg, die Domstadt Passau, die Kunststadt Neuburg, Ingolstadt, die "Schanz" und Kelheim mit seiner Walhalla. Das Reisehandbuch enthält alles Wissenswerte über Landschaft, Kultur, Geschichte und Sehenswertes.

Schrenk, Johann; 456 Seiten.

Nürnberg/Fürth (farbig)

Nürnberg hat nicht nur innerhalb der Stadtmauern Sehenswertes zu bieten: Das "multikulturelle" Gostenhof, die "bürgerliche" Nordstadt und die "rote" Südstadt sind genauso einen Besuch wert wie die barocken Hesperidengärten in St. Johannis, das Industriedorf Hammer oder die Trabantenstadt Langwasser. Aber auch Fürth, "Nürnbergs kleine Schwester" kommt nicht zu kurz – dabei werden die Sehenswürdigkeiten zwischen Maxbrücke und Hornschuchpromenade ebenso beschrieben wie an die große jüdische Tradition der Stadt erinnert.

Nestmeyer, Ralf; 204 Seiten.

Franken

Neu

Von der Rhön bis zum Altmühltal, von der Tauber bis ins Fichtelgebirge bietet die fränkische Kulturlandschaft zahllose Highlights: fürstbischöflicher Barock in Mainfranken, bürgerliches Selbstvertrauen in Rothenburg und Nürnberg, klösterlicher Glanz in Ebrach und Banz – die Region begeistert durch geschichtlich gewachsene Vielfalt. Ralf Nestmeyer beschränkt sich jedoch nicht auf die Historie, sondern bietet auch Hintergrundinformationen zur aktuellen Situation der Landschaften und ihrer Gemeinden. Breiten Raum nehmen die vielen praktischen Informationen zu Übernachten, Einkaufen, Verkehrsverbindungen, Wandervorschläge etc. ein. Nicht zu vergessen: die Biergärten der Fränkischen Schweiz und die Weinstuben am Main.

Nestmeyer, Ralf; 424 Seiten.

Sach- und Personenregister

Geographisches Register

Zeichenerklärung:

═══ Autobahn   ✚ Kirche

═══ andere Straßen   ✈ Flughafen

─── Eisenbahn   🅿 Parkplatz

─ ─ ─ Fähre   ℹ Tourist-Information

▲ Berg   🚌 Busbahnhof

Δ Camping   Grünanlage